誠意伯秘授天官五星玄徹通旨

滴天髓闡微 上

적천수천미

通神論

국립중앙도서관 출판시도서목록(CIP)

적천수천미. 上, 통신론/증주 : 임철초 ; 찬집 : 원수산 ; 역
주 : 홍보환. — 서울 : 西以苑, 2011
    p. ;   cm

원표제 : 滴天髓闡微 : 誠意伯秘授天官五星玄澈通旨
원저자명 : 任鐵樵, 袁樹珊
중국어 원작을 한국어로 번역
ISBN 978-89-964592-2-4 04150 : ₩35000
ISBN 978-89-964592-1-7(전2권)

명리학[命理學]

188.5-KDC5
133.32-DDC2   1 CIP2011001018

誠意伯秘授天官五星玄徹通旨

滴天髓闡微 ㊤

적천수천미

通神論

任鐵樵 增注
袁樹珊 撰輯

洪輔煥 譯註

西以苑

머 리 말

　『적천수(滴闡髓)』는 경도(京圖)가 지었고, 명(明)나라 초기 정치가이며 명리학자인 유백온이 주(註)를 달았는데 원문과 주가 난해(難解)하여 이것을 청(淸)나라 초 임철초 선생이 증주하여 그 뜻을 확실하게 한 책이다. 임철초 선생이 증주한 책을 다른 책과 구별하여 『적천수천미(滴闡髓闡微)』라 한다. 경도(京圖)에 대하여는 어느 시대 사람인지, 무엇을 하였는지에 대하여 알려진 것이 없다.

　『적천수천미』는 내용을 깊이 들어가 보면 명리서라기보다는 생활지침서이고 인격 수양서(修養書)에 더 가깝다 할 수 있다. 『적천수천미』는 자연의 이치와 순환의 차서(次序), 인과(因果)의 결과를 명리(命理)의 기본으로 하는 책이다. 이것을 명리서로만 본다면 하나는 얻으나 둘은 잃는 것이고, 한 치〔一寸〕는 보나 한 자〔一尺〕는 보지 못하는 우(愚)를 범하는 것이다.

　『적천수천미』에 이르기를, "모든 것을 사주로 다 정할 수는 없다. 사주 위에 서는 것이 있으니 세덕(世德)과 심전(心田)이다. 세덕으로 내려온 사주는 사주로서는 볼 수 없다" 하고, 또 "마음 씀에 따라 화(禍)와 복(福)이 줄기도 하고 늘기도 한다" 하였으며, 일체의 신살(神煞)을 배제하고 생극제화(生克制化)의 원리에 입각하여 사주를 설명하고 있다. 그래서 사주의 설명이 간결하면서 적확(的確)하다.

　현재 『적천수천미』의 번역본은 수십 권에 이르나, 어떤 번역본은 원문보다 더 난해(難解)하고, 어떤 번역본은 원문의 뜻을 심히 왜곡하고, 어떤 번역본은 원문을 많이 생략하여 "적천수"를 공부하는 사람들을 더욱 어지럽게 한다.

『적천수천미』는 명리학의 지식이 많다고 하여 번역할 수 있는 책이 아니다. 명리학뿐만 아니라 한문학에도 깊은 지식이 있어야 하고 또 중국의 역사와 문화의 이해 없이는 해석할 수 없는 고전(古典)이다.

이 책을 번역하면서 자전(字典)에서도 찾지 못하여 모르는 것들은 성균관대학교(成均館大學校) 한문학 교수이셨던 이기환 선생과 성균관(成均館) 전례연구위원 김구백 선생으로부터 많은 도움을 받았다. 깊이 감사드린다.

역자는 한문학의 실력도 짧고 문재(文才)도 빈약하나 원문을 왜곡하거나 생략하지는 않았다. 역자의 우의(愚意)로 5년을 예상하고 번역을 시작하였는데, 어언 10년을 넘겨 겨우 마무리하였으나 미진한 부분이 많아 아쉬움이 남는다. "적천수"를 공부하는 분들에게 조금이라도 도움이 되었으면 하는 마음이다.

바쁘신 중에도 교정을 보아주신 하정(霞亭) 한순순(韓順淳) 선생과 인재(仁齋) 권희연(權希娟) 선생께 감사를 드리며, 책을 펴냄에 아낌없는 격려와 도움을 주신 서이원출판사(西以苑出版社) 윤영만(尹英晩) 사장과 편집부 직원 여러분께 깊은 감사를 드린다.

2011년 3월

홍보환(洪輔煥)

일러두기

『적천수천미』를 번역하는데, 원본은 『滴天髓闡微』〔(誠意伯秘授天官五星玄澈通旨), 任鐵樵 增注, 袁樹珊 撰輯〕, 武陵出版有限公司, 中華民國 75년 판으로 하였다.

번역하면서 의문이 있는 문장은 역자주에서 설명하였는데, 주로 『滴天髓徵義』(徐樂吾 編註, 武陵出版有限公司, 1998년)를 참고하였다.

그 외 역자주와 한문 풀이에 참고한 책들은 다음과 같다.

漢韓大字典, 民衆書林, 1991.

大漢韓辭典, 博文出版社, 1975.

大漢和辭典 卷1～卷14, 大修館書店, 昭和 60년.

大漢和辭典 補卷, 大修館書店, 平成 12년.

虛詞大辭典, 成輔社 부설 傳統醫學硏究所, 2001.

韓國名著大熱全集 熱河日記(上, 中), 大洋書籍, 1982.

중국고전이야기(첫째권－선진시대부터 당대까지), 소나무, 2002.

문심조룡(文心雕龍), 민음사, 2002.

中國古代神話, 育文社, 1993.

新譯 莊子(內篇), 弘新文化社, 1989.

詩經, 명지대학교 출판부, 2001.

新譯 詩經, 弘新文化社, 1989.

차 례

通神論
통 신 론

하권 차례

六親論
육 친 론

誠意伯秘授天官五星玄澈通旨
성의백비수천관오성현철통지

滴天髓闡微
적 천 수 천 미

通神論
통 신 론

天 道천도

欲識三元萬法宗. 先觀帝載與神功.
욕 식 삼 원 만 법 종　　선 관 제 재 여 신 공

　만법(萬法)의 근본인 삼원(三元)을 알고자 하면 먼저 제재(帝載)와 신공(神功)을 보아라.

*帝載(제재)－음양.
*神功(신공)－五行.
*欲(욕)－하고자 할 욕.
*識(식)－알 식. 지식 식.

*宗(종)－종묘 종. 마루 종.
*觀(관)－볼 관. 나타낼 관.
*帝(제)－하느님 제. 임금 제.
*載(재)－실을 재. 탈 재.

原注원주

天有陰陽. 故春木. 夏火. 秋金. 冬水. 季土. 隨時顯其神功. 命中天地
천유음양　고춘목　하화　추금　동수　계토　수시현기신공　명중천지

人三元之理. 悉本于此.
인삼원지리　실본우차

【원주】

　하늘에는 음양이 있으므로 춘목(春木) 하화(夏火) 추금(秋金) 동수(冬水) 계토(季土)가 때[時]에 따라 그 신공(神功)을 나타내니 명(命) 중 天地人 삼원의 이치도 이를 근본으로 하는 것이다.

*隨(수)－따를 수. 따라서 수.
*顯(현)－밝을 현. 나타날 현.
*功(공)－공 공. 공로. 일. 보람.
*命(명)－목숨 명. 목숨. 운수. 운. 명하다.
*元(원)－으뜸 원. 근원 원. 하늘 원.

*理(리. 이)－이치 리. 도리 리. 다스릴 리.
*悉(실)－갖출 실. 앎 실.
*本(본)－근본 본. 부사어로는 이. 저. 그. 본래.
*此(차)－이 차. 이에 차.

任氏曰 임씨왈,

干爲天元, 支爲地元, 支中所藏爲人元, 人之稟命, 萬有不齊, 總不
간 위 천 원　지 위 지 원　지 중 소 장 위 인 원　인 지 품 명　만 유 부 제　총 불

越此三元之理, 所謂萬法宗也, 陰陽本乎太極, 是謂帝載, 五行播于
월 차 삼 원 지 리　소 위 만 법 종 야　음 양 본 호 태 극　시 위 제 재　오 행 파 우

四時, 是謂神功, 乃三才之統系, 萬物之本原, 滴天髓首明天道如此,
사 시　시 위 신 공　내 삼 재 지 통 계　만 물 지 본 원　적 천 수 수 명 천 도 여 차

임 선생님이 말씀하였다.

간(干)을 천원(天元)이라 하고 지(支)는 지원(地元)이라 하며 지중(支中)에 소장된 것을 인원(人元)이라 한다. 사람의 타고난 명(命)이 다 다른 것도 이 삼원(三元)의 이치를 벗어날 수 없음이니 이로써 만법의 근본이라 일컫는 것이다.

음양은 본시 태극(太極)으로부터 비롯된 것이니 이를 제재(帝載)라 하고 오행은 사시(四時)에 배속하니 이를 신공(神功)이라 이른다.

이에 삼재(三才)의 계통과 만물의 본원을 적천수(滴天髓)는 첫머리에 천도(天道)가 이와 같음을 밝힌다.

*藏(장)-감출 장. 서장 장.
*稟(품. 름)-바탕 품. 받을 품. 곳집 름. 廩과 仝.
*萬(만)-일만 만. 다수(多數)를 이름.
*齊(제)-가지런할 제. 같을 제.
*總(총)-거느릴 총. 모두 총. 대강 총.
*越(월)-넘을 월. 지날 월.
*謂(위)-이를 위. 이름 위. 까닭 위.
*太(태)-클 태. 크다. 심히. 매우.
*極(극)-극처 극. 극히 극.

*才(재)-재주 재. 재능이 있는 사람.
*播(파)-뿌릴 파. 펼 파.
*乃(내)-이에 내. 너 내.
*統(통)-거느릴 통. 모두 통.
*系(계)-실 계. 맬 계.
*物(물)-만물 물. 물건 물. 재물 물.
*滴(적)-물방울 적.
*髓(수)-골 수. 뇌수(腦髓). 전(轉)하여 마음 속.
*首(수)-머리 수. 시초. 앞.

地 道 지도

坤元合德機緘通. 五氣偏全定吉凶.
곤 원 합 덕 기 함 통   오 기 편 전 정 길 흉

곤원(坤元)이 천덕(天德)을 합하여 기밀에 통하니 오기(五氣)의 편전(偏全)으로 길흉이 정하여지는 것이다.

*坤(곤)－땅 곤(대지). 乾(건)의 對. 곤괘 곤.
　황후 곤(황제의 아내).
*德(덕)－덕 덕. 복 덕. 베풀 덕.
*機(기)－틀 기. 실마리 기〔端緒(단서)〕.
*緘(함)－봉할 함〔封(봉)〕. 묶을 함.
*通(통)－통할 통. 온통 통.

*氣(기)－기운 기. 절후 기.
*偏(편)－치우칠 편. 한쪽 편.
*坤元(곤원)－지도(地道).
*合德(합덕)－끊임없이 운행하는 천도(天道)
　의 덕을 말함. 이것이 순(順)이며 계(繼)임.

역자주

○ 機咸通(기함통)이란, 용(用)은 "위기함지묘(謂機咸之妙)이니 업지본야(業之本也)라"에서 알 수 있듯이 만물의 시작과 끝 또는 발동(發動)의 기틀을 말하는 것이다.

○ 通(통)이란, 이치(理致)가 행(行)해서 막힘이 없는 것이다. 오고 감이 그치지 않는 것이 통(通)이다.

原注 원주

地有剛柔. 故五行生于東南西北中. 與天合德. 而感其機緘之妙. 賦于
지 유 강 유   고 오 행 생 우 동 남 서 북 중   여 천 합 덕   이 감 기 기 함 지 묘   부 우

人者. 有偏全之不一. 故吉凶定于此.
인 자   유 편 전 지 불 일   고 길 흉 정 우 차

【원주】

땅에는 강유(剛柔)의 이치가 있는 고로 오행은 동서남북과 중앙에서 생한 것인데, 하늘과 더불어 덕(德)에 화합하면서 그 기틀에 묘(妙)한 이치가 짜여져 사람에게 부여된 것이다. 편전(偏全)이 하나같지 않은 고로 길흉이 이로써 정하여지는 것이다.

*剛(강)-굳셀 강. 억셀 강.

*柔(유)-부드러울 유. 편안히 할 유.

*感(감)-감동할 감. 감응할 감.

*妙(묘)-묘할 묘. 예쁠 묘.

*賦(부)-읊을 부. 지을 부. 문체 이름 부.

*偏全(편전)-치우침과 완전함.

任氏曰 임씨왈,

大哉乾元, 萬物資始, 至哉坤元, 萬物資生, 乾主健, 坤主順, 順承
대 재 건 원　만 물 자 시　지 재 곤 원　만 물 자 생　건 주 건　곤 주 순　순 승

天, 德與天合, 煦嫗覆育, 機緘流通, 特五行之氣有偏全, 故萬物之
천　덕 여 천 합　후 구 부 육　기 함 유 통　특 오 행 지 기 유 편 전　고 만 물 지

命有吉凶,
명 유 길 흉

임 선생님이 말씀하였다.

크도다! 건원(乾元)이여! 만물이 의지하여 시작하게 하는 것이, 지극하도다! 곤원(坤元)이여! 만물이 의지하여 생하게 하는 것이, 건(乾)은 건장하고 곤(坤)은 유순하니 하늘에 순리로 이어져 덕을 합하고 기후로 감싸 안아 기르며 기밀(機密)이 유통되는 것이다. 오행의 기(氣)가 치우쳤느냐 온전하냐에 따라 모든 명(命)에 길흉이 있는 것이다.

*哉(재)-비롯할 재. 어조사 재.

*乾(건)-하늘 건. 마를 건.

*資(자)-재물 자. 밑천 자.

*始(시)-처음 시. 비롯할 시.

*健(건)-굳셀 건. 튼튼할 건.

*順(순)-순할 순. 좇을 순. 차례 순.

*承(승)-받들 승. 이을 승.

*煦(후)-따뜻하게 할 후. 햇빛 후.

*嫗(구)-할미 구. 계집 구.

*覆(부. 복)-덮을 부. 덮개 부. 엎어질 복. 다시 복.

*育(육)-기를 육. 자랄 육.

*流(류. 유)-흐를 류.

*特(특)-특히 특. 유다를 특. 다만 특.

역자주　煦嫗覆育(후구부육): 煦嫗(후구)는 김을 불어 따뜻하게 하고 체온으로 따뜻하게 하여 양육하는 것을 뜻하는 것이고 覆育(부육)은 천지가 만물을 덮어 기르는 것이니, 즉 天覆地育(천부지육)으로 하늘은 덮고 땅은 기르는 것을 뜻한다. 즉, 하늘과 땅이 덮고 실으며 기후로 온난하게 하여 만물을 기르는 것을 말함이다.

人 道인도

戴天履地人爲貴. 順則吉兮凶則悖.
대 천 리 지 인 위 귀   순 즉 길 혜 흉 즉 패

하늘을 받들고 땅을 밟고 있는 것 중 사람이 가장 존귀하다. 순(順)한즉 길하고, 흉(凶)한즉 패(悖)하게 된다.

*戴(대)－일 대(머리에 임). 받들 대.   *悖(패. 발)－어그러질 패(도리에 거슬림). 우
*履(리)－신 리(신발). 밟을 리.   쩍 일어날 발.

原注원주

萬物莫不得五行而戴天履地. 惟人得五行之全. 故爲貴. 其有吉凶之不
만물 막 부 득 오 행 이 대 천 리 지   유 인 득 오 행 지 전   고 위 귀   기 유 길 흉 지 불

一者. 以其得于五行之順與悖也.
일 자   이 기 득 우 오 행 지 순 여 패 야

【원주】

하늘 아래 땅 위의 모든 만물은 오행(五行)으로 이루어지지 않은 것이 없는데 오직 사람만이 오행(五行)을 모두 가지니 제일로 귀한 것이다. 길흉(吉凶)이 하나같지 않은 것은 오행의 순패(順悖)에 있는 것이다.

*萬(만)－일만 만. 다수(多數)를 이름.   *故(고)－옛벗 고. 본디 고. 연고 고. 부사어
*物(물)－만물 물. 물건 물. 재물 물.   로는 본래. 늘. 반드시. 그러므로. 따라서.
*莫(막)－없을 막. 말 막. 아득할 막.   만약 등으로 해석.
*惟(유)－오직 유. 생각건대 유.   *貴(귀)－귀할 귀. 귀히 여길 귀.
*行(행)－갈 행. 가다. 걷다. 나아가다. 달아   *凶(흉)－흉할 흉. 흉악할 흉.
　　　나다. 돌아다니다. 겪다. 흐르다.   *順(순)－순할 순. 좇을 순. 차례 순.
*全(전)－온통 전. 온전할 전.   *與(여)－더불 여. 줄 여. 같이하다.

任氏曰임씨왈,

人居覆載之中, 戴天履地, 八字貴乎天干地支順而不悖也, 順者接
인 거 부 재 지 중　대 천 리 지　팔 자 귀 호 천 간 지 지 순 이 불 패 야　순 자 접

續相生, 悖者反剋爲害, 故吉凶判然, 如天干氣弱, 地支生之, 地
속 상 생　패 자 반 극 위 해　고 길 흉 판 연　여 천 간 기 약　지 지 생 지　지

支神衰, 天干輔之, 皆爲有情而順則吉, 如天干衰弱, 地支抑之,
지 신 쇠　천 간 보 지　개 위 유 정 이 순 즉 길　여 천 간 쇠 약　지 지 억 지

地支氣弱, 天干剋之, 皆爲無情而悖則凶也,
지 지 기 약　천 간 극 지　개 위 무 정 이 패 즉 흉 야

임 선생님이 말씀하였다.

사람은 하늘이 덮어주고 땅이 실어주는 그 가운데에 살아가니 사람은 하늘을
받들고 땅을 밟고 살아가는 것이다. 팔자(八字)가 귀한 것은 천간과 지지가 순(順)
하고 어그러지지 않아야 하는 것이다.

순(順)이란 접속하여 상생하는 것이고 패(悖)란 상극하여 해로운 것이다. 이러한
고로 길흉이 분명하게 드러나는 것이다. 가령 천간의 기(氣)가 약하면 지지에서
천간을 생하여 주고 지지의 신(神)이 약하면 천간에서 도우면 이것은 다 유정하여
순(順)한 것이니 길하다.

그러나 천간이 약한데 지지가 억제하고 지지가 약한데 천간이 극하면 이것은
다 무정한 것으로 패(悖)가 되니 흉한 것이다.

*覆(부. 복)－덮을 부. 덮개 부. 넘어질 복.
*接(접)－접할 접. 가까이할 접. 대접할 접.
*續(속)－이을 속. 계속 속.
*接續(접속)－연속함. 이음.
*反(반)－되돌릴 반.
*判(판)－판단할 판. 가를 판. 나누일 판.
*然(연)－그럴 연. 그러나 연. 어조사 연.
*判然(판연)－아주 환하게 판명된 모양.
*弱(약)－약할 약. 쇠할 약. 젊을 약.

*神(신)－귀신 신. 혼(魂) 신. 정기 신. 여기서
　는 오행을 이르는 말임.
*衰(쇠)－쇠할 쇠. 줄 쇠.
*輔(보)－도울 보. 도움 보. 재상 보.
*皆(개)－다 개.
*情(정)－뜻 정. 인정 정. 사랑 정. 실상 정.
*抑(억)－누를 억. 문득 억. 또한 억.
*則(즉. 칙)－곧 즉. 법칙 칙.
*凶(흉)－흉할 흉. 흉악할 흉.

假如干是木, 畏金之剋, 地支有亥子生之, 支無亥子, 天干有壬癸
가 여 간 시 목   외 금 지 극   지 지 유 해 자 생 지   지 무 해 자   천 간 유 임 계

以化之, 干無壬癸, 地支有寅卯以通根, 支無寅卯, 天干有丙丁以
이 화 지   간 무 임 계   지 지 유 인 묘 이 통 근   지 무 인 묘   천 간 유 병 정 이

制之, 木有生機, 吉可知矣, 若天干無壬癸, 而反透之以戊己, 支
제 지   목 유 생 기   길 가 지 의   약 천 간 무 임 계   이 반 투 지 이 무 기   지

無亥子寅卯, 而反加之以辰戌丑未申酉, 黨助庚辛之金, 木無生理,
무 해 자 인 묘   이 반 가 지 이 진 술 축 미 신 유   당 조 경 신 지 금   목 무 생 리

凶可知矣, 餘可類推,
흉 가 지 의   여 가 유 추

가령 천간이 木인데 金의 극이 두려울 때는 지지에 亥子가 있어 생을 하여야 하고, 亥子가 없으면 천간에 壬癸가 있어 화살(化殺)하여야 하고, 壬癸가 없으면 지지에 寅卯가 있어 木이 통근하여야 하고, 지지에 寅卯가 없으면 천간에 丙丁이 있어 金을 억제하면 木이 생기가 있게 되니 길함을 알 수 있다.

만일 천간에 壬癸는 없고 반대로 戊己 土가 투출하고, 지지에 亥子 寅卯는 없고 辰戌丑未 申酉 등 土金이 무리 지어 庚辛 金을 도우면 木이 살 도리가 없으니 흉(凶)함을 가히 알 수 있다. 나머지도 이와 같이 추리하라.

凡物莫不得五行戴天履地, 卽羽毛鱗介, 亦各得五行專氣而生, 如
범 물 막 부 득 오 행 대 천 리 지   즉 우 모 린 개   역 각 득 오 행 전 기 이 생   여

羽蟲屬火, 毛屬木, 鱗屬金, 介屬水, 惟人屬土, 土居中央, 乃木火
우 충 속 화   모 속 목   린 속 금   개 속 수   유 인 속 토   토 거 중 앙   내 목 화

金水中氣所成, 獨是五行之全爲貴, 是以人之八字, 最宜四柱流通,
금 수 중 기 소 성   독 시 오 행 지 전 위 귀   시 이 인 지 팔 자   최 의 사 주 유 통

五行生化, 大忌四柱缺陷, 五行偏枯,
오 행 생 화   대 기 사 주 결 함   오 행 편 고

대저 하늘을 이고 땅을 밟고 있는 만물은 五行을 얻지 않은 것이 없다. 곧 우모린개(羽毛鱗介)도 각각 五行의 전기(專氣)를 얻어 生한 것이다.

예를 들면, 날개가 있는 동물은 火에 속하고, 털이 있는 동물은 木에 속하고,

비늘이 있는 동물은 金에 속하고, 딱지가 있는 동물[甲殼類]은 水에 속하고, 오로지 사람은 土에 속하는데, 土는 중앙에 위치하며 木 火 金 水의 중기(中氣)로써 이루어지니 오로지 오행을 완전히 구비하여 귀(貴)한 것이다.

이런 까닭에 사람의 팔자(八字)는 사주가 유통하고 오행이 생화(生化)하는 것이 가장 마땅하며 크게 꺼리는 것은 사주가 결함되고 오행이 편고(偏枯)한 것이다.

*凡(범)-대강 범. 범상할 범. 무릇 범.

*羽(우)-깃 우. 날개 우.

*屬(속 촉)-좇을 속. 엮을 속. 이을 촉. 따를 촉.

*毛(모)-털 모. 모피 모.

*鱗(린)-비늘 린.

*介(개)-낄 개. 클 개. 딱지 개. 갑각류(甲殼類).

*專氣(전기)-하나의 기운. 즉 한 개의 오행.

*專(전)-오로지 전. 전일할 전.

*蟲(충)-벌레 충.

*乃(내)-이에 내. 어조사 내.

*獨(독)-홀로 독. 부사어로는 홀로. 단독으로. 다만. 오직. 오로지 등으로 해석.

*全(전)-온통 전. 온전할 전.

*最(최)-가장 최. 모두 최. 우두머리 최.

*宜(의)-옳을 의. 마땅할 의.

*忌(기)-미워할 기. 시기할 기. 꺼릴 기.

*缺(결)-이지러질 결. 모자랄 결.

*陷(함)-빠질 함. 함정 함.

*枯(고)-마를 고. 마른나무 고.

謬書妄言四戊午者, 是聖帝之造, 四癸亥者, 是張桓侯之造, 究其理皆
류서망언사무오자　시성제지조　사계해자　시장환후지조　구기리개

後人訛傳, 試思自漢至今二千餘載, 週甲循環, 此造不少, 謬可知矣,
후인와전　시사자한지금이천여재　주갑순환　차조불소　류가지의

余行道以來, 推過四戊午, 四丁未, 四癸亥, 四乙酉, 四辛卯, 四庚辰,
여행도이래　추과사무오　사정미　사계해　사을유　사신묘　사경진

四甲戌者甚多, 皆作偏枯論, 無不應驗,
사갑술자심다　개작편고론　무불응험

류서(謬書)에 망령되이 말하길, 四 戊午는 성제(聖帝)의 명조라고 하고, 四 癸亥는 장환후의 명조라 하나, 그 이치를 자세히 살펴보면 다 후세 사람들이 잘못 전(傳)한 것임을 알 수 있다. 헤아려 볼 때 한(漢)으로부터 지금까지 이천(二千)여 년 동안에 육십(六十) 甲子가 순환하면서 이와 같은 명조가 적지 않았을 것인즉 잘못된 것임을 가히 알 수 있다.

내가 이 길에 들어선 이래 四 戊午, 四 丁未, 四 癸亥, 四 乙酉, 四 辛卯, 四 庚辰, 四 甲戌 등의 사주가 꽤 많았는데 다 편고한 것으로 논한바, 맞지 않음이 없었다.

*謬(류)-잘못 류. 그릇될 류.

*聖(성)-성스러울 성. 성인 성. 천자 성.

*帝(제)-하느님 제. 임금 제.

*聖帝(성제)-중국 삼국시대 촉한의 장수. 관우. 도덕이 높은 어진 천자.

*漢(한)-물이름 한. 은하수 한. 한(漢)민족 한.

*載(재)-실을 재. 탈 재. 비로소 재.

*週(주)-두를 주. 둘레 주. 일주 주.

*張(장)-베풀 장. 자랑할 장. 당길 장.

*桓(환)-굳셀 환. 머뭇거릴 환.

*侯(후)-후작 후. 제후 후. 아름다울 후.

*張桓侯(장환후)-중국 삼국시대 촉한(蜀漢) 의 무장(武將). 장비(張飛). 字는 익덕(翼德).

*循(순)-좇을 순. 돌 순. 돌아다닐 순.

*環(환)-옥 환(고리 모양의 옥). 두를 환. 돌 환.

*循環(순환)-구르는 고리라는 뜻으로 사물 의 인과왕래(因果往來)가 끝이 없음을 비 유. 쉬지 않고 자꾸 돎.

*甚(심)-심할 심. 심히 심. 무엇 심.

*應(응)-응당 응. 응할 응.

*驗(험)-증좌 험(증거). 조짐 험. 증험할 험.

*應驗(응험)-드러난 조짐이 맞음.

同邑史姓有四壬寅者, 寅中火土長生, 食神祿旺, 尚有生化之情,
동 읍 사 성 유 사 임 인 자　인 중 화 토 장 생　식 신 록 왕　상 유 생 화 지 정

而妻財子祿, 不能全美, 只因寅中火土之氣無從引出, 以致幼遭
이 처 재 자 록　불 능 전 미　지 인 인 중 화 토 지 기 무 종 인 출　이 치 유 조

孤苦, 中受飢寒,
고 고　중 수 기 한

같은 고을에 사(史)씨 성을 가진 분의 사주가 四 壬寅인데 寅은 火土의 장생지 이고 식신이 녹왕(祿旺)하고 오히려 생화(生化)의 정이 있음에도 처와 재물과 자손 이 다 좋지 않았다.

이는 寅 중의 火土가 인출되지 않아서인데 어려서는 부모를 일찍 잃어 고생이 심했고 중년에도 기한(飢寒)으로 고생하였다.

*祿(록. 녹)-녹 록. 복 록. 녹줄 녹.

*尙(상)-오히려 상. 바랄 상. 자랑할 상. 부 사로 쓸 때는 강한 반문의 뜻을 나타냄. 또 한. 여전히.

*遭(조)-만날 조.

*飢(기)-주릴 기. 굶주림 기. 흉년 기.

*飢寒(기한)-배고프고 추위에 떪. 전(轉)하 여 의식의 결핍을 이름.

至三旬外, 運轉南方, 引出寅中火氣, 得際遇, 經營發財, 後竟無子,
지 삼 순 외   운 전 남 방   인 출 인 중 화 기   득 제 우   경 영 발 재   후 경 무 자

家業分奪一空, 可知仍作偏枯論也, 由此觀之, 命貴中和, 偏枯終
가 업 분 탈 일 공   가 지 잉 작 편 고 론 야   유 차 관 지   명 귀 중 화   편 고 종

于有損, 理求平正, 奇異不足爲憑,
우 유 손   이 구 평 정   기 이 부 족 위 빙

　　삼순(三旬)이 지나 운이 남방으로 바뀌니 寅 중 火氣가 인출(引出)되어 때를 얻어 사업으로 재물을 많이 모았다. 그러나 결국 자식이 없었고 가업이 분탈(分奪)되어 하나도 남은 것이 없었다. 이로써 보면 편고(偏枯)한 것임을 가히 알 수 있다.

　　이로써 볼 때 명의 귀(貴)함은 중화(中和)에 있으며 편고하면 끝내 손(損)이 있는 것이다. 이치는 평정(平正)을 구(求)함에 있는 것으로 기이한 격국이 좋다 하는 것은 믿을 바 못 되는 것이다.

*運(운)-돌 운. 궁리할 운. 운 운.
*轉(전)-구를 전. 옮길 전. 넘어질 전.
*際(제)-사이 제. 때 제. 닿을 제.
*遇(우)-만날 우. 대접할 우. 뜻밖에 우.
*際遇(제우)-기회. 좋은 때를 만남. 제회(際會). 시기(時期).
*經(경)-날 경. 지경 경. 지낼 경. 글 경. 책 경. 불경 경.
*營(영)-경영할 영. 지을 영. 다스릴 영.
*經營(경영)-방침을 세워 사업을 함. 일. 사업.
*竟(경)-끝날 경. 마침 경. 끝 경.
*奪(탈)-빼앗을 탈. 빼앗길 탈.

*仍(잉)-인할 잉(그대로 따름). 오히려 잉. 이에 잉(乃). 부사어로는 곧. 누차. 여전히. 또한 등으로 쓰임.
*由(유)-말미암을 유. 좇을 유.
*此(차)-이 차. 이에 차.
*觀(관)-볼 관. 보일 관. 모양 관.
*和(화)-온화할 화. 화목할 화.
*損(손)-덜 손. 잃을 손. 상할 손.
*奇(기)-기이할 기. 기만할 기.
*異(이)-다를 이. 괴이할 이. 달리할 이.
*奇異(기이)-이상(異常)함.
*憑(빙)-기댈 빙. 의지할 빙. 증거 빙. 붙을 빙.

知 命지명

要與人間開聾瞶. 順逆之機須理會.
요 여 인 간 개 농 외　 순 역 지 기 수 리 회

사람의 농외(聾瞶)를 여는 요체는 순역(順逆)의 기틀을 아는 것이다.

*聾(롱)－귀머거리 롱(농). 귀먹을 롱(농). 어두울 롱(사물에 밝지 못함).
*瞶(외)－천생 귀머거리 외. 배내 귀머거리 외('회'로도 읽음).
*逆(역)－거스를 역. 맞을 역.

*聾瞶(농외)－귀머거리. 어리석은 모양. 무식한 모양. 즉 농외란 사물의 이치에 어두운 무지몽매(無知蒙昧)한 것을 이르는 말임.
*須(수)－수염 수. 기다릴 수. 잠깐 수. 모름지기 수.

역자주	○ 『적천수징의』에는 瞶(외)를 瞶(귀. 위)로 썼다. 瞶(귀)는 눈 정기 없을 귀(위)로 소위 눈 먼 것을 의미한다. 瞶(외)는 귀 이(耳)가 부수이고 瞶(귀. 위)는 눈 목(目)이 부수인데, 여기서 뜻하는 것은 귀머거리나 눈먼 사람을 지칭(指稱)하는 것이 아니고 음양과 오행을 모르는 사람을 일컫는 말이다.
	○ 공자(孔子)는 나이 오십(五十)에 역(易)을 배워 비로소 천명(天命)을 안다[知天命(지천명)] 하였고, 육십(六十)에 들어서야 이순(耳順)이라 하였다. 이순과 대(對)가 되는 말이 농외(聾瞶)다.

原注원주

不知命者如聾瞶. 知命于順逆之機而能理會之. 庶可以開天下之聾瞶.
부 지 명 자 여 농 외　 지 명 우 순 역 지 기 이 능 이 회 지　 서 가 이 개 천 하 지 농 외

【원주】

명을 모르는 것은 귀머거리와 같고 명을 아는 것은 순역의 기틀을 이해하는 것이다. 이것이 천하의 농외(聾瞶)를 깨우치는 것이다.

*庶(서)－많을 서. 여러 서. 무리 서. 부사어로는 아마도. 바라건대. 해석하지 않을 때도 있음.

任氏曰_{임씨왈,}

此言有至理, 惟恐後人學命, 不究順悖之機, 妄談人命, 貽悞不淺,
차언유지리　유공후인학명　불구순패지기　망담인명　이오불천

混看奇格異局, 一切神殺, 荒唐取用, 桃花咸池, 專論女命邪淫,
혼간기격이국　일체신살　황당취용　도화함지　전론여명사음

受責鬼神, 金鎖鐵蛇, 謬指小兒關煞, 憂人父母,
수책귀신　금쇄철사　류지소아관살　우인부모

임 선생님이 말씀하였다.

이 말은 지극한 이치가 있는 말로 오직 후인(後人)이 명을 배움에 있어 순패(順悖)의 기밀은 살피지 않고 망령되이 사람의 명(命)을 논하여 잘못됨이 적지 않음을 걱정한 것이다.

기이한 격국과 모든 신살들을 뒤섞어 황당하게 취하여 도화나 함지가 있으면 女命에 있어 사음(邪淫)한 것으로 논하여 그 잘못을 귀신에게서 받은 것으로 탓하고, 금쇄(金鎖)와 철사(鐵蛇)는 소아에 관한 살로 그릇되게 지적하여 부모의 마음을 근심스럽게 한다.

*惟(유)-오직 유. 생각할 유.
*恐(공)-두려워 할 공. 두려움 공.
*後人(후인)-후세(後世)의 사람.
*貽(이)-줄 이. 끼칠 이.
*悞(오)-그릇할 오. 속일 오.
*荒(황)-거칠 황. 흉년들 황.
*唐(당)-황당할 당. 클 당. 당나라 당.
*桃(도)-복숭아나무 도. 복숭아 도.

*咸(함)-다 함. 같을 함. 찰 함.
*池(지)-못 지. 해자 지.
*邪(사. 야)-간사할 사. 사기(邪氣) 사. 그런 가 야.
*淫(음)-담글 음. 방탕할 음. 음란할 음.
*鎖(쇄)-자물쇠 쇄. 쇠사슬 쇄. 맬 쇄.
*蛇(사. 이)-뱀 사. 별이름 사. 구불구불할 이.
*關(관)-문빗장 관. 잠글 관. 관계할 관.

역자주　○ 金鎖(금쇄): 소아에 관한 살로 이 살이 있으면 쇠붙이를 가지고 놀지 못하게 하여야 한다고 한다.

正. 七月 - 申時	二. 八月 - 酉時	三. 九月 - 戌時
四. 十月 - 亥時	五. 十一月 - 子時	六. 十二月 - 丑時

○ 鐵蛇(철사): 소아에 관한 살로 이 살이 있으면 천연두(天然痘)를 조심하여야 한다고 한다.

甲乙 생 - 辰 月時	丙丁 생 - 未 月時	戊己 생 - 寅 月時
庚辛 생 - 戌 月時	壬癸 생 - 丑 月時	

不論日主之衰旺, 總以財官爲喜, 傷殺爲憎, 定人終身, 不管日主之
불론일주지쇠왕 총이재관위희 상살위증 정인종신 불관일주지

强弱, 盡以食印爲福, 梟刼爲殃, 不知財官等名, 乃六親取用而列,
강약 진이식인위복 효겁위앙 부지재관등명 내육친취용이열

竟認作財可養命, 官可榮身, 何其愚也,
경인작재가양명 관가영신 하기우야

일주의 쇠왕(衰旺)은 논하지 아니하고 다들 재(財)나 관(官)은 좋은 것이라 하고 상관과 칠살은 나쁜 것으로 하여 사람의 일생을 판단한다.

일주가 강한지 약한지는 관계치 않고 식신과 인수는 복이 된다 하고 편인과 겁재는 재앙이 된다 한다.

재(財)라든가 관(官)이라든가 하는 이름은 육친을 취용할 때의 이름인 것인데 끝내 재는 명(命)을 길러주고 관은 몸을 빛내는 것이라 하니 어찌 어리석다 아니하 겠는가.

*總(총) - 거느릴 총. 모두 총. 대강 총.
*傷(상) - 다칠 상. 해칠 상. 근심할 상.
*憎(증) - 미워할 증. 미움 증.
*管(관) - 관 관. 붓대 관. 피리 관. 맡을 관.

*梟(효) - 올빼미 효. 목 베어 달 효. 영웅 효. 여기서는 효신을 말함이니, 즉 편인을 말함.
*殃(앙) - 재앙 앙. 해칠 앙.
*養(양) - 기를 양. 다스릴 양. 봉양 양.

如財可養命, 則財多身弱者, 不爲富屋貧人, 而成巨富, 官可榮身,
여재가양명 즉재다신약자 불위부옥빈인 이성거부 관가영신

則身衰官重者, 不至夭賤, 而成顯貴, 余詳考古書, 子平之法, 全在
즉신쇠관중자 부지요천 이성현귀 여상고고서 자평지법 전재

四柱五行, 察其衰旺, 究其順悖, 審其進退, 論其喜忌, 是謂理會,
사주오행 찰기쇠왕 구기순패 심기진퇴 론기희기 시위리회

가령 재(財)가 양명(養命)하는 것이라면 재가 많아 신약한 사주도 부옥빈인(富屋 貧人)이 아니라 거부(巨富)이어야 하고, 관(官)이 몸을 영화롭게 하는 것이라면 일 주가 약하고 관이 중(重)하여도 일찍 죽거나 천(賤)하지 않고 귀(貴)함이 나타나야 할 것이다.

내가 고서(古書)를 살펴본바, 자평(子平)의 법은 전체적으로 오행의 쇠왕을 살피고 순패(順悖)를 궁구하며 그 진퇴를 살펴 희기(喜忌)를 논하는 것으로, 이것이 이회(理會)인 것이다.

至於奇格異局, 神煞納音諸名目, 乃好事妄造, 非關命理休咎, 若據
지 어 기 격 이 국　 신 살 납 음 제 명 목　 내 호 사 망 조　 비 관 명 리 휴 구　 약 거

此論命, 必致以正爲謬, 以是爲非, 訛以傳訛, 遂使吉凶之理, 昏昧
차 론 명　 필 치 이 정 위 류　 이 시 위 비　 와 이 전 와　 수 사 길 흉 지 리　 혼 매

難明矣, 書云, 用之爲財不可劫, 用之爲官不可傷, 用之印綬不可
난 명 의　 서 운　 용 지 위 재 불 가 겁　 용 지 위 관 불 가 상　 용 지 인 수 불 가

壞, 用之食神不可奪, 此四句原有至理, 其要在一用字,
괴　 용 지 식 신 불 가 탈　 차 사 구 원 유 지 리　 기 요 재 일 용 자

기격(奇格), 이국(異局), 신살(神煞), 납음(納音) 등의 그러한 이름들은 호사가들이 망령되이 만든 것들로 명리의 휴구(休咎)와는 관계가 없는 것이다.

만약 명을 논(論)함에 이것에 근거한다면 바른 것이 그르게 되고 옳은 것이 틀린 것으로 된다. 잘못된 것이 전하여 내려와 설사 길흉의 이치를 찾으려 해도 혼매(昏昧)하여 밝히기 어렵다.

서(書)에 이르기를, 재성을 용신으로 할 때는 비겁을 보는 것이 불가하고, 관성을 용신으로 할 때는 식상을 보는 것이 불가하며, 인수를 용신으로 할 때는 재성을 보는 것이 불가하고, 식상을 용신으로 할 때는 인수를 보는 것이 불가하다.

이 네 구절은 근본에 지극한 이치가 있는 것으로 그 요점은 용신이라는 글자 하나에 있는 것이다.

*煞(살) - 죽일 살. 殺과 소.
*咎(구) - 허물 구. 재앙 구. 미워할 구.
*休咎(휴구) - 길흉(吉凶). 복(福)과 화(禍).
*據(거) - 의거할 거. 의거 거. 웅거 거.
*訛(와) - 잘못될 와. 잘못 와. 속일 와.

*遂(수) - 이룰 수. 따를 수.
*昏(혼) - 날 저물 혼. 어두울 혼. 장가들 혼.
*昧(매) - 어두울 매. 탐할 매.
*昏昧(혼매) - 어리석고 사리에 어두움.
*奪(탈) - 빼앗을 탈. 빼앗길 탈.

財(재)를 쓸 때 비겁은 탈재(奪財)하니 불가하고, 官(관)을 쓸 때 식상은 관을 손상(損傷)하니 불가하고, 印綬(인수)를 쓸 때 재성은 괴인(壞印)하니 불가하고, 食傷(식상)을 쓸 때 인수는 탈식(奪食)하니 불가한 것이다.

無如學命者, 不究用字根源, 專以財官爲重, 不知不用財星儘可刦,
무 여 학 명 자 불 구 용 자 근 원 전 이 재 관 위 중 부 지 불 용 재 성 진 가 겁

不用官星儘可傷, 不用印綬儘可壞, 不用食神儘可奪, 順悖之機不
불 용 관 성 진 가 상 불 용 인 수 진 가 괴 불 용 식 신 진 가 탈 순 패 지 기 불

理會, 與聾聵何異, 豈能論吉凶, 辨賢否, 而有功於世哉, 反誤世
리 회 여 롱 외 하 이 기 능 론 길 흉 변 현 비 이 유 공 어 세 재 반 오 세

惑人者多矣,
혹 인 자 다 의

　유감스럽게도 명을 배우는 사람들이 용(用) 자의 근원을 살피지 않고 오로지 재관(財官)만을 중요하게 여기나, 재성을 용(用)하지 않을 때에는 다 겁탈함이 가하고, 관성을 용하지 않을 때에는 다 손상함이 가하고, 인수를 용하지 않을 때에는 다 없애는 것이 가하고, 식상을 용하지 않을 때에는 다 탈식(奪食)함이 가한 것을 모르기 때문이다.

　순패(順悖)의 기미를 이해하지 못하면 귀머거리와 어찌 다르랴! 이런 사람이 어찌 길흉을 논하며, 어진 것과 그릇된 것을 분별하며, 세상에 공덕이 있겠는가. 오히려 사람을 미혹(迷惑)케 하여 세상을 그르게 하는 자가 많다.

*無如(무여)−부사어로 유감스럽게도.
*儘(진)−다할 진. 억지로 진.
*理會(이회)−관성(官星)이 유기(有氣)함. 이치, 이해(理解)로도 씀.
*聾(롱)−귀머거리 롱(농). 귀먹을 롱(농). 어두울 롱(사물에 밝지 못함).
*聵(외)−천생 귀머거리 외. 배내 귀머거리 외('회'로도 읽음).

*壞(괴)−무너뜨릴 괴. 무너질 괴.
*奪(탈)−빼앗을 탈. 빼앗길 탈.
*辨(변)−나눌 변. 분별할 변.
*誤(오)−그릇할 오. 잘못할 오.
*惑(혹)−미혹할 혹. 미혹(迷惑) 혹.
*迷惑(미혹)−마음이 흐려서 무엇에 홀림. 정신이 헷갈려서 갈팡질팡 헤맴.

高宗純皇帝御造
고 종 순 황 제 어 조

丙　庚　丁　辛
子　午　酉　卯

己　庚　辛　壬　癸　甲　乙　丙
丑　寅　卯　辰　巳　午　未　申

天干庚辛丙丁, 正配火煉秋金, 地支子午卯酉, 又配坎離震兌, 支全
천간경신병정　정배화련추금　지지자오묘유　우배감리진태　지전

四正, 氣貫八方, 然五行無土, 雖誕秋令, 不作旺論, 最喜子午逢沖,
사정　기관팔방　연오행무토　수탄추령　부작왕론　최희자오봉충

水剋火, 使午火不破酉金, 足以輔主, 更妙卯酉逢沖, 金克木, 則卯
수극화　사오화불파유금　족이보주　갱묘묘유봉충　금극목　즉묘

木不助午火, 制伏得宜,
목부조오화　제복득의

　천간의 庚 辛 丙 丁은 火가 가을의 金을 단련하는 바른 배합이고 지지의 子
午 卯 酉는 감리진태(坎離震兌)에 배속되니 사주가 완전하게 사정(四正)을 이루었
고 기세가 팔방에 통한다.

　그러나 오행 중 土가 없어 비록 가을에 태어난 金이나 왕(旺)하지 않은데 가장
기쁜 것은 子午의 충이 있어 水가 火를 극하여 午火가 酉金을 파하지 못하니
酉金이 일주를 돕는 것이다. 더욱 묘(妙)한 것은 卯酉 충으로 金剋木하여 卯木이
午火를 돕지 못하니 제복(制伏)이 마땅한 것이다.

*配(배) - 짝지을 배. 귀양 보낼 배.　　　*震(진) - 천둥소리 진. 흔들릴 진. 진괘 진.
*煉(련) - 달굴 련.　　　　　　　　　　*兌(태) - 기뻐할 태. 통할 태. 태괘 태.
*坎(감) - 구덩이 감. 험할 감. 감괘 감.　*誕(탄) - 날 탄(출생함). 태어나다. 속이다.

역자주　○ 震兌(진태) : 진(震 - ☳)은 木이고 正東이고 인(仁)이다. 태(兌 - ☱)는 金이고 正西이
　　　　　고 의(義)다. 그러므로 卯酉는 진태(震兌)이고 인의(仁義)인 것이다.
　　　　○ 坎離(감리) : 감(坎 - ☵)은 水이고 正北이고 지(智)이다. 리(離 - ☲)는 火이고 正南이
　　　　　고 예(禮)이다. 그러므로 子午는 감리(坎離)이고 천지의 중기(中氣)이다.

卯酉爲震兌, 主仁義之眞機, 子午爲坎離, 宰天地之中氣, 且坎離得
묘 유 위 진 태　주 인 의 지 진 기　자 오 위 감 리　재 천 지 지 중 기　차 감 리 득

日月之正體, 無消無滅, 一潤一暄, 坐下端門, 水火旣濟, 所以八方
일 월 지 정 체　무 소 무 멸　일 윤 일 훤　좌 하 단 문　수 화 기 제　소 이 팔 방

賓服, 四海攸同, 金馬朱鳶, 並隸版圖之內, 白狼元兔, 咸歸覆幬
빈 복　사 해 유 동　금 마 주 연　병 예 판 도 지 내　백 랑 원 토　함 귀 부 주

之中, 天下熙寧也,
지 중　천 하 희 녕 야

　卯酉는 진태(震兌)로서 인의(仁義)의 진기이고 子午는 감리(坎離)이니 천지의 중기(中氣)이며 또한 감리(坎離)는 日月의 정체로 소멸이 없고 한편으로 윤택하고 한편으로 따뜻하다.

　좌하가 단문(端門)이고 水火가 기제를 이루니 팔방이 빈복(賓服)하고 하나가 되었다. 금마주연(金馬朱鳶)에 판도(版圖) 내를 다 복종시켜 어우르고 백랑원토(白狼元兔)의 휘장 가운데로 엎드리니 천하가 화목하고 평안하였다.

*宰(재)－재상 재. 우두머리 재.
*暄(훤)－따뜻할 훤.
*端(단)－바를 단. 실마리 단.
*端門(단문)－대궐의 정문(正門).
*濟(제)－건널 제. 나루 제. 도울 제. 이룰 제.
*賓(빈)－손 빈(귀빈). 좇을 빈.
*賓服(빈복)－외국이 복종하여 조공(朝貢)하러 옴.
*攸(유)－바 유(어조사). 곳 유(장소). 아득할 유.
*鳶(연)－소리개 연. 연 연.
*隸(예)－종(僕) 예. 붙이[配(배)] 예. 隸와 仝.

*版(판)－널 판. 담틀 판.
*圖(도)－그림 도. 꾀할 도.
*版圖(판도)－어느 한 국가의 통치(統治)하에 있는 영토.
*狼(랑)－이리 랑. 어지러울 랑.
*白狼(백랑)－동방의 밝고 큰 별.
*兔(토)－토끼 토. 달 토(달 속에 토끼가 있다는 전설에서 달의 별칭임).
*元兔(원토)－달의 이칭(異稱).
*幬(주. 도)－휘장 주. 덮을 도.
*熙(희)－빛날 희. 넓을 희. 기뻐할 희.
*寧(녕)－편안할 녕. 차라리 녕. 어찌 녕.

　戊　戊　庚　庚
　午　辰　辰　申

　戊　丁　丙　乙　甲　癸　壬　辛
　子　亥　戌　酉　申　未　午　巳

董中堂造, 戊土生于季春, 午時, 似乎旺相, 第春時虛土, 非比六九
동 중 당 조　무 토 생 우 계 춘　오 시　사 호 왕 상　제 춘 시 허 토　비 비 육 구
月之實也, 且兩辰蓄水爲濕, 足以洩火生金, 干透兩庚, 支會申辰,
월 지 실 야　차 양 진 축 수 위 습　족 이 설 화 생 금　간 투 양 경　지 회 신 진
日主過洩, 用神必在午火,
일 주 과 설　용 신 필 재 오 화

　동 중당(中堂)의 명조이다. 戊土가 계춘(季春) 午時에 태어나니 왕상(旺相)한 것
같으나 춘절의 土는 허하여 六 九月의 실한 土와는 비교할 수 없다.

　또 두 辰土는 물을 머금고 있는 습토로 火를 설하여 金을 생하고 천간에 庚金
이 둘이나 투출하고 지지로 申辰이 회국(會局)을 이루니 일주가 설기(洩氣)됨이
지나치다. 그러므로 용신은 반드시 午火이다.

*董(동)－바로잡을 동. 물을 동.　　　*洩(설. 예)－샐 설. 줄 설. 훨훨 날 예. 바람
*中堂(중당)－재상이 정사를 보는 곳, 전(轉　　　따를 예.
　하)여 재상의 별칭.

喜水木不見, 日主印綬不傷, 精神旺足, 純粹中和, 一生宦海無波,
희 수 목 불 견　일 주 인 수 불 상　정 신 왕 족　순 수 중 화　일 생 환 해 무 파
三十餘年, 太平相業, 直至子運會水局, 不祿, 壽已八旬矣,
삼 십 여 년　태 평 상 업　직 지 자 운 회 수 국　불 록　수 이 팔 순 의

　기쁜 것은 水와 木이 나타나지 않아 일주와 인수가 상해를 입지 않으니 정신(精
神)이 왕하고 중화를 이루어 순수하게 된 것이다. 일생 벼슬길에 파란이 없었으며
삼십여 년간 태평성대에 재상을 지냈다. 子 운에 이르러 申子辰 수국을 이루니
불록(不祿)의 객이 되었다. 수(壽)는 이미 팔순이었다.

*純粹(순수)-아주 정(精)하여 조금도 다른 것이 섞이지 아니함. 사념(邪念)이나 사욕이 없음. 완전하여 흠이 없음.

*宦(환)-벼슬아치 환. 벼슬 환.

*精神(정신)-金水를 정(精)이라 하고, 木火를 신(神)이라 함.

*直(직)-곧을 직. 곧장. 곧바로.

*至(지)-이를 지(~에 이르러). 지극할 지.

역자주

○ 붕어(崩御): 천자(天子)의 죽음.

○ 훙서(薨逝): 제후(諸侯)의 죽음.

○ 졸(卒): 대부(大夫)의 죽음.

○ 불록(不祿): 선비의 죽음.

○ 서민의 죽음: 사(死) 또는 망(亡)이라 한다.

庚　甲　壬　壬
午　寅　寅　辰

戊　丁　丙　乙　甲　癸
申　未　午　巳　辰　卯

同邑王姓造, 俗以身强殺淺論, 取庚金爲用, 謂春木逢金, 必作棟
동읍왕성조　속이신강살천론　취경금위용　위춘목봉금　필작동

梁之器, 勸其讀書必發, 至三旬外, 不但讀書未售, 而且家業漸消,
량지기　권기독서필발　지삼순외　부단독서미수　이차가업점소

　같은 고을에 사는 왕(王)씨 성을 가진 사람의 사주이다. 시속(時俗)에서는 신강살천(身强殺淺)한 사주로 논하여 庚金을 취하여 용신으로 하여야 한다고 하였다.

　춘목(春木)이 金을 만나면 동량(棟梁)의 그릇이니 독서를 하면 반드시 크게 될 것이라고 하였는데 삼십이 넘도록 독서를 하였으나 뜻을 이루지 못하였을 뿐 아니라 가업도 점차 기울어졌다.

*逢(봉)-만날 봉. 맞을 봉.

*棟(동)-마룻대 동. 용마루 동.

*棟梁(동량)-마룻대와 들보. 중임(重任)을 맡은 사람. 국가의 중신(重臣).

*梁(량)-들보 량. 나무다리 량.

*勸(권)-권할 권. 힘쓸 권.

*售(수)-팔 수(물건을 팖). 팔릴 수.

*漸(점)-차차 점. 차례 점. 흐를 점.

屬余推之, 觀其支坐兩寅, 乘權當令, 干透兩壬, 生助旺神, 年支
속 여 추 지   관 기 지 좌 양 인   승 권 당 령   간 투 양 임   생 조 왕 신   년 지

之辰土, 乃水之庫, 木之餘氣, 能蓄水養木, 不能生金, 一點庚金,
지 진 토   내 수 지 고   목 지 여 기   능 축 수 양 목   불 능 생 금   일 점 경 금

休囚已極, 且午火敵之, 壬水洩之, 不惟無用, 反爲生水之病,
휴 수 이 극   차 오 화 적 지   임 수 설 지   불 유 무 용   반 위 생 수 지 병

우연히 내가 그의 사주를 보게 되었는데 寅月의 甲木이 지지에 寅木을 둘이나
두고 천간에도 壬水가 둘이나 있어 왕목을 생하고 있고, 年支의 辰土는 水의 고
장(庫藏)이고 木의 여기(餘氣)로 능히 물을 저장하고 木을 기르니 木이 극왕하다.

이 명조의 辰土는 木의 여기로 金을 생하지 못하니 시상(時上)의 일점 庚金은
휴수(休囚)함이 이미 극에 이르렀는데 더욱 午火가 극하고 壬水가 설하니 쓸 수
없을 뿐만 아니라 오히려 水를 생하는 병(病)이라 하겠다.

*屬(속. 촉)—아래 벼슬아치 속. 살붙이 속. *庫(고)—곳집 고.
　이을 촉. 맡길 촉. 부사어로는 우연히. 때 *點(점)—점 점. 점찍을 점.
　마침. 단지. 막. *極(극)—극 극. 극처 극. 다할 극. 용마루 극.
*乘(승)—탈 승. 오를 승. *敵(적)—원수 적. 필적할 적.
*權(권)—저울추 권. 권세 권. *病(병)—병 병. 근심 병. 앓을 병.

大凡旺之極者, 宜洩而不宜剋, 宜順其氣勢, 弗悖其性也, 以午火
대 범 왕 지 극 자   의 설 이 불 의 극   의 순 기 기 세   불 패 기 성 야   이 오 화

爲用, 將來運至火地, 雖不貴于名, 定當富于利, 可棄名就利, 如再
위 용   장 래 운 지 화 지   수 불 귀 우 명   정 당 부 우 리   가 기 명 취 리   여 재

守芸窗, 終身誤矣, 彼卽棄儒就經營, 至丙午運, 剋盡庚金之病, 不
수 운 창   종 신 오 의   피 즉 기 유 취 경 영   지 병 오 운   극 진 경 금 지 병   불

滿十年, 發財十餘萬, 則庚金爲病明矣,
만 십 년   발 재 십 여 만   즉 경 금 위 병 명 의

대체로 왕함이 극에 이른 것은 설함이 마땅하고 극함은 마땅치 않은 것이니
이는 그 기세에 순응하여 왕신(旺神)의 성정을 거슬리지 말아야 하기 때문이다.
이에 午火로써 용신을 삼아야 한다.

　　장차 운이 화지(火地)에 이르면 귀(貴)는 이룰 수 없으나 부(富)는 이룰 수 있으니
명예를 버리고 부(富)를 취하는 것이 옳을 것이다. 만약 다시 운창(芸窓)을 지킨다
면 평생이 잘못될 것이다. 그는 즉시 학문을 버리고 사업을 택하였다. 丙午 운에
이르러 병(病)인 庚金을 극거(剋去)하니 십 년도 안 되어 십여 만의 재물을 모았다.
庚金이 병(病)인 것이 분명하다.

*宜(의)-옳을 의. 마땅할 의.　　　　　*芸(운)-운향 운. 많을 운.
*剋(극)-이길 극. 엄할 극.　　　　　　*窓(창)-창 창(창문). 窗과 소.
*勢(세)-세력 세. 기세 세.　　　　　　*芸窓(운창)-서재(書齋).
*將(장)-장수 장. 장차 장. 써 장.　　　*儒(유)-선비 유. 유교 유.
*就(취)-이룰 취. 좇을 취.　　　　　　*營(영)-경영할 영. 지을 영. 다스릴 영.

辛　癸　甲　癸
酉　亥　子　酉

戊　己　庚　辛　壬　癸
午　未　申　酉　戌　亥

此福建人不知姓氏, 庚午冬余推之, 大取金水運, 不取火土, 彼曰,
차 복 건 인 부 지 성 씨　경 오 동 여 추 지　대 취 금 수 운　불 취 화 토　피 왈

金水旺極, 何以又取金水, 則命書不足憑乎, 書曰, 旺則宜洩宜傷,
금 수 왕 극　하 이 우 취 금 수　즉 명 서 부 족 빙 호　서 왈　왕 즉 의 설 의 상

今滿局金水, 反取金水, 是命書無憑矣,
금 만 국 금 수　반 취 금 수　시 명 서 무 빙 의

　　이 명조는 복건성 사람으로 성(姓)은 모른다. 庚午 년 겨울에 내가 본 것인데
"金水 운은 크게 쓸 수 있으나 火土 운은 쓸 수 없다"고 하니, 그가 말하길 "金水
가 이미 왕(旺)하기가 극(極)에 이르렀는데 어찌 또 金水를 취하는가. 그렇다면
명서(命書)란 믿을 것이 못 되지 않는가? 명서에 이르기를 왕하면 설(洩)하거나
상(傷)함이 마땅하다고 하였는데 이제 만국(滿局)이 金水인데 오히려 金水를 취한

다면 명서는 근거할 만한 것이 못 되는 것이다" 한다.

*洩(설)－식상으로 설기(洩氣)하는 것.　　　　*傷(상)－관살로 극제(剋制)하는 것.

余曰, 命書何爲無憑, 皆因不能識命中五行之奧妙耳, 此造水旺逢
여왈　명서하위무빙　개인불능식명중오행지오묘이　차조수왕봉

金, 其勢沖奔, 一點甲木枯浮, 難洩水氣, 如止其流, 反成水患, 不
금　기세충분　일점갑목고부　난설수기　여지기류　반성수환　불

若順其流爲美,
약순기류위미

내가 말하길, "명서가 어찌 근거가 없겠는가. 모두가 오행의 오묘한 이치를 모르기 때문에 그렇게 생각하는 것이다. 이 사주는 水가 왕한데 金을 만나니 그 기세가 광분(狂奔)하는 격인데 甲木은 수범목부(水泛木浮)로 고부(枯浮)하니 수기(水氣)를 설하지 못한다. 만약 水의 흐름을 억지로 멈추게 한다면 왕신이 격노하여 도리어 수환(水患)이 있게 되니 왕신에 순응하여 흐르게 하는 것이 아름다운 것이다"라고 했다.

*識(식. 지)－알 식. 지식 식. 표할 지.　　*浮(부)－뜰 부. 띄울 부.
*奧(오)－아랫목 오. 그윽할 오.　　　　　*患(환)－근심 환. 병 환.
*奔(분)－달릴 분. 달아날 분. 혼인할 분.　*不若(불약)－~하는 게 차라리 낫다. ~함
*枯(고)－마를 고. 마른나무 고.　　　　　　만 못하다.

初行癸亥, 助其旺神, 蔭庇有餘, 一交壬戌, 水不通根, 逆其氣勢,
초행계해　조기왕신　음비유여　일교임술　수불통근　역기기세

刑耗並見, 辛酉庚申, 丁財並旺, 己未戊午, 逆其性, 半生事業, 盡
형모병견　신유경신　정재병왕　기미무오　역기성　반생사업　진

付東流, 刑妻剋子, 孤苦無依, 此所謂崑崙之水, 可順而不可逆也,
부동류　형처극자　고고무의　차소위곤륜지수　가순이불가역야

順逆之機, 不可不知也,
순역지기　불가부지야

　초운(初運)이 癸亥로 흘러 왕신을 도우니 조상의 음덕이 유여(有餘)하였으나 壬戌 운으로 바뀌어 水는 뿌리를 내리지 못하고 戌土는 왕신을 격노케 하니 형모(刑耗)를 당하였다.

　辛酉 庚申 운은 재산이 많이 늘었는데 己未 戊午 운은 水의 성정을 거슬리니 반평생 사업이 물에 씻은 듯 다 없어지고 형처(刑妻), 극자(尅子)하여 의지할 데가 없어 고독하고 고생이 심했다.

　이것이 이른바 곤륜지수(崑崙之水)로 순(順)은 可하나 역(逆)은 不可한 것이다. 순역의 기틀을 몰라서는 안 되는 것이다.

*蔭(음)－그늘 음. 해 그림자 음.

*庇(비)－덮을 비. 그늘 비. 의지할 비.

*刑妻(형처)－처의 죽음.

*逆(역)－거스를 역. 거꾸로 역.

*耗(모)－벼 모. 덜 모. 耗는 재물이 흩어짐을 이름.

*尅子(극자)－자식의 죽음.

*謂(위)－이를 위. 까닭 위.

역자주

○ 진부동류(盡付東流) : 물에 씻은 듯 다 떠내려 간다. 중국은 서북쪽에 산이 많아 대부분의 강(江)이 東으로 흐른다. 우리가 서해(西海)라고 하는 바다를 중국은 동해(東海)라 한다. 그래서 동류(東流)라 한다.

○ 곤륜지수(崑崙之水) : 곤륜산(崑崙山)은 서장(西藏)에 있는 山으로, 옛 중국인들은 곤륜산이 산의 조종(祖宗)이라고 여겼다. 곤륜지수는 발원이 길어 막을 수 없는 물을 말한다.

理 氣이기

理承氣行豈有常. 進兮退兮宜抑揚.
이 승 기 행 기 유 상　　진 혜 퇴 혜 의 억 양.

이(理)는 기(氣)를 이어 움직이니 어찌 일정함이 있겠는가. 나아가고 물러남에 마땅히 억제할 것은 억제하고 일으킬 것은 일으켜야 한다.

*理(리. 이)－이치 리. 도리 리. 다스릴 리. 여 　　*氣(기)－기운 기. 기질 기. 절후 기. 여기서
　기서는 음양을 이름.　　　　　　　　　　　　　는 오행을 이름.

原注원주
閤闢往來皆是氣. 而理行乎其間. 行之始而進. 進之極則爲退之機.
합 벽 왕 래 개 시 기　　이 이 행 호 기 간　　행 지 시 이 진　　진 지 극 즉 위 퇴 지 기

如三月之甲木是也. 行之盛而退. 退之極則爲進之機. 如九月之甲木是也.
여 삼 월 지 갑 목 시 야　　행 지 성 이 퇴　　퇴 지 극 즉 위 진 지 기　　여 구 월 지 갑 목 시 야

學者宜抑揚其淺深. 斯可以言命也.
학 자 의 억 양 기 천 심　　사 가 이 언 명 야

【원주】

닫고 열고 가고 오고 하는 것은 다 기(氣)인데 이(理)는 기의 움직이는 가운데에 같이 움직인다. 행(行)의 시초는 진(進)이며 진이 극에 이르면 퇴(退)의 기틀이 되는 것이니 三月의 甲木이 이와 같은 것이다.

행하여 극성하게 되면 퇴기(退氣)에 들게 되고 퇴(退)가 극에 이르면 진(進)의 기틀이 되니 九月의 甲木이 이와 같은 것이다.

명을 배우는 자는 마땅히 억양(抑揚)의 마땅함과 그 깊이를 알아야 가히 명을 말할 수 있을 것이다.

*闔(합)-협문 합. 대궐 합.　　　　*闔闢(합벽)-엶과 닫음. 닫음과 엶.
*闢(벽)-열 벽. 열릴 벽. 피할 벽.　　*斯(사)-이 사. 찍을 사. 어조사 사. 떠날 사.

역자주　합벽(闔闢)은 闢闔(벽합)이어야 뜻이 확실하다. 闔(합)은 '문짝 합. 닫을 합'으로 쓰이니 닫고 열고 할 때는 '闢闔'으로 쓴다.

任氏曰임씨왈,

進退之機, 不可不知也, 非長生爲旺, 死絶爲衰, 必當審明理氣之
진 퇴 지 기　불 가 부 지 야　비 장 생 위 왕　사 절 위 쇠　필 당 심 명 이 기 지

進退, 庶得衰旺之眞機矣, 凡五行旺相休囚, 按四季而定之, 將來
진 퇴　서 득 쇠 왕 지 진 기 의　범 오 행 왕 상 휴 수　안 사 계 이 정 지　장 래

者進, 是謂相, 進而當令, 是謂旺, 功成者退, 是謂休, 退而無炁,
자 진　시 위 상　진 이 당 령　시 위 왕　공 성 자 퇴　시 위 휴　퇴 이 무 기

是謂囚, 須辨其旺相休囚, 以知其進退之機,
시 위 수　수 변 기 왕 상 휴 수　이 지 기 진 퇴 지 기

임 선생님이 말씀하였다.

진퇴의 기틀을 몰라서는 안 되는 것이다. 장생이라 하여 왕하고 사절(死絶)이라 하여 쇠(衰)한 것은 아니다. 반드시 이(理)와 기(氣)의 진퇴를 분명하게 알아야 쇠왕(衰旺)의 진기(眞機)를 터득하였다 할 것이다.

무릇 오행의 왕상휴수(旺相休囚)는 사계절에 따라 정해지는데 장차 다가오는 것은 나아가게 되니 이를 상(相)이라 하고, 나아가 당령하게 되면 이를 왕(旺)이라 하고, 공(功)을 이룬 것은 물러나게 되니 이를 휴(休)라 하고, 쇠퇴하여 무기(無氣)한 상태를 수(囚)라 한다. 왕상휴수(旺相休囚)를 분별하여야 나아가고 물러나는 기틀을 알 수 있는 것이다.

*理氣(이기)-음양과 오행.　　　　　*按(안)-누를 안. 어루만질 안. 부사어로는
*機(기)-틀 기. 베틀 기. 재치 기. 기틀 기.　　곧. 이에.
*眞(진)-참 진. 참으로 진.　　　　　*當令(당령)-월령. 월령에 닿음.
*眞機(진기)-참된 기미. 기틀.　　　　*炁(기)-기운 기. 氣와 소.
*凡(범)-대강 범. 범상할 범. 무릇 범.

역자주 非長生爲旺, 死絶爲衰(비장생위왕, 사절위쇠) : 장생이라 하여 왕한 것이고 사절(死絶)이라 하여 쇠(衰)한 것은 아니다. 즉, 장생이라도 약(弱)할 수 있고 사절이라도 왕(旺)할 수 있다는 말이다.

爲日主, 爲喜神, 宜旺相, 不宜休囚, 爲凶煞, 爲忌神, 宜休囚, 不
위일주　위희신　의왕상　불의휴수　위흉살　위기신　의휴수　불

宜旺相, 然相妙于旺, 旺則極盛之物, 其退反速, 相則方長之氣, 其
의왕상　연상묘우왕　왕즉극성지물　기퇴반속　상즉방장지기　기

進無涯也, 休甚乎囚, 囚則旣極之勢, 必將漸生, 休則方退之氣,
진무애야　휴심호수　수즉기극지세　필장점생　휴즉방퇴지기

未能遽復也, 此理氣進退之正論也, 爰擧兩造爲例,
미능거복야　차이기진퇴지정론야　원거양조위예

　　일주와 희신은 왕상(旺相)함이 마땅하고 휴수되지 않아야 하며 흉살이나 기신은 휴수됨이 마땅하고 왕상하지 말아야 한다. 그러나 상(相)은 왕(旺)보다 더 좋을 수 있으니, 왜냐하면 왕(旺)은 왕성함이 극에 이른 것으로 그 물러감이 오히려 빠르나 상(相)은 바야흐로 자라나는 기(氣)이므로 그 나아감이 끝이 없기 때문이다.

　　휴(休)는 수(囚)보다 더 나쁘니, 수는 쇠함이 극에 이른 것으로 점차 생의 기틀이 있으나 휴는 지금 물러가고 있으므로 곧바로 돌아올 수 없기 때문이다.

　　이것이 이(理)와 기(氣)의 나아가고 물러남의 바른 이치이다. 이에 두 명조를 예로 든다.

*囚(수)-가둘 수. 포로 수.　　　　　　　*遽(거)-역말 거. 급히 거. 갑자기 거.
*速(속)-빠를 속. 빨리 속.　　　　　　　*復(복. 부)-회복할 복. 돌아갈 복. 다시 부.
*涯(애)-물가 애. 끝 애.　　　　　　　　*爰(원)-이에 원. 성낼 원.
*甚(심)-심할 심. 심히 심.　　　　　　　*擧(거)-들 거. 올릴 거. 일으킬 거.

壬　甲　庚　丁
申　辰　戌　亥

甲　乙　丙　丁　戊　己
辰　巳　午　未　申　酉

甲木休囚已極,　庚金祿旺剋之,　一點丁火,　難以相對,　加之兩財生
갑 목 휴 수 이 극　경 금 록 왕 극 지　일 점 정 화　난 이 상 대　가 지 양 재 생

殺,　似乎殺重身輕,　不知九月甲木進氣,　壬水貼身相生,　不傷丁火,
살　사 호 살 중 신 경　부 지 구 월 갑 목 진 기　임 수 첩 신 상 생　불 상 정 화

丁火雖弱,　通根身庫,　戌乃燥土,　火之本根,　辰乃溼土,　木之餘氣,
정 화 수 약　통 근 신 고　술 내 조 토　화 지 본 근　진 내 습 토　목 지 여 기

　甲木이 휴수됨이 이미 극에 이르렀는데 녹왕(祿旺)한 庚金이 극을 하고 있다.
일점 丁火로는 庚金을 상대하기가 어려운데 게다가 두 재성이 살(殺)을 생하니
마치 살중신경(殺重身輕) 같다.

　그러나 九月의 甲木은 진기이고 壬水가 가까이서 일주를 생하고 丁火가 손상
되지 않아 丁火가 비록 약하긴 하여도 고(庫)에 통근하고 있는데 戌은 조토로 火
의 뿌리이고 辰은 습토로 木의 여기(餘氣)임을 모르는 까닭[所以]이다.

*似(사)－같을 사. 이을 사.　　　*似乎(사호)－마치 ～인 것 같다. 아마도.
*加之(가지)－부사어로 게다가.　　*輕(경)－가벼울 경. 가벼이 여길 경.

天干一生一制,　地支又遇長生,　四柱生化有情,　五行不爭不妒,　至
천 간 일 생 일 제　지 지 우 우 장 생　사 주 생 화 유 정　오 행 부 쟁 불 투　지

丁運科甲聯登,　用火敵殺明矣,　雖久任京官,　而官資豐厚,　皆一路
정 운 과 갑 연 등　용 화 적 살 명 의　수 구 임 경 관　이 관 자 풍 후　개 일 로

南方運也,
남 방 운 야

　천간 하나는 생하고 하나는 극하는데 지지에 장생을 두니 사주가 생화(生化)함
이 유정하다. 오행이 다투거나 투기(妒忌)함이 없다.

丁 대운에 과거에 연달아 급제하였다. 이로써 볼 때 丁火로 살을 대적함이 확실하다. 경관(京官)으로 오랫동안 있었으나 벼슬과 녹봉이 풍후하였다. 이는 다 운이 한길로 남방으로 흐르기 때문이다.

*遇(우)−만날 우. 뜻밖에 우. 대접할 우. *久(구)−오래 구. 오래 머무를 구.
*妬(투)−강새암할 투. 시샘할 투. 妬와 소. *厚(후)−두터울 후. 두터이 할 후.

壬 甲 庚 乙
申 戌 辰 亥

甲 乙 丙 丁 戊 己
戌 亥 子 丑 寅 卯

此與前大同小異, 以俗論之, 甲以乙妹妻庚, 凶爲吉兆, 貪合忘沖,
차 여 전 대 동 소 이 이 속 론 지 갑 이 을 매 처 경 흉 위 길 조 탐 합 망 충
較之前造更佳, 何彼則翰苑, 此則寒衿,
교 지 전 조 갱 가 하 피 즉 한 원 차 즉 한 금

이 사주는 앞의 사주와 대동소이하다. 속론(俗論)하면 甲木이 여동생인 乙木을 庚金의 처로 시집보내 乙庚 합으로 충을 잊으니 흉함이 길조(吉兆)로 변하여 앞의 사주에 비하여 더욱 좋다 할 것이다.

그런데 어찌 앞의 사주는 벼슬이 높고 한원(翰苑)에 들었는데, 이 명조는 빈한한 선비에 불과하였는가.

*兆(조)−조 조. 조짐 조.
*貪(탐)−탐할 탐.
*忘(망)−잊을 망. 건망증 망.
*沖(충)−화할 충. 빌 충. 찌를 충. 꺼리다.
*翰(한)−깃 한. 붓 한. 글 한.
*苑(원)−동산 원. 문채 날 원.
*衿(금)−옷깃 금. 맬 금.

*翰苑(한원)−한림원(翰林院). 예문관(藝文館)을 달리 이르는 말. 서적의 편찬이나 조서(詔書)의 초안을 담당하는 부서로 학문에 재능 있는 사람들이 선발됨. 조선(朝鮮)에서는 예문관의 검열에 해당하는 관직으로 문벌이 좋고 우수한 수재라야 임명됨.
*寒衿(한금)−빈한한 선비.

不知乙庚合而化金, 反助其暴, 彼則甲辰, 辰乃濕土, 能生木, 此
부지을경합이화금　반조기포　피즉갑진　진내습토　능생목　차

則甲戌, 戌燥土不能生木, 彼則申辰拱化, 此則申戌生殺, 彼則甲
즉갑술　술조토불능생목　피즉신진공화　차즉신술생살　피즉갑

木進氣, 而庚金退, 此則庚金進氣, 而甲木退, 推此兩造, 天淵之隔,
목진기　이경금퇴　차즉경금진기　이갑목퇴　추차양조　천연지격

進退之機, 不可不知也,
진퇴지기　불가부지야

　　이는 乙庚의 합이 金으로 화(化)하여 金의 강포함을 돕는다는 것을 모르기 때문
에 앞의 사주보다 좋다고 하는 것이다.

　　앞의 사주는 甲辰 일로 辰은 습토로서 능히 木을 생하나 이 사주는 甲戌 일로
戌은 조토로서 木을 생하지 못하며, 앞의 명조는 申辰으로 水의 반국(半局)을 이
루나 이 명조는 申戌로 살(殺)을 생하고 있으며, 앞의 사주는 甲木은 진기이고
庚金은 퇴기이며 이 사주는 庚金은 진기이고 甲木은 퇴기이다.

　　이와 같이 추리하건대, 두 명조는 하늘과 땅의 차이라 하겠다. 진퇴지기(進退之
機)를 몰라서는 아니 되는 것이다.

*淵(연)－못 연. 웅덩이 연. 깊을 연.　　　*天淵之隔(천연지격)－천연지차(天淵之差)
*天淵(천연)－하늘과 못. 전(轉)하여 위와 아　　와 같은 말로 하늘과 못과의 차이. 곧 대단
　래. 현격한 차이가 남.　　　　　　　　　한 차이를 이름. 天壤之差(천양지차)와 소.

역자주　진기(進氣)와 퇴기(退氣)에 대하여 좀 더 자세히 살펴보자.

甲木이 戌月에 진기(進氣)라고 하는 것은 木은 卯에서 가장 왕하니 辰에서는 쇠(衰)하기
시작한다. 즉 辰月부터 퇴기(退氣)로 들어가는데 일 년은 열두 달이니 여섯 달은 퇴기(退
氣)이고 여섯 달은 진기(進氣)이다.
辰月부터 퇴기로 접어드니 세어보면 辰 巳 午 未 申 酉까지 여섯 달은 퇴기이다. 酉에서
쇠(衰)함이 극(極)에 이르렀으니 戌月부터는 진(進)으로 나아가게 된다. 戌月부터 亥 子
丑 寅 卯月까지 여섯 달은 進氣이다.

金은 酉에서 가장 왕하니 戌月에서 쇠(衰)하기 시작하여 卯月까지 여섯 달은 퇴기(退氣)이
다. 세어보면 戌 亥 子 丑 寅 卯까지가 퇴기이다. 쇠(衰)함이 극(極)에 이르렀으면 다시
진(進)으로 나아가니 辰月부터 진기(進氣)로 나아가는 것이다. 辰月부터 酉月까지 여섯 달
은 진기(進氣)인 것이다. 여타 五行도 이와 같다.

配 合 배합

配合干支仔細詳. 定人禍福與災祥.
배 합 간 지 자 세 상   정 인 화 복 여 재 상

천간과 지지의 배합을 자세히 보면 사람의 화복(禍福)과 재상(災祥)이 확실해
진다.

*仔(자) - 자세할 자. 새끼 자. 견딜 자.   *災(재) - 화재 재. 재앙 재.
*定(정) - 정할 정. 머무를 정. 꼭 정. 부사어   *祥(상) - 복 상. 재앙 상. 자세할 상.
　로는 확실히. 정말로.   *災祥(재상) - 재난과 복. 흉(凶)과 길(吉).

原注 원주

天干地支. 相爲配合. 仔細推詳其進退之機. 則可以斷人之禍福災祥矣.
천 간 지 지   상 위 배 합   자 세 추 상 기 진 퇴 지 기   즉 가 이 단 인 지 화 복 재 상 의

【원주】

천간과 지지의 배합과 진퇴지기를 세밀히 살펴본즉 사람의 화복(禍福)과 재상(災
祥)을 가히 단정할 수 있다.

任氏曰 임씨왈,

此章乃闢謬之要領也, 配合干支, 必須正理, 搜尋詳推, 與衰旺喜
차 장 내 벽 류 지 요 령 야   배 합 간 지   필 수 정 리   수 심 상 추   여 쇠 왕 희

忌之理, 不可將四柱干支置之弗論, 專從奇格異局神殺等類妄譚,
기 지 리   불 가 장 사 주 간 지 치 지 불 론   전 종 기 격 이 국 신 살 등 류 망 담

以致禍福無憑, 吉凶不驗,
이 치 화 복 무 빙   길 흉 불 험

임 선생님이 말씀하였다.

이 글은 오류(誤謬)를 바로 잡는 중요한 대목이다. 간지의 배합은 반드시 바른 이치로 살펴야 하는바, 이는 쇠왕과 희기(喜忌)의 이치인 것이다.

사주에 있어서 천간과 지지의 배합을 제쳐 놓고 오로지 기격, 이국, 신살 등으로 망령되이 말하니 이에 화(禍)와 복(福)이 근거가 없게 되고 길흉이 맞지 않는다.

*闢(벽)-열 벽. 열릴 벽. 피할 벽.
*謬(류)-그릇될 류. 어긋날 류. 속일 류.
*領(령)-다스릴 령. 거느릴 령. 목 령.
*搜(수·소)-찾을 수. 어지러울 소.
*尋(심)-찾을 심. 깊이 심.
*置(치)-둘 치. 놓을 치. 버릴 치.

*將(장)-장수 장. 장차 장. 부사어로는 오직. 단지. 또는 장차 ~을 하려 한다.
*專(전)-오로지 전. 오로지 할 전. 전일할 전. 제멋대로 할 전.
*譚(담)-이야기할 담. 편안할 담.
*驗(험)-증좌 험. 조짐 험.

命中至理, 只存用神, 不拘財官印綬比刦食傷梟殺, 皆可爲用, 勿
명 중 지 리　지 존 용 신　불 구 재 관 인 수 비 겁 식 상 효 살　개 가 위 용　물
以名之美者爲佳, 惡者爲憎, 果能審日主之衰旺, 用神之喜忌, 當
이 명 지 미 자 위 가　오 자 위 증　과 능 심 일 주 지 쇠 왕　용 신 지 희 기　당
抑則抑, 當扶則扶, 所謂去留舒配, 取裁碻當, 則運途否泰, 顯然
억 즉 억　당 부 즉 부　소 위 거 유 서 배　취 재 확 당　즉 운 도 비 태　현 연
明白, 禍福災祥, 無不驗矣,
명 백　화 복 재 상　무 불 험 의

사주의 지극한 이치는 단지 용신에 있는 것으로 재, 관, 인수, 비견, 겁재, 식신, 상관, 효살(梟殺) 등 그 명칭에 구애됨이 없이 다 용신으로 쓸 수 있는 것이다. 이름이 아름답다 하여 좋아하고 이름이 나쁘다 하여 미워해서는 아니 된다.

일주의 쇠왕(衰旺)뿐만 아니라 용신의 희기를 확실하게 살펴 마땅히 억제할 것은 억제하고 도울 것은 도와야 하는 것이다.

소위 버릴 것은 버리고 남길 것은 남기고 배치가 마땅하고 취(取)할 것과 버릴 것을 확실하게 하면 운의 좋고 나쁨이 명백하게 드러날 것이니 길흉화복이 적중하지 않음이 없을 것이다.

*綏(수)-끈 수. 인끈 수.
*勿(물)-없을 물. 말 물.
*審(심. 반)-살필 심. 빙빙 돌 반.
*舒(서)-펼 서. 조용할 서. 실마리 서.

*裁(재)-마를 재. 자를 재. 분별할 재.
*確(확)-단단할 확. 확실할 확. 確과 소.
*禍福(화복)-재앙과 복록(福祿).
*災祥(재상)-재앙과 상서(祥瑞).

$$壬\ 庚\ 戊\ 甲$$
$$午\ 申\ 辰\ 子$$

$$甲\ 癸\ 壬\ 辛\ 庚\ 己$$
$$戌\ 酉\ 申\ 未\ 午\ 巳$$

此造以俗論之, 干透三奇之美, 支逢拱貴之榮, 且又會局不沖, 官
차 조 이 속 론 지 간 투 삼 기 지 미 지 봉 공 귀 지 영 차 우 회 국 불 충 관

星得用, 主名利雙收, 然庚申生于季春, 水本休囚, 原可用官, 嫌
성 득 용 주 명 리 쌍 수 연 경 신 생 우 계 춘 수 본 휴 수 원 가 용 관 혐

其支會水局, 則坎增其勢, 而離失其威, 官星必傷, 不足爲用,
기 지 회 수 국 즉 감 증 기 세 이 리 실 기 위 관 성 필 상 부 족 위 용

　이 명조는 속론(俗論)하면 천간으로 삼기(三奇)가 투출하여 아름답고 지지로는
귀(貴)를 떠받치니 영화로우며 또한 지지에 회국(會局)을 이루니 충이 해소되어
관성을 쓸 수 있어 명리(名利)가 양전하다고 할 것이다.

　그러나 庚金 일주가 계춘(季春)에 생하여 水는 춘절로 휴수되니 관성을 쓰는
것이 가하다고 하겠으나 꺼리는 것은 지지가 수국(水局)을 이루어 감(坎)은 그 세력
이 증가하고 리(離)는 그 위력을 잃어 관성이 손상되니 용신으로 하기는 부족하다.

*三奇(삼기)-갑무경(甲戊庚).
*拱(공)-두 손 마주잡을 공. 껴안을 공.
*拱貴(공귀)-천을귀인(天乙貴人)인 未를 오
　신(午申)이 공협함.
*坎(감 ☵)-구덩이 감. 험할 감. 감괘 감. 팔
　괘의 하나. 방위로는 정북. 물질로는 水에
　해당함.

*離(리 ☲)-떠날 리. 떨어질 리. 흩어질 리.
　이괘 리. 팔괘의 하나. 방위로는 정남. 물질
　로는 火에 해당함.
*季(계)-어릴 계. 끝 계.
*季春(계춘)-봄의 마지막 달. 진월(辰月).
*嫌(혐)-싫어할 혐. 미움 혐.
*增(증)-불을 증. 더할 증.

欲以强衆敵寡而用壬水, 更嫌三奇透戊, 根深奪食, 亦難作用, 甲
욕 이 강 중 적 과 이 용 임 수   갱 혐 삼 기 투 무   근 심 탈 식   역 난 작 용   갑

木之財, 本可借用, 疎土衛水, 洩傷生官, 似乎有情, 不知甲木退
목 지 재   본 가 차 용   소 토 위 수   설 상 생 관   사 호 유 정   부 지 갑 목 퇴

氣, 戊土當權, 難以疎通, 縱用甲木, 亦是假神, 不過庸碌之人,
기   무 토 당 권   난 이 소 통   종 용 갑 목   역 시 가 신   불 과 용 록 지 인

　무리 지어 강한 적을 약하긴 하여도 壬水로 용신을 삼고자 하나 더욱 꺼리는
바는 삼기(三奇)를 이룬 戊土가 투출하여 뿌리를 깊이 내리고 탈식(奪食)하니 또한
용신으로 하기 어렵다. 甲木 재성을 설령 용신으로 하여 土를 극하고 水를 보호하
며 식상을 설하여 관을 생하니 유정한 것 같으나 甲木은 퇴기인데 戊土는 당권(當
權)하여 강하니 소통(疎通)이 어렵다는 것을 모르고 하는 말이다.

　끝내 甲木을 쓴다 하여도 이 또한 가신(假神)이니 용록지인(庸碌之人)에 불과할
것이다.

*寡(과)-적을 과. 홀어미 과.
*借(차)-빌릴 차. 가령 차. 여기서는 부사어
　로 설령. 가사(假使).
*疎(소)-트일 소. 나눌 소. 채소 소. 빗질 소.
*衛(위)-막을 위. 방위 위.

*奪食(탈식)-식신인 壬水를 戊土가 극하
　는 것. 효신(梟神) 탈식(奪食)이라 함.
*庸(용)-쓸 용. 어리석을 용. 고용할 용.
*碌(록. 녹)-푸른빛 록. 어리석을 록.
*庸碌(용록)-어리석고 무능함.

況運走西南, 甲木休囚之地, 雖有祖業, 亦一敗而盡, 且不免刑妻
황 운 주 서 남   갑 목 휴 수 지 지   수 유 조 업   역 일 패 이 진   차 불 면 형 처

剋子, 孤苦不堪, 以三奇拱貴等格論命而不看用神者, 皆虛謬耳,
극 자   고 고 불 감   이 삼 기 공 귀 등 격 론 명 이 불 간 용 신 자   개 허 류 이

　하물며 운이 서남방으로 행하니 甲木의 휴수지로 비록 조업(祖業)은 있었으나
한 번의 실패로 다 없어지고 처자의 형극(刑剋)을 면치 못하니 외롭고 고생이
심했다.

　이로써 삼기(三奇)나 공귀(拱貴) 등의 격으로 명을 논하고 용신을 보지 않는 것은
다 헛되고 잘못된 것이다.

*刑剋(형극)-刑은 부인의 죽음. 剋은 자식
  의 죽음.
*堪(감)-견딜 감. 맡을 감.
*不堪(불감)-심(甚)함.

*孤苦(고고)-어려서는 부모가 안 계신 것
  을 고(孤)라 하고, 늙어서는 배우자가 없는
  것을 고(孤)라 함. 苦는 고생. 간난(艱難)을
  겪음.

$$壬 \quad 乙 \quad 己 \quad 丙$$
$$午 \quad 丑 \quad 亥 \quad 子$$

$$乙 \; 甲 \; 癸 \; 壬 \; 辛 \; 庚$$
$$巳 \; 辰 \; 卯 \; 寅 \; 丑 \; 子$$

此造初看, 一無可取, 天干壬丙一剋, 地支子午遙沖, 且寒木喜陽,
차 조 초 간　일 무 가 취　천 간 임 병 일 극　지 지 자 오 요 충　차 한 목 희 양

正遇水勢泛濫, 火炁剋絶, 似乎名利無成, 余細推之, 三水二土二
정 우 수 세 범 람　화 기 극 절　사 호 명 리 무 성　여 세 추 지　삼 수 이 토 이

火, 水勢雖旺, 喜無金, 火本休囚, 幸有土衛, 謂兒能救母,
화　수 세 수 왕　희 무 금　화 본 휴 수　행 유 토 위　위 아 능 구 모

　　이 사주는 한눈에 하나도 취할 것이 없는 것 같다. 천간에는 丙壬이 극하고 지지
에는 子午가 멀지만 충하고 있으며 추운 때의 木이 火를 기뻐하는데 범람하는
수세를 만나니 화기(火氣)가 절(絶)되어 명리를 이룰 수 없을 것 같다.

　　그러나 자세히 살펴보면 三水 二土 二火로 水의 기세가 비록 왕하기는 하나
기쁜 것은 金이 없는 것이고 火는 본디 휴수되었으나 다행히 土가 火를 보호하니
이른바 아능구모(兒能救母)이다.

*初(초)-처음 초.
*初看(초간)-한눈에.
*遙(요)-멀 요. 아득할 요.
*泛(범. 핍)-뜰 범. 넓을 범. 물소리 핍.

*濫(람)-넘칠 람. 뜰 람.
*炁(기)-기운 기. 氣와 소.
*絶(절)-끊을 절. 끊어질 절. 뛰어날 절.
*幸(행)-다행 행. 다행할 행.

역자주 　兒能救母(아능구모) : 火는 土를 생하니 소위 丙火의 자식인 己土가 丙火를 극하는 壬水
를 막아주니 자식이 제 어미를 구(救)한다는 뜻이다.

況天干壬水生乙木, 丙火生己土, 各立門戶, 相生有情, 必無爭剋
황 천간임수생을목   병화생기토   각입문호   상생유정   필무쟁극

之意, 地支雖北方, 然喜己土原神透出, 通根祿旺, 互相庇護, 其
지 의   지지수북방   연희기토원신투출   통근록왕   호상비호   기

勢足以止水衛火, 正謂有病得藥,
세 족 이 지 수 위 화   정 위 유 병 득 약

   더구나 천간의 壬水는 乙木을 생하고 丙火는 己土를 생하니 각각 문호(門戶)를
세워 서로 협력하며 상생(相生)으로 유정하며 서로 다투고 극하는 뜻이 없다.

   지지가 비록 亥子丑 북방(北方)이나, 그러나 기쁜 것은 丑土의 원신인 己土가
천간에 투출하여 녹(祿)에 통근하였고 火土가 서로 호위하니 그 세(勢)가 족히
水를 저지하여 火를 보호한다. 이것이 바로 유병득약(有病得藥)이다.

  *門戶(문호)-자기에게 찬동하는 파(派). 집   *互(호)-서로 호. 어긋매낄 호.
   안에 드나드는 곳. 문벌(門閥).   *護(호)-도울 호. 지킬 호.

且一陽後萬物懷胎, 木火進氣, 以傷官秀氣爲用, 中年運走東南,
차 일양후만물회태   목화진기   이상관수기위용   중년운주동남

用神生旺, 必是甲第中人, 交寅, 火生木旺, 連登甲榜, 入翰苑, 是
용신생왕   필시갑제중인   교인   화생목왕   연등갑방   입한원   시

以青雲直上, 由此兩造觀之, 配合干支之理, 其可忽乎,
이 청 운 직 상   유차양조관지   배합간지지리   기가홀호

   또 일양(一陽) 후에는 만물이 회태(懷胎)하니 木火가 진기로 상관(傷官)이 빼어나
용신으로 한다. 중년에 운이 동남으로 가니 용신이 생조를 받아 왕(旺)해져 반드시
과거에 급제할 것이다. 寅 운에 이르러 木이 녹(祿)을 얻고 火를 생하니 연달아
과거에 장원하고 한원(翰苑)에 들었으며 벼슬이 곧바로 올랐다. 이와 같은 근거로
두 사주를 볼 때 간지의 배합하는 이치를 어찌 소홀히 할 수 있겠는가.

  *懷(회)-품을 회. 따를 회.   *甲榜(갑방)-을방(乙榜)의 대칭으로 문과
  *胎(태)-아기 밸 태. 태아 태.   (文科)시험.
  *懷胎(회태)-아이를 뱀.   *忽(홀)-홀연 홀. 소홀히 할 홀.

天　干 천간

五陽皆陽丙爲最.　五陰皆陰癸爲至.
오 양 개 양 병 위 최　　오 음 개 음 계 위 지

오양(五陽)이 다 양이나 丙火가 으뜸이고 오음(五陰)이 다 음이나 癸水가 가
장 지극하다.

原注원주

甲丙戊庚壬爲陽.　獨丙火秉陽之精.　而爲陽中之陽.　乙丁己辛癸爲陰.
갑 병 무 경 임 위 양　　독 병 화 병 양 지 정　　이 위 양 중 지 양　　을 정 기 신 계 위 음

獨癸水秉陰之精.　而爲陰中之陰.
독 계 수 병 음 지 정　　이 위 음 중 지 음

【원주】

甲 丙 戊 庚 壬은 양(陽)인데 오로지 丙火는 양의 정기를 가짐으로 양중(陽中)의
陽이고, 乙 丁 己 辛 癸는 음(陰)인데 오로지 癸水는 음의 정기를 가짐으로 음중(陰
中)의 陰이다.

任氏曰임씨왈,

丙乃純陽之火, 萬物莫不由此而發, 得此而斂, 癸乃純陰之水, 萬
병 내 순 양 지 화　만 물 막 불 유 차 이 발　득 차 이 렴　계 내 순 음 지 수　　만

物莫不由此而生, 得此而茂, 陽極則陰生故丙辛化水, 陰極則陽生
물 막 불 유 차 이 생　득 차 이 무　양 극 즉 음 생 고 병 신 화 수　음 극 즉 양 생

故戊癸化火陰陽相濟, 萬物有生生之妙,
고 무 계 화 화 음 양 상 제　만 물 유 생 생 지 묘

임 선생님이 말씀하였다.

丙은 순양(純陽)의 火로서 만물이 이로 말미암아 발생하고 이를 얻어 거두어들이며, 癸는 순음(純陰)의 水로서 이로 말미암아 생하고 이를 얻어 무성하게 된다.

양이 극에 이르면 음을 생하므로 고로 丙辛이 水로 화(化)하고 음이 극에 이르면 양을 생하므로 고로 戊癸가 火로 화(化)하는 것이다.

이와 같이 음양은 서로 돕는 상제(相濟)의 작용이 있으므로 만물이 생하고 또 생하는 묘(妙)가 있는 것이다.

*莫(막)－없을 막. 말 막. 아득할 막.　　　*茂(무)－우거질 무. 성할 무.
*斂(렴)－거둘 렴. 감출 렴.　　　　　　　*濟(제)－건널 제. 나루 제. 도울 제. 이룰 제

夫十干之氣, 以先天言之, 故一原同出, 以後天言之, 亦一氣相包,
부 십 간 지 기　이 선 천 언 지　고 일 원 동 출　이 후 천 언 지　역 일 기 상 포

甲乙一木也, 丙丁一火也, 戊己一土也, 庚辛一金也, 壬癸一水也,
갑 을 일 목 야　병 정 일 화 야　무 기 일 토 야　경 신 일 금 야　임 계 일 수 야

即分別所用, 不過陽剛陰柔, 陽健陰順而已,
즉 분 별 소 용　불 과 양 강 음 유　양 건 음 순 이 이

대저 십간(十干)의 기(氣)는 선천(先天)으로 말하면 하나의 근원에서 같이 나온 것이고 후천(後天)으로 말하여도 역시 같은 기(氣)가 서로 어우러짐이니 甲乙이 같은 木이고, 丙丁이 같은 火이고, 戊己가 같은 土이고, 庚辛이 같은 金이고, 壬癸가 같은 水이다.

이를 쓰는 바에 따라 분별하는 것은 양은 강(剛)하고 음은 유(柔)하며 양은 건(健)하고 음은 순(順)한 것에 불과한 것이다.

*包(포)－쌀 포. 꾸러미 포.　　　　　　　*柔(유)－부드러울 유. 편안히 할 유.
*過(과)－지날 과. 지나칠 과. 잘못할 과.　　*健(건)－굳셀 건. 튼튼할 건.
*剛(강)－굳셀 강. 억셀 강.　　　　　　　*順(순)－순할 순. 기뻐할 순.

竊怪命家作爲歌賦, 比擬失倫, 竟以甲木爲梁棟, 乙木爲花果, 丙
절 괴 명 가 작 위 가 부　비 의 실 륜　경 이 갑 목 위 량 동　을 목 위 화 과　병

作太陽, 丁作燈燭, 戊作城牆, 己作田園, 庚爲頑鐵, 辛作珠玉, 壬
작 태 양　정 작 등 촉　무 작 성 장　기 작 전 원　경 위 완 철　신 작 주 옥　임

爲江河, 癸爲雨露, 相沿已久, 牢不可破, 用之論命, 誠大謬也,
위 강 하　계 위 우 로　상 연 이 구　뇌 불 가 파　용 지 론 명　성 대 류 야

　　정도를 벗어난 명가들이 가결(歌訣)이나 시부(詩賦)를 지어 모두 윤상(倫常)을 잃
게 하고 있다.

　　甲木은 동량(棟梁)이고, 乙木은 화과(花果)이고, 丙火는 태양(太陽)이고, 丁火는
등촉(燈燭)이고, 戊土는 성장(城牆)이고, 己土는 전원(田園)이고, 庚金은 완철(頑鐵)
이고, 辛金은 주옥(珠玉)이고, 壬水는 강하(江河)이고, 癸水는 우로(雨露)라고 써온
것이 이미 오래 되었다.

　　오래되어 굳어진 것은 파(破)하기가 어렵다. 이렇게 명(命)을 논한다면 참으로
크게 잘못되는 것이다.

*竊(절)-도둑질할 절. 기만할 절.
*賦(부)-읊을 부. 펼 부. 매길 부.
*擬(의)-비길 의. 추측할 의. 흡사할 의.
*牆(장)-담 장. 경계 장.
*城牆(성장)-성곽(城郭). 또는 성(城)의 담장.
*頑鐵(완철)-제련되지 않은 철광석의 철.
　여기서는 검극(劍戟)을 뜻함.

*頑(완)-완고할 완. 탐할 완.
*沿(연)-물 따라 내려갈 연. 좇을 연.
*相沿(상연)-오랫동안 행함.
*牢(뢰. 뇌)-짐승우리 뢰(뇌). 감옥 뇌. 굳을
　뇌(견고함).
*牢不可破(뇌불가파)-견고한 것은 깨뜨리
　지 못함.

如謂甲爲無根死木, 乙爲有根活木, 同是木而分生死, 豈陽木獨稟
여 위 갑 위 무 근 사 목　을 위 유 근 활 목　동 시 목 이 분 생 사　기 양 목 독 품

死氣, 陰木獨稟生氣乎, 又謂活木畏水泛, 死木不畏水泛, 豈活木
사 기　음 목 독 품 생 기 호　우 위 활 목 외 수 범　사 목 불 외 수 범　기 활 목

遇水且漂, 而枯槎遇水反定乎, 論斷諸干, 如此之類, 不一而足,
우 수 차 표　이 고 사 우 수 반 정 호　론 단 제 간　여 차 지 류　불 일 이 족

當盡闢之, 以絶將來之謬,
당 진 벽 지　이 절 장 래 지 류

가령 甲은 뿌리가 없는 죽은 나무라 하고, 乙은 뿌리가 있는 살아 있는 나무라 한다면 이는 같은 木을 생(生)과 사(死)로 나눈 것인데 어찌 양목(陽木)은 유독 사기 (死氣)를 품수받고 음목(陰木)은 유독 생기(生氣)를 품수받는가.

또 이르기를 활목(活木)은 물이 범람하는 것을 두려워하고 사목(死木)은 물이 범람하는 것을 두려워하지 않는다고 하는데, 어찌 활목은 물을 만나면 표류하고 사목은 물을 만나 도리어 고정되는가.

모든 천간을 논하여 단정한 것이 이러한 것들로 하나같이 이치에 맞지 않으니 다 파헤쳐서 앞으로는 이러한 오류(誤謬)가 없어야 하겠다.

*稟(품. 름)－받을 품. 바탕 품. 녹미 름. 곳집 름.
*畏(외)－두려워할 외. 두려움 외.
*漂(표)－떠다닐 표. 나부낄 표.

*槎(사)－떼 사. 엇찍을 사. 나무 벨 사.
*枯槎(고사)－枯는 뿌리 없는 마른나무. 槎는 뗏목.
*盡闢(진벽)－파헤침.

五陽從氣不從勢. 五陰從勢無情義.
오 양 종 기 부 종 세　　오 음 종 세 무 정 의

오양(五陽)은 기(氣)는 따르나 세(勢)는 따르지 않고 오음(五陰)은 세(勢)를 따르니 정의(情義)가 없다.

原注원주

五陽得陽之氣. 卽能成乎陽剛之事. 不畏財殺之勢. 五陰得陰之氣.
오양득양지기　즉능성호양강지사　불외재살지세　오음득음지기

卽能成乎陰順之義. 故木盛則從木. 火盛則從火. 土盛則從土. 金盛
즉능성호음순지의　고목성즉종목　화성즉종화　토성즉종토　금성

則從金. 水盛則從水. 於情義之所在者. 見其勢衰. 則忌之矣. 蓋婦
즉종금　수성즉종수　어정의지소재자　견기세쇠　즉기지의　개부

人之情也. 如此若得氣順理正者. 亦未必從勢而忘義. 雖從亦必正矣.
인지정야　여차약득기순리정자　역미필종세이망의　수종역필정의

【원주】

　　오양(五陽)은 양기를 얻으므로 양강(陽剛)한 일을 능히 이룰 수 있어 재살(財殺)의 세를 두려워하지 않고, 오음(五陰)은 음의 기를 얻음으로 음순(陰順)의 뜻이 있어 木이 왕성한즉 木을 따르고, 火가 왕성한즉 火를 따르고, 土가 왕성한즉 土를 따르고, 金이 왕성한즉 金을 따르고, 水가 왕성한즉 水를 따른다.

　　그 마음이 따른 것에 두니 그 세력이 쇠퇴함을 보는 것을 꺼린다. 다 여자의 정(情)과 같다. 음간(陰干)은 이와 같으나 음양과 오행이 바르게 되어 있으면 세(勢)를 따르지 않을 뿐 아니라 의리를 망각하지도 않는다. 비록 종(從)을 하더라도 곧고 바르다.

*오양(五陽)－甲 丙 戊 庚 壬.　　　　*如此(여차)－이처럼. 이와 같이. 앞의 문장
*오음(五陰)－乙 丁 己 辛 癸.　　　　　의 뜻이 이와 같다는 말.
*衰(쇠)－쇠할 쇠. 줄 쇠.　　　　　　*未必(미필)－반드시 ～하는 것은 아니다.

역자주　　○ 氣順(기순)：　기(氣)란 五行을 말하는 것으로 기순(氣順)은 오행이 접속상생(接續相生)으로 조화롭게 이루어진 것을 말한다.
　　　　　　○ 理正(이정)：　이(理)는 음양(陰陽)을 말하는 것으로 이정(理正)은 음양이 바르게 된 것을 말한다.

任氏曰 임씨왈,

五陽氣闢, 光亨之象易觀, 五陰氣翕, 包含之蘊難測, 五陽之性剛
오양기벽　광형지상이관　오음기흡　포함지온난측　오양지성강

健, 故不畏財煞而有惻隱之心, 其處世不苟且, 五陰之性柔順, 故
건　고불외재살이유측은지심　기처세불구차　오음지성유순　고

見勢忘義, 而有鄙吝之心, 其處世多驕諂, 是以柔能制剋剛, 剛不
견세망의　이유비린지심　기처세다교첨　시이유능제극강　강불

能制剋柔也,
능제극유야

　　임 선생님이 말씀하였다.

　　오양(五陽)은 기(氣)가 열려 있어 광형(光亨)함을 쉽게 볼 수 있으나 오음(五陰)은 기가 닫혀 있어 포함하고 있는 것을 헤아리기 어렵다.

　　오양의 체성은 강건하여 그러므로 재(財)나 살(煞)을 두려워하지 않으며 측은지심이 있어 처세에 구차하지 않다. 오음(五陰)의 체성은 유순하여 그러므로 세력을

보면 의리를 잊고 마음이 얕고 인색하여 그 처세에 아첨과 교만이 많다. 그러므로 유(柔)는 능히 강(剛)을 제극하나 강은 유를 제극치 못한다.

*翕(흡)－합할 흡. 모일 흡. 거둘 흡.
*含(함)－머금을 함. 넣을 함. 품을 함.
*蘊(온)－쌓을 온. 쌓일 온. 속내 온(사물의 가장 깊은 속내나 심오한 곳).
*測(측)－잴 측. 재어질 측.
*惻(측)－슬퍼할 측.
*隱(은)－숨을 은. 숨길 은. 가엾어할 은.
*苟(구)－구차할 구. 진실로 구. 단지 구. 겨우 구.

*惻隱(측은)－가엾게 여겨 속을 태움.
*且(차)－또 차. 이 차. 장차 차.
*苟且(구차)－일시〔暫時〕를 미봉함. 등한히 함. 가난함.
*鄙(비)－다라울 비. 천하게 여길 비. 마을 비. 식읍 비.
*吝(린)－아낄 린. 인색할 린.
*驕(교)－씩씩할 교. 교만할 교.
*諂(첨)－아첨할 첨. 아첨 첨.

大都趨利忘義之徒, 皆陰氣之爲戾也, 豪俠慷慨之人, 皆陽氣之獨鍾,
대 도 추 리 망 의 지 도　개 음 기 지 위 려 야　호 협 강 개 지 인　개 양 기 지 독 종

然尙有陽中之陰, 陰中之陽, 又有陽外陰內, 陰外陽內, 亦當辨之,
연 상 유 양 중 지 음　음 중 지 양　우 유 양 외 음 내　음 외 양 내　역 당 변 지

陽中之陰, 外仁義而內奸詐, 陰中之陽, 外凶險而內仁慈, 陽外陰
양 중 지 음　외 인 의 이 내 간 사　음 중 지 양　외 흉 험 이 내 인 자　양 외 음

內者, 包藏禍心, 陰外陽內者, 秉持直道, 此人品之端邪, 固不可
내 자　포 장 화 심　음 외 양 내 자　병 지 직 도　차 인 품 지 단 사　고 불 가

以不辨,
이 불 변

　대체로 이익을 좇아 의리를 잊는 무리는 다 음기가 거세기 때문이고 호협한 성격에 불의를 못 참는 것은 다 양기의 성정이다. 그러나 양(陽) 중에 음이 있고 음(陰) 중에도 양이 있으며, 또 양은 밖에 음은 안에 있기도 하고, 음은 밖에 양은 안에 있기도 하니 또한 잘 분별하여야 한다.

　양(陽) 중에 음(陰)은 겉으로는 인의(仁義)로와 보이나 내심은 간사하고, 음(陰) 중에 양(陽)은 겉은 음흉하고 험한 것 같아도 내심은 인자하다.

　양이 밖에 있고 음이 안에 있는 자는 화심(禍心)을 감추고 있고, 음이 밖에 있고 양이 안에 있는 자는 곧고 바른 사람이다. 이는 인품의 단정함과 사특함이니 확실

하게 분별하지 않으면 안 된다.

*趨(추)－추창할 추. 향할 추.
*戾(려. 여)－어그러질 려. 사나울 려.
*豪(호)－뛰어날 호. 호협 호.
*豪俠(호협)－호방하고 의협심이 있음.
*慷(강)－강개할 강.
*慨(개)－분개할 개. 슬퍼할 개.

*慷慨(강개)－의분에 복받치어 슬퍼하고 한
 탄함.
*鍾(종)－쇠북 종. 모일 종. 정지소(情之所).
*奸(간)－범할 간. 간음할 간. 간악할 간.
*詐(사)－속일 사. 거짓 사.
*奸詐(간사)－간사(奸邪)하고 남을 잘 속임.

要在氣勢順正, 四柱五行停勻, 庶不偏倚, 自無損人利己之心, 凡
요 재 기 세 순 정　사 주 오 행 정 균　서 불 편 의　 자 무 손 인 이 기 지 심　 범

持身涉世之道, 趨避必先知人, 故云擇其善者而從之, 卽此意也,
지 신 섭 세 지 도　추 피 필 선 지 인　 고 운 택 기 선 자 이 종 지　 즉 차 의 야

　요컨대 기세가 어그러지지 않고 바르며 사주의 오행이 균형을 이루고 한쪽으로
치우치지 않으면 남을 손해 보이고 자신의 이익만을 취하는 이기심이 없는 것이다.
　무릇 자신을 지키며 세상을 살아가는 도리는 반드시 먼저 사람됨을 알아서 길한
것은 따르고 흉한 것은 피하는 것이다. 성인께서 말씀하신 선(善)한 것을 가려서
좇는다 한 것이, 즉 이 뜻이다.

*停(정)－머무를 정. 멈출 정.
*勻(균. 윤)－고를 균. 가지런할 윤.
*倚(의. 기)－기댈 의. 믿을 의. 기이할 기.

*涉(섭)－건널 섭. 겪을 섭.
*避(피)－피할 피.
*擇(택)－가릴 택. 고르다.

甲木參天. 脫胎要火. 春不容金. 秋不容土. 火熾乘龍.
갑 목 참 천　탈 태 요 화　춘 불 용 금　추 불 용 토　 화 치 승 룡

水宕騎虎. 地潤天和. 植立千古.
수 탕 기 호　지 윤 천 화　식 립 천 고

　甲木은 하늘까지 치솟는 기세가 있다. 껍질을 깨고 태어날 때는 火가 있어야
한다. 봄에는 金을 쓰지 못하고 가을에는 土를 쓰지 못한다.

火가 치열하면 용을 타고 물이 범람하면 범을 타야 한다. 땅이 윤택하고 하늘이 온화하면 천년을 산다.

*參天(참천)－하늘에 닿음. 공중에 높이 늘어섬.
*脫胎(탈태)－출생함을 이름.
*容(용)－얼굴 용. 용납할 용.
*熾(치)－성할 치. 사를 치.

*龍(용)－진토(辰).
*宕(탕)－방탕할 탕. 돌굴 탕.
*騎(기)－말 탈 기. 기마 기.
*虎(호)－인목(寅).

原注원주

純陽之木. 參天雄壯. 火者木之子也. 旺木得火而愈敷榮. 生於春則
순양지목　참천웅장　화자목지자야　왕목득화이유부영　생어춘즉
欺金. 而不能容金也. 生於秋則助金. 而不能容土也. 寅午戌. 丙丁
기금　이불능용금야　생어추즉조금　이불능용토야　인오술　병정
多見而坐辰. 則能歸. 申子辰. 壬癸多見而坐寅. 則能納. 使土氣不乾.
다견이좌진　즉능귀　신자진　임계다견이좌인　즉능납　사토기불건
水氣不消. 則能長生矣.
수기불소　즉능장생의

【원주】

순양지목(純陽之木)은 하늘로 치솟는 웅장한 기상이 있다. 火는 木의 자식으로 木이 왕하면 火가 있어야 더욱 영화롭게 되는 것이다. 봄에 생한즉 金을 얕보니 金을 쓰지 못하고 가을에 생한즉 金이 왕한 계절로 金을 돕는 土를 쓰지 못한다.

寅午戌 화국을 이루고 丙丁이 많으면 辰土 위에 앉아야 능히 火가 돌아갈 곳이 있게 되고 申子辰 수국을 이루고 壬癸가 많으면 寅木 위에 앉아야 능히 납수(納水)할 수 있다. 土가 건조하지 않고 水가 마르지 않으면 오래도록 산다.

*參(삼. 참)－섞일 참. 나란히 할 참. 빽빽이 들어설 삼. 석 삼.
*雄(웅)－수컷 웅. 굳셀 웅. 뛰어날 웅.
*壯(장)－씩씩할 장. 장할 장. 왕성할 장.

*愈(유)－나을 유. 더할 유. 고칠 유.
*敷(부)－펼 부. 두루 부. 널리 부.
*欺(기)－속일 기. 거짓말할 기. 업신여길 기〔陵也〕. 속을 기.

任氏曰 임씨왈,

甲爲純陽之木, 體本堅固, 參天之勢, 又極雄壯, 生于春初, 木嫩
갑 위 순 양 지 목　체 본 견 고　참 천 지 세　우 극 웅 장　생 우 춘 초　목 눈

氣寒, 得火而發榮, 生于仲春, 旺極之勢, 宜洩其菁英, 所謂强木
기 한　득 화 이 발 영　생 우 중 춘　왕 극 지 세　의 설 기 청 영　소 위 강 목

得火, 方化其頑, 剋之者金, 然金屬休囚, 以衰金而剋旺木, 木堅
득 화　방 화 기 완　극 지 자 금　연 금 속 휴 수　이 쇠 금 이 극 왕 목　목 견

金缺, 勢所必然, 故春不容金也,
금 결　세 소 필 연　고 춘 불 용 금 야

　임 선생님이 말씀하였다.

　甲은 순양(純陽)의 木으로 체(體)가 본시 견고하고 참천(參天)의 기세가 있고 또
한 극히 웅장하다. 춘초(春初)에 생하면 木은 어리고 기후는 한랭하니 火가 있어야
발영(發榮)한다. 중춘(仲春)에 태어나면 왕극한 기세이니 마땅히 그 무성함을 설하
여야 한다. 소위 강한 木은 火가 있어야 바야흐로 그 완고함을 변화시킬 수 있다.

　木을 극하는 것은 金인데 춘절은 金이 휴수한 때이니 쇠(衰)한 金이 왕한 木을
극하려 하면 木이 견고하여 金이 이지러진다. 형세(形勢)가 이러하므로 봄에는 金
을 쓰지 못하는 것이다.

*春初(춘초)─正月. 寅月. 孟春.　　　*菁(청. 정)─우거질 청. 화려할 정. 부추꽃
*嫩(눈)─어릴 눈.　　　　　　　　　　정.
*仲春(중춘)─二月. 卯月.　　　　　　*菁英(청영)─무성(茂盛)함.

生于秋, 失時就衰, 但枝葉雖凋落漸稀, 根氣却收斂下達, 受剋者
생 우 추　실 시 취 쇠　단 지 엽 수 조 락 점 희　근 기 각 수 렴 하 달　수 극 자

土, 秋土生金洩氣, 最爲虛薄, 以虛氣之土, 遇下攻之木, 不能培
토　추 토 생 금 설 기　최 위 허 박　이 허 기 지 토　우 하 공 지 목　불 능 배

木之根, 必反遭其傾陷, 故秋不容土也, 柱中寅午戌全, 又透丙丁,
목 지 근　필 반 조 기 경 함　고 추 불 용 토 야　주 중 인 오 술 전　우 투 병 정

不惟洩氣太過, 而木且被焚, 宜坐辰, 辰爲水庫, 其土溼, 溼土能
불 유 설 기 태 과　이 목 차 피 분　의 좌 진　진 위 수 고　기 토 습　습 토 능

生木洩火, 所謂火熾乘龍也,
생 목 설 화　소 위 화 치 승 룡 야

가을에 태어나면 시령(時令)을 잃어 쇠약하다. 그러나 지엽(枝葉)은 시들고 떨어져도 근기(根氣)는 아래로 수렴하니 극을 받는 것은 土이다.

가을의 土는 金을 생하므로 설기가 되니 가장 허박(虛薄)한데 이 허기(虛氣)한 土가 아래로 공격하는 木을 만나면 木의 뿌리를 배양(培養)치 못하고 오히려 土가 함몰(陷沒) 맞게 된다. 고로 가을에는 土를 쓰지 못하는 것이다.

사주에 寅午戌이 있고 또 丙丁이 투출하면 설기가 태과(太過)할 뿐 아니라 木 또한 타버릴 것이니 마땅히 좌하(坐下)에 辰土를 두어야 한다.

辰은 水의 고장이고 습토로, 습토는 능히 木을 기르고 火를 설하니 이른바 火가 치열하면 용을 타야 한다고 한 것이다.

*葉(엽)−잎 엽. 갈래 엽.
*凋(조)−시들 조. 느른할 조.
*稀(희)−드물 희. 묽을 희.
*却(각)−물러날 각. 물리칠 각. 도리어 각. 틈 각. 卻과 소.
*遭(조)−만날 조. 두를 조.

*傾(경)−기울 경. 기울어질 경.
*陷(함)−빠질 함. 함정 함.
*傾陷(경함)−기울이어 빠뜨림. 기울어져 빠짐.
*被(피)−이불 피. 덮을 피. 당할 피.
*焚(분)−탈 분. 태울 분. 불사를 분.

申子辰全又透壬癸, 水泛木浮, 宜坐寅, 寅乃火土生地, 木之祿旺,
신자진전우투임계 수범목부 의좌인 인내화토생지 목지록왕

能納水氣, 不致浮泛, 所謂水宕騎虎也, 如果金不銳, 土不燥, 火
능납수기 불치부범 소위수탕기호야 여과금불예 토부조 화

不烈, 水不狂, 非植立千古而得長生者哉,
불열 수불광 비식립천고이득장생자재

· 사주에 申子辰이 있고 또 천간에 壬癸가 투출하면 水가 범람하여 木이 뜨게 되니 마땅히 좌하에 寅木을 두어야 한다. 寅은 火土의 生地이고 木의 녹(祿)이고 왕지(旺地)로 능히 水氣를 거두어들여 木이 물에 뜨는 지경에는 이르지 않게 된다. 이른바 물이 많으면 범을 타야 한다는 것이다.

그러므로 金이 날카롭지 않고, 土가 건조하지 않고, 火가 치열하지 않고, 水가 범람하지 않으면 천년의 세월을 살지 않겠는가.

乙木雖柔. 刲羊解牛. 懷丁抱丙. 跨鳳乘猴. 虛溼之地.
을목수유 규양해우 회정포병 과봉승후 허습지지

騎馬亦憂. 藤蘿繫甲. 可春可秋.
기마역우 등라계갑 가춘가추

　　乙木은 비록 유약(柔弱)하나 양[未]을 찌르고 소[丑]를 이길 수 있으며, 丁火나 丙火가 있으면 봉(鳳 : 酉金) 위에 있어도 괜찮으며 원숭이[申]도 탈 수 있다. 허(虛)하고 습한 땅에서는 말[午]을 타고 있어도 역시 근심스럽고 甲木이 함께 얽혀주면 봄도 좋고 가을도 좋다.

　　*刲(규) - 벨 규. 찌를 규.
　　*跨(과) - 넘을 과. 걸터앉을 과.
　　*猴(후) - 원숭이 후

　　*藤(등) - 등나무 등.
　　*蘿(라) - 쑥 라. 풀가사리 라.
　　*藤蘿(등라) - 등나무.

原注 원주

乙木者. 生於春如桃李. 夏如禾稼. 秋如桐桂. 冬如奇葩. 坐丑未能
을목자 생어춘여도리 하여화가 추여동계 동여기파 좌축미능

制柔土. 如刲宰羊. 解割牛然. 只要有一丙丁. 則雖生申酉之月. 亦不
제유토 여규재양 해할우연 지요유일병정 즉수생신유지월 역불

畏之. 生於子月. 而又壬癸發透者. 則雖坐午. 亦難發生. 故益知坐丑
외지 생어자월 이우임계발투자 즉수좌오 역난발생 고익지좌축

未月之爲美. 甲與寅字多見. 弟從兄義. 譬之藤蘿附喬木. 不畏斫伐也.
미월지위미 갑여인자다견 제종형의 비지등라부교목 불외작벌야

【원주】

　　乙木은 봄에 나면 도리(桃李)와 같고 여름에 나면 벼[禾稼(화가)]와 같고 가을에 나면 동계(桐桂)와 같고 겨울에 나면 꽃[葩(파)]과 같다. 丑土나 未土 위에 앉으면 유(柔)한 土는 능히 제극(制剋)하니 마치 양을 찌르고 소를 잡는 것과 같다. 丙火나 丁火가 하나라도 있으면 비록 申酉月에 생하여도 두렵지 않다.

　　子月에 태어나 壬癸 水가 투출하면 비록 午火를 깔고 있어도 생기를 발(發)하기 어렵다. 그러므로 더욱 丑未月이 좋은 것을 알 수 있다.

甲木과 寅木이 많이 보이면 아우가 형의 뜻을 따르는 것으로, 비유하면 등나무가 큰 나무에 얽혀 살아가는 것과 같으니 金의 극을 두려워하지 않는다.

*禾(화)-벼 화. 곡식 화. 　　　　*葩(파)-꽃 파. 꽃 모양의 쇠 장식.
*稼(가)-심을 가. 곡식 가. 농사 가. *譬(비)-비유할 비. 비유컨대 비.
*禾稼(화가)-곡식. 　　　　　　　*喬(교)-높을 교. 교만할 교.
*桐(동)-오동나무 동. 거문고 동. *斫(작)-찍을 작. 칠 작.

任氏曰임씨왈,

乙木者, 甲之質, 而承甲之生氣也, 春如桃李, 金剋則凋, 夏如禾
을 목 자　갑 지 질　이 승 갑 지 생 기 야　춘 여 도 리　금 극 즉 조　하 여 화

稼, 水滋得生, 秋如桐桂, 金旺火制, 冬如奇葩, 火溼土培, 生于春
가　수 자 득 생　추 여 동 계　금 왕 화 제　동 여 기 파　화 습 토 배　생 우 춘

宜火者, 喜其發榮也, 生于夏宜水者, 潤地之燥也, 生于秋宜火者,
의 화 자　희 기 발 영 야　생 우 하 의 수 자　윤 지 지 조 야　생 우 추 의 화 자

使其剋金也, 生于冬宜火者, 解天之凍也,
사 기 극 금 야　생 우 동 의 화 자　해 천 지 동 야

임 선생님이 말씀하였다.

乙木은 甲木의 질(質)로서 甲木의 생기를 이은 것이다. 봄에는 도리(桃李)와 같으니 金의 극을 받으면 시들고, 여름에는 곡식과 같으니 水의 자양(滋養)이 있어야 살 수 있으며, 가을에는 동계(桐桂)와 같아 왕한 金을 火로써 억제하여야 하고, 겨울은 기이한 화초 같아 火와 습토로 재배하여야 한다.

봄에 생하여 火가 마땅한 것은 발영(發榮)이 기쁘기 때문이고, 여름에 생하여 水가 마땅한 것은 건조한 土를 적셔주기 때문이고, 가을에 생하여 火가 마땅한 것은 왕한 金을 억제하기 때문이고, 겨울에 생하여 火가 마땅한 것은 추위를 풀어 주기 때문이다.

*質(질)-초목(草木)의 올바름. 물건의 형체. *潤(윤)-젖을 윤. 윤택할 윤.
　근본. 본(本). 　　　　　　　　　　　*燥(조)-마를 조. 말릴 조.
*桃李(도리)-복숭아나무와 오얏나무. 　*榮(영)-영화 영. 꽃 영. 빛 영. 성할 영.

> 역자주 冬如奇葩, 火溼土培(동여기파, 화습토배): 乙木이 겨울에 태어나면 기이한 화초(花草) 같아서 火와 습토(溼土)로 길러야 한다고 하였는데, 여기에서 습토(溼土)는 잘못된 것 같다. 겨울은 水가 왕한 계절이고 土 또한 습토로 얼어 있으니 이때는 당연히 火와 따뜻한 土가 필요하다. 난토(暖土)이거나 조토(燥土)이어야 한다. 즉, 未土나 戌土이어야 한다. 『적천수징의』에는 난토(暖土)로 되어 있다.

刲羊解牛者, 生于丑未月, 或乙未乙丑日, 未乃木庫, 得以蟠根,
규 양 해 우 자　생 우 축 미 월　혹 을 미 을 축 일　미 내 목 고　득 이 반 근

丑乃溼土, 可以受氣也, 懷丁抱丙, 跨鳳乘猴者, 生于申酉月, 或
축 내 습 토　가 이 수 기 야　회 정 포 병　과 봉 승 후 자　생 우 신 유 월　혹

乙酉日, 得丙丁透出天干, 有水不相爭尅, 制化得宜, 不畏金强,
을 유 일　득 병 정 투 출 천 간　유 수 불 상 쟁 극　제 화 득 의　불 외 금 강

　양을 찌르고 소를 풀어 헤친다는 것은 丑월 또는 未월에 생했거나 또는 乙未일이나 乙丑일에 생하면 未는 木의 고(庫)로 뿌리를 서릴 수 있고 丑은 습토이니 그 수기(水氣)를 받을 수 있는 것을 이르는 말이다.

　丁火를 품거나 丙火를 안으면 봉(鳳)에 걸터앉고 후(猴)를 탈 수 있다고 하는 것은 申월 또는 酉월에 생하거나 혹 乙酉일에 생하였더라도 천간에 丙丁 火가 투출하고 水가 있어도 서로 쟁극이 없으면 제(制)하고 화(化)함이 마땅한 것이니 金이 강왕해도 두렵지 않다는 뜻이다.

*蟠(반)−서릴 반. 쌓을 반.　　　　　*跨(과. 고)−타넘을 과. 걸터앉을 고.
*溼(습)−축축할 습. 濕과 같은 字임.　　*猴(후)−원숭이 후.

虛溼之地, 騎馬亦憂者, 生于亥子月, 四柱無丙丁, 又無戌未燥土,
허 습 지 지　기 마 역 우 자　생 우 해 자 월　사 주 무 병 정　우 무 술 미 조 토

卽使年支有午, 亦難發生也, 天干甲透, 地支寅藏, 此謂蔦蘿繫松
즉 사 년 지 유 오　역 난 발 생 야　천 간 갑 투　지 지 인 장　차 위 조 라 계 송

柏, 春固得助, 秋亦合扶, 故曰可春可秋, 言四季皆可也,
백　춘 고 득 조　추 역 합 부　고 왈 가 춘 가 추　언 사 계 개 가 야

　허하고 습한 땅에서는 말을 타고 있어도 근심스럽다는 것은 亥월이나 子월에

태어나 사주에 丙火나 丁火가 없고 또 戌土나 未土가 없으면 설령 年支에 午火
가 있더라도 역시 생기를 발하기 어렵다는 뜻이다.

천간에 甲木이 투출하고 지지에 寅木이 있으면 이는 넝쿨이 송백(松柏)을 감고
얽히어 사는 것이므로 봄에도 도움이 되고 가을에도 도움이 되니 가춘가추(可春可
秋)라 하는 것이며 사계절이 다 좋은 것이다.

*騎(기)-말탈 기. 기병 기.　　　　　　*蘿(라)-쑥 라. 여라 라. 풀가사리 라.
*透(투)-뛸 투. 환할 투. 던질 투.　　　*繫(계)-맬 계. 매달 계.
*蔦(조)-누홍초 조. 메꽃과에 속하는 일년　*柏(백)-잣나무 백. 측백나무 백.
　생 만초(蔓草).

丙火猛烈. 欺霜侮雪. 能煅庚金. 逢辛反怯. 土衆成慈. 水
병 화 맹 렬　기 상 모 설　능 단 경 금　봉 신 반 겁　토 중 성 자　수

猖顯節. 虎馬犬鄕. 甲木若來. 必當焚滅.
창 현 절　호 마 견 향　갑 목 약 래　필 당 분 멸

一本作虎馬犬鄕甲來成滅.
일 본 작 호 마 견 향 갑 래 성 멸

丙火는 체성이 맹렬하여 서리나 눈을 깔보며 능히 庚金을 제련할 수 있으나
辛金을 만나면 도리어 겁낸다.

土의 무리를 보면 자애를 베풀고 水가 창궐(猖獗)해도 충절을 나타낸다. 寅午
戌 화국(火局)을 이루고 있을 때 甲木이 오면 모든 것을 태워버린다.

어느 책에는 寅午戌 화국(火局)에 甲木이 오면 성멸(成滅)이라고 되어 있다.

*猛(맹)-날랠 맹. 엄할 맹.　　　　　*怯(겁)-겁낼 겁. 겁쟁이 겁.
*欺(기)-속일 기. 거짓 기. 업신여길 기〔陵　*猖(창)-미칠 창.
　也〕.　　　　　　　　　　　　　*虎(호)-범 호. 寅.
*煅(단)-두드릴 단. 대장일 단. 때릴 단. 鍛　*馬(마)-말 마. 午.
　과 仝.　　　　　　　　　　　　*鄕(향)-마을 향. 대접할 향.

原注원주

火陽精也. 丙火灼陽之至. 故猛烈. 不畏秋而欺霜. 不畏冬而侮雪.
화양정야 병화작양지지 고맹렬 불외추이기상 불외동이모설

庚金雖頑. 力能煅之. 辛金本柔. 合而反弱. 土其子也. 見戊己多而
경금수완 력능단지 신금본유 합이반약 토기자야 견무기다이

成慈愛之德. 水其君也. 遇壬癸旺而顯忠節之風. 至於未遂炎上之性.
성자애지덕 수기군야 우임계왕이현충절지풍 지어미수염상지성

而遇寅午戌三位者. 露甲木則燥而焚滅也.
이우인오술삼위자 로갑목즉조이분멸야

【원주】

火는 양(陽)의 정기(精氣)이다. 丙火는 작렬함이 지극한 양화(陽火)이므로 맹렬하다. 가을도 두려워하지 않고 서리〔霜〕도 깔보며 겨울도 두려워하지 않고 눈도 깔본다.

庚金이 비록 굳세나 능히 제련할 힘이 있고 辛金은 본래 유(柔)하나 합이 되니 도리어 약하게 된다.

土는 자식이니 戊己 土가 많아도 자애로운 덕을 베푼다. 水는 군(君)이 되는데 왕한 壬癸 水를 만나면 충절의 기상을 나타낸다. 염상(炎上)에는 이르지 않았다 해도 寅午戌이 있고 甲木이 투출하면 조열하니 다 태워버린다.

*精(정)-찧을 정. 자세할 정. 묘할 정. 아름   *炎(염)-탈 염. 태울 염. 더울 염.
  다울 정. 신령 정.   *炎上(염상)-炎上格(염상격)을 말함.

*灼(작)-사를 작. 밝을 작. 빛날 작.   *燥(조)-마를 조. 말리다. 마르다.

*侮(모)-업신여길 모. 조롱할 모.   *焚滅(분멸)-태워 없앰. 타 없어짐.

任氏曰임씨왈,

丙乃純陽之火, 其勢猛烈, 欺霜侮雪, 有除寒解凍之功, 能煅庚金,
병내순양지화 기세맹렬 기상모설 유제한해동지공 능단경금

遇强暴而施剋伐也, 逢辛反怯, 合柔順而寓和平也, 土衆成慈, 不
우강폭이시극벌야 봉신반겁 합유순이우화평야 토중성자 불

凌下也, 水猖顯節, 不援上也, 虎馬犬鄉者, 支坐寅午戌, 火勢已
능하야 수창현절 불원상야 호마견향자 지좌인오술 화세이

過于猛烈, 若再見甲木來生, 轉致焚滅也,
과우맹렬 약재견갑목래생 전치분멸야

임 선생님이 말씀하였다.

丙火는 순양(純陽)의 火로서 그 기세가 맹렬하므로 서리나 눈을 두려워하지 않으며 추위를 물리치고 언 것을 녹이는 공(功)이 있다. 庚金을 능히 단련하니 강포한 것을 만나면 극벌(剋伐)을 펴는 것이다. 辛金을 만나는 것은 도리어 겁을 내니 유순(柔順)한 辛金과 합이 되어 화평하게 되니 위세를 잃기 때문이다.

土의 무리를 만나 자애로움을 이루는 것은 아랫사람을 능멸하지 않음이고 水가 창궐해도 절의를 나타내는 것은 윗사람의 도움을 받지 않는 것을 이르는 것이다.

호마견향(虎馬犬鄕)이라는 것은 지지에 寅午戌이 있음을 말함이니 火의 기세가 이미 지나치게 맹렬한데 또 甲木의 생이 있으면 다 타버리고 만다.

*寓(우)−붙어살이 우. 부칠 우. 맡길 우.　　*凌(능. 릉)−업신여길 능. 얼음 능.
*剋伐(극벌)−강제로 복종시킴. 억지로 자　　*猖(창)−미칠 창.
　기를 따르게 함.　　*援(원)−구원할 원. 당길 원. 도움 원.

由此論之, 洩其威, 須用己土, 遏其焰, 必要壬水, 順其性, 還須
유차론지　설기위　수용기토　알기염　필요임수　순기성　환수

辛金, 己土卑溼之體, 能收元陽之氣, 戌土高燥, 見丙火而焦坼矣,
신금　기토비습지체　능수원양지기　술토고조　견병화이초탁의

壬水剛中之德, 能制暴烈之火, 癸水陰柔, 逢丙火而燻乾矣, 辛金
임수강중지덕　능제폭열지화　계수음유　봉병화이한건의　신금

柔軟之物, 明作合而相親, 暗化水而相濟, 庚金剛健, 剛又逢剛,
유연지물　명작합이상친　암화수이상제　경금강건　강우봉강

勢不兩立, 此雖擧五行而論, 然世事人情何莫不然,
세불양립　차수거오행이론　연세사인정하막불연

이로써 논하건대 그 강한 기세를 설하려면 반드시 己土를 써야 하고, 그 염염한 화기를 그치게 하려면 반드시 壬水로 하여야 하며 그 성정을 순(順)하게 하려면 辛金이 있어야 한다.

己土는 체성이 비습한 고로 능히 강열한 양의 기(氣)를 수렴할 수 있으나 戌土는 고항(高亢)하고 조열하니 丙火를 보게 되면 말라 터지게 된다.

壬水는 강한 가운데 덕이 있으니 능히 폭염을 제압할 수 있으나 癸水는 陰水로 유약하여 丙火를 만나면 말라 버린다.

辛金은 유연한 金으로 丙火와 합을 하면 친밀해지고 암암리에 水로 돌아가 기제의 공을 이루나 庚金은 강건한 金으로 강한 것이 강한 것을 만나면 그 세력이 양립(兩立)할 수 없으니 丙火가 庚金을 단련하는 것이다. 이는 비록 오행을 들어 논한 것이나 세상사나 인정 또한 어찌 그러하지 않겠는가.

*遏(알)−막을 알. 머무를 알. *坼(탁)−터질 탁.

*焰(염)−불꽃 염. *熯(한. 선)−말릴 한. 불사를 선. 공경할 선.

*還(환)−돌아올 환. 돌아갈 환. 두를 환. *軟(연)−부드러울 연. 약할 연.

*焦(초)−그슬릴 초. 탈 초. *莫(막)−없을 막. 말 막. 아득할 막.

> **역자주** 戊土高燥, 見丙火而焦坼矣(술토고조, 견병화이초탁의) : 밑줄의 戊土(술토)는 아마 필사 과정에서 잘못된 듯하다. 戊土(무토)가 맞는 말이다. 여기서는 己土(기토)와 戊土(무토)의 차이를 말한 것이다.

> 丁火柔中. 内性昭融. 抱乙而孝. 合壬而忠. 旺而不烈. 衰
> 정화유중 내성소융 포을이효 합임이충 왕이불열 쇠
>
> 而不窮. 如有嫡母. 可秋可冬.
> 이불궁 여유적모 가추가동

丁火는 유(柔)한 가운데에 내성(內性)은 밝고 윤택하다. 乙木을 감싸 효도하고 壬水를 합하여 충성한다. 왕하여도 치열하지 않고 쇠하여도 궁하지 않으며 만일 적모(嫡母)가 있으면 가을도 괜찮고 겨울이라도 괜찮다.

*昭(소)−밝을 소. 밝힐 소. *如有(여유)−가설문(假說文)의 첫 부분에

*融(융)−통할 융. 화합할 융. 녹일 융.   쓰며, 가령 ～한다면. 만일 ～한다면 등으

*抱(포)−안을 포. 품다. 가슴. 흉부.   로 해석.

*窮(궁)−궁구할 궁. 궁할 궁. 다할 궁. *嫡(적)−아내 적. 정실 적. 맏아들 적.

> **역자주** 嫡母(적모) : 국어사전에는 서자(庶子)가 아버지의 정실(正室)을 일컫는 말이라고 되어 있다. 여기서는 정인(正印)을 일컫는 것으로 갑목(甲木)이나 인목(寅木)을 의미한다.

原注원주

丁干屬陰. 火性雖陽. 柔而得其中矣. 外柔順而内文明. 内性豈不昭融乎.
정간속음 화성수양 유이득기중의 외유순이내문명 내성기불소융호

乙非丁之嫡母也. 乙畏辛而丁抱之. 不若丙抱甲而反能焚甲木也. 不若己
을비정지적모야 을외신이정포지 불약병포갑이반능분갑목야 불약기

抱丁而反能晦丁火也. 其孝異乎人矣.
포정이반능회정화야 기효이호인의

【원주】

丁火는 음에 속한다. 火의 본성은 양이나 유하면서 중정(中正)이 있어 밖으로는 유하나 안으로는 화려하게 빛나니 내성이 어찌 밝고 윤택하지 않겠는가.

乙木은 丁火의 적모는 아니나 乙木이 辛金의 극이 두려울 때 丁火가 감싸주는 것은 丙火가 甲木을 감싸서 도리어 甲木을 태워 버리는 것과는 같지 않으며 己土가 丁火를 감싸서 丁火를 어둡게 하는 것과도 같지 않으니 그 효가 사람과 다를 바 있겠는가.

*昭(소)-밝을 소. 밝힐 소.　　　*融(융)-녹을 융. 녹일 융. 화합할 융. 밝을
*晦(회)-그믐 회. 어두울 회.　　　　융.

壬爲丁之正君也. 壬畏戊而丁合之. 外則撫恤戊土. 能使戊土不欺壬也.
임위정지정군야 임외무이정합지 외즉무휼무토 능사무토불기임야

内則暗化木神. 而使戊土不敢抗乎壬也. 其忠異乎人矣. 生於夏令. 雖
내즉암화목신 이사무토불감항호임야 기충이호인의 생어하령 수

逢丙火. 特讓之而不助其焰. 不至於烈矣. 生於秋冬. 得一甲木. 則倚之
봉병화 특양지이부조기염 부지어열의 생어추동 득일갑목 즉의지

不滅. 而焰至於無窮也. 故曰可秋可冬. 皆柔之道也.
불멸 이염지어무궁야 고왈가추가동 개유지도야

壬水는 丁火의 바른 군주가 되는데 壬水가 戊土의 극을 두려워 할 때 丁火가 합을 하여 밖으로는 戊土를 무휼(撫恤)하고 戊土로 하여금 壬水를 업신여기지 못하게 하며 안으로는 木으로 암화(暗化)하여 戊土로 하여금 壬水를 극하지 못하게 하니 그 충성이 사람과 다를 바 있겠는가.

여름에 태어나 비록 丙火를 만나더라도 겸양하여 불꽃을 돕지 않으니 치열함에는

이르지 않으며 가을이나 겨울에 태어나도 甲木을 얻으면 이에 의지하여 멸(滅)하지 않으니 불꽃의 이어짐은 무궁하다 하겠다. 그러므로 가을이고 겨울이고 가(可)한 것이다. 이는 다 유(柔)의 도(道)라 하겠다.

*正君(정군)―바른 군주(君主). 즉, 정관(正官).
*撫(무)―어루만질 무. 쓰다듬을 무.
*恤(휼)―근심할 휼. 사랑할 휼.
*撫恤(무휼)―어루만져 위로 함.
*抗(항)―극(剋)과 같음.
*倚(의. 기)―기댈 의. 믿을 의. 기이할 기.
*柔(유)―부드러울 유. 편안히 할 유.

任氏曰 임씨왈,

丁非燈燭之謂, 較丙火則柔中耳, 内性昭融者, 文明之象也, 抱乙
정비등촉지위 교병화즉유중이 내성소융자 문명지상야 포을

而孝, 明使辛金不傷乙木也, 合壬而忠, 暗使戊土不傷壬水也, 惟
이효 명사신금불상을목야 합임이충 암사무토불상임수야 유

其柔中, 故無太過不及之弊, 雖時當乘旺, 而不至赫炎, 卽時值就
기유중 고무태과불급지폐 수시당승왕 이부지혁염 즉시치취

衰, 而不至于熄滅, 干透甲乙, 秋生不畏金, 支藏寅卯, 冬産不忌水,
쇠 이부지우식멸 간투갑을 추생불외금 지장인묘 동산불기수

임 선생님이 말씀하였다.

丁火는 등불이나 촛불이 아니다. 丙火와 비교하여 유순하고 중용이 있는 것이다. 내성(内性)이 소융(昭融)하다고 하는 것은 문명지상(文明之象)을 갖추고 있다는 뜻이다. 乙木을 감싸 안아 효도한다는 것은 辛金으로 하여금 乙木을 극하지 못하도록 하는 것을 밝힌 것이며, 壬水와 합하여 충성한다고 하는 것은 합하여 木으로 암화(暗化)하니 戊土로 하여금 壬水를 극하지 못하게 한다는 뜻이다.

丁火는 성정이 유중(柔中)하므로 지나치거나 모자라는 폐단이 없으니 비록 시령(時令)을 얻어 강왕해도 혁염(赫炎)에는 이르지 않으며 쇠약해지는 때를 만나도 식멸(熄滅)에는 이르지 않는다.

천간에 甲乙이 투출하면 가을에 생하여도 金을 두려워하지 않으며 지지에 寅卯가 있으면 겨울에 태어나도 水를 꺼리지 않는다.

*昭(소)-밝을 소.
*柔中(유중)-연약(軟弱)하나 중정(中正)의 도
　를 갖춤.
*弊(폐)-해질 폐. 곤할 폐. 피곤할 폐.

*赫(혁)-붉을 혁. 성할 혁. 나타날 혁.
*赫炎(혁염)-화염이 지나치게 맹렬함.
*熄(식)-꺼질 식. 사라질 식.
*熄滅(식멸)-꺼짐. 꺼져 없어짐.

戊土固重. 旣中且正. 靜翕動闢. 萬物司命. 水潤物生.
무 토 고 중　기 중 차 정　정 흡 동 벽　만 물 사 명　수 윤 물 생

火燥物病. 若在艮坤. 怕沖宜靜.
화 조 물 병　약 재 간 곤　파 충 의 정

戊土는 단단하고 후중하다. 이미 중용을 갖추고 또한 바르다. 고요하면 기
(氣)를 거두고 동하여 기(氣)를 열어 만물을 사명(司命)한다.

水로써 윤택해지면 만물을 생하고 火가 조열하면 만물이 병(病)든다. 만약
간곤(艮坤)에 있으면 충을 두려워 하니 마땅히 고요하여야 한다.

*司命(사명)-생명을 맡음.
*怕(파)-두려워할 파. 부끄러워하다.

*艮坤(간곤)-艮은 寅, 坤은 申을 뜻함. 戊
　土가 좌하에 寅이나 申을 둔 것을 말함.

原注원주

戊土非城牆隄岸之謂也. 較己特高厚剛燥. 乃己土發源之地. 得乎中
무 토 비 성 장 제 안 지 위 야　교 기 특 고 후 강 조　내 기 토 발 원 지 지　득 호 중

氣而且正大矣. 春夏則氣闢而生萬物. 秋冬則氣翕而成萬物. 故爲萬
기 이 차 정 대 의　춘 하 즉 기 벽 이 생 만 물　추 동 즉 기 흡 이 성 만 물　고 위 만

物之司命也. 其氣屬陽. 喜潤不喜燥. 坐寅怕申. 坐申怕寅. 蓋冲則
물 지 사 명 야　기 기 속 양　희 윤 불 희 조　좌 인 파 신　좌 신 파 인　개 충 즉

根動. 非地道之正也. 故宜靜.
근 동　비 지 도 지 정 야　고 의 정

【원주】

戊土는 성장(城牆)이나 제안(堤岸)이 아니다. 己土와 비교하여 높고 두텁고 굳세고
건조한 土로서 己土의 발원지이며 중용의 기(氣)를 얻어서 바르고 크다.

봄과 여름에는 기가 열려서 만물을 생하며 가을과 겨울에는 기를 거둬들여 만물을 완성시킨다. 그러므로 만물을 사명(司命)한다고 하는 것이다.

그 기는 양에 속하니 습한 것을 좋아하고 건조한 것을 싫어한다. 寅 위에 앉으면 申을 두려워하고 申 위에 앉으면 寅을 두려워한다. 충한즉 뿌리가 움직이니 지도(地道)의 올바름이 아니기 때문이다. 이러하므로 마땅히 고요해야 한다.

任氏曰임씨왈,

戊爲陽土, 其氣固重, 居中得正, 春夏氣動而闢, 則發生, 秋冬氣
무위양토 기기고중 거중득정 춘하기동이벽 즉발생 추동기

靜而翕, 則收藏, 故爲萬物之司命也, 其氣高厚, 生於春夏, 火旺
정이흡 즉수장 고위만물지사명야 기기고후 생어춘하 화왕

宜水潤之, 則萬物發生, 燥則物枯, 生於秋冬水多宜火暖之, 則萬
의수윤지 즉만물발생 조즉물고 생어추동수다의화난지 즉만

物化成, 溼則物病,
물화성 습즉물병

임 선생님이 말씀하였다.

戊土는 양토로써 그 기는 단단하고 두껍다. 중앙에 자리하며 바르다. 봄과 여름에는 기가 동하므로 열려서 만물이 생하고 가을과 겨울에는 기가 정(靜)하여 닫히므로 만물을 수렴하여 축장한다. 그러므로 만물의 명(命)을 맡는 것이다.

戊土의 기는 고항(高亢)하고 후중하여 봄과 여름에 태어나 火가 왕하면 마땅히 水로써 촉촉하게 하여 주어야 만물이 자랄 수 있다. 건조한즉 만물이 마른다.

가을과 겨울에 태어나면 마땅히 火로써 따뜻하게 하여야 만물이 화성(化成)한다. 한습하면 만물이 병들게 된다.

*亢(항)-목 항. 굳셀 항. 극진히 할 항.
*翕(흡)-합할 흡. 합하다. 화합하다.
*燥(조)-마를 조. 말리다. 마르다.

*化成(화성)-길러서 자라게 함. 물질이나 원소가 화합해 새 물체(物體)를 형성함. 덕화(德化)되어 선(善)해짐.

艮坤者, 寅申之月也, 春則受剋, 氣虛宜靜, 秋則多洩, 體薄怕冲,
간곤자　인신지월야　춘즉수극　기허의정　추즉다설　체박파충

或坐寅申日, 亦喜靜忌冲, 又生四季月者, 最喜庚申辛酉之金, 秀
혹좌인신일　역희정기충　우생사계월자　최희경신신유지금　수

氣流行, 定爲貴格, 己土亦然, 如柱見木火, 或行運遇之則破矣,
기유행　정위귀격　기토역연　여주견목화　혹행운우지즉파의

　　간곤(艮坤)이란 寅월과 申월인데 봄에는 木의 극을 받아 기가 허하므로 마땅히 정(靜)하여야 하며 가을에는 설기가 심하여 체(體)가 엷으므로 충을 두려워한다. 혹 寅일이나 申일도 또한 정(靜)이 마땅하고 충은 마땅하지 않다.

　　계월(季月)에 생하면 庚申 辛酉 등의 金이 가장 좋은데 이는 왕한 土를 설기하니 수기(秀氣)가 유행하여 귀격을 이루는 연고이다. 己土도 또한 이와 같다. 만약 원국에 木火가 있거나 운에서 木火를 만나면 파격이 된다.

*艮(간)－어긋날 간.　　　　　　*冲(충)－빌 충. 공허할 충(沖의 俗字).
*坤(곤)－땅 곤. 대지. 팔괘(八卦)의 하나.　　*忌(기)－꺼릴 기.
*怕(파)－두려워할 파. 부끄러워하다.　　*四季(사계)－辰 戌 丑 未.

己土卑濕. 中正蓄藏. 不愁木盛. 不畏水狂. 火少火晦. 金
기토비습　중정축장　불수목성　불외수광　화소화회　금

多金光. 若要物旺. 宜助宜幫.
다금광　약요물왕　의조의방

　　己土는 낮고 습하나 중용의 바름을 간직하고 있어 木이 왕해도 근심하지 않고 水가 넘쳐도 두려워하지 않는다.

　　火가 적으면 火를 어둡게 하고 金이 많아도 金을 빛낸다. 만물이 왕성해지려면 火土의 도움이 있어야 한다.

*愁(수)－근심할 수. 근심 수.　　　*幫(방)－도울 방.
*晦(회)－그믐 회.　　　　　　　　*旺(왕)－성할 왕.

原注원주

己土卑薄軟濕. 乃戊土枝葉之地. 亦主中正而能蓄藏萬物. 柔土能生木.
기토비박연습　내무토지엽지지　역주중정이능축장만물　유토능생목

非木所能尅. 故不愁木盛. 土深而能納水. 非水所能蕩. 故不畏水狂.
비목소능극　고불수목성　토심이능납수　비수소능탕　고불외수광

【원주】

己土는 비박(卑薄)하고 연습(軟濕)하다. 戊土의 지엽(枝葉)과 같은 土로 또한 중정한 가운데 만물을 생할 수 있는 능력을 축장하고 있다.

부드러운 土는 능히 木을 생하니 木이 극하는 것이 아니므로 木이 왕성해도 근심하지 않으며 土가 깊으면 水를 거두어 드리니 水가 쓸어 없애지 못하므로 水가 광분해도 두려워하지 않는다.

無根之火. 不能生濕土. 故火少而火反晦. 濕土能潤金朶. 故金多而金
무근지화　불능생습토　고화소이화반회　습토능윤금기　고금다이금

光彩. 反淸瑩可觀. 此其無爲而有爲之妙用. 若要萬物充盛長旺. 惟土
광채　반청형가관　차기무위이유위지묘용　약요만물충성장왕　유토

勢固重. 又得火氣暖和方可.
세고중　우득화기난화방가

뿌리 없는 火는 습토를 생하지 못하므로 火가 적으면 火가 도리어 빛을 잃게 된다. 습토는 능히 금기(金氣)를 윤택하게 할 수 있으므로 金이 많으면 金이 빛이 나니 도리어 청형(淸瑩)함을 가히 볼 수 있다. 이는 하는 것 없음이 하는 것 있음의 묘(妙)함인 것이다〔無爲而有爲之妙〕. 만약 만물이 왕성하려면 오로지 土가 고중(固重)하고 또한 火를 얻어 기후를 온난하게 하여야 한다.

*卑薄(비박)－낮고 엷다. 고항(高亢)한 戊土　　*中正(중정)－중용(中庸)의 도를 갖추고 지
에 비유한 것임.　　　　　　　　　　　　　　도(地道)가 바름.

*軟濕(연습)－부드럽고 축축하다. 후(厚)하　　*柔(유)－부드러울 유.
고 조(燥)한 戊土에 비유한 것임.　　　　　　*蕩(탕)－쓸어버릴 탕.

역자주　無爲而有爲(무위이유위)：『장자(莊子)』내편(內篇)에 있는 말로 자연은 아무것도 하지
않지만 만물(萬物)을 기르고 완성(完成)시키는 것을 이르는 말이다. 또한 無用而用(무용이
용：쓸모 없음이 도리어 쓸모 있음)도 『장자(莊子)』에서 나온 말이다.

任氏曰임씨왈,

己土爲陰溼之土, 中正蓄藏, 貫八方而旺四季, 有滋生不息之妙用
기 토 위 음 습 지 토   중 정 축 장   관 팔 방 이 왕 사 계   유 자 생 불 식 지 묘 용

焉, 不愁木盛者, 其性柔和, 木藉以培養, 木不剋也, 不畏水狂者,
언   불 수 목 성 자   기 성 유 화   목 자 이 배 양   목 불 극 야   불 외 수 광 자

其體端凝, 水得以納藏, 水不沖也,
기 체 단 응   수 득 이 납 장   수 불 충 야

　임 선생님이 말씀하였다.

　己土는 음토로 습한 土이나 중정(中正)을 가지고 있으며 기는 팔방에 통하고
사계(四季)에 왕하며 끊임없이 만물을 기르고 생하는 묘(妙)함이 있다.

　木이 왕성해도 근심하지 않는다는 것은 그 성정이 유화(柔和)하여 木이 의지하
여 자라니 木이 극하지 않는다는 뜻이고, 水가 광분해도 두렵지 않다는 것은 그
체(體)가 바르고 엉기는 힘이 있어 水를 받아들여 납장(納藏)하므로 水와 충하지
않는다는 것이다.

火少火晦者, 丁火也, 陰土能斂火晦火也, 金多金光者, 辛金也,
화 소 화 회 자   정 화 야   음 토 능 렴 화 회 화 야   금 다 금 광 자   신 금 야

溼土能生金潤金也, 柱中土氣深固, 又得丙火去其陰溼之氣, 更足
습 토 능 생 금 윤 금 야   주 중 토 기 심 고   우 득 병 화 거 기 음 습 지 기   갱 족

以滋生萬物, 所謂宜助宜幫者也,
이 자 생 만 물   소 위 의 조 의 방 자 야

　火가 적으면 火가 어두워진다는 것은 丁火를 일컫는 것으로 음토는 능히 화기
를 설하여 수렴하는 고로 火가 어두워지는 것이다. 金이 많아도 金이 빛난다고
하는 것은 辛金을 일컬음이니 습토는 능히 金을 생하고 金을 윤택하게 하는 것을
일컫는 것이다.

　사주에 土가 깊고 단단하며 丙火가 음습한 기운을 제거하면 족히 만물을 자생
(滋生)하니 의조의방(宜助宜幫)이라 한 것이다.

庚金帶煞. 剛健爲最. 得水而淸. 得火而銳. 土潤則生. 土
경금대살　강건위최　득수이청　득화이예　토윤즉생　토

乾則脆. 能嬴甲兄. 輸于乙妹.
건즉취　능영갑형　수우을매

庚金은 숙살(肅殺)의 기를 띠고 있으니 가장 강건하다. 水를 얻어 청하게 되고 火를 얻어 예리해진다.

土가 윤택하면 생하고 土가 건조하면 부스러진다. 乙木의 형인 甲木은 능히 풀어헤칠 수 있지만 甲木의 동생인 乙木에게는 정성을 다한다.

*剛(강)―단단할 강. 굳세다. 강직하다.　　*脆(취)―무를 취. 연할 취.

*乾(건)―하늘 건. 건괘 건. 말릴 건. 여기서　*嬴(영)―성 영. 가득할 영. 풀어헤칠 영.
　는 건조하다는 뜻으로 쓰임.　　　　　　*輸(수)―보낼 수. 다할 수.

> **역자주** 甲木은 乙木의 형(兄)이고 乙木은 甲木의 누이동생〔妹〕이다.

原注원주

庚金乃天上之太白. 帶殺而剛健. 健而得水. 則氣流而淸. 剛而得火.
경금내천상지태백　대살이강건　건이득수　즉기류이청　강이득화

則氣純而銳. 有水之土. 能全其生. 有火之土. 能使其脆. 甲木雖强.
즉기순이예　유수지토　능전기생　유화지토　능사기취　갑목수강

力足伐之. 乙木雖柔. 合而反弱.
력족벌지　을목수유　합이반약

【원주】

庚金은 하늘의 태백(太白)으로 살(殺)을 띠고 있어 강건하다. 강건한 것이 水를 얻으면 기가 유통되어 청하게 되고 火를 얻으면 기가 순수하여지니 날카롭게 된다.

수기(水氣)를 가진 土는 金을 생하나 화기(火氣)를 가진 土는 金을 부스러뜨린다. 甲木이 비록 강하나 그 힘은 능히 극할 수 있고 乙木은 비록 부드러우나 합이 되어 도리어 약해진다.

*太白(태백)―太白星〔태백성 : 金星(금성)〕.　*대수지토(帶水之土)―丑土와 辰土.

*殺(살)―숙살지기(肅殺之氣).　　　　　　*대화지토(帶火之土)―未土와 戌土.

任氏曰임씨왈,

庚乃秋天肅殺之氣, 剛健爲最, 得水而淸者, 壬水也, 壬水發生,
경 내 추 천 숙 살 지 기　강 건 위 최　득 수 이 청 자　임 수 야　임 수 발 생

引通剛殺之性, 便覺淬厲晶瑩, 得火而銳者, 丁火也, 丁火陰柔,
인 통 강 살 지 성　변 각 쉬 려 정 형　득 화 이 예 자　정 화 야　정 화 음 유

不與庚金爲敵, 良冶銷鎔, 遂成劍戟, 洪爐煅煉, 時露鋒鍖,
불 여 경 금 위 적　양 야 소 용　수 성 검 극　홍 로 단 련　시 로 봉 침

임 선생님이 말씀하였다.

庚金은 가을의 숙살(肅殺)하는 기(氣)로서 강건함이 으뜸이다. 물을 얻어야 청하여진다는 것은 壬水를 말함이니 壬水를 생하여 庚金의 강한 살성(殺性)을 인통하면 곧 칼을 숫돌에 간 것 같이 수정처럼 빛남이 나타난다.

火를 얻어서 날카로워진다는 것은 丁火를 일컫는 것이다. 丁火는 음화(陰火)로 유약하나 庚金을 적으로 대하지 않고 庚金을 잘 녹여 검극(劍戟)을 이루게 하는 것이니 홍로(洪爐)에 녹이고 모탕질하여 때에 맞춰 쓰이게 하는 것이다.

*肅(숙)-엄숙할 숙. 삼갈 숙. 오그라들 숙.
*肅殺(숙살)-가을의 기운이 초목(草木)을 말라죽게 함.
*淬(쉬)-담글 쉬. 찰 쉬.
*厲(려)-숫돌 려. 맑을 려.
*淬厲(쉬려)-칼을 감.
*銷(소)-녹일 소. 무쇠 소.
*鎔(용)-거푸집 용. 녹일 용.
*鍖(침)-모탕(나무를 패거나 자를 때에 받쳐 놓는 나무토막) 침. 소리가 느린 모양

生于春夏, 其氣稍弱, 遇丑辰之溼土則生, 逢未戌之燥土則脆, 甲
생 우 춘 하　기 기 초 약　우 축 진 지 습 토 즉 생　봉 미 술 지 조 토 즉 취　갑

木正敵, 力能伐之, 與乙相合, 轉覺有情, 乙非盡合庚而助暴, 庚
목 정 적　역 능 벌 지　여 을 상 합　전 각 유 정　을 비 진 합 경 이 조 포　경

亦非盡合乙而反弱也, 宜詳辨之,
역 비 진 합 을 이 반 약 야　의 상 변 지

봄과 여름에 태어나면 기가 아주 약하므로 습한 丑辰 土를 만나 생함을 받아야 한다. 조토인 未戌 土를 만나면 부스러지게 된다.

甲木은 정적(正敵)으로 힘으로 능히 칠 수 있으나 乙木은 서로 합이 되니 유정한 관계로 돌아간다. 乙木이 庚金과 합을 한다 하여 다 庚金의 강포(强暴)함을

돕는 것이 아니며 庚金 또한 乙木과 합을 한다 하여 다 약해지는 것은 아니다.
마땅히 자세하게 살펴야 한다.

*稍(초)-점점 초. 작을 초. 벼 줄기 끝 초.　*暴(포, 폭)-사나울 포. 사납다. 해치다. 쬘
*脆(취)-무를 취. 무르다. 약하다.　　　　　폭(햇빛에 쬠). 나타날 폭.

辛金軟弱. 溫潤而清. 畏土之疊. 樂水之盈. 能扶社稷. 能
신 금 연 약　온 윤 이 청　외 토 지 첩　요 수 지 영　능 부 사 직　능

救生靈. 熱則喜母. 寒則喜丁.
구 생 령　열 즉 희 모　한 즉 희 정

辛金은 연약하나 부드럽고 윤택하며 청하다. 土가 중첩됨을 두려워하고 물
이 많은 것을 기뻐한다. 능히 사직(社稷)을 받들고 능히 생령을 구한다. 더우면
어미를 좋아하고 추우면 丁火를 좋아한다.

*軟(연)-부드러울 연. 약할 연.　　　　　*樂(악, 락, 요)-풍류 악. 즐길 락. 좋아할 요.

역자주　○ 樂水之盈(요수지영): 물이 많은 것을 좋아한다. 여기서는 樂水之盈(낙수지영)이라고
　　　　　　읽어도 틀린 것은 아니나 樂水之盈(요수지영)이라고 읽는 것이 맞다. 인자요산(仁者樂
　　　　　　山), 지자요수(知者樂水). 요(樂)는 '좋아하는바'라고 해석한다.
　　　　○ 熱則喜母(열즉희모): 뜨거우면 어미를 반긴다는 뜻은 인수(印綬)인 土를 좋아한다는
　　　　　　뜻이다. 즉, 습토인 己土나 丑辰 土를 말한다.

原注 원주

辛乃陰金. 非珠玉之謂也. 凡溫軟清潤者. 皆辛金也. 戊己土多而能埋.
신 내 음 금　비 주 옥 지 위 야　범 온 연 청 윤 자　개 신 금 야　무 기 토 다 이 능 매

故畏之. 壬癸水多而必秀. 故樂之. 辛爲丙之臣也. 合丙化水. 使丙火
고 외 지　임 계 수 다 이 필 수　고 요 지　신 위 병 지 신 야　합 병 화 수　사 병 화

臣服壬水. 而安扶社稷. 辛爲甲之君也. 合丙化水. 使丙火不焚甲木.
신 복 임 수　이 안 부 사 직　신 위 갑 지 군 야　합 병 화 수　사 병 화 불 분 갑 목

而救援生靈.
이 구 원 생 령

【원주】

辛金은 음금(陰金)이다. 주옥이라고 하는 것이 아니다. 부드럽고 연약하며 맑고 윤택한 것은 다 辛金을 말한 것이다. 戊己 土가 많으면 묻히게 되니 두렵다 하는 것이고, 壬癸 水가 많으면 빼어나니 좋아한다 하는 것이다.

辛金은 丙火의 신하에 해당되는데 丙火와 합하여 水로 화(化)하면 <u>丙火로 하여금 壬水에게 신복(臣服)케 하니</u> 이로써 사직(社稷)을 편안하게 받든다는 것이다.

辛金은 甲木의 군주가 되는데 丙火와 합을 하여 水로 화(化)하여 丙火로 하여금 甲木을 태워버리지 못하게 하니 생령을 구한다는 것이다.

*稷(직)—기장 직. 곡식 직. *靈(령. 영)—신령 령. 신령할 령.
*援(원)—당길 원. 잡다. 취하다. *生靈(생령)—백성.

역자주 ○ 使丙火臣服壬水(사병화신복임수): 丙火로 하여금 壬水에게 신복(臣服)케 한다. 丙火는 辛金의 군주인데 군주를 壬水의 신하가 되어 복종케 한다면 어찌 사직(社稷)을 구한다 하는가. 丙火는 壬水의 신하(臣下)가 되는데 丙辛 합화수(合化水)하면 丙火가 壬水의 신하(臣下)가 아니 되니 丙火로 하여금 壬水에게 복종치 않게 한다는 뜻이 맞다. 이는 필사 과정에서 잘못 필사된 듯하다. 즉, 使丙火不臣服壬水(사병화불신복임수)가 맞을 듯하다. 丙火로 하여금 壬水에게 복종케 하지 않는다. 그래야만 能救社稷(능구사직)이 된다. 뒤에 문장을 보면 확실해진다.
　　　○ 使丙火不焚甲木(사병화불분갑목): 丙火로 하여금 甲木을 태우지 못하게 한다. 그래서 생령(生靈)을 구(救)한다.

生於九夏而得己土. 則能晦火而存之. 生於隆冬而得丁火. 則能敵寒而
생 어 구 하 이 득 기 토　즉 능 회 화 이 존 지　생 어 융 동 이 득 정 화　즉 능 적 한 이
養之. 故辛金生於冬月. 見丙火則男命不貴. 雖貴亦不忠. 女命剋夫. 不
양 지　고 신 금 생 어 동 월　견 병 화 즉 남 명 불 귀　수 귀 역 불 충　여 명 극 부　불
剋亦不和. 見丁男女皆貴且順.
극 역 불 화　견 정 남 녀 개 귀 차 순

여름에 태어나면 己土가 있어 화기를 설하면 가히 존립할 수 있고 한겨울에 태어나면 丁火가 있어 추위를 물리치면 생의(生意)가 있다.

그러므로 辛金이 겨울에 태어나 丙火를 보면 남명(男命)은 귀(貴)히 되지 못한다. 비록 귀하게 되어도 충성스럽지 못하다. 여명(女命)은 남편을 극한다. 극하지 않으면 불화한다. 丁火를 보면 남녀 모두가 귀히 되고 또한 순하다.

任氏曰 임씨왈,

辛金乃人間五金之質, 故清潤可觀, 畏土之疊者, 戊土太重, 而涸
신금내인간오금지질 고청윤가관 외토지첩자 무토태중 이학

水埋金, 樂水之盈者, 壬水有餘, 而潤土養金也, 辛爲甲之君也,
수매금 요수지영자 임수유여 이윤토양금야 신위갑지군야

丙火能焚甲木, 合而化水, 使丙火不焚甲木, 反有相生之象,
병화능분갑목 합이화수 사병화불분갑목 반유상생지상

　임 선생님이 말씀하였다.

　辛金은 인간이 쓰는 오금(五金)과 같은 金으로 맑고 윤택함이 가히 볼 만하다.
土가 중첩됨을 두려워한다는 것은 戊土를 이르는 것으로 태중하면 水를 마르게
하고 金이 묻히게 된다. 물을 즐거워한다는 것은 壬水가 많아 土를 적셔 金을
생하게 하는 것을 이르는 것이다.

　辛金은 甲木의 군주이다. 丙火가 甲木을 태워버릴 때 丙火와 합하여 水로 화
(化)하여 丙火로 하여금 甲木을 태워버리지 못하게 할 뿐만 아니라 도리어 상생하
는 형상을 이룬다.

*疊(첩) - 겹쳐질 첩. 포개질 첩.　　　*盈(영) - 찰 영. 남을 영.
*涸(학. 후) - 마를 학. 마를 후. 말릴 학. 말릴 후.　*焚(분) - 불사를 분. 타다. 태우다.

辛爲丙之臣也, 丙火能生戊土, 合丙化水, 使丙火不生戊土, 反有
신위병지신야 병화능생무토 합병화수 사병화불생무토 반유

相助之美, 豈非扶社稷救生靈乎, 生于夏而火多, 有己土則晦火而
상조지미 기비부사직구생령호 생우하이화다 유기토즉회화이

生金, 生于冬而水旺, 有丁火則溼水而養金, 所謂熱則喜母, 寒則
생금 생우동이수왕 유정화즉습수이양금 소위열즉희모 한즉

喜丁也,
희정야

　辛金은 丙火의 신하(臣下)이다. 丙火는 능히 戊土를 생하나 합하여 水로 화(化)
하여 丙火로 하여금 戊土를 생하지 못하게 할 뿐 아니라 도리어 서로가 돕는 아름
다움이 있으니 어찌 사직을 돕고 백성을 구함이 아니겠는가.

여름에 태어나 火가 많으면 己土가 있어 화기를 설하고 金을 생하여야 하고 겨울에 태어나 물이 많으면 丁火가 있어 물이 얼지 않아야 金이 생의(生意)가 있게 된다. 소위 더우면 인수(印綬)를 기뻐하고 추우면 丁火를 기뻐한다.

> **역자주** 밑줄 有丁火則淫水而養金(유정화즉습수이양금)은 暖水(난수)의 오자(誤字)인 듯하다.
> 辛金이 겨울에 태어나면 水旺土濕(수왕토습)하고 또한 水冷土寒(수냉토한)하여 丁火로써 제한(制寒)하고 난수(暖水 : 따뜻한 물)로 청윤(淸潤)해지는데 겨울에 태어난 辛金이 습수(濕水)로 양금(養金)한다고 하면 이치에 맞지 않는다.
> 『적천수징의』에는 有丁火則暖水而養金(유정화즉난수이양금)이라 되어 있다.

壬水通河. 能洩金氣. 剛中之德. 周流不滯. 通根透癸.
임 수 통 하　능 설 금 기　강 중 지 덕　주 류 불 체　통 근 투 계

沖天奔地. 化則有情. 從則相濟.
충 천 분 지　화 즉 유 정　종 즉 상 제

壬水는 天河에 통하고 金氣를 설하며 강한 가운데에 덕이 있으며 두루 흘러 머물지 않는다. 지지에 통근하고 천간으로 癸水가 투출하면 충천분지(沖天奔地)하는 기세를 이룰 것이다. 합하여 화(化)하면 유정하고 종(從)하면 서로 이루게 된다.

原注원주

壬水卽癸水之發源. 崑崙之水也. 癸水卽壬水之歸宿. 扶桑之水也. 有分
임 수 즉 계 수 지 발 원　곤 륜 지 수 야　계 수 즉 임 수 지 귀 숙　부 상 지 수 야　유 분

有合. 運行不息. 所以爲百川者此也. 亦爲雨露者此也. 是不可歧而二
유 합　운 행 불 식　소 이 위 백 천 자 차 야　역 위 우 로 자 차 야　시 불 가 기 이 이

之. 申爲天關. 乃天河之口. 壬水長生於此. 能洩西方金氣. 周流之性.
지　신 위 천 관　내 천 하 지 구　임 수 장 생 어 차　능 설 서 방 금 기　주 류 지 성

漸進不滯. 剛中之德猶然也.
점 진 불 체　강 중 지 덕 유 연 야

【원주】

壬水는 癸水의 발원지로 곤륜(崑崙)의 水이다. 癸水는 壬水의 귀숙지(歸宿地)이고

부상(扶桑)의 水이다. 나누어지기도 하고 합쳐지기도 하며 흐름이 끊이지 않는다. 이러하므로 모든 하천(河川)이 이것이고 또 비나 이슬이 이것인 것이다. 이러므로 하천과 우로(雨露)가 다 이것이다.

　　壬水와 癸水를 다른 물이라고 둘로 나누는 것은 불가하다. 申은 천관(天關)으로 천하(天河)의 입구이다. 壬水는 여기에서 장생하며 능히 서방의 금기(金氣)를 설하여 두루 흐르는 성정은 점차로 나아가 막히지 않으니 강한 가운데 덕은 이와 같은 것이다.

*崑(곤)－산 이름 곤.
*崙(륜)－산 이름 륜.
*歧(기)－갈림길 기. 갈래 기.
*猶(유)－오히려 유. 같을 유. 망설일 유. 원숭이 유.
*歸宿地(귀숙지)－돌아가 쉬는 곳.
*天關(천관)－하늘의 관문(關門).

*扶桑(부상)－동해 바다의 해 뜨는 곳. 그곳에 있는 신성한 나무. 물의 귀숙지.
*百川(백천)－모든 하천(河川). 이때의 일백 백자는 모든 백으로 이해하여야 함. 오곡백과(五穀百果)라 할 때도 모든 과실(果實)이란 뜻.
*天河(천하)－은하수(銀河水).

若申子辰全而又透癸. 則其勢沖奔. 不可遏也. 如東海本發端於天河.
약 신 자 진 전 이 우 투 계　 즉 기 세 충 분　 불 가 알 야　 여 동 해 본 발 단 어 천 하

每成水患. 命中遇之. 若無財官者. 其禍當何如哉. 合丁化木. 又生丁火.
매 성 수 환　 명 중 우 지　 약 무 재 관 자　 기 화 당 하 여 재　 합 정 화 목　 우 생 정 화

則可謂有情. 能制丙火. 不使其奪丁之愛. 故爲夫義而爲君仁. 生於九
즉 가 위 유 정　 능 제 병 화　 불 사 기 탈 정 지 애　 고 위 부 의 이 위 군 인　 생 어 구

夏. 則巳午未中火土之氣. 得壬水薰蒸而成雨露. 故雖從火土. 未嘗不
하　 즉 사 오 미 중 화 토 지 기　 득 임 수 훈 증 이 성 우 로　 고 수 종 화 토　 미 상 불

相濟也.
상 제 야

　　가령 申子辰이 다 있고 또 癸水가 투출하면 그 기세가 충분(沖奔)하니 막을 수 없다. 동해는 본래 천하(天河)에서 발원한 물이 끝나는 곳으로 늘 수환(水患)을 이룬다. 만약 명(命)에서 이러한 물을 만났을 때 재관(財官)이 없다면 재앙이 어떠하겠는가.

　　丁火와 합하여 木으로 화(化)하여 다시 丁火를 생하니 가히 유정하다 하겠고 丙火를 제압하여 丁火의 사랑을 빼앗아 가지 못하게 하므로 바른 지아비이고 어진 군주

라 하겠다. 여름에 태어나면 巳午未 중의 火土가 任水를 증발하여 우로(雨露)를 이루게 하는 고로 비록 火土에 종하여도 서로 돕는 상제(相濟)를 이루는 것이다.

*薫(훈)─향초 훈. 향내 훈. 태울 훈. 훈자 할 훈.
*蒸(증)─찔 증. 많을 증.

*嘗(상)─맛볼 상.
*未嘗不(미상불)─아닌 게 아니라. 아마도. 과연.

역자주 ○ 如東海本發端於天河. 每成水患(여동해본발단어천하. 매성수환)：　동해는 천하(天河)에서 발원한 모든 물이 끝나는(모이는) 곳으로 늘 수환(水患)을 이룬다. 이 말은 중국은 모든 물이 동해로 흘러들어 가니 매년 양자강(陽子江)과 황하(黃河) 하류(下流)가 수재(水災)를 입는 것을 일컫는 말이다. 우리가 서해(西海)라 하는 바다를 중국은 동해(東海)라 한다.
　　○ 若無財官者(약무재관자)：　壬水를 논하는 장(章)이니 재(財)는 火를 말하고 관(官)은 土를 일컫는 말로 물이 탕탕(宕宕)하니 火土가 있어야 한다는 뜻이다.
　　○ 故爲夫義而爲君仁(고위부의이위군인)：　그러므로 남편은 의롭고 임금은 인자하다. 이 말은 壬水는 丁火와 합을 하니 丁火의 남편이고, 또한 水는 火의 군주(君主)이니 임금이 어질다고 한 것이다.

任氏曰임씨왈,

壬爲陽水, 通河者, 卽天河也, 長生在申, 申在天河之口, 又在坤方,
임위양수　통하자　즉천하야　장생재신　신재천하지구　우재곤방

壬水生此, 能洩西方肅殺之氣, 所以爲剛中之德也, 百川之源, 周
임수생차　능설서방숙살지기　소이위강중지덕야　백천지원　주

流不滯, 易進而難退也, 如申子辰全, 又透癸水, 其勢泛濫, 縱有戊
류불체　이진이난퇴야　여신자진전　우투계수　기세범람　종유무

己之土, 亦不能止其流, 若强制之, 反沖激而成水患, 必須用木洩
기지토　역불능지기류　약강제지　반충격이성수환　필수용목설

之, 順其氣勢, 不至于沖奔也,
지　순기기세　부지우충분야

임 선생님이 말씀하였다.

壬은 양수(陽水)이다. 통하(通河)라 함은, 즉 천하(天河)에 통한다는 뜻이다. 申에서 장생하며 申은 천하(天河)의 입구로 곤방(坤方)에 위치한다. 壬水는 이곳에서 생하여 서방의 숙살지기(肅殺之氣)를 설하는 까닭에 강한 가운데 덕이 있다 하는 것이다.

백천(百川)의 근원으로 두루 흘러 막힘이 없으니 나아가기는 쉬워도 물러가기는 어렵다. 가령 申子辰이 있고 또 癸水가 투출하면 그 세(勢)가 범람하게 되니 설령 戊己 土가 있다 하더라도 그 흐름을 막지 못한다. 만약 강제로 저지하면 도리어 왕신이 격노하니 수환(水患)이 있게 된다. 반드시 木으로 설하여 그 기세에 순응하여야 한다. 그러면 충분(沖奔)하는 지경에 이르지 않는다.

*坤(곤)-땅 곤. 대지. 팔괘(八卦)의 하나. 육
  십사괘의 하나.
*蕭(숙)-엄숙할 숙.
*殺(살)-죽일 살.
*剛(강)-단단할 강.
*周(주)-두루 주. 골고루.
*滯(체)-막힐 체.
*易(이. 역)-쉬울 이. 바꿀 역.

*透(투)-통할 투.
*泛(범)-뜰 범. 물이 가득 찬 모양.
*濫(람. 남)-퍼질 람. 넘치다. 함부로 하다.
*沖(충)-빌 충. 비다. 공허하다.
*激(격)-물결 부딪혀 흐를 격.
*須(수)-모름지기 수. 마땅히.
*于(우)-어조사 우.
*奔(분)-달릴 분. 달아나다.

合丁化木, 又能生火不息之妙, 化則有情也, 生於四五六月, 柱中
합정화목　우능생화불식지묘　화즉유정야　생어사오유월　주중

火土並旺, 別無金水相助, 火旺透干, 則從火, 土旺透干, 則從土,
화토병왕　별무금수상조　화왕투간　즉종화　토왕투간　즉종토

調和潤澤, 仍有相濟之功也,
조화윤택　잉유상제지공야

丁火와 합하여 木으로 화(化)하면 다시 火를 생하니 끊이지 않고 생하는 묘(妙)함이 있어 화한즉 유정하다 하는 것이다. 巳午未에 생하여 원국에 火土가 모두 왕하고 金水의 부조(扶助)가 달리 없을 때는 火가 왕하고 천간으로 투출하면 火에 종하고, 土가 왕하고 천간으로 투출하면 土에 종(從)한다. 어우러짐이 윤택하니 서로 돕는 상제(相濟)의 공이 또한 있다 하겠다.

*妙(묘)-묘할 묘. 젊다. 나이가 20살 안팎이
  다.
*旺(왕)-성(盛)할 왕. 세력이나 기운이 왕성
  한 모양.

*澤(택)-못 택. 윤택할 택. 은덕 택.
*仍(잉)-인할 잉.
*濟(제)-건널 제. 건너다. 나루. 건지다. 빈
  곤이나 어려움에서 구제하다.

癸水至弱. 達于天津. 得龍而運. 功化斯神. 不愁火土. 不
계 수 지 약　달 우 천 진　득 용 이 운　공 화 사 신　불 수 화 토　불

論庚辛. 合戊見火. 化象斯眞.
론 경 신　합 무 견 화　화 상 사 진

　癸水는 지극히 약하나 천진(天津)에 통하고 용을 얻은 운이라야 합화(合化)하
는 공이 있다. 火土를 근심치 않으며 庚辛 金에 상관없이 戊土와 합할 때 火가
나타나면 이때의 화상(化象)은 참된 것이다.

　*天津(천진)－하늘 끝. 하늘의 나루.　　　*斯(사)－이 사. 찍을 사. 어조사 사. 떠날 사.

原注원주

癸水乃陰之純而至弱. 故扶桑有弱水也. 達於天津. 隨天而運. 得龍以
계 수 내 음 지 순 이 지 약　고 부 상 유 약 수 야　달 어 천 진　수 천 이 운　득 용 이

成雲雨. 乃能潤澤萬物. 功化斯神. 凡柱中有甲乙寅卯. 皆能運水氣.
성 운 우　내 능 윤 택 만 물　공 화 사 신　범 주 중 유 갑 을 인 묘　개 능 운 수 기

生木制火. 潤土養金. 定爲貴格. 火土雖多. 不畏. 至於庚金. 則不賴其生.
생 목 제 화　윤 토 양 금　정 위 귀 격　화 토 수 다　불 외　지 어 경 금　즉 불 뢰 기 생

亦不忌其多.
역 불 기 기 다

【원주】

　癸水는 순음(純陰)으로 지극히 약한 고로 부상(扶桑)의 약한 水라 한다. 천진(天津)
에 달(達)하여 천기(天氣)를 따라 운행하고 용이 있으면 구름과 비를 이루어 만물을
윤택하게 하니 공(功)은 化하는 신(神)에 있는 것이다.
　무릇 사주 중의 甲乙, 寅卯 木들은 다 수기(水氣)로 운행되는 것이니 癸水는 木을
생하고 火를 극제하며 土를 윤택하게 하며 金을 자양하니 귀격이 확실하다 하겠다.
火土가 비록 많아도 두려워하지 않으며 庚金에 이르러서도 생을 의뢰하지 않으니
그러므로 많아도 꺼리지 않는 것이다.

　*隨(수)－따를 수. 따라서 수.　　　　　*賴(뢰. 뇌)－의뢰할 뢰. 의뢰 뢰.
　*澤(택)－못 택. 윤택할 택. 은덕 택.　　*忌(기)－꺼릴 기. 싫어하다. 미워하다.

惟合戊土化火何也. 戊生寅. 癸生卯. 皆屬東方. 故能生火. 此固一說
유합무토화화하야　무생인　계생묘　개속동방　고능생화　차고일설

也. 不知地不滿東南. 戊土之極處. 卽癸水之盡處. 乃太陽起方也. 故
야　부지지불만동남　무토지극처　즉계수지진처　내태양기방야고

化火. 凡戊癸得丙丁透者. 不論衰旺秋冬皆能化火. 最爲眞也.
화화　범무계득병정투자　불론쇠왕추동개능화화　최위진야

오직 戊土와 합하여 火로 화(化)하는 것은 무슨 까닭인가.

戊土는 寅에서 생하고 癸水는 卯에서 생하니 다 동방에 속하는 고로 능히 火를 생한다는 일설(一說)이 있으나 땅은 동남으로 기우니 戊土의 극처(極處)이고 癸水의 진처(盡處)이며 태양이 뜨는 곳이니 그러므로 火로 化하는 것을 모르고 하는 말이다.

무릇 戊癸가 합이고 丙丁 火가 천간으로 투출하면 쇠왕(衰旺)과 추동(秋冬)을 막론하고 火로 화(化)하니 진격(眞格)이 된다.

*極處(극처) - 가장 약(弱)한 곳.　　　　　*盡處(진처) - 다한 곳. 즉 사지(死地).

역자주　不滿東南(불만동남)：　땅이 동남으로 기우니 동남은 땅이 차지 않은 곳이란 말이다. 옛날 중국 사람들은 하늘은 西北으로 기울고 땅은 東南으로 기울었다고 믿었다. 天傾西北(천경서북) 地陷東南(지함동남)이라 하였으며 그래서 물이 동남으로 흐른다 하였다.

合하여 化하는 것은 여러 가지 학설이 있으나 癸水가 겨울에 태어나도 從하고 癸水가 旺해도 合이 되면 化한다는 것은 이해가 어렵다. 임철초 선생이 겨울은 종하기 어렵다고 바로 뒤에 설명한다.

戊土가 寅에서 생한다는 것은 포태법에서 戊土는 丙火와 같이 본 것이고, 癸水가 卯에서 생한다는 것은 음포태(陰胞胎)로 壬水가 卯에서 사(死)하니 癸水는 卯에서 생한다는 뜻인데, 이 말은 맞지 않다. 木은 火를 생하지 木이 어찌 水를 생하는가?

독자들의 판단에 맡긴다.

任氏曰임씨왈,

癸水非雨露之謂, 乃純陰之水, 發源雖長, 其性極弱, 其勢最靜,
계 수 비 우 로 지 위　내 순 음 지 수　발 원 수 장　기 성 극 약　기 세 최 정

能潤土養金, 發育萬物, 得龍而運, 變化不測, 所謂逢龍卽化, 龍卽
능 윤 토 양 금　발 육 만 물　득 룡 이 운　변 화 불 측　소 위 봉 룡 즉 화　용 즉

辰也, 非眞龍而能變化也, 得辰而化者, 化辰之原神發露也, 凡十
진 야　비 진 룡 이 능 변 화 야　득 진 이 화 자　화 진 지 원 신 발 로 야　범 십

干逢辰位, 必干透化神, 此一定不易之理也,
간 봉 진 위　필 간 투 화 신　차 일 정 불 역 지 리 야

임 선생님이 말씀하였다.

癸水는 비나 이슬이 아니고 순음의 水이다. 발원이 비록 길어도 그 성정은 지극히 약하고 형세는 가장 정적(靜的)이며 능히 土를 윤택하게 하여 金을 생하게 하며 만물을 기른다.

용(龍) 운에는 변화를 헤아리기 어려운 것은 이른바 용을 만나면 화(化)하기 때문이다. 용은 곧 辰土를 이르는 것으로 실제의 용이 조화를 부리는 것을 말함이 아니다. 辰土를 얻어 화(化)한다는 것은 化한 원신이 천간에 나타난 것을 이르는 것이다. 무릇 십간은 辰을 만나야 반드시 화신(化神)이 천간에 투출하니 이는 불변의 이치인 것이다.

역자주 십간의 합에서 다섯째 자리인 辰을 만나야 화신(化神)이 공(功)이 있다고 하는 것은 『적천수천미(滴天髓闡微)』 원문 334쪽 '六親論(육친론) 化象(화상)'에 자세히 설명되어 있는데, 여기서 잠깐 살펴보면,
甲己 合化 土는 다섯 번째인 戊辰이 있어야 化神이 참되고,
乙庚 合化 金은 다섯 번째인 庚辰이 있어야 化神이 참되고,
丙辛 合化 水는 다섯 번째인 壬辰이 있어야 化神이 참되고,
丁壬 合化 木은 다섯 번째인 甲辰이 있어야 化神이 참되고,
戊癸 合化 火는 다섯 번째인 丙辰이 있어야 化神이 진실하다는 것을 말하는 것이다.

不愁火土者, 至弱之性, 見火土多卽從化矣, 不論庚辛者, 弱水不
불 수 화 토 자　　지 약 지 성　　견 화 토 다 즉 종 화 의　　불 론 경 신 자　　약 수 불

能洩金氣, 所謂金多反濁, 癸水是也, 合戊見火者, 陰極則陽生,
능 설 금 기　　소 위 금 다 반 탁　　계 수 시 야　　합 무 견 화 자　　음 극 즉 양 생

戊土燥厚柱中得丙火透露, 引出化神乃爲眞也, 若秋冬金水旺地,
무 토 조 후 주 중 득 병 화 투 로　　인 출 화 신 내 위 진 야　　약 추 동 금 수 왕 지

縱使支遇辰龍干透丙丁亦難從化, 宜細詳之,
종 사 지 우 진 룡 간 투 병 정 역 난 종 화　　의 세 상 지

火土를 근심하지 않는다는 것은 지극히 약한 본성으로 火土가 많이 나타나 있
으면 종하여 化하기 때문이며 庚辛 金을 논하지 않는다는 것은 약한 水는 金氣를
설하지 못한다는 뜻이다. 소위 金이 많으면 도리어 水가 탁해진다는 것은 癸水를
말한 것이다.

戊土와 합하였을 때 火를 보아야 한다는 것은 음이 극에 이르면 양이 생하는
이치로 戊土는 조열하고 후중한데 원국에 丙火가 투출하면 화신(化神)이 인출되
어 진격(眞格)이 됨을 말하는 것이다.

만약 金水가 왕한 추동(秋冬)에 태어나면 비록 지지에 辰土가 있고 천간으로
丙丁이 있어도 종하기는 어렵다. 마땅히 세밀하게 살펴야 한다.

*愁(수)－시름 수. 시름겹다. 얼굴빛을 바꾸
다.
*洩(설)－샐 설.
*濁(탁)－흐릴 탁. 흐림. 더러움.
*燥(조)－마를 조.
*厚(후)－두터울 후.
*透(투)－통할 투. 통하다. 뛰어넘다. 지나가
다. 다하다. 극도에 달하다.
*露(로)－이슬 로. 적시다. 은혜를 베풀다.
*眞(진)－참 진. 변하지 아니하다.

*旺(왕)－성할 왕. 세력이나 기운이 왕성한
모양.
*遇(우)－만날 우. 우연히 만나다. 뜻이 합치
하다. 때를 만나다.
*亦(역)－또 역. 또한. 모두. 크게. 대단히.
*難(난)－어려울 난. 근심. 재앙.
*宜(의)－마땅할 의.
*細(세)－가늘 세. 미미하다. 작다.
*詳(상)－자세할 상. 자세히 보다. 자세히 알
다.

地 支지지

> 陽支動且强. 速達顯災祥. 陰支靜且專. 否泰每經年.
> 양 지 동 차 강   속 달 현 재 상   음 지 정 차 전   비 태 매 경 년

　양지(陽支)는 동적이고 또한 강하므로 좋고 나쁨이 빠르게 나타나고 음지(陰支)는 정적(靜的)이고 또한 오로지 전일(專一)함으로 좋고 나쁨이 해가 지난 후에 나타난다.

*動(동)－움직일 동. 동물 동.　　*專(전)－오로지 전. 전일할 전.
*强(강)－강할 강. 힘쓸 강.　　*泰(태)－클 태(太와 소). 통할 태.
*速(속)－빠를 속. 부를 속.　　*否(부. 비)－아닐 부. 막힐 비.
*靜(정)－조용할 정. 깨끗할 정.　　*經(경)－날 경. 책 경. 불경 경.

原注원주

子寅辰午申戌陽也. 其性動. 其勢强. 其發至速. 其災祥至顯. 丑卯巳未
자 인 진 오 신 술 양 야　 기 성 동　 기 세 강　 기 발 지 속　 기 재 상 지 현　 축 묘 사 미

酉亥陰也. 其性靜. 其氣專. 發之不速. 而否泰之驗. 每至經年而後見.
유 해 음 야　 기 성 정　 기 기 전　 발 지 불 속　 이 비 태 지 험　 매 지 경 년 이 후 견

【원주】

　子 寅 辰 午 申 戌은 양으로 그 성정은 동적(動的)이고 그 기세는 강하여 그 발생함이 지극히 빠르며 재상(災祥)의 나타남도 지극히 빠르다.

　丑 卯 巳 未 酉 亥는 음으로 그 성정은 정적(靜的)이고 그 기세도 전일(專一)하여 발생함이 빠르지 않고 좋고 나쁨의 징험도 매양 해를 지나서야 나타난다.

*勢(세)－세력 세. 기세 세.　　*後(후)－뒤 후. 뒤떨어질 후.
*發(발)－쏠 발. 일어날 발. 필 발.　　*見(견. 현)－볼 견. 견해 견. 보일 현. 나타날
*驗(험)－증좌 험. 증험할 험.　　　현.

任氏曰 임씨왈,

地支有以子至巳爲陽, 午至亥爲陰者, 此從冬至陽生, 夏至陰生論
지 지 유 이 자 지 사 위 양 오 지 해 위 음 자 차 종 동 지 양 생 하 지 음 생 론

也, 有以寅至未爲陽, 申至丑爲陰者, 此分木火爲陽, 金水爲陰也,
야 유 이 인 지 미 위 양 신 지 축 위 음 자 차 분 목 화 위 양 금 수 위 음 야

임 선생님이 말씀하였다.

지지는 子에서 巳까지를 양으로 하고 午에서 亥까지를 음으로 하는 것은 冬至에서 양이 생하고 夏至에서 음이 생하는 이치에 따른 것이다. 또 寅에서 未까지를 양으로 하고 申에서 丑까지를 음으로 하는 것은 이는 木火를 양으로 金水를 음으로 나눈 것이다.

命家以子寅辰午申戌爲陽, 丑卯巳未酉亥爲陰, 若子從癸, 午從丁,
명 가 이 자 인 진 오 신 술 위 양 축 묘 사 미 유 해 위 음 약 자 종 계 오 종 정

是體陽而用陰也, 巳從丙, 亥從壬, 是體陰而用陽也, 分別取用,
시 체 양 이 용 음 야 사 종 병 해 종 임 시 체 음 이 용 양 야 분 별 취 용

亦惟剛柔健順之理, 與天干無異, 但生剋制化, 其理多端, 蓋一支
역 유 강 유 건 순 지 리 여 천 간 무 이 단 생 극 제 화 기 리 다 단 개 일 지

所藏或二干, 或三干故耳,
소 장 혹 이 간 혹 삼 간 고 이

명가(命家)들은 子 寅 辰 午 申 戌을 양으로, 丑 卯 巳 未 酉 亥를 음으로 한다. 子는 癸를 따르고 午는 丁을 따르는 것은 이는 체(體)는 양이나 용(用)은 음인 것이고, 巳는 丙을 따르고 亥는 壬을 따르는 것은 체(體)는 음이나 용(用)은 양인 것이니 그 씀에는 분별이 있어야 한다.

그러나 역시 강유(剛柔)와 건순(健順)의 이치는 천간과 다르지 않으나 생극제화(生剋制化)의 이치는 여러 갈래로 복잡하다. 그것은 대개 하나의 지지에는 소장(所藏)된 천간이 혹은 둘 혹은 셋이 있기 때문이다.

*剛柔(강유) – 억셈과 연함. 굳셈과 부드러 *蓋(개) – 덮을 개. 뚜껑 개. 일산 개. 대개 개.
  움.   어찌 개.

然以本氣爲主, 寅必先甲而後及丙, 申必先庚而後及壬, 餘支皆然,
연 이 본 기 위 주   인 필 선 갑 이 후 급 병   신 필 선 경 이 후 급 임   여 지 개 연

陽支性動而强, 吉凶之驗恒速, 陰支性靜而弱, 禍福之應較遲, 在
양 지 성 동 이 강   길 흉 지 험 항 속   음 지 성 정 이 약   화 복 지 응 교 지   재

局在運, 均以此意消息之,
국 재 운   균 이 차 의 소 식 지

그러나 본기를 위주로 하는 것이다. 寅은 甲木이 우선이고 다음이 丙火이며
申은 반듯이 庚金이 먼저이고 다음이 壬水이다. 나머지 지지도 다 이와 같다.

양지(陽支)는 그 성정이 동적(動的)이고 강하기 때문에 길흉의 응험이 항상 빠르
고, 음지(陰支)는 그 성정이 정적(靜的)이고 약하기 때문에 그 증험(證驗)이 비교적
늦게 나타난다. 이것은 사주 원국에 있어서나 운에 있어서나 같으며 이것이 자연
의 오고 가는 변화인 것이다.

*然(연) - 그럴 연. 어조사 연.
*餘(여) - 나머지 여. 남을 여.
*恒(항) - 항구(恒久) 항. 항상 항.
*禍(화) - 재화 화(재앙).
*應(응) - 응당 응. 응할 응.
*較(교) - 견줄 교. 대강 교.

*遲(지) - 더딜 지. 굼뜰 지.
*運(운) - 돌 운(회전함). 움직일 운.
*均(균) - 평평할 균. 고를 균.
*消息(소식) - 천지(天地) 시운(時運)이 변화
  하는 일. 없어짐과 생김. 줆과 불음. 변화.
  왕래. 동정(動靜). 안부(安否).

生方怕動庫宜開. 敗地逢冲子細推.
생 방 파 동 고 의 개   패 지 봉 충 자 세 추

생방은 동(動)하는 것이 두렵고 고(庫)는 마땅히 열려야 하며 패지(敗地)의 충
은 자세히 추리하여야 한다.

*子(자) - 아들 자. 새끼 자. 열매 자. 당신 자.
  남자 자. 어조사 자.
*仔(자) - 견딜 자. 자세할 자. 새끼 자.
*子細(자세) - 상세(詳細)함. 또 번거로움. 세
  밀함. 자세히.

*仔細(자세) - 상세(詳細)함. 子細와 仔細는
  같은 뜻. 그러나 보통은 仔細로 씀. 『적천
  수징의』에는 仔細로 되어 있는데 둘 다 맞
  는 말임.
*推(추. 퇴) - 옮을 추. 밀 추. 밀 퇴.

原注원주

寅申巳亥生方也. 忌沖動. 辰戌丑未四庫也. 宜沖則開. 子午卯酉四敗也.
인신사해생방야　기충동　진술축미사고야　의충즉개　자오묘유사패야

有逢合而喜沖者. 不若生地之必不可沖也. 有逢沖而喜合者. 不若庫地
유봉합이희충자　불약생지지필불가충야　유봉충이희합자　불약고지

之必不可閉也. 須仔細詳之.
지필불가폐야　수자세상지

【원주】

　寅申巳亥는 생방(生方)이다. 충으로 동하는 것을 꺼린다. 辰戌丑未는 사고(四庫)
로 마땅히 충하여 열어야 한다. 子午卯酉는 사패지(四敗地)이다.

　합이 있을 때 충을 기뻐한다는 것은 생지(生地)의 충이 불가한 것과는 같지 않다.
충이 있을 때 합을 기뻐하는 것은 고지(庫地)는 문을 닫으면 불가한 것과 같지 않다.
모름지기 자세히 살펴야 한다.

*忌(기)－미워할 기. 꺼릴 기.　　　　*逢(봉)－만날 봉. 맞을 봉.
*冲(충)－빌 충. 공허하다. 冲의 俗子로 衝　*閉(폐)－닫을 폐.
　과 仝.　　　　　　　　　　　　*須(수)－모름지기 수. 잠깐 수.
*宜(의)－옳을 의. 마땅할 의.　　　　*細(세)－가늘 세. 자세할 세.
*敗(패)－패할 패. 썩을 패.　　　　　*詳(상)－자세할 상. 상서로울 상.

任氏曰임씨왈,

舊說云, 金水能沖木火, 木火不能沖金水, 此論天干則可, 論地支
구설운　금수능충목화　목화불능충금수　차론천간즉가　론지지

則不可, 蓋地支之氣多不專, 有他氣藏在內也, 須看他氣乘權得勢,
즉불가　개지지지기다부전　유타기장재내야　수간타기승권득세

卽木火亦豈不能沖金水乎,
즉목화역기불능충금수호

　임 선생님이 말씀하였다.

　구설(舊說)에서는 金水는 능히 木火를 충할 수 있으나 木火는 金水를 충할 수
없다고 하였다. 이 말은 천간은 가(可)하나 지지는 불가하다.

대개 지지의 기(氣)는 여러 개로 전일(專一)하지 않으며 타기(他氣)를 안에 소장하고 있으니 타기가 사령(司令)하여 득세하였는지를 봐야 하는 것이다.

만약 木火가 시령(時令)을 얻어 득세하였다면 木火라 하여 어찌 金水를 충하지 못하겠는가.

*舊(구)-예 구. 옛날 구. 친구 구.
*看(간)-볼 간. 뵐 간.
*乘(승)-탈 승. 곱할 승.

*權(권)-권세 권. 꾀 권.
*亦(역)-또 역. 또한. ~도 역시.
*豈(기)-어찌 기. 그 기.

生方怕動者, 兩敗俱傷也, 假如寅申逢沖, 申中庚金, 剋寅中甲木,
생방파동자　양패구상야　가여인신봉충　신중경금　극인중갑목

寅中丙火, 未嘗不剋申中庚金, 申中壬水, 剋寅中丙火, 寅中戊土,
인중병화　미상불극신중경금　신중임수　극인중병화　인중무토

未嘗不剋申中壬水, 戰剋不靜故也,
미상불극신중임수　전극부정고야

생방(生方)은 충하여 동하는 것이 두렵다고 하는 것은 양신(兩神)이 모두 손상을 입게 되기 때문이다.

가령 寅申이 충을 하면 申中의 庚金이 寅中의 甲木을 극하고, 寅中의 丙火는 申中의 庚金을 극하고, 申中 壬水는 寅中 丙火를 극하고, 寅中 戊土는 申中 壬水를 극하니 온통 전극이 일어나 고요하지 않기 때문이다.

*怕(파)-두려워할 파. 부끄러워하다.
*傷(상)-다칠 상. 해칠 상.
*嘗(상)-일찍 상. 시험할 상.
*戰(전)-싸움 전. 싸울 전.

*未嘗不(미상불)-과연. 아닌 게 아니라. 일찍이 ~하지 않은 경우가 없다 등으로 해석.
*故(고)-옛벗 고. 본디 고. 연고 고.

庫宜開者, 然亦有宜不宜, 詳在雜氣章中, 敗地逢沖仔細推者, 子
고 의 개 자　　연 역 유 의 불 의　　상 재 잡 기 장 중　　패 지 봉 충 자 세 추 자　　자

午卯酉之專氣也, 用金水則可沖, 用木火則不可沖, 然亦須活看, 不
오 묘 유 지 전 기 야　　용 금 수 즉 가 충　　용 목 화 즉 불 가 충　　연 역 수 활 간　　불

可執一, 倘用春夏之金水, 則金水之氣休囚, 木火之勢旺相, 金水
가 집 일　　당 용 춘 하 지 금 수　　즉 금 수 지 기 휴 수　　목 화 지 세 왕 상　　금 수

豈不反傷乎, 宜參究之,
기 불 반 상 호　　의 참 구 지

　　고(庫)는 열려야 마땅하다고 하나 그러나 마땅할 때도 있고 마땅치 않을 때도 있다. 잡기장(雜氣章)에 자세히 설명되어 있다.

　　패지(敗地)의 충은 자세히 살펴야 한다는 것은 子午卯酉는 기(氣)가 하나로 이루어져 있어 金水를 쓸 때는 충이 가(可)하나 木火를 쓸 때는 충이 불가하다. 넓게 보아야지 한 가지만을 고집하여서는 안 된다.

　　가령 봄이나 여름에 金水를 쓰게 되는 경우는 金水의 기(氣)는 휴수되고 木火의 기는 왕상(旺相)하니 金水가 오히려 상하지 않는다고 할 수 있겠는가. 마땅히 자세히 살펴야 할 것이다.

*庫(고)－곳집 고. 문의 이름.
*宜(의)－마땅할 의.
*雜(잡)－섞일 잡. 어수선할 잡.
*詳(상)－자세할 상. 자세히 알 상.
*推(추. 퇴)－옮을 추. 밀 추. 밀 퇴.
*執(집)－잡을 집. 막을 집.
*倘(당)－혹시 당. 갑자기 당. 기개 있을 당. 儻과 소. 徜과 소. 부사어로는 아마도. 만일. 만약. 우연히 등으로 해석.

*須(수)－모름지기 수.
*看(간)－볼 간. 지킬 간.
*休(휴)－쉴 휴. 그칠 휴.
*囚(수)－가둘 수. 갇힐 수. 죄수 수.
*勢(세)－세력 세. 형세 세.
*豈(기)－어찌 기. 그 기.
*參究(참구)－참조하여 고증하면서 연구함. 불교에서는 禪(선)에 참여하여 진리를 연구함.

```
癸 癸 壬 甲
亥 巳 申 寅
```

```
庚 己 戊 丁 丙 乙 甲 癸
辰 卯 寅 丑 子 亥 戌 酉
```

秋水通源, 金當令, 水重重, 木囚逢沖, 不足爲用, 火雖休而緊臨
추수통원 금당령 수중중 목수봉충 부족위용 화수휴이긴임

日支, 況秋初餘氣未熄, 用神必在巳火, 巳亥逢沖, 羣刦紛爭, 所
일지 황추초여기미식 용신필재사화 사해봉충 군겁분쟁 소

以連剋三妻, 無子, 兼之運走北方水地, 以致破耗異常, 至戊寅己
이연극삼처 무자 겸지운주북방수지 이치파모이상 지무인기

卯, 運轉東方, 喜用合宜, 得其溫飽, 庚運制傷生刦又逢酉年, 喜用
묘 운전동방 희용합의 득기온포 경운제상생겁우봉유년 희용

兩傷, 不祿,
양상 불록

　가을에 태어난 癸水가 申金에 근원이 통해 있고 金이 당령하고 水가 중중(重重)
하다. 木은 휴수되고 충까지 있어 용신으로는 부적합하다.

　巳火는 비록 휴수되었으나 일지에 있고 더욱 초가을로 아직은 화기(火氣)가 남
아 있어 용신은 반드시 巳火이다. 시지 亥水가 일지 巳火를 충거하고 군겁쟁재하
니 연이어 처를 셋이나 극하고 끝내 자식이 없었다.

　겸하여 운이 북방으로 흐르니 재산이 많이 흩어졌다. 대운이 戊寅 己卯 동방으
로 바뀌자 희용(喜用)에 마땅하여 생활이 안정되었다.

　庚 대운은 상관인 甲木을 극하고 비겁을 생하여 불리한데 酉 세운에 희신과
용신이 다 손상을 입으니 불록(不祿)의 객이 되었다.

*雖(수)－비록 수. 아무리 ～하여도.
*況(황)－비유할 황. 견줄 황. 더욱 황. 부사
　어로는 한층 더. 더욱. 게다가. 하물며 등으
　로 해석.
*紛爭(분쟁)－말썽을 일으켜 시끄럽게 다툼.

*所以(소이)－～하는 까닭에. ～하는 원인
　으로. 그래서. 때문에 등으로 해석.
*破(파)－깨뜨릴 파.
*耗(모)－벼 모. 덜 모. 쓸 모.
*不祿(불록)－선비의 죽음을 이름.

壬 甲 癸 癸
申 寅 亥 巳

丁 戊 己 庚 辛 壬
巳 午 未 申 酉 戌

甲寅日元, 生于孟冬, 寒木必須用火, 柱中四逢旺水, 傷用, 無土
갑인일원 생우맹동 한목필수용화 주중사봉왕수 상용 무토

砥定, 似乎不美, 妙在寅亥臨合, 巳火絶處逢生, 此卽興發之機, 然
지정 사호불미 묘재인해임합 사화절처봉생 차즉흥발지기 연

初運西方金地, 有傷體用, 碌碌風霜, 奔馳未遇, 四旬外, 運轉南方
초운서방금지 유상체용 녹록풍상 분치미우 사순외 운전남방

火土之地, 助起用神, 棄印就財, 財發數萬, 娶妾, 連生四子, 由是
화토지지 조기용신 기인취재 재발수만 취첩 연생사자 유시

觀之, 印綬作用, 逢財, 爲禍不小, 不用就財, 發福最大,
관지 인수작용 봉재 위화불소 불용취재 발복최대

甲寅 일원이 亥月에 태어나 한목(寒木)이니 반드시 火를 써야 하는데 사주에 왕한 水가 네 개나 있어 용신을 손상한다. 원국에 土가 없어 왕한 水를 억제치 못하니 불미(不美)한 것 같으나 묘한 것은 寅亥 合으로 巳火가 절처봉생(絶處逢生)이 된 것이다. 이는 흥발(興發)의 조짐이다. 초운이 서방 金地로 흘러 체용이 다 손상되어 갖은 풍상을 다 겪었다. 이는 다 때를 만나지 못했기 때문이다.

사순(四旬)이 지나 대운이 남방 火土 운으로 바뀌어 용신을 도우니 인수(印綬)를 버리고 재(財)를 취하여 수만의 재물을 이룩하였으며 첩을 얻어 연달아 아들 넷을 낳았다. 이로써 보건대 인수가 용신일 때 재를 만나면 화(禍)가 적지 않으나 인수를 쓰지 않고 재를 취할 때는 발복이 크다.

*孟(맹)-우두머리 맹. 첫 맹.　　　　*就(취)-이룰 취.

*砥(지)-숫돌 지. 평정할 지.　　　　*印(인)-도장 인.

*碌(록. 녹)-용렬할 록. 푸른빛 록.　　*娶(취)-장가들 취.

*奔(분)-달릴 분. 달아날 분.　　　　*逢(봉)-만날 봉.

*馳(치)-달릴 치(질주함).　　　　　*禍(화)-재화 화. 불행. 근심.

戊　戊　丁　辛
午　子　酉　卯

辛　壬　癸　甲　乙　丙
卯　辰　巳　午　未　申

此傷官用印, 喜神卽是官星, 非俗論土金傷官忌官星也, 卯酉沖,
차　상　관　용　인　　희　신　즉　시　관　성　　비　속　론　토　금　상　관　기　관　성　야　　묘　유　충

則印綬無生助之神, 子午沖, 使傷官得以肆逞, 地支金旺水生, 木
즉　인　수　무　생　조　지　신　　자　오　충　　사　상　관　득　이　사　령　　지　지　금　왕　수　생　　목

火沖剋已盡, 天干火土虛脫, 以致讀書未遂, 碌碌經營, 然喜水不
화　충　극　이　진　　천　간　화　토　허　탈　　이　치　독　서　미　수　　녹　록　경　영　　연　희　수　불

透干, 爲人文采風流, 精於書法, 更兼中運天干金水, 未免有志難申,
투　간　　위　인　문　채　풍　류　　정　어　서　법　　갱　겸　중　운　천　간　금　수　　미　면　유　지　난　신

凡傷官佩印, 喜用在木火者, 忌見金水也,
범　상　관　패　인　　희　용　재　목　화　자　　기　견　금　수　야

이 명조는 상관용인격(傷官用印格)이다. 인수가 용신이니 희신은 관성이다. 세속에서는 土金 상관이면 관성을 꺼린다고 하나 그런 것은 아니다.

卯酉 충으로 인수를 생하는 木이 상해를 입고 子午 충으로 午火가 극을 받으니 상관이 더욱 위세를 떨치게 된다. 지지에서 왕한 金이 水를 생하니 木火는 충으로 인하여 기(氣)가 소진되었다. 천간의 火土가 허탈하다. 이러므로 학문을 마치지 못하였고 경영하는 일도 어려웠다.

그러나 기쁜 것은 水가 천간에 나타나지 않아 위인이 문채(文采)와 풍류가 있고 서법(書法)에도 조예가 깊었으나 중년 이후의 운이 천간으로 金水가 오니 뜻을 펴지 못하였다. 무릇 상관패인(傷官佩印)에 있어 희신이나 용신이 木火일 때는 金水를 꺼린다.

*綬(수)－끈 수〔인(印)의 끈〕.
*采(채)－캘 채. 채색 채. 무늬 채.
*肆(사)－방자할 사. 마구간 사. 버릴 사.
*免(면)－벗어날 면. 면할 면.
*逞(령. 영)－왕성할 령. 쾌할 령.
*佩(패)－노리개 패. 찰 패.

壬　戊　辛　辛
戌　辰　丑　未

乙　丙　丁　戊　己　庚
未　申　酉　戌　亥　子

此造非支全四庫之美，所喜者辛金吐秀，丑中元神透出，洩其精英，
차 조 비 지 전 사 고 지 미　소 희 자 신 금 토 수　축 중 원 신 투 출　설 기 정 영

更妙木火伏而不見，純淸不混，至酉運，辛金得地，中鄕榜，後因
갱 묘 목 화 복 이 불 견　순 청 불 혼　지 유 운　신 금 득 지　중 향 방　후 인

運行南方，木火並旺，用神之辛金受傷，由擧而進，而不能選，
운 행 남 방　목 화 병 왕　용 신 지 신 금 수 상　유 거 이 진　이 불 능 선

　이 명조는 지지에 辰戌丑未 사고(四庫)가 있어 아름다운 것이 아니라 좋은 것은
辛金이 천간에 투출하여 첩첩한 土氣를 설하는 것으로 丑中의 원신이 투출하여
土의 정영(精英)함을 설하는 것이다.

　더욱 묘(妙)한 것은 木火가 복(伏)되어 나타나지 않아 사주가 혼잡되지 않고 순
청(純淸)하다.

　酉 운에 이르러 辛金이 득지하니 향방에 급제하였으나 이후에는 운이 木火가
왕한 남방으로 향하니 용신인 辛金이 손상을 입어 과거를 보아 벼슬길에 나아가
려 하였으나 뜻을 이루지 못하였다.

*精(정)—자세할 정. 찧을 정. 아름다울 정.
　깨끗할 정.
*純(순)—실 순. 순수할 순. 생사(生絲).
*混(혼)—섞일 혼. 흐릴 혼.
*鄕(향)—마을 향. 시골 향.
*榜(방)—방 붙일 방. 고시하다. 매질하다.

*擧(거)—들 거. 올릴 거. 과거 거.
*進(진)—나아갈 진. 다가올 진.
*能(능)—곧 능. 능할 능. 재능 능. 부사어로
　는 뿐만 아니라. 게다가.
*選(선)—가릴 선. 선택 선.

己 辛 壬 戊
丑 未 戌 辰

戊 丁 丙 乙 甲 癸
辰 卯 寅 丑 子 亥

此滿局印綬, 土重金埋, 壬水用神傷盡, 未辰雖藏乙木, 無沖或可
차 만국인수　토중금매　임수용신상진　미진수장을목　무충혹가

借用, 以待運來引出, 乃被丑戌沖破, 藏金暗相砍伐, 以至剋妻無
차용　이대운래인출　내피축술충파　장금암상감벌　이지극처무

子, 由此論之, 四庫必要沖者, 執一之論也, 全在天干調劑得宜,
자　유차론지　사고필요충자　집일지론야　전재천간조제득의

更須用神有力, 歲運輔助, 庶無偏枯之病也,
갱수용신유력　세운보조　서무편고지병야

이 사주는 만국(滿局)이 인수로 土가 중첩되어 일주인 辛金이 묻히는 형상이다. 용신인 壬水도 土의 극으로 상진(傷盡)되었다.

未土와 辰土에는 乙木이 암장되어 있어 충이 없으면 혹 용신으로 할 수 있으니 운이 와서 인출될 때를 기다릴 수 있으나 丑戌이 충파하여 암장된 金이 木을 극벌한다. 이러므로 처를 극하고 자식도 두지 못하였다.

이로써 보건대 사고(四庫)는 반드시 충을 하여야 한다는 것은 하나만을 고집한 것이다. 사주는 천간의 배합이 마땅하고 또한 용신이 유력하고 세운(歲運)이 보조하여야 편고(偏枯)의 병이 없게 되는 것이다.

*借(차)－빌 차. 가령 차. 부사어로는 '～을 빌어' '～에 의지하여' '가령 ～이지만' '설령 ～라면' 등으로 해석.
*砍(감)－쪼갤 감.
*伐(벌)－칠 벌. 벨 벌. 砍伐(감벌)은 斫伐(작벌)과 같은 뜻임.

*埋(매)－묻을 매. 묻힐 매.
*調(조)－고를 조. 맞을 조.
*劑(제)－약재 제. 한도 제.
*庶(서)－여러 서.
*偏(편)－치우칠 편.
*枯(고)－마를 고. 마른나무 고.

역자주 以至(이지)는 以致(이치)라야 뜻이 확실하다. 『적천수징의』에는 砍伐(감벌)은 斫伐(작벌)로, 以至(이지)는 以致(이치)로 되어 있다.

支神只以沖爲重. 刑與穿兮動不動.
지 신 지 이 충 위 중   형 여 천 혜 동 부 동

지지는 단지 충이 중(重)하고 형(刑)이나 천(穿)은 동하기도 하고 동(動)하지 않기도 한다.

*只(지)-다만 지.   *穿(천)-뚫을 천. 구멍 천.
*刑(형)-형벌 형. 법 형.   *動(동)-움직일 동. 움직임 동. 동물 동.

原注원주

沖者必是相剋. 及四庫兄弟之沖. 所以必動. 至於刑穿之間. 又有相生
충 자 필 시 상 극   급 사 고 형 제 지 충   소 이 필 동   지 어 형 천 지 간   우 유 상 생

相合者存. 所以有動. 不動之異.
상 합 자 존   소 이 유 동   부 동 지 이

【원주】

충이라고 하는 것은 반드시 상극하는 것이니 사고(四庫) 형제지충에 이르기까지 반드시 동하게 되는 것이다. 그러나 형(刑)과 천(穿)은 상생하는 것과 상합하는 것이 있으니 이런 까닭에 동하는 것과 동하지 않는 것의 다름이 있다.

任氏曰임씨왈,

地支逢沖, 猶天干之相剋也, 須視其强弱喜忌而論之, 至於四庫之
지 지 봉 충   유 천 간 지 상 극 야   수 시 기 강 약 희 기 이 론 지   지 어 사 고 지

沖, 亦有宜不宜, 如三月之辰, 乙木司令, 逢戌沖, 則戌中辛金, 亦
충   역 유 의 불 의   여 삼 월 지 진   을 목 사 령   봉 술 충   즉 술 중 신 금   역

能傷乙木, 六月之未, 丁火司令, 逢丑沖, 則丑中癸水, 亦能傷丁火,
능 상 을 목   유 월 지 미   정 화 사 령   봉 축 충   즉 축 중 계 수   역 능 상 정 화

임 선생님이 말씀하였다.

지지의 충은 천간의 상극과 같은 것으로 모름지기 그 강약과 희기(喜忌)에 따라 논해야 한다. 사고(四庫)의 충에 있어서도 또한 마땅한 것과 마땅치 않은 것이 있다.

가령 三월 辰의 경우 乙木이 사령할 때라도 戌의 충을 만나면 戌中 辛金이 辰中 乙木을 손상하고 六월의 未에 있어 丁火가 사령할 때라도 丑의 충을 만나면 丑中의 癸水가 未中의 丁火를 손상한다.

按三月之乙, 六月之丁, 雖屬退氣, 若得司令, 竟可爲用, 沖則受
안 삼 월 지 을   유 월 지 정   수 속 퇴 기   약 득 사 령   경 가 위 용   충 즉 수

傷, 不足用矣, 所謂墓庫逢沖則發者, 後人之謬也, 墓者, 墳墓之
상   부 족 용 의   소 위 묘 고 봉 충 즉 발 자   후 인 지 류 야   묘 자   분 묘 지

意, 庫者, 木火金水收藏埋根之地, 譬如得氣之墳, 未有開動而發
의   고 자   목 화 금 수 수 장 매 근 지 지   비 여 득 기 지 분   미 유 개 동 이 발

福者也,
복 자 야

살피건대 三월의 乙木이나 六월의 丁火는 비록 퇴기(退氣)이기는 하나, 만약 사령하고 있다면 용신으로 쓸 수 있으나 충이 있으면 상해를 입어 용신으로 쓸 수 없는 것이다.

소위 묘고(墓庫)는 충을 만나야 열린다고 하는 것은 후인들의 잘못된 것이다.

묘(墓)란 분묘(墳墓)란 뜻이고 고(庫)란 木火金水의 뿌리를 거두어 땅에 묻는 것이니, 비유컨대 득기(得氣)한 좋은 묘를 파 옮겨서 복을 받는 경우가 없는 것과 같은 것이다.

*按(안)—살필 안. 생각할 안. 부사어로는 곧. 이에. ~따라. ~에 의해 등으로 해석.
*屬(속. 촉)—좇을 속. 벼슬아치 속. 살붙이 속. 이을 촉. 맡길 촉.
*退(퇴)—물러날 퇴. 물리칠 퇴.

*墓(묘)—무덤 묘.
*墳(분)—무덤 분. 언덕 분.
*收(수)—거둘 수. 길을 수. 가질 수.
*藏(장)—감출 장. 서장 장.
*譬(비)—비유할 비.

如木火金水之天干, 地支無寅卯巳午申酉亥子之祿旺, 全賴辰戌丑
여목화금수지천간　지지무인묘사오신유해자지록왕　전뢰진술축

未之身庫通根, 逢沖則微根拔盡, 未有沖動而强旺者也, 如不用司令,
미지신고통근　봉충즉미근발진　미유충동이강왕자야　여불용사령

以土爲喜神, 沖之有益無損, 蓋土動則發生矣,
이토위희신　충지유익무손　개토동즉발생의

　가령 천간의 木火金水가 지지에 寅卯 巳午 申酉 亥子 등의 녹왕이 없어 오직
辰戌丑未 등의 고에 통근하고 있다면 충을 만난즉 약한 뿌리가 충으로 뽑히게
되니 충으로 인하여 강왕하게 된다는 것은 있을 수 없는 것이다.

　가령 사령하는 것을 쓰지 않고 土가 희신인 경우는 충이 있은즉 유익함은 있어
도 손해는 없을 것이다. 土는 동한즉 생기를 발하기 때문이다.

*賴(뢰)－의뢰할 뢰. 힘입을 뢰.　　　　*拔(발)－뺄 발(뽑음). 가릴 발.

*微(미)－작을 미. 정묘할 미. 천할 미.　*益(익)－더할 익. 이로울 익.

*沖(충)－빌 충. 공허하다. 부딪칠 충. 俗에　*損(손)－덜 손. 상할 손.

　　衝(충)의 代字로 쓰임. 冲은 沖과 仝.　*蓋(개. 합)－덮을 개. 어찌 합. 대개. 그래서.

刑之義無所取, 如亥刑亥, 辰刑辰, 酉刑酉, 午刑午, 謂之自刑,
형지의무소취　여해형해　진형진　유형유　오형오　위지자형

本支見本支, 自謂同氣, 何以相刑, 子刑卯, 卯刑子, 是謂相生,
본지견본지　자위동기　하이상형　자형묘　묘형자　시위상생

何以相刑, 戌刑未, 未刑丑, 皆爲本氣, 更不當刑,
하이상형　술형미　미형축　개위본기　갱부당형

　형(刑)의 뜻은 취할 바가 못 된다. 가령 亥는 亥가 형이고, 辰은 辰이 형이고,
酉는 酉가 형이고, 午는 午가 형이라 하여 소위 자형(自刑)이라 하는데 이는 본지
(本支)가 본지를 본 것으로 동기인데 어찌 형이 되며, 子는 卯를 형하고 卯는 子를
형한다고 하는바, 이는 상생인데 어찌 형이 되며, 戌은 未를 형하고 未는 丑을
형한다고 하는바 이는 다 본기(本氣)이니 더욱 형이라 할 수 없다.

寅刑巳，亦是相生，寅申相刑，旣沖何必再刑，又曰子卯一刑也，
인형사 역시상생 인신상형 기충하필재형 우왈자묘일형야

寅巳申二刑也，丑戌未三刑也，故稱三刑，又有自刑，此皆俗謬，
인사신이형야 축술미삼형야 고칭삼형 우유자형 차개속류

姑置之，
고 치 지

寅巳 형도 상생이니 형이라 할 수 없으며 寅申 형은 이미 충인데 어찌 다시 형이라 하는가.

또 子卯를 일형(一刑)이라 하고 寅巳申을 이형(二刑)이라 하고 丑戌未를 삼형(三刑)이라 하니 이러한 까닭으로 삼형(三刑)이라 한다. 또 자형(自刑)이 있다고 하는데 이는 다 속설로서 잘못된 것이니 버려야 할 것이다.

*義(의)－옳을 의. 뜻 의.
*更(경. 갱)－고칠 경. 바꿀 경. 다시 갱.
*旣(기)－이미 기. 다할 기.
*稱(칭)－일컬을 칭. 이름 칭.
*置(치)－둘 치. 놓을 치. 버릴 치.
*俗(속)－풍속 속. 시속 속. 속인 속.

穿，卽害也，六害由六合而來，沖我合神，故爲之害，如子合丑而
천 즉해야 육해유육합이래 충아합신 고위지해 여자합축이

未沖，丑合子而午沖之類，子未之害無非相剋，丑午寅亥之害，乃
미충 축합자이오충지류 자미지해무비상극 축오인해지해 내

是相生，何以爲害，且刑旣不足爲憑，而害之義，尤爲穿鑿，總以論
시상생 하이위해 차형기부족위빙 이해지의 우위천착 총이론

其生剋爲是，至于破之義，非害卽刑也，尤屬不經，削之可也，
기생극위시 지우파지의 비해즉형야 우속불경 삭지가야

천(穿)이란 해(害)를 말함이다. 육해(六害)는 육합(六合)에서 유래한 것으로 나와 합하는 것을 충한다 하여 해(害)라 하는 것이다. 가령 子丑이 합인데 未가 충하고 丑과 子가 합인데 午가 충하는 것 등이다. 子未의 해는 상극이고 丑午 寅亥의 해(害)는 상생인데 어찌 해(害)가 되겠는가.

또한 형(刑)도 이미 믿을 만한 근거가 없는데 해(害)의 뜻은 더욱 억지로 끌어다

붙인 이론에 불과하다.

요컨대 생하느냐 극하느냐로 논하는 것이 옳은 것이다. 파(破)의 뜻은 해(害)가 아니면 형(刑)인 것으로 더욱 이치에 맞지 않으니 삭제(削除)함이 가하다.

*害(해) - 해칠 해. 훼방할 해.
*由(유) - 말미암을 유. 까닭 유.
*類(류, 유) - 무리 류. 대개 류.
*憑(빙) - 증거 빙. 붙을 빙.
*鑿(착) - 뚫을 착. 끌 착.

*穿鑿(천착) - 구멍을 뚫음. 학문을 깊이 연구함. 억지로 이치에 닿지 않는 말을 함〔牽强附會(견강부회)〕.
*總(총) - 모두 총. 대강 총.
*削(삭) - 깎을 삭. 빼앗을 삭.

역자주 밑줄 寅亥 해(害)는 申亥의 오기(誤記)이다.

```
癸 壬 辛 丙
卯 子 卯 子

丁 丙 乙 甲 癸 壬
酉 申 未 午 巳 辰
```

壬子日元, 支逢兩刃, 干透癸辛, 五行無土, 年干丙火臨絕, 合辛
임자일원 지봉양인 간투계신 오행무토 년간병화임절 합신

化水, 最喜卯旺提綱, 洩其精英, 能化刦刃之頑, 秀氣流行, 爲人
화수 최희묘왕제강 설기정영 능화겁인지완 수기유행 위인

恭而有禮, 和而中節, 至甲運, 木之元神發露, 科甲連登, 午運, 得
공이유례 화이중절 지갑운 목지원신발로 과갑연등 오운 득

卯木洩水生火, 及乙未丙運, 官至郡守, 仕途平順, 以俗論之, 子
묘목설수생화 급을미병운 관지군수 사도평순 이속론지 자

卯爲無禮之刑, 且傷官羊刃逢刑, 必至傲慢無禮, 凶惡多端矣,
묘위무례지형 차상관양인봉형 필지오만무례 흉악다단의

壬子 일원이 지지에 양인(陽刃)이 두 개나 있고 천간에 癸辛이 투출하여 水가 왕한데 오행 중에 土가 없다. 年干의 丙火는 절지에 임하고 辛金과 합하여 水로 화(化)하였다. 가장 기쁜 것은 卯木이 월령을 득하고 水의 정영(精英)함을 설하니 겁재와 양인의 완탁(頑濁)함을 순화시켜 수기(秀氣)가 유행되는 것이다.

　그러므로 위인(爲人)이 공손하며 예의가 바르고 온화하며 중용의 도를 지켜 절의가 있었다. 甲 운에 이르러 木의 원신이 발로(發露)하여 과거에 연이어 급제하였으며 午 운에는 卯木이 水를 설하고 火를 생하니 乙未 丙 운까지 벼슬이 군수에 이르고 사로(仕路)가 평탄하였다.

　속론(俗論)하면 子卯의 무례지형이 있고 또 상관과 양인이 형(刑)을 만나니 반드시 오만하고 무례하며 흉악함이 대단하다고 할 것이다.

*刃(인)－칼날 인. 벨 인.　　　　*節(절)－마디 절. 절개 절.
*絶(절)－끊을 절. 심히 절.　　　*露(노. 로)－이슬 노(로). 나타날 노(로).
*提(제)－끌 제. 거느릴 제.　　　*連(연. 련)－이을 연(련). 살붙이 연(련).
*綱(강)－벼리 강. 대강 강.　　　*途(도)－길 도(도로).
*頑(완)－완고할 완. 탐할 완.　　*傲(오)－거만할 오. 놀 오.
*秀(수)－팰 수. 빼어날 수.　　　*慢(만)－게으를 만. 거만할 만.

丁　庚　乙　辛
亥　辰　未　未

己　庚　辛　壬　癸　甲
丑　寅　卯　辰　巳　午

庚辰日元, 生于季夏, 金進氣, 土當權, 喜其丁火司令, 元神發露
경진월원　생우계하　금진기　토당권　희기정화사령　원신발로

而爲用神, 能制辛金之刦, 未爲火之餘氣, 辰乃木之餘氣, 財官皆
이위용신　능제신금지겁　미위화지여기　진내목지여기　재관개

通根有氣, 更妙亥水潤土養金而滋木, 四柱無缺陷,
통근유기　갱묘해수윤토양금이자목　사주무결함

　庚辰 일원이 계하(季夏)에 생하였다. 金은 진기(進氣)이고 土가 당권하였는데 기쁜 것은 丁火가 사령하고 원신이 발로하여 용신으로 하는 것이다.

　丁火는 未에 통근하여 辛金을 능히 극한다. 未는 火의 여기(餘氣)이고 辰은 木의 여기로 재관이 다 통근되고 유기(有氣)하다. 더욱 묘(妙)한 것은 亥水가 土를 적셔 金을 생하게 하고 木을 기르니 사주가 결함이 없다.

*季(계)-어릴 계. 철 계.   *缺(결)-이지러질 결. 모자랄 결.
*潤(윤)-젖을 윤. 윤택할 윤.   *陷(함)-빠질 함. 함정 함.

運走東南, 金水虛, 木火實, 一生無凶無險, 辰運午年, 財官印皆
운주동남   금수허   목화실   일생무흉무험   진운오년   재관인개

有生扶, 中鄕榜, 由琴堂而遷司馬, 壽至丑運,
유생부 중향방 유금당이천사마   수지축운

대운이 동남으로 가니 金水는 허하고 木火는 실하여 평생에 흉함이 없었다. 辰 운 午 년에 재관인이 다 생부(生扶)를 받아 향방에 올랐으며 금당(琴堂)을 거쳐 사마(司馬)에 이르렀고 수명은 丑 운에 이르렀다.

*虛(허)-빌 허. 공허 허.   *琴堂(금당)-현(縣)의 장관(長官). 현재(賢
*實(실)-열매 실. 재물 실.   宰).
*險(험)-험할 험. 높을 험.   *遷(천)-옮길 천.
*榜(방)-방 붙일 방. 고시하다. 매질하다.   *壽(수)-나이 수. 수할 수.

역자주 ○ 琴堂(금당) : 현(縣)의 장관이 집무하는 곳. 전(轉)하여 현의 장관. 공자의 제자 복자천
(宓子賤)이 현재(縣宰)가 되었을 때 거문고를 타고 당(堂) 아래로 내려오지 않고서도 현
(縣)이 잘 다스려졌다는 고사에서 나온 말이다. 宓子賤(복자천)은 성은 宓(복), 이름은
不齊(부제).
○ 司馬(사마) : 주대(周代)에 주로 군무(軍務)를 맡은 벼슬. 한대(漢代)에는 삼공(三公)의
하나이다.

```
丁  庚  乙  辛
丑  辰  未  丑
```

```
己  庚  辛  壬  癸  甲
丑  寅  卯  辰  巳  午
```

此與前造大同小異, 財官亦通根有氣, 前則丁火司令, 此則己土司令,
차여전조대동소이 재관역통근유기 전즉정화사령 차즉기토사령

更嫌丑時, 丁火熄滅, 則年干辛金肆逞, 沖去未中木火微根, 財官
갱혐축시 정화식멸 즉년간신금사령 충거미중목화미근 재관

雖有若無, 初運甲午, 木火並旺, 蔭庇有餘, 一交癸巳, 剋丁拱丑,
수유약무 초운갑오 목화병왕 음비유여 일교계사 극정공축

傷劫並旺, 刑喪破耗, 壬辰運, 妻子兩傷, 家業蕩然無存, 削髮爲僧,
상겁병왕 형상파모 임진운 처자양상 가업탕연무존 삭발위승

以俗論之, 丑未沖開財官兩庫, 名利兩全也,
이속론지 축미충개재관양고 명리양전야

　이 사주는 앞의 사주와 대동소이하다. 재관이 역시 통근되고 유기(有氣)하다.
앞의 사주는 丁火가 사령하였는데 이 사주는 己土가 사령하고 있다.

　더욱 꺼리는 것은 丑시로 丁火가 식멸(熄滅)되니 년간의 辛金이 힘이 있게 되었
는데 乙木을 충하고 또한 丑未 충으로 未中의 미약한 木火가 丑中의 金水로부터
극을 받으니 재관이 비록 있으나 없는 것과 같다.

　초년 甲午 운은 木火가 함께 왕하므로 선대의 음덕으로 여유로웠으나 癸巳
운으로 바뀌어 丁火를 극하고 巳丑이 공금(拱金)하니 상관과 겁재가 모두 왕(旺)
하게 되어 형상(刑喪)과 파모(破耗)를 당하였고 壬辰 운에는 처와 자식이 죽고 가
산이 탕진되어 삭발하고 승려가 되었다. 이 사주를 속설로 논하면 丑未 충으로
재관의 창고를 여니 명리가 양전하다고 할 것이다.

*嫌(혐)－싫어할 혐. 의심할 혐.　　　　*蕩(탕)－쓸 탕. 방자할 탕.
*滅(멸)－멸망할 멸. 죽을 멸.　　　　　*髮(발)－머리 발. 초목 발.
*蔭(음)－그늘 음. 해 그림자 음.　　　　*喪(상)－망할 상. 잃을 상. 복 입을 상.
*庇(비)－덮을 비. 감쌀 비.　　　　　　*破耗(파모)－재물이 흩어짐. 손재(損財).

暗沖暗會尤爲喜. 彼沖我兮皆沖起.
암 충 암 회 우 위 희   피 충 아 혜 개 충 기

암충과 암회는 더욱 좋은 것인데 저쪽에서 나를 충하는 것을 다 충기(沖起)라 한다.

*會(회)−모일 회. 모임 회. 마침 회.   *尤(우)−더욱 우. 허물 우.

原注원주

如柱中無所缺之局. 取多者暗沖暗會. 沖起暗神. 而來會合暗神. 比明
여 주 중 무 소 결 지 국   취 다 자 암 충 암 회   충 기 암 신   이 래 회 합 암 신   비 명

沖明會尤佳. 子來沖午. 寅與戌會午是也. 是日爲我. 提綱爲彼. 提綱
충 명 회 우 가   자 래 충 오   인 여 술 회 오 시 야   시 일 위 아   제 강 위 피   제 강

爲我. 年時爲彼. 四柱爲我. 運途爲彼. 運途爲我. 歲月爲彼. 如我寅彼
위 아   년 시 위 피   사 주 위 아   운 도 위 피   운 도 위 아   세 월 위 피   여 아 인 피

申. 申能剋寅. 是彼沖我. 我子彼午. 子能剋午. 是我沖彼. 皆爲沖起.
신   신 능 극 인   시 피 충 아   아 자 피 오   자 능 극 오   시 아 충 피   개 위 충 기

【원주】

가령 사주에 아무 결함이 없는 경우에 많이 취하는 것은 암충과 암회이다. 암신(暗神)이 충기(沖起)하거나 암신이 합하여 오는 것은 명충(明沖)과 명회(明會)에 비하여 더욱 좋다. 子가 와서 午를 충하면 寅과 戌이 午와 회합하여 寅午戌 화국을 이루는 것이 그것이다.

무릇 일주가 '나'라면 제강은 저쪽이고, 제강이 '나'라면 年時는 저쪽이고, 사주가 '나'라면 운도(運途)는 저쪽이고, 운도가 '나'라면 세(歲)나 월은 저쪽이다.

가령 '나'는 寅이고 저쪽은 申이라면 申은 능히 寅을 극하니 이는 저쪽에서 '나'를 충한 것이다. '나'는 子이고 저쪽은 午라면 子는 능히 午를 극하니 이는 내가 저쪽을 충한 것인데 이는 모두 충기(沖起)인 것이다.

*暗(암)−어두울 암.   *缺(결)−이지러질 결. 모자랄 결.

*起(기)−일어날 기. 다시 기.   *佳(가)−아름다울 가. 좋을 가.

任氏曰임씨왈,

支中逢沖, 固非美事, 然八字缺陷者多, 停勻者少, 木火旺, 金水必
지중봉충 고비미사 연팔자결함자다 정균자소 목화왕 금수필

乏矣, 金水旺, 木火必乏矣, 若旺而有餘者, 沖去之, 衰而不足者,
핍의 금수왕 목화필핍의 약왕이유여자 충거지 쇠이부족자

會助之爲美, 如四柱無沖會之神, 得歲運暗來沖會尤爲喜也, 蓋有
회조지위미 여사주무충회지신 득세운암래충회우위희야 개유

病得良劑以生也, 然沖有彼我之分, 會有去來之理, 彼我者, 不必
병득양제이생야 연충유피아지분 회유거래지리 피아자 불필

分年時爲彼, 日月爲我, 亦不必分四柱爲我, 歲運爲彼也,
분년시위피 일월위아 역불필분사주위아 세운위피야

임 선생님이 말씀하였다.

지지에 충이 있는 것은 결코 좋은 일은 아니다. 그러나 결함(缺陷) 있는 사주가 많고 균형 있게 조화된 사주는 드물다. 木火가 왕하면 金水는 반드시 적을 것이고 金水가 왕하면 木火가 적을 것이다.

만약 왕하여 남으면 충하여 덜어내고 쇠하여 부족하면 합하여 도우면 아름답게 되는 것이다.

가령 사주 원국에 충이나 회합하는 신(神)이 없으면 세운에서 충이나 회(會)하면 더욱 좋은 것이다. 이는 다 병(病)이 있을 때 좋은 약으로 치유하여 살아나는 것과 같은 것이다.

그러나 충에는 피아(彼我)의 분별이 있고 회(會=合)에는 합하여 가는 것과 합하여 오는 이치가 있다. 저쪽과 나의 구분이 年時를 저쪽으로 하고 日月을 '나'로 하거나 사주를 '나'로 하고 세운을 저쪽으로 하는 것은 아니다.

*停(정)−머무를 정. 멈출 정.　　　*衰(쇠. 최)−쇠할 쇠. 줄 최.

*勻(균. 윤)−고를 균. 가지런할 윤. 나눌 윤.　　*助(조)−도울 조. 도움 조.

*乏(핍)−떨어질 핍. 모자랄 핍.　　　*劑(제. 자)−약제 제. 한도 제. 자를 자.

總之喜神是我, 忌神爲彼可也, 如喜神是午, 逢子沖, 是彼沖我, 喜
총 지 희 신 시 아 기 신 위 피 가 야 여 희 신 시 오 봉 자 충 시 피 충 아 희

與寅戌會爲吉, 喜神是子逢午沖, 是我沖彼, 忌寅與戌會爲凶, 如
여 인 술 회 위 길 희 신 시 자 봉 오 충 시 아 충 피 기 인 여 술 회 위 흉 여

喜神是子有申, 得辰會而來之爲吉, 喜神是亥, 有未, 得卯會而去
희 신 시 자 유 신 득 진 회 이 래 지 위 길 희 신 시 해 유 미 득 묘 회 이 거

之則凶, 寧可我去沖彼, 不可彼來沖我, 我去沖彼, 謂之沖起, 彼來
지 즉 흉 녕 가 아 거 충 피 불 가 피 래 충 아 아 거 충 피 위 지 충 기 피 래

沖我, 謂之不起, 水火之沖會如此, 餘可例推,
충 아 위 지 불 기 수 화 지 충 회 여 차 여 가 예 추

요컨대 희신을 '나'로 하고 기신을 저쪽으로 하는 것이 옳은 것이다. 가령 희신이 午인데 子의 충을 만나면 이는 저쪽에서 '나'를 충한 것이니 이때 기쁜 것은 寅戌이 회합하여야 길하다.

희신이 子일 때 午의 충을 만나면 이는 내가 저쪽을 충한 것인데 寅과 戌이 회국을 이루면 흉(凶)하다. 가령 희신이 子인 경우 申이 있을 때 辰이 와서 합하여 회국을 이루면 길하다. 희신이 亥일 때 未가 있는 경우 卯가 와서 亥卯未로 회국 (會局)되어 가는 것은 흉하다. 차라리 내가 저쪽을 충하는 것은 괜찮으나 저쪽이 나를 충하는 것은 불가하다.

내가 저쪽을 충하는 것을 일러 충기(沖起)라 하고 저쪽에서 '나'를 충하는 것을 일러 불기(不起)라 한다. 水火의 충과 회(會)가 이와 같으니 나머지도 이와 같이 추리하면 될 것이다.

*寧(녕. 영)−차라리 영(녕). 편안할 녕.   *例(례. 예)−법식 례. 대개 례.

역자주 彼沖我兮皆沖起(피충아혜개충기) : 직역하면 "저쪽에서 나를 충하는 것을 다 충기(沖起)라 한다"라는 뜻이다. 그런데 임철초 선생은 "내가 (힘이 있어) 저쪽을 충하는 것을 충기(沖起) 라 하는 것이고 저쪽이 나를 충하는 것은 불기(不起)라 한다"고 하는데 임철초 선생의 말이 맞다.
가령 나는 午이고 저쪽이 子이면 저쪽이 와서 나를 충(沖)하는데 어찌 내가 일어날 수 있겠는가. 내가 子이고 저쪽이 午일 때 내가 저쪽을 충(沖)하여야 충기(沖起)가 되는 것이다. 여기에서 '나'라고 하는 것은, 즉 용신이거나 희신을 일컫는다.

$$
\begin{array}{cccc}
庚 & 甲 & 乙 & 庚 \\
午 & 寅 & 酉 & 戌
\end{array}
$$

$$
\begin{array}{cccccc}
辛 & 庚 & 己 & 戊 & 丁 & 丙 \\
卯 & 寅 & 丑 & 子 & 亥 & 戌
\end{array}
$$

此造干透兩庚, 正當秋令, 支會火局, 雖制殺有功, 而剋洩並見,
차 조 간 투 양 경　정 당 추 령　지 회 화 국　수 제 살 유 공　이 극 설 병 견

且庚金銳氣方盛, 制之以威, 不若化之以德, 化之以德者, 有益於
차 경 금 예 기 방 성　제 지 이 위　불 약 화 지 이 덕　화 지 이 덕 자　유 익 어

日主也, 制之以威者, 洩日主之氣也, 由此推之, 不喜會火局也,
일 주 야　제 지 이 위 자　설 일 주 지 기 야　유 차 추 지　불 희 회 화 국 야

反以火爲病矣,
반 이 화 위 병 의

이 명조는 천간으로 庚金이 둘이나 투출하였고 酉월에 생하니 金이 가장 왕한 계절이다. 지지에 寅午戌 화국을 두니 칠살을 제(制)하는 공(功)은 있으나 극설이 교가(交加)한다.

庚金의 예리함이 바야흐로 왕성한데 제하는 것은 권위가 있으나 그러나 그것은 인수로 化하는 덕(德)만 같지 못하다.

인수로 化하는 덕은 일주에게 보탬이 되나 식상으로 제(制)하는 것은 일주의 기(氣)를 설한다. 이러한 연유로 볼 때 寅午戌 회국은 좋은 것이 아니다. 도리어 火는 병(病)이 된다.

*威(위) – 위엄 위. 힘 위.
*銳(예) – 날카로울 예. 날랠 예.
*盛(성) – 성할 성.

*制(제) – 마를 제. 지을 제.
*洩(설) – 샐 설. (비밀이) 흘러나오다.
*病(병) – 병 병. 근심 병. 앓을 병.

故子運辰年, 大魁天下, 子運沖破火局, 去午之旺神也, 引通庚金
고 자 운 진 년   대 괴 천 하   자 운 충 파 화 국   거 오 지 왕 신 야   인 통 경 금

之性, 益我日主之氣, 辰年溼土, 能洩火氣, 拱我子水, 培日主之
지 성   익 아 일 주 지 기   진 년 습 토   능 설 화 기   공 아 자 수   배 일 주 지

根源也,
근 원 야

이런고로 子 운 辰년에 대괴(大魁)로 천하에 이름을 떨쳤다. 子 운은 화국을
충파하여 왕한 午火를 제거하고 예예(銳銳)한 庚金을 설하여 일주를 유익하게 하
기 때문이고 辰년은 습토가 화기(火氣)를 설하고 子水와 합으로 일주의 근원이
되는 연고이다.

*魁(괴)－우두머리 괴. 으뜸 괴.　　*拱(공)－팔짱 낄 공. (두 손을) 마주 잡다.
*大魁(대괴)－과거(科擧)에 장원(壯元)으로　*源(원)－수원 원. 근원 원.
　급제함.　　　　　　　　　　　　　　　*培(배)－북돋울 배. 불리다. 더 많게 하다.

丙　丁　癸　丁
午　卯　丑　巳

丁　戊　己　庚　辛　壬
未　申　酉　戌　亥　子

丁火雖生季冬, 比刦重重, 癸水退氣, 無力制刦, 不足爲用, 必以
정 화 수 생 계 동   비 겁 중 중   계 수 퇴 기   무 력 제 겁   부 족 위 용   필 이

丑中辛金爲用, 得丑土包藏, 洩刦生財, 爲輔用之喜神也, 所嫌者,
축 중 신 금 위 용   득 축 토 포 장   설 겁 생 재   위 보 용 지 희 신 야   소 혐 자

卯木生刦奪食爲病, 以致早年妻子刑傷,
묘 목 생 겁 탈 식 위 병   이 치 조 년 처 자 형 상

丁火가 비록 丑월에 생하였으나 비겁이 많아 신왕하다. 관성인 癸水는 퇴기(退
氣)로 비겁을 억제할 힘이 없으니 용신으로는 부족하다.

그러므로 丑中 辛金이 용신이다. 丑土는 辛金을 포장(包藏)하고 겁재를 설하며

재를 생하니 용신을 돕는 희신이다. 꺼리는 것은 卯木이 비겁을 생하며 식신인 丑土를 극하니 병(病)이 되는 것이다. 이러므로 일찍이 처자를 극하였다.

*重(중) - 무거울 중. 거듭할 중.   *包(포) - 쌀 포. 꾸러미 포.

*退(퇴) - 물러날 퇴. 물리칠 퇴.   *奪(탈) - 빼앗을 탈. 빼앗길 탈.

初運壬子辛亥, 暗冲巳午之火, 蔭庇有餘, 庚戌運, 暗來拱合午火,
초운임자신해 암충사오지화 음비유여 경술운 암래공합오화

刑傷破耗, 至己酉會金局, 冲去卯木之病, 財發十餘萬, 由此觀之,
형상파모 지기유회금국 충거묘목지병 재발십여만 유차관지

暗冲其忌神, 暗會其喜神, 發福不淺, 暗冲其喜神, 暗會其忌神,
암충기기신 암회기희신 발복불천 암충기희신 암회기기신

爲禍非輕, 暗冲暗會之理其可忽乎,
위화비경 암충암회지리기가홀호

초년 壬子 辛亥 운은 巳午火를 암충(暗冲)하여 조상의 음덕으로 가세가 넉넉하였다. 庚戌 운은 午火와 암합하니 형상(刑傷)과 파모(破耗)를 당하였다. 己酉 운에 이르러 金局을 이루며 병(病)인 卯木을 극거(剋去)하니 십여 만의 재물을 이룩하였다.

이로써 볼 때 기신을 암충하고 희신을 암회하면 발복이 적지 않으나 희신을 암충하고 기신으로 암회하면 화(禍)가 가볍지 않다. 암충과 암회의 이치를 그 어찌 소홀히 하겠는가.

*淺(천) - 얕을 천. 엷을 천.   *喜(희) - 기쁠 희. 기뻐하다. 즐겁다.

*輕(경) - 가벼울 경. 가벼이 할 경.   *忽(홀) - 홀연 홀. 소홀히 할 홀.

辛　丙　辛　庚
卯　寅　巳　寅

丁　丙　乙　甲　癸　壬
亥　戌　酉　申　未　午

丙火生於孟夏, 地支兩寅一卯, 巳火乘權, 引出寅中丙火, 天干雖
병화생어맹하 지지양인일묘 사화승권 인출인중병화 천간수

逢庚辛皆虛浮無根, 初運壬午癸未, 無根之水, 能洩金氣, 地支午
봉경신개허부무근 초운임오계미 무근지수 능설금기 지지오

未南方, 又助旺火, 財之氣剋洩已盡, 祖業雖豐, 刑喪早見, 甲運
미남방 우조왕화 재지기극설이진 조업수풍 형상조견 갑운

臨申, 本無大患, 因流年木火, 又刑妻剋子, 家計蕭條,
임신 본무대환 인유년목화 우형처극자 가계소조

　丙火가 맹하(孟夏)에 생하고 지지로 寅木이 둘이나 있고 또한 卯木이 있으며
巳火가 승권하니 寅中의 丙火가 인출된 것으로 화세가 맹렬하다. 천간에 庚辛金
이 있으나 다 무근으로 떠있다.

　초운 壬午 癸未는 뿌리 없는 水로서 약한 金의 기운만 설하고 지지의 午未는
남방의 火로 왕한 火를 더욱 왕하게 하니 재(財)의 기(氣)는 극설로 소진되었다.

　비록 선대의 유업은 넉넉하였으나 형상(刑喪)을 일찍이 당했다. 甲 운은 甲木이
申金 위에 앉아 있어 본시 대환(大患)에는 이르지 않았으나 유년(流年) 木火 운에
또 처자를 형극하고 가계(家計)도 쓸쓸하였다.

*豐(풍)-풍년 풍. 넉넉할 풍.　　　　*蕭(소)-쑥 소. 쓸쓸할 소. 시끄러울 소.
*臨(임. 림)-임할 임(림).　　　　　*條(조)-가지 조. 조리 조.
*患(환)-근심 환. 앓을 환.　　　　 *蕭條(소조)-쓸쓸한 모양. 소슬(蕭瑟).

一交申字, 暗沖寅木之病, 天干浮財通根, 如枯苗得雨, 浡然而興,
일교신자 암충인목지병 천간부재통근 여고묘득우 발연이흥

及乙酉十五年, 自刱數倍于祖業, 申運驛馬逢財, 出外大利, 經營
급을유십오년 자창수배우조업 신운역마봉재 출외대리 경영

得財十餘萬, 丙戌運, 丙子年, 凶多吉少, 得風疾不起, 比肩爭財,
득재십여만 병술운 병자년 흉다길소 득풍질불기 비견쟁재

乃臨絶地, 子水不足以剋火, 反生寅卯之木故也,
내임절지 자수부족이극화 반생인묘지목고야

申 운으로 바뀌자 병(病)인 寅木을 암충하고 천간의 떠있는 재성이 통근하니 가뭄에 말라가던 싹들이 단비를 만난 것처럼 무성하게 일어나 乙酉 운까지 십오년 동안에 본인이 창업하여 선대 때보다 몇 배나 더 이루었다. 申 운은 역마이고 재(財)이므로 외지(外地)에 나가 사업으로 십여 만의 재물을 모았다.

丙戌 대운의 丙子 유년(流年) 운은 흉함은 많고 길함은 적었는데 더욱 풍질(風疾)을 얻어 일어나지 못하였다. 이는 비견이 쟁재(爭財)하고 재가 절지에 임하였기 때문이며 子水는 왕한 火를 극하기는 부족하고 도리어 寅卯 등의 木을 생하는 연고이다.

*苗(묘)－모 묘. 곡식 묘.
*浮(부)－뜰 부. 넘칠 부.
*浡(발)－우쩍 일어날 발. 용솟음할 발.
*浡然(발연)－성(盛)하게 일어나는 모양. 勃然(발연)과 소.
*興(흥)－일 흥. 기뻐할 흥.

*刱(창)－비롯할 창. 創과 소.
*驛(역)－역말 역. 자랄 역.
*營(영)－경영할 영. 집 영.
*風(풍)－바람 풍. 습속 풍. 경치 풍.
*疾(질)－병 질. 앓을 질.
*風疾(풍질)－중풍.

> 旺者沖衰衰者拔. 衰神沖旺旺神發.
> 왕 자 충 쇠 쇠 자 발　쇠 신 충 왕 왕 신 발

왕한 것이 쇠한 것을 충하면 쇠한 것은 뿌리가 뽑혀버리고 쇠신(衰神)이 왕신(旺神)을 충하면 왕신은 더욱 일어나게 된다.

原注원주

子旺午衰. 沖則午拔不能立. 子衰午旺. 沖則午發而爲福. 餘倣此.
자왕오쇠 충즉오발불능립 자쇠오왕 충즉오발이위복 여방차

【원주】

子는 왕하고 午는 쇠약할 때 충하면 午는 뿌리가 뽑혀 자립할 수 없게 되며 子는 쇠하고 午가 왕하면 충한즉 午는 더욱 일어나게 되어 복이 된다. 나머지도 이와 같다.

*衰(쇠)-쇠할 쇠. 줄 쇠.   *發(발)-쏠 발. 떠날 발. 일어날 발.
*拔(발)-뺄 발. 가릴 발. 덜어버릴 발.   *倣(방)-본뜰 방.

任氏曰임씨왈,

十二支相沖, 各支中所藏, 互相沖剋, 在原局爲明沖, 在歲運爲暗沖,
십이지상충 각지중소장 호상충극 재원국위명충 재세운위암충

得令者沖衰則拔, 失時者沖旺無傷, 沖之者有力, 則能去之, 去凶
득령자충쇠즉발 실시자충왕무상 충지자유력 즉능거지 거흉

神則利, 去吉神則不利, 沖之者無力, 則反激之, 激凶神則爲禍,
신즉리 거길신즉불리 충지자무력 즉반격지 격흉신즉위화

激吉神雖不爲禍, 亦不能獲福也,
격길신수불위화 역불능획복야

임 선생님이 말씀하였다.

지지의 충은 지지에 소장되어 있는 지장간이 서로 충극하는 것이다. 원국의 충은 명충(明沖)이라 하고 세운에서 충하는 것은 암충(暗沖)이라 한다. 득령하여 왕한 것이 실시(失時)하여 쇠한 것을 충하면 쇠한 것은 뿌리가 뽑히게 된다. 실시하여 쇠한 것이 왕한 것을 충하면 왕한 것은 손상을 입지 않는다.

충하는 것이 힘이 있으면 능히 약한 것을 극거할 수 있으니 흉신을 제거하면 이(利)롭고 길신을 제거하면 해(害)롭다. 충하는 것이 힘이 없으면 도리어 왕신이 격노하게 되는데 흉신이 격노하면 화(禍)가 발생하고 길신이 격노하면 비록 화(禍)는 일어나지 않는다 해도 그렇다고 발복이 되는 것은 아니다.

*激(격)-부딪칠 격. 과격할 격.   *獲(획. 확)-얻을 획. 맞힐 획. 실심(失心)할 확.

如日主是午, 或喜神是午, 支中有寅卯巳未戌之類, 遇子沖, 謂衰
여일주시오 혹희신시오 지중유인묘사미술지류 우자충 위쇠

神沖旺, 無傷, 日主是午, 或喜神是午, 支中有申酉亥子丑辰之類,
신충왕 무상 일주시오 혹희신시오 지중유신유해자축진지류

遇子沖, 謂旺者沖衰, 則拔, 餘支皆然,
우자충 위왕자충쇠 즉발 여지개연

　가령 일주가 午이고 희신도 午인 경우 지지에 寅 卯 巳 未 戌 등이 있다면
子의 충을 만나도 이는 쇠신이 왕신을 충한 것이니 손상을 입지 않는다.

　일주가 午이고 혹 희신도 午인 경우 지지에 申 酉 亥 子 丑 辰 등이 있을 때
子의 충을 만나면 왕한 것이 쇠한 것을 충한 것이니 쇠한 것은 뿌리가 뽑히는
것이다. 나머지 지지도 다 이와 같다.

역자주 위 글에서 如日主是午, 或喜神是午(여일주시오, 혹희신시오)라고 한 대목에서 일주는 午가
될 수 없다. 일주는 일간이니 천간이 일주가 되는데 어찌 지지의 午火가 일주가 된단 말인
가. 대부분의 번역본에서는 그대로 일주가 午라고 하였고 어느 번역본에는 일지가 午라고
하여 번역하였는데 일지가 午라고 하는 것도 이치에 맞지 않는다.
如日主是午(여일주시오)는 '如用神是午(여용신시오)'라고 하여야 맞는다. 용신이 午火이거
나 혹 희신이 午火인 경우를 설명한 것이다. 아마 필사 과정에서 착오인 듯하다.

然以子午卯酉寅申巳亥八支爲重, 辰戌丑未較輕, 如子午沖, 子中癸
연이자오묘유인신사해팔지위중 진술축미교경 여자오충 자중계

水沖午中丁火, 如午旺提綱, 四柱無金而有木, 則午能沖子, 卯酉沖,
수충오중정화 여오왕제강 사주무금이유목 즉오능충자 묘유충

酉中辛金沖卯中乙木, 如卯旺提綱, 四柱有火而無土, 則卯亦能沖酉,
유중신금충묘중을목 여묘왕제강 사주유화이무토 즉묘역능충유

　그러나 子午 卯酉와 寅申 巳亥의 충은 작용력이 크고 辰戌 丑未는 비교적
가볍다. 가령 子午의 충은 子中의 癸水가 午中의 丁火를 충하는데 가령 午가
월령으로 왕하고 사주에 金이 없고 木이 있으면 午도 능히 子를 충할 수 있다.

　卯酉 충은 酉中 辛金이 卯中 乙木을 충하는데 가령 卯가 제강(提綱)으로 왕하
고 사주에 火가 있고 土가 없으면 卯 또한 酉를 능히 충할 수 있는 것이다.

*綱(강)-벼리 강(그물의 위쪽 코를 꿴 굵은 줄).   *提綱(제강)-제요(提要). 여기서는 月令을
     다스릴 강.   이름.

寅申沖, 寅中甲木丙火, 被申中庚金壬水所剋, 然寅旺提綱, 四柱有
인신충　인중갑목병화　피신중경금임수소극　연인왕제강　사주유

火, 則寅亦能沖申矣, 巳亥沖, 巳中丙火戊土, 被亥中甲木壬水所剋,
화　즉인역능충신의　사해충　사중병화무토　피해중갑목임수소극

然巳旺提綱, 四柱有木, 則巳亦能沖亥矣, 必先察其衰旺, 四柱有
연사왕제강　사주유목　즉사역능충해의　필선찰기쇠왕　사주유

無解救, 或抑沖, 或助沖, 觀其大勢, 究其喜忌, 則吉凶自驗矣,
무해구　혹억충　혹조충　관기대세　구기희기　즉길흉자험의

　寅申 충은 寅中의 甲木과 丙火가 申中 庚金과 壬水로부터 극(剋)을 받는데 그러
나 寅이 월령으로 왕하고 사주에 火가 있으면 寅 또한 申을 충할 수 있는 것이다.
巳亥 충은 巳中 丙火와 戊土가 亥中 甲木과 壬水로부터 극을 받는데, 그러나 巳가
월령으로 왕하고 사주에 木이 있으면 巳 또한 능히 亥를 충할 수 있는 것이다.

　반드시 쇠왕을 먼저 살피고 사주에 충을 해소하는 것의 유무(有無)와 혹 충을
억제하는지 혹 충을 돕는지 그 대세를 보아 그 충으로 인한 희기(喜忌)를 보면
길흉을 자연 알게 될 것이다.

至于四庫兄弟之沖, 其蓄藏之物, 看其四柱干支, 有無引出, 如四
지우사고형제지충　기축장지물　간기사주간지　유무인출　여사

柱之干支, 無所引出, 及司令之神, 又不關切, 雖沖無害, 合而得用
주지간지　무소인출　급사령지신　우불관절　수충무해　합이득용

亦爲喜, 原局與歲運, 皆同此論,
역위희　원국여세운　개동차론

　사고(四庫) 형제의 충은 그 안에 암장된 것과 사주에 있어 천간과 지지를 보아
인출된 것이 있는지 없는지를 보아야 한다.

　가령 사주의 干支에 인출되지 않고 사령한 오행과도 관계가 없으면 비록 충을
하여도 해롭지 않으며 합하여 마땅함을 얻으면 또한 좋은 것이다. 이는 원국이나

세운이나 다 같이 논한다.

*至于(지우)-~에 관해서는 ~으로 말하면.   *及(급)-미칠 급. ~할 때. ~에 이르러.
　~에 이르러는. 至於와 仝.   *關(관)-문빗장 관. 잠글 관. 관계 관.

癸　丙　辛　戊
巳　午　酉　辰

丁　丙　乙　甲　癸　壬
卯　寅　丑　子　亥　戌

此造旺財當令, 加以年上食神生助, 日逢時祿, 不爲無根, 所以身
차조왕재당령　가이년상식신생조　일봉시록　불위무근　소이신

出富家, 時透癸水, 巳火失勢, 逢酉邀而拱金矣, 五行無木, 全賴
출부가　시투계수　사화실세　봉유요이공금의　오행무목　전뢰

午火幫身, 則癸水爲病明矣, 一交子運, 癸水得祿, 子辰拱水, 酉
오화방신　즉계수위병명의　일교자운　계수득록　자진공수　유

金黨子沖午, 四柱無解救之神, 所謂旺者沖衰衰者拔, 破家亡身, 若
금당자충오　사주무해구지신　소위왕자충쇠쇠자발　파가망신　약

運走東南木火之地, 豈不名利兩全乎,
운주동남목화지지　기불명리양전호

　이 명조는 재성이 당령하고 왕한데 더욱 年上의 식신이 생조하고 있다. 일주는
일과 시에 녹(祿)이 있어 뿌리가 없는 것은 아니다. 이러한 연유로 부잣집에 태어
났다. 時에 癸水가 투출하여 巳火는 힘이 없는데 酉金을 만나니 酉金을 맞이하
여 巳酉 金局을 이룬다. 원국에 木이 없어 오로지 午火에 의지한다. 이러한즉
癸水가 병(病)인 것이 확실하다.

　子 운으로 바뀌어 癸水가 녹(祿)을 얻게 되고 子辰으로 수국을 이루니 酉金과
무리를 지어 午火를 충한다. 사주에 해소하는 오행이 없어 소위 왕자충쇠(旺者沖
衰) 쇠자발(衰者拔)이 되어 가산을 탕진하고 사망하였다. 만약에 운이 東南 木火로
흘렀다면 어찌 명리가 양전하지 않았겠는가.

*加以(가이)－게다가. 더욱.
*所以(소이)－~하는 까닭에. 그래서.
*邀(요)－맞이할 요. 구할 요.
*拱(공)－두 손 마주잡을 공. 팔짱낄 공.
*幇(방)－도울 방.

*破家(파가)－파산. 가산이 파진(破盡)됨.
*亡身(망신)－권위나 명예가 실추(失墜)됨.
　여기서는 신망(身亡－死亡)으로 쓰였음.
*黨(당)－마을 당. 무리 당.
*所謂(소위)－이른바.

$$癸\quad丁\quad壬\quad庚$$
$$卯\quad卯\quad午\quad寅$$

$$戊\quad丁\quad丙\quad乙\quad甲\quad癸$$
$$子\quad亥\quad戌\quad酉\quad申\quad未$$

此財官虛露無根, 梟比當權得勢, 以四柱觀之, 貧夭之命, 前造身
차 재 관 허 로 무 근　　효 비 당 권 득 세　　이 사 주 관 지　　빈 요 지 명　　전 조 신

財並旺, 反遭破敗無壽, 此則財官休囚, 刱業有壽, 不知彼則無木,
재 병 왕　　반 조 파 패 무 수　　차 즉 재 관 휴 수　　창 업 유 수　　부 지 피 즉 무 목

逢水沖則拔, 此則有水, 遇火刦有救, 至甲申乙酉運, 庚金祿旺, 壬
봉 수 충 즉 발　　차 즉 유 수　　우 화 겁 유 구　　지 갑 신 을 유 운　　경 금 록 왕　　임

癸逢生, 又沖去寅卯之木, 所謂衰神沖旺旺神發, 驟然發財巨萬, 命
계 봉 생　　우 충 거 인 묘 지 목　　소 위 쇠 신 충 왕 왕 신 발　　취 연 발 재 거 만　　명

好不如運好, 信斯言也,
호 불 여 운 호　　신 사 언 야

이 명조는 재관이 투출하였으나 무근으로 허(虛)하다. 효신(梟神)과 비견이 당권하고 득세하니 가난하거나 단명한 사주로 보인다.

앞의 사주는 일주와 재가 다 같이 왕하였어도 가산을 파하고 일찍 죽었는데 이 명조는 재관이 휴수되었는데도 창업하여 가산을 일으키고 오래 살았다.

앞의 명조는 木이 없어 水의 충을 만나 火의 뿌리가 뽑혀 단명하였고, 이 명조는 원국에 水가 있어 겁재인 火를 만나도 水가 제(制)하여 구(救)하기 때문이다.

甲申 乙酉 운에 이르러 庚金이 녹왕에 통근하고 壬癸 水는 생을 받으며 또한 기신(忌神)인 寅卯 木을 충거하니 소위 쇠신충왕 왕신발(衰神沖旺 旺神發)이 되어

갑자기 수만의 재물을 이루었다. 명(命) 좋은 것이 운(運) 좋은 것만 못하다〔命好不如運好(명호불여운호)〕는 말은 믿을 만한 말이다.

*虛(허)—빌 허. 비울 허. 헛될 허. 하늘 허.

*露(로)—이슬 로. 젖을 로. 드러날 로. 나타날 로.

*梟(효)—올빼미 효. 영웅 효.

*夭(요)—일찍 죽을 요. 무성할 요. 예쁠 요.

*遭(조)—만날 조. 두를 조.

*敗(패)—패할 패. 썩을 패.

*刱(창)—創과 소. 다칠 창. 상처 창. 비롯할 창(시작함).

*驟(취)—달릴 취. 갑작스러울 취.

*斯(사)—이 사. 사물을 가리키는 대명사. 어조사. 則과 같은 뜻.

| 역자주 | 이 명조에서 申酉 운에 쇠신(衰神)이 왕신(旺神)을 충하여 왕신이 발(發)하여, 즉 왕신이 일어나게 되어 갑자기 수만(數萬)의 재물이 일어났다고 하는 것은 이해하기 어렵다.

일주가 득령(得令)하고 寅木과 卯木 등 인수가 많아 신왕한데, 재관(財官)인 金水는 실세(失勢)하고 지지에 통근치 못하였는데 申酉 운은 약한 재관이 득지(得地)하고 생을 받으며 유여(有餘)한 寅木과 卯木을 충거하여 체용(體用)이 합의(合宜)하여 수만의 재물을 모으게 된 것이다. 즉, 흉신(凶神)을 제거하고 길신(吉神)을 방부(幫扶)하여 길(吉)하게 된 것이다.

干支總論 간지총론

> 陰陽順逆之說. 洛書流行之用. 其理信有之也. 其法不可執一.
> 음양 순역 지설　낙서 유행 지용　기리 신유 지야　기법 불가 집 일

　　음양 순역설(順逆說)은 낙서(洛書)에서 유행하여 쓰고 있는 것으로 그 이치는
믿을 수 있는 것이다. 그러나 그 법을 쓰는데 있어서는 한 가지만을 고집하는
것은 불가하다.

*洛(락)－물 이름 락. 황하의 지류로 둘이 있
는데, 하나는 섬서성(陝西省) 낙남현(雒南
縣)에서 발원하여 이수(伊水)와 합쳐 황하
로 흘러들어 가고 하나는 섬서성(陝西省)
정변현(定邊縣)에서 발원하여 위수(渭水)와
합쳐 황하로 흘러들어 감.

*逆(역)－거스를 역. 거스르다. 배반하다.

*流(유. 류)－흐를 유. 물이 낮은 데로 흐르
다. 시간이 지나가다.

*行(행)－갈 행. 가다. 걷다. 나아가다. 달아
나다. 돌아다니다. 겪다. 흐르다.

*洛書(낙서)－하(夏) 나라의 우(禹) 임금이
홍수(洪水)를 다스릴 때 낙수(洛水)에서 나
온 신귀(神龜)의 등에 있었다고 하는 마흔
다섯 점으로 된 무늬. 홍범구주(洪範九疇)
와 팔괘(八卦)의 근원이 되었다 함.
洪範(홍범)은 낙수에서 나온 神龜(신귀)의
등에 있었다는 九章(구장)의 文章(문장)으
로서 천하를 다스리는 大法(대법). 九疇(구
주)는 천하를 다스리는 아홉 가지 大法을
일컬음. 洪範九疇라 함.

*執(집)－잡을 집.

原注 원주

陰生陽死. 陽順陰逆. 此理出於洛書. 五行流行之用. 固信有之. 然甲
음 생 양 사　양 순 음 역　차 리 출 어 낙서　오행 유행 지용　고 신 유지　연 갑

木死午. 午爲洩氣之地. 理固然也. 而乙木死亥. 亥中有壬水. 乃其嫡母.
목 사 오　오 위 설 기 지 지　리 고 연 야　이 을목 사 해　해 중 유 임 수　내 기 적 모

何爲死哉. 凡此皆詳其干支輕重之機. 母子相依之勢. 陰陽消息之理.
하 위 사 재　범 차 개 상 기 간지 경 중 지 기　모 자 상 의 지 세　음양 소 식 지 리

而論吉凶可也. 若專執生死敗絶之說. 推斷多誤矣.
이 론 길 흉 가 야　약 전 집 생 사 패 절 지 설　추 단 다 오 의

【원주】

음(陰)이 생하는 곳에서 양(陽)은 사(死)하고 양이 순행하면 음은 역행하는 이 이치는 낙서(洛書)에서 나온 것으로 오행이 유행하는 쓰임인 것이다. 그러므로 진실로 믿을 수 있는 것이다.

그러나 甲木이 午에서 사(死)하는 것은 午는 木이 설기(洩氣)되는 곳으로 이치에 합당하다. 그러나 乙木이 亥에서 사(死)한다고 하는 것은 亥中에는 壬水가 있어 乙木의 적모(嫡母)가 되는데 어찌 사(死)가 되겠는가.

무릇 이것은 간지의 경중과 모자(母子)가 의지하는 형세와 음양의 소식(消息)의 근본에 따라 길흉을 논해야 하는 것이다. 만약 생사패절(生死敗絕)의 설(說)만 고집한다면 단연코 잘못됨이 많게 될 것이다.

*消息(소식)-天地 時運이 변화하는 것으로, 여기서는 陰陽의 쇠왕(衰旺)을 이름.

任氏曰임씨왈,

陰陽順逆之說, 其理出洛書, 流行之用, 不過陽主聚, 以進爲退, 陰
음양순역지설　기리출낙서　유행지용　불과양주취　이진위퇴　음

主散, 以退爲進, 若論命理, 則不專以順逆爲憑, 須觀日主之衰旺,
주산　이퇴위진　약론명리　즉부전이순역위빙　수관일주지쇠왕

察生時之淺深, 究四柱之用神, 以論吉凶, 則了然矣,
찰생시지천심　구사주지용신　이론길흉　즉요연의

임 선생님이 말씀하였다.

음양 순역설의 이치는 낙서(洛書)에서 유래하여 유행하여 쓰는 것이다. 양(陽)은 모이는 것을 위주로 하니 나아감으로써 물러가게 되고 음(陰)은 흩어짐을 위주로 하니 물러감으로써 나아가게 되는 것이다.

명리를 논함에 오로지 순역설에만 근거하여 논하면 안 되며 반드시 일주의 쇠왕과 시령(時令)의 심천(深淺)을 살펴 용신을 찾아 길흉을 논한즉 확실할 것이다.

*聚(취)-모일 취. 무리 취.　　　　*散(산)-헤어질 산. 한산할 산.

至于長生沐浴等名, 乃假借形容之辭也, 長生者, 猶人之初生也,
지우장생목욕등명 내가차형용지사야 장생자 유인지초생야

沐浴者, 猶人之初生而沐浴以去垢也, 冠帶者, 形氣漸長, 猶人年
목욕자 유인지초생이목욕이거구야 관대자 형기점장 유인년

長而冠帶也, 臨官者, 由長而旺, 猶人之可以出仕也, 帝旺者, 壯
장이관대야 임관자 유장이왕 유인지가이출사야 제왕자 장

盛之極, 猶人之輔帝而大有爲也,
성지극 유인지보제이대유위야

　　장생, 목욕 등의 이름은 사물의 형상을 빌어 그 뜻을 밝힌 단지 형용사일 뿐이다.

　　장생(長生)이란 사람이 처음으로 출생함을 비유한 것이고, 목욕(沐浴)이란 출생 후 목욕으로 때를 씻는 것을 비유한 것이고, 관대(冠帶)란 사람이 성장하여 관을 쓰고 띠를 두르는 것을 말하는 것이고, 임관(臨官)이란 장성하여 벼슬길에 나아감을 이르는 것이고, 제왕(帝旺)이란 장성함이 절정에 달해 임금을 보좌하여 큰일을 하는 것을 이르는 것이다.

　*假(가) ─ 빌 가. 거짓 가. 잠시 가. 가령 가.　　　*猶(유) ─ 망설일 유. 같을 유. 오히려 유. 말
　　클 가. 부사어로는 단지 ~일 뿐. 가령.　　　　　미암을 유.
　*垢(구) ─ 때 구. 수치 구.　　　　　　　　　　　*漸(점) ─ 차차 점. 차례 점.
　*辭(사) ─ 말 사. 말씀 사. 사양할 사.　　　　　　*冠(관) ─ 갓 관. 어른 관. 으뜸 관.

衰者, 盛極而衰, 物之初變也, 病者, 衰之甚也, 死者, 氣之盡而無
쇠자 성극이쇠 물지초변야 병자 쇠지심야 사자 기지진이무

餘也, 墓者, 造化有收藏, 猶人之埋於土也, 絶者, 前之氣絶而後
여야 묘자 조화유수장 유인지매어토야 절자 전지기절이후

將續也, 胎者, 後之氣續而結胎也, 養者, 如人之養母腹也, 自是
장속야 태자 후지기속이결태야 양자 여인지양모복야 자시

而復長生, 循環無端矣,
이부장생 순환무단의

　　쇠(衰)란 왕성함이 극에 이르면 쇠퇴하게 되는 것으로 왕성하던 것이 첫 번째로 변화하는 것이다. 병(病)이란 쇠퇴함이 심한 것이고, 사(死)란 생기가 다하여 남음

이 없는 것이고, 묘(墓)란 조화를 거두어 속으로 갈무리하는 것이니 수명이 끝난 사람을 땅에 묻는 것이다.

절(絶)이란 생전의 기(氣)는 끊어지고 장차 새로운 기로 이어지는 상태이다. 태(胎)란 뒤를 이은 기가 생명으로 잉태되는 것이고, 양(養)이란 사람이 어머니 뱃속에서 자라나는 것이다. 이후에 다시 장생으로 태어나 순환(循環)됨이 끝없는 것이다.

*變(변) - 변할 변. 변고 변.
*甚(심) - 심할 심. 무엇 심(何와 소).
*絶(절) - 끊을 절. 뛰어날 절. 결코 절.
*續(속) - 이을 속. 계속 속.
*胎(태) - 아이 밸 태. 태아 태.
*腹(복) - 배 복. 두터울 복.

*端(단) - 바를 단. 끝 단. 실마리 단.
*循(순) - 좇을 순. 차례 있을 순.
*環(환) - 옥 환. 고리 환.
*循環(순환) - 구르는 고리란 뜻으로, 사물의 인과왕래(因果往來)가 끝이 없음을 뜻함. 쉬지 않고 돎.

人之日主不必生逢祿旺, 卽月令休囚, 而年日時中, 得長生祿旺,
인지일주불필생봉록왕 즉월령휴수 이년일시중 득장생록왕

便不爲弱, 就使逢庫, 亦爲有根, 時說謂投墓而必沖者, 俗書之謬也,
편불위약 취사봉고 역위유근 시설위투묘이필충자 속서지류야

古法只有四長生, 從無子午卯酉爲陰長生之說, 水生木, 申爲天關,
고법지유사장생 종무자오묘유위음장생지설 수생목 신위천관

亥爲天門, 天一生水, 卽生生不息, 故木皆生在亥, 木死午爲火旺
해위천문 천일생수 즉생생불식 고목개생재해 목사오위화왕

之地, 木至午發洩已盡, 故木皆死在午, 言木而餘可類推矣,
지지 목지오발설이진 고목개사재오 언목이여가류추의

일주는 반드시 녹왕(祿旺)한 월령에 생하여야 하는 것은 아니다. 월령이 휴수되어도 年, 日, 時에 장생이나 녹왕이 있으면 약하지 않으며 고를 만나는 것도 뿌리가 되는 것이다.

세속에서 말하는바, 묘(墓)에 든 것은 반드시 충해야 한다는 것은 속설로 잘못된 것이다. 고법(古法)에는 단지 사 장생(四 長生)만 있을 뿐 子 午 卯 酉가 음장생(陰長生)이라는 학설은 없다. 水는 木을 생하는데 申은 천관(天關)이고 亥는 천문(天門)으로 하늘은 제일 먼저 水를 생하고 水는 木을 생하니 생하고 생함이 끊임이

없는 것이다.

고로 木은 다 亥에서 생하는 것이다. 木이 午에서 사(死)하는 것은 午는 火가 가장 왕한 곳으로 木이 午에 이르면 설기가 태과하여 木의 기운이 다하기 때문에 木은 午에서 다 사(死)하는 것이다. 木을 예로 들어 말한 것이나 나머지도 다 이와 같다.

夫五陽育于生方, 盛于本方, 弊于洩方, 盡于剋方, 于理爲順, 五陰
부오양육우생방 성우본방 폐우설방 진우극방 우리위순 오음

生于洩方, 死于生方, 于理爲背, 卽曲爲之說, 而子午之地, 終無
생우설방 사우생방 우리위배 즉곡위지설 이자오지지 종무

産金産木之道, 寅亥之地, 終無滅火滅木之道,
산금산목지도 인해지지 종무멸화멸목지도

무릇 오양(五陽)은 생방에서 자라고 본방(本方)에서 왕성하며 설방(洩方)에서 폐(弊)하며 극방(剋方)에서 진멸(盡滅)되어 끝나는 것이니 이 이치가 맞는 것이다.

오음(五陰)은 설방(洩方)에서 생하고 생방(生方)에서 죽는다는 이치는 잘못된 것으로 왜곡된 학설이다. 子午의 자리는 모두 金을 생하거나 木을 생하는 도(道)가 없고 寅亥의 자리는 모두 木火를 멸(滅)하는 법이 없다.

*終(종)－끝 종. 끝날 종. 마칠 종. 부사어로는 결국. 끝내. 모두. 시종. 영원히. 또한. 이미 등으로 해석.

古人取格, 丁遇酉, 以財論, 乙遇午, 己遇酉, 辛遇子, 癸遇卯, 以
고인취격 정우유 이재론 을우오 기우유 신우자 계우묘 이

食神洩氣論, 俱不以生論, 乙遇亥, 癸遇申, 以印論, 俱不以死論,
식신설기론 구불이생론 을우해 계우신 이인론 구불이사론

卽己遇寅藏之丙火, 辛遇巳藏之戊土, 亦以印論, 不以死論,
즉기우인장지병화 신우사장지무토 역이인론 불이사론

옛사람이 격을 취함에 丁이 酉를 만나면 재(財)로 논하고 乙이 午를 己가 酉를

辛이 子를 癸가 卯를 만나면 식신으로 설기하는 것으로 논하였지 장생으로 논하지 않았으며, 乙이 亥를 癸가 申을 만나면 인수로 논했지 사지(死地)로 논하지 않았다.

己가 寅을 만나면 寅中의 丙火를 辛이 巳를 만나면 巳 중의 戊土를 역시 인수로 논하였지 사(死)로 논하지 않았다.

由此觀之, 陰陽同生同死可知也, 若執定陰陽順逆, 而以陽生陰
유차관지　음양동생동사가지야　약집정음양순역　이이양생음
死, 陰生陽死論命, 則太謬矣, 故知命章中, 順逆之機須理會, 正
사　음생양사론명　즉태류의　고지명장중　순역지기수리회　정
爲此也,
위차야

이로써 미루어 보건대 음양은 동생동사(同生同死)함을 가히 알 수 있다. 만약 음양의 순역설을 고집하여 양이 생하는 곳에서 음은 사(死)하고 음이 생하는 곳에서 양이 사(死)한다고 명(命)을 논하면 크게 잘못되는 것이다.

그러므로 지명장(知命章)에서 순역지기수리회(順逆之機須理會)란 바로 이를 이르는 말이다.

*由(유)-말미암을 유. 좇을 유. ~에 근거하여. 말미암아. ~으로부터.
*此(차)-이 차. 이에 차.
*觀(관)-볼 관. 보일 관. 모양 관.
*執(집)-잡을 집. 막을 집.
*定(정)-정할 정. 머무를 정. 꼭 정. 부사어로는 확실히. 정말로.
*順(순)-순할 순. 좇을 순. 차례 순.
*逆(역)-거스를 역. 맞을 역.
*機(기)-틀 기. 실마리 기〔端緖(단서)〕.

$$丙 乙 己 丙$$
$$子 亥 亥 子$$

$$乙 甲 癸 壬 辛 庚$$
$$巳 辰 卯 寅 丑 子$$

乙亥日元, 生于亥月, 喜其天干兩透丙火, 不失陽春之景, 寒木向
을 해 일 원　생 우 해 월　희 기 천 간 양 투 병 화　부 실 양 춘 지 경　한 목 향

陽, 清而純粹, 惜乎火土無根, 水木太重, 讀書未售, 兼之中年一
양　청 이 순 수　석 호 화 토 무 근　수 목 태 중　독 서 미 수　겸 지 중 년 일

路水木, 生扶太過, 局中火土皆傷, 以致財鮮聚而志未伸, 然喜無
로 수 목　생 부 태 과　국 중 화 토 개 상　이 치 재 선 취 이 지 미 신　연 희 무

金, 業必清高, 若以年時爲乙木病位, 月日爲死地, 豈不休囚已極,
금　업 필 청 고　약 이 년 시 위 을 목 병 위　월 일 위 사 지　기 불 휴 수 이 극

宜用生扶之運, 今以亥子之水作生論, 則不宜再見水木也,
의 용 생 부 지 운　금 이 해 자 지 수 작 생 론　즉 불 의 재 견 수 목 야

　　乙亥 일원이 맹동(孟冬)에 생하여 추운데 기쁜 것은 천간으로 두 개의 丙火가
투출하여 따뜻한 봄의 기운을 잃지 않은 것이다. 추운 나무가 양(陽)을 맞이하니
사주가 맑고 순수하다. 애석한 것은 火土가 무근이고 水木이 지나친 것이다.

　　그러므로 독서를 하였으나 벼슬길에 나아가지 못하였고 또한 운이 중년까지
水木으로 행하니 일주인 木이 생부를 받음이 태과하고 용신인 火土는 상해를 입
으니 이러므로 재물도 모으지 못했을 뿐 아니라 뜻도 펴지 못하였다.

　　그러나 기쁜 것은 사주에 金이 없어 사업은 반드시 청고하다. 만약 年과 時의
子水를 乙木의 병지(病地)로 보고 월과 일의 亥水를 사지(死地)로 본다면 일주의
휴수함이 극에 이르렀으니 마땅히 생부(生扶)하는 운을 씀이 마땅하다 하겠다.

　　이제 亥子의 水는 乙木을 생하는 인수로 논하니 그런즉 다시 水木을 또 보는
것은 마땅치 않은 것이다.

*向陽(향양) − 볕을 마주 받음. 남쪽을 향함.　*鮮(선) − 고울 선. 날 선(익히지 아니함). 적을
　*售(수) − 팔 수. 팔릴 수(쓰여짐).　　　　　선.

```
癸  癸  乙  戊
亥  卯  卯  午

辛 庚 己 戊 丁 丙
酉 申 未 午 巳 辰
```

此春水多木, 過于洩氣, 五行無金, 全賴亥時比刦幫身, 嫌其亥卯
차 춘 수 다 목   과 우 설 기   오 행 무 금   전 뢰 해 시 비 겁 방 신   혐 기 해 묘

拱局, 又透戊土, 剋洩並見, 交戊午運不壽, 若據書云, 癸水兩坐長
공 국   우 투 무 토   극 설 병 견   교 무 오 운 불 수   약 거 서 운   계 수 양 좌 장

生, 時逢旺地, 何以不壽, 又云食神有壽妻多子, 食神生旺勝財官,
생   시 봉 왕 지   하 이 불 수   우 운 식 신 유 수 처 다 자   식 신 생 왕 승 재 관

此名利兩全, 多子有壽之格也, 總以陰陽生死之說, 不足憑也,
차 명 리 양 전   다 자 유 수 지 격 야   총 이 음 양 생 사 지 설. 부 족 빙 야

이 명조는 봄에 태어난 癸水가 木이 많아 설기가 지나치다. 사주에 金이 없어 오로지 時의 亥水 비겁에 의지한다. 꺼리는 것은 亥卯 목국(木局)을 이루는 것과 戊土가 천간에 투출하여 극설이 교가하는 것이다. 戊午 운으로 바뀌면서 죽었다.

만약 낙서(洛書)의 이론에 근거하여 보면 癸水가 양(兩) 장생에 앉아 있고 시에 왕지(旺地)를 만났으니 어찌 수(壽)를 누리지 못하겠는가.

또 이르길 식신이 있으면 수명이 길고 처자(妻子)가 많다 하고 식신이 생왕(生旺)하면 재관보다 좋다고 하였는바, 그렇다면 이 명조는 명리가 양전하고 자식이 많고 수명이 긴 사주라 할 것이다. 한마디로 말하여 음양생사지설(陰陽生死之說)은 근거할 만한 것이 못된다.

*賴(뢰) - 의뢰할 뢰. 힘입을 뢰.   *壽(수) - 목숨 수. 수할 수.
*幫(방) - 도울 방.   *據(거) - 의거할 거. 웅거할 거.
*嫌(혐) - 싫어할 혐. 미움 혐. 의심할 혐.   *總(총) - 거느릴 총. 모두 총. 대강 총.

> 故天地順遂而精粹者昌. 天地乖悖而混亂者亡. 不論有根
> 고 천 지 순 수 이 정 수 자 창　　천 지 괴 패 이 혼 란 자 망　　불 론 유 근
>
> 無根. 俱要天覆地載.
> 무 근　　구 요 천 부 지 재

　　그러므로 천간과 지지가 상생으로 이어지며 정수(精粹)하면 창성하고 천간과
지지가 서로 어그러지고 혼란하면 망하게 된다. 뿌리가 있고 없고 보다는 천간
은 지지를 덮어주고 지지는 천간을 실어줘야 하는 것이다.

*故(고) – 옛벗 고. 본디 고. 연고 고. 부사어　　*乖悖(괴패) – 이치에 어그러짐.
　로는 본래. 늘. 반드시. 그러므로. 따라서.　　*混亂(혼란) – 뒤섞여 어지러움. 뒤죽박죽이
　만약 등으로 해석.　　　　　　　　　　　　　　됨.
*粹(수. 쇄) – 순수할 수. 정밀할 수. 부술 쇄.　*俱(구) – 다 구. 함께 구. 갖출 구.
　빻을 쇄.　　　　　　　　　　　　　　　　　*覆(복. 부) – 엎어질 복. 넘어질 복. 덮을 부.
*乖(괴) – 어그러질 괴. 거스를 괴.　　　　　　*載(재) – 실을 재. 탈 재.
*悖(패. 발) – 어그러질 패. 우쩍 일어날 발

任氏曰 임씨왈,
取用干支之法, 干以載之支爲切, 支以覆之干爲切, 如喜甲乙, 而
취 용 간 지 지 법　간 이 재 지 지 위 절　지 이 부 지 간 위 절　여 희 갑 을　이
載以寅卯亥子, 則生旺, 載以申酉, 則剋敗矣, 忌丙丁, 載以亥子
재 이 인 묘 해 자　즉 생 왕　재 이 신 유　즉 극 패 의　기 병 정　재 이 해 자
則制伏, 載以巳午寅卯, 則肆逞矣, 如喜寅卯, 而覆以甲乙壬癸則
즉 제 복　재 이 사 오 인 묘　즉 사 령 의　여 희 인 묘　이 부 이 갑 을 임 계 즉
生旺, 覆以庚辛, 則剋敗矣, 忌巳午, 而覆以壬癸則制伏, 覆以丙丁
생 왕　부 이 경 신　즉 극 패 의　기 사 오　이 부 이 임 계 즉 제 복　부 이 병 정
甲乙, 則肆逞矣,
갑 을　즉 사 령 의

　　임 선생님이 말씀하였다.
　　간지를 취용(取用)하는 이치는 천간은 지지에서 마땅하게 실어줘야 하고 지지는
천간에서 마땅하게 덮어줘야 하는 것이다. 가령 희신이 甲乙 木일 때 寅卯 亥子

가 싣고 있으면 생왕하여 좋은 것이고 申酉가 실었다면 극패(剋敗)하게 되는 것이
다. 丙丁 火를 꺼릴 때 亥子에 실려 있으면 제복(制伏)되어 좋게 되나 巳午 寅卯
에 실려 있으면 火가 더욱 강왕(强旺)하게 되니 나쁜 것이다.

   가령 희신이 寅卯일 때 甲乙 木이나 壬癸 水가 덮어주면 생왕(生旺)하여 좋으
나 庚辛 金이 덮으면 극패(剋敗)하게 된다. 巳午 火가 기신일 때 壬癸 水가 덮어
주면 제복(制伏)되어 좋으나 甲乙 丙丁이 덮은즉 더욱 왕성하게 되니 방자하여
날뛰게 된다.

   *肆(사) - 방자할 사. 펼 사.　　　　　*逞(령. 영) - 왕성할 령.
   *敗(패) - 패할 패. 썩을 패.　　　　　*肆逞(사령) - 방자함. 더욱 날뜀.

不特此也, 干通根于支, 支逢生扶, 則干之根堅, 支逢沖剋, 則干之
불특차야　간통근우지　지봉생부　즉간지근견　지봉충극　즉간지

根拔矣, 支受蔭于干, 干逢生扶, 則支之蔭盛, 干逢剋制, 則支之
근발의　지수음우간　간봉생부　즉지지음성　간봉극제　즉지지

蔭衰矣, 凡命中四柱干支, 有顯然吉神而不爲吉, 碻乎凶神而不爲
음쇠의　범명중사주간지　유현연길신이불위길　확호흉신이불위

凶者, 皆是故也, 此無論天干一氣, 地支雙淸, 總要天覆地載,
흉자　개시고야　차무론천간일기　지지쌍청　총요천부지재

   이뿐만 아니고 천간은 지지에 통근하고 지지의 생부를 만나면 천간의 뿌리가
튼튼하게 된 것이고 지지가 충극을 당하면 천간의 뿌리가 뽑히게 된다. 지지도
천간이 잘 덮어주고 천간의 생을 만나면 지지도 힘이 왕성할 것이나 천간의 극이
있으면 지지의 힘이 약해질 것이다.

   무릇 사주에서 천간과 지지에 길신이 나타나 있는데도 길하지 않고 흉신이 확실
한데도 흉하지 않은 것은 다 이러한 연고이다. 이는 천전일기(天全一氣)나 지지쌍
청(地支雙淸)을 막론하고 다 천간의 덮어줌과 지지의 실어줌이 마땅하여야 한다.

   *凡(범) - 대강 범. 범상할 범. 무릇 범. 부사　　*顯(현) - 밝을 현. 나타날 현. 드러날 현.
   　로는 무릇. 대체로. 전부. 모두 ~이다.　　　　*碻(확) - 단단할 확. 확실할 확. 確과 소.

庚　庚　丁　己
辰　申　卯　亥

辛　壬　癸　甲　乙　丙
酉　戌　亥　子　丑　寅

庚金雖生春令, 支坐祿旺, 時逢印比, 足以用官, 地支載以卯木財星,
경금수생춘령　지좌록왕　시봉인비　족이용관　지지재이묘목재성

又得亥水生扶有情, 丁火之根愈固, 所謂天地順遂而精粹者昌也,
우득해수생부유정　정화지근유고　소위천지순수이정수자창야

歲運逢壬癸亥子, 干有己印衛官, 支得卯財化傷, 生平履險如夷, 少
세운봉임계해자　간유기인위관　지득묘재화상　생평리험여이　소

年科甲, 仕至封疆, 經云, 日主最宜健旺, 用神不可損傷, 信斯言也,
년과갑　사지봉강　경운　일주최의건왕　용신불가손상　신사언야

　庚金이 비록 봄에 태어났으나 좌하에 녹왕을 두고 시에 비견과 인수가 있어
충분히 관성을 용신으로 쓸 만하다.

　지지에서 卯木 재성이 관성을 싣고 있고 卯木은 亥水의 생부를 얻으니 유정하
고 丁火의 뿌리가 더욱 견고하다. 소위 천간과 지지가 상생하고 사주가 정수(精粹)
하니 큰 발전이 있겠다.

　세운에서 壬癸 亥子의 水를 만났으나 천간의 己土 인수가 막아 관성을 보호하
고 지지는 卯木 재성이 상관을 화(化)하니 평생 험한 일이 없었다. 소년에 과거에
급제하고 벼슬이 봉강(封疆)에 이르렀다.

　경(經)에 이르데 일주는 건왕(健旺)함이 마땅하고 용신은 손상을 입어서는 안
된다고 하였는데 이 말은 믿을 만한 말이다.

*載(재)－실을 재.
*愈(유)－나을 유. 더할 유. 더욱 유.
*衛(위)－막을 위. 방비 위.
*夷(이)－평평할 이. 기뻐할 이. 오랑캐 이.

*封(봉)－봉할 봉. 흙더미 쌓을 봉.
*疆(강)－지경 강. 끝 강. 나라 강.
*封疆(봉강)－제후를 봉하여 준 땅. 또는 제
　후의 반열을 이름. 또는 국경(國境).

甲　庚　丁　己
申　辰　卯　酉

辛　壬　癸　甲　乙　丙
酉　戌　亥　子　丑　寅

此亦以丁火官星爲用, 地支亦載以卯木財星, 與前造大同小異, 只
차역이정화관성위용　지지역재이묘목재성　여전조대동소이　지

爲卯酉逢沖, 剋敗丁火之根, 支中少水, 財星有剋無生, 雖時透甲
위묘유봉충　극패정화지근　지중소수　재성유극무생　수시투갑

木臨於申支, 謂地支不載, 雖有荅無, 故身出舊家, 詩書不繼, 破
목림어신지　위지지부재　수유답무　고신출구가　시서불계　파

耗刑傷, 一交戌運, 支類西方, 貧乏不堪,
모형상　일교술운　지류서방　빈핍불감

　이 사주도 관성인 丁火를 용신으로 한다. 地支 역시 재성인 卯木이 丁火를 싣
고 있어 앞의 사주와 비슷하다. 그러나 卯酉 충이 있어 丁火의 뿌리가 극패(剋敗)
되었다. 지지에 水가 적어 재성은 극만 있고 생이 없다.

　비록 시에 甲木이 투출하였으나 申金 위에 자리하니 이른바 지지가 마땅하게
싣지 않은 것으로 비록 있으나 없는 것과 같다. 그러므로 출신은 내력 있는 집안이
었으나 공부를 다 하지 못하였고 가산이 많이 줄고 형상(刑傷)도 당하였다. 戌 운
으로 바뀌어 申酉戌 西方 金地가 되니 빈핍(貧乏)이 심하였다.

---

*舊家(구가)－예전부터 내려오는 내력 있는
　집안.
*荅(답)－대답할 답. 팥 답〔소두(小豆)〕. 흡 답.

*若(약. 야)－같을 약. 만일 약. 반야 야.
*乏(핍)－떨어질 핍. 모자랄 핍. 빌 핍.
*堪(감)－견딜 감. 맡을 감.

역자주　雖有荅無(수유답무)는 雖有若無(수유약무)의 오자(誤字)이다. 수유약무(雖有若無)란 "있으
나 없는 것과 같다"란 말인데 若(약)자와 荅(답)자가 비슷하여 필사 과정에서 잘못된 듯
하다.

『적천수징의』에는 雖有若無(수유약무)라고 되어 있다. 『적천수천미』 원문 45쪽(通神論 地
支) 두 번째 사주 설명 중 셋째 줄에 "財官雖有若無(재관수유약무)－재관은 비록 있으나 없
는 것과 같다"라고 되어 있다. 참고하기 바란다.

癸　辛　壬　庚
巳　酉　午　申

戊　丁　丙　乙　甲　癸
子　亥　戌　酉　申　未

此庚辛壬癸, 金水雙清, 地支申酉巳午, 煅煉有功, 謂午火眞神得
차 경 신 임 계　금 수 쌍 청　지 지 신 유 사 오　단 련 유 공　위 오 화 진 신 득

用, 理應名利雙輝, 所惜者, 五行無木, 金雖失令而黨多, 火雖當
용　리 응 명 리 쌍 휘　소 석 자　오 행 무 목　금 수 실 령 이 당 다　화 수 당

令而無輔, 更嫌壬癸覆之, 緊貼庚辛之生, 而申中又得長生, 則壬
령 이 무 보　갱 혐 임 계 부 지　긴 첩 경 신 지 생　이 신 중 우 득 장 생　즉 임

水愈肆逞矣,
수 유 사 령 의

이 사주는 천간이 庚辛 壬癸로 金水가 쌍청(雙淸)하고 지지는 申酉 巳午로 이
루어졌는데 火가 당권하여 왕한 金을 단련하는 공(功)이 있다 하겠다.

午火 진신을 득용하니 이치로는 명리(名利)가 다 좋다고 하겠다. 그러나 애석한
것은 사주에 木이 없는 것이다. 金은 비록 실령하였으나 무리지어 강한데 火는
비록 당령하였으나 생조하는 오행이 없다.

더욱 혐의가 되는 것은 壬癸 水가 위를 덮고 있고 庚辛 金이 옆에서 水를 생하
며 또한 申은 水의 장생이니 水는 더욱 방자하다.

*雙(쌍)-쌍 쌍. 견줄 쌍.
*煅(단)-두드릴 단. 대장일 단. 鍛과 소.
*煉(련)-달굴 련. 이길 련.
*應(응)-응당 응. 당할 응.
*輝(휘)-빛 휘. 빛날 휘.
*惜(석)-아낄 석. 아까워할 석. 애처롭게 여
　길 석.

*黨(당)-마을 당. 무리 당. 일가 당.
*輔(보)-광대뼈 보. 도울 보. 도움 보.
*嫌(혐)-싫어할 혐. 의심할 혐. 미움 혐.
*緊(긴)-굳을 긴. 급할 긴.
*貼(첩)-붙을 첩. 붙일 첩.
*愈(유)-나을 유. 더할 유. 고칠 유.
*肆(사)-방자할 사. 마구간 사.

雖有巳火助午, 無如巳酉拱金, 則午火之勢必孤, 所以申酉兩運,
수유사화조오 무여사유공금 즉오화지세필고 소이신유양운

破耗異常, 丙戌運中, 助起用神, 大得際遇, 一交亥運, 壬水得祿,
파모이상 병술운중 조기용신 대득제우 일교해운 임수득록

癸水臨旺, 火氣剋盡, 家破身亡,
계수임왕 화기극진 가파신망

비록 巳火가 午火를 도우나 유감스럽게도 巳酉 합으로 금국을 이루니 午火의 세(勢)는 필연적으로 외롭다. 그러므로 申酉 운에 파모(破耗)가 심했다.

丙戌 운에는 용신을 도우니 기회를 얻어 발복하였으나 亥 운에 접어들어 壬水의 녹(祿)이고 癸水의 왕지로 화기가 극진되니 가산을 파하고 사망하였다.

*無如(무여)−유감스럽게도. ~에 비길 사   *必(필)−반드시. 참으로. 과연. 필연적으로.
람이 없다.   *孤(고)−고아 고. 외로울 고.


```
甲  辛  壬  庚
午  酉  午  申

戊 丁 丙 乙 甲 癸
子 亥 戌 酉 申 未
```

此亦用午中丁火之殺, 壬水亦覆之於上, 亦有庚金緊貼之生, 所喜
차역용오중정화지살 임수역부지어상 역유경금긴첩지생 소희

者午時一助, 更妙天干覆以甲木, 則火之蔭盛, 且壬水見甲木而貪
자오시일조 갱묘천간부이갑목 즉화지음성 차임수견갑목이탐

生, 不來敵火, 四柱有相生之誼, 無爭剋之風, 中鄕榜, 仕至觀察,
생 불래적화 사주유상생지의 무쟁극지풍 중향방 사지관찰

與前造只換得先後一時, 天淵之隔, 所謂毫釐千里之差也,
여전조지환득선후일시 천연지격 소위호리천리지차야

이 명조도 午中의 丁火 칠살을 용신으로 한다. 壬水가 천간에서 덮고 있고 庚金이 옆에서 壬水를 생하고 있다. 기쁜 것은 시에 午火가 있어 돕고 있는 것이다.

더욱 묘(妙)한 것은 甲木이 천간에서 午火를 덮고 있는 것이다. 그런즉 午火의 힘이 甲木의 음덕에 힘입어 왕성하다.

또 壬水는 甲木을 보면 生을 탐하여 剋을 잊으니〔貪生忘剋〕火를 극하고자 않는다. 사주가 상생의 정의가 있고 쟁극의 기풍이 없다. 향방 출신으로 벼슬이 관찰(觀察)에 이르렀다.

앞의 사주와 단지 한 시간 차이가 천연(天淵)의 차이로 소위 호리(毫釐)의 차(差)가 천리(千里)의 차이인 것이다.

*天淵(천연)－하늘과 못. 대단히 현격(懸隔)　　*釐(리. 이)－다스릴 리. 이(수·척도·무게·
　함.　　　　　　　　　　　　　　　　　　　돈의 단위). 아주 작은 수(1의 100분의 1).
*毫(호)－잔털 호. 조금 호. 무게나 길이의　　*毫釐(호리)－자와 저울눈의 호(毫)와 리(釐).
　단위. 1리(釐)의 10분의 1.　　　　　　　　　몹시 적은 분량.

天全一氣. 不可使地德莫之載.
천 전 일 기　　불 가 사 지 덕 막 지 재

天干이 오로지 일기(一氣)로 이루어진 것은 地支가 마땅하게 실어주지 않으면 안 된다.

原注원주

四甲四乙. 而遇寅申卯酉. 爲地不載.
사 갑 사 을　　이 우 인 신 묘 유　　위 지 부 재

【원주】

천간의 四甲이나 四乙이 寅申 卯酉를 만나면 지지가 마땅하게 실은 것이 아니다.

*遇(우)－만날 우. 조우하다. 상봉하다. 대접　　*載(재)－실을 재. 탈 재. 비로소 재.
　하다. 합치다. (뜻이) 맞다.

任氏曰임씨왈,

天全一氣者, 天干四甲, 四乙, 四丙, 四丁, 四戊, 四己, 四庚, 四辛,
천전일기자 천간사갑 사을 사병 사정 사무 사기 사경 사신

四壬, 四癸, 皆是也, 地支不載者, 地支與天干無生化也, 非特四
사임 사계 개시야 지지부재자 지지여천간무생화야 비특사

甲四乙而遇申酉寅卯爲不載, 卽全受剋于地支, 或反剋地支, 或天
갑사을이우신유인묘위부재 즉전수극우지지 혹반극지지 혹천

干不顧地支, 或地支不顧天干, 皆爲不載也,
간불고지지 혹지지불고천간 개위부재야

임 선생님이 말씀하였다.

천간이 오로지 일기(一氣)라고 하는 것은 천간이 四甲 四乙 四丙 四丁 四戊 四己 四庚 四辛 四壬 四癸 등이다. 지지가 싣지 않았다고 하는 것은 지지와 천간이 생화(生化)의 정이 없는 것이다.

四甲이나 四乙이 申酉 寅卯를 만나는 경우만 지지가 잘 싣지 못한 것뿐만 아니고 천간이 지지에서 오로지 극을 받거나 혹 반대로 지지를 전부 극하거나 혹 천간이 지지를 돌보지 않거나 혹 지지가 천간을 돌보지 않는 것 등이 다 잘 싣지 못한 것이다.

*全(전) - 온전할 전. 완전히. 모두. 다.
*氣(기) - 기운 기. 절후 기.
*皆(개) - 다 개.
*特(특) - 특히 특. 유다를 특. 다만 특.
*非特(비특) - ~뿐만 아니라. ~에 그치지 않는다.
*與(여) - 더불 여. 줄 여. 같이하다.
*顧(고) - 돌아볼 고. 생각건대 고.

역자주 四甲四乙而遇申酉寅卯爲不載(사갑사을이우신유인묘위부재)라 한 구절은 필사 과정에서 잘못된 것이다. 四甲이나 四乙이 申酉에 실려 있는 것은 지지가 천간을 잘 싣지 못한 것이지만 寅卯가 싣고 있다면 잘 실은 것인데 어찌 잘 싣지 못하였다고 하는가.
寅卯는 필사 과정에서 잘못된 것으로 생각된다. 『적천수징의』에는 "四甲이나 四乙이 申酉에 실려 있으면 잘못된 것이다"라고 하였다.

如四乙酉者, 受剋于地支也, 四辛卯者, 反剋地支也, 必須地支之
여사을유자　수극우지지야　사신묘자　반극지지야　필수지지지

氣上升, 天干之氣下降, 則流通生化, 而不至於偏枯, 又得歲運安頓,
기상승　천간지기하강　즉유통생화　이부지어편고　우득세운안돈

非富亦貴矣, 如無升降之情, 反有沖剋之勢, 皆爲偏枯而貧賤矣,
비부역귀의　여무승강지정　반유충극지세　개위편고이빈천의

宜細究之,
의세구지

　가령 四 乙酉는 지지로부터 극을 받는 것이고 四 辛卯는 반대로 지지를 극하는 것이다. 반드시 지지의 기(氣)는 상승하고 천간의 기는 하강하여야 기가 유통되고 생하고 化하는 정이 있어 편고에 이르지 않는 것이다.

　또한 세운이 안돈되면 부(富)하지 않으면 귀(貴)하게 된다. 그러나 천간과 지지의 승강의 정이 없고 도리어 충극하는 형세라면 이는 다 편고된 것이니 빈천할 것이다. 자세하게 살펴야 한다.

甲　甲　甲　甲
戌　寅　戌　申

庚　己　戊　丁　丙　乙
辰　卯　寅　丑　子　亥

年支申金, 沖去日主寅木, 加以戌土乘權重見, 生金助殺, 謂地支
년지신금　충거일주인목　가이술토승권중견　생금조살　위지지

不顧天干, 夫四甲一寅, 似乎强旺, 第秋木休囚, 沖去祿神, 其根
불고천간　부사갑일인　사호강왕　제추목휴수　충거록신　기근

已拔, 不作旺論, 故寅卯亥子運中, 衣食頗豐, 一交庚辰, 殺之元
이발　부작왕론　고인묘해자운중　의식파풍　일교경진　살지원

神透出, 四子俱傷, 破家不祿, 干多不如支重, 理固然也,
신투출　사자구상　파가불록　간다불여지중　이고연야

　年支 申金이 일주의 뿌리인 寅木을 충거하고 게다가 戌土가 당권하고 거듭

있어 살(殺)인 金을 생하니 이른바 지지가 천간을 돌보지 않는 것이다. 대저 甲木이 넷에다 寅木이 하나로 강왕한 것 같으나 그러나 가을은 木이 휴수된 절기이고 甲木의 녹(祿)인 寅木이 충거되니 뿌리가 뽑힌 것으로 왕(旺)하다 할 수 없다.

그러므로 寅卯 亥子 운에는 의식이 자못 풍부하였으나 庚辰 운으로 바뀌어 살(殺)의 원신이 투출하고 살이 왕해져 네 아들을 극하고 파산하였으며 자신도 사망하였다. 천간이 많은 것이 지지의 중(重)함만 못하다는 이치는 확실하다.

*加以(가이) - 게다가. 더욱.
*拔(발. 패) - 뽑을 발. 무성할 패.

*第(제) - 집 제. 차례 제. 다만 제(단지). 부사 어로는 단. 그러나. 단지. 오로지. 오직.

역자주 沖去日主寅木(충거일주인목): 여기에서 일주 寅木이라고 한 것은 필사 과정에서의 오류 인 듯하다. 일주는 甲木이다. 여기서 '日支 寅木'이라고 하여야 맞다. 寅은 일주의 뿌리 〔根〕이고 녹(祿)이다.

戊　戊　戊　戊
午　戌　午　子

甲癸壬辛庚己
子亥戌酉申未

此滿局火土, 子衰午旺, 沖則午發而愈烈, 熬乾滴水, 是謂天干不覆,
차만국화토　자쇠오왕　충즉오발이유열　오건적수　시위천간불부

初交己未, 孤苦萬狀, 至庚申辛酉運, 引通戊土之性, 大得際遇,
초교기미　고고만상　지경신신유운　인통무토지성　대득제우

娶妻生子, 立業成家, 一交壬戌, 水不通根, 暗拱火局, 遭祝融之
취처생자　입업성가　일교임술　수불통근　암공화국　조축융지

變, 一家五口皆亡, 如天干透一庚辛, 或地支藏一申酉, 豈至若是
변　일가오구개망　여천간투일경신　혹지지장일신유　기지약시

之結局乎,
지결국호

이 사주는 전체가 火土로 이루어졌다. 子水는 쇠하고 午火는 왕하니 충한즉

午火는 더욱 맹렬하게 일어나 적은 물을 말려버린다. 이것이 이른바 천간이 지지를 마땅하게 덮어주지 않은 것이다.

己未 초운에는 고독하고 고생이 많았는데 庚申 辛酉 운으로 들어 왕한 戊土의 성정을 인통(引通)하니 좋은 때를 만나 결혼하여 자식도 낳았고 생업을 세워 성가(成家)하였다. 壬戌 운으로 바뀌어 水가 통근치 못하고 午戌로 화국을 이루니 축융(祝融)의 변(變)으로 일가족 다섯 식구가 다 사망하였다.

만약 천간에 庚辛 金이 하나라도 있거나 지지에 申酉가 하나라도 있다면 어찌 이와 같은 지경에 이르겠는가.

*滿(만)-찰 만. 채울 만.
*衰(쇠)-쇠할 쇠. 줄 쇠.
*愈(유)-나을 유. 더할 유. 즐길 유.
*熬(오)-볶을 오. 근심하는 소리 오.
*乾(건)-하늘 건. 말릴 건.
*滴(적)-물방울 적. 물방울 떨어질 적.
*覆(부. 복)-덮을 부. 덮개 부. 엎어질 복. 다시 복.
*初(초)-처음 초.
*孤(고)-고아 고. 외로울 고.
*苦(고)-씀바귀 고. 쓸 고. 괴로워할 고.
*孤苦(고고)-혼자 고생함.
*狀(상)-형상 상. 모양. 형용하다. 문서.

*性(성)-성품 성. 성질. 생명. 목숨.
*際(제)-사이 제. 때 제. 만날 제.
*娶(취)-장가들 취. 장가 취.
*暗(암)-어두울 암.
*拱(공)-두 손 마주잡을 공. 껴안을 공.
*遭(조)-만날 조.
*祝(축)-빌 축. 하례 할 축.
*融(융)-녹을 융. 밝을 융.
*祝融(축융)-불을 맡은 신(神). 여름을 맡은 신(神). 전(轉)하여 화재.
*透(투)-뛸 투. 환할 투.
*藏(장)-감출 장. 서장 장.

| 역자주 | 이 사주의 설명은 이해하기 어렵다. |

이 사주는 火가 왕한 계절이고 만국(滿局)이 火土뿐이다. 일점 子水는 공연히 子午 충으로 火의 성정만 격분시킨다. 종강(從强)으로 봐야 할 것 같은데 己未 운에 고생이 많았다고 하는 대목은 좀 애매하다.

그래도 土가 왕하니 金 운이 좋은 것은 이해가 가나 壬戌 운에 水가 통근치 못하고 午戌 火局하여 식구가 다 화재로 사망하였다는 대목도 이해가 어렵다. 천간으로 재운이 오니 군비쟁재(群比爭財)하여 화(禍)가 발생한 것이다. 독자들의 판단에 맡긴다.

戊　戊　戊　戊
午　子　午　申

甲　癸　壬　辛　庚　己
子　亥　戌　酉　申　未

此與前造祇換一申字，而天干之氣下降，地支之水有源，午火雖烈，
차 여 전 조 지 환 일 신 자　이 천 간 지 기 하 강　지 지 지 수 유 원　오 화 수 열

究不能傷申金，用金明矣，況有子水爲去病之喜神，交申運戊辰年
구 불 능 상 신 금　용 금 명 의　황 유 자 수 위 거 병 지 희 신　교 신 운 무 진 년

四月入學，九月登科，蓋得太歲辰字，暗會水局之妙，惜將來壬戌
사 월 입 학　구 월 등 과　개 득 태 세 진 자　암 회 수 국 지 묘　석 장 래 임 술

運中，天干羣比爭財，地支暗會火局，未見其吉矣，
운 중　천 간 군 비 쟁 재　지 지 암 회 화 국　미 견 기 길 의

　이 명조와 앞의 명조는 단지 申字 하나만 바뀌었는데 천간의 기가 하강하고
지지의 水는 근원을 갖게 되니 午火가 비록 맹렬하나 끝내 申金을 손상치 못하므
로 金이 용신이다.

　더욱 子水가 있어 병(病)을 제거하는 희신이 되니 申 대운 戊辰년 四월에 입학
하고 九월에 등과하였다.

　이는 태세의 辰이 申子辰 수국을 이루는 묘(妙)함이 있어서이다. 애석한 것은
장래 壬戌 운은 천간에서는 군비쟁재(羣比爭財)가 일어나고 지지는 火局을 이루
니 좋은 것이 없을 것이다.

*祇(기. 지)－땅 귀신 기. 편안할 기. 마침 지.
　다만 지.
*入學(입학)－반궁(泮宮)에 들어감.
*蓋(개. 합)－덮을 개. 어찌 합.
*羣(군)－무리 군. 떼. 떼 지어 모이다. 동아
　리. 동료(同僚).

*究(구)－궁구 할 구. 헤아릴 구. 부사어로는
　종사(縱使). 수(雖)와 통하는 것으로 결국.
　끝내. 설사 ～일지라도. 여기서는 부사어
　로 쓰인 것임.
*爭(쟁)－다툴 쟁.

辛　辛　辛　辛
卯　卯　卯　卯

乙　丙　丁　戊　己　庚
酉　戌　亥　子　丑　寅

此造四木當權, 四金臨絶, 雖曰反剋地支, 實無力剋也, 如果能剋,
차 조 사 목 당 권　사 금 임 절　수 왈 반 극 지 지　실 무 력 극 야　여 과 능 극

可用財矣, 若能用財, 豈無成立乎, 彼出母腹, 數年間父母皆亡,
가 용 재 의　약 능 용 재　기 무 성 립 호　피 출 모 복　수 년 간 부 모 개 망

與道士爲徒, 己丑戊子運, 印綬生扶, 衣食無虧, 一交丁亥, 生火
여 도 사 위 도　기 축 무 자 운　인 수 생 부　의 식 무 휴　일 교 정 해　생 화

剋金, 卽亡其師, 所有微業, 嫖賭掃盡而死,
극 금　즉 망 기 사　소 유 미 업　표 도 소 진 이 사

이 명조는 四木이 당권하고 四金은 절지에 임(臨)하였다. 비록 지지를 극한다
하나 실제로 극할 힘이 없다. 확실히 극할 수 있다면 재가 용신이 된다. 만약 재가
용신이라면 어찌 이룸이 없겠는가.

이 사람은 출생 후 몇 년 사이에 부모가 다 돌아가시어 도사(道士)의 제자가
되어 도사를 따라다녔다.

己丑 戊子 운에 들어 인수인 土가 생부(生扶)하니 의식은 부족함이 없었다. 丁
亥 운으로 바뀌어 亥水는 왕한 木을 생하고 木은 火를 생하며 火는 金을 극하니
스승이 죽었다. 스승이 죽은 후 조금 있던 재물도 주색과 도박으로 탕진하고 사망
하였다.

*腹(복)－배 복. 오장육부의 하나.　　*賭(도)－놀음 도. 걸 도(놀음판에서 돈을 걸
*虧(휴)－이지러질 휴.　　　　　　　　　음).
*嫖(표)－날랠 표. 음탕할 표.　　　　*掃(소)－쓸 소(소제함).

地全三物. 不可使天道莫之容.
지 전 삼 물　　불 가 사 천 도 막 지 용

　지지가 오로지 삼물(三物)은 천간에서 이를 받아들이지 않으면 불가하다.

*全(전)－온전할 전. 완전히. 모두. 다.　　*容(용)－얼굴 용. 모습 용. 꾸밀 용. 받아들
*莫(막)－없을 막. 말 막. 아득할 막.　　　　일 용. 용서할 용.

原注원주
寅卯辰. 亥卯未. 而遇甲庚乙辛. 則天不覆. 然不特全一氣與三物者.
인 묘 진　해 묘 미　이 우 갑 경 을 신　즉 천 불 부　연 불 특 전 일 기 여 삼 물 자
皆宜天覆地載. 不論有根無根. 皆要循其氣序. 干支不反悖爲妙.
개 의 천 부 지 재　불 론 유 근 무 근　개 요 순 기 기 서　간 지 불 반 패 위 묘

【원주】
　寅卯辰 方이나 亥卯未 국에서 甲이 庚을 乙이 辛을 만나면 이는 천간이 지지를
마땅하게 덮어준 것이 아니다.
　천전일기(天全一氣)뿐만 아니라 지전삼물(地全三物)도 천간과 지지가 마땅하게 덮
어주고 실어줘야 하는 것이다. 뿌리가 있고 없고를 막론하고 기(氣)가 차례대로 순환
되고 천간과 지지가 서로 어그러짐이 없어야 사주가 아름답게 되는 것이다.

任氏曰임씨왈,
地支三物者, 支得寅卯辰, 巳午未, 申酉戌, 亥子丑, 之方是也, 如
지 지 삼 물 자　지 득 인 묘 진　사 오 미　신 유 술　해 자 축　지 방 시 야　여
寅卯辰日主是木, 要天干火多, 日主是火, 要天干金旺, 日主是金,
인 묘 진 일 주 시 목　요 천 간 화 다　일 주 시 화　요 천 간 금 왕　일 주 시 금
要天干土重,
요 천 간 토 중

　임 선생님이 말씀하였다.
　지지가 삼물(三物)이라고 하는 것은 지지에 寅卯辰 巳午未 申酉戌 亥子丑 등

방(方)을 일컬음이다.

가령 寅卯辰 동방에 일주가 木이라면 천간에 火가 많아야 하고 일주가 火라면 천간에 金이 왕하여야 하고 일주가 金이라면 천간에 土가 많아야 한다.

> **역자주** 지지에 寅卯辰이 다 있어 木이 왕할 때 일주가 木이라면 천간에 火가 많아야 한다는 것은 木이 태왕하니 설신(洩神)도 왕하여야 한다는 뜻이니 이해가 쉽게 가는데 일주가 火이면 천간에 金이 많아야 한다는 것은 왜 그런가. 또 일주가 金이라면 천간에 土가 중하여야 한 다고 하였는데 그것은 또 왜 그런가. 그 이유를 살펴보자.
>
> 가령 木 일주에 지지에 亥子 등 水가 많으면 용신은 재성이 될 것이다. 즉, 인수가 많으면 재성이 있어 인수를 극하여야 하는 이치(理致)로 火 일주에 寅卯辰이 있어 木이 태왕하면 金이 있어 지나치게 많은 木을 덜어내야 하는 것이다. 목다화식(木多火熄)의 경우는 금극 목즉생화(金剋木則生火)가 되는 것이다. 火 일주에 金은 재성이니 재성이 지나친 인수를 덜 어내야 하는 것이다.
>
> 金 일주라면 木이 왕하니 金은 자연 약하다. 그래서 천간에 土가 많아야 한다는 것이다. 일주가 강해야 재성을 쓸 수 있는 것이다.

大凡支全三物, 其勢旺盛, 如旺神在提綱, 天干必須順其氣勢, 洩
대 범 지 전 삼 물   기 세 왕 성   여 왕 신 재 제 강   천 간 필 수 순 기 기 세   설

之可也, 如旺神在別支, 天干制之有力, 制之可也, 何以旺神在提
지 가 야   여 왕 신 재 별 지   천 간 제 지 유 력   제 지 가 야   하 이 왕 신 재 제

綱, 只宜洩而不宜制,
강   지 의 설 이 불 의 제

대저 지지가 오로지 삼물(三物)이면 그 힘이 강한데 왕신이 제강이면 천간은 반드시 그 기세에 순(順)하여 설(洩)함이 마땅하다.

가령 왕신이 월령이 아닌 다른 지지에 있고 천간에서 제(制)함이 유력하면 제함 이 마땅하다. 왕신이 제강이면 어떻게 하여야 하는가. 단지 설함이 있을 뿐 제하는 것은 불가하다.

*何以(하이)-부사어로 무엇으로. 무엇에. 어떻게. 왜. 어찌하여.

夫旺神在提綱者，必制神之絶地也，如强制之，不得其性，及激而
부 왕 신 재 제 강 자　필 제 신 지 절 지 야　여 강 제 지　부 득 기 성　급 격 이

肆逞矣，旺神者，木方提綱得寅卯是也，制神者，庚辛金也，寅卯
사 령 의　왕 신 자　목 방 제 강 득 인 묘 시 야　제 신 자　경 신 금 야　인 묘

乃庚辛之絶地也，如辰在提綱，四柱干支，又有庚辛之助，方可制
내 경 신 지 절 지 야　여 진 재 제 강　사 주 간 지　우 유 경 신 지 조　방 가 제

矣，所謂循其氣序，調劑得宜，斯爲全美，木方如此，餘可例推，
의　소 위 순 기 기 서　조 제 득 의　사 위 전 미　목 방 여 차　여 가 예 추

　대저 왕신이 제강이면 제신(制神)은 반드시 절지(絶地)가 되니 가령 강제로 제
(制)하려 하면 왕신의 성정을 얻지 못할 뿐 아니라 왕신이 격노하여 방자하게 되기
때문이다.

　왕신이란 木方의 제강은 寅卯이고 제신(制神)은 庚辛 金이다. 寅卯월은 庚辛
의 절지이다. 가령 제강이 辰이고 사주의 천간이나 지지에 庚辛 金을 돕는 것이
있으면 제(制)하는 것이 가하다.

　소위 기(氣)가 차서(次序)에 맞게 순환하고 배합이 마땅하면 진실로 아름답다
하겠다. 木方이 이와 같으니 나머지도 이와 같이 추리하라.

*提(제)-끌 제. 거느릴 제.
*綱(강)-벼리 강. 대강 강. 다스릴 강.
*提綱(제강)-요점을 듦. 요령을 제시함. 提
　要(제요)와 仝.
*制(제)-마를 제. 지을 제. 금할 제.
*激(격)-부딪칠 격. 빠를 격. 과격할 격.
*肆(사)-방자할 사. 펼 사.
*逞(령. 영)-왕성할 령.
*肆逞(사령)-방자함. 더욱 날뜀.
*絶(절)-끊을 절. 끊어질 절. 뛰어날 절.
*所謂(소위)-이른바.

*循(순)-좇을 순. 돌 순. 돌아다닐 순.
*氣(기)-기운 기. 절후 기.
*序(서)-차례 서. 차례 매길 서. 실마리 서.
　학교 서.
*調(조)-고를 조. 맞을 조.
*劑(제)-약재 제. 한도 제.
*宜(의)-옳을 의. 마땅할 의.
*斯(사)-찍을 사. 어조사 사, 주어. 목적어.
　부사어 등으로 쓰이며, 이. 이러한. 이렇게.
　여기 등으로 쓰임.
*餘(여)-남을 여. 남기다. 나머지.

丙　甲　庚　辛
寅　辰　寅　卯

甲　乙　丙　丁　戊　己
申　酉　戌　亥　子　丑

此寅卯辰東方, 兼之寅時, 旺之極矣, 年月兩金臨絶, 旺神在提綱,
차 인 묘 진 동 방　겸 지 인 시　왕 지 극 의　년 월 양 금 임 절　왕 신 재 제 강

休金難剋, 而且丙火透時, 木火同心, 謂强衆而敵寡, 勢在去庚辛之
휴 금 난 극　이 차 병 화 투 시　목 화 동 심　위 강 중 이 적 과　세 재 거 경 신 지

寡, 早行土運生金, 破耗異常, 進京入部辦事, 至丙戌運, 分發廣東,
과　조 행 토 운 생 금　파 모 이 상　진 경 입 부 판 사　지 병 술 운　분 발 광 동

得軍功, 升知縣, 喜其剋盡庚辛之美, 至酉, 庚辛得地, 不祿宜矣,
득 군 공　승 지 현　희 기 극 진 경 신 지 미　지 유　경 신 득 지　불 록 의 의

이 명조는 지지가 寅卯辰 동방(東方)을 이루고 寅시로 왕함이 극에 이르렀다. 年月의 金은 절지에 임(臨)하고 왕신이 월령이니 휴수에 든 金이 극(剋)하기 어렵다.

시에 丙火가 투출하니 木火가 동심(同心)이다. 소위 강하고 많은 것을 적은 것이 대적하는 격으로 형세는 적은 庚辛 金을 제거하는 데 있다.

초년 운이 土金으로 행하여 金을 생하니 재물의 손실이 많았다. 경도(京都)에 올라가 군부(軍部)의 일을 보다가 丙戌 운에 광동에서 공을 세워 지현(知縣)에 올랐다.

이는 기신인 庚辛 金을 극진(剋盡)하여 아름답게 된 것이다. 酉 운에 이르러 庚辛 金이 득지하니 사망하였다.

*寡(과) - 적을 과. 홀어미 과.
*辦(판) - 힘쓸 판. 갖출 판.
*分發(분발) - 奮發(분발)과 소.
*不祿宜矣(불록의의) - 不祿已矣(불록이의).

*升(승) - 되 승. 오를 승.
*知縣(지현) - 중국 송나라·청나라 때 둔 현(縣)의 으뜸 벼슬아치.
*不祿(불록) - 선비의 죽음.

```
丁　甲　庚　庚
卯　寅　辰　寅

丙 乙 甲 癸 壬 辛
戌 酉 申 未 午 巳
```

此亦寅卯辰東方, 旺神不是提綱, 辰土歸垣, 庚金得載力量足以剋
차역인묘진동방 왕신불시제강 진토귀원 경금득재역량족이극

木, 丁火雖透, 非庚金之敵, 用殺明矣, 至甲申運, 庚金祿旺暗沖
목 정화수투 비경금지적 용살명의 지갑신운 경금록왕암충

寅木, 科甲聯登, 仕至郡守, 一交丙運制殺, 降職歸田,
인목 과갑연등 사지군수 일교병운제살 강직귀전

이 명조 역시 寅卯辰 동방으로 木이 왕한데 왕신인 木이 월령을 득한 것이 아니고 辰土가 당령한 辰월이다. 천간의 庚金이 辰土에 실려 있어 木을 극할 역량이 충분하다 하겠다.

丁火가 비록 시에 투출하였으나 庚金을 적으로 여기지 않으니 살이 용신임이 분명하다. 甲申 운에 이르러 庚金이 녹(祿)을 만나고 寅木을 암충하니 과거에 연달아 급제하고 벼슬이 군수에 이르렀다. 丙 운으로 바뀌어 살을 극하니 관직에서 물러나 향리로 돌아갔다.

*歸(귀)-돌아갈 귀. 돌아올 귀.

*垣(원)-담 원(낮은 담장).

*歸垣(귀원)-월령(月令).

*載(재)-실을 재. 탈 재. 비로소 재.

*雖(수)-비록 수. 오직 수.

*透(투)-뛸 투. 던질 투. 환할 투.

*敵(적)-원수 적. 필적할 적.

*科(과)-과정 과. 과정. 조목. 품등. 그루.

*聯(련. 연)-연할 련(잇닿음). 나란히 할 련

*仕(사)-벼슬할 사. 일로 삼다. 섬기다.

*守(수)-지킬 수. 지키다. 직무. 지조.

*降(강. 항)-내릴 강. 항복할 항. 항복받을 항.

*職(직)-벼슬 직. 맡을 직. 구실 직.

陽乘陽位陽氣昌. 最要行程安頓.
양 승 양 위 양 기 창   최 요 행 정 안 돈

양(陽)이 양의 자리에 앉아 있어 양기가 창성하면 가장 중요한 것은 행운(行運)이 안돈하여야 하는 것이다.

原注원주

六陽之位. 獨子寅辰爲陽方. 爲陽位之純. 五陽居之. 如若是旺神. 最
육 양 지 위   독 자 인 진 위 양 방   위 양 위 지 순   오 양 거 지   여 약 시 왕 신   최

要行運陰順安頓之地.
요 행 운 음 순 안 돈 지 지

【원주】

육양(六陽)에서 오직 子寅辰이 양방(陽方)으로 가장 순수한 양이다. 오양(五陽)이 子寅辰을 타고 있고 이것이 왕신이면 가장 요(要)하는 것은 음순(陰順)의 안돈한 곳으로 흘러야 하는 것이다.

  *육양(六陽)－子 寅 辰 午 申 戌.   *오양(五陽)－甲 丙 戊 庚 壬.

任氏曰임씨왈,

六陽皆陽, 非子寅辰爲陽之純也, 須分陽寒陽暖而論也, 西北爲寒,
육 양 개 양   비 자 인 진 위 양 지 순 야   수 분 양 한 양 난 이 론 야   서 북 위 한

東南爲暖, 如若申戌子全, 爲西北之陽寒, 最要行運遇卯巳未東南
동 남 위 난   여 약 신 술 자 전   위 서 북 지 양 한   최 요 행 운 우 묘 사 미 동 남

之陰暖是也, 如寅辰午全, 爲東南之陽暖, 最要行運遇酉亥丑西北
지 음 난 시 야   여 인 진 오 전   위 동 남 지 양 난   최 요 행 운 우 유 해 축 서 북

之陰寒是也, 此擧大局而論,
지 음 한 시 야   차 거 대 국 이 론

  임 선생님이 말씀하였다.

  육양(六陽)이 다 양이지 유독 子寅辰만이 양의 진수(眞髓)인 것은 아니다. 모름지

기 양난(陽暖)과 양한(陽寒)으로 분별하여야 한다. 서북은 차갑고 동남은 따뜻하다.

가령 申戌子가 다 있으면 이것은 서북의 차가운 양이니 운은 동남의 따뜻한 음인 卯巳未로 흐르는 것이 가장 좋고 가령 寅辰午가 다 있으면 이는 동남의 따뜻한 양이니 운은 서북의 차가운 음인 酉亥丑으로 흐르는 것이 가장 좋은 것이다. 이는 대국(大局)을 들어 논한 것이다.

若遇日主之用神喜神, 或木, 或火, 或土, 是東南之陽暖, 歲運亦
약 우 일 주 지 용 신 희 신　 혹 목　 혹 화　 혹 토　 시 동 남 지 양 난　 세 운 역
宜配西北之陰水陰木陰火, 方能生助喜神用神, 而歡如酬酢, 若歲
의 배 서 북 지 음 수 음 목 음 화　 방 능 생 조 희 신 용 신　 이 환 여 수 작　 약 세
運遇西北之陽水陽木陽火, 則爲孤陽不生, 縱使生助喜神, 亦難切
운 우 서 북 지 양 수 양 목 양 화　 즉 위 고 양 불 생　 종 사 생 조 희 신　 역 난 절
當, 不過免崎嶇而趨平坦也,
당　 불 과 면 기 구 이 추 평 탄 야

만약 일주의 용신이나 희신이 혹 木, 혹 火, 혹 土인 경우 이것이 동남의 따뜻한 양이라면 세운은 마땅히 서북의 陰水 陰木 陰火로 배합이 이루어져야 바야흐로 희신과 용신을 생조하여 기쁘게 수작(酬酢)이 이루어지는 것이다.

만약 세운이 서북이긴 하나 陽水 陽木 陽火이면 음이 없이 오로지 陽이니 이른 바 외로운 陽이 되어 생의(生意)가 없으므로 가사 희신을 생조(生助)한다 하여도 역시 적당치 않은 것이다. 기구함이나 면(免)하는 그저 평탄한 정도일 것이다.

*酬(수)-잔 돌릴 수. 갚을 수.
*酢(작. 초)-잔 돌릴 작. 신맛 초.
*隔(격)-막을 격. 막이 격. 이미 격.
*切(절. 체)-벨 절. 절박할 절. 온통 체.
*崎(기)-험할 기.

*嶇(구)-가파를 구. 산꼭대기 구.
*崎嶇(기구)-길이 험함. 팔자가 사나움.
*趨(추)-추창할 추. 향할 추. 재촉할 촉.
*坦(탄)-평평할 탄. 너그러울 탄.

역자주 酬酢(수작): 수작(酬酢)이란 술잔이 오고 가는 것을 일컫는 것이다. 수(酬)는 주인이 손[客]에게 술잔을 건네는 것이고 작(酢)은 손[客]이 주인에게 술잔을 건네는 것이다.
춘추전국시대에는 전쟁이 끊이지 않고 권모술수가 횡행하던 시기(時期)로 술이나 잔에 독약을 넣어 사람을 해(害)하는 일이 많아 사람을 믿기 어려웠다.

주인이 먼저 자기의 잔에 술을 따라 마시고 그리고 그 잔을 손[客]에게 건넨다. 술과 잔에 독(毒)이 없다는 표시다. 그러면 손은 그 잔을 받아 마시고 다시 주인에게 건넨다. 이것이 수작(酬酢)이다. 酬酢(수작)은 酬酌(수작)과 같다.

陽暖之局如此, 陽寒之局亦如此論, 所謂陽盛光昌剛健之勢, 須配
양 난 지 국 여 차   양 한 지 국 역 여 차 론   소 위 양 성 광 창 강 건 지 세   수 배
以陰盛包寒柔順之地是也, 若不深心確究, 孰能探其精微, 而得其
이 음 성 포 한 유 순 지 지 시 야   약 불 심 심 확 구   숙 능 탐 기 정 미   이 득 기
要訣乎,
요 결 호

양난(陽暖)의 격(格)이 이와 같으니 양한(陽寒)의 격 또한 이와 같이 논한다. 소위 陽이 왕성하고 따뜻하며 강건한 기세면 모름지기 배합은 왕성한 陰에 차가우며 유순한 기세의 배합이 마땅한 것이다.

만약 깊이 연구하지 않으면 어찌 정미(精微)한 이치를 탐구하여 그 요결(要訣)을 깨달을 수 있겠는가.

*盛(성)-그릇 성. 성할 성. 장하게 여길 성.　　*訣(결)-비결 결. 헤어질 결. 이별 결.
*柔(유)-부드러울 유. 편안히 할 유.　　*探(탐)-더듬을 탐. 찾을 탐.
*孰(숙)-누구 숙. 어느 숙. 부사어로는 어째　　*精(정)-자세할 정. 찧을 정. 아름다울 정.
　서. 어찌 등으로 해석.　　　　　　　　　　　깨끗할 정.

庚　丙　丙　癸
寅　午　辰　巳

庚辛壬癸甲乙
戌亥子丑寅卯

此東南之陽暖, 天干金水, 似乎無根, 喜月支辰土, 洩火蓄水而生金,
차 동 남 지 양 난　천 간 금 수　사 호 무 근　희 월 지 진 토　설 화 축 수 이 생 금

庚金挂角逢生, 則庚金可用, 癸水卽庚金之喜神, 初運乙卯甲寅,
경 금 괘 각 봉 생　즉 경 금 가 용　계 수 즉 경 금 지 희 신　초 운 을 묘 갑 인

金絕火生而水洩, 孤苦不堪, 一交癸丑, 北方陰溼之地, 金水通根,
금 절 화 생 이 수 설　고 고 불 감　일 교 계 축　북 방 음 습 지 지　금 수 통 근

又得巳丑拱金之妙, 出外大得際遇, 驟然發財十餘萬, 陽暖逢寒, 配
우 득 사 축 공 금 지 묘　출 외 대 득 제 우　취 연 발 재 십 여 만　양 난 봉 한　배

合之美也,
합 지 미 야

이 명조는 지지가 寅辰午 동남의 양난(陽暖)으로 되어 있고 천간의 金水는 뿌리가 없는 것 같으나 다행인 것은 月이 辰月인 것이다. 辰은 습토로 火를 설하고 金을 생하니 庚金이 조금이나마 생을 받고 있어 庚金을 용신으로 한다.

庚金이 용신이니 癸水는 희신이 된다. 초년 乙卯 甲寅 운은 金이 절지(絕地)이고 火를 생하며 水를 설하니 외로움과 고생이 심했다.

癸丑 운으로 바뀌자 癸丑은 북방의 차가운 陰으로 金水가 통근하고, 또한 巳丑 공금(拱金)의 묘(妙)함이 있어 외지에 나가 때를 만나 십여 만의 재물을 모았다. 따뜻한 陽이 차가운 陰을 만나니 배합이 아름답기 때문이다.

*挂(괘)－걸 괘. 걸릴 괘.
*角(각)－뿔 각. 모 각.
*堪(감)－견딜 감. 맡을 감.
*驟(취)－달릴 취. 갑작스러울 취.
*驟然(취연)－별안간. 갑자기.

*挂角(괘각)－뿔 위에 걸쳐 있는 것. 차지한 것이 아주 작은 것을 이름. 와각지쟁(蝸角之爭)이란 말이 있는데, 이 말은 달팽이 뿔에 있는 두 나라가 영토전쟁을 한다는 말로 아주 작은 것을 이르는 말.

庚　丙　乙　戊
寅　寅　丑　寅

辛　庚　己　戊　丁　丙
未　午　巳　辰　卯　寅

丙寅日元, 雖支遇三寅, 最喜丑土乘權, 財星歸庫, 若運走西北土
병인일원　수지우삼인　최희축토승권　재성귀고　약운주서북토

金, 財業必勝前造, 惜一路東南木火之地, 祖業破盡, 偏歷數省,
금　재업필승전조　석일로동남목화지지　조업파진　편력수성

奔馳不遇, 至午運暗會刦局, 死于廣東, 一事無成, 莫非運也,
분치불우　지오운암회겁국　사우광동　일사무성　막비운야

丙寅 일원이 지지에 寅木이 셋이나 되니 화세(火勢)가 맹렬하다. 가장 기쁜 것은 丑월로 왕한 화기를 설하며 재성이 고(庫)에 암장되어 있는 것이다. 만약 운이 서북 土金으로 갔다면 앞의 사주보다 명리가 좋았을 것이나 애석하게도 운이 동남 木火로 가니 조업을 파(破)하고 여러 성(省)을 편력하며 분주하게 돌아다녔어도 때를 만나지 못하였다.

午 운에 이르러 寅午 암회(暗會)하여 겁국(刦局)을 이루니 광동에서 사망하였다. 평생 하나도 이룬 것이 없으니 이 모든 것이 운인 것을 어찌하랴.

*歸(귀)—돌아갈 귀. 돌아올 귀.
*偏(편)—두루 편. 두루 미칠 편. 두루 다닐 편.
*歷(력. 역)—지낼 력. 다할 력. 달력 력.

*偏歷(편력)—널리 돌아다님. 두루 앎.
*奔(분)—달릴 분. 달아날 분. 혼인할 분.
*馳(치)—달릴 치. 전할 치.

陰乘陰位陰氣盛. 還須道路光亨.
음 승 음 위 음 기 성　환 수 도 로 광 형

음(陰)이 음의 자리에 앉아서 음기가 왕성하면 행운(行運)은 광형(光亨)한 곳으로 행하여야 한다.

*道路(도로)－運路(운로).   *光亨(광형)－陽明(양명－寅辰午).

原注 원주

六陰之位. 獨酉亥丑爲陰方. 乃陰位之純. 五陰居之. 如若是旺神. 最
육 음 지 위   독 유 해 축 위 음 방   내 음 위 지 순   오 음 거 지   여 약 시 왕 신   최

要行運陽順光亨之地.
요 행 운 양 순 광 형 지 지

【원주】

육음(六陰) 가운데 오로지 酉亥丑이 음방(陰方)으로 가장 순수한 음이다. 오음(五陰)이 이에 거(居)하고 왕신이면 가장 요하는 것은 운이 양순(陽順)한 광형지(光亨地)로 행하여야 한다.

*六陰(육음)－卯 巳 未 酉 亥 丑.   *五陰(오음)－乙 丁 己 辛 癸.

任氏曰 임씨왈,

六陰皆陰, 非酉亥丑爲陰之盛也, 須分陰寒陰暖而論也, 承上文西
육 음 개 음   비 유 해 축 위 음 지 성 야   수 분 음 한 음 난 이 론 야   승 상 문 서

北爲寒, 東南爲暖, 假如酉亥丑全, 爲西北之陰寒, 最要行運遇東
북 위 한   동 남 위 난   가 여 유 해 축 전   위 서 북 지 음 한   최 요 행 운 우 동

南寅辰午之陽暖是也, 如卯巳未全, 爲東南之陰暖, 最要行運遇申
남 인 진 오 지 양 난 시 야   여 묘 사 미 전   위 동 남 지 음 난   최 요 행 운 우 신

戌子西北之陽寒是也, 此擧大局而論,
술 자 서 북 지 양 한 시 야   차 거 대 국 이 론

임 선생님이 말씀하였다.

육음(六陰)이 다 같은 음이지 酉亥丑만이 음이 왕성한 것이 아니다. 모름지기 음한(陰寒)과 음난(陰暖)으로 나누어 논하여야 한다. 위에서 설명한 바와 같이 서북은 차갑고 동남은 따뜻하다.

가령 酉亥丑이 다 있으면 이는 서북의 차가운 음이니 가장 요하는 것은 운이 동남의 따뜻한 양인 寅辰午로 행하는 것이다.

가령 未巳卯가 다 있으면 이는 동남의 따뜻한 음이니 운은 서북의 차가운 양으로 흐르는 것이 가장 좋은 것이다. 이는 대국(大局)을 들어 논한 것이다.

若日主之用神喜神, 或金, 或水, 或土, 是西北之陰寒, 歲運亦宜
약일주지용신희신　혹금　혹수　혹토　시서북지음한　세운역의

配東南之陽金陽火陽土, 方能助用神喜神, 而福力彌增, 若歲運遇
배동남지양금양화양토　방능조용신희신　이복력미증　약세운우

東南之陰金陰火陰土, 則爲純陰不育, 難獲厚福, 不過和平而無災
동남지음금음화음토　즉위순음불육　난획후복　불과화평이무재

咎也, 陰寒之局如此論, 陰暖之局亦如此論, 所謂陰盛包含柔順之
구야　음한지국여차론　음난지국역여차론　소위음성포함유순지

氣, 須配以陽盛光昌剛健之地者是也,
기　수배이양성광창강건지지자시야

만약 일주의 용신이나 희신이 혹 金, 혹 水, 혹 土인 경우 이것이 서북의 차가운 음이면 운은 마땅히 동남의 陽金 陽火 陽土로 배합이 되어야 비로소 용신과 희신을 돕게 되어 복력(福力)이 더욱 증가되는 것이다.

만일 세운이 동남의 陰金 陰火 陰土이면 음이 음을 만나니 오로지 음뿐으로 생육(生育)이 아니 되니 두터운 복은 기대하기 어렵다. 불과 화평하거나 재난이나 없는 정도이다.

음한(陰寒)의 사주를 이와 같이 논하니 음난(陰暖)의 사주도 또한 이와 같이 논한다. 소위 陰은 왕성해도 유순하고 내부로 감싸는 기세이니 모름지기 배합은 강건하고 밖으로 표출하는 왕성한 陽이 마땅한 것이다.

*方(방) − 모 방. 바야흐로 방. 부사어로는 모두. 비로소.
*若(약. 야) − 좇을 약(따름). 너 약(이인칭). 같을 약. 만일 약. 반야 야. 부사어로는 비로소 ~해야 ~경우는. 만일 ~라면.

*彌(미) − 퍼질 미. 더욱 미. 걸릴 미.
*咎(구) − 허물 구. 재앙 구.
*厚(후) − 두터울 후. 두터이 할 후.
*含(함) − 머금을 함. 넣을 함. 품을 함.
*柔(유) − 부드러울 유. 편안히 할 유.

壬　乙　己　丙
午　酉　亥　子

乙甲癸壬辛庚
巳辰卯寅丑子

此全酉亥子西北之陰寒, 寒木更宜向陽, 以丙火爲用, 壬水卽其病
차전유해자서북지음한 한목갱의향양 이병화위용 임수즉기병

也, 然喜壬水遠隔, 與日主緊貼, 日主本衰, 未嘗不喜其生, 又有
야 연희임수원격 여일주긴첩 일주본쇠 미상불희기생 우유

己土透干, 亦能砥定中流,
기토투간 역능지정중류

　이 명조는 서북의 음한(陰寒)인 酉亥子가 다 있다. 차가운 나무가 따뜻한 양을 기뻐하니 용신은 丙火이다. 丙火가 용신이니 壬水는 병(病)이 된다.

　그러나 좋은 것은 壬水는 丙火와 멀리 떨어져 있고 일주에는 바짝 붙어 있어 쇠약한 일주가 壬水의 생을 기뻐하는 것이다. 또 천간에 己土가 투출하여 水를 막아주는 것이다.

*貼(첩)-붙을 첩. 붙일 첩.　　　　　*砥(지)-숫돌 지. 평정할 지.

역자주　砥定中流(지정중류)：　지정중류는 중류지주(中流砥柱)와 같은 말로 하남성(河南省) 섭주(陝州)에서 조금 떨어진 황하(黃河)의 중류(中流)에 있는 주상(柱狀)의 돌로 위가 판판하여 숫돌 같으며 격류(激流) 속에서 우뚝 솟아 꼼짝 않으므로 난세에 처하여 의연히 절개를 지키는 선비의 비유로 쓰인다.

여기서는 己土가 午火에 통근하고 丙火의 생으로 약하지 않으므로 왕한 水를 극제(剋制)할 수 있다는 뜻이다.

且喜天干水木火土, 各立門戶, 相生有情, 地支午火緊制七殺, 年
차 희 천 간 수 목 화 토   각 립 문 호   상 생 유 정   지 지 오 화 긴 제 칠 살   년

月火土, 通根祿旺, 更喜行運東南陽暖之地, 不但四柱有情, 而且
월 화 토   통 근 록 왕   갱 희 행 운 동 남 양 난 지 지   부 단 사 주 유 정   이 차

行運光亨, 早年聯登甲第, 仕至封疆, 皆陰陽配合之妙也,
행 운 광 형   조 년 연 등 갑 제   사 지 봉 강   개 음 양 배 합 지 묘 야

또한 기쁜 것은 천간의 水 木 火 土가 각기 문호(門戶)를 세우고 상생으로 유정한 것이다. 지지의 午火가 칠살을 옆에서 극하고 年月의 火土가 녹왕(祿旺)에 통근하였는데 더욱 좋은 것은 운이 동남 양난(陽暖)한 곳으로 행하니 비단 사주가 유정할 뿐 아니라 행운도 광형(光亨)하다.

일찍이 과거에 연달아 급제하고 벼슬이 봉강(封疆)에 이르렀다. 이는 다 음양의 배합이 알맞은 때문이다.

*門戶(문호) - 집안에 드나드는 곳. 문벌(門閥). 자기에게 찬동하는 파(派).
*疆(강) - 지경 강. 끝 강. 경계 삼을 강.

*封疆(봉강) - 제후의 반열. 나라에서 공이 큰 사람에게 봉지(封地)를 하사함.

壬 乙 丙 己
午 丑 子 亥

庚 辛 壬 癸 甲 乙
午 未 申 酉 戌 亥

此與前只換一酉字, 以俗論之, 酉換丑更美, 酉乃七殺剋我, 丑乃
차 여 전 지 환 일 유 자   이 속 론 지   유 환 축 갱 미   유 내 칠 살 극 아   축 내

偏財我剋, 又能止水, 何其妙也, 不知丑乃溼土, 能洩火不能止水,
편 재 아 극   우 능 지 수   하 기 묘 야   부 지 축 내 습 토   능 설 화 불 능 지 수

酉雖七殺, 午火緊剋, 不洩火之元神,
유 수 칠 살   오 화 긴 극   불 설 화 지 원 신

이 명조는 앞의 명조와 단지 酉字 하나가 바뀐 것뿐이다. 속론(俗論)하면 酉가

丑으로 바뀌니 위 사주보다 더욱 좋다고 할 것이다.

酉는 칠살로 나를 극하지만 丑은 편재로 내가 극을 하며, 또한 水를 막으니 어찌 아름답다 하지 않겠는가. 그러나 丑은 습토로 화기만 설할 뿐 지수(止水)는 못하고 酉는 비록 칠살이나 가까운 午火의 제(制)함을 받을 뿐 火를 설할 능력이 없는 것을 모르고 하는 말이다.

彼則丙火在年, 壬水遙遠, 又得己土一隔, 此則丙火在月, 壬水相近,
피즉병화재년 임수요원 우득기토일격 차즉병화재월 임수상근

己土不能爲力, 子水又逼近相沖, 而且運走西北陰寒之地, 丙火一
기토불능위력 자수우핍근상충 이차운주서북음한지지 병화일

無生扶, 乙木何能發生, 十干體象云, 虛濕之地, 騎馬亦憂, 斯言
무생부 을목하능발생 십간체상운 허습지지 기마역우 사언

不謬也, 所以屈志芸窓, 一貧如洗, 剋妻無子, 至壬申運, 丙火剋
불류야 소이굴지운창 일빈여세 극처무자 지임신운 병화극

盡而亡, 所謂陰乘陰位, 陰氣盛也,
진이망 소위음승음위 음기성야

앞의 사주는 丙火가 年에 있어 壬水와 멀리 떨어져 있고, 또한 己土가 그 사이에 있는데 이 사주는 丙火가 월에 있어 壬水와 가깝고 己土는 年에 있어 丙壬충을 억제하는 힘이 없다. 子水 또한 午火에 가까이서 충(沖)하며 운 또한 서북음한(陰寒)으로 흘러 丙火를 생부함이 하나도 없으니 乙木이 어찌 생기를 발(發)할 수 있겠는가.

십간 체상(體象)에서 이르길 허습지지(虛濕之地)면 기마역우(騎馬亦憂)라고 하였는데 이 말은 틀린 말이 아니다. 이러므로 학문의 뜻을 펴지 못하였고 씻은 듯 가난하였으며 극처(剋妻) 무자(無子)하였다. 壬申 운에 이르러 丙火가 극진(剋盡)되니 사망하였다. 이른바 음이 음위(陰位)를 타니 음기가 성(盛)한 연고이다.

*屈(굴)－굽을 굴. 굽히다. 물러나다.   *窓(창)－창 창. 窗과 仝.
*芸(운)－운향 운. 김맬 운.   *芸窓(운창)－서재(書齋).

地生天者. 天衰怕沖.
지 생 천 자　　천 쇠 파 충

지지가 천간을 생하는 경우 천간이 쇠약하면 충(沖)을 두려워한다.

原注원주

如丙寅戊寅丁酉壬申癸卯己酉. 皆長生日主. 甲子乙亥丙寅丁卯己巳.
여 병 인 무 인 정 유 임 신 계 묘 기 유　　개 장 생 일 주　　갑 자 을 해 병 인 정 묘 기 사

皆自生日主. 如主衰逢沖. 則相拔而禍更甚.
개 자 생 일 주　　여 주 쇠 봉 충　　즉 상 발 이 화 갱 심

【원주】

　가령 丙寅 戊寅 丁酉 壬申 癸卯 己酉 등은 다 좌하에 장생을 둔 일주이고 甲子 乙亥 丙寅 丁卯 己巳 등은 다 일지가 일간을 생하는, 즉 자생(自生) 일주이다. 일주가 쇠약할 때 충(沖)을 만나면 서로 꺾이니 화(禍)가 더욱 심하다.

*皆(개)－다 개.　　　　　　　　　*拔(발)－뺄 발(뽑음). 가릴 발.
*衰(쇠)－쇠할 쇠. 줄 쇠.　　　　　*禍(화)－재앙 화. 재화(災禍)내릴 화.
*逢(봉)－만날 봉. 맞을 봉.　　　　*甚(심)－심할 심. 심히 심.

역자주　○ 원주에서 丁酉 癸卯 己酉를 長生이라고 하였는데 이는 음양 순역설(陰陽 順逆說)에 의
　　　　　거한 말이다. 그러나 酉는 오직 金뿐인데 어찌 火를 생하며 水는 卯에서 사(死)하는데
　　　　　어찌 木이 水를 生하는가. 寅申巳亥 四長生은 있어도 子午卯酉 四長生은 없다.
　　　　　앞에서도 음양 순역설은 이치에 합당치 않다고 설명한 바 있고, 또 陽이 生한 곳에서
　　　　　陰은 사(死)하고 陽이 사(死)한 곳에서 陰이 생한다는 이론은 잘못된 것이라고 설명한
　　　　　바 있으니 참고하기 바란다.

　　　　○ 如日主衰逢沖, 則相拔而(여일주쇠봉충, 즉상발이)：　가령 일주가 쇠약한데 충을 만나면
　　　　　서로 꺾여서, 또는 뽑혀서 …… 이러한 말인데, 여기서 相拔(상발)은 잘못된 것 같다. 일
　　　　　주가 약한데 일주를 생하는 지지의 인수를 충하면 일주의 뿌리가 꺾여서, 또는 뿌리가
　　　　　뽑혀서 하여야 옳은 말이다. 相拔(상발)은 根拔(근발)이라야 말이 맞다. 필사 과정에서
　　　　　잘못된 듯하다.

任氏曰 임씨왈,

地生天者, 如甲子丙寅丁卯己巳戊午壬申癸酉乙亥庚辰辛丑是也,
지생천자　여갑자병인정묘기사무오임신계유을해경진신축시야

日主生于不得令之月, 柱中又少幫扶, 用其身印, 沖則根拔, 生機
일주생우부득령지월　주중우소방부　용기신인　충즉근발　생기

絶矣, 爲禍最重, 若日主得時當令, 或年時皆逢祿旺, 或天干比刦重
절의　위화최중　약일주득시당령　혹년시개봉록왕　혹천간비겁중

疊, 或官星衰弱, 反忌印綬之洩, 則不怕沖破矣, 總之看日主之氣
첩　혹관성쇠약　반기인수지설　즉불파충파의　총지간일주지기

勢, 旺相者喜沖, 休囚者怕沖, 雖以日主而論, 歲運沖亦然,
세　왕상자희충　휴수자파충　수이일주이론　세운충역연

　　임 선생님이 말씀하였다.

　　지지가 천간을 생하는 것은 甲子 丙寅 丁卯 己巳 戊午 壬申 癸酉 乙亥 庚辰 辛丑 등이다.

　　일주가 실령(失令)하고 사주 원국에 일주를 돕는 것이 적으면 용신은 좌하의 인수인데 충을 받으면 뿌리가 뽑혀 생기가 끊어지니 화(禍)가 무겁다.

　　만약 일주가 당령하고 혹 年時가 다 녹왕(祿旺)이거나 혹 천간에 비겁이 중첩되어 있거나 혹 관성이 약하여 인수(印綬)의 설을 꺼릴 때는 충을 두려워하지 않는다.

　　요컨대 일주의 기세를 보아 왕상하면 충이 기쁜 것이고 휴수되면 충이 나쁜 것이다. 비록 일주를 논한 것이나 세운의 충도 역시 그러하다.

*幫(방)-도울 방.
*扶(부)-도울 부. 붙들 부.
*洩(설. 예)-샐 설. 줄 설. 훨훨 날 예. 바람 따를 예.

*怕(파)-두려워할 파. 부끄러워하다.
*總之(총지)-문장을 연결하는 역할을 하며, 요컨대. 한마디로 말해.

丙　丙　戊　甲
申　寅　辰　寅

甲　癸　壬　辛　庚　己
戌　酉　申　未　午　巳

此坐下印綬, 生于季春, 印氣有餘, 又年逢甲寅, 則太過矣, 土雖當
차좌하인수　생우계춘　인기유여　우년봉갑인　즉태과의　토수당

令, 而木更堅, 喜其寅申逢沖, 財星得用, 第嫌比肩蓋頭, 沖之無力,
령　이목갱견　희기인신봉충　재성득용　제혐비견개두　충지무력

早年運走南方, 起倒異常, 至壬申癸酉二十年, 幫沖寅木, 尅去比,
조년운주남방　기도이상　지임신계유이십년　방충인목　극거비

刱業興家, 此謂乘印就財也,
창업흥가　차위승인취재야

　좌하에 인수가 있고 계춘(季春)에 태어나니 인수가 넉넉한데 年에 甲寅이 있으
니 인수가 지나치다. 비록 土가 당령하였으나 木이 더욱 견고하다. 기쁜 것은 寅申
이 충하는 것으로 인수가 많은 것을 덜어내는 것이다. 재성이 용신인데 꺼리는
것은 비견이 개두(蓋頭)하여 충이 무력(無力)한 것이다.

　초년 운이 남방으로 행하니 기복이 심했으나 壬申 癸酉 이십 년간에 寅木을
충거하고 비견을 극거하니 창업하여 집안을 일으켰다. 이것을 일러 승인취재(乘印
就財)라 한다.

역자주 乘印就財(승인취재): 　인수를 타고 재성을 취한다는 것인데 이 말은 잘못된 말이다. 이 명
조는 인수를 버리고 재성을 쓰는 사주이니 인수가 기신이고 재성이 용신이다.
　원문의 乘印就財(승인취재)는 棄印就財(기인취재)이다. 棄(기) 자와 乘(승) 자가 비슷하여
필사 과정에서 잘못된 듯하다. 『적천수천미』 원문〔通神論(통신론) 地支(지지)〕40쪽 첫 번
째 사주 설명 네 번째 줄 말미에 棄印就財(기인취재) 財發數萬(재발수만)이라 하였다. '승인
취재'란 말은 없고, '기인취재'이다. 『적천수징의(滴天髓徵義)』에는 '기인취재(棄印就財)'라
되어 있다.

```
丙 丙 甲 壬
申 寅 辰 申

庚 己 戊 丁 丙 乙
戌 酉 申 未 午 巳
```

此坐下印綬, 亦在季春, 印綬未嘗無餘, 年干壬殺, 生印有情, 不
차 좌 하 인 수   역 재 계 춘   인 수 미 상 무 여   년 간 임 살   생 인 유 정   부

足畏也, 所嫌者, 兩申沖寅, 甲木之根拔, 還喜壬水洩金生木, 運
족 외 야   소 혐 자   양 신 충 인   갑 목 지 근 발   환 희 임 수 설 금 생 목   운

走丙午, 刦去申財, 入學補廩登科, 丁未合去壬水, 三走春闈不捷,
주 병 오   겁 거 신 재   입 학 보 름 등 과   정 미 합 거 임 수   삼 주 춘 위 불 첩

戊申剋去壬水, 三沖寅木, 而死於途, 此造之壬水, 乃甲木之元神,
무 신 극 거 임 수   삼 충 인 목   이 사 어 도   차 조 지 임 수   내 갑 목 지 원 신

斷不可傷, 壬水受傷, 甲木必孤, 凡獨殺用印者, 最忌制殺也,
단 불 가 상   임 수 수 상   갑 목 필 고   범 독 살 용 인 자   최 기 제 살 야

이 사주도 좌하가 인수이고 역시 계춘(季春)에 태어났으니 인수가 유여(有餘)하지 않은 것은 아니다. 年干의 壬水 칠살이 인수인 甲木을 생하니 유정하여 살이 두렵지 않다. 꺼리는 바는 양(兩) 申金이 寅木을 충하니 甲木의 뿌리가 뽑힌 것이다. 그러나 기쁜 것은 壬水가 金을 설하여 木을 생하는 것이다. 丙午 운에 이르러 午火가 재성인 申金을 극거하니 입학하여 보름(補廩)에 들고 등과하였다.

丁未 운에 이르러 丁火가 壬水를 합거하니 춘위(春闈)에 세 번이나 낙방하였고 戊申 운에는 壬水를 극거하고 三申이 寅木을 충하니 길에서 사망하였다.

이 사주에서 壬水는 甲木을 생하는 원신이니 결단코 壬水가 다쳐서는 안 되는 것이다. 壬水가 손상을 입으면 甲木이 약하게 된다. 무릇 독살용인(獨殺用印)은 제일로 꺼리는 것이 살을 제(制)하는 것이다.

*未嘗(미상)-~한 적이 없다. ~한 것은 아니다.

*入學(입학)-반궁(泮宮)에 들어감.

*春闈(춘위)-봄에 치르는 과거(科擧). 회시(會試). 향시(鄕試)는 추위(秋闈)라 함.

*捷(첩)-이길 첩. 빠를 첩.

*補廩(보름)-국가가 학비를 대주는 것. 장학생(獎學生).
*闈(위)-문 위. 대궐 위. 과장 위.

*獨殺(독살)-사주 원국에 살(殺)이 하나 있는 것. 그러나 관(官)이 하나 있는 것도 같이 논함.

天合地者. 地旺喜靜.
천 합 지 자　　지 왕 희 정

천간이 지지와 합하는 것은 지지가 왕하고 고요함을 기뻐한다.

原注원주

如丁亥戊子甲午己亥辛巳壬午癸巳之類. 皆支中人元. 與天干相合者.
여정해무자갑오기해신사임오계사지류　개지중인원　여천간상합자

此乃坐下財官之地. 財官若旺. 則宜靜不宜沖.
차내좌하재관지지　재관약왕　즉의정불의충

【원주】

가령 丁亥 戊子 甲午 己亥 辛巳 壬午 癸巳 등은 다 지장간의 인원(人元)이 천간과 서로 합하는데 이는 좌하가 재나 관의 관계이다. 재관이 왕하면 안정됨이 마땅하고 충은 마땅치 않다.

任氏曰임씨왈,

十干之合, 乃陰陽相配者也, 五陽合五陰爲財, 五陰合五陽爲官,
십간지합　내음양상배자야　오양합오음위재　오음합오양위관

所以必合, 尚有陰旺不從陽, 陽旺不從陰, 雖合不化, 有爭合妒合
소이필합　상유음왕부종양　양왕부종음　수합불화　유쟁합투합

分合之別, 若露干合支中暗干, 則隨局無所不合, 無所不分爭妒忌
분합지별　약로간합지중암간　즉수국무소불합　무소불분쟁투기

矣, 此節本有至理, 只因原注少變通耳, 天合地三字, 須活看輕看,
의　차절본유지리　지인원주소변통이　천합지삼자　수활간경간

重在下句地旺喜靜四字,
중재하구지왕희정사자

임 선생님이 말씀하였다.

십간의 합은 음양이 짝을 이루는 것이다. 오양(五陽)은 오음(五陰)의 재(財)와 합을 하는 것이고 오음은 오양의 관(官)과 합을 하는 것이다. 그러므로 반드시 합이 되는 것이다. 그러나 음도 왕하면 양을 따르지 않고 양도 왕하면 음을 따르지 않는다. 비록 합하여도 化하지 않는 것이다.

합에는 쟁합(爭合), 투합(妬合), 분합(分合)의 분별이 있다. 만약 투출한 천간이 지지의 암간(暗干-지장간)과 합을 한다면 어떤 명조이든 합 아닌 것이 없으며 쟁합과 투합 아닌 것이 없을 것이다.

이 구절은 본래 지극한 이치가 있는데, 다만 원주에서는 변통을 적게 하였을 뿐이다. 천합지(天合地) 석자[三字]는 모름지기 넓게 보고 가볍게 보아도 된다. 중요한 것은 아래 구절의 지왕희정(地旺喜靜) 네 글자이다.

*尙(상)-오히려 상. 숭상할 상. 높일 상. 부사어로는 또한. 아직도. 여전히. 하물며. 아마도 등으로 쓰임.

夫地旺者, 天必衰也, 喜靜者, 四支無沖剋之物, 有生助之神也,
부지왕자 천필쇠야 희정자 사지무충극지물 유생조지신야

天干衰而無助, 地支旺而有生, 天干必懷忻合之意, 若得地支元神
천간쇠이무조 지지왕이유생 천간필회흔합지의 약득지지원신

透出, 緣上天下地, 升降有情, 此合似從之意也, 合財似從財, 合官
투출 연상천하지 승강유정 차합사종지의야 합재사종재 합관

似從官, 非十干合化之理也, 所以靜則居安, 尙堪保守, 動則履危,
사종관 비십간합화지리야 소이정즉거안 상감보수 동즉리위

難以支持, 然可言合者, 只有戊子辛巳丁亥壬午四日耳,
난이지지 연가언합자 지유무자신사정해임오사일이

대저 지지가 왕하면 천간은 반드시 쇠하다. 희정(喜靜)이라는 것은 네 개의 지지가 충극이 없고 생조하는 것이 있음을 뜻하는 것이다.

천간은 쇠약한데 생조가 없고 지지는 왕한데 또한 생조가 있다면 천간은 반드시 기쁘게 합하려는 뜻을 품게 된다. 만약 지지의 원신이 천간에 투출하면 천간과

지지가 이에 인연하여 지기(地氣)는 상승하고 천기(天氣)는 하강하는 정(情)이 있는 것이다. 이것이 합하여 종(從)하는 뜻인 것이다.

재(財)와 합하면 재에 종하는 것과 같고 관과 합하면 관에 종하는 것과 같다. 이것은 십간의 합화(合化)하는 이치와는 다른 것이다. 그러므로 움직이지 않고 고요하면 편안하여 지킬 수 있고 동한즉 위험을 밟게 되니 지탱하기 어렵다. 그러나 합이라고 말할 수 있는 것은 단지 戊子 辛巳 丁亥 壬午 4일 뿐이다.

*懷(회)－품을 회. 따를 회.	*危(위)－위태할 위. 높을 위.
*忻(흔)－기뻐할 흔. 즐거워하다. 열다.	*持(지)－가질 지. 버틸 지.
*似(사)－같을 사. 흉내 낼 사. 이을 사.	*耳(이)－귀 이. 뿐 이. 어조사 이. 부사어로
*堪(감)－견딜 감. 맡을 감.	는 ～일 뿐이다. ～일 따름이다. 해석하지
*履(리)－신 리. 밟을 리.	않기도 함.

若甲午日, 則午必先丁而後己, 己土豈能專權而合甲, 己亥日, 亥
약 갑 오 일 즉 오 필 선 정 이 후 기 기 토 기 능 전 권 이 합 갑 기 해 일 해

必先壬而後甲, 甲豈能出而合己, 癸巳日, 巳必先丙而後戊, 戊豈
필 선 임 이 후 갑 갑 기 능 출 이 합 기 계 사 일 사 필 선 병 이 후 무 무 기

能越佔而合癸, 此三日不論, 至於十干, 應合而化, 則爲化格, 另
능 월 점 이 합 계 차 삼 일 불 론 지 어 십 간 응 합 이 화 즉 위 화 격 령

有作用, 解在化格章中,
유 작 용 해 재 화 격 장 중

甲午 일의 경우 午는 반드시 丁이 먼저이고 己는 후인데 己土가 어찌 전권(專權)을 행사하여 甲木과 합을 할 수 있겠는가.

己亥 일의 경우도 亥는 반드시 壬이 먼저이고 甲은 후인데 甲이 어찌 壬에 우선하여 己土와 합을 할 수 있는가.

癸巳 일의 경우도 巳는 반드시 丙이 먼저이고 戊는 후인데 戊가 어찌 丙火를 뛰어넘어 癸水와 합을 할 수 있는가.

이 3일은 천합지(天合地)라 할 수 없다. 십간의 합은 마땅히 化한즉 화격(化格)이 되니 그 작용이 다르게 된다. 그 해석은 화격장(化格章)에 있다.

*越(월)－넘을 월. 지날 월.　　　　　　*應(응)－곧. 즉시. 마땅히. 응당.

*佔(점)－엿볼 점. 늘어뜨릴 점.　　　　*應合(응합)－마땅히. 응당으로 해석.

*至於(지어)－~에 관해서는. ~으로 말하　*另(령. 영)－가를 령. 나눌 령(분리함).
　면. ~에 대해.

$$乙\quad 壬\quad 辛\quad 己$$
$$巳\quad 午\quad 未\quad 巳$$

$$乙\ 丙\ 丁\ 戊\ 己\ 庚$$
$$丑\ 寅\ 卯\ 辰\ 巳\ 午$$

支類南方, 乘權當令, 地旺極矣, 火炎土燥, 脆金難滋水源, 天衰
지류남방　승권당령　지왕극의　화염토조　취금난자수원　천쇠

極矣, 故日干之情, 不在辛金, 其意向必在午中丁火而合, 從矣, 己
극의　고일간지정　부재신금　기의향필재오중정화이합　종의　기

巳戊辰運, 生金洩火, 刑耗有之, 丁卯丙寅, 木火並旺, 剋盡辛金,
사무진운　생금설화　형모유지　정묘병인　목화병왕　극진신금

經營發財巨萬,
경영발재거만

　지지가 남방이고 火가 당권하니 지지의 왕함이 극에 이르렀다. 화염토조(火炎土燥)하여 金이 녹아 부스러지니 水의 근원이 되지 못한다.

　천간의 쇠함이 극에 이르렀다. 고로 일주의 정(情)은 辛金에 있지 않고 그 뜻이 午中 丁火와 합을 하는 데 있다. 火에 종한 사주이다.

　己巳 戊辰 운은 火를 설하고 金을 생하니 형모(刑耗)가 있었고 丁卯 丙寅 운에 木火가 왕하여 辛金을 극거하니 사업으로 수만의 재물을 모았다.

*類(류)－무리 류. 같을 류. 대개 류.　　　*脆(취)－무를 취. 연할 취. 가벼울 취.

庚　丁　丙　己
子　亥　子　丑

庚辛壬癸甲乙
午未申酉戌亥

此造支類北方，地旺極矣，天干火虛，無木生扶，又有溼土晦火，
차조지류북방　지왕극의　천간화허　무목생부　우유습토회화

天衰極矣，人皆論其殺重身輕，取火幫身敵殺，戊寅歲，金絕火生，
천쇠극의　인개론기살중신경　취화방신적살　무인세　금절화생

又合去亥水，必有大凶，果卒季夏，此地支官星乘旺，又類官方，天
우합거해수　필유대흉　과졸계하　차지지관성승왕　우류관방　천

干無印，己土洩丙，未足幫身，此爲天地合而從官也，
간무인　기토설병　미족방신　차위천지합이종관야

이 사주는 지지가 북방이다. 지지의 왕(旺)함이 극에 이르렀다. 천간의 火는 허약한데 木이 없어 생부(生扶)가 없고 또 습토가 火를 설기하니 천간의 쇠함이 극에 이르렀다.

사람들은 이 사주를 살중신경(殺重身輕)으로 논하여 火를 써서 일주를 돕고 살을 대적하여야 한다고 할 것이다.

戊寅년에 이르러 金이 절지에 임하고 火를 생하며 또 亥水를 합거(合去)하니 반드시 대흉(大凶)이 발생할 것이다. 과연 계하(季夏)에 죽었다.

이 사주는 지지의 관성이 당령하여 왕한데 더욱 지지가 亥子丑 살방(殺方)을 이루었는데 천간에 인수가 없고 己土가 丙火를 설하니 일주를 돕기는 부족하다. 이는 천간이 지지의 지장간과 합을 하여 관(官)에 종(從)한다.

*極(극)－극 극. 극처 극. 다할 극. 용마루 극.　　*敵(적)－원수 적. 필적할 적.
*扶(부)－도울 부. 붙들 부.　　　　　　　　　*卒(졸)－군사 졸. 죽을 졸(사망함). 군사. 하
*晦(회)－그믐 회. 밤 회. 어두울 회.　　　　　　인. 심부름꾼. 집단. 무리.
*衰(쇠, 최)－쇠할 쇠. 줄일 최.　　　　　　　　*乘(승)－탈 승. 오를 승.
*幫(방)－도울 방.　　　　　　　　　　　　　*從(종)－좇을 종. 종사할 종. 따를 종.

甲戌運生火剋水, 刑喪破耗, 家業已盡, 癸酉壬申, 剋盡丙火, 助
갑술운생화극수　　형상파모　　가업이진　계유임신　극진병화　조

起財官, 獲利五萬, 未運丙子年, 遭回祿, 破去二萬, 人皆取其火
기재관　획리오만　미운병자년　조회록　파거이만　인개취기화

土幫身, 以午未運爲美, 殊不知比刦奪財, 反致大凶,
토방신　이오미운위미　수부지비겁탈재　반치대흉

　甲戌 운에 이르러 火를 생하고 水를 설하니 형상(刑喪)을 당하였고 재산 또한
파모(破耗)가 심하여 하나도 남은 것이 없었다.

　癸酉 壬申 운에 이르러 丙火를 극진하고 재관을 도우니 오만(五萬)의 이익을
얻었다. 未 운 丙子년에 화재로 이만(二萬)의 재물을 잃었다.

　사람들은 일주를 돕는 火土로써 용신을 삼아야 한다고 하여 午未 운에 아름다
울 것이라고 하였으나, 이는 종한 사주로서 비겁 운에는 비겁이 탈재하여 도리어
대흉에 이르게 되는 것을 모르고 하는 말이다.

*獲(획)－얻을 획. 맞힐 획.
*遭(조)－만날 조. 두를 조.
*奪(탈)－빼앗을 탈. 빼앗길 탈.

*殊(수)－벨 수. 결심할 수. 다를 수. 뛰어날
　수. 특히 수. 부사어로는 매우. 아주. 전혀.
　몹시 등으로 씀.

역자주 | 戊寅 년은 이 사주에서 50세이다. 대운이 巳午未 南方 대운에 접어들었을 것이다.

甲申戊寅. 眞爲殺印相生. 庚寅癸丑. 也坐兩神興旺.
갑신무인　진위살인상생　경인계축　야좌양신흥왕

　甲申과 戊寅은 진정한 살인상생(殺印相生)이고, 庚寅 癸丑은 좌하의 양신(兩
神)이 흥왕하다.

原注원주

兩神者. 殺印也. 庚金見寅中火土. 卻多甲木. 而以財論. 癸見丑中土
양신자 살인야   경금견인중화토   각다갑목   이이재론   계견축중토

金. 卻多癸水則幇身. 不如甲見申中壬水庚金. 戊見寅中甲木丙火之爲
금   각다계수즉방신   불여갑견신중임수경금   무견인중갑목병화지위

眞也.
진야

【원주】

양신(兩神)이란 살(殺)과 인수(印綬)를 말함이다. 庚金이 寅中의 火土를 보는 경우
인데 甲木이 많으면 재로 논한다. 癸水가 丑中의 土金을 보는 경우도 水가 많으면
일주를 돕는 것으로 논한다.

甲木이 申中의 壬水와 庚金을 보는 것과 戊土가 寅中의 甲木과 丙火를 보는
것은 진정한 살인상생(殺印相生)과는 같지 않다.

　*卻(각)－물러날 각. 도리어 각. 어조사 각.　　*幇(방)－도울 방.

任氏曰임씨왈,

支坐殺印, 非止此四日, 如乙丑辛未壬戌之類, 亦是兩神也, 癸丑
지좌살인   비지차사일   여을축신미임술지류   역시양신야   계축

多比肩, 戊寅豈無比肩乎, 庚寅多財星, 甲申豈無財星乎, 非惟庚寅
다비견   무인기무비견호   경인다재성   갑신기무재성호   비유경인

癸丑不眞, 卽甲申戊寅, 亦難作據, 若只以日主一字論格, 則年月時
계축부진   즉갑신무인   역난작거   약지이일주일자론격   즉년월시

中, 作何安頓理會耶, 不過將此數日爲題, 用殺則扶之, 不用則抑之,
중   작하안돈리회야   불과장차수일위제   용살즉부지   불용즉억지

임 선생님이 말씀하였다.

지지에 살과 인수가 있는 것이 이 4일만은 아니다. 예컨대, 乙丑 辛未 壬戌
등도 같은 종류로 역시 양신(兩神)이라 할 수 있다. 癸丑이 좌하에 비견이 많다고
한다면 戊寅이라고 어찌 좌하에 비견이 없겠는가. 庚寅이 좌하에 재성이 많다면
甲申은 어찌 좌하에 재성이 없겠는가.

　　오로지 庚寅 癸丑만 살인상생(殺印相生)이 부진(不眞)한 것이 아니라 甲申 戊寅
도 역시 근거를 찾기가 어렵다. 만약 일주 하나만 가지고 격이라 논한다면 年,
月, 時는 어떻게 재관의 안돈(安頓)을 논할 것인가.

　　이 며칠만을 들어 제목으로 논한 것은 살을 용(用)하면 부조(扶助)하여야 하고
불용(不用)하면 억제하여야 하는 것을 말한 데 불과하다.

　*肩(견)-어깨 견. 견디다. 이겨내다.　　*據(거)-근거 거. 근원. 증거. 의지할 데.
　*惟(유)-생각할 유. 마땅하다. ~이 되다.　　*頓(돈)-조아릴 돈.
　　오직. 오로지.

須觀四柱氣勢, 日主衰旺之別, 如身强殺淺, 則以財星滋殺, 身殺
수 관 사 주 기 세　일 주 쇠 왕 지 별　여 신 강 살 천　즉 이 재 성 자 살　신 살

兩停, 則以食神制殺, 殺强身弱, 則以印綬化殺, 論局中殺重身輕
양 정　즉 이 식 신 제 살　살 강 신 약　즉 이 인 수 화 살　론 국 중 살 중 신 경

者, 非貧卽夭, 制殺太過者, 雖學無成, 論行運殺旺, 復行殺地者, 立
자　비 빈 즉 요　제 살 태 과 자　수 학 무 성　론 행 운 살 왕　부 행 살 지 자　입

見凶災, 制殺再行制鄕者, 必遭窮乏, 書云, 格格推詳, 以殺爲重,
견 흉 재　제 살 재 행 제 향 자　필 조 궁 핍　서 운　격 격 추 상　이 살 위 중

又云, 有殺只論殺, 無殺方論用, 殺其可忽乎,
우 운　유 살 지 론 살　무 살 방 론 용　살 기 가 홀 호

　　모름지기 사주의 기세를 보고 일주의 쇠왕을 분별하여 가령 신왕한데 살(殺)이
약하면 재성이 있어 자살(滋殺)하여야 하고, 일주와 살이 양정(兩停)하면 식신으로
제살하여야 하고, 살이 강하고 일주가 약하면 인수로 화살(化殺)하여야 한다.

　　명국(命局)을 논하건대 살이 중(重)하고 일주가 경(輕)하면 가난하지 않은즉 단명
하고 살을 제함이 지나치면 비록 학문을 하여도 성공이 없다. 행운(行運)을 논함에
는 사주 원국에 살이 왕한데 운이 또 살지(殺地)로 행하면 재앙이 속히 나타나며
원국에서 살을 제(制)하고 있는데 다시 제살지로 행하면 반드시 궁핍하다.

　　서(書)에 이르대, 격마다 자세히 살피데 살을 중요하게 보라 하였고 또 이르기를
살이 있으면 단지 살을 논하고 살이 없으면 모름지기 용신을 논하라 하였으니

살을 어찌 가볍게 보겠는가.

*遭(조)-만날 조. 두를 조.

*窮(궁)-궁구할 궁. 궁할 궁.

*乏(핍)-떨어질 핍. 모자랄 핍.

*窮乏(궁핍)-빈궁함. 가난함. 또 그 사람.

甲 甲 己 壬
子 申 酉 午

乙 甲 癸 壬 辛 庚
卯 寅 丑 子 亥 戌

甲申日元, 生于八月, 官殺當權, 喜其午火緊制酉金, 子水化其申
갑신일원　생우팔월　관살당권　희기오화긴제유금　자수화기신

金, 所謂去官留煞, 煞印相生, 木凋金旺, 印星爲用, 甲第聯登, 由
금　소위거관유살　살인상생　목조금왕　인성위용　갑제연등　유

郎署出爲觀察, 從臬憲而轉封疆,
랑서출위관찰　종얼헌이전봉강

　甲申 일원이 八월에 생하니 관살이 당권한 달이다. 기쁜 것은 午火가 酉金을 가까이서 제(制)하고 子水는 申金을 化하는 것이다. 소위 거관유살(去官留殺)이며 살인상생이다.

　金이 왕하여 木이 힘이 없으니 인수가 용신이 된다. 행운이 적의(適宜)하여 과갑(科甲)에 연달아 오르고 낭관(郎官)을 거쳐 관찰(觀察)로 나갔다가 얼헌(臬憲)에 이어 봉강(封疆)에 이르렀다.

*緊(긴)-굳을 긴. 급할 긴.

*凋(조)-시들 조. 느른할 조.

*聯登(연등)-연달아 급제함. 연등(連登)과 소.

*郎署(낭서)-상서랑(尙書郎)이 집무하는 관청.

*臬(얼)-말뚝 얼. 과녁 얼. 법 얼.

*憲(헌)-법 헌. 모범 헌.

*臬憲(얼헌)-명(明), 청대(淸代) 안찰사의 별칭.

*疆(강)-지경 강. 끝 강. 나라 강.

*封疆(봉강)-국경. 나라에 공로가 많은 사람에게 하사한 토지. 관작이 제후(諸侯)의 반열.

甲 甲 己 壬
子 申 酉 辰

乙 甲 癸 壬 辛 庚
卯 寅 丑 子 亥 戌

此與前造只換一辰字, 以俗論之, 前則制官留殺, 此則合官留殺,
차 여 전 조 지 환 일 진 자　이 속 론 지　전 즉 제 관 유 살　차 즉 합 관 유 살

功名仕路, 無所高下, 殊不知有天淵之隔, 夫制者剋而去之, 合者
공 명 사 로　무 소 고 하　수 부 지 유 천 연 지 격　부 제 자 극 이 거 지　합 자

有去有不去也, 如以辰土爲財, 則化金而助殺, 以酉金爲官, 仍化
유 거 유 불 거 야　여 이 진 토 위 재　즉 화 금 이 조 살　이 유 금 위 관　잉 화

金而黨殺,
금 이 당 살

　이 명조는 앞의 명조와 단지 辰字 하나가 바뀌었다. 속론하면 전조는 제관유살
이고 이 사주는 합관유살이니 공명과 사로(仕路)가 고하를 가리기 어렵다 하겠으
나 이는 천연(天淵)의 차가 있는 것을 전혀 모르고 하는 말이다.

　대저 제(制)란 극하여 제거하는 것이고 합은 합하여 돌아가는 것이 있고 돌아가
지 않는 것이 있는 것이다.

　辰土 재성은 酉金과 합하면 당연히 金으로 돌아가 살(殺)을 돕게 되며 관(官)인
酉金이 살(殺)과 무리를 이루게 되는 것이다.

*換(환)－바꿀 환. 갈 환. 고칠 환.
*俗(속)－풍속 속. 시속 속. 속인 속.
*留(유. 류)－머무를 유. 정지하다. 뒤지다.
　지체하다. 늦다.
*殊(수)－부사로서 전혀. 아주. 몹시.
*仕(사)－섬길 사. 벼슬 사.
*路(로)－길 로. 고달플 로.

*淵(연)－못 연. 소(沼). 웅덩이.
*隔(격)－사이 뜰 격. 사이. 간격. 막다. 막히
　다.
*仍(잉)－인할 잉(그대로 따름). 오히려 잉. 이
　에 잉(乃). 부사어로는 곧. 누차. 여전히. 또
　한 등으로 쓰임.
*黨(당)－무리 당. 마을 일가(一家).

由此觀之, 清中帶濁, 且以財爲病者, 不但功名蹭蹬, 而且刑耗難
유차관지 청중대탁 차이재위병자 부단공명충등 이차형모난

辭, 惟亥運逢生, 可獲一衿, 壬子如逢木年, 秋闈有望, 癸丑合去
사 유해운봉생 가획일금 임자여봉목년 추위유망 계축합거

子印, 一阻雲程, 有凶無吉, 甲寅運被申沖破, 壽元有礙矣,
자인 일조운정 유흉무길 갑인운피신충파 수원유애의

이와 같은 연유로 볼 때 청한 가운데 탁하게 되었다. 비단 공명이 어려웠을 뿐
아니라 또한 형모(刑耗)를 말로 다하기 어려웠다.

오로지 亥 운에는 甲木이 생지를 만나니 일금(一衿)을 획득하였고 壬子 운은
추위(秋闈)도 유망하나 癸丑 운은 인수인 子水를 합거하니 벼슬길이 막혔으며 흉
함만 있고 길함이 없었다. 甲寅 운은 申金이 충파하니 수명을 마감하였다.

*蹭(충) — 헛디딜 충. 어정거릴 충.   *闈(위) — 대궐 작은 문 위. 쪽문.

*蹬(등) — 헛디딜 등. 어정거릴 등.   *秋闈(추위) — 가을에 치르는 과거〔小科〕.

*蹭蹬(충등) — 피로해서 어정거리는 모양.   *阻(조) — 험할 조. 막히다.

  발을 끌어 걸음.   *雲程(운정) — 양양한 전도(前途).

*一衿(일금) — 향시(鄕試)에 급제함.   *礙(애) — 막을 애. 거리낄 애.

上下貴乎情協.
상 하 귀 호 정 협

上下가 귀(貴)히 여기는 것은 유정하여 협력하는 것이다.

原注원주

天干地支. 雖非相生. 宜有情而不反背.
천 간 지 지 수 비 상 생 의 유 정 이 불 반 배

【원주】

천간과 지지는 설사 상생(相生)은 아닐지라도 마땅히 유정(有情)하여 배반하지 말
아야 한다.

任氏曰임씨왈,

上下情協者, 互相衛護, 干支不反背者也, 如官衰傷旺財星得局,
상 하 정 협 자　호 상 위 호　간 지 불 반 배 자 야　여 관 쇠 상 왕 재 성 득 국

官旺財多, 比刦得局, 殺重用印, 忌財者, 財臨刦地, 身强殺淺, 喜
관 왕 재 다　비 겁 득 국　살 중 용 인　기 재 자　재 림 겁 지　신 강 살 천　희

財者, 財坐食鄉, 財輕刦重, 有官而官星制刦, 無官而食傷化刦,
재 자　재 좌 식 향　재 경 겁 중　유 관 이 관 성 제 겁　무 관 이 식 상 화 겁

皆謂有情,
개 위 유 정

　임 선생님이 말씀하였다.

　上下가 정협(情協)하다 하는 것은 서로 호위하여 천간과 지지가 배반하지 않는
것이다. 가령 관성이 쇠약하고 식상이 왕하면 재성이 득국(得局)하고, 관성이 왕하
고 재성이 많으면 비겁이 득국하고, 살이 중(重)하여 인수를 쓸 때는 재성을 꺼리는
데 재(財)는 비겁에 앉아 있고, 일주가 왕하고 살이 약하여 재성을 기뻐할 때 재성
은 식상에 앉아 있고, 재성이 약하고 비겁이 많을 때 관이 있어 비겁을 제하고,
관이 없으면 식상이 있어 비겁을 化하는 것 등은 다 유정한 것이다.

如官衰遇傷, 財星不現, 官旺無印, 財星得局, 殺重用印, 忌財者,
여 관 쇠 우 상　재 성 불 현　관 왕 무 인　재 성 득 국　살 중 용 인　기 재 자

財坐食位, 身旺煞輕, 喜財者, 財坐刦地, 財輕刦重, 無食傷而官
재 좌 식 위　신 왕 살 경　희 재 자　재 좌 겁 지　재 경 겁 중　무 식 상 이 관

失令, 有食傷而印當權, 皆爲不協,
실 령　유 식 상 이 인 당 권　개 위 불 협

　가령 약한 관성이 상관을 만나는데 재성이 없거나, 관성이 왕한데 인수(印綬)는
없고 재성이 국을 이루고 있거나, 살(殺)이 중하여 인수가 용신이면 재성을 꺼리는
데 이때 재성이 식상에 좌(坐)하거나, 일주가 왕하고 살이 약하면 재성을 기뻐하는
데 이때 재성이 비겁에 앉았거나, 재(財)가 가볍고 비겁이 무거운데 식상이 없으며
관(官)이 실령되고 식상이 있으나 인수가 당권한 것들은 다 불협(不協)한 것이다.

庚　丙　癸　己
寅　寅　酉　巳

丁　戊　己　庚　辛　壬
卯　辰　巳　午　未　申

此日主兩坐長生, 年支又逢祿旺, 足以用官, 癸水官星被己土貼身
차 일 주 양 좌 장 생　년 지 우 봉 록 왕　족 이 용 관　계 수 관 성 피 기 토 첩 신

一傷, 喜得官臨財位, 尤妙巳酉拱金, 則己土之氣已洩, 而官星之
일 상　희 득 관 림 재 위　우 묘 사 유 공 금　즉 기 토 지 기 이 설　이 관 성 지

根固矣, 所以一生不遭凶險, 名利兩全也,
근 고 의　소 이 일 생 부 조 흉 험　명 리 양 전 야

　이 명조는 丙火 일주가 일과 시에 장생이 있고 年支에 녹(祿)을 두니 신왕하여
족히 관성을 용신으로 하는데 癸水 관성 옆에 식상인 己土가 있어 관성이 손상을
입었다.

　그러나 기쁜 것은 관성이 재성 위에 임(臨)하였고 더욱 좋은 것은 巳酉로 금국을
이루니 己土는 설기가 심하고 관성의 뿌리는 더욱 견고하게 된 것이다. 이러한
연유로 일생 동안 흉험(凶險)이 없었고 명리가 양전하였다.

*逢(봉)-만날 봉. 맞을 봉.
*被(피)-이불 피. 덮을 피. 당할 피.
*貼(첩)-붙을 첩. 붙일 첩.
*傷(상)-다칠 상. 해치다. 애태우다.
*臨(임. 림)-임할 임(림).
*尤(우)-더욱 우. 허물 우. 나무랄 우.

*妙(묘)-묘할 묘. 예쁠 묘.
*拱(공)-팔짱 낄 공. 두 손을 마주 잡다.
*固(고)-굳을 고. 진실로 고. 항상 고. 부사
　어로는 단호히. 확실히. 진실로. 여전히 등
　으로 해석.
*遭(조)-만날 조. 두를 조.

甲　丙　癸　癸
午　辰　亥　亥

丁　戊　己　庚　辛　壬
巳　午　未　申　酉　戌

此官殺乘旺, 原可畏也, 然喜午時, 生食制煞, 時干透甲, 生火洩水,
차 관 살 승 왕　원 가 외 야　연 희 오 시　생 식 제 살　시 간 투 갑　생 화 설 수

旺殺半化爲印, 衰木兩遇長生, 賴此木根愈固, 上下情協, 不誣也,
왕 살 반 화 위 인　쇠 목 양 우 장 생　뢰 차 목 근 유 고　상 하 정 협　불 무 야

白手成家, 發財數萬,
백 수 성 가　발 재 수 만

　이 명조는 관살이 왕하여 원래는 두렵다. 그러나 기쁜 것은 午時로 식신인 辰土
를 생하여 제살하는 것이고 또 時干에 甲木이 투출하여 水를 설하고 火를 생하는
것이다.

　왕한 살이 반은 인수로 하여 화살(化殺)되었다. 쇠한 木이 장생을 둘이나 두니
이에 의지한 木이 뿌리가 견고하게 되어 上下가 정협(情協)한 것이 어그러짐이
없다. 자수성가하여 수만의 재물을 모았다.

*此(차) – 이 차. 이에 차.
*乘(승) – 탈 승. 오를 승.
*原(원) – 근원 원.
*畏(외) – 두려워할 외. 두려움 외.
*然(연) – 그럴 연. 그러나 연. 어조사 연.

*賴(뢰) – 의뢰할 뢰. 힘입을 뢰.
*愈(유) – 나을 유. 더할 유. 즐길 유.
*情(정) – 뜻 정. 인정 정. 사랑 정. 실상 정.
*誣(무) – 꾸밀 무. 속일 무. 더럽힐 무.
*發(발) – 필 발. 피다. 쏘다. 일어나다.

丙 乙 庚 甲
子 卯 午 寅

丙 乙 甲 癸 壬 辛
子 亥 戌 酉 申 未

專祿日主, 時支子水生之, 年干甲木, 亦坐祿旺, 用庚金則火旺無
전록일주   시지자수생지   년간갑목   역좌록왕   용경금즉화왕무

土, 坐于火地, 用丙火則子沖去其旺支, 卽或用火, 亦無安頓之運,
토   좌우화지   용병화즉자충거기왕지   즉혹용화   역무안돈지운

所以一敗如灰, 至乙亥運, 水木齊來, 竟爲乞丐,
소 이 일 패 여 회   지 을 해 운   수 목 제 래   경 위 걸 개

이 명조는 乙木 일주가 좌하에 卯木을 두니 전록(專祿)이고 시지에 子水의 생이
있고 年干의 甲木 또한 녹(祿)을 두니 일주가 심히 왕하다.

庚金을 용신으로 하자니 火가 왕한데 土가 없는 데에다 앉은자리가 火地니
불가하고 丙火를 용신으로 한다 하여도 子水가 丙火의 왕지인 午火를 충거하니
마땅치 않다.

丙火를 용신으로 하나 운이 金水로 흘러 안돈(安頓)함이 없어 한 번의 실패로
전 재산이 잿더미가 되었고 乙亥 운에 이르러 水木이 함께 이르니 끝내는 걸인이
되었다.

*頓(돈)-조아릴 돈. 가지런히 할 돈.
*灰(회)-재 회. 재로 될 회.
*敗(패)-패할 패. 썩을 패.
*齊(제. 재. 자. 전)-가지런할 제. 재계할 재.
　옷자락 자. 자를 전.

*竟(경)-마침내 경. 드디어. 도리어. 끝. 지
　경(地境).
*乞(걸)-빌 걸. 청할 걸. 거지 걸.
*丐(개)-빌 개. 빌릴 개. 거지 개.
*乞丐(걸개)-거지. 걸인. 구걸함.

壬 乙 己 乙
午 亥 卯 丑

癸 甲 乙 丙 丁 戊
酉 戌 亥 子 丑 寅

此己土之財, 通根在丑, 得祿于午, 似乎身財並旺, 不知己土之財,
차 기 토 지 재　통 근 재 축　득 록 우 오　사 호 신 재 병 왕　부 지 기 토 지 재

比肩奪去, 丑土之財卯木剋破, 午火食神, 亥水剋之, 壬水蓋之,
비 견 탈 거　축 토 지 재 묘 목 극 파　오 화 식 신　해 수 극 지　임 수 개 지

無從引化, 所謂上下無情也,
무 종 인 화　소 위 상 하 무 정 야

이 명조는 己土 재성이 丑土에 통근하고 午火에 녹(祿)을 두니 마치 일주와
재가 다 같이 왕한 것 같으나, 己土는 비견인 乙木이 탈거(奪去)하고 丑土는 卯木
이 극파하여 재가 약한 것을 모르고 하는 말이다.

午火 식신은 亥水가 극하고 壬水가 덮고 있으니 午火가 무력하여 비견을 인화
(引化)치 못하고 있다. 소위 上下가 무정하다.

初逢戊寅丁丑, 財逢生助, 遺業頗豐, 一交丙子, 沖去午火, 一敗
초 봉 무 인 정 축　재 봉 생 조　유 업 파 풍　일 교 병 자　충 거 오 화　일 패

而盡, 乙亥運, 妻子俱賣, 削髮爲僧, 又不守淸規, 凍餓而死, 合此
이 진　을 해 운　처 자 구 매　삭 발 위 승　우 불 수 청 규　동 아 이 사　합 차

兩造觀之, 則上下之情協與不協, 富貴貧賤, 遂判天淵, 卽于此證
양 조 관 지　즉 상 하 지 정 협 여 불 협　부 귀 빈 천　수 판 천 연　즉 우 차 증

驗焉,
험 언

초운이 戊寅 丁丑으로 재성이 생조를 받아 유업이 자못 풍성하였으나 丙子
운으로 바뀌어 子水가 午火를 충거하니 한 번의 실패로 남은 것이 없었다.

乙亥 운에 이르러 처자를 다 팔고 삭발하고 승려가 되었으나 불가(佛家)의 규율

을 지키지 못하여 쫓겨나 굶고 얼어 죽었다.

위의 두 사주를 보건대 上下가 정협(情協)함과 정협치 못함이 부귀빈천에 있어 의외로 천연(天淵)의 차이가 있음을 이에 증거(證據)하여 밝히는 바이다.

*頗(파)-치우칠 파. 자못 파.

*賣(매)-팔 매.

*削(삭)-깍을 삭. 빼앗을 삭.

*髮(발)-머리 발. 초목 발.

*削髮(삭발)-머리털을 깎음. 중이 됨. 출가 (出家)함.

*淸(청)-맑을 청. 깨끗할 청.

*規(규)-법 규. 간할 규.

*淸規(청규)-불교의 규칙.

*凍(동)-얼 동. 얼음 동.

*餓(아)-주릴 아. 굶주림 아. 굶길 아.

*遂(수)-이룰 수. 따를 수.

*判(판)-가를 판. 판단할 판. 판결 판.

*淵(연)-못 연. 깊을 연. 조용할 연.

*證(증)-증명할 증. 증거 증.

*驗(험)-증좌 험. 증험할 험.

*證驗(증험)-증거(證據). 실지로 사실을 경 험함.

左右貴乎同志.
좌 우 귀 호 동 지

좌우의 귀함은 같은 뜻에 있는 것이다.

原注원주

上下左右. 雖不全一氣之物. 須生化不錯.
상 하 좌 우 수 부 전 일 기 지 물 수 생 화 불 착

【원주】

상하와 좌우가 비록 일기(一氣)로 이루어지지 않았더라도 모름지기 생하고 化하는 것이 어그러지지 않아야 한다.

*雖(수)-비록 수. 오직 수.   *錯(착)-꾸밀 착. 어긋날 착. 그릇할 착.

任氏曰임씨왈,

左右同志者, 制化得宜, 左右生扶, 不雜亂者也, 如殺旺身弱, 有羊
좌우동지자 제화득의 좌우생부 부잡란자야 여살왕신약 유양

刃合之, 或印綬化之, 身旺殺弱, 有財星生之, 或官星助之, 身殺
인합지 혹인수화지 신왕살약 유재성생지 혹관성조지 신살

兩旺, 有食神制之, 或傷官敵之, 此謂同志,
양왕 유식신제지 혹상관적지 차위동지

임 선생님이 말씀하였다.

좌우가 동지라 하는 것은 제(制)하거나 化하는 것이 마땅하고 좌우가 서로 생부
(生扶)하고 잡란(雜亂)하지 않은 것을 일컫는 것이다.

가령 살(殺)이 왕하고 신약하면 양인이 합살하거나 혹 인수가 화살(化殺)하거나,
신왕하고 살이 약하면 재성이 살을 생하거나 혹 관성이 돕거나, 일주와 살이 함께
왕하면 식신이 제살하거나 혹 상관이 대적하는 것 등은 다 동지가 되는 것이다.

*雜(잡)-섞일 잡. 어수선할 잡. 번거로울   *亂(란)-어지러울 란. 간음할 란.
 잡.   *雜亂(잡란)-뒤섞여 어지러움.

若身弱而殺有財滋, 則財爲累矣, 身旺而刦將官合, 則官已忘矣,
약신약이살유재자 즉재위루의 신왕이겁장관합 즉관이망의

總之, 日主所喜之神, 必要貼身透露, 喜殺而殺與財親, 忌殺而煞
총지 일주소희지신 필요첩신투로 희살이살여재친 기살이살

逢食制, 喜印而印居官後, 忌印而印讓財先, 喜財而遇食傷, 忌財而
봉식제 희인이인거관후 기인이인양재선 희재이우식상 기재이

遭比刦, 日主所喜之神, 得閑神相助, 不爭不妒, 所忌之神, 被閑
조비겁 일주소희지신 득한신상조 부쟁불투 소기지신 피한

神制伏, 不肆不逞, 此謂同志, 宜細究之,
신제복 불사불령 차위동지 의세구지

만약 신약한데 살(殺)을 재성이 생조하면 재(財)가 누(累)가 되는 것이고, 신왕한
데 관성이 겁재와 합을 하면 관성은 관의 작용을 잊게 되니 겁재가 누가 된다.

한마디로 말하여 희신은 일주와 가까이 있어 투출하여야 하고, 살(殺)이 희신이

면 살과 재가 가까이 있어야 하고, 살이 기신이면 살은 식상의 억제를 받아야 하고, 인수(印綬)가 희신이면 인수는 관성의 뒤에 있어야 하고, 인수가 기신이면 인수 앞에 재성이 있어야 하고, 재(財)가 희신이면 식상을 만나야 하고, 재가 기신이면 재성은 비겁을 만나야 하고, 희신(喜神)은 한신이 생조하여 다투거나 투기함이 없어야 하고, 기신(忌神)은 한신이 제복하여 방자하지 못하게 하는 것 등이 다 동지 (同志)라 하는 것이다. 마땅히 자세히 살펴야 한다.

*累(루. 누. 라) - 포갤 루. 누끼칠 루. 벌거벗을 라(倮와 소).
*將(장) - 장수 장. 장차 장. 또 장. 부사어로는 단지. 오직. 어찌 또한 장차 ~을 하려 한다 등으로 쓰임.
*貼(첩) - 붙을 첩. 붙일 첩.
*露(로) - 이슬 로. 적실 로. 드러날 로. 나타날 로.

*透(투) - 뛸 투. 환할 투.
*讓(양) - 겸손할 양. 사양할 양.
*遭(조) - 만날 조.
*閑(한) - 한가할 한. 등한히 할 한. 닫을 한.
*妒(투) - 강새암할 투. 시새울 투.
*肆(사) - 방자할 사. 늘어놓을 사. 드디어 사.
*逞(령. 영) - 왕성할 령. 다하게 할 령.

庚　庚　丙　壬
辰　午　午　申

壬辛庚己戊丁
子亥戌酉申未

此丙火之殺雖旺, 壬水之根亦固, 日主有比肩之助, 溼土之生, 謂
차병화지살수왕　임수지근역고　일주유비견지조　습토지생　위

身殺兩停, 用壬制殺, 天干之同志者, 地支之同志者, 辰土也, 一
신살양정　용임제살　천간지동지자　지지지동지자　진토야　일

制一化, 可謂有情, 運至金水之鄉, 仕途顯赫, 位至封疆,
제일화　가위유정　운지금수지향　사도현혁　위지봉강

　이 명조는 丙火 살(殺)이 비록 왕하나 壬水의 뿌리도 역시 견고하다. 일주는 비견의 도움이 있고 습토의 생이 있어 이른바 일주와 살이 서로 비슷하다.

살(殺)을 제하는 壬水가 용신이니 천간과 지지의 동지가 되는 것은 辰土이다. 한편으로 제하고 한편으로 化하니 가히 유정하다 하겠다. 운이 金水로 흘러 벼슬 길이 빛났으며 지위는 봉강(封疆)에 이르렀다.

*顯(현)-밝을 현. 드러날 현.　　　　　*顯赫(현혁)-훤히 드러나 빛남.
*赫(혁)-붉을 혁. 성할 혁. 나타날 혁.　*疆(강)-지경(地境) 강. 끝. 나라. 벼슬 이름.

戊　庚　丙　壬
寅　申　午　午

壬　辛　庚　己　戊　丁
子　亥　戌　酉　申　未

此造與前合觀,　大同小異,　況乎日坐祿旺,　壬水亦緊制殺,　何彼則
차 조 여 전 합 관　대 동 소 이　황 호 일 좌 록 왕　임 수 역 긴 제 살　하 피 즉

名利雙收,　此則終身不發,　蓋彼則壬水逢申之生地,　制殺有權,　此
명 리 쌍 수　차 즉 종 신 불 발　개 피 즉 임 수 봉 신 지 생 지　제 살 유 권　차

則壬水坐午之絶地,　敵殺無力,　彼則時干比刦幫身,　又可生水,　此
즉 임 수 좌 오 지 절 지　적 살 무 력　피 즉 시 간 비 겁 방 신　우 가 생 수　차

則時上梟神剋水,　而不能生食,　所謂左右不能同志者也,
즉 시 상 효 신 극 수　이 불 능 생 식　소 위 좌 우 불 능 동 지 자 야

이 명조와 앞의 명조를 같이 살펴볼 때 둘은 대동소이하다. 하물며 일주가 녹(祿) 인 申金 위에 좌하고 임수가 역시 옆에서 제살하는데 어찌 앞의 사주는 명리가 양전하였고 이 사주는 종신토록 이루지 못하였는가.

앞의 사주는 壬水가 장생인 申金 위에 좌하니 제살(制殺)이 유력하였고 이 사주 는 壬水가 절지인 午火 위에 앉아 제살이 무력하기 때문이다. 앞의 사주는 비겁이 일주를 도우며 또한 水를 생하고 이 사주는 時上의 효신(梟神)이 식신인 壬水를 극하며 水를 생하여 주지 못하니 소위 좌우가 동지가 되지 않기 때문이다.

*緊(긴)-굳을 긴. 급할 긴. 팽팽할 긴.　　*梟(효)-올빼미 효. 목 베어 달 효. 영웅 효.

始其所始. 終其所終. 富貴福壽. 永乎無窮.
시 기 소 시　종 기 소 종　부 귀 복 수　영 호 무 궁

시작할 곳에서 시작하고 마칠 곳에서 마치면, 부귀복수가 영원히 무궁하다.

原注원주

年月爲始. 日時不反背之. 日時爲終. 年月不妒忌之. 凡局中所喜之神.
년 월 위 시　일 시 불 반 배 지　일 시 위 종　년 월 불 투 기 지　범 국 중 소 희 지 신

引於時支. 有所歸者. 爲始終得所. 則富貴福壽. 永乎無窮矣.
인 어 시 지　유 소 귀 자　위 시 종 득 소　즉 부 귀 복 수　영 호 무 궁 의

【원주】

年月에서 시작하여 일시가 배반치 않고 일시에서 마치는데 年月이 투기하지 않아야 한다. 무릇 사주 원국의 희신이 時支에 있어 희신이 돌아갈 곳이 있으면 시작과 마침이 마땅한 것이니 부귀복수(富貴福壽)가 무궁하다.

任氏曰임씨왈,

始終之理, 要干支流通, 四柱生化不息之謂也, 必須接續連珠, 五
시 종 지 리　요 간 지 유 통　사 주 생 화 불 식 지 위 야　필 수 접 속 연 주　오

行俱足, 卽多缺乏, 或有合化之情, 互相護衛, 純粹可觀, 所喜者
행 구 족　즉 다 결 핍　혹 유 합 화 지 정　호 상 호 위　순 수 가 관　소 희 자

逢生得地, 所忌者受剋無根, 閑神不黨忌物, 忌物合化爲功, 四柱
봉 생 득 지　소 기 자 수 극 무 근　한 신 부 당 기 물　기 물 합 화 위 공　사 주

干支一無棄物, 縱有傷梟刧刃, 亦來輔格助用, 喜用有情, 日元得
간 지 일 무 기 물　종 유 상 효 겁 인　역 래 보 격 조 용　희 용 유 정　일 원 득

氣, 未有不富貴福壽者也,
기　미 유 불 부 귀 복 수 자 야

임 선생님이 말씀하였다.

시종(始終)의 이치는 천간과 지지가 유통하고 사주가 생하고 化함이 끊이지 않음을 이르는 것이다. 반드시 생하고 化함이 구슬을 꿰듯 이어지며 오행이 두루

갖추어진 것이다. 만약 사주에 결핍이 많으면 합화(合化)의 정이 있거나 서로 호위하면 순수하니 사주가 좋아진다. 희신은 생을 받으며 득지하여야 하고, 기신은 극을 받으며 무근이어야 하고, 한신은 기신과 무리를 이루지 말아야 하고, 기신은 합이나 화(化)하여 희신으로 작용하는 공(功)이 있어야 한다.

사주의 간지는 하나도 버릴 것이 없다. 비록 상관, 편인, 겁재, 양인이 있어도 그것들이 격을 돕고 용신을 도우며 희신과 용신에 유정하고 일주가 유기하면 부귀복수(富貴福壽)를 누리지 않는 자가 없다.

*接(접)-모일 접. 접할 접. 가까이할 접.
*續(속)-이을 속. 계속 속.
*接續(접속)-연속함. 이음.
*護(호)-도울 호. 지킬 호.
*衛(위)-막을 위. 방비 위.
*護衛(호위)-따라다니며 지킴. 또 그 사람.
*黨(당)-마을 당. 무리 당.
*棄(기)-버릴 기.
*梟(효)-올빼미 효. 목 베어 달 효. 영웅 효.
*輔(보)-도울 보. 재상 보. 광대뼈 보.

己 丁 甲 壬
酉 亥 辰 寅

壬 辛 庚 己 戊 丁 丙 乙
子 亥 戌 酉 申 未 午 巳

年干壬水爲始, 日支亥水爲終, 官生印, 印生身, 食神發用吐秀,
년간임수위시　일지해수위종　관생인　인생신　식신발용토수

財得食神之覆, 官逢財星之生, 傷官雖當令, 印綬制之有情, 年月不
재득식신지부　관봉재성지생　상관수당령　인수제지유정　년월불

反背, 日時不妒忌, 始終得所, 貴至二品, 富有百萬, 子孫濟美, 壽
반배　일시불투기　시종득소　귀지이품　부유백만　자손제미　수

至八旬,
지팔순

이 사주는 年干 壬水에서 시작하여 일지 亥水에서 마치었다. 관은 인수를 생하고 인수는 일주를 생하고 일주는 식신을 생하니 사주가 빼어나다.

재성은 식신이 덮고 있고 관은 재성이 생하며 상관이 비록 당령하였으나 인수가

제(制)하니 유정하며 年月이 배반치 않고 일시가 투기치 않는다.

시작과 끝이 마땅하여 벼슬이 이품에 이르고 부(富)가 백만(百萬)이었으며 자손이 다 아름다웠고 수(壽)는 팔순에 이르렀다.

*覆(부. 복)-덮을 부. 엎어질 복. 넘어질 복.   *濟(제)-건널 제. 이를 제. 도울 제.

乙　癸　庚　戊
卯　亥　申　戌

戊　丁　丙　乙　甲　癸　壬　辛
辰　卯　寅　丑　子　亥　戌　酉

此造土生金, 金生水, 水生木, 干支同流, 但有相生之誼, 而無爭
차 조 토 생 금 금 생 수 수 생 목 간 지 동 류 단 유 상 생 지 의 이 무 쟁
妒之風, 戌中財星歸庫, 官清印正分明, 食神吐秀逢生, 鄕榜出身,
투 지 풍 술 중 재 성 귀 고 관 청 인 정 분 명 식 신 토 수 봉 생 향 방 출 신
仕至黃堂, 一妻二妾, 子有十三, 科第連綿, 富有百萬, 壽過九旬,
사 지 황 당 일 처 이 첩 자 유 십 삼 과 제 연 면 부 유 백 만 수 과 구 순

이 사주는 '토생금 금생수 수생목'으로 간지가 같이 흘러 時에 이르니 단지 상생하는 정의만 있고 쟁투의 기풍이 없다. 재성은 戌에 귀고(歸庫)되어 있으며 관성이 청하고 인수(印綬)는 바르다. 식신이 토수(吐秀)하니 수기(秀氣)가 유행하고 생을 받고 있다.

향방(鄕榜) 출신으로 벼슬이 황당(黃堂)에 이르고 일처(一妻) 이첩(二妾)에 자식이 열 셋이었다. 과거급제가 끊이지 않았고 부는 백만이었으며 수명은 구순을 넘겼다.

*連(련. 연)-이을 련. 이어질 련.   *連綿(연면)-잇닿아 끊이지 아니함.
*綿(면)-솜 면. 솜옷 면. 연이을 면.   *過(과)-지날 과. 지나칠 과. 잘못할 과.

```
辛  己  丙  甲
未  巳  寅  子
```

```
甲 癸 壬 辛 庚 己 戊 丁
戌 酉 申 未 午 巳 辰 卯
```

此造天干木生火, 火生土, 土生金, 地支水生木, 木生火, 火生土,
차조천간목생화 화생토 토생금 지지수생목 목생화 화생토

土生金, 且由支而生干, 從地支則以年支子水生寅木爲始, 至時干
토생금 차유지이생간 종지지즉이년지자수생인목위시 지시간

辛金爲終, 從天干亦以年支子水生甲木爲始, 至時干辛金爲終, 天
신금위종 종천간역이년지자수생갑목위시 지시간신금위종 천

地同流, 正所謂始其所始, 終其所終也, 是以科甲聯登, 仕至極
지동류 정소위시기소시 종기소종야 시이과갑연등 사지극

品, 夫婦齊美, 子孫繁衍, 科甲不絶, 壽至九旬,
품 부부제미 자손번연 과갑부절 수지구순

　이 사주는 천간에서 '목생화 화생토 토생금' 하고 지지는 '수생목 목생화 화생토 토생금' 하고 있으며 지지는 천간을 생하고 있다.

　지지는 年支 子水가 寅木을 생하는 것을 시작으로 하여 時干의 辛金에서 끝나고, 천간 역시 지지의 子水가 甲木을 생하는 것을 시작으로 하여 시간의 辛金에서 끝난다. 천간과 지지가 같이 흐르니 이것이 바로 시작하는 곳에서 시작하고 끝나는 곳에서 끝나는 것이다.

　이러므로 과거에 장원으로 연달아 오르고 벼슬이 극품(極品)에 이르렀으며, 부부가 다 아름다웠고 자손이 번창하여 과거에 오르는 자손이 끊이지 않았으며 수(壽)는 구순에 이르렀다.

*齊(제)－가지런할 제. 같을 제. 가지런히　　*衍(연)－넘칠 연. 퍼질 연. 넉넉할 연.
　제. 같이 제.　　　　　　　　　　　　　*繁衍(번연)－번성하여 불음.
*繁(번)－많을 번. 성할 번. 무성할 번.　　*旬(순)－열흘 순. 열 번 순.

形 象형상

兩氣合而成象. 象不可破也.
양 기 합 이 성 상 상 불 가 파 야

두 개의 기(氣)만으로 상을 이루면 그 이루어진 상(象)을 파하는 것은 불가하다.

原注원주

天干屬木. 地支屬火. 天干屬火. 地支屬木. 其象則一. 若見金水則破.
천 간 속 목 지 지 속 화 천 간 속 화 지 지 속 목 기 상 즉 일 약 견 금 수 즉 파

餘倣此.
여 방 차

【원주】

　천간은 단지 木이고 지지는 단지 火이거나 천간은 단지 火이고 지지는 단지 木이면 그 형상은 하나이니 만약 金水를 보게 되면 깨지게 된다. 나머지 오행도 이와 같다.

*屬(속. 촉)－무리 속. 아래 벼슬아치 속. 이　　*破(파. 피)－깨뜨릴 파. 무너질 피.
　을 촉. 따를 촉. 맡길 촉. 부사어로는 단지,　　*餘(여)－남을 여. 남기다. 나머지.
　막. 우연히. 때마침 등으로 쓰임.　　　　　　*倣(방)－본뜰 방.

任氏曰임씨왈,

兩氣雙淸, 非獨木火二形也, 如土金, 金水, 水木, 木火, 火土, 相
양 기 쌍 청 비 독 목 화 이 형 야 여 토 금 금 수 수 목 목 화 화 토 상

生各半, 五局卽相剋之五局亦是也, 如木土, 土水, 水火, 火金, 金
생 각 반 오 국 즉 상 극 지 오 국 역 시 야 여 목 토 토 수 수 화 화 금 금

木之各半相敵也,
목 지 각 반 상 적 야

임 선생님이 말씀하였다.

양기(兩氣)가 쌍청(雙淸)한 것은 오로지 木火만은 아니다. 가령 土金 金水 水木 木火 火土 등 상생이 반(半)이고, 오국(五局) 중에는 상극으로 이루어진 것이 다섯이 있다. 가령 木土 土水 水火 火金 金木 등으로 역시 각 반(半)인데 이것은 상적(相敵)하는 것이다.

相生要我生, 秀氣流行, 相剋要我剋, 日主不傷, 相生必欲平分無
상 생 요 아 생　수 기 유 행　상 극 요 아 극　일 주 불 상　상 생 필 욕 평 분 무

取稍多稍寡, 相剋, 務須均敵, 切忌偏重偏輕, 若用金水, 則火土不
취 초 다 초 과　상 극　무 수 균 적　체 기 편 중 편 경　약 용 금 수　즉 화 토 불

宜夾雜, 如取水木, 則火金不可交爭, 木火成象者, 最怕金水破局,
의 협 잡　여 취 수 목　즉 화 금 불 가 교 쟁　목 화 성 상 자　최 파 금 수 파 국

水火得濟者, 尤忌土來止水,
수 화 득 제 자　우 기 토 래 지 수

상생은 반드시 내가 생하여야 수기(秀氣)가 유행하고 상극도 반드시 내가 극하여야 일주가 상해를 입지 않는다. 상생은 반드시 서로의 기세가 평분(平分)되어야 하니 한쪽이 조금이라도 많거나 조금이라도 적으면 취할 수 없으며, 상극도 반드시 서로의 세력이 같아야 하며 편중(偏重)이나 편경(偏輕)은 매우 꺼리는 것이다.

만약 金水를 쓸 때는 火土가 섞이는 것은 마땅치 않으며 水木을 취할 때는 火金이 쟁극함은 역시 불가하다.

木火로 상(象)을 이루면 金水가 파국하는 것을 가장 두려워하며 水火가 기제(旣濟)를 이룬 것은 土가 水를 극하는 것을 가장 꺼리는 것이다.

*稍(초) - 점점 초. 작을 초. 벼 줄기 끝 초.
*務(무) - 힘쓸 무. 일 무. 부사어로는 반드시. 꼭.
*偏(편) - 치우칠 편. 한쪽 편.
*夾(협) - 낄 협. 가까울 협. 좁을 협.

*切(절. 체) - 벨 절. 절박할 절. 정성스러울 절. 온통 체. 부사어로는 매우. 몹시. 절대. 반드시.
*怕(파) - 두려워할 파. 부끄러워하다.
*尤(우) - 더욱 우. 허물 우. 탓할 우.

格旣如此, 取運亦倣此, 而行一路澄清必位高而祿重, 中途混亂, 恐
격 기 여 차 취 운 역 방 차   이 행 일 로 징 청 필 위 고 이 록 중   중 도 혼 란   공

職奪而家傾, 故此格最難全美, 而看法貴在至精, 若生而復生, 乃
직 탈 이 가 경   고 차 격 최 난 전 미   이 간 법 귀 재 지 정   약 생 이 부 생   내

是流通之妙, 倘剋而遇化, 亦爲和合之情, 或謂理僅兩神似嫌狹少,
시 유 통 지 묘   당 극 이 우 화   역 위 화 합 지 정   혹 위 리 근 양 신 사 혐 협 소

不知格分十種盡費推詳,
부 지 격 분 십 종 진 비 추 상

　격이 곧 이와 같이 이루어졌다면 운 역시 이와 같아야 한다. 운이 맑고 깨끗하게
흐르면 높은 직위에 녹(祿)이 풍부하나 중도에서 혼란하면 직위를 잃고 가세가
기울어질까 두렵다. 그러므로 이 격은 모두가 아름답기가 참으로 어렵다. 사주를
보는 데 가장 귀(貴)히 할 것은 지극히 정밀(精密)하여야 하는 것이다.

　만약 생하고 다시 생하면 이는 유통의 묘(妙)함이 있으며 가령 상극하는 국에서
극하는 오행을 합하여 化하면 역시 화합의 정이 있게 되는 것이다.

　혹자는 양기성상(兩氣成象)은 겨우 양신(兩神)이므로 협소하여 나쁘다고 말하나
양기성상격이 열 가지나 되는 것을 몰라서 하는 말로 자세하게 살펴야 할 것이다.

*澄(징)－맑을 징. 맑게 할 징.
*傾(경)－기울 경. 기울어질 경.
*生而復生(생이부생)－생한 것이 다시 생하
　는 것으로, 즉 식신생재(食神生財)를 일컫
　는 것임.
*倘(당)－혹시 당. 갑자기 당. 기개 있을 당.
　儻과 소. 徜과 소. 부사어로는 아마도. 만
　일. 만약. 우연히 등으로 해석.

*僅(근)－겨우 근. 적을 근. 거의 근. 부사어
　로는 단지. 겨우 등으로 쓰임.
*嫌(혐)－싫어할 혐. 미워하다. 의심하다.
*狹(협)－좁을 협. 좁힐 협.
*費(비)－쓸 비. 소모할 비.
*推(추. 퇴)－밀 추. 밀 퇴. 옮다. 변천하다.
*詳(상)－자세할 상. 자세히 알 상.

역자주 │ 木火가 각반으로 양기성상을 이룬 경우 木 일주가 火를 生하였으면 火가 다시 土를 生하
는 것을 말하는 것이다. 木 일주로서는 식상인 火 운보다 재(財)인 土 운이 더욱 좋은 것이
다. 이것이 생하고 또 생하는 묘(妙)함이라고 하는 것이다.
木 일주에 土는 재성이 되는데 식상 운보다 재(財) 운이 더욱 아름답다. 신왕한 사주에서
식상으로 설(洩)하였으면 그 식상을 다시 설하는 재(財) 운이 식상 운보다 좋은 것이다. 식
상이 천간에 있으면 천간의 財 운이 좋은 것이고 식상이 지지에 있으면 지지의 財 운이
좋은 것이다. 이는 신왕(身旺)한 경우이다.

```
丁 甲 丁 甲
卯 午 卯 午

癸 壬 辛 庚 己 戊
酉 申 未 午 巳 辰
```

此造木火各半, 兩氣成象, 取丁火傷官秀氣爲用, 四柱金水全無,
차 조 목 화 각 반　　양 기 성 상　　취 정 화 상 관 수 기 위 용　　사 주 금 수 전 무

純粹可觀, 巳運丁火臨官, 南宮奏捷, 名高翰苑, 庚運官殺混局,
순 수 가 관　　사 운 정 화 임 관　　남 궁 주 첩　　명 고 한 원　　경 운 관 살 혼 국

降知縣, 夫南方之金, 尙有不足, 將來西方之水, 難言无咎,
강 지 현　　부 남 방 지 금　　상 유 부 족　　장 래 서 방 지 수　　난 언 무 구

　이 명조는 木火가 각 반(半)으로 양기(兩氣)로 상(象)을 이루었다. (甲木이 卯月에 생하니 왕하다. 고로) 丁火 상관이 빼어나 용신으로 한다. 사주에 金水가 없어 사주가 순수하고 아름답다.

　巳 운에 丁火가 왕지에 임하니 과거에 급제하여 남궁(南宮)에 들고 이름이 한원(翰苑)에 높았다. 庚 운은 관살(官殺)이 혼국(混局)되어 지현(知縣)으로 강등되었다.

　대저 南方의 金은 그 세력이 약한데도 강등의 화(禍)가 있는데 장차 西方의 水운은 허물이 없다고 말하기 어렵다.

*南宮(남궁)－예부(禮部)의 별칭.
*捷(첩)－이길 첩. 빨리 첩.
*翰(한)－깃 한. 붓 한. 글 한. 흰말 한.
*降(강)－항복할 항. 항복 받을 항. 내릴 강.
*无(무)－없을 무. 無와 仝.
*咎(구)－허물 구. 미움 구. 나무랄 구.
*奏(주)－아뢸 주. 상소 주. 곡조 주.

*翰苑(한원)－한림원(翰林院).예문관(藝文館)을 달리 이르는 말. 서적의 편찬이나 조서(詔書)의 초안을 담당하는 부서로 학문에 재능 있는 사람들이 선발됨. 조선(朝鮮)에서는 예문관(藝文館)의 검열(檢閱)에 해당하는 관직으로 문벌이 좋고 우수한 수재(秀才)라야 임명됨.

乙 丁 乙 丁
巳 卯 巳 卯

己 庚 辛 壬 癸 甲
亥 子 丑 寅 卯 辰

此亦木火各半, 兩氣成象, 非前傷官之比, 日主是火, 長于夏令,
차 역 목 화 각 반   양 기 성 상   비 전 상 관 지 비   일 주 시 화   장 우 하 령

木從火勢, 格成炎上, 更不宜見金運, 火逢生助, 巡撫浙江, 至辛
목 종 화 세   격 성 염 상   갱 불 의 견 금 운   화 봉 생 조   순 무 절 강   지 신

運水年, 木火皆傷, 故不能免禍, 所謂二人同心, 可順而不可逆也,
운 수 년   목 화 개 상   고 불 능 면 화   소 위 이 인 동 심   가 순 이 불 가 역 야

이 사주 역시 木火가 각 반(半)으로 양기(兩氣)로 상(象)을 이루었다. 앞 사주의 상관을 용(用)하는 사주와 같은 것이 아니다. 일주가 火인데 하령(夏令)에 생하니 목종화세(木從火勢)로 염상격을 이루어 더욱 金 운을 보는 것은 마땅치 않다.

寅卯 木 운에서는 火가 생조를 받아 절강성의 순무사(巡撫使)에 올랐으나 辛 운 水년에 木火가 다 손상을 입으니 화(禍)를 면할 수 없었다. 소위 이인동심(二人同心)은 순(順)은 가하나 역(逆)은 불가한 것이다.

*比(비)－견줄 비. 따를 비. 무리 비.
*炎(염. 담)－불꽃 염. 아름다울 담.
*巡(순)－돌 순(시찰 또는 경계를 순행).
*撫(무)－어루만질 무. 좇을 무. 누를 무.

*巡撫(순무)－순회하여 백성을 위무(慰撫)함. 청조(清朝) 때 총독(總督)의 다음 가는 벼슬.
*浙(절)－물 이름 절. 땅이름 절.

戊 丙 戊 丙
戌 午 戌 午

甲 癸 壬 辛 庚 己
辰 卯 寅 丑 子 亥

此火土各半, 兩氣成象, 取戊土食神秀氣爲用, 辛丑運, 溼土晦火,
차화토각반 양기성상 취술토식신수기위용 신축운 습토회화

秀氣流行, 登鄕榜, 壬運壬年, 赴會試, 死于都中, 蓋水激丙火, 則
수기유행 등향방 임운임년 부회시 사우도중 개수격병화 즉

火滅也, 如兩戊換以兩辰, 不致燥烈, 雖逢水運, 亦不至大凶也,
화멸야 여양술환이양진 불치조열 수봉수운 역부지대흉야

이 명조는 火土가 각 반(半)으로 양기(兩氣)로 상(象)을 이루었다. 戊土 식신의 수기(秀氣)를 취하여 용신으로 한다. 辛丑 운에 습토가 火氣를 설하니 수기(秀氣)가 유행하여 향방에 올랐다.

壬 운 壬年에 회시(會試)에 나갔다가 그곳에서 죽었다. 이는 壬水가 丙火를 충격하여 火가 멸(滅)한 것이다. 만약 두 戊土가 辰土였다면 사주가 조열하지 않으니 水 운이 와도 대흉에는 이르지 않았을 것이다.

*會試(회시)－각 성(省)의 향시(鄕試)에 급제한 사람이 경사(京師)에서 재차(再次) 보는 시험.
*晦(회)－그믐 회. 밤 회. 어두울 회.
*榜(방)－방 써 붙일 방. 고시하다.
*赴(부)－다다를 부. 알릴 부.
*激(격)－부딪칠 격. 빠를 격. 과격할 격.
*滅(멸)－멸망할 멸. 다할 멸.

역자주 『적천수천미』 원문 83쪽 '取戊土食神(취술토식신)〔戊土 식신의 수기(秀氣)로 용신을 삼는다〕'라고 한 말은 틀렸다고 할 수는 없으나 '戊土'로 용신을 삼는다. 또한 壬 운 壬年에 水가 丙火를 충격하여 火가 식멸(熄滅)되어 대흉이 발생하였다는 말은 이치에 맞지 않는다. 원문을 기재한다.
"蓋水激丙火, 則火滅也〔개수격병화, 즉화멸야－水가 丙火를 격(激－剋)하여 丙火가 꺼졌다〕."
壬 운 壬년에 水가 비록 丙火를 충극하나 원국에 戊土가 왕하니 戊土의 호위로 壬水가 丙火를 충격하지 못한다. 壬水가 왕한 丙火와 戊土를 격노케 하여 대흉이 발생한 것이다. 즉, 왕신이 격노하여 대흉이 발생한 것이다. 火土로 이루어진 양기성상에서는 제일로 꺼리는 것이 水 운이 오는 것이다.

$$辛 \quad 戊 \quad 辛 \quad 戊$$
$$酉 \quad 戌 \quad 酉 \quad 戌$$

$$丁 \quad 丙 \quad 乙 \quad 甲 \quad 癸 \quad 壬$$
$$卯 \quad 寅 \quad 丑 \quad 子 \quad 亥 \quad 戌$$

此土金各半, 兩氣成象, 取辛金傷官爲用, 喜其一路北方運, 秀氣
차 토 금 각 반　양 기 성 상　취 신 금 상 관 위 용　희 기 일 로 북 방 운　수 기

流行, 少年科甲, 仕至黃堂, 交丙破辛金之用, 不祿, 凡兩氣成象者,
유 행　소 년 과 갑　사 지 황 당　교 병 파 신 금 지 용　불 록　범 양 기 성 상 자

要日主去生, 或食或傷, 謂英華秀發, 多致富貴, 所不足者, 運破局,
요 일 주 거 생　혹 식 혹 상　위 영 화 수 발　다 치 부 귀　소 부 족 자　운 파 국

不免於禍, 如金水水木之印綬格, 無秀可取, 故無富貴, 試之屢驗,
불 면 어 화　여 금 수 수 목 지 인 수 격　무 수 가 취　고 무 부 귀　시 지 루 험

이 명조는 土金이 각 반(半)으로 양기(兩氣)로 상(象)을 이루었다. 辛金 상관으로 용신을 삼는다. 기쁜 것은 운이 북방 水 운으로 흐르니 수기(秀氣)가 유행하여 소년에 과갑(科甲)을 하고 벼슬이 황당(黃堂)에 이르렀다. 丙 운으로 바뀌어 용신인 辛金을 파하니 불록(不祿)의 객이 되었다.

무릇 양기성상격은 일주가 생하는 것을 요하니, 혹 식신이거나 혹 상관으로 설하면 일주의 기운이 아름답게 발로(發露)하여 부귀하게 되는 것이다.

부족한 바는 운에서 파국하면 화(禍)를 면치 못한다. 가령 金水 水木 木火 등의 인수격은 수기(秀氣)를 취하지 못하므로 부귀를 이루기 어렵다. 시험하여 여러 번 징험(徵驗)하였다.

*科(과)-과정 과. 과정. 조목. 품등. 그루.　　*禍(화)-재앙 화. 재화(災禍)내릴 화.
*仕(사)-벼슬할 사. 일로 삼다. 섬기다.　　*屢(루. 누)-여러 루. 번거로울 루.
*華(화)-꽃 화. 빛 화. 번성할 화.　　*屢驗(누험)-여러 번 징험(徵驗)함.

$$癸 \quad 戊 \quad 癸 \quad 戊$$
$$亥 \quad 戌 \quad 亥 \quad 戌$$

$$己 \quad 戊 \quad 丁 \quad 丙 \quad 乙 \quad 甲$$
$$巳 \quad 辰 \quad 卯 \quad 寅 \quad 丑 \quad 子$$

此水土各半, 兩氣成象, 喜其通根燥土, <u>財命有一</u>, 然氣勢稍寒, 所
차 수 토 각 반　양 기 성 상　희 기 통 근 조 토　재 명 유 일　연 기 세 초 한　소

以運至丙寅, 寒土逢陽, 連登科甲, 更妙亥中甲木暗生, 仕至郡守,
이 운 지 병 인　한 토 봉 양　연 등 과 갑　갱 묘 해 중 갑 목 암 생　사 지 군 수

宦途平坦,
환 도 평 탄

　이 명조는 水土가 각 반(半)으로 양기(兩氣)로 상(象)을 이루었다. 기쁜 것은 일주
가 조토(燥土)에 통근하고 재성이 유기(有氣)하다.

　그러나 기세가 조금 한랭하여 丙寅 운에 차가운 土가 양기를 만나게 되어 연달
아 과갑(科甲)에 올랐다. 더욱 묘(妙)한 것은 亥中의 甲木이 木火 운에 火를 암생
(暗生)하여 벼슬이 군수(郡守)에 이르고 벼슬길이 평탄하였다.

> **역자주** 밑줄의 말은 좀 이상하다. 해석하면 "재성이 하나로 되어 있다"고 하거나 "재성이 일기로
> 되어 있다"고 하는 말인데, 재성이 하나로 되어 있어 좋다고 하기는 애매하다. 『적천수징
> 의』에는 財命有氣(재명유기)로 되어 있다. 財命有一(재명유일)보다는 財命有氣(재명유기)
> 가 뜻이 확실하다.

$$己 \quad 癸 \quad 己 \quad 癸$$
$$未 \quad 亥 \quad 未 \quad 亥$$

$$癸 \quad 甲 \quad 乙 \quad 丙 \quad 丁 \quad 戊$$
$$丑 \quad 寅 \quad 卯 \quad 辰 \quad 巳 \quad 午$$

此土水相剋, 兩氣成象, 純殺無制, 日主受傷, 初走火土之鄕, 生
차 토 수 상 극　양 기 성 상　순 살 무 제　일 주 수 상　초 주 화 토 지 향　생

助七殺, 正是明月清風誰與共, 高山流水少知音, 一交乙卯, 運轉
조칠살 정시명월청풍수여공 고산유수소지음 일교을묘 운전

東方, 制殺化權, 得奇遇, 飛升縣令, 由此觀之, 生局必須食爲美,
동방 제살화권 득기우 비승현령 유차관지 생국필수식위미

印局無秀氣不足爲佳, 財局身財均敵, 日主本氣無傷, 然又要運程
인국무수기부족위가 재국신재균적 일주본기무상 연우요운정

安頓得好, 斯爲全美, 一遇破局, 則禍生矣,
안돈득호 사위전미 일우파국 즉화생의

이 명조는 土와 水가 상극하는 양기성상으로 살을 억제하는 것이 없어 일주가 손상을 받고 있다.

초운이 火土로 칠살(七殺)을 도우니 맑은 바람 밝은 달을 뉘와 함께 즐기며 높은 산 흐르는 물소리 아는 사람 드물다. 운이 乙卯 동방의 木 운으로 바뀌자 칠살을 제복하여 일주를 보호하니 권세가 나타나 기이한 인연으로 지현(知縣)에 올랐다.

이러한 것으로 볼 때 생국(生局)은 식상 운이 아름답고 인국(印局)은 수기(秀氣)가 없으므로 좋지 않으며 재국(財局)은 일주와 재성이 서로 비슷하여 일주의 본기가 상해를 받지 않아야 한다. 또 운의 흐름이 안돈하여야 모름지기 아름답다 할 수 있다. 파국하는 운을 만나면 화(禍)가 발생하는 것이다.

역자주 明月清風誰與共, 高山流水少知音(명월청풍수여공, 고산유수소지음) : 백아(伯牙)는 거문고를 잘 타는 명인(名人)이었다. 백아의 음(音)을 이해하는 사람은 오로지 종자기(種子期)였는데, 백아가 가을 달 맑은 바람을 연주하면 종자기는 그 음(音)을 알아듣고는 "아! 명월청풍(明月清風)의 아름다움이여! 가슴이 활짝 열리는구나!" 하며 감탄하고, 태산(泰山)의 흐르는 물을 연주하면 종자기는 "아! 태산의 장엄함이여! 장강(長江)의 유구함이여! 좋고도 좋도다" 하며 감탄하였다.

후에 종자기가 병(病)으로 죽자 백아는 더 이상 거문고를 타지 않았다. 백아의 음을 아는 자가 없기 때문이었다. 그리고는 거문고 줄마저 끊어버렸다. 이후 '단현(斷絃)'이란 말은 지기(知己)의 죽음을 일컫는 말이 되었다. '명월청풍수여공(明月清風誰與共), 고산유수소지음(高山流水少知音)'은 나를 알아주는 이 없어 고독한 것을 뜻한다.

五氣聚而成形. 形不可害也.
오 기 취 이 성 형 　 형 불 가 해 야

오기(五氣)가 모여 형상을 이루면 그 형(形)을 해(害)하는 것은 불가하다.

原注 원주

木必得水以生之. 火以行之. 土以培之. 金以成之. 是以成形於要緊之地.
목 필 득 수 이 생 지 　 화 이 행 지 　 토 이 배 지 　 금 이 성 지 　 시 이 성 형 어 요 긴 지 지

或過或缺. 則害. 餘皆倣之.
혹 과 혹 결 　 즉 해 　 여 개 방 지

【원주】

木은 반드시 水로써 生하게 되고 火로써 行하며 土로써 배양되고 金으로써 이루게 된다. 이로써 형(形)이 이루어져 긴요한 자리에 있게 되는 것이다. 혹 지나치거나 혹 모자라게 되면 이는 곧 해(害)로운 것이니 다른 오행도 이와 같다.

任氏曰 임씨왈,

木之成形, 食傷洩氣, 水以生之, 官殺交加, 火以行之, 印綬重疊,
목 지 성 형 　 식 상 설 기 　 수 이 생 지 　 관 살 교 가 　 화 이 행 지 　 인 수 중 첩

土以培之, 財輕刦重, 金以成之, 成形于得用之地, 庶無偏枯之病,
토 이 배 지 　 재 경 겁 중 　 금 이 성 지 　 성 형 우 득 용 지 지 　 서 무 편 고 지 병

何患名利不遂乎, 卽擧木論, 五行皆可成形, 亦倣此而推, 若四柱
하 환 명 리 불 수 호 　 즉 거 목 론 　 오 행 개 가 성 형 　 역 방 차 이 추 　 약 사 주

無成, 成之于歲運, 又無成處, 則終身碌碌, 凶多吉少, 有志難伸矣,
무 성 　 성 지 우 세 운 　 우 무 성 처 　 즉 종 신 녹 녹 　 흉 다 길 소 　 유 지 난 신 의

임 선생님이 말씀하였다.

木이 형(形)을 이룸에는 식상이 설기하면 水의 생이 있어야 하고, 관살이 교가하면 火로써 행(行)하여야 하고, 인수가 중첩하면 土로써 배양하여야 하고, 재(財)가 가볍고 비겁이 많으면 金이 있어야 성형(成形)이 되는 것이다.

형(形)을 이루고 그 쓰임이 마땅하며 사주에 편고한 병(病)이 없으면 어찌 명리를 이루지 못할까 근심하겠는가. 木을 들어 논한 것이나 다른 오행의 성형(成形)도 역시 이와 같이 추리하면 될 것이다.

만약 사주에서 형(形)을 이루지 못하였으면 세운에서 형을 이루어야 하나 세운에서도 형을 이루지 못하면 끝내 용렬한 사람으로 흉함은 많고 길함이 적으니 뜻이 있어도 펴기가 어렵다.

*碌(록. 녹)−푸른빛 록. 용렬할 록.　　　*志(지)−뜻 지. 마음. 본심. 희망. 뜻하다.
*碌碌(녹록)−평범한 모양. 용렬한 모양.　*伸(신)−펼 신.

$$
\begin{array}{cccc}
戊 & 甲 & 壬 & 壬 \\
辰 & 子 & 子 & 戌
\end{array}
$$

$$
\begin{array}{ccccccc}
己 & 戊 & 丁 & 丙 & 乙 & 甲 & 癸 \\
未 & 午 & 巳 & 辰 & 卯 & 寅 & 丑
\end{array}
$$

此造水勢猖狂, 獨戊土以培之, 以作砥柱之功, 不致浮泛也, 然戊
차조수세창광 독무토이배지 이작지주지공 불치부범야 연무

土亦賴有戌土而根固, 若有辰而無戌, 辰乃溼土, 見水則蕩, 戊土
토역뢰유술토이근고 약유진이무술 진내습토 견수즉탕 무토

不能植根而虛矣, 無根之土, 豈能止百川之源, 故此造所重者, 戌
불능식근이허의 무근지토 기능지백천지원 고차조소중자 술

之燥土也, 但寒木無陽, 必須火以溫之, 則木方可發榮, 所以運至南
지조토야 단한목무양 필수화이온지 즉목방가발영 소이운지남

方火旺之鄕, 發財數萬, 名成異路也,
방화왕지향 발재수만 명성이로야

이 명조는 수세(水勢)가 창광하다. 오직 戊土가 배양하니 지주지공(砥柱之功)이 있어 일주가 부범(浮泛)에는 이르지 않는다. 그러나 戊土 역시 戌土에 의지하여 뿌리가 견고하게 되었다.

만약 戌土가 없고 辰土만 있다면 辰은 습토로 水를 만나면 흙탕물이 되니 戊土

가 뿌리를 내릴 수 없어 戌土가 허탈하게 된다. 뿌리 없는 土가 어찌 백천(百川)의 왕한 水를 저지할 수 있겠는가. 그러므로 이 명조에서 소중한 것은 조토인 戌土인 것이다.

단, 한목(寒木)이 따뜻한 양(陽)이 없어 반드시 火의 온난함을 만나야 木이 바야흐로 발영(發榮)할 것이다. 운이 南方 화왕지(火旺地)에서 수만의 재물이 일어났고 이로(異路)로 공명도 이루었다.

*猖(창)－미칠 창.
*狂(광)－미칠 광. 사나울 광.
*猖狂(창광)－미쳐 날뜀.
*砥(지)－숫돌 지. 평평할 지. 갈지.
*砥柱之功(지주지공)－砥定中流(지정중류)
　와 같음. 강한 물줄기도 능히 저지한다는
　뜻임.
*浮(부)－뜰 부. 띄울 부.

*泛(범)－뜰 범(물위에 뜸). 넓을 범.
*浮泛(부범)－물 위에 뜸. 뱃놀이를 함.
*賴(뢰. 뇌)－의뢰할 뢰. 힘입을 뢰.
*湮(습)－축축할 습. 습기 습. 濕(습)과 仝.
*蕩(탕)－쓸 탕(쓸어 없앰). 옮길 탕. 움직일
　탕. 방자할 탕.
*燥(조)－마를 조(건조함). 말릴 조.
*榮(영)－영화 영. 꽃 영. 빛 영. 성할 영.

辛 甲 乙 戊
未 辰 卯 寅

辛 庚 己 戊 丁 丙
酉 申 未 午 巳 辰

此造支類東方, 刧刃肆逞, 一點微金, 成之不足, 故書香不繼, 初
차조지류동방　접인사령　일점미금　성지부족　고서향불계　초

運火土, 不失生化之情, 財源通裕, 至庚申辛酉, 辛金得地, 而成
운화토　부실생화지정　재원통유　지경신신유　신금득지　이성

之異路, 加捐仕至州牧, 癸運生木洩金, 不祿,
지이로　가연사지주목　계운생목설금　불록

이 명조는 지지가 寅卯辰 동방으로 비겁과 양인이 방자하다. 미약한 辛金 하나로는 형(形)을 이루기는 부족하다. 그러므로 학문을 계속하지 못하였다.

초운이 火土로 생화의 정이 있어 재물이 넉넉하였고 庚申 辛酉 운에 이르러 辛金이 득지하니 형(形)을 이루게 되어 이로(異路)로 벼슬이 주목(州牧)에 이르렀다. 癸 운은 용신인 辛金을 설하고 木을 생하니 불록의 객이 되었다.

*裕(유)-넉넉할 유. 너그러울 유.
*異路(이로)-연납(捐納) 등으로 벼슬길에 나가는 것.
*州(주)-고을 주. 나라. 국토. 마을.

*捐(연)-기부 연. 버릴 연.
*牧(목)-목장 목. 기를 목. 다스릴 목. 벼슬 이름 목(지방의 장관).
*不祿(불록)-선비의 죽음.

$$乙\ 甲\ 乙\ 癸$$
$$亥\ 戌\ 卯\ 未$$

$$己\ 庚\ 辛\ 壬\ 癸\ 甲$$
$$酉\ 戌\ 亥\ 子\ 丑\ 寅$$

此造柱中未土深藏, 戌土自坐, 謂財來就我, 未嘗不美, 祇因四柱
차 조 주 중 미 토 심 장 술 토 자 좌 위 재 래 취 아 미 상 불 미 지 인 사 주

無金以成之, 五行無火以行之, 再加亥時, 癸水通根生刼, 亥卯未全,
무 금 이 성 지 오 행 무 화 이 행 지 재 가 해 시 계 수 통 근 생 겁 해 묘 미 전

助起刼刃猖狂, 査其歲運, 又無成地, 以致祖業消磨, 剋妻無子, 由
조 기 겁 인 창 광 사 기 세 운 우 무 성 지 이 치 조 업 소 마 극 처 무 자 유

此推之, 命之所重在運, 運其可忽乎, 諺云, 人有凌雲志, 無運不
차 추 지 명 지 소 중 재 운 운 기 가 홀 호 언 운 인 유 능 운 지 무 운 불

能自達也,
능 자 달 야

이 명조는 未土가 심장되어 있고 일주는 戌土 위에 앉으니 이른바 재래취아(財來就我)로 사주는 아름답다 할 수 있다. 다만, 사주에 金이 없어 형(形)을 이루지 못하고 火가 없어 木이 행하지 못하는데 더욱 亥시로 癸水가 통근하여 겁재를 생하며 亥卯未 목국을 이루니 겁인(刼刃)의 창광함을 더욱 돕는다.

세운을 살펴보아도 형(形)을 이룰 곳이 없으니 이로써 조업을 다 없애고 극처무

자(剋妻無子)하였다. 이로써 미루어보건대 명(命)에서 중요한 것은 운이니 운을 어찌 소홀히 하겠는가. 언(諺)에 이르데 "세속을 높이 초탈하려는 뜻이 있어도 운이 없으면 이루지 못한다"라고 하였다.

*猖(창)-미칠 창.

*猖狂(창광)-미쳐 날뜀.

*祇(기. 지)-땅 귀신 기. 편안할 기. 마침 지. 다만 지. 부사어로는 단지. 오직. 다만 ~에 불과하다. 오로지. 다만 ~할 뿐이다 등으로 해석.

*査(사)-사실할 사(조사함). 떼 사.

*磨(마)-갈 마. 닳을 마. 고생할 마. 맷돌 마.

*忽(홀)-홀연 홀. 소홀히 할 홀.

*諺(언)-상말 언. 언문. 속담.

*凌(릉. 능)-얼음 릉. 건널 릉. 업신여길 릉.

*凌雲(능운)-구름을 뚫고 하늘로 올라감.

*凌雲之志(능운지지)-세속을 높이 초탈하려는 마음.

獨象喜行化地. 而化神要昌.
독 상 희 행 화 지　　이 화 신 요 창

독상은 화지(化地)로 행함이 좋고 화신은 창왕(昌旺)하여야 한다.

原注원주

一者爲獨. 曲直炎上之類也. 所生者爲化神. 化神宜旺. 則其氣流行.
일 자 위 독　곡 직 염 상 지 류 야　소 생 자 위 화 신　화 신 의 왕　즉 기 기 유 행

然後行財官之地方可.
연 후 행 재 관 지 지 방 가

【원주】

하나를 독(獨)이라 한다. 곡직(曲直), 염상(炎上) 같은 것들이다. 생하는 것을 화신(化神)이라 하는데 화신은 마땅히 왕(旺)해야 한다. 그러한즉 기가 유행하게 된다. 그러한 연후에 재관지(財官地)로 행하여도 가한 것이다.

任氏曰임씨왈,

權在一人, 曲直炎上之類是也, 化者, 食傷也, 局中化神昌旺, 歲運
권재일인 곡직염상지류시야 화자 식상야 국중화신창왕 세운

行化神之地, 名利皆遂也, 八字五行全備, 固爲合宜, 而獨象乘權,
행화신지지 명리개수야 팔자오행전비 고위합의 이독상승권

亦主光亨,
역주광형

　　임 선생님이 말씀하였다.

　　권력은 한 사람에게 있는 것이니 곡직(曲直), 염상(炎上) 등이다. 化라고 하는
것은 식상을 말하는 것이다. 원국에 화신(化神)이 창왕하고 세운도 화지(化地)로
행하면 명리가 따른다. 사주팔자에 오행이 다 갖추어져 있다면 참으로 좋지만,
독상도 월령을 타고 있으면 역시 좋은 것이다.

　　*權(권)－저울추 권. 권세 권.　　　*乘(승)－탈 승. 오를 승.
　　*備(비)－갖출 비. 예방할 비. 비품 비.　　*亨(형)－형통할 형. 享(향)과 통용.

木日, 或方或局全, 不雜金爲曲直, 火日, 或方或局全, 不雜水爲
목일 혹방혹국전 부잡금위곡직 화일 혹방혹국전 부잡수위

炎上, 土日, 四庫皆全, 不雜木爲稼穡, 金日, 或方或局全, 不雜火
염상 토일 사고개전 부잡목위가색 금일 혹방혹국전 부잡화

爲從革, 水日, 或方或局全, 不雜土爲潤下, 皆從一方之秀氣, 不同
위종혁 수일 혹방혹국전 부잡토위윤하 개종일방지수기 부동

六格之常情, 必要得時當令, 遇旺逢生, 但體質過于自强, 須以引
육격지상정 필요득시당령 우왕봉생 단체질과우자강 수이인

通爲妙, 而氣勢必有所關, 務須審察其情,
통위묘 이기세필유소관 무수심찰기정

　　木 일주가 혹 寅卯辰 동방이나 혹 亥卯未 국을 이루고 金의 혼잡이 없으면
곡직(曲直)이라 하고, 火 일주가 혹 巳午未 남방이나 혹 寅午戌 국을 이루고 水의
혼잡이 없으면 염상(炎上)이라 하고, 土 일주가 辰戌丑未 사고(四庫)가 온전하고

木의 혼잡이 없으면 가색(稼穡)이라 하고, 金 일주가 혹 申酉戌 서방이나 혹 巳酉丑 국을 이루고 火의 혼잡이 없으면 종혁(從革)이라 하고, 水 일주가 혹 亥子丑 북방이나 혹 申子辰 국을 이루고 土의 혼잡이 없으면 윤하(潤下)라 한다.

이는 다 일방(一方)의 수기(秀氣)로 이루어진 것으로 육격(六格)의 일반적인 뜻과는 다르다. 독상은 득시 당령하여 왕성하고 생조를 만나는 것을 요하나, 단 체질이 지나치게 강하니 모름지기 식상으로 인통하여야 아름답다. 독상은 기세에 반드시 관련된 것들이 있으니 모름지기 그 정(情)을 자세히 살펴야 한다.

*雜(잡)－섞일 잡. 섞을 잡. 어수선할 잡.
*曲(곡)－굽을 곡. 굽힐 곡.
*直(직)－곧을 직. 바로잡을 직.
*稼(가)－심을 가. 농사 가. 곡식 가.
*穡(색)－거둘 색. 곡식 색. 농사 색.

*務(무)－힘쓸 무. 부사어로는 꼭. 반드시.
*審(심)－살필 심. 자세히 심.
*情(정)－뜻 정. 인정 정. 사랑 정. 실상 정. 여기서는 실상(實狀)이나 정황(情況)으로 쓰였음.

如木局, 見土運, 斯雖財神資養, 先要四柱有食有傷, 庶無分爭之慮,
여목국 견토운 사수재신자양 선요사주유식유상 서무분쟁지려

見火運, 謂英華發秀, 須看原局有財無印, 方免反剋爲殃, 名利可遂,
견화운 위영화발수 수간원국유재무인 방면반극위앙 명리가수

見金運, 謂破局, 凶多吉少, 見水運, 而局中無火, 謂生助强神, 亦
견금운 위파국 흉다길소 견수운 이국중무화 위생조강신 역

主光亨, 故舊有從强之說, 再行生旺爲佳,
주광형 고구유종강지설 재행생왕위가

가령 목국(木局)일 때 土 운을 만나면 이는 비록 재성으로 일주를 부자 되게 하는 것이지만, 먼저 사주에 식신이나 상관이 있어야 쟁재(爭財)의 염려가 없는 것이다.

火 운을 만나면 木의 무성함을 식상으로 설하여 수기(秀氣)가 유행하여 아름다우나 모름지기 원국에 재성이 있고 인수가 없어야 반극(反剋)의 재앙을 면하게 되며 명리(名利)를 가히 이룰 수 있는 것이다.

金 운을 만나면 파국이 되어 흉함은 많고 길함은 적을 것이요, 水 운을 만나면

원국에 火가 없어야 이른바 강한 것을 더욱 강하게 하니 아름답게 된다. 그러므로 옛날의 종강설은 생왕지(生旺地)로 행하는 것이 아름답다 한 것이다.

*斯(사. 시)-이 사. 천할 시. 이것. 잠시.
*傷(상)-다칠 상. 해치다. 애태우다.
*庶(서. 자)-여러 서. 제거할 자. 무리. 서출 (庶出).

*慮(려. 여)-생각할 려. 이리저리 헤아려 보다. 조심하다. 걱정하다.
*須(수)-드디어 수. 따를 수.
*亨(형. 향. 팽)-형통할 형. 드릴 향. 삶을 팽.

若四柱先有食傷, 必主凶禍臨身, 如原局微伏破神, 須運有合沖之
약 사 주 선 유 식 상   필 주 흉 화 임 신   여 원 국 미 복 파 신   수 운 유 합 충 지

妙, 若本主失時得局, 要運遇生旺之鄕, 亦主功名小就, 苟行運偶
묘   약 본 주 실 시 득 국   요 운 우 생 왕 지 향   역 주 공 명 소 취   구 행 운 우

逢刦地, 獨象立見凶災, 若局有食傷反剋之能方無大害,
봉 겁 지   독 상 입 견 흉 재   약 국 유 식 상 반 극 지 능 방 무 대 해

만약 사주에 식신이나 상관이 있는 경우에 다시 생왕(生旺)한 운으로 흐르면 흉화(凶禍)가 이르게 된다. 가령 원국에 미약하나마 파신이 복(伏)되어 있으면 모름지기 운에서 합하거나 충하여야 아름답게 된다.

만약 일주가 시령을 얻지 못하고 국을 이룬 경우는 운이 생왕(生旺)한 곳으로 흘러야 적게나마 공명을 취할 수 있다. 만약 행운(行運)이 비겁을 만나면 독상은 흉재(凶災)가 곧바로 일어난다. 만약 원국에 식상이 있으면 식상이 세운에서 오는 관살을 극하니 대흉에는 이르지 않는다.

*苟(구)-구차할 구. 진실로 구. 겨우 구. 단지 구. 부사어로는 ~하기만 하면. 만약. 가령.
*立(립)-설 립. 곧 립(즉시로).

*立見(입견)-즉시 보게 된다. 즉시로 나타난다. 풍수지리에서 묘소(墓所)를 흉지(凶地)에 쓰면 재앙이 빨리 나타나는 것을 입견(立見) 또는 입현이라 함.

역자주　○ 微伏破神(미복파신) : '파신(破神)이 미약하나 복(伏)되어 있다. 파신(破神)이 숨어 있다'란 뜻인데 여기서 파신(破神)이란 木을 예로 논하니 金을 일컫는다. 염상(炎上)이라면 水이고, 가색(稼穡)이라면 木이고, 종혁(從革)이라면 火이고, 윤하(潤下)라면 土이다.
　　　　　○ 苟行運偶逢刦地, 獨象立見凶災(구행운우봉겁지, 독상입견흉재) :　운에서 비겁을 만나

면 독상은 재앙(災殃)이 바로 나타난다. 이 설명은 맞지 않다.

독상은 일기로 극왕한 것인데 운에서 더욱 왕하게 하는 인수나 비견겁은 오히려 좋다고 바로 앞에 설명되어 있다. 그런데 운이 刦地(비견, 겁재)로 흐르면 바로 흉화(凶禍)가 있다는 말은 지금까지의 설명과는 상반된다.

『적천수천미』원문 88쪽에는 行運偶逢刦地(행운우봉겁지)로 되어 있는데 刦地(겁지)는 剋地(극지)의 오자(誤字)이다. 剋地(극지)는 官殺地(관살지)이니 독상에서 운이 관살 운으로 흐르면 왕신이 격노하여 대흉이 발생하는 것이다. 그것도 立見(입견)이니 빨리 나타난다는 뜻이다. 『적천수징의』에는 行運偶逢剋地(행운우봉극지)라 되어 있다.

總之干乃領袖之神, 陽氣爲强, 陰氣爲弱, 支乃會格之物, 方力較重,
총 지 간 내 영 수 지 신　양 기 위 강　음 기 위 약　지 내 회 격 지 물　방 력 교 중

局力較輕, 獨象雖美, 只怕運途破局, 合象雖雜, 却喜制化成功,
국 력 교 경　독 상 수 미　지 파 운 도 파 국　합 상 수 잡　각 희 제 화 성 공

　한마디로 말하여 천간은 우두머리가 되는 것으로 양기는 강하고 음기는 약하다. 지지는 격을 이루는 것으로 방(方)의 힘은 국(局)의 힘보다 강하고, 局의 힘은 方보다 비교적 약하다.

　독상이 비록 아름다우나, 다만 운로에서 파국하는 것을 꺼린다. 합상(合象)은 비록 잡(雜)되나 도리어 제화(制化)가 마땅하면 공을 이루게 된다.

*領(령. 영)-목 령. 옷깃 령. 벌 령(옷의 한 벌). 거느릴 령.

*袖(수)-소매 수. 소매에 넣을 수.

*領袖(영수)-옷깃과 소매. 옷깃과 소매는 사람의 눈에 가장 잘 띄는 곳이므로 여러 사람 중에서 의표가 되는 사람. 또는 두목을 이름.

*怕(파. 백)-두려워할 파. 담담할 백.

*途(도)-길 도. 도로.

*較(교. 각)-견줄 교. 대강 교. 견줄 각. 차이 각. 차체 각.

*雜(잡)-섞일 잡. 어수선할 잡.

*却(각)-물러날 각. 물리칠 각. 어조사 각.

*制(제)-마를 제. 지을 제. 금할 제.

丙 甲 丁 甲
寅 辰 卯 寅

癸 壬 辛 庚 己 戊
酉 申 未 午 巳 辰

支全寅卯辰, 東方一氣, 化神者, 丙丁也, 發洩菁華, 少年科甲, 早
지전인묘진　동방일기　화신자　병정야　발설청화　소년과갑　조

遂仕路之光, 行財地, 先有食傷化刦之功, 行金運, 又得丙丁回剋
수사로지광　행재지　선유식상화겁지공　행금운　우득병정회극

之能, 交壬破局傷秀, 降職歸田, 不祿,
지능　교임파국상수　강직귀전　불록

　이 명조는 지지가 寅卯辰 동방 일기로 곡직격을 이루었다. 화신(化神)은 丙火와
丁火인데 甲木의 무성함을 설하니 소년에 과갑(科甲)을 하고 일찍이 벼슬길에 오
르는 영광이 있었다.

　운이 재지로 행할 때는 원국에 식상이 있어 비겁을 化하는 공(功)이 있었으며
金 운으로 행할 때에도 丙丁 火가 金을 극하여 무사하였으나 壬 운으로 바뀌어
수기(秀氣)를 손상하므로 파국이 되어 강직(降職)되어 향리에 돌아왔으나 사망하
였다.

*菁(정. 청)－부추꽃 정. 화려할 정. 우거질 청.　*菁華(청화)－사물 중의 가장 뛰어나고 화
*華(화)－꽃 화. 꽃필 화. 번성할 화. 좋을 화.　　미(華美)한 부분. 정화(精華)와 소. 빛. 광채.

己 戊 丁 己
未 子 丑 未

辛 壬 癸 甲 乙 丙
未 申 酉 戌 亥 子

費中堂造, 天干戊己逢丁, 地支重重丑未, 子丑化土, 斯眞格象,
비 중 당 조　천 간 무 기 봉 정　지 지 중 중 축 미　자 축 화 토　사 진 격 상

已成稼穡, 所不足者, 丑中辛金無從引出, 且局中丁火三見, 辛金
이 성 가 색　소 부 족 자　축 중 신 금 무 종 인 출　차 국 중 정 화 삼 견　신 금

暗傷, 未得生化之妙, 所以嗣息艱難, 若天干透一庚辛, 地支藏一
암 상　미 득 생 화 지 묘　소 이 사 식 간 난　약 천 간 투 일 경 신　지 지 장 일

申酉, 必多子矣,
신 유　필 다 자 의

　　비 중당(費 中堂)의 명조이다. 천간의 戊己 土가 丁火를 만났고 지지는 丑未
土가 중중(重重)하며 子丑 합화하여 土로 되니 이 명조는 진격(眞格)으로 가색격을
이루었다. 부족한 바는 丑 중의 辛金이 인출되지 않은 것이고 원국에 丁火가 셋이
나 있어 辛金이 암상되니 생화(生化)의 묘(妙)가 없는 것이다.

　　이러므로 자식을 두기가 어렵다. 만약 천간에 庚辛 金이 하나라도 있거나 지지
에 申酉가 하나라도 있으면 반드시 자식이 많을 것이다.

*中堂(중당)−재상이 정무를 보는 곳. 전(轉)　　*穡(색)−거둘 색. 곡식 색. 농사 색.
　하여 재상의 별칭(別稱).　　　　　　　　　　*嗣(사)−이을 사. 후사 사.
*斯(사)−이 사(此와 뜻이 같음). 어조사 사.　*艱(간)−어려울 간. 괴로울 간.
*稼(가)−심을 가. 곡식 가. 농사 가.　　　　　*難(난)−어려울 난. 근심 난. 근심할 난.

$$乙\quad 丙\quad 甲\quad 丙$$
$$未\quad 戌\quad 午\quad 寅$$

$$庚\quad 己\quad 戊\quad 丁\quad 丙\quad 乙$$
$$子\quad 亥\quad 戌\quad 酉\quad 申\quad 未$$

支全火局, 木從火勢, 格成炎上, 惜木旺尅土, 秀氣有傷, 書香難就,
지전화국 목종화세 격성염상 석목왕극토 수기유상 서향난취

武甲出身, 仕至副將, 行申酉運, 亦有戌未之化, 所以无咎, 亥運, 幸
무갑출신 사지부장 행신유운 역유술미지화 소이무구 해운 행

得未會, 寅合, 不過降職, 交庚子, 干無食傷, 支逢沖激, 死在軍中,
득미회 인합 불과강직 교경자 간무식상 지봉충격 사재군중

지지가 寅午戌 火局을 이루고 월령이 午월로 木은 火의 기세를 따르니 염상격을 이루었다. 애석한 것은 木이 왕하여 土를 극하니 수기(秀氣)가 손상되어 학문을 이루기가 어려운 것이다.

무과(武科)에 급제하여 벼슬이 부장(副將)에 이르렀다. 申酉 운은 未戌 土가 화化하여 허물이 없었고, 亥 운에는 다행히 亥未 공목(拱木)하고 寅亥 합으로 강직에 불과하였으나 庚子 운으로 바뀌어 천간에는 식상이 없고 지지의 화국을 충격하니 군중(軍中)에서 사망하였다.

*惜(석) - 아낄 석. 아까워할 석.
*難(난) - 어려울 난. 괴로울 난. 근심 난.
*就(취) - 이를 취. 쫓을 취.
*將(장) - 장수 장. 장차 장. 써[以] 장.
*无(무) - 없을 무. 無와 소.
*咎(구) - 허물 구. 미워할 구.

*過(과) - 지날 과. 지나칠 과. 예전 과. 잘못할 과.
*降(강. 항) - 내릴 강. 항복할 항. 항복받을 항.
*職(직) - 벼슬 직. 맡을 직. 구실 직.
*激(격) - 부딪칠 격. 과격할 격. 빠를 격.

庚　庚　乙　庚
辰　戌　酉　申

辛　庚　己　戊　丁　丙
卯　寅　丑　子　亥　戌

此造天干乙庚化合, 地支申酉戌全, 格成從革, 惜無水肅殺之氣太
차 조 천 간 을 경 화 합　지 지 신 유 술 전　격 성 종 혁　석 무 수 숙 살 지 기 태

銳, 不但書香不利, 而且不能善終, 行伍出身, 官至參將, 一交寅運,
예　부 단 서 향 불 리　이 차 불 능 선 종　행 오 출 신　관 지 참 장　일 교 인 운

陣亡, 蓋局無食傷之故耳, 又寅戌暗拱, 觸其旺神也,
진 망　개 국 무 식 상 지 고 이　우 인 술 암 공　촉 기 왕 신 야

　이 명조는 천간의 乙木은 乙庚 합하여 金으로 化하고 지지는 申酉戌 서방을
이루니 종혁격이다. 애석한 것은 원국에 水가 없어 숙살지기가 너무 강한 것이다.
비단 학문을 하기 어려울 뿐 아니라 선종(善終)하기도 어렵다.

　무관으로 나아가 벼슬이 참장(參將)에 이르렀다. 寅 운으로 바뀌어 진중(陣中)에
서 사망하였다. 이는 다 원국에 식상인 水가 없는 연고이다. 또한 寅戌 공화(拱火)
하여 왕신을 건드렸기 때문이다.

*肅(숙) - 엄숙할 숙. 공경할 숙.
*肅殺(숙살) - 가을의 기운이 초목을 말라죽
　게 함.
*肅殺之氣(숙살지기) - 쌀쌀한 가을 기운.
*伍(오) - 다섯 사람 오. 대오(隊伍).
*行伍(행오) - 사병(士兵).

*參將(참장) - 군대 내의 기강을 담당하는
　장교.
*陣(진) - 진 진. 진칠 진. 싸움 진.
*觸(촉) - 닿을 촉. 부딪칠 촉. 범할 촉.
*善終(선종) - 유종의 미를 거둠. 천수를 다
　함.

壬 癸 辛 壬
子 丑 亥 子

丁 丙 乙 甲 癸 壬
巳 辰 卯 寅 丑 子

地支亥子丑, 干透壬癸辛, 局成潤下, 喜行運不背, 書香早遂, 甲
지지해자축 간투임계신 국성윤하 희행운불배 서향조수 갑

寅運秀氣流行, 登科發甲, 乙卯, 宦途平坦, 由縣令而遷州牧, 丙,
인운수기유행 등과발갑 을묘 환도평탄 유현령이천주목 병

原局無食傷之化, 羣刧爭財, 不祿,
원국무식상지화 군겁쟁재 불록

지지에 亥子丑이 있고 천간에 壬癸辛이 투출하니 윤하격을 이루었다. 기쁜
것은 행운이 마땅하여 일찍이 학문을 마치었고 甲寅 운에는 수기(秀氣)가 유행하
여 과거에 급제하였으며 乙卯 운은 벼슬길이 평탄하여 현령(縣令)에서 주목(州牧)
으로 올랐다.

丙 운은 원국에 식상의 인화(引化)가 없어 군비쟁재(羣比爭財)가 일어나 사망하
였다.

*背(배)-등 배. 배반할 배.   *坦(탄)-평평할 탄. 너그러울 탄.
*秀(수)-빼어날 수. 뛰어나다. 훌륭하다.   *遷(천)-옮길 천. 천도 천.
*潤(윤)-젖을 윤. 윤택할 윤.   *羣(군)-무리 군. 많을 군. 群(군)의 본자(本
*宦(환)-벼슬 환. 벼슬살이 환. 내시 환.   字).

全象喜行財地. 而財神要旺.
전 상 희 행 재 지   이 재 신 요 왕

전상(全象)은 재지(財地)로 행하는 것이 좋으니 재신(財神)이 왕(旺)함을 요한다.

*全(전) - 온통 전. 온전할 전. 순전할 전. 부
　사어로는 매우. 몹시. 완전히. 철저하게 등
　으로 쓰임.

*象(상) - 코끼리 상. 꼴 상. 모양 상.
*財(재) - 재물 재. 재산. 보물. 녹봉(祿俸)
*要(요) - 요긴할 요. 요약하다. 요구하다.

原注원주
三者爲全. 有傷官而又有財也. 主旺喜財旺. 而不行官殺之地方可.
삼 자 위 전   유 상 관 이 우 유 재 야   주 왕 희 재 왕   이 불 행 관 살 지 지 방 가

【원주】
삼자(三者)가 다 있는 것을 전(全)이라 한다. 상관이 있고, 또한 재(財)가 있는 것이다. 일주가 왕하면 재가 왕(旺)함을 기뻐하는데 운은 관이나 살지(殺地)로 행하지 않음이 좋다.

任氏曰임씨왈,
三者爲全, 非專論傷官與財也, 傷官生財, 固爲全矣, 而官印相生,
삼 자 위 전   비 전 론 상 관 여 재 야   상 관 생 재   고 위 전 의   이 관 인 상 생

財官並見, 豈非全乎, 傷官生財, 日主旺相, 固宜財運, 倘四柱比
재 관 병 견   기 비 전 호   상 관 생 재   일 주 왕 상   고 의 재 운   당 사 주 비

刦多見, 財星被刦, 官運必佳, 傷官運更美, 須觀局中意向爲是,
겁 다 견   재 성 피 겁   관 운 필 가   상 관 운 갱 미   수 관 국 중 의 향 위 시

임 선생님이 말씀하였다.

삼자(三者)를 전(全)이라 하는 것은 오로지 상관과 재(財)만을 논하는 것은 아니다. 상관생재는 확실히 좋은 것이나 관인상생(官印相生)이나 재관이 같이 있는 것

또한 어찌 전(全)이 아니겠는가.

상관생재(傷官生財)는 일주가 왕상하면 재운이 좋으나 혹 사주에 비겁이 많으면 재성이 비겁으로부터 겁탈당하니 관(官) 운이라야 반드시 아름답게 되며 상관 운에 더욱 아름다운 것이다. 모름지기 원국의 의향을 살펴야 하는 것이다.

*專(전) — 오로지 전. 전일할 전. 제멋대로 전. 부사어로는 단지. 오로지. 홀로. 전부. 모두 등으로 해석.

*固(고) — 굳을 고. 진실로 고. 항상 고. 부사어로는 단호히. 확실히. 진실로. 여전히 등으로 해석.

*豈(기) — 어찌 기. 그 기. 부사어로는 어찌 ~하겠는가. 어떻게. 혹시. 아마 ~이겠지요 등으로 해석.

*倘(당) — 기개 있을 당. 갑자기 당. 혹시 당. 倘은 보통 부사어로 쓰이며 아마도. 우연히. 만약. 만일 등으로 해석. 동작이나 행위에 대한 추측을 나타냄.

*被(피) — 이불 피. 덮을 피. 당할 피.

*佳(가) — 아름다울 가. 좋아할 가.

*更(경. 갱) — 고칠 경. 바꿀 경. 시각 경. 다시 갱. 더욱 갱.

*美(미) — 아름다울 미. 만날 미.

*須(수) — 수염 수. 기다릴 수. 모름지기 수. 부사어로는 마땅히 ~해야 한다. 반드시 ~하다 등으로 해석.

*意(의) — 뜻 의. 헤아릴 의.

*是(시) — 이 시. 옳을 시. 바로잡을 시. 부사어로는 이. 이렇게. 여기. 이곳. 모든. 무릇 등으로 해석하는데, 문장의 중간에 있으면 해석하지 않음.

日主旺, 傷官輕, 有印綬, 喜財而不喜官, 日主旺, 財神輕, 有比刼,
일주왕 상관경 유인수 희재이불희관 일주왕 재신경 유비겁

喜官而不喜財, 財官並見, 日主旺相, 喜財而不喜官, 官印相生,
희관이불희재 재관병견 일주왕상 희재이불희관 관인상생

日主休囚, 喜印綬而不喜比刼, 大凡論命, 不可執一, 須察全局之
일주휴수 희인수이불희비겁 대범론명 불가집일 수찰전국지

意向, 日主之喜忌爲的,
의향 일주지희기위적

일주는 왕하고 상관이 경(輕)한데 인수가 있으면 재(財)는 좋으나 관은 좋지 않고, 일주가 왕하고 재가 가벼운데 비겁이 있으면 관은 기쁘나 재는 기쁘지 않다.

재(財)와 관이 같이 있고 일주가 왕하면 재는 기쁘나 관은 기쁘지 않고, 관인이 상생하고 있는데 일주가 휴수된 경우는 인수는 기쁘나 비겁은 기쁘지 않은

것이다.

　대체로 명(命)을 논함에 한 가지만을 고집하면 안 되는 것이니 모름지기 사주 전체의 의향과 일주의 희기를 살피는 것이 적확(的確)한 것이다.

*綏(수)－끈 수. 끈. 인끈(실을 땋은 끈).　　*察(찰)－살필 찰. 자세할 찰. 깨끗할 찰.
*執(집)－잡을 집. 막을 집. 벗 집.　　　　*的(적)－과녁 적. 참 적. 꼭 적. 적실할 적.

甲　丁　丙　戊
辰　卯　辰　申

壬　辛　庚　己　戊　丁
戌　酉　申　未　午　巳

丁卯日元, 生于季春, 傷官生財, 嫌其木盛土虛, 書香難就, 土得
정묘일원　생우계춘　상관생재　혐기목성토허　서향난취　토득

其傷官化刼, 使丙火無爭財之意, 所以運至庚申辛酉, 承先人之事
기상관화겁　사병화무쟁재지의　소이운지경신신유　승선인지사

業雖微, 而自刱之規模頗大, 財發十餘萬,
업수미　이자창지규모파대　재발십여만

　丁卯 일원이 辰월에 생하니 상관생재격이다. 꺼리는 것은 木이 왕하여 土가 허한 것으로 이런 까닭에 학문을 다하기 어려웠다. 戊土와 辰土의 상관이 있어 비견겁을 化하니 丙火가 쟁재(爭財)의 뜻이 없다.

　庚申 辛酉 운에 선대의 사업은 비록 미미하였으나 본인이 창업하여 그 규모가 자못 컸고 십여 만의 재물을 이루었다.

*難(난)－어려울 난. 괴로울 난. 근심 난.　　*微(미)－작을 미. 정묘할 미. 천할 미.
*就(취)－이를 취. 쫓을 취.　　　　　　　　*刱(창)－創과 仝. 다칠 창. 상처 창. 부스럼
*承(승)－받들 승. 이을 승.　　　　　　　　　창. 비롯할 창(시작함).
*雖(수)－비록 수. 오직 수. 부사어로는 단　　*模(모)－법 모. 본 모. 본뜰 모.
　지. 겨우. 설사. 비록 등으로 쓰임.　　　　*頗(파)－치우칠 파. 자못 파.

```
丁  丙  辛  己
酉  午  未  巳

癸 甲 乙 丙 丁 戊 己 庚
亥 子 丑 寅 卯 辰 巳 午
```

此造火長夏天，支類南方，旺之極矣，火土傷官生財格，所嫌者，
차 조 화 장 하 천　지 류 남 방　왕 지 극 의　화 토 상 관 생 재 격　소 혐 자

丁火羊刃透干，局中全無溼氣，刧刃肆逞，祖業無恒，父母早亡，
정 화 양 인 투 간　국 중 전 무 습 기　겁 인 사 령·조 업 무 항　부 모 조 망

幼遭孤苦，中受飢寒，六旬之前，運走東南木火之地，妻財子祿，
유 조 고 고　중 수 기 한　육 순 지 전　운 주 동 남 목 화 지 지　처 재 자 록

一字無成，
일 자 무 성

이 명조는 丙火가 장하(長夏)에 태어나고 지지가 巳午未 남방으로 왕함이 극에 이르렀다. 火土 상관생재격인데 꺼리는 것은 丁火 양인이 천간에 투출하고 원국에 습기가 전무(全無)하므로 겁재와 양인이 극왕하게 된 것이다.

이런 까닭에 조업을 지키지 못하였고 부모도 일찍이 여의었다. 어려서는 고독과 고생이 심했고 중년에도 굶주림과 추위에 고생하였다. 육순(六旬) 전에는 운이 동남 木火地로 행하니 처(妻)고 재물이고 자식이고 녹봉이고 하나도 이룬 것이 없었다.

*長夏(장하)－긴 여름. 未月을 長夏라고도 함.
*肆逞(사령)－방자하게 날뛰는 모양.
*溼(습)－축축할 습. 습기 습. 濕(습)과 소.
*恒(항)－항구(恒久) 항. 항상 항.
*幼(유)－어릴 유. 어린아이 유.

*遭(조)－만날 조. 두를 조.
*孤(고)－고아 고. 외로울 고.
*苦(고)－씀바귀 고. 쓸 고. 괴로워할 고.
*孤苦(고고)－혼자 고생함.
*飢(기)－주릴 기. 굶주림 기.
*旬(순)－열흘 순. 열 번 순.

至丑運, 北方溼土, 晦火生金, 暗會金局, 從此得際遇, 立業發財,
지축운 북방습토 회화생금 암회금국 종차득제우 입업발재

至七旬, 又買妾, 連生二子, 及甲子癸亥, 北方水地, 獲利數萬, 壽
지칠순 우매첩 연생이자 급갑자계해 북방수지 획리수만 수

至九旬, 諺云, 有其運, 必得其福, 爲人豈可限量哉,
지구순 언운 유기운 필득기복 위인기가한량재

丑 운에 이르러 북방의 습토가 火를 설하고 金을 생하며 巳酉丑 金局을 이루니 마침내 때를 만나 사업을 하여 재물을 모았다. 칠순(七旬)에 첩(妾)을 사들여 연달아 아들을 둘이나 낳았으며 甲子 癸亥 북방 水 운에 수만(數萬)의 재물을 이루었으며 수(壽)는 구순(九旬)에 이르렀다.

언(諺)에 이르데 "그 운이 있으면 반드시 그 복을 받는다"라고 하였는바, 사람이 어찌 한정할 수 있겠는가.

*晦(회) – 그믐 회. 어둠 회. 밤 회.   *妾(첩) – 첩 첩(작은 마누라). 계집아이 첩.
*際(제) – 사이 제. 때 제. 만날 제.   *獲(획) – 얻을 획. 맞칠 획.
*買(매) – 살 매.   *諺(언) – 상말 언. 언문. 속담.

形全者宜損其有餘. 形缺者宜補其不足.
형 전 자 의 손 기 유 여　 형 결 자 의 보 기 부 족

형(形)이 완전한 것은 마땅히 남는 것을 덜어내고 형을 이룸이 모자란 것은 마땅히 그 부족함을 보태주어야 한다.

原注원주

如甲木生於寅卯辰月. 丙火生於巳午未月. 皆爲形全. 戊土生於寅卯辰
여갑목생어인묘진월 병화생어사오미월 개위형전 무토생어인묘진

月. 庚金生於巳午未月. 皆爲形缺. 餘倣此.
월 경금생어사오미월 개위형결 여방차

【원주】

가령 甲木이 寅卯辰 월에 생하거나 丙火가 巳午未 월에 생한 것 등은 다 형전(形全)이고, 戊土가 寅卯辰 월에 생하거나 庚金이 巳午未 월에 생한 것 등은 다 형결(形缺)이다. 나머지도 이와 같다.

任氏曰임씨왈,

形全宜損, 形缺宜補之說, 卽子平旺則宜洩宜傷, 衰則喜幫喜助之
형전의손 형결의보지설 즉자평왕즉의설의상 쇠즉희방희조지

謂也, 命書萬卷, 總不外此二句, 讀之直捷痛快, 顯然明白, 故人
위야 명서만권 총불외차이구 독지직첩통쾌 현연명백 고인

人得而知之, 究之深奧異常, 其中作用實有至理, 庸俗祇知旺用洩
인득이지지 구지심오이상 기중작용실유지리 용속기지왕용설

傷, 衰用幫助, 以致吉凶顚倒, 宜忌淆亂也,
상 쇠용방조 이치길흉전도 의기효란야

임 선생님이 말씀하였다.

형(形)이 온전하면 마땅히 덜어내야 하고 형이 부족하면 마땅히 보태주어야 한다는 학설은, 즉 자평(子平)에서 왕하면 마땅히 설(洩)하거나 상(傷)하여야 하고 쇠하면 방(幫)하거나 조(助)함을 기뻐한다는 것을 이르는 것이다.

명서(命書)가 만권이라도 한마디로 말하여 이 두 구절을 벗어남이 없다. 읽을수록 통쾌하고 이치가 명백하다. 고로 명리를 배우는 사람들은 이 이치를 터득하고 알아야 할 것이며 그 심오한 이치를 궁구하여 보면 그 작용이 실로 지극한 이치가 담겨져 있는 것을 알 것이다.

잘 모르는 사람들은 단지 왕하면 설(洩)이나 상(傷)으로 용신을 잡고 쇠하면 방(幫)이나 조(助)로 용신을 잡는데, 이러므로 길흉이 전도되고 의기(宜忌)가 혼란스럽게 되는 것이다.

*宜(의)-옳을 의. 마땅할 의.
*損(손)-덜 손. 잃을 손. 상할 손.

*捷(첩)-이길 첩. 빨리 첩.
*痛(통)-아플 통. 아파할 통.

*缺(결)-이지러질 결. 모자랄 결. 없어질 결.

*補(보)-기울 보. 도울 보. 보탤 보.

*洩(설. 예)-샐 설. 줄 설. 훨훨 날 예. 바람 따를 예.

*傷(상)-다칠 상. 해칠 상. 근심할 상.

*衰(쇠. 최)-쇠할 쇠. 줄일 최.

*幫(방)-도울 방.

*讀(독. 두)-읽을 독. 읽기 독. 이두 두.

*快(쾌)-쾌할 쾌. 빠를 쾌.

*痛快(통쾌)-마음이 썩 상쾌함. 대단히 기분이 좋음.

*顯(현)-밝을 현. 나타날 현.

*深(심)-깊을 심. 깊이 심.

*奧(오)-그윽할 오(뜻, 이치 등이 깊음). 아랫목 오.

*深奧(심오)-깊고 오묘함.

*庸(용)-쓸 용. 범상할 용

*庸俗(용속)-범상(凡常)함. 속(俗)됨.

*祇(기. 지)-땅 귀신 기. 편안할 기. 마침 지.

*淆(효)-어지러울 효. 흐릴 효.

*淆亂(효란)-뒤섞여 문란(紊亂)함. 淆紊(효문)과 소.

以余論之, 須將四字分用爲是, 通變在一宜字, 宜洩則洩之爲妙,
이 여 론 지　수 장 사 자 분 용 위 시　통 변 재 일 의 자　의 설 즉 설 지 위 묘

宜傷則傷之有功, 洩者食傷也, 傷者官殺也, 均是旺也, 或洩之有
의 상 즉 상 지 유 공　설 자 식 상 야　상 자 관 살 야　균 시 왕 야　혹 설 지 유

害, 而傷之有利, 或洩之有利, 而傷之有害, 所以洩傷兩字, 宜分
해　이 상 지 유 리　혹 설 지 유 리　이 상 지 유 해　소 이 설 상 양 자　의 분

而用之也,
이 용 지 야

　이에 내가 서술하나니 모름지기 설(洩), 상(傷), 방(幫), 조(助) 네 글자는 쓰임이 다르니 나누어 써야 하는 것으로 통변에 있어 마땅함이 있어야 하는 것이다.

　설(洩)이 마땅할 때는 설을 해야 아름답고 상(傷)이 마땅할 때는 상을 해야 공(功)이 있는 것이다. 설은 식상(食傷)을 말함이요 상은 관살(官殺)을 일컫는 것이다.

　다 왕한 경우인데 혹 설(洩)은 유해하고 상(傷)이 유리한 경우가 있고, 혹은 설(洩)이 유리하고 상(傷)하면 유해한 경우가 있으니 설(洩)과 상(傷)의 두 자는 마땅히 나누어 써야 하는 것이다.

*通(통)-통할 통. 온통 통.

*變(변)-변할 변. 고칠 변.

*均(균)-평균할 균. 고를 균. 두루 균(모두).

*宜(의)-옳을 의. 마땅할 의.

宜幫則幫之爲切, 宜助則助之爲佳, 幫者比刦也, 助者印綬也, 均
의방즉방지위절 의조즉조지위가 방자비겁야 조자인수야 균

是衰也, 或幫之則凶, 而助之則吉, 或幫之則吉, 而助之則凶, 所
시쇠야 혹방지즉흉 이조지즉길 혹방지즉길 이조지즉흉 소

以幫助兩字, 亦宜分而用之也,
이방조양자 역의분이용지야

방(幫)이 마땅할 때는 마땅히 방(幫)하여야 하고 조(助)가 마땅할 때는 마땅히 조(助)하는 것이 아름답게 되는 것이다. 방은 비겁(比刦)이고 조는 인수(印綬)를 일컫는 것이다.

일주가 다 쇠약한 경우인데 혹 방한즉 흉함이 발생하고 조한즉 길함이 있는 경우가 있고, 혹은 방한즉 길하고 조한즉 흉함이 있는 경우가 있으니 방(幫)과 조(助) 두 자는 마땅히 나누어 써야 하는 것이다.

*幫(방)-도울 방.
*助(조)-도울 조. 도움 조.
*洩(설. 예)-샐 설. 줄 설. 훨훨 날 예. 바람 따를 예.

*傷(상)-다칠 상. 해칠 상. 근심할 상.
*分(분)-나눌 분. 푼 푼. 나누다. 베풀어 주다. 구별. 분수. 운명. 신분. 길이. 무게. 24 절기의 하나. 푼(엽전의 단위).

역자주 幫(방)은 비견 겁을, 助(조)는 인수를, 洩(설)은 식상을, 傷(상)은 관살을 일컫는다.

如日主旺相, 柱中財官無氣, 洩之則官星有損, 傷則去比劫之有餘,
여일주왕상 주중재관무기 설지즉관성유손 상즉거비겁지유여

補官星之不足, 所謂傷之有利, 而洩之有害也, 日主旺相, 柱中財
보관성지부족 소위상지유리 이설지유해야 일주왕상 주중재

官不見, 滿局比刦, 傷之則激而有害, 不若洩之以順其氣勢, 所謂
관불견 만국비겁 상지즉격이유해 불약설지이순기기세 소위

傷之有害, 而洩之有利也,
상지유해 이설지유리야

가령 일주가 왕상(旺相)한데 원국에 재관이 무기(無氣)한 경우는 설(洩)한즉 관성이 손상을 입게 된다. 이러한 경우는 상(傷)하여 유여한 비겁을 제거하고 부족한

관성을 보충하여야 하는 것이니 소위 상(傷)하면 이로우나 설(洩)하는 것은 해롭다.

일주가 왕상하고 원국에 재관이 나타나지 않고 만국(滿局)이 비겁인 경우는 상한즉 왕신이 격노하여 해로움이 발생하는 것이니 왕신의 기세에 순응하여 마땅히 설하여야 하는 것이다. 소위 상(傷)은 해롭고 설(洩)은 이롭다.

日主衰弱, 柱中財星重疊, 印綬助之反壞, 幫則去財星之有餘, 補
일주쇠약 주중재성중첩 인수조지반괴 방즉거재성지유여 보

日主之不足, 所以幫之則吉, 而助之則凶也, 日主衰弱, 柱中官殺
일주지부족 소이방지즉길 이조지즉흉야 일주쇠약 주중관살

交加, 滿盤殺勢, 幫之恐反剋無情, 不若助之以化其强暴, 所以幫之
교가 만반살세 방지공반극무정 불약조지이화기강포 소이방지

則凶, 而助之則吉也, 此補前人所未發之言也,
즉흉 이조지즉길야 차보전인소미발지언야

일주가 쇠약하고 원국에 재성이 중첩한 경우는 약한 일주를 인수(印綬)로 도우려 하면 재성이 인수를 극하니 방한즉 유여한 재성을 제거하고 일주의 부족함을 돕게 되니 이러므로 방(幫)은 길하고 조(助)는 흉하다.

일주가 쇠약하고 원국에 관살이 교가하고 사주 전체에 살세(殺勢)가 가득한 경우는 방(幫)한즉 도리어 왕한 관살의 극을 받아 사주가 온통 전극(戰剋)으로 무정하게 되니 조(助)하여 관살의 강포함을 化함만 같지 못한 것이다. 이러므로 방은 흉하고 조는 길하다. 이는 앞 사람들이 말한 바가 없어 이에 내가 보완하여 밝히는 바이다.

*疊(첩)-겹쳐질 첩. 포개질 첩.
*壞(괴)-무너뜨릴 괴. 무너질 괴.
*補(보)-도울 보. 보탤 보. 고칠 보.
*滿(만)-찰 만. 채울 만.

*盤(반)-소반 반. 쟁반 반. 서릴 반. 蟠(반)과 소.
*暴(포, 폭)-사나울 포. 모질게 굴 포. 쬘 폭. 나타날 폭.

至於木生寅卯辰月, 火生巳午未月爲形全, 亦偏論也, 如木生寅卯
지 어 목 생 인 묘 진 월　화 생 사 오 미 월 위 형 전　역 편 론 야　여 목 생 인 묘

辰月, 干露庚辛, 支藏申酉, 莫非仍作全形而損之乎, 火生巳午未月,
진 월　간 로 경 신　지 장 신 유　막 비 잉 작 전 형 이 손 지 호　화 생 사 오 미 월

干透壬癸, 支藏亥子, 莫非仍作形全而損之乎,
간 투 임 계　지 장 해 자　막 비 잉 작 전 형 이 손 지 호

　木이 寅卯辰 월에 태어나고 火가 巳午未 월에 태어나면 형전(形全)이라고 하는
것은 역시 편론(偏論)이다.

　가령 木이 寅卯辰 월에 생하였으나 천간에 庚辛 金이 투출하고 지지로 申酉가
있어도 형전(形全)이 아니라고는 할 수 없는데 이러한 때에도 형전이라 하여 덜어
내야 하는가.

　火가 巳午未 월에 생하여 천간으로 壬癸가 투출하고 지지로 亥子가 있는 경우
에도 형전이 아니라고는 할 수 없는데 이러한 때에도 형전이라 하여 덜어낸다
할 것인가.

*偏(편)−치우칠 편. 한쪽 편.　　　　*仍(잉)−인할 잉(그대로 따름). 오히려 잉. 이
*露(로)−이슬 로. 적실 로. 드러날 로. 나타　　　에 잉(乃). 부사어로는 곧. 누차. 여전히. 또
　날 로.　　　　　　　　　　　　　　한 등으로 쓰임.
*藏(장)−감출 장. 서장 장.　　　　　*透(투)−뛸 투. 던질 투. 환할 투.

土生于寅卯辰月爲形缺, 干丙丁而支巳午, 莫非仍作缺形而補之
토 생 우 인 묘 진 월 위 형 결　간 병 정 이 지 사 오　막 비 잉 작 결 형 이 보 지

乎, 金生於巳午未月, 干戊己而支申酉, 莫非亦作缺形而補之乎, 凡
호　금 생 어 사 오 미 월　간 무 기 이 지 신 유　막 비 역 작 결 형 이 보 지 호　범

此須究其旺中變弱, 弱中變旺之理, 不可執一而論, 是以實似所
차 수 구 기 왕 중 변 약　약 중 변 왕 지 리　불 가 집 일 이 론　시 이 실 사 소

當損者, 而損之反有害, 實似所當補者, 而補之反無功, 須詳察焉,
당 손 자　이 손 지 반 유 해　실 사 소 당 보 자　이 보 지 반 무 공　수 상 찰 언

　土가 寅卯辰 월에 태어나면 형결(形缺)이라 하는데 천간으로 丙丁이 투출하고
지지로 巳午가 있어도 형결(形缺)이 아니라고는 할 수 없는데 이때에도 형결이라

하여 보(補)하여야 하는가.

金이 巳午未 월에 생하고 천간으로 戊己 土가 투출하고 지지에 申酉가 있어도 역시 형결(形缺)이 아니라고는 할 수 없는데 이러한 경우에도 형결이라 하여 보(補)하여야 하는가.

대저 이러한 것들은 왕한 가운데 약으로 변하고 약한 가운데 왕한 것으로 변하는 이치가 있으니 모름지기 자세히 살펴야 하는 것이다. 한 가지 이론에만 치우치면 안 되는 것이다.

이러므로 실제는 덜어냄이 마땅할 것 같으나 덜어내면 도리어 해롭고 실제는 보(補)함이 마땅할 것 같으나 보하여 도리어 무공(無功)한 경우가 있으니 모름지기 자세히 살펴야 할 것이다.

*變(변)－변할 변. 고칠 변. 변고 변.   *詳(상)－자세할 상. 상서로울 상.
*似(사)－같을 사. 흉내 낼 사. 부사어로는   *察(찰)－살필 찰. 자세할 찰.
  마치(~인 것 같다). 아마도 등으로 해석.   *詳察(상찰)－자세히 살핌.

甲　庚　庚　丁
申　子　戌　丑

甲　乙　丙　丁　戊　己
辰　巳　午　未　申　酉

此秋金銳銳, 官星虛脫, 不能相制, 財星臨絶, 何暇生官, 初運土
차추금예예　관성허탈　불능상제　재성임절　하가생관　초운토

金, 晦火生金, 刑傷破耗, 無所不見, 丁未丙午, 助起官星, 家業鼎
금　회화생금　형상파모　무소불견　정미병오　조기관성　가업정

新, 乙巳晚景優游, 所謂傷之有功也,
신　을사만경우유　소위상지유공야

이 명조는 金이 가을에 태어나니 그 기세가 예예(銳銳)하다. 관성이 허탈하여 金을 억제할 능력이 없다. 재성은 절지에 앉아 있으니 어느 여가에 관을 생하겠는

가. 초(初) 운이 土金으로 火를 설하고 金을 생하니 형상(刑傷)과 파모가 많았다.

　丁未 丙午 운으로 들어 관성에 힘이 실리니 가업을 새롭게 일으켰다. 이어 乙巳
운까지 만년이 여유롭고 즐거웠다. 소위 상(傷)하여야 공(功)이 있는 사주다.

　*銳(예)－날카로울 예.
　*銳銳(예예)－날카롭고 날카롭다. 즉, 숙살
　　지기(肅殺之氣)가 강하다.
　*暇(가)－겨를 가. 한가할 가.
　*晦(회)－그믐 회. 밤 회. 어두울 회.
　*鼎(정)－솥 정. 정괘 정.
　*鼎新(정신)－혁신(革新)함. 새롭게 일으킴.

　*晚(만)－저물 만. 해질 만. 늦을 만.
　*晚景(만경)－저녁 경치. 저녁 햇빛. 여기서
　　는 노년(老年)을 이름.
　*優(우)－넉넉할 우. 뛰어날 우.
　*游(유)－헤엄칠 유. 뜰 유. 놀 유.
　*優游(우유)－한가로운 모양. 과단성이 없
　　는 모양.

乙　庚　壬　戊
酉　申　戌　申

戊　丁　丙　乙　甲　癸
辰　卯　寅　丑　子　亥

此造乙從庚化, 官星不見, 支類西方, 又坐祿旺, 權在一人, 從其
차조을종경화 관성불견 지류서방 우좌록왕 권재일인 종기

强勢, 雖有壬, 戊土緊剋, 不能引通洩其殺氣, 初交癸亥甲子, 順
강세 수유임 무토긴극 불능인통설기살기 초교계해갑자 순

其氣勢, 財喜如心, 一交丙寅, 觸其旺神, 一敗如灰, 衣食難度, 自
기기세 재희여심 일교병인 촉기왕신 일패여회 의식난도 자

縊而死, 所謂洩之有益, 傷之有害也,
액이사 소위설지유익 상지유해야

　이 명조는 乙木이 庚金과 합하여 金으로 化하고 관성은 보이지 않으며 지지가
西方이고 또한 일주가 녹(祿)에 좌하니 권세가 한 사람에게 있는 것으로 그 강한
세(勢)에 따라야 한다.

　비록 壬水가 있으나 戊土가 가까이서 극하고 왕한 살기를 설할 능력이 없다.
초년 癸亥 甲子 대운은 金의 형세에 순응하니 재물이 마음먹는 대로 되었으나

丙寅 운으로 바뀌어 한 번의 실패로 잿더미가 되었다. 의식이 여의치 않아 목매어 죽었다. 소위 설(洩)은 유익하고 상(傷)은 해로운 사주이다.

*緊(긴)-굳을 긴. 급할 긴.　　　　　　*灰(회)-재 회. 재로 될 회.
*觸(촉)-닿을 촉. 부딪칠 촉. 범할 촉.　　*縊(의. 액)-목맬 의. 속음(俗音) 액.

乙　丙　辛　庚
未　辰　巳　申

丁　丙　乙　甲　癸　壬
亥　戌　酉　申　未　午

此造以俗論之, 丙火生於巳月, 建祿必要用財, 無如庚辛重疊根深,
차 조 이 속 론 지　병 화 생 어 사 월　건 록 필 요 용 재　무 여 경 신 중 첩 근 심

獨印受傷, 弱可知矣, 運至甲申乙酉, 金得地, 木無根, 破耗異常,
독 인 수 상　약 가 지 의　운 지 갑 신 을 유　금 득 지　목 무 근　파 모 이 상

丙戌丁運, 重振家聲, 此財多身弱, 所謂幫之則有功也,
병 술 정 운　중 진 가 성　차 재 다 신 약　소 위 방 지 즉 유 공 야

이 명조를 속론하면 丙火가 巳월에 생하여 건록을 두었으니 반드시 재(財)가 용신이라고 할 것이다. 그러나 유감스럽게도 庚辛 金이 중첩하고 뿌리가 깊어 하나뿐인 인수가 상해를 입으니 일주가 약함을 알 수 있다.

甲申 乙酉 운에 이르러 金이 득지하고 木이 뿌리를 내리지 못하니 재물의 손실이 많았다. 丙戌 丁 운에 가업을 거듭 일으켜 명성을 떨쳤다. 이 명조는 재다신약으로 이른바 방(幫)하여야 공(功)이 있는 것이다.

*無如(무여)-부사어로 쓰이며 '유감스럽게　　*耗(모)-벼 모. 덜 모. 덜릴 모.
　도'라고 해석. 또는 '~에 비길 사람이 없　　*振(진)-떨칠 진. 움직일 진.
　다'로도 해석.　　　　　　　　　　　　　*聲(성)-소리 성. 소리 낼 성.

壬　丙　癸　壬
辰　午　丑　子

己　戊　丁　丙　乙　甲
未　午　巳　辰　卯　寅

此造滿局官星, 日主孤弱, 雖食傷並見, 但丑辰皆溼土, 能蓄水,
차 조 만 국 관 성　일 주 고 약　수 식 상 병 견　단 축 진 개 습 토　능 축 수

不能止水, 初交甲寅乙卯, 化殺生身, 早遊泮水, 財業有餘, 後交
불 능 지 수　초 교 갑 인 을 묘　화 살 생 신　조 유 반 수　재 업 유 여　후 교

丙辰, 不但不能幇身, 反受官殺回剋, 刑妻剋子, 家業耗散, 申年
병 진　부 단 불 능 방 신　반 수 관 살 회 극　형 처 극 자　가 업 모 산　신 년

暗拱殺局而亡, 所謂助之則吉, 幇之反害也,
암 공 살 국 이 망　소 위 조 지 즉 길　방 지 반 해 야

이 명조는 관성이 전체를 덮다시피 하였다. 일주는 심히 약한데 비록 식상이
두 개 있으나, 다만 丑土나 辰土는 습토로 水를 축장하고 있어 지수(止水)치 못하
는 土이다.

초년 甲寅 乙卯 운은 살을 化하고 일주를 생하니 일찍이 입반(入泮)하였고 재물
이 유여하였으나 丙辰 운으로 바뀌자 丙火는 일주를 돕지 못할 뿐만 아니라 도리
어 관살의 회극을 받아 형처극자(刑妻剋子)하고 가업이 기울었으며 申년에 지지가
申子辰 살국을 이루니 사망하였다. 소위 조(助)한즉 길하고, 방(幇)한즉 도리어 해
로운 사주이다.

*滿(만)−찰 만. 가득하다. 풍족하다.
*孤(고)−외로울 고. 외롭다. 의지할 데가 없
　다.
*遊(유)−놀 유. 즐기다. 떠돌다.
*泮(반)−물가 반. 녹을 반.

*散(산)−흩을 산. 흩뜨리다. 한가롭다. 흩어
　지다. 문체(文體) 이름.
*拱(공)−팔짱 낄 공. 두 손을 마주 잡다.

方 局(上) 방국

方是方兮局是局. 方要得方莫混局.

방 시 방 혜 국 시 국　　방 요 득 방 막 혼 국

방(方)은 방이어야 하고 국(局)은 국이어야 한다. 방은 방(方)만을 요하니 국이 섞여서는 아니 된다.

原注원주

寅卯辰. 東方也. 搭一亥或卯或未. 則太過. 豈不爲混局哉.

인 묘 진　동 방 야　탑 일 해 혹 묘 혹 미　즉 태 과　기 불 위 혼 국 재

【원주】

寅卯辰은 동방이다. 여기에 亥나 혹 卯 혹 未가 하나라도 섞이게 되면 태과(太過)하게 되니 어찌 혼국이 아니겠는가.

*搭(탑)-탈 탑. 실을 탑. 걸 탑. 박을 탑.　　*混(혼)-섞일 혼. 섞을 혼.

任氏曰임씨왈,

十二支, 寅卯辰東方, 巳午未南方, 申酉戌西方, 亥子丑北方, 凡

십 이 지　인 묘 진 동 방　사 오 미 남 방　신 유 술 서 방　해 자 축 북 방　범

三字全爲成方, 如寅卯辰全, 其力量較勝于亥卯未木局,

삼 자 전 위 성 방　여 인 묘 진 전　기 역 량 교 승 우 해 묘 미 목 국

임 선생님이 말씀하였다.

열두 지지에서 寅卯辰은 동방이고 巳午未는 남방이고 申酉戌은 서방이고 亥子丑은 북방이다. 대저 세 자(三字)가 다 있으면 방을 이루는데, 가령 寅卯辰으로 방(方)을 이룬 것은 亥卯未 국(局)보다 그 힘이 강하다.

戊日遇寅月見三字, 俱以殺論, 遇卯月, 見三字, 俱以官論, 己日
무일우인월견삼자 구이살론 우묘월 견삼자 구이관론 기일

反是, 遇辰月, 視寅卯之勢, 較量輕重, 以分官殺, 其餘倣此, 若只
반시 우진월 시인묘지세 교량경중 이분관살 기여방차 약지

二字則竟不取, 所言方局莫混之理, 愚意以爲不然,
이자즉경불취 소언방국막혼지리 우의이위불연

戊土가 寅월에 태어나 寅 卯 辰 세 자(字)가 다 있으면 다 살(殺)로 논하고, 卯월
에 태어나 세 자가 다 있으면 관(官)으로 논한다. 己土는 이와 반대이다. 辰월의
경우는 寅卯의 힘을 보아 경중을 비교하여 관으로 할 것인지 살로 할 것인지를
구분하여야 한다. 다른 것들도 이와 같다.

단지 두 자만 있을 때는 방(方)으로 논하지 않는다. 방에 국이 섞이면 안 된다고
하는 말은, 내 생각에는 그렇지 않다고 생각한다.

*較(교, 각)－견줄 교. 대강 교. 겨룰 각. 차이   *混(혼)－섞일 혼. 섞을 혼.
 (車耳) 각.   *愚(우)－어리석을 우. 우직할 우.
*勝(승)－이길 승. 나을 승(딴 것보다 나음).   *意(의)－뜻 의. 헤아릴 의.
*餘(여)－나머지 여. 남을 여.   *愚意(우의)－본인의 의사(意思)를 남에게
*倣(방)－본뜰 방.   표현함에 자기를 낮추는 겸칭(謙稱).

且如木方而見亥字, 爲生旺之神, 見未字, 爲我剋之財, 又是木盤
차여목방이견해자 위생왕지신 견미자 위아극지재 우시목반

根之地, 亦何不可, 卽用三合木局, 豈有所損累耶, 至于作用, 則
근지지 역하불가 즉용삼합목국 기유소손루야 지우작용 즉

局之用多, 而方之用狹, 弗以論方而別生穿鑿也,
국지용다 이방지용협 불이론방이별생천착야

가령 목방에 亥가 있을 경우 亥는 木을 생하는 왕성(旺盛)한 신(神)이고 未는
내가 극하는 재성이며 또한 木이 착근(着根)하는 반근의 자리인데 어찌 불가하다
하는가. 그러므로 방(方)에 국(局)을 같이 쓴다 하여 어찌 손루(損累)가 되는가.

그 작용을 말할 것 같으면 국은 쓰임이 많으나 방은 쓰임이 좁다. 방에 국이

섞이면 안 된다는 이론은 억지로 끌어다 붙인 이론이니 버려야 할 것이다.

*盤(반)―소반 반. 쟁반 반. 서릴 반. 돌릴 반.
*累(루. 누)―누끼칠 루. 포갤 루. 충 루. 여러
 누.
*耶(야)―그런가 야. 의문문의 끝에 쓰이며
 옳고 그름의 어기를 나타냄. ～인가.

*穿(천)―뚫을 천. 개통할 천. 꿰뚫을 천. 구
 멍 천.
*鑿(착)―뚫을 착. 팔 착. 끌 착.
*穿鑿(천착)―구멍을 뚫음. 견강부회(牽强附
 會)함. 샅샅이 조사함.

$$己\ 戊\ 丁\ 甲$$
$$未\ 辰\ 卯\ 寅$$

$$癸\ 壬\ 辛\ 庚\ 己\ 戊$$
$$酉\ 申\ 未\ 午\ 巳\ 辰$$

此木方全搭一未字爲混, 然無未字, 則日主虛脫, 且天干甲木透出
차목방전탑일미자위혼 연무미자 즉일주허탈 차천간갑목투출

作殺, 而不作官, 必要未字日主氣貫, 身殺兩停, 名利雙輝, 鼎甲
작살 이부작관 필요미자일주기관 신살양정 명리쌍휘 정갑

出身, 仕至極品, 可知方混局之無害也,
출신 사지극품 가지방혼국지무해야

이 명조는 寅卯辰 목방에 未가 하나 있어 방과 국이 혼잡 되었다. 그러나 未가
없으면 일주가 허탈하여 약하게 된다. 또한 천간에 甲木이 투출하여 살의 작용이
지 관의 작용이 아니다. 반드시 未가 필요하며 이로써 일주의 기(氣)가 시에 관통
하게 되었다. 일주와 살이 균정(均停)하여 명리가 빛났으며 정갑(鼎甲) 출신에 벼슬
이 극품에 이르렀다. 이로써 볼 때 方에 局이 섞여도 무해함을 알 수 있다.

*貫(관)―돈꿰미 관. 뀔 관(통하게 함).
*停(정)―머무를 정. 멈출 정.
*雙(쌍)―쌍 쌍. 견줄 쌍.
*輝(휘)―빛 휘. 빛날 휘.
*鼎(정)―솥 정. 바야흐로 정.

*鼎甲(정갑)―성대하고 걸출함. 과거에서 최
 우등(最優等)의 세 사람을 일컬음.
*極(극)―극처 극. 용마루 극. 다할 극(없어
 짐).
*極品(극품)―가장 높은 직품.

丁 乙 庚 丙
亥 卯 寅 辰

丁 丙 乙 甲 癸 壬 辛
酉 申 未 午 巳 辰 卯

此支類東方, 火明木秀, 最喜丙火緊剋庚金之濁, 然春初木嫩, 必
차 지 류 동 방 화 명 목 수 최 희 병 화 긴 극 경 금 지 탁 연 춘 초 목 눈 필

得亥時生助, 爲人風流瀟灑, 學問淵深, 丁亥生木助火, 采芹攀桂,
득 해 시 생 조 위 인 풍 류 소 쇄 학 문 연 심 정 해 생 목 조 화 채 근 반 계

巳運南宮報捷, 名高翰苑,
사 운 남 궁 보 첩 명 고 한 원

이 명조는 지지가 寅卯辰 동방을 이루고 있다. 丙火와 丁火가 투출하여 火는 밝고 木은 수려(秀麗)하게 되었다. 가장 좋은 것은 탁기인 庚金을 丙火가 가까이서 극거하는 것이다.

그러나 寅월은 초봄으로 木이 어리고 연약하니 반드시 亥水가 있어 木을 생조(生助)하여야 한다. 탁한 庚金을 제거하고 목화통명지상(木火通明之象)이 되니 사람됨이 풍류가 있고 인품이 맑아 속기(俗氣)가 없었으며 학문이 깊었다.

丁亥 운에 木을 생하고 火를 도우니 일찍이 반궁(泮宮)에 들고 과거에 급제하였으며 巳 운에는 남궁(南宮)에 들어 한원에 이름이 높았다.

*濁(탁) - 흐릴 탁. 흐리게 할 탁.

*嫩(눈) - 어릴 눈(어리고 연약함).

*風流(풍류) - 풍아(風雅)함. 인품(人品). 품격(品格). 범속(凡俗)을 초월함.

*瀟(소) - 물 이름 소. 맑을 소. 비바람 칠 소.

*灑(쇄) - 뿌릴 쇄. 깨끗할 쇄.

*瀟灑(소쇄) - 맑고 깨끗함. 인품이 맑아 속기(俗氣)가 없음. 瀟灑는 瀟洒(소쇄)와 소.

*淵(연) - 못 연. 웅덩이 연.

*深(심) - 깊을 심. 깊이 심.

*淵深(연심) - 깊음.

*采芹(채근) - 미나리를 캔다는 뜻인데 반궁(泮宮)의 미나리를 캐니 전하여 입반[入泮 =반궁(泮宮)에 들어감]을 뜻함.

*攀(반) - 오를 반. 당길 반.

*桂(계) - 계수나무 계.

*攀桂(반계) - 계수나무에 올라간다는 뜻으로 과거에 급제함을 이름.

*南宮(남궁) - 당나라의 관제로 예부(禮部)를 이름.

*捷(첩) - 이길 첩. 빨리 첩.

*翰(한) - 깃 한. 글 한. 붓 한.

*采(채)-캘 채. 채색 채. 무늬 채. 벼슬 채.
  식읍 채. 풍신 채. 나물 채.
*芹(근)-미나리 근.

*苑(원)-동산 원. 문채 날 원.
*翰苑(한원)-한림원(翰林院). 예문관(藝文
  館)을 달리 이르는 말.

午運拱寅合卯, 採梁棟於鄧林, 是唯哲匠, 搜琳琅於瑤圃, 爰藉宗
오운공인합묘　채량동어등림　시유철장　수임랑어요포　원자종

工, 至酉, 乙木無根, 金得地, 沖破東方秀氣, 犯事落職, 若無亥水
공　지유　을목무근　금득지　충파동방수기　범사낙직　약무해수

化之, 豈能免大凶,
화지　기능면대흉

午 운에 寅午 공화(拱火)하여 용신이 힘을 얻으니 등림(鄧林)에서 고른 동량(棟梁)과 같이 중요한 자리에 올랐고 철장(哲匠)이라 불리어졌으며 요포(瑤圃)에서 임랑(琳琅)을 찾은 것으로 이에 관리의 우두머리가 되었다.

酉 운에 이르러 乙木은 무근이고 金이 득지하여 동방의 수기(秀氣)를 충파하니 잘못을 범(犯)해 낙직하였다. 만약 亥水의 화살(化殺)이 없었다면 대흉을 어찌 면하였겠는가.

*採(채)-캘 채. 딸 채.
*梁(량. 양)-들보 량. 나무다리 량.
*棟(동)-마룻대 동.
*梁棟(량동)-들보와 마룻대. 전하여 중임을
  맡을 만한 사람. 중요한 인물. 棟梁(동량).
*鄧(등)-나라이름 등.
*鄧林(등림)-초(楚)나라 북경(北境)에 있는
  대숲의 이름. 일설에는 도림(桃林 : 신선이
  사는 곳)을 일컫기도 한다고 함.
*哲(철)-맑을 철.
*匠(장)-장인 장. 가르침 장.
*哲匠(철장)-도리에 밝은 재상. 현명한 재
  상.
*搜(수)-찾을 수.
*琳(림. 임)-옥 림.

*琅(랑. 낭)-옥돌 랑. 금옥소리 랑.
*琳琅(임랑)-아름다운 옥의 일종. 사물의
  미칭(美稱). 수려(秀麗)한 사구(辭句)나 시문
  (詩文)의 비유. 시문(詩文)을 잘 짓는 사람.
*瑤(요)-옥돌 요. 전하여 사물의 미칭(美稱).
*圃(포)-남새밭 포. 전하여 장소.
*瑤圃(요포)-신선이 거처하는 곳. 재질이
  비범함을 비유.
*爰(원)-이에 원. 성낼 원.
*藉(자)-깔개 자. 자리 자. 빌릴 자. 도울 자.
  부사어로는 ~에 의지하여. ~에 근거하여.
*宗工(종공)-벼슬아치(官吏)의 우두머리.
  여기서 공(工)은 벼슬아치 공. 관리(官吏)
  공으로 쓰였음.

역자주 '午運拱寅合卯(오운공인합묘)'라 한 대목에서 合卯(합묘)는 맞지 않다. 午 운에 寅과 午가 合을 하는 것은 옳으나 卯와 어찌 合하는가. 合卯는 필사 과정에서 잘못이 아닌가 한다. 『滴天髓徵義(적천수징의)』에는 공인(拱寅)으로만 되어 있다.

또한 "至酉, 乙木無根(지유, 을목무근)"이라 한 대목에서 酉 운은 丁酉 대운인데 火가 무근(無根)이지 어찌 乙木이 무근이란 말인가.

그리고 丁酉 대운 앞에 丙申 대운이 있는데 申 대운은 월령인 寅木을 충하는데 그때 흉함이 발생하여야지 어찌 강한 월령을 충하는 데는 무사하고 월령이 아닌 卯木을 충하여 낙직(落職)하는가. 이는 필사 과정에서 오류(誤謬)인 듯하다.

『滴天髓徵義(적천수징의)』에는 "至丙申, 火無根, 金得地. 破東方秀氣. 犯事落職(지병신, 화무근, 금득지, 파동방수기, 범사낙직)"이라 되어 있다. 해석하면 "丙申 운에 이르러 火는 무근(無根)이고 金이 득지하니 동방의 수기(秀氣)가 깨져 잘못을 범하여 벼슬에서 떨어졌다"라고 되어 있다.

역자의 생각에도 丙申 운에 낙직(落職)하였을 것으로 생각된다. 독자들의 판단에 맡긴다.

局混方兮有純疵. 行運喜南或喜北.
국 혼 방 혜 유 순 자　　행 운 희 남 혹 희 북

국(局)에 방(方)이 섞이면 순수함에 흠이 된다. 운의 흐름은 남방이 좋고 혹 북방도 기쁘다.

*疵(자)－병 자. 흠집 자. 흉볼 자.　　　　*兮(혜)－어조사 혜.

原注원주

亥卯未木局. 混一寅辰. 則太强. 行運南北. 則有純疵. 不能俱利.
해 묘 미 목 국　혼 일 인 진　즉 태 강　행 운 남 북　즉 유 순 자　불 능 구 리

【원주】

亥卯未 목국에 寅이나 辰이 하나라도 섞이면 태강(太强)하게 되니 운이 南이나 北으로 行하면 순수함에 흠이 되니 양쪽이 다 이롭지는 않다.

역자주 원주가 이해 안 되는 부분이 있다. 亥卯未 木局에 寅이나 辰이 있어 태강하면 운은 南으로 행하여야 좋고 원국에 식상이 없으면 北으로 행하여도 좋은데 설명이 모호하다.

任氏曰임씨왈,

地支有三位相合, 而成局者, 亥卯未木局, 寅午戌火局, 巳酉丑金局,
지지유삼위상합 이성국자 해묘미목국 인오술화국 사유축금국

申子辰水局, 皆取生旺墓, 一氣始終也, 柱中遇三支合勢, 吉凶之
신자진수국 개취생왕묘 일기시종야 주중우삼지합세 길흉지

力較大, 亦有取二支者, 然以旺支爲主, 或亥卯, 或卯未, 皆可取,
력교대 역유취이지자 연이왕지위주 혹해묘 혹묘미 개가취

亥未次之,
해미차지

임 선생님이 말씀하였다.

지지에 셋이 합하여 국(局)을 이루는 것은 亥卯未 목국, 寅午戌 화국, 巳酉丑 금국, 申子辰 수국이 있는데 이는 다 생(生), 왕(旺), 묘(墓), 일기(一氣)로 시작과 끝이 이루어진 것이다.

사주에서 지지 셋이 합세하면 길흉의 힘이 비교적 크다. 또한 二支를 취하는 반국(半局)도 있으나 그것은 왕지(旺支)를 위주로 하여야 한다. 혹 亥卯 혹 卯未는 다 취할 수 있으나 亥未는 그 다음이다.

凡會忌沖, 如亥卯未木局, 雜一酉丑字于其中, 而又與所沖之神緊貼,
범회기충 여해묘미목국 잡일유축자우기중 이우여소충지신긴첩

是爲破局, 雖沖字雜于其中, 而不緊貼, 或沖字處于其外而緊貼,
시위파국 수충자잡우기중 이불긴첩 혹충자처우기외이긴첩

則會局與損局兼論,
즉회국여손국겸론

대저 회국(會局)은 충을 꺼리는바, 가령 亥卯未 목국에 酉나 丑이 하나라도 그 가운데 섞여 있거나 충되는 것과 바짝 붙어 있으면 이는 파국이 되는 것이다.

비록 충하는 字가 사주 속에 있어도 바짝 붙어 있지 않고 충하는 것의 밖에 멀리 있으면 회국(會局)이 되는지 손국(損局)이 되는지를 겸하여 논하여야 한다.

*墓(묘)-무덤 묘. 묘지. 장사지내다.　　*貼(첩)-붙을 첩. 붙일 첩.

*遇(우)-만날 우. 조우하다. 상봉하다. 대접　　*緊(긴)-긴할 긴. 팽팽하다. 굵게 얽다. 급
하다. 합치다. (뜻이) 맞다.　　　　　　　　하다. 굳다. 줄다.

其二支會局者, 以相貼爲妙, 逢沖卽破, 他字間之, 亦遙隔無力,
기 이 지 회 국 자　이 상 첩 위 묘　봉 충 즉 파　타 자 간 지　역 요 격 무 력

須天干領出可用, 至於局混方兮有純疵之說, 與方要得方莫混局之
수 천 간 령 출 가 용　지 어 국 혼 방 혜 유 순 자 지 설　여 방 요 득 방 막 혼 국 지

理相似, 究其理亦無所害, 見寅字是謂同氣, 見辰字是謂餘氣, 又是
리 상 사　구 기 리 역 무 소 해　견 인 자 시 위 동 기　견 진 자 시 위 여 기　우 시

東方溼土, 能生助木神, 又何損累耶,
동 방 습 토　능 생 조 목 신　우 하 손 루 야

　二支로 회국을 이루는 것은 서로 붙어 있는 것이 좋다. 충을 만나면 파국이 된
다. 二支 사이에 다른 자가 있으면 멀리 있어 무력하니 모름지기 천간에 삼합을
이루는 오행이 나타나야 가히 회국(會局)으로 쓸 수 있는 것이다.

　국(局)에 방(方)이 혼잡되면 순수함에 흠결이 된다는 설(說)을 말할 것 같으면
方은 方으로 짜여져야지 국이 혼잡되면 안 된다는 설과 서로 같은 것인데 그 이치
를 살펴보면 역시 방과 국이 섞여 있어도 해롭지 않다.

　寅이 있으면 이는 동기(同氣)이고 辰은 여기(餘氣)이며, 또한 동방의 습토로 木
을 생조하는데 어찌 나쁘다 하겠는가.

　*遙(요)-멀 요. 아득할 요.　　　　　　　*隔(격)-막을 격. 막이 격.

行運南北之分, 須看局中意向爲是, 如木局, 日主是甲乙, 四柱純
행 운 남 북 지 분　수 간 국 중 의 향 위 시　여 목 국　일 주 시 갑 을　사 주 순

木, 不雜別字, 運行南方, 謂秀氣流行, 則純, 運行北方, 謂之生助
목　부 잡 별 자　운 행 남 방　위 수 기 유 행　즉 순　운 행 북 방　위 지 생 조

强神, 無疵, 或干支有火吐秀, 運行南方, 名利裕如, 運行北方, 凶
강 신　무 자　혹 간 지 유 화 토 수　운 행 남 방　명 리 유 여　운 행 북 방　흉

災立見, 木論如此, 餘者可知,
재 입 견　목 론 여 차　여 자 가 지

행운(行運)에 있어 남과 북으로 나누어 분별하는 것은 모름지기 원국의 의향에 따름이 옳은 것이다. 가령 목국에 일주가 甲이나 乙이고 사주가 다 木으로 이루어지고 다른 오행이 섞이지 않았다면, 운이 남으로 행하면 수기(秀氣)가 유행하여 좋은 것이고 운이 북으로 행하여도 강(强)한 것을 더욱 강하게 하니 흠(欠)이 안 된다.

혹 천간이나 지지에 火가 있어 수기(秀氣)를 유행시키고 있다면 남방 운에 명리가 유여할 것이나 운이 북방으로 행한다면 흉화(凶禍)가 속히 일어난다. 木을 논함이 이와 같으니 다른 오행도 가히 알 수 있을 것이다.

역자주
立見(입견. 입현) : 서서 보는 것이 아니고 어떠한 일이 빨리 나타남을 이르는 말이다. 풍수지리(風水地理)에서 흉지(凶地)에 묘(墓)를 쓰면 묘소가 완성도 되기 전에 서있는 사이에 화(禍)가 이른다는 말로 쓰는 말이다.

$$癸\ 乙\ 乙\ 甲$$
$$未\ 卯\ 亥\ 寅$$

$$癸\ 壬\ 辛\ 庚\ 己\ 戊\ 丁\ 丙$$
$$未\ 午\ 巳\ 辰\ 卯\ 寅\ 丑\ 子$$

此木局全, 混一寅字, 然四柱無金, 其勢從强, 謂深得一方秀氣, 少
차목국전 혼일인자 연사주무금 기세종강 위심득일방수기 소

年科第, 惟庚辰辛巳運, 雖有癸水之化, 仍不免刑喪起倒, 仕路蹭蹬,
년과제 유경진신사운 수유계수지화 잉불면형상기도 사로충등

至六旬外, 運走壬午癸未, 由縣令而遷司馬, 履黃堂而升觀察, 直
지육순외 운주임오계미 유현령이천사마 리황당이승관찰 직

如揚帆大海, 誰能禦之, 由此觀之, 從强之木局, 東南北運皆利,
여양범대해 수능어지 유차관지 종강지목국 동남북운개리

惟忌西方金運剋破耳,
유기서방금운극파이

이 명조는 亥卯未 목국에 寅이 하나 섞여 있다. 원국에 金이 없으므로 종강격이

다. 일방(一方)의 수기(秀氣)로 잘 이루어졌다. 소년에 등과하였다. 庚辰 辛巳 운은 비록 癸水의 화살(化殺)이 있어도 형상(刑喪)과 기도(起倒)를 면할 수 없었고 벼슬길도 순탄치 못하였다.

육순(六旬)이 지나 운이 壬午 癸未로 행하니 현령에서 사마(司馬)로 올랐고 황당(黃堂)을 거쳐 관찰(觀察)에 이르렀다. 그야말로 순풍에 돛을 올려 대해(大海)를 가르는 것과 같아 어찌 막을 수가 있겠는가.

이로써 살펴볼 때 종강격의 목국은 東 南 北 운은 다 이(利)로우나 오직 서방 金 운은 목국을 극파(剋破)하니 꺼리는 것이다.

*起(기)−일어날 기. 일어설 기.
*倒(도)−넘어질 도. 거슬릴 도.
*기도(起倒)−넘어지고 일어서고. 일의 成敗(성패)를 이르는 말임.
*蹭(층)−헛디딜 층.
*蹬(등)−헛디딜 등.
*蹭蹬(층등)−세월을 잃는 모양. 실족하는 모양. 전(轉)하여 세력을 잃는 모양.
*遷(천)−옮길 천. 천도 천.
*履(리)−신 리. 밟을 리.

*升(승)−되 승. 오를 승.
*揚(양)−오를 양. 날 양. 나타날 양.
*帆(범)−돛 범. 전하여 돛단배. 돛달 범. 돛을 달고 배를 가게 함. 출범(出帆)함.
*誰(수)−누구 수.
*禦(어)−막을 어. 방어 어.
*惟(유)−생각할 유. 늘어 세우다. 마땅하다. ∼이 되다. 오직. 생각건대.
*忌(기)−미워할 기. 시기할 기. 꺼릴 기.
*剋(극)−이길 극. 엄할 극.

方 局(下)방국

```
丁 乙 丁 甲
亥 未 卯 寅

癸 壬 辛 庚 己 戊
酉 申 未 午 巳 辰
```

此亦木局全, 混一寅字, 取丁火食神秀氣, 非前造從强論也, 至巳運,
차 역 목 국 전　혼 일 인 자　취 정 화 식 신 수 기　비 전 조 종 강 론 야　 지 사 운,

丁火臨官, 登科發甲, 庚午辛未, 南方金敗之地, 不傷體用, 仕途
정 화 임 관　등 과 발 갑　경 오 신 미　남 방 금 패 지 지　불 상 체 용　사 도

平坦, 壬申, 木火皆傷, 破局, 死於軍中, 前則從强, 南北皆利, 此
평 탄　임 신　목 화 개 상　파 국　사 어 군 중　전 즉 종 강　남 북 개 리　차

則木火, 西北有害, 由此兩造觀之, 局混方之無害也,
즉 목 화　서 북 유 해　유 차 양 조 관 지　국 혼 방 지 무 해 야

　이 명조 역시 목국에 寅이 하나 섞여 있다. 식신인 丁火 수기(秀氣)를 취하니
앞의 명조와 같이 종강으로 논하지 아니한다.

　巳 운에 이르러 丁火가 왕지에 임하니 과거에 급제하고 庚午 辛未 운은 午未
남방 운으로 金이 패절지(敗絶地)로 체용을 손상치 않으니 벼슬길이 평탄하였다.
壬申 운에 이르러 木火가 다 상해를 받아 파국이 되니 군중(軍中)에서 사망하였다.

　전조는 종강격으로 남북이 다 이(利)로웠으나 이 명조는 목국에 火를 용하는
사주로 서북이 해로운 것이다. 이로써 두 사주를 보건대 局에 方이 섞여도 해롭지
않다는 것을 알 수 있다.

*仕(사)－섬길 사. 벼슬 사.
*途(도)－길 도.
*仕途(사도)－벼슬길. 관도(官途).

*坦(탄)－평평할 탄. 너그러울 탄.
*平坦(평탄)－지면이 평평함. 또 그 땅. 평
　지.

若然方局一齊來. 須是干頭無反覆.
약 연 방 국 일 제 래　　수 시 간 두 무 반 부

만약 方과 局이 일제(一齊)히 오면 모름지기 천간에서 어그러지게 덮어주면 안 된다.

*覆(복. 부)−엎어질 복. 넘어질 복. 덮을 부. 여기서는 천간이 지지를 덮는 것을 말하니, '부'로 읽는 것이 합당함(복으로 읽어도 됨).

原注원주

木局木方全者. 須要天干全順得序. 行運不背乃好.
목 국 목 방 전 자　　수 요 천 간 전 순 득 서　　행 운 불 배 내 호

【원주】

木局과 木方이 다 있는 경우는 모름지기 천간은 차례대로 순(順)하여야 하고 운 (運)의 흐름도 어그러지지 않아야 좋다.

任氏曰임씨왈,

方局齊來者, 承上文方混局, 局混方之謂也, 如寅卯辰兼亥未, 亥
방 국 제 래 자　승 상 문 방 혼 국　국 혼 방 지 위 야　여 인 묘 진 겸 해 미　해

卯未兼寅辰, 巳午未兼寅戌, 寅午戌兼巳未, 申酉戌兼巳丑, 巳酉
묘 미 겸 인 진　사 오 미 겸 인 술　인 오 술 겸 사 미　신 유 술 겸 사 축　사 유

丑兼申戌, 亥子丑兼申辰, 申子辰兼丑亥之類是也,
축 겸 신 술　해 자 축 겸 신 진　신 자 진 겸 축 해 지 류 시 야

임 선생님이 말씀하였다.

방(方)과 국(局)이 다 함께 온다는 것은 위 글에서 방에 국이 섞이거나 국에 방이 혼잡(混雜)된 것을 이르는 것이다.

가령, 寅卯辰 동방에 亥未가 있거나, 亥卯未 목국에 寅辰이 있거나, 巳午未 남방에 寅戌이 있거나, 寅午戌 화국에 巳未가 있거나, 申酉戌 서방에 巳丑이

있거나, 巳酉丑 금국에 申戌이 있거나, 亥子丑 북방에 申辰이 있거나, 申子辰
수국에 丑亥가 있거나 이러한 종류들이다.

干頭無反覆者, 方局齊來, 其氣旺盛, 要天干順其氣勢爲妙, 若地
간두무반부자 방국제래 기기왕성 요천간순기기세위묘 약지

支寅卯辰, 日主是木, 或再見亥之生, 未之庫, 如地支亥卯未, 日
지인묘진 일주시목 혹재견해지생 미지고 여지지해묘미 일

主是木, 或再逢寅之祿, 辰之餘, 旺之極矣, 非金所能剋也,
주시목 혹재봉인지록 진지여 왕지극의 비금소능극야

　간두(干頭) 무반부(無反覆)란 방과 국이 같이 있으면 그 기세가 왕성하므로 천간
이 지지의 왕한 기세에 순응함을 요하며 그래야 아름답게 되는 것이다.

　만약 지지가 寅卯辰이고 일주가 木인 경우 다시 亥의 생이 있거나 未의 고(庫)
가 있거나 또는 지지가 亥卯未 목국에 일주가 木인 경우 다시 녹(祿)인 寅이 있거
나 여기(餘氣)인 辰이 있으면 왕함이 극에 이르게 되니 金이 극할 수 없다.

*盛(성)－그릇 성. 성할 성. 장하게 여길 성.　　*逢(봉)－만날 봉. 맞다. 영합하다.
*庫(고, 사)－곳집 고. 성씨 사. 곳집(곳간〔庫　　*祿(록, 녹)－녹 록. 복 록. 녹줄 녹.
　間〕으로 지은 집).　　　　　　　　　　　　　*極(극)－극 극. 극처 극. 다할 극. 용마루 극.

須要天干有火, 洩其精英, 不見金水, 則干頭無反覆, 然後行土運,
수요천간유화 설기정영 불견금수 즉간두무반부 연후행토운

乃爲全順得序而不悖矣, 如天干無火而有水, 謂之從强, 行水運, 順
내위전순득서이불패의 여천간무화이유수 위지종강 행수운 순

其旺神, 最美, 行金運, 金生水, 水仍生木, 逢凶有解, 苟有火而見
기왕신 최미 행금운 금생수 수잉생목 봉흉유해 구유화이견

水, 或無火而見金, 此謂干頭反覆, 如得運程安頓, 遇土則可止其
수 혹무화이견금 차위간두반부 여득운정안돈 우토즉가지기

逆水, 遇火則可去其微金, 亦不失爲吉耳,
역수 우화즉가거기미금 역부실위길이

　모름지기 천간으로 火가 있어 그 정영(精英)함을 설하여야 한다. 천간에 金水가

나타나지 않는 것이 천간과 지지가 서로 배반하지 않는 것이다. 그런 후에 土 운으로 행하면 모두가 차례를 얻게 됨이니 어그러짐이 없는 것이다.

가령 천간에 火가 없고 水가 있으면 종강격이 되니 水 운으로 행하면 왕신의 뜻을 따르게 되는 것으로 가장 좋으며 金 운으로 행하여도 金은 水를 생하고 水는 木을 생하니 金 운은 흉하나 水가 있으면 水로써 해구(解救)가 되는 것이다.

원국에 火가 있는데 水를 보거나 혹은 火는 없고 金이 있거나 하는 것은 천간이 지지를 잘 덮어준 것이 아니니 이를 일러 간두반부(干頭反覆)라 하는 것이다. 가령 운이 안돈하게 土 운을 만나면 거스르는 水를 억제할 수 있고 火 운을 만나면 약하게 나타난 탁한 金을 제거하니 역시 길하게 되는 것이다.

*苟(구)−구차할 구. 겨우 구. 진실로 구. 부
　사어로는 만약. 가령 ～하기만 하면 등으
　로 쓰임.
*程(정)−한도 정. 법 정. 길 정.

*頓(돈)−조아릴 돈. 가지런히 할 돈.
*逆(역)−거스를 역.
*微(미)−작을 미. 정밀할 미. 천할 미. 숨길
　미.

如日干是土, 別干得火, 相生之誼, 亦不反覆, 見金, 以寡敵衆, 見
여일간시토　별간득화　상생지의　역불반부　견금　이과적중　견

水, 生助强神, 則反覆矣, 所以制之以盛, 不若化之以德, 則其流
수　생조강신　즉반부의　소이제지이성　불약화지이덕　즉기류

行全順矣, 餘倣此,
행전순의　여방차

가령 일간이 土인 경우 다른 천간에 火가 있으면 상생의 정의가 있어 반부(反覆)가 아닌 것이다. 金을 보게 되면 적은 것이 많은 것을 대적하는 것이고 水를 보는 것은 왕신을 생하니 반부(反覆)가 되는 것이다.

그러므로 제(制)하여 성(盛)하게 하는 것보다는 化하여 덕을 이룸만 못한 것이니 사주는 유행하여 전체적으로 순(順)하게 되어야 하는 것이다. 나머지 오행도 이와 같다.

*覆(복. 부)-엎어질 복. 넘어질 복. 덮을 부.　*制(제)-극(剋)을 이름. 여기서는 관살을 식
*所以(소이)-그러므로. 이런 까닭에.　　　상으로 극제하는 것을 이름.
*盛(성)-성할 성. 그릇 성.　　　　　　　*化(화)-관살을 인수로 화살(化殺)하는 것.

역자주 밑줄 制之以盛(제지이성) : 『적천수천미』원문 105쪽에 '制之以盛(제지이성)'이라고 되어
있는데, 이 대목은 필사 과정에서 오류인 듯하다. '制之以威(제지이위)'라고 해야 맞는다.
제(制)란 관살을 식상으로 제한다는 뜻인데 그러한 사주는 위엄이 있다. 盛(성)은 '威
(위)'의 오자이다.
　『적천수징의』에는 '制之以威(제지이위)'라 되어 있다. 즉, 관살을 식상으로 제(制)하면 권위
(權威)는 있으나 제하는 것은 인수로 화(化)하는 덕만 못한 것이다. 신살이 양정하면 식상
으로 제살(制殺)하여야 하고 일주가 약하고 살이 왕하면 인수로 化하여야 일주가 평안하다.
『적천수천미』원문 47쪽〔通神論(통신론) 地支(지지)〕사주 설명 중 둘째 줄에 "制之以威, 不
若化之以德(제지이위, 불약화지이덕)"이라 되어 있다. 참고하기 바란다.


```
癸 乙 丁 甲
未 亥 卯 寅

癸 壬 辛 庚 己 戊
酉 申 未 午 巳 辰
```

此方局齊來, 得月干丁火獨透, 發洩菁英, 何其妙也, 惜乎時干癸
차 방 국 제 래　득 월 간 정 화 독 투　발 설 청 영　하 기 묘 야　석 호 시 간 계

水透露, 通根亥支, 緊傷丁火秀氣, 謂干頭反覆, 所以一衿尚不能
수 투 로　통 근 해 지　긴 상 정 화 수 기　위 간 두 반 부　소 이 일 금 상 불 능

博, 貧乏無子, 設使癸水換一火土, 名利皆遂矣,
박　빈 핍 무 자　설 사 계 수 환 일 화 토　명 리 개 수 의

　이 명조는 方과 局이 다 있는 사주이다. 月干에 丁火가 투출하여 木의 무성함
을 설하니 어찌 아름답지 않은가.

　애석한 것은 時干에 癸水가 투출하여 亥水에 통근하고 丁火를 가까이서 극하
니 간두반부(干頭反覆)가 된 것이다. 그러므로 향시에 한번 올랐을 뿐 더 이상 진전
이 없었으며 가난하고 자식도 없었다. 만약 癸水가 火나 土로 바뀌었다면 명리를
다 이루었을 것이다.

*菁(청. 정)−우거질 청. 부추꽃 정. 화려할 *一衿(일금)−초시에 합격함.
 정. *博(박)−너를 박. 넓을 박. 많을 박.
*衿(금)−옷깃 금. 맬 금. *乏(핍)−떨어질 핍. 빌 핍. 모자랄 핍.

乙 甲 甲 丁
亥 寅 辰 卯

戊 己 庚 辛 壬 癸
戌 亥 子 丑 寅 卯

此亦方局齊來, 干頭無水, 丁火秀氣流行, 行運不甚反悖, 中鄕榜,
차 역 방 국 제 래 간 두 무 수 정 화 수 기 유 행 행 운 불 심 반 패 중 향 방

仕至州牧, 子多財旺, 賦性仁慈, 品行端方, 壽越八旬, 夫婦齊眉,
사 지 주 목 자 다 재 왕 부 성 인 자 품 행 단 방 수 월 팔 순 부 부 제 미

所謂木主仁, 仁者壽, 格名曲直仁壽者, 信斯言也, 由此兩造觀之,
소 위 목 주 인 인 자 수 격 명 곡 직 인 수 자 신 사 언 야 유 차 양 조 관 지

干頭反覆與全順得序者, 天淵也,
간 두 반 부 여 전 순 득 서 자 천 연 야

이 명조 역시 方과 局이 같이 있는 사주이다. 천간에 水가 없고 丁火가 있어
수기(秀氣)가 유행하고 행운(行運) 또한 어그러짐이 심하지 않아 향방에 들고 벼슬
이 주목(州牧)에 이르렀다. 자식도 많이 두고 재물도 풍성하였다. 천성이 인자하고
품행이 단정하였으며 수(壽)는 팔순(八旬)을 넘었으며 부부가 다 아름다웠다.

이른바 木은 인(仁)을 주관하고 인자(仁者)는 수(壽)한다 하는데 격의 이름이 곡
직인수(曲直仁壽)로 인자한 사람이 오래 산다는 것은 맞는 말이다.

이로써 두 명조를 살펴본바, 간두(干頭)가 반부(反覆)하는 사주와 전체적으로 조
화롭게 차례대로 순(順)하는 사주는 하늘과 땅의 차이가 있음을 알 수 있다.

*甚(심)−심할 심. 심히 심. *慈(자)−사랑할 자. 사랑 자. 어머니 자.
*賦(부)−구실 부. 펼 부. 읊을 부. *越(월)−넘을 월. 지날 월. 이에 월.
*賦性(부성)−타고난 성품. *眉(미)−눈썹 미. 가장자리. 언저리.

| 역자주 | 이 사주의 설명은 이해하기 어렵다. 寅卯辰 동방에 亥水의 장생이 있고 천간에도 甲乙이 투출하니 木이 태왕한데 일점 丁火는 목다화식(木多火熄)으로 木을 설하기 어렵다. 그래도 火土를 용(用)하는데 운이 水木으로 역(逆)으로 달리는데 설명은 어그러짐이 심하지 않다고 한 것은 잘못이다. 이 사주 뒤의 두 번째 사주(『적천수천미』 원문 107쪽 두 번째 사주)에서 이 사주와 같이 火土를 용하는데 운이 水木으로 달려 일패여회(一敗如灰 : 한번 실패로 잿더미만 남았다)한 후 굶어 죽었다고 설명하고 있다.

이 사주는 시가 乙亥時가 아니고 甲戌時로 생각된다. 乙亥時면 주목(州牧)에 이르기 어려웠을 것이다. 甲戌時라면 火土가 유정하고 水 운이 와도 戌土의 저지(沮止)로 무해하였을 것이다. 독자들의 판단에 맡긴다.

成方干透一元神. 生地庫地皆非福.
성 방 간 투 일 원 신　생 지 고 지 개 비 복

지지가 方을 이루고 천간에 원신이 투출하면 생지(生地)나 고지(庫地)는 다 복이 되지 않는다.

原注원주

寅卯辰全者. 日主甲乙木. 則透元神. 而又遇亥之生. 未之庫. 決不發
인묘진전자　일주갑을목　즉투원신　이우우해지생　미지고　결불발

福. 惟純一火運略好.
복　유순일화운약호

【원주】

지지가 寅卯辰 동방을 이루고 일주가 甲이나 乙이면 원신이 투출한 것이다. 그런데 또 亥의 생이나 未의 고(庫)를 만나면 결코 발복할 수 없다. 오직 火 운만이 대체로 좋은 것이다.

*全(전)－온통 전. 온전할 전.
*透(투)－뛸 투. 던질 투. 환할 투.
*元(원)－으뜸 원. 근원 원.
*遇(우)－만날 우. 대접할 우. 뜻밖에 우.
*庫(고)－곳집 고.

*惟(유)－오직 유. 생각건대 유.
*純(순)－실 순. 순수할 순. 좋을 순.
*略(략)－다스릴 략. 간략할 략. 대강 략. 거의 략. 부사어로는 조금. 약간. 또는 대체로. 대략. 거의 등으로 해석.

任氏曰 임씨왈,

成方干透元神者, 日主卽方之氣也, 如木方, 日主是木, 火方, 日
성방간투원신자 일주즉방지기야 여목방 일주시목 화방 일

主是火, 卽爲元神透出也, 生地庫地皆非福者, 身旺不宜再助也,
주시화 즉위원신투출야 생지고지개비복자 신왕불의재조야

然亦要看其氣勢, 不可一例而推,
연역요간기기세 불가일예이추

임 선생님이 말씀하였다.

방(方)을 이루고 있는 사주에서 천간에 원신이 투출하였다 하는 것은 일주가,
즉 方의 기(氣)임을 말하는 것이다. 가령 木方에 일주가 木이거나 火方에 일주가
火이거나 한 것이, 즉 원신이 투출한 것이다.

생지(生地)나 고지(庫地)가 다 복이 안 된다고 하는 것은 신왕한데 거듭 왕하게
돕는 것은 마땅치 않다는 뜻이다. 그러나 중요한 것은 그 기세를 봐야 하는 것이다.
한 가지 이론으로만 추리하는 것은 불가한 것이다.

*透(투)-뜰 투. 던질 투. 환할 투.   *勢(세)-세력 세. 기세 세.
*看(간)-볼 간. 지킬 간.   *推(추. 퇴)-옮을 추. 밀 추. 밀 퇴.

成方透元神, 旺可知矣, 固不宜再行生地庫地, 以幫方也, 倘年月
성방투원신 왕가지의 고불의재행생지고지 이방방야 당년월

時干, 不雜財官, 又有刦印, 謂之從强, 則生地庫地, 亦能發福, 如
시간 부잡재관 우유겁인 위지종강 즉생지고지 역능발복 여

逢純一火運, 眞謂秀氣流行, 名利皆遂, 如年月時干, 財官無氣, 再
봉순일화운 진위수기유행 명리개수 여년월시간 재관무기 재

行生地庫地之運, 不但不能發福, 而且刑耗多端, 此屢試屢驗,
행생지고지지운 부단불능발복 이차형모다단 차루시루험

故誌之,
고지지

方을 이루고 원신이 투출하면 일주가 왕한데 운이 생지(生地)나 고지(庫地)로
행하여 거듭 方을 돕는 것은 진실로 마땅치 않은 것이다.

가령 年 月 時干에 재관이 없고 오히려 비겁이나 인수가 있으면 종강격이 되니 생지나 고지를 만나도 역시 발복(發福)할 수 있다. 순수한 火 운을 만나면 수기(秀氣)가 유행되니 명리를 다 이룰 수 있다.

가령 年 月 時干에 재관이 있으나 재관이 무력할 때 운이 생지나 고지로 행하게 되면 비단 발복이 없을 뿐 아니라 형모(刑耗)가 많다. 이는 내가 여러 번 시험한 바 다 징험(徵驗)되었으므로 이에 기록하는 바이다.

*倘(당)―부사어로 아마도. 우연히. 만약. 만　　*庫(고)―곳집 고.
　일 ~한다면 등으로 쓰임.　　　　　　　　*端(단)―바를 단. 실마리 단.
*耗(모)―벼 모. 덜 모. 耗는 재물이 흩어짐　　*屢(루. 누)―여러 루. 번거로울 루.
　을 이름.　　　　　　　　　　　　　　　*誌(지)―적을 지. 기록 지. 욀 지.

丁　甲　甲　戊
卯　辰　寅　寅

庚　己　戊　丁　丙　乙
申　未　午　巳　辰　卯

此成方, 干透元神, 四柱不雜金水, 時干丁火吐秀, 純粹可觀, 初
차성방　간투원신　사주부잡금수　시간정화토수　순수가관　초

中行運火土, 中鄕榜, 出宰名區, 惜木多火熾, 丁火不足以洩之,
중행운화토　중향방　출재명구　석목다화치　정화부족이설지

所以運至庚申, 不能免禍, 此造如時逢丙寅, 必中甲榜, 仕路顯赫,
소이운지경신　불능면화　차조여시봉병인　필중갑방　사로현혁

庚申運丙火足以敵之, 亦不致大凶也,
경신운병화족이적지　역불치대흉야

　이 명조는 東方에 원신이 투출하였다. 사주에 金水의 혼잡이 없고 時干에 丁火가 있어 수기(秀氣)가 유행하니 순수하고 아름답다. 초년, 중년의 운이 火土로 흘러 향방에 들고 좋은 고을의 수령으로 나아갔다.

　애석한 것은 木이 많아 火가 치열한데 음화인 丁火로는 많은 木을 설할 능력이 부족하다. 그런 까닭에 庚申 운에 이르러 화(禍)를 면할 수 없었다. 이 명조에서 가령 時가 丙寅時였다면 반드시 갑방(甲榜)에 들고 사로(仕路)가 빛났을 것이며 庚申 운에도 丙火가 능히 대적하여 대흉에는 이르지 않았을 것이다.

*熾(치)─성할 치. 사를 치.   *赫(혁)─붉을 혁. 성할 혁. 나타날 혁.
*顯(현)─밝을 현. 드러날 현.   *顯赫(현혁)─훤히 드러나 빛남.

역자주 | 이 명조를 설명하는 글에 '惜木多火熾(석목다화치)'란 대목은 '火熾(화치)'가 아니고 '화식 (火熄)'이어야 맞는 말 같다. 熾(치)는 '성할 치' 字로 불이 활활 타는 것을 나타내는 말인 데, 여기서는 목이 많으니 불이 꺼지는 형국이다.
熾(치)가 아니고 熄(식)이어야 한다. 熄(식)은 '꺼질 식' 字로 불이 꺼지는 것을 나타내는 것이니 母多滅子(모다멸자)에 해당하는 화식(火熄)으로 木이 너무 많아서 火가 식멸(熄滅) 된다는 뜻이다. 木이 많아서 丁火로는 많은 木을 설기(洩氣)하기 어렵다는 뜻이다.

丙 甲 丙 癸
寅 辰 辰 卯

庚 辛 壬 癸 甲 乙
戌 亥 子 丑 寅 卯

此造財旺提綱, 丙食生助, 當以財星爲用, 丙火爲喜, 癸水爲忌,
차 조 재 왕 제 강   병 식 생 조   당 이 재 성 위 용   병 화 위 희   계 수 위 기

身旺用財, 遺業十餘萬, 初年水木運, 一敗如灰, 至辛亥運, 火絶
신 왕 용 재   유 업 십 여 만   초 년 수 목 운   일 패 여 회   지 신 해 운   화 절

木生, 水臨旺, 凍餓而死, 以此觀之, 不論成方成局, 必先察財官
목 생   수 임 왕   동 아 이 사   이 차 관 지   불 론 성 방 성 국   필 선 찰 재 관

之勢, 若財旺提綱, 則以財爲用, 或官得財助, 則以官爲用, 如財
지 세   약 재 왕 제 강   즉 이 재 위 용   혹 관 득 재 조   즉 이 관 위 용   여 재

不通月支, 官無旺財生, 必須棄其寡而從其衆也, 餘皆倣此,
불 통 월 지   관 무 왕 재 생   필 수 기 기 과 이 종 기 중 야   여 개 방 차

이 명조는 재성이 월령을 득하고 재(財)가 왕하다. 丙火 식신이 재를 생조(生助) 하니 마땅히 재성이 용신이다. 辰土 재성이 용신이니 丙火는 희신이고 癸水는

기신이다. 신왕하고 재성이 용신이니 유업이 십여 만이었다.

초년 운이 水木으로 흘러 한 번의 실패로 잿더미가 되었다. 辛亥 운에 이르러 火는 절지가 되고 木은 생조를 받으며 기신인 癸水가 왕지에 임하니 굶주리고 얼어 죽었다.

이로써 보건대 방(方)이나 국(局)을 막론하고 반드시 재관의 형세를 먼저 살펴야 한다. 만약 재(財)가 왕하고 월령이면 재로 용신을 삼고 혹 관이 재성의 생조(生助)를 얻고 있으면 관으로 용신을 삼는다. 만일 재성이 월지에 통근치 못하였거나 관이 재성의 생조를 얻지 못하고 있으면 반드시 적은 것은 버리고 많은 무리를 따라야 한다. 나머지도 다 이와 같다.

*提(제)-끌 제. 거느릴 제.
*餓(아)-주릴 아. 굶주릴 아.
*綱(강)-벼리 강. 대강 강. 다스릴 강.
*凍餓(동아)-얼고 굶주림.
*提綱(제강)-요점을 듦. 요령을 제시함. 提要(제요)와 소. 여기서는 월령을 말함.
*棄(기)-버릴 기.
*寡(과)-적을 과. 홀어미 과.
*凍(동)-얼 동. 얼음 동.
*倣(방)-본뜰 방. 준거하다. 의지하다.

成局干透一官星. 左邊右邊空碌碌.
성 국 간 투 일 관 성   좌 변 우 변 공 녹 녹

국(局)을 이루고 있는데 천간에 관성이 한 개가 투출하였을 때 좌변이나 우변에서 관성을 받쳐주는 것이 없으면 용렬(庸劣)한 사람이다.

*邊(변)-가 변. 곁 변. 변방 변.   *碌(녹. 록)-푸른돌 녹(록). 용렬(庸劣)하다.

原注원주

甲乙日遇亥卯未全者. 庚辛乃木之官也. 又見左辰右寅. 則名利無成.
갑을일우해묘미전자 경신내목지관야 우견좌진우인 즉명리무성

詳例自見. 甲乙日單遇庚辛. 則亦無成.
상례자견 갑을일단우경신 즉역무성

【원주】

甲乙日이 지지에 亥卯未가 있는 경우 庚辛 金은 木의 관성(官星)이나 左에 辰이 있고 右에 寅이 있으면 명리를 이룰 수 없다. 여러 예를 살펴보면 甲乙日이 庚이나 辛 하나만 있는 것도 역시 이룸이 없다.

任氏曰임씨왈,

如地支會木局, 日主元神透出, 別干見辛之官, 庚之殺, 虛脫無氣,
여지지회목국   일주원신투출   별간견신지관   경지살   허탈무기

卽餘干有土, 土亦休囚, 難以生金, 須地支有一申酉丑字爲美, 若
즉여간유토   토역휴수   난이생금   수지지유일신유축자위미   약

無申酉丑, 反加之寅辰字, 則木勢愈盛, 金勢愈衰矣, 故碌碌終身,
무신유축   반가지인진자   즉목세유성   금세유쇠의   고녹녹종신

名利無成也, 若得歲運去其官星, 亦可發達, 必要柱中先見食傷, 然
명리무성야   약득세운거기관성   역가발달   필요주중선견식상   연

後歲運去淨官煞之根, 名利遂矣, 木局如此, 餘局倣此論之可也,
후세운거정관살지근   명리수의   목국여차   여국방차론지가야

임 선생님이 말씀하였다.

가령 지지가 목국이고 일주도 木이며 木의 원신이 투출하면 다른 천간에 관성인 辛金이나 칠살인 庚金이 나타나도 관살이 허탈무기(虛脫無氣)하다. 다른 천간에 土가 있어도 土 역시 휴수되어 金을 생하기 어려우니 이러한 때는 반드시 지지에 申酉나 丑이 있어야 사주가 아름답게 된다.

반대로 申酉丑은 없고 寅이나 辰이 있으면 木의 기세는 더욱 강성하게 되고 金의 기세는 더욱 쇠약하게 되니 종신토록 녹녹(碌碌)한 사람으로 명리를 이루지 못할 것이다. 그러나 세운에서 관성을 제거하면 역시 발달할 수 있으나 반드시 사주 원국에 식상이 먼저 있어야 한다. 그러한 후에 세운이 관살의 뿌리를 제거하여 관(官)이나 살(殺)의 탁기를 깨끗하게 소제하면 명리를 이루게 되는 것이다. 木局이 이와 같으니 나머지도 이와 같이 논하면 될 것이다.

*透(투)-뛸 투. 던질 투. 환할 투.   *盛(성)-그릇 성. 성할 성.

*脫(탈)－벗을 탈. 벗다. 여위다.

*衰(쇠)－쇠할 쇠. 줄 쇠.

*難(난)－어려울 난. 근심할 난. 난리 난.

*煞(살)－죽일 살. 殺과 仝.

*愈(유)－나을 유. 고칠 유. 더할 유.

*遂(수)－이룰 수. 따를 수.

丁　乙　辛　辛
亥　未　卯　未

乙　丙　丁　戊　己　庚
酉　戌　亥　子　丑　寅

此乙木歸垣, 亥卯未全, 木勢旺盛, 金氣虛脫, 最喜時透丁火, 制
차 을 목 귀 원　해 묘 미 전　목 세 왕 성　금 기 허 탈　최 희 시 투 정 화　제

煞爲用, 故初運土金之鄕, 奔馳未遇, 至丁亥運, 生木制煞, 軍前
살 위 용　고 초 운 토 금 지 향　분 치 미 우　지 정 해 운　생 목 제 살　군 전

效力, 得縣佐, 丙戌運中幇丁尅辛, 升縣令, 此所謂强衆而敵寡, 勢
효 력　득 현 좌　병 술 운 중 방 정 극 신　승 현 령　차 소 위 강 중 이 적 과　세

在去其寡, 非煞旺宜制而推也, 至酉運, 煞逢祿旺, 沖破木局不祿,
재 거 기 과　비 살 왕 의 제 이 추 야　지 유 운　살 봉 녹 왕　충 파 목 국 불 록

　이 명조는 乙木이 월령을 득하고 지지로 亥卯未 국(局)을 이루어 木의 세력은
왕성하고 金의 세력은 허탈하다. 제일 좋은 것은 시에 丁火가 투출하여 탁(濁)인
辛金을 극거하는 것으로 丁火가 용신이다.

　초년은 운이 土金으로 행하는 고로 노력은 많이 하였으나 기회를 얻지 못하였
다. 丁亥 운으로 들어 木을 생하고 金을 극하니 무관(武官)으로 능력을 인정받아
현좌(縣佐)가 되었고 丙戌 운에는 丁火를 돕고 辛金을 극거하니 현령에 올랐다.

　이것이 이른바 무리 지어 강한 것을 적은 것이 대적하는 것으로 그 형세는 적은
것을 제거하는 데 있는 것이다. 살이 왕하여 식상으로 제(制)하는 것이 아니다.

　酉 운에 이르러 살이 녹왕(祿旺)을 만나고 木局을 충파하니 사망하였다.

*垣(원)－담 원. 별 이름 원.

*奔(분)－달릴 분. 달아날 분.

*歸垣(귀원)－月令을 득(得)한 것을 말함.

*馳(치)－달릴 치. 전할 치.

*煞(살)－殺(살)과 仝.
*鄕(향)－마을 향. 시골 향. 고향 향.

*奔馳(분치)－빨리 달림.
*不祿(불록)－선비의 죽음.

戊　乙　辛　辛
寅　未　卯　未

乙　丙　丁　戊　己　庚
酉　戌　亥　子　丑　寅

此乙木歸垣, 雖無全會, 然寅時比亥之力量勝數倍矣, 以大象觀之,
차 을 목 귀 원　수 무 전 회　연 인 시 비 해 지 역 량 승 수 배 의　이 대 상 관 지

局中三土兩金, 似乎財生煞旺, 不知卯旺提綱, 支中皆木之根旺,
국 중 삼 토 양 금　사 호 재 생 살 왕　부 지 묘 왕 제 강　지 중 개 목 지 근 왕

非金之生地也, 初運土金之鄕, 采芹食廩, 家業豊裕, 一交丁亥, 制
비 금 지 생 지 야　초 운 토 금 지 향　채 근 식 름　가 업 풍 유　일 교 정 해　제

煞會局, 刑妻剋子, 破耗異常, 犯事革名, 憂鬱而死,
살 회 국　형 처 극 자　파 모 이 상　범 사 혁 명　우 울 이 사

이 명조도 乙木이 월령을 득하였다. 비록 목국(木局)을 이루지는 않았으나 시가 寅時로 亥에 비(比)하여 그 역량이 몇 배는 크다.

전체의 형상은 원국에 土가 세 개에 金이 둘로 재(財)가 살을 생하니 살이 왕한 것 같으나 월이 卯월이니 지지는 다 木의 뿌리로 金의 생지(生地)가 아님을 모르기 때문에 하는 말이다. 초년은 土金 운으로 행하니 반궁(泮宮)에 입학하고 식름(食廩) 에 들었으며 가업도 풍요로웠다.

丁亥 운으로 바뀌어 亥卯未 木局을 이루며 살인 辛金을 극하니 형처(刑妻) 극자 (剋子)하고 파모가 많았으며 죄를 지어 이름도 바꾸고 살다가 우울증으로 죽었다.

*采(채)－캘 채. 나물 채. 무늬 채.
*芹(근)－미나리 근.
*采芹(채근)－반궁(泮宮)에 들어감.
*廩(름. 늠)－곳집 름. 쌀광. 저장하다.
*食廩(식름)－장학생.

*革(혁)－가죽 혁. 고칠 혁.
*革名(혁명)－이름을 바꿈. 이름을 고침.
*憂(우)－근심 우. 병(病) 우.
*鬱(울)－산앵도나무 울. 우거질 울. 막을 울. 막힐 울.

癸 乙 己 庚
未 亥 卯 寅

乙 甲 癸 壬 辛 庚
酉 申 未 午 巳 辰

此造正合本文成局, 干透官星, 左右皆空, 四柱一無情致, 用財則
차조정합본문성국　간투관성　좌우개공　사주일무정치　용재즉

財會刦局, 用官則臨絶地, 用神無所着落, 爲人少恒一之志, 多遷
재회겁국　용관즉임절지　용신무소착락　위인소항일지지　다천

變之心, 以致家業破耗, 讀書未就而學醫, 醫又不就, 又學堪輿, 自
변지심　이치가업파모　독서미취이학의　의우불취　우학감여　자

以爲仲景再世, 楊賴復生而人終不信, 又學巫, 學易, 學命, 所學
이위중경재세　양뢰부생이인종불신　우학무　학역　학명　소학

甚多, 不能盡述, 不但一無所就, 而且財散人離, 削髮爲僧矣,
심다　불능진술　부단일무소취　이차재산인리　삭발위승의

이 명조가 바로 본문에서 말하는 국(局)을 이루고 관성이 천간에 투출하면 左右
에 의지할 데가 없다는 것에 합당한 명조이다. 사주가 정(情)이라고는 하나도 없다.

재성을 쓰자니 재(財)가 겁국(刦局)을 이루고 관을 쓰자니 관은 절지에 임하여
용신으로 할 데가 없다. 사람됨이 그릇이 작고 뜻이 한결같지 않고 변덕이 많았다.
이러므로 가업이 파모(破耗)되었다.

글을 읽었으나 이루지 못하였고 의술을 배웠으나 그 또한 이루지 못하였으며
또 감여(堪輿)를 배워 자칭 중경(仲景)이 다시 세상에 나왔다고 하고 양뢰(楊賴)가
다시 태어났다고 하였으나 사람들이 끝내 믿지 않았다.

또 무속(巫俗)도 배우고 역학(易學)과 명리학 등 배운 것은 매우 많았으나 끝내
이룬 것이 없었다. 비단 성취함이 없을 뿐만 아니라 재물도 흩어지고 식구들도
흩어지자 머리를 깎고 승려가 되었다.

*着(착)-입을 착. 손댈 착. 붙을 착. 둘 착.　*仲景(중경)-풍수지리의 명인(名人)인 장중
*落(락)-떨어질 락. 낙엽 락. 이룰 락. 마을 락.　경(張仲景)을 일컬음.

*着落(착락)-귀착(歸着)함. 낙착(落着)함.

*遷(천)-옮길 천.

*變(변)-변할 변. 고칠 변.

*遷變(천변)-바뀌고 변함. 變遷(변천)과 仝.

*醫(의)-의원 의. 고칠 의.

*就(취)-이룰 취. 마칠 취. 가령 취. 좇을 취.

*堪(감)-견딜 감. 맡을 감.

*輿(여)-차상 여. 많을 여.

*堪輿(감여)-하늘과 땅. 풍수지리.

*楊賴(양뢰)-풍수지리의 명인(名人)인 양구빈〔楊救貧 : 균송(均松)〕과 뇌포의(賴布依)를 일컬음.

*巫(무)-무당 무.

*盡(진)-다할 진. 다 진. 가령 진.

*述(술)-말할 술. 이을 술. 언설 술.

*削(삭)-깎을 삭. 빼앗을 삭.

*髮(발)-머리 발. 초목 발.

*削髮(삭발)-머리를 깎음. 중이 됨.

八 格팔격

正財. 偏財. 正官. 偏官. 正印. 偏印. 食神. 傷官. 是也.
정재 편재 정관 편관 정인 편인 식신 상관 시야

팔격은 정재, 편재, 정관, 편관, 정인, 편인, 식신, 상관격을 이르는 것이다.

財官印綬分偏正. 兼論食傷八格定.
재 관 인 수 분 편 정 겸 론 식 상 팔 격 정

　재와 관과 인수는 정(正)과 편(偏)으로 나누고 식신과 상관을 겸하여 팔격으로 한다.

原注원주

自形象氣局之外. 而格爲最. 格之眞者. 月支之神. 透於天干也. 以散
자 형 상 기 국 지 외　이 격 위 최　격 지 진 자　월 지 지 신　투 어 천 간 야　이 산

亂之天干. 而尋其得所附於提綱. 非格也. 自八格之外. 若曲直五格皆
란 지 천 간　이 심 기 득 소 부 어 제 강　비 격 야　자 팔 격 지 외　약 곡 직 오 격 개

爲格. 而方局氣象定之者. 不可言格也. 五格之外. 飛天合祿雖爲格.
위 격　이 방 국 기 상 정 지 자　불 가 언 격 야　오 격 지 외　비 천 합 록 수 위 격

而可以破害刑沖論之者. 亦不可言格也.
이 가 이 파 해 형 충 론 지 자　역 불 가 언 격 야

【원주】

　사주를 논함에는 형상(形象)과 방(方)과 국(局)이 기본이 되나 그 외는 격이 우선이다. 진격은 월령이 천간에 투출한 것이다. 천간이 산란하여 어떤 것이 월령에 부합한 것인지를 찾아야 한다면 격이 아니다.

　팔격 이외에 곡직 등 오격(五格)은 다 격이나 方이나 局 기상(氣象) 등은 격이라

말할 수 없다. 오격 이외에 비천합록(飛天合祿)은 비록 격이기는 하나 파(破), 해(害), 형(刑), 충(沖)으로 논하는 것은 격이라 말할 수 없다.

*自(자)－부사어로는 다른. 별도로. 본래. 원　　*散(산)－헤어질 산. 헤칠 산. 쓸모없을 산.
　래 ~으로부터.　　　　　　　　　　　　*散亂(산란)－정신이 어수선함. 흩어져 어
*形象(형상)－전체의 짜임.　　　　　　　　지러움.
*氣局(기국)－方과 局.　　　　　　　　　*附(부)－붙을 부. 붙일 부.

任氏曰임씨왈,

八格者, 命中之正理也, 先觀月令所得何支, 次看天干透出何神,
팔격자　명중지정리야　선관월령소득하지　차간천간투출하신

再究司令以定眞假, 然後取用, 以分淸濁, 此實依經順理, 若月逢
재구사령이정진가　연후취용　이분청탁　차실의경순리　약월봉

祿刃, 無格可取, 須審日主之喜忌, 另尋別支透出天干者, 借以爲用,
록인　무격가취　수심일주지희기　령심별지투출천간자　차이위용

임 선생님이 말씀하였다.

팔격이 명리의 정리(正理)이다. 먼저 볼 것은 월령으로 어느 지지가 득(得)하였는지를 보고 다음으로 천간에 투출한 것을 보며, 다시 헤아릴 것은 월령을 보고 진가(眞假)를 확실히 한 연후에 용신을 취하고 그리고 청탁을 분별하는 것이다. 이것이 경(經)에 의거한 확실한 순리이다.

만약 월에 건록(建祿)이나 양인을 만나 가히 취할 격이 없으면 모름지기 일주의 희기를 살펴 다른 지지에서 천간에 투출한 것을 보아 용신으로 쓸 수 있다.

*司(사)－맡을 사. 벼슬 사. 벼슬아치 사. 마　　*另(령. 영)－가를 령. 나눌 령.
　을 사.　　　　　　　　　　　　　　　*尋(심)－찾을 심. 물을 심.
*依(의)－의지할 의.　　　　　　　　　　*借(차)－빌 차. 빌릴 차. 가령 차. 부사어로
*經(경)－날 경. 지경 경. 다스릴 경. 책 경.　　는 실례지만. 가령 ~이지만. 설령 등으로
*逢(봉)－만날 봉. 맞을 봉.　　　　　　　쓰임.

然格局有正有變, 正者, 必兼五行之常禮也, 曰官印, 曰財官, 曰
연 격 국 유 정 유 변   정 자   필 겸 오 행 지 상 례 야   왈 관 인   왈 재 관   왈

煞印, 曰財煞, 曰食神制殺, 曰食神生財, 曰傷官佩印, 曰傷官生財,
살 인   왈 재 살   왈 식 신 제 살   왈 식 신 생 재   왈 상 관 패 인   왈 상 관 생 재

變者, 必從五行之氣勢也, 曰從財, 曰從官殺, 曰從食傷, 曰從强,
변 자   필 종 오 행 지 기 세 야   왈 종 재   왈 종 관 살   왈 종 식 상   왈 종 강

曰從弱, 曰從勢, 曰一行得氣, 曰兩氣成形,
왈 종 약   왈 종 세   왈 일 행 득 기   왈 양 기 성 형

　그러나 격국에는 정격이 있고 변격이 있다. 정격(正格)은 반드시 오행의 바른
이치인 것이다. 이에는 관인격, 재관격, 살인격, 재살격, 식신제살격, 식신생재격,
상관패인격, 상관생재격 등이 있다.

　변격(變格)은 반드시 오행의 기세를 따르는 것으로 종재, 종관살, 종식상, 종강,
종약, 종세, 일행득기, 양기성형 등이 있다.

*變(변)-변할 변. 고칠 변.　　　　　　　*佩(패)-노리개 패. 찰 패.

> **역자주** '常禮(상례)'는 常理(상리)의 오자인 듯하다. 상례(常禮)란 '일정한 예의' 또는 '일상의 예절'
> 을 뜻하는 것이고, 상리(常理)는 '당연한 이치' 또는 '떳떳한 도리'를 말함이니, 여기서는 상
> 리(常理)가 맞는 말이다. 『적천수징의』에는 상리(常理)라 되어 있다. 아마 필사 과정에서
> 잘못된 것 같다.

其餘外格多端, 余備考羣書, 俱不從五行正理, 盡屬謬談, 至於蘭
기 여 외 격 다 단   여 비 고 군 서   구 부 종 오 행 정 리   진 속 류 담   지 어 난

臺妙選, 所定一切奇格異局, 納音諸法, 尤屬不經, 不待辯而知其
대 묘 선   소 정 일 체 기 격 이 국   납 음 제 법   우 속 불 경   부 대 변 이 지 기

荒唐也,
황 당 야

　이 이외에도 외격(外格)이 대단히 많은데 내가 여러 명서들을 비고(備考)하니 모
두 오행의 정리를 따르지 아니하고 속서의 잘못된 말들이다.

　난대묘선(蘭臺妙選)에서 말하는 일체의 기격, 이국, 납음 등의 모든 법들은 정도
를 벗어남이 매우 심하여 논할 것 없이 황당함을 알 수 있다.

*備考(비고)ㅡ부기(附記)하여 본문의 설명을
　보충하여 참고로 하게 하는 일. 또 그 기사.
*附記(부기)ㅡ본문(本文)에서 뜻이 다하지
　아니한 때 거기에 붙이어 적음.
*羣(군)ㅡ무리 군. 벗 군. 떼 군. 군(群)과 소.

*蘭(난 란)ㅡ난초 란. 목련 란. 풀이름 란.
*臺(대)ㅡ대 대. 능 대. 성문 대.
*選(선)ㅡ가릴 선. 선택할 선.
*荒(황)ㅡ거칠 황. 흉년들 황. 변방 황.
*不經(불경)ㅡ정도(正道)에 어그러짐.

自唐宋以來, 作者甚多, 皆虛妄之論, 更有吉凶神煞, 不知起自何
자 당 송 이 래　작 자 심 다　개 허 망 지 론　갱 유 길 흉 신 살　부 지 기 자 하

人, 作此險語, 往往全無應驗, 誠意伯千金賦云, 吉凶神煞之多端,
인　작 차 험 어　왕 왕 전 무 응 험　성 의 백 천 금 부 운　길 흉 신 살 지 다 단

何如生剋制化之一理, 一言以蔽之矣,
하 여 생 극 제 화 지 일 리　일 언 이 폐 지 의

　당송(唐宋) 이래로 책을 쓴 이가 다 기록할 수 없을 만큼 많으나 다 허망한 이론
들이고 더욱 길흉신살(吉凶神煞)에 있어서는 어느 사람이 지어낸 것인지 알 수도
없거니와 이해가 안 되는 그 어려운 말들은 전혀 맞는 바도 없다.

　성의백은 『천금부』에서 이르길 "길하다거나 흉하다거나 하는 신살이 대단히
많으나 어찌 생극제화(生剋制化)의 이치만 하겠는가" 하였다. 한마디로 말하여 생
극제화의 이치가 아닌 것은 다 폐지하여야 할 것이다.

*虛妄(허망)ㅡ허위(虛僞).
*險語(험어)ㅡ어려운 말.

*蔽(폐)ㅡ가릴 폐. 덮을 폐.
*賦(부)ㅡ읊을 부. 지을 부. 문체이름 부.

역자주 　誠意伯(성의백) : 『적천수천미』 원문의 원주(原注)를 쓴 유기(劉基), 字는 백온(伯溫), 명
초(明初)의 정치가이며 학자이다. 태조를 섬겨 공(功)을 세워 벼슬이 어사중승(御史中丞)에
이르고 성의백에 책봉되었으며 송렴(宋濂)과 아울러 일대(一代)의 원훈(元勳)이었다. 저서
에 『성의백집』이 있다.

卽如壬辰日爲壬騎龍背, 壬寅日爲壬騎虎背, 何不再取壬午壬申壬
즉 여 임 진 일 위 임 기 용 배　임 인 일 위 임 기 호 배　하 부 재 취 임 오 임 신 임

戌壬子謂騎猴馬犬鼠之背乎, 又如六辛日逢子時, 謂六陰朝陽, 夫
술 임 자 위 기 후 마 견 서 지 배 호　우 여 육 신 일 봉 자 시　위 육 음 조 양　부

五陰皆陰, 何獨辛金可朝陽, 餘干不可朝陽乎, 且子乃體陽用陰, 子
오음개음　하독신금가조양　여간불가조양호　차자내체양용음　자

中癸水, 六陰之至, 何謂陽也,
증계수　육음지지　하위양야

　가령 壬辰 일을 임기용배(壬騎龍背)라 하고 壬寅 일을 임기호배(壬騎虎背)라 하
는데, 어찌하여 壬午 壬申 壬戌 壬子 일은 기마(騎馬), 기후(騎猴), 기견(騎犬), 기
서(騎鼠) 등으로 이 날들은 어찌 등[背]을 취하지 않는가.

　또 六 辛日이 子時를 만나면 육음(六陰), 조양(朝陽)이라 하는데, 무릇 오음이
다 음이거늘 어찌 홀로 辛金만이 조양이고 나머지 천간들은 조양이 아니 되는가.
또 子는 체(體)는 양이고 용(用)은 음으로 子 중의 癸水는 육음(六陰) 중에서 가장
지순(至純)한 음(陰)인데 어찌 양(陽)이라 할 수 있는가.

　　*騎(기)－말 탈 기. 기병 기.　　*壬騎龍背(임기용배)－壬水가 용[辰]의 등
　　*背(배)－등 배. 뒤 배.　　　　　을 탐.
　　*猴(후)－원숭이 후.　　　　　　*壬騎虎背(임기호배)－壬水가 범[寅]의 등
　　*鼠(서)－쥐 서. 근심할 서.　　　　을 탐.

역자주　○ 六辛日(육신일)：辛丑, 辛卯, 辛巳, 辛未, 辛酉, 辛亥 일을 말한다.
　　　　○ 餘干不可朝陽(여간불가조양)： 나머지 天干은 조양(朝陽)이 안 되는가. 즉, 辛 일을 제
　　　　　외한 나머지 天干이니 乙 丁 己 癸를 말한다.

又如六乙日逢子時, 謂鼠貴格, 夫鼠者, 耗也, 何以爲貴, 且十干
우여육을일봉자시　위서귀격　부서자　모야　하이위귀　차십간

之貴, 時支皆有之者, 豈餘干不可取貴乎, 不待辨而知其謬也, 其
지귀　시지개유지자　기여간불가취귀호　부대변이지기류야　기

餘謬格甚多, 支離無當, 學者宜細詳正理五行之格, 弗以謬書爲
여류격심다　지리무당　학자의세상정리오행지격　불이류서위

惑也,
혹야

　또 六 乙日이 子時를 만나면 서귀격(鼠貴格)이라 하는데, 대저 쥐라는 것은 곡
식을 축내는 짐승인데 어찌 귀(貴)하다 하는가. 또 십간의 귀(貴)는 時支에 다 있는

데 나머지 천간은 어찌 귀(貴)를 취할 수 없는가. 이러한 것들은 이치를 따져 논하지 않더라도 잘못된 것임을 알 수 있다.

이 밖에도 잘못된 격(格)들이 열거할 수 없을 만큼 많으나 이론이 정확하지 않고 마땅한 바가 없는 것들이니 배우는 자는 마땅히 오행의 정리에 따른 격을 자세히 살펴야 하며 잘못된 글에 미혹되지 말아야 할 것이다.

*支離(지리) – 이리저리 흩어짐. 형체가 완   *弗(불) – 아니 불. 不(불)보다 뜻이 강함.
 전하지 못함.   *惑(혹) – 미혹할 혹. 미혹케 할 혹.

역자주 六乙日(육을일)은 乙卯, 乙巳, 乙未, 乙酉, 乙亥, 乙丑 일을 말한다.

癸　乙　癸　庚
未　未　未　辰

己　戊　丁　丙　乙　甲
丑　子　亥　戌　酉　申

此造支中三未通根, 尚有餘氣, 干透兩癸, 正三伏生寒, 貼身生扶,
차 조 지 중 삼 미 통 근　　상 유 여 기　　간 투 양 계　　정 삼 복 생 한　　첩 신 생 부

亦通根身庫, 官星獨發而清, 癸水潤土養金, 生化不悖, 財旺生官,
역 통 근 신 고　　관 성 독 발 이 청　　계 수 윤 토 양 금　　생 화 불 패　　재 왕 생 관

中和純粹, 科甲出身, 仕至藩臬, 官境安和,
중 화 순 수　　과 갑 출 신　　사 지 번 얼　　관 경 안 화

이 명조는 乙木이 지지에 있는 세 개의 未土에 통근하고 또한 여기(餘氣)가 있으며 천간으로 癸水가 둘이나 있어 삼복더위에 한기(寒氣)를 생하고 일주 옆에 바짝 붙어 일주를 생하고 있으며 또한 고(庫 – 辰)에 통근(通根)하고 있다.

庚金 관성이 천간에 투출하니 관이 청하고 癸水가 조열한 未土를 적셔 윤택하게 하여 金을 생하게 하니 생화(生化)가 어그러짐이 없다.

재성이 왕하고 왕한 재는 관을 생하며 관은 인수를 생하고 인수는 일주를 생하니 사주가 중화를 이루고 순수하다. 과거에 장원을 하고 벼슬은 번얼(藩臬)에 이르

렀으며 사로(仕路)가 평안하였다.

*藩(번)－울 번(울타리). 지경 번. 지킬 번.   *藩臬(번얼)－청대(淸代) 지방관리. 안찰사
*臬(얼)－말뚝 얼. 과녁 얼. 법 얼.   (按察使).

역자주 | 三伏(삼복) : 초복(初伏)·중복(中伏)·말복(末伏)을 말하며, 초복은 하지(夏至)로부터 세
번째 庚日이고, 중복은 초복으로부터 10일째 되는 庚日이며, 말복은 입추(立秋)로부터 첫
번째 庚日이다.

丙 丁 壬 己
午 未 申 丑

丙 丁 戊 己 庚 辛
寅 卯 辰 巳 午 未

此造以大勢觀之, 官星淸于彼, 何彼則富貴, 此則困窮, 不知此造
차조이대세관지　관성청우피　하피즉부귀　차즉곤궁　부지차조

無印, 官緊剋, 午未雖是餘氣祿旺, 丑中蓄水, 暗傷午未之火, 壬
무인　관긴극　오미수시여기록왕　축중축수　암상오미지화　임

水逢生, 又剋丙火, 更嫌己土一透, 不能制水, 反能晦火,
수봉생　우극병화　갱혐기토일투　불능제수　반능회화

이 명조의 대국적인 형세는 관성이 앞의 사주보다 청한데 어찌하여 앞의 사주는
부귀를 누리고 이 사주는 곤궁한가. 이 사주는 인수가 없고 관성이 바로 옆에서
극하고 있는 것을 이해하지 못하기 때문이다.

午未 火는 비록 여기(餘氣)이고 녹왕이나 丑土가 水를 축장하여 午未 火를 암
상(暗傷)하고 壬水가 장생 위에 앉아 강한데 또 丙火를 극하고 있다.

더욱 꺼리는 것은 己土가 천간에 투출하여 왕한 水는 억제하지는 못하고 도리
어 火만 설하는 것이다.

*困(곤)－곤할 곤. 괴로울 곤.   *困窮(곤궁)－빈곤(貧困)함.
*窮(궁)－궁구할 궁. 궁할 궁.   *晦(회)－그믐 회. 밤. 얼마 안됨. 어둡다.

兼之中運逢土, 又洩火炁, 謂剋洩交加, 因之功名未遂, 耗散資財,
겸 지 중 운 봉 토　 우 설 화 기　 위 극 설 교 가　 인 지 공 명 미 수　 모 산 자 재

尚不免刑妻剋子, 細究皆己丑兩字之患, 幸格局順正, 氣象不偏,
상 불 면 형 처 극 자　 세 구 개 기 축 양 자 지 환　 행 격 국 순 정　 기 상 불 편

將來運至木火之地, 雖然屈抑於前, 終必奮亨於後,
장 래 운 지 목 화 지 지　 수 연 굴 억 어 전　 종 필 분 형 어 후

　　겸하여 中年 운이 土 운으로 火를 설하니 이른바 극설(剋洩)이 교가(交加)하는 까닭에 공명(功名)을 이루지 못하였고 재산이 흩어졌으며 처자(妻子)의 형극(刑剋)도 면할 수 없었다.

　　자세히 살펴보면 己丑 두 자가 병(病)이다. 그러나 다행히 격국이 바르고 기상이 치우치지 않아 장차 木火 운에 이르면 비록 전반기는 억눌림이 있었으나 마침내는 반드시 분발하여 뒤에는 복을 누릴 것이다.

*雖然(수연) ― 비록 이와 같더라도. 비록　　*奮(분) ― 떨칠 분. 휘두를 분.
　~일지라도.　　　　　　　　　　　　　　*亨(형. 향) ― 형통할 형. 享(향)과 통용.
*屈抑(굴억) ― 억눌림. 억누름.　　　　　　*奮亨(분형) ― 분발하여 뜻을 이룸.

역자주 이 명조의 설명에 어느 운에서 재산이 흩어지고 처자의 형극이 있었는지 모호하다. 그리고 장차 木火 운에 이르면 복을 누릴 것이라고 하였는데 초년 운부터 火木 운인데 조금 애매하다.

辛　丙　乙　癸
卯　午　卯　未

己　庚　辛　壬　癸　甲
酉　戌　亥　子　丑　寅

此官淸印正格，喜其未卯拱木，純粹之象，故爲人品格超羣，才華
차 관 청 인 정 격　희 기 미 묘 공 목　순 수 지 상　고 위 인 품 격 초 군　재 화

卓越，文望若高山北斗，品行似良玉精金，惜印星太重，官星洩氣，
탁 월　문 망 약 고 산 북 두　품 행 사 양 옥 정 금　석 인 성 태 중　관 성 설 기

神有餘而精不足，以致功名蹭蹬，縱有凌雲之志，難遂靑錢之選，
신 유 여 이 정 부 족　이 치 공 명 충 등　종 유 능 운 지 지　난 수 청 전 지 선

　이 명조는 관이 청하고 인수가 바르다. 기쁜 것은 卯未가 합으로 未土가 관성인
癸水를 극하지 않으니 사주가 순수하다. 고로 사람됨이 품격이 뛰어나고 재화(才
華)가 탁월하였으며 문망(文望)이 고산북두(高山北斗)와 같았고 품행이 양옥정금
(良玉精金) 같았다.

　애석한 것은 인수가 태중하여 관성이 설기되니 신(神)은 유여하나 정(精)이 부족
하다. 이러므로 벼슬길에는 막힘이 많았다. 비록 뭇사람보다 뛰어났으나 그 뜻을
펴기는 어려웠다.

*超(초)-뛰어날 초. 뛰어넘을 초.
*超羣(초군)-여럿 중에서 뛰어남. 초군(超
　群). 발군(拔群).
*才華(재화)-빛나는 재주.
*卓(탁)-높을 탁. 멀 탁.
*越(월)-넘을 월. 지날 월.
*卓越(탁월)-월등하게 뛰어남. 아주 걸출
　하여 이채로움.
*良玉精金(양옥정금)-정금양옥(精金良玉)
　과 같음. 즉, 순금과 좋은 옥(玉). 순결하고
　온량(溫良)한 품성. 또는 전아(典雅)하고 유
　려(流麗)한 문장의 비유로 쓰임.

*北斗(북두)-북두칠성(北斗七星). 가장 뚜
　렷한 별.
*神(신)-木火를 일컬음.
*精(정)-金水를 일컬음.
*凌雲(능운)-구름을 뚫고 하늘로 올라감.
　뭇사람보다 높이 뛰어남. 또는 속세(俗世)
　를 떠남.
*凌雲之志(능운지지)-높이 세상 밖에 초탈
　(超脫)하려는 뜻. 속세를 떠나려는 마음.
*靑錢之選(청전지선)-돈만 있으면 과거에
　만 번도 급제할 수 있다는 말로 돈의 위력
　을 말함.

*文望(문망)－학문상의 명망(名望).

*蹭(층)－헛디딜 층.

*蹬(등)－헛디딜 등.

*蹭蹬(층등)－헛디디는 모양. 전(轉)하여 세력을 잃는 모양.

還喜格正局清, 財星逢合, 雖然大才小用, 究竟名利兩全, 仕路清
환 희 격 정 국 청 재 성 봉 합 수 연 대 재 소 용 구 경 명 리 양 전 사 로 청

高, 施菁莪之雅化, 振棫樸之人才也,
고 시 청 아 지 아 화 진 역 박 지 인 재 야

　　그러나 기쁜 것은 격국이 바르고 맑으며 재성과 합을 하니, 비록 큰 재능이 작게 쓰여지기는 하였어도 끝내는 명리가 양전하고 벼슬길이 청고하였으며 인재를 교육시키는 아름다운 길을 걸었다. 명예나 재물에 초탈한 순박한 인재(人才)로 이름을 떨쳤다.

*縱(종)－설령. 비록.

*究竟(구경)－극진(極盡)함. 끝남. 끝. 마침내. 필경(畢竟).

*菁莪(청아)－인재(人材)를 교육함. 전하여 많은 인재.

*雅(아)－바를 아. 우아할 아.

*還(환)－돌아올 환. 돌아갈 환. 도리어 환.

*振(진)－떨칠 진. 움직일 진.

*棫(역)－두릅나무 역. 무리참나무 역.

*樸(박. 복)－통나무 박. 순박할 박. 더부룩하게 날 복.

역자주 | 이 사주는 시가 辛卯 時가 아니고 壬辰 時 같다. 辛卯 時면 재관이 너무 무력하다. 재관을 용신으로 쓸 수 있을지 의문이다. 壬辰 時면 壬水가 고(庫)에 통근하고 운이 적의(適宜)하여 명리를 이루었다고 생각된다. 독자들의 판단에 맡긴다.

```
壬 癸 丙 辛
戌 卯 申 卯
```

```
庚辛壬癸甲乙
寅卯辰巳午未
```

此印綬格, 以申金爲用, 以丙火爲病, 以壬水爲藥, 中和純粹, 秋
차인수격 이신금위용 이병화위병 이임수위약 중화순수 추

水通源, 運至癸巳, 金水逢生得助, 科甲聯登, 壬辰藥病相濟, 由
수통원 운지계사 금수봉생득조 과갑연등 임진약병상제 유

部屬出爲郡守, 蓋辛卯庚寅蓋頭, 逢金不能生火壞印, 名利兩全也,
부속출위군수 개신묘경인개두 봉금불능생화괴인 명리양전야

이 명조는 인수격으로 申金으로 용신을 삼는다. 申金이 용신이니 丙火는 병(病)
이고 壬水는 약(藥)이다. 병이 있는데 약이 있으니 사주가 중화를 이루어 순수하
다. 癸水가 申金에 득지하니 가을의 물이 근원이 깊다.

癸巳 운에 이르러 金水가 생조를 만나 과갑(科甲)에 연달아 올랐고 壬辰 대운은
병이 있는데 약이 있어 병이 치유되는 상(象)이니 부속(部屬)에서 군수(郡守)가 되
었다.

辛卯 庚寅 운은 木이 득지한 때이나 金이 개두되어 火를 생하지 못하니 인수가
상해를 받지 않아 명리가 양전하였다.

*純(순)-실 순. 순수할 순. 천진할 순. 착할 순.	*濟(제)-건널 제. 나루 제. 이를 제.
*粹(수)-순수할 수. 같을 수〔齊一(제일)함〕. 정밀할 수.	*屬(촉. 속)-이을 촉. 붙을 촉. 맡길 촉. 모일 촉. 벼슬아치 속. 살붙이 속. 엮을 속.
*純粹(순수)-아주 정(精)하여 조금도 다른 것이 섞이지 아니함. 사념(邪念)이나 사욕이 없음. 완전하여 조금도 흠이 없음. 제일(齊一)하여 한쪽에 치우치지 아니함.	*蓋(개)-덮을 개. 덮개 개. 일산 개. 어찌 개. 대개 개.
	*頭(두)-머리 두. 우두머리 두. 첫머리 두. 꼭대기 두.
	*壞(괴)-무너뜨릴 괴. 무너질 괴.
*聯(련. 연)-연할 련. 나란히 할 련.	*部屬(부속)-부하(部下).

역자주 "蓋辛卯庚寅蓋頭, 逢金不能生火壞印, 名利兩全也(개신묘경인개두, 봉금불능생화괴인, 명리

양전야)"는 庚寅 辛卯 운은 金이 개두(蓋頭)하여 木이 火를 생하지 못하니 火 역시 申金을 극하지 못해 명리가 양전(兩全)하였다는 것인데, 이 말은 이치에 맞지 않는다. 寅卯의 木이 庚辛이 개두(蓋頭)하여 火를 생하지 못한다는 건 말이 안 된다. 寅은 丙火의 장생(長生)이고 또한 寅申 충도 있는데 어찌 명리(名利)가 좋을 수가 있겠는가.

"庚辛 金이 개두(蓋頭)하여 대흉(大凶)은 없었다"라고 하면 그것은 말이 맞는다. 또한 인수인 申金이 용신이면 운이 木火로 흘렀는데 어떻게 명리(名利)가 양전(兩全)할 수 있는가. 월령이 申 월인데 천간은 丙辛이 합하고 年支와 일지의 卯木은 申金에 극되어 힘이 없다. 金水가 왕하여 木火를 용하니 식신생재격이다. 고로 운이 동남으로 흘러 명리가 양전(兩全)한 사주 같다. 독자들의 판단에 맡긴다.

甲 癸 丙 辛
寅 卯 申 卯

庚 辛 壬 癸 甲 乙
寅 卯 辰 巳 午 未

此亦以申金爲用, 以丙火爲病, 與前只換一寅字, 不但有病無藥,
차 역 이 신 금 위 용　이 병 화 위 병　여 전 지 환 일 인 자　부 단 유 병 무 약

而且生助病神, 彼則靑錢萬選, 名利兩全, 此則機杼空抛, 守株待
이 차 생 조 병 신　피 즉 청 전 만 선　명 리 양 전　차 즉 기 저 공 포　수 주 대

兎, 更嫌寅申遙沖, 卯木助之, 印綬反傷, 木旺金缺, 且月建乃六
토　갱 혐 인 신 요 충　묘 목 조 지　인 수 반 상　목 왕 금 결　차 월 건 내 육

親之位, 未免分荊破斧, 資財耗散,
친 지 위　미 면 분 형 파 부　자 재 모 산

　　이 명조 역시 申金이 용신이다. 申金이 용신이니 丙火는 병(病)이 된다. 앞의 사주와 단지 寅 자(字) 하나만 바꿔었다. 비단 병이 있는데 약이 없을 뿐만 아니라 병을 더욱 키우는 꼴이다.

　　앞의 사주는 청전만선(靑錢萬選)으로 명리가 양전하였으나 이 사주는 출중(出衆)한 문장도 헛것이 되고 헛되이 세월만 보내었다.

　　더욱 꺼리는 것은 寅申이 떨어져 있으나 충을 하는 것인데 卯木이 寅木을 도우니 목왕(木旺) 금결(金缺)로 인수가 오히려 손상을 입는다. 월건(月建)은 육친의 자

리이니 부인과 헤어지고 재물의 흩어짐을 면할 수 없었다.

*選(선)―가릴 선. 선택 선.

*杼(저)―북 저. 도토리 저.

*機杼(기저)―베틀과 북. 전하여 문장(文章)의 결구(結構). 즉, 베를 짜듯 시문을 엮어내는 것. 또는 베를 짜듯 문장이 수려(秀麗)한 것을 이름.

*空(공)―빌 공. 헛되이 공.

*抛(포)―던질 포. 버릴 포.

*空抛(공포)―헛되이 버림.

*株(주)―뿌리 주. 줄기 주. 그루 주. 주식 주.

*待(대)―기다릴 대. 대접할 대.

*兎(토)―토끼 토. 달 토. 달 속에 토끼가 있다는 전설에서 달의 별칭(別稱)이 됨.

*荊(형)―가시나무 형. 곤장 형. 아내 형.

*缺(결)―이지러질 결. 없어질 결. 모자랄 결.

*免(면)―벗어날 면. 벗을 면. 허락할 면.

*斧(부)―도끼 부. 찍을 부. 벨 부.

*資(자)―재물 자. 바랄 자. 도울 자.

*散(산)―헤어질 산. 헤칠 산. 한산할 산.

역자주

○ 靑錢萬選(청전만선): 돈이 만 냥이 있으면 과거에 만 번도 붙는다는 말로 돈의 위력을 이르는 말이다.

○ 守株待兎(수주대토): 『한비자(韓非子)』에 나오는 말로 송(宋)나라 사람이 밭을 가는데 밭 가운데 있는 나무 그루터기에 토끼가 달리다가 부딪쳐 목이 부러져 죽었다. 이후부터는 일손을 놓고 나무 그루터기를 지키며 토끼 오기를 기다렸으나 다시는 토끼를 얻을 수 없었다는 말로, 옛것이나 구습에만 젖어 시대의 변천을 모른다는 뜻이다.

○ 分荊(분형): 부인과 헤어짐을 말한다. 후한(後漢) 때 사람 양홍(梁鴻)의 아내 맹광(孟光)이 가시나무의 비녀를 꽂은 고사(古事)에서 유래한 말로 자기 부인을 낮춰 형처(荊妻)라고도 한다.

惟壬運幫身去病, 財源稍裕, 辛卯庚寅, 東方無根之金, 功名未能
유 임 운 방 신 거 병　재 원 초 유　신 묘 경 인　동 방 무 근 지 금　공 명 미 능

進取, 家業不過小康, 然格正局眞, 印星秉令, 所以襟懷曠達, 八
진 취　가 업 불 과 소 강　연 격 정 국 진　인 성 병 령　소 이 금 회 광 달　팔

斗才誇, 爭似元龍意氣, 五花筆吐, 渾如司馬文章, 獨嫌月透秋陽,
두 재 과　쟁 사 원 룡 의 기　오 화 필 토　혼 여 사 마 문 장　독 혐 월 투 추 양

難免珠沈滄海, 順受其正, 莫非命也,
난 면 주 침 창 해　순 수 기 정　막 비 명 야

　오직 壬 운에 이르러 일주를 돕고 병(病)인 丙火를 충거하니 재물이 조금은 여유로웠다. 辛卯 庚寅 운은 동방의 金으로 무근이니 공명을 이룰 수 없었고 가업은 그저 평안한데 불과하였다.

　　그러나 격국이 바르고 인수가 득령하여 마음이 활달하고 시문에 뛰어나 천하무
쌍이었으며 의기는 원룡(元龍)과 가히 겨룰 만하고 붓끝에서는 오화(五花)가 피어
나듯하였으며 문장은 사마(司馬)와 자리할 만하였다.

　　오직 꺼리는 것은 월에 丙火가 투출한 것으로 구슬이 푸른 바다에 빠진 것과
같아 빛을 발하지 못함이다. 이 모든 것이 명(命)이니 그 바름을 순리로 받아들일
수밖에 없다.

*稍(초)-점점 초. 작을 초. 벼 줄기 끝 초.　　*誇(과)-자랑할 과. 자랑 과.
*襟(금)-옷깃 금. 마음 금.　　*珠(주)-구슬 주.
*懷(회)-품을 회. 편안할 회.　　*沈(침)-가라앉을 침. 빠질 침. 성 심.
*襟懷(금회)-마음 속. 가슴 속.　　*滄(창)-찰 창. 큰 바다 창.

> 역자주　○ 八斗才(팔두재) :　가장 시문(詩文)에 탁월하고 민첩한 천하무쌍(天下無雙)의 재주. 진
> (晉)의 사령운(謝靈運)이 말하길, "천하의 재주가 모두 한 섬이라면 조자건(曹子建)이 홀
> 로 여덟 말〔斗〕을 차지하였고 내가 한 말〔斗〕을 가지고 나머지 한 말〔斗〕로 세상 사람들
> 이 같이 쓰고 있다"고 하였다.
> "天下才共一石. 曹子建獨得八斗. 我得一斗. 自古及今共用一斗(천하재공일석. 조자건독
> 득팔두. 아득일두. 자고급금공용일두)."
> 조자건(曹子建)의 본명은 조식(曹植)이고 조조(曹操)의 셋째 아들이다. 조자건(曹子建)
> 은 칠보시(七步詩)로 유명한데 칠보시는 뒤의 형제장(兄弟章)에 나온다.
> ○ 원룡(元龍) :　후한 말(後漢 末) 때 조조(曹操)의 부장(部將). 하비(下邳) 사람 진등(陳
> 登). 진등의 字가 원룡(元龍)이다. 여포(呂布)를 죽이는데 공로가 커서 복파장군(伏派將
> 軍)이 되었다.
> ○ 司馬(사마) :　『사기(史記)』를 지은 전한(前漢)의 역사가 사마천(司馬遷)을 이른다.

由此數造觀之, 格局不可執一論也, 不拘財官印綬等格, 與日主無
유 차 수 조 관 지　격 국 불 가 집 일 론 야　불 구 재 관 인 수 등 격　여 일 주 무

干, 旺則宜抑, 衰則宜扶, 印旺洩官宜財星, 印衰逢財宜比刦, 此
간　왕 즉 의 억　쇠 즉 의 부　인 왕 설 관 의 재 성　인 쇠 봉 재 의 비 겁　차

不易之法,
불 역 지 법

　　이상 여러 사주를 살펴본바, 격국을 논함에 있어서 한 가지만을 고집하여서는
아니 된다.

재(財), 관(官), 인수(印綬) 등의 격을 불구하고 격국과 일주는 둘로 나누어 추리하면 안 되는 것으로 왕하면 마땅히 억제하여야 하고, 쇠하면 마땅히 부조하여야 하며, 인수가 왕하여 관성이 설기(洩氣)가 심하면 마땅히 재성이 있어야 하고, 인수가 약한데 재성이 인수를 제극하면 마땅히 비겁(比刦)이 있어야 하는 것이니, 이것이 바꿀 수 없는 법칙인 것이다.

역자주	與日主無干(여일주무간) : 『적천수천미』 원문 115쪽에 日主無干(일주무간)이라 되어 있는데, 이 말은 뜻이 애매모호하다. 『적천수징의』에는 日主無二(일주무이)라 되어 있다. 즉, "격국과 일주는 둘이 아니다"라는 뜻이다. 『적천수징의』의 뜻이 확실하다.

影響遙繫旣爲虛. 雜氣財官不可拘.
영 향 요 계 기 위 허   잡 기 재 관 불 가 구

영향(影響)이 먼 것은 이미 쓸모가 없는 것이고 잡기재관(雜氣財官) 등에 구애될 필요는 없다.

*影(영)-그림자 영. 모습 영.
*響(향)-울림 향. 울릴 향.
*影響(영향)-그림자와 울림. 한 가지 사물로 인하여 다른 사물에 미치는 결과. 여기서는 후자의 경우를 일컬음.

*遙(요)-멀 요. 아득할 요.
*繫(계)-맬 계. 매달 계.
*虛(허)-빌 허(아무것도 없음. 쓸모가 없음). 허 공 허. 하늘 허.
*拘(구)-잡을 구. 잡힐 구. 취할 구.

原注원주

飛天合祿之類. 固爲影響遙繫而非格矣. 如四季月生人. 只當取土爲格.
비 천 합 록 지 류 고 위 영 향 요 계 이 비 격 의 여 사 계 월 생 인 지 당 취 토 위 격

不可言雜氣財官. 戊己日生於四季月者. 當看人元透出天干者取格. 不
불 가 언 잡 기 재 관 무 기 일 생 어 사 계 월 자 당 간 인 원 투 출 천 간 자 취 격 불

可槪以雜氣財官論之.
가 개 이 잡 기 재 관 론 지

【원주】

비천합록(飛天合祿) 등은 확실히 영향이 먼 것이니 격이 아니다. 가령 사 계월(四

季月)에 태어난 사람이라면 단지 土를 취하여 격을 삼아야지 잡기재관(雜氣財官)이라고 말하는 것은 불가한 것이다.

戊己 일이 四 계월(季月)에 태어나면 마땅히 인원(人元)에서 천간에 투출한 것을 취하여 격을 삼아야 한다. 잡기재관(雜氣財官)이라고 논하는 것은 불가하다.

至於建祿月刦羊刃. 亦當看月令中人元透於天干者取格. 若不合氣象
지 어 건 록 월 겁 양 인　　역 당 간 월 령 중 인 원 투 어 천 간 자 취 격　　약 불 합 기 상

形局. 則又無格矣. 只取用神. 用神又無所取. 只得看其大勢. 以皮面
형 국　　즉 우 무 격 의　　지 취 용 신　　용 신 우 무 소 취　　지 득 간 기 대 세　　이 피 면

上斷其窮通. 不可執格論也.
상 단 기 궁 통　　불 가 집 격 론 야

건록(建祿)이나 월의 겁재나 양인도 역시 월령 중의 인원(人元)이 천간에 투출한 것으로 격을 취함이 마땅하다.

만약 기상이나 형국(形局)에 합당치 않으면 격이 없는 것이니 단지 용신만을 취할 것이고 용신을 취할 수도 없으면, 명국(命局)의 대세를 보아 표면상에 나타난 것으로 궁통을 판단하여야 하는 것이니 격에만 집착하여 논하는 것은 불가한 것이다.

*飛(비)-날 비. 날릴 비.　　　　　　　*看(간)-볼 간. 뵐 간.
*固(고)-굳을 고. 굳게 할 고.　　　　*槪(개)-대개 개. 절개 개. 풍채 개.
*雜(잡)-섞일 잡. 섞을 잡. 어수선할 잡.　*窮(궁)-궁구할 궁. 궁할 궁. 다할 궁.

任氏曰 임씨왈,
影響遙繫者, 卽暗沖暗合之格也, 俗書所謂飛天祿馬是也, 如丙午
영 향 요 계 자　　즉 암 충 암 합 지 격 야　　속 서 소 위 비 천 록 마 시 야　　여 병 오

日支全三午, 癸酉日支全三酉, 逢三則沖, 午去暗沖子水爲官, 酉
일 지 전 삼 오　　계 유 일 지 전 삼 유　　봉 삼 즉 충　　오 거 암 충 자 수 위 관　　유

去暗合辰土爲官,
거 암 합 진 토 위 관

임 선생님이 말씀하였다.

영향요계(影響遙繫)라 하는 것은, 즉 암충과 암합하는 격을 말하는 것이다. 속서

에서 이르는 비천록마(飛天祿馬)와 같은 것들이다.

가령 丙午 일주가 지지에 午가 셋이 있거나 癸酉 일주가 지지에 酉가 셋이 있는 경우들인데 세 개가 충을 만나게 되면 午火는 관인 子水를 충하여 제거하고 酉金은 癸水의 관인 辰土를 합하여 제거하게 된다.

尚有沖財合財, 如壬子日支全三子, 暗沖午火爲財, 乙卯日支全三
상유충재합재   여임자일지전삼자   암충오화위재   을묘일지전삼

卯, 暗合戌土爲財, 又云, 先要四柱不見財官爲眞, 方可沖合, 夫
묘   암합술토위재   우운   선요사주불견재관위진   방가충합   부

沖者, 散也, 合者, 化也, 何能爲我用乎, 四柱原有財官, 不宜沖
충자   산야   합자   화야   하능위아용호   사주원유재관   불의충

合, 尚有喜與不喜, 何況四柱無財官乎,
합   상유희여불희   하황사주무재관호

또 충재(沖財)와 합재(合財)가 있는데, 가령 壬子 일주가 지지에 子水가 세 개가 있는 경우 재성인 午火를 암충하는 것이고 乙卯 일주가 지지에 卯가 세 개 있으면 재성인 戌土를 암합하는 것이다.

또 이르기를, 먼저 요(要)하는 것은 사주에 재관이 나타나지 않아야 진격(眞格)이 되는 것이니 재관이 없어야 충이든 합이든 可한 것이다. 대저 충이란 흩어짐이요 합이란 화(化-변화)하는 것인데 어찌 일주의 쓰임으로 할 수 있는가.

사주 원국에 재관이 있으면 충이나 합은 마땅치 않은데 그러나 충이나 합이 좋을 수도 나쁠 수도 있는 것이다. 그런데 하물며 사주에 재관이 없어야 한다고 하는가.

*尚(상)-오히려 상. 바랄 상. 숭상할 상. 높일 상. 부사어로는 또한. 여전히. 아직도. 하물며. 아마도. 만약 등으로 해석.
*散(산)-흩을 산. 흩뜨리다. 한가롭다. 흩어지다. 문체(文體) 이름.

*何(하)-어찌 하. 무엇. 얼마.
*宜(의)-옳을 의. 마땅할 의.
*況(황)-비유할 황. 견줄 황. 더욱 황. 부사어로는 한층 더. 더욱. 게다가. 하물며 등으로 해석.

至于雜氣財官, 亦是畫蛇添足, 辰戌丑未, 無非支藏三干, 各爲雜
지우잡기재관 역시화사첨족 진술축미 무비지장삼간 각위잡

氣, 寅申巳亥, 亦有三干, 何故不論, 夫庫中餘氣, 可以言格, 生地
기 인신사해 역유삼간 하고불론 부고중여기 가이언격 생지

之神, 莫非反棄, 又云雜氣財官喜沖, 尤爲穿鑿, 若甲木生丑月, 爲
지신 막비반기 우운잡기재관희충 우위천착 약갑목생축월 위

雜氣財官, 喜未沖之, 未中丁火, 緊傷丑中辛金之官, 格仍破矣, 餘
잡기재관 희미충지 미중정화 긴상축중신금지관 격잉파의 여

支皆然, 不若透出天干, 取格爲是,
지개연 불약투출천간 취격위시

　잡기재관(雜氣財官)으로 말할 것 같으면 사족(蛇足)에 불과한 것이다. 辰戌丑未
는 三干을 소장하고 있어 이것이 잡기(雜氣)가 된다면 寅申巳亥도 역시 三干이
있는데 이것은 어찌 논하지 않는가.

　무릇 고(庫) 중의 여기(餘氣)는 격으로 말하면서 생지(生地)의 오행은 오히려
버리는가. 또 이르데 잡기재관은 충을 기뻐한다고 하는데 이는 더욱 잘못된 이
론이다.

　가령 甲木이 丑월에 태어나면 잡기재관이라고 하여 未의 충을 기뻐하는데 未
중의 丁火가 바로 丑 중의 辛金 관을 극하니 파격이 된다. 나머지 지지도 다 그러
하며 천간에 투출한 것으로 격을 취하여야 한다.

*庫(고)-辰 戌 丑 未.
*生地(생지)-寅 申 巳 亥.
*畫(화)-그림 화. 그릴 화.
*添(첨)-더할 첨. 안주 첨.
*畫蛇添足(화사첨족)-뱀을 그리는데 발을
　그렸다는 뜻으로, 쓸데없는 일을 하는 것
　에 비유. 보통 사족(蛇足)이라 함.

*蛇(사. 이)-뱀 사. 별 이름 사. 구불구불 갈
　이.
*棄(기)-버릴 기.
*穿(천)-뚫을 천. 뚫릴 천. 구멍 천.
*鑿(착)-끌 착. 팔 착. 뚫을 착.
*穿鑿(천착)-구멍을 뚫음. 견강부회(牽强附
　會)함.

諸書所載, 祿分四種, 年爲背祿, 月爲建祿, 日爲專祿, 時爲歸祿,
제서소재 록분사종 년위배록 월위건록 일위전록 시위귀록

又云, 建祿喜官, 歸祿忌官, 則又遺背祿專祿矣, 又云, 日祿歸時沒
우운 건록희관 귀록기관 즉우유배록전록의 우운 일록귀시몰

官星, 號爲靑雲得路, 誠如所論, 則丙辛兩日生人, 逢癸巳丁酉時者,
관성 호위청운득로 성여소론 즉병신양일생인 봉계사정유시자

世無讀書出仕者乎, 無非日干旺地之比肩也, 不可認作食祿爲王
세무독서출사자호 무비일간왕지지비견야 불가인작식록위왕

家之祿,
가 지 록

여러 명리서에 싣기를 녹(祿)을 네 가지로 구분하여 年에 있는 것을 배록(背祿)이라 하고 月에 있는 것을 건록(建祿)이라 하고 日에 있는 것을 전록(專祿)이라 하고 時에 있는 것을 귀록(歸祿)이라 하며, 또 이르기를 건록은 관을 기뻐하고 귀록은 관을 꺼린다 하는데 어찌 배록과 전록은 빠뜨리는가.

또 이르길 일록(日祿)이 시에 있으면 관이 없어야 벼슬을 얻는다 하였는데 진실로 그러하다면 丙日이나 辛日 두 날에 태어난 사람은 癸巳 시와 丁酉 시를 만나면 글을 읽어도 출세하는 사람이 없단 말인가.

녹(祿)이란 일간의 왕지로 비견에 불과한 것이니 이를 식록(食祿)이라거나 왕가의 녹(祿)으로 인식하는 것은 불가한 것이다.

*載(재) — 실을 재. 탈 재. 비로소 재.
*背(배) — 등 배. 배반할 배.
*專(전) — 오로지 전. 오로지 할 전. 전일할 전.
*歸(귀) — 돌아갈 귀. 돌아올 귀.
*遺(유) — 남을 유. 남길 유. 빠질 유. 물릴 유.

*祿(록. 녹) — 녹(관리의 봉급). 복(福). 녹을 주다. 봉급을 주다.
*沒(몰) — 빠질 몰. 다할 몰. 마침 몰.
*號(호) — 부를 호. 부르짖을 호. 울 호.
*誠(성) — 정성 성. 참 성.
*認(인) — 알 인. 알다. 인식하다. 인정하다.

如一字之祿, 可以格言, 則四柱之神, 竟同閑廢, 旣柱中之祿爲美,
여 일 자 지 록   가 이 격 언   즉 사 주 지 신   경 동 한 폐   기 주 중 지 록 위 미

何得運逢祿支反爲祿堂而家破人亡乎, 命者, 五行之理也, 格者,
하 득 운 봉 록 지 반 위 록 당 이 가 파 인 망 호   명 자   오 행 지 리 야   격 자

五行之正也, 論命取格, 須究五行正理, 澈底根源, 則窮通壽夭,
오 행 지 정 야   논 명 취 격   수 구 오 행 정 리   철 저 근 원   즉 궁 통 수 요

自不爽矣, 大凡格局眞實而純粹者, 百無一二, 破壞而雜氣者, 十
자 불 상 의   대 범 격 국 진 실 이 순 수 자   백 무 일 이   파 괴 이 잡 기 자   십

有八九, 無格可取者甚多, 無用可尋者不少,
유 팔 구   무 격 가 취 자 심 다   무 용 가 심 자 불 소

만일 한 자〔一字〕의 녹(祿)만으로 격을 말한다면 나머지 신(神)은 결국 소용없는 것이 된다. 이미 사주에 있는 녹이 아름답다면 어찌 운에서 녹을 만나면 녹당(祿堂)이라 하여 가파인망(家破人亡)한다고 하는가.

명(命)은 오행의 이치이고 격(格)은 오행의 바름〔正〕이니 명을 논하고 격을 취함에 있어 모름지기 오행의 정리로써 그 근원을 철저히 살피면 궁통과 수요(壽夭)가 명료할 것이다.

대체로 격국이 진실하고 순수한 것은 백에 하나 둘도 드물고 파괴되고 혼잡스런 것은 열에 여덟아홉이며 격을 취할 수 없는 것도 심히 많고 용신을 찾을 수 없는 것도 적지 않다.

*閑(한)―한가할 한. 틈 한. 등한히 할 한.
*廢(폐)―폐할 폐. 못쓰게 될 폐.
*澈(철)―맑을 철.
*窮(궁)―궁구할 궁. 다할 궁. 궁할 궁.
*通(통)―통할 통.
*窮通(궁통)―빈궁과 영달. 또 출세하지 못
　함과 현달(顯達)함. 窮達(궁달)과 仝.

*壽(수)―수 수. 헌수할 수.
*夭(요)―일찍 죽을 요. 무성할 요. 예쁠 요.
*爽(상)―밝을 상. 시원할 상. 굳셀 상. 어그
　러질 상.
*不爽(불상)―어그러짐이 없다. 명료(明瞭)
　하다.
*甚(심)―심할 심. 심히 심. 무엇 심.

格正用眞, 行運不悖, 名利自如, 格破用損, 謂之有病, 憂多樂少,
격정용진 행운불패 명리자여 격파용손 위지유병 우다낙소

倘行運得所, 去其破損之物, 扶其喜用之神, 譬如人染沈痾, 得良
당행운득소 거기파손지물 부기희용지신 비여인염침아 득양

劑以生也, 不貴亦富, 無格可取者尋其用神, 而用神有力, 行運安
제이생야 불귀역부 무격가취자심기용신 이용신유력 행운안

頓, 亦可以刱業興家,
돈 역가이창업흥가

격이 바르고 용신이 진신이며 행운이 어그러지지 않으면 명리(名利)가 뜻대로 될 것이다. 격이 파손되고 용신이 손상되면 이른바 병이 있는 것이니 근심은 많으나 즐거움은 적을 것이다.

만약 행운(行運)이 마땅하게 흘러 파손하는 기신을 제거하고 희신과 용신을 돕게 되면 비유하여 병이 깊은 사람이 좋은 약을 얻어 회생하는 것과 같으니 귀(貴)하지 않으면 부(富)하게 될 것이다.

격(格)을 취할 수 없는 것은 용신을 찾아 용신이 유력하고 행운(行運)이 안돈되면 역시 창업하여 집안을 일으킬 것이다.

*悖(패. 발)－어그러질 패. 우쩍 일어날 발.
*憂(우)－근심 우. 병 우. 근심할 우.
*樂(악. 락. 요)－풍류 악. 즐길 락. 즐거울 락. 좋아할 요.
*倘(당. 상)－기개 있을 당. 갑자기 당. 혹시 당. 노닐 상. 부사어로는 만일. 만약 ～한다면. 아마도 등으로 쓰임. 여기서는 부사어로 만약. 또는 ～한다면 등의 뜻으로 풀이함.
*譬(비)－비유할 비. 비유 비. 비유컨대 비.

*染(염)－물들일 염. 물들 염. 옮을 염.
*沈(침. 심)－가라앉을 침. 빠질 침. 성(姓) 심.
*眞(진)－진(眞)은 진신(眞神)으로 월령을 득(得)한 것을 말함.
*痾(아)－병(病) 아.
*尋(심)－찾을 심. 깊을 심.
*頓(돈.)－조아릴 돈.
*刱(창)－創과 소. 비롯할 창(시작함).
*興(흥)－일 흥. 일으킬 흥.
*營(영)－경영할 영. 경영 영. 집 영.

無格可取, 無用可尋, 只可看其大勢, 與日主之所向, 運途能補其
무 격 가 취　무 용 가 심　지 가 간 기 대 세　여 일 주 지 소 향　운 도 능 보 기

所喜, 去其所忌, 雖碌碌營生, 可免飢寒之患, 若行運又無可取,
소 희　거 기 소 기　수 록 록 영 생　가 면 기 한 지 환　약 행 운 우 무 가 취

則不貧亦賤, 若格正用眞, 五行反悖, 一生有志難伸矣,
즉 불 빈 역 천　약 격 정 용 진　오 행 반 패　일 생 유 지 난 신 의

　　격으로 취할 것이 가히 없고 용신도 찾을 수 없는 경우는 명국(命局)의 대세와
일주의 의향에 따르는데 운에서 그 기뻐하는 것을 돕고 꺼리는 것을 제거하면
비록 녹록(碌碌)한 삶을 산다 할지라도 기한(飢寒)의 근심은 면할 수 있을 것이나
만약 행운(行運)에서도 취할 것이 없으면 가난하지 않으면 천할 것이다.

　　그러나 격이 바르고 용신이 진신이라도 오행이 어그러졌다면 일생의 뜻을 펴지
못할 것이다.

*尋(심)－찾을 심. 깊이 심.　　　　　*飢(기)－주릴 기. 굶주림 기. 흉년 기.
*途(도)－길 도.　　　　　　　　　　*患(환)－근심 환. 병 환. 앓을 환.
*補(보)－기울 보. 도울 보. 보탤 보.　*貧(빈)－가난할 빈. 가난 빈.
*營(영)－경영할 영. 지을 영. 다스릴 영.　*賤(천)－천할 천. 천히 여길 천.
*碌(록. 녹)－푸른빛 록. 어리석을 록.　*伸(신)－펼 신.

역자주　밑줄 "若格正用眞, 五行反悖, 一生有志難伸矣(약격정용진, 오행반패, 일생유지난신의)"에서
　　　五行反悖(오행반패)란 말은 뜻이 맞지 않는다.
　　　"만약 격이 바르고 용신이 진신이라면(若格正用眞)"이라 하고서, 이어지는 글에 "오행이 도
　　리어 어그러졌다(五行反悖)면 일생에 뜻이 있으나 펴지 못한다(一生有志難伸矣)"라고 하는
　　것은 앞뒤의 뜻이 틀린다.
　　　격이 바르고 용신도 진신이고 하면 오행이 가지런한데 어찌 오행이 어그러졌다고 하는가.
　　여기서 五行反悖(오행반패)는 行運反悖(행운반패)이다. 즉, 격이 바르고 용신이 진신이라도
　　行運(행운)이 어그러지게 들어오면 일생 뜻을 펴지 못한다는 말이다. 즉, 命好不如運好(명
　　호불여운호)란 뜻이다. 사주가 좋아도 운이 나쁘면 뜻을 펼 수 없다는 말이다.
　　　『적천수징의』에는 行運五行反悖(행운오행반패)로 되어 있다. 즉, 행운이 어그러지면 뜻을
　　펴지 못한다는 뜻이다.

甲　丙　庚　己
午　午　午　巳

甲　乙　丙　丁　戊　己
子　丑　寅　卯　辰　巳

此造俗論, 丙午日支全三午, 四柱滴水全無, 中年又無水運, 必作
차 조 속 론　　병 오 일 지 전 삼 오　　사 주 적 수 전 무　　중 년 우 무 수 운　　필 작

飛天祿馬, 名利雙輝, 不知此造午中己土, 巳中庚金, 元神透出,
비 천 록 마　　명 리 쌍 휘　　부 지 차 조 오 중 기 토　　사 중 경 금　　원 신 투 출

年月兩干, 眞火土傷官生財格, 初交己巳戊辰, 洩火生金, 遺業頗
년 월 양 간　　진 화 토 상 관 생 재 격　　초 교 기 사 무 진　　설 화 생 금　　유 업 파

豐, 丁卯丙寅, 土金喜用皆傷, 連遭回祿三次, 又剋兩妻四子, 家
풍　　정 묘 병 인　　토 금 희 용 개 상　　연 조 회 록 삼 차　　우 극 양 처 사 자　　가

業破盡,
업 파 진

　　이 명조를 속론하면 丙午일이 지지에 午가 셋이나 있고 사주에 한 방울의 물도
없으며 中年까지 水 운이 들어오지 않으니 반드시 비천록마(飛天祿馬)로 논하여
명리가 쌍휘(雙輝)하다고 할 것이다.

　　그러나 이 명조는 午 중의 己土와 巳 중의 庚金 원신이 年과 月에 투출하니
화토상관생재(火土傷官生財)의 진격(眞格)임을 모르고 하는 말이다.

　　초년 己巳 戊辰 대운은 火를 설하고 金을 생하니 유업이 자못 풍성하였으나
丁卯 丙寅 운으로 바뀌어 土金 희용(喜用)이 다 손상되니 연달아 세 차례나 화재
를 당했고 또 두 처와 네 아들을 잃고 가업이 파산되었다.

*滴(적)－물방울 적. 물방울 떨어질 적.　　*豐(풍)－풍년들 풍. 풍성할 풍.
*輝(휘)－빛 휘. 빛날 휘.　　　　　　　　　*遭(조)－만날 조.
*頗(파)－치우칠 파. 자못 파.　　　　　　　*回祿(회록)－화신(火神). 전(轉)하여 화재.

至乙丑運，北方溼土，晦火生金，又合化有情，經營獲利，納妾生
지을축운 북방습토 회화생금 우합화유정 경영획리 납첩생

子，重振家園，甲子癸亥北方水地，潤土養金，發財數萬，若以飛
자 중진가원 갑자계해북방수지 윤토양금 발재수만 약이비

天合祿論，大忌水運矣，
천합록론 대기수운의

乙丑 운으로 들어 북방의 습토가 염염한 화기를 설하고 金을 생하며 巳丑 합으
로 유정하여 사업으로 큰 이익을 보았고 아내를 얻고 자식도 낳았으며 가문의
명성을 떨치었다.

甲子 癸亥 대운은 북방의 水로서 土를 윤택하게 하여 金을 생하게 하므로 재물
이 수만이나 일어났다. 만약 비천합록(飛天合祿)으로 논한다면 水 운은 꺼리니 크
게 나빴을 것이다.

*晦(회)－그믐 회. 어두울 회.   *納(납)－들일 납. 수장(收藏)할 납.
*經(경)－날 경. 지경 경. 길 경. 책 경.   *振(진)－떨칠 진. 움직일 진.
*獲(획)－얻을 획. 맞힐 획.   *園(원)－동산 원. 능 원. 절 원.

> **역자주** '重振家園(중진가원)'은 뜻이 틀린 것은 아니나 '重振家聲(중진가성)'이라고 하는 것이 뜻이
> 확실하다. 『적천수징의』에는 '重振家聲(중진가성)'이라 되어 있다. 또한 이 명조에서 水 운
> 에 재물이 수만이나 늘었다고 하였는데 이해하기 어렵다. 土金 운은 이해가 가나 水 운은
> 왕신을 충격하고 또한 金氣를 설하는데 潤土養金(윤토양금)하여 좋았다고 하는 말은 이해
> 가 어렵다. 독자들의 판단에 맡긴다.

```
己 乙 癸 丁
卯 卯 卯 丑
```

```
丁 戊 己 庚 辛 壬
酉 戌 亥 子 丑 寅
```

乙卯日, 生于卯月卯時, 旺之極矣, 最喜丁火獨發, 洩其精英, 惜
을묘일 생우묘월묘시 왕지극의 최희정화독발 설기정영 석

癸水剋丁, 仍傷秀氣, 時干己土臨絶, 不能去其癸水, 因之書香不繼,
계수극정 잉상수기 시간기토임절 불능거기계수 인지서향불계

初中運逢水木之地, 刑喪破耗, 家業漸消, 戊戌丁運, 大遂經營之
초중운봉수목지지 형상파모 가업점소 무술정운 대수경영지

願, 發財巨萬, 若以飛天祿馬論之, 則戊戌運當大破矣,
원 발재거만 약이비천록마론지 즉무술운당대파의

　　乙卯 일주가 卯월 卯시에 생하니 왕함이 극에 이르렀다. 가장 기쁜 것은 丁火가
천간에 홀로 투출하여 왕한 木을 설하는 것이다.

　　애석한 것은 癸水가 丁火를 극하니 수기(秀氣)가 상해를 입는 것이다. 시상(時
上)의 己土는 절지에 임하여 癸水를 극거하지 못한다. 이러한 까닭에 학문을 끝까
지 못하였다.

　　초년과 중년 운이 水木으로 흘러 형상(刑喪)과 파모(破耗)를 겪었으며 가업도
점차 줄어들었다. 戊戌 丁 운에 이르러 경영하는 일이 잘되어 거만(巨萬)의 재물을
이루었다.

　　만약 이 사주를 비천록마(飛天祿馬)로 논하면 戊戌 운은 당연히 크게 잘못되었
을 것이다.

*仍(잉)－인할 잉. 자주 잉. 이에 잉.　　*漸(점)－차차 점. 자랄 점.
*繼(계)－이을 계. 맬 계.　　　　　　　*願(원)－원할 원. 원하다. 바라다.

甲 甲 癸 丁
戌 辰 丑 未

丁 戊 己 庚 辛 壬
未 申 酉 戌 亥 子

此造支全四庫逢沖, 俗作雜氣財官也, 不知丑未逢沖, 不特官星受傷,
차 조 지 전 사 고 봉 충 속 작 잡 기 재 관 야 부 지 축 미 봉 충 불 특 관 성 수 상

而且沖去庫根, 日主坐下餘氣, 亦是根盤, 更嫌戌沖, 微根已拔,
이 차 충 거 고 근 일 주 좌 하 여 기 역 시 근 반 갱 혐 술 충 미 근 이 발

財多身弱, 且旺土愈沖愈旺, 則癸水必傷, 初運壬子辛亥水旺之地,
재 다 신 약 차 왕 토 유 충 유 왕 즉 계 수 필 상 초 운 임 자 신 해 수 왕 지 지

蔭庇有餘, 一交庚戌, 財煞並旺, 椿萱幷逝, 刑妻剋子, 己酉戊申
음 비 유 여 일 교 경 술 재 살 병 왕 춘 훤 병 서 형 처 극 자 기 유 무 신

土蓋天干, 使金不能生水, 家業破盡, 無子而亡,
토 개 천 간 사 금 불 능 생 수 가 업 파 진 무 자 이 망

　이 명조는 지지의 사고(四庫)가 다 충을 하고 있으니 속론하면 잡기재관격이라
고 할 것이다.

　丑未가 충을 하면 관성만 손상되는 것이 아니고 未 중에 있는 乙木 또한 손상을
입으며 일주는 좌하에 여기(餘氣)를 두어 역시 뿌리를 내리는데 더욱 나쁜 것은
戌과 충을 하니 일주의 약한 뿌리가 다 뽑힌 것을 모르고 하는 말이다. 재다신약(財
多身弱)인데 왕한 土는 충으로 더욱 왕해지니 癸水가 필히 손상을 받게 된다.

　초년 壬子 辛亥 운은 수왕지(水旺地)로 선대의 음덕이 많았으나 庚戌 운으로
바뀌어 재와 살이 다 같이 왕하므로 부모님이 돌아가시고 처와 자식도 잃었다.
己酉 戊申 운은 土가 천간에 개두하여 金이 水를 생하지 못하니 가업을 다 없애
고 자식도 없이 죽었다.

---

*蔭(음)－그늘 음. 해 그림자 음.

*庇(비)－덮을 비. 가릴 비. 庇(庇)와 仝.

*椿(춘)－참죽나무 춘〔장수(長壽)의 비유로 쓰
임〕.

*萱堂(훤당)－어머니의 아칭(雅稱). 남의 어
머니의 존칭(尊稱). 옛날의 어머니는 북당
(北堂)에 거처하는데 그 뜰에 원추리를 심
은 것에서 유래.

*萱(훤)−원추리 훤. 망우초(忘憂草).
*椿萱(춘훤)−춘당(椿堂)과 훤당(萱堂). 아버지와 어머니.

*幷(병)−아우를 병(합침).
*逝(서)−갈 서. 이에 서.

辛　甲　癸　丁
未　子　丑　亥

丁　戊　己　庚　辛　壬
未　申　酉　戌　亥　子

甲子日元, 生于丑月, 支類北方, 天干辛癸, 官印元神發露, 尅去
갑자일원　생우축월　지류북방　천간신계　관인원신발로　극거

丁火, 丑未遙隔, 又水勢乘權, 不能沖丑, 正得中和之象, 所以土
정화　축미요격　우수세승권　불능충축　정득중화지상　소이토

金水運, 皆得生化之情, 早遊泮水, 戰勝秋闈,
금수운　개득생화지정　조유반수　전승추위

　甲子 일원이 丑월에 생하고 지지가 북방을 이루고 천간에 癸水와 辛金이 투출하니 관과 인수의 원신이 천간에 나타난 것이다.

　癸水가 丁火를 극거하고 丑未는 떨어져 있으며 또한 수세(水勢)가 당권하니 丑을 충하지 못한다.

　바르게 중화(中和)의 상(象)을 이룬 것으로 土 金 水 운은 생화(生化)의 정이 있으므로 일찍이 반수(泮水)에 들었고 추위(秋闈)에 올랐다.

*遙(요)−멀 요. 아득할 요.
*隔(격)−막을 격. 막이 격.
*遊(유)−놀 유. 즐기다. 떠돌다.
*泮(반)−물가 반. 녹을 반.

*闈(위)−문 위. 대궐 위. 과장 위.
*秋闈(추위)−鄕試(향시)를 일컬음. 春闈(춘위)는 會試(회시).

祇因格局淸寒, 仕路未居顯秩, 芹泮日長鳴孔鐸, 杏壇春煖奏虞絃
지 인 격 국 청 한　사 로 미 거 현 질　근 반 일 장 명 공 탁　행 단 춘 난 주 우 현

也, 前則逢沖, 官印兩傷, 名利無成, 此則不動, 名成利遂, 可知墓
야, 전 즉 봉 충　관 인 양 상　명 리 무 성　차 즉 부 동　명 성 이 수　가 지 묘

庫逢沖必發者, 謬也,
고 봉 충 필 발 자　류 야

　단지 격국이 맑기는 하나 추우므로 벼슬길은 현관(顯官)의 자리에는 이르지 못하고 반궁(泮宮)에서 후진을 양성하였으며 따뜻한 봄날에는 행단(杏壇)에서 예악(禮樂)을 가르쳤다.

　앞의 사주는 충을 만나 관인이 손상을 입어 명리를 이루지 못하였으나 이 명조는 동하지 않음으로 명리를 이루었다.

　이로써 보건대 묘고(墓庫)는 반드시 충을 하여야 발(發)한다는 이론은 잘못된 것임을 가히 알 수 있다.

*祇(지. 기)−마침 지. 다만 지. 땅 귀신 기. 편안할 기.

*秩(질)−차례 질. 벼슬 질.

*芹泮(근반)−반궁(泮宮).

*鳴(명)−울 명. 울릴 명.

*孔(공)−구멍 공. 성(姓) 공.

*鐸(탁)−방울 탁. 木鐸(목탁)과 金鐸(금탁)이 있음.

*杏(행)−살구 행. 살구나무 행.

*壇(단)−단 단(조금 높게 만든 자리).

*煖(난)−따뜻할 난. 따뜻이 할 난.

*奏(주)−아뢸 주. 상소 주. 곡조 주.

*虞(우)−생각할 우. 근심할 우. 잘못 우. 편안할 우. 즐길 우.

*絃(현)−줄 현. 현악기 현. 탈 현.

역자주
○ 仕路未居顯秩(사로미거현질) : 벼슬은 현관(顯官 : 지방장관)에는 나아가지 못하였다.

○ 鳴孔鐸(명공탁) : 공자(孔子)께서 제자들을 가르칠 때 북을 쳐서는 거문고 독주(獨奏)함을 알리고, 경쇠를 쳐서는 합주(合奏)함을 알렸다. 君子는 모름지기 악(樂)을 필수적으로 배웠는데 악(樂)이란 천지자연의 소리이며 사람의 마음을 순화(醇化)시키는 길〔道〕인 것이다. 그리하여 군자의 서재에는 거문고가 있는 것이다.

○ 泮宮鳴孔鐸(반궁명공탁) : 반궁(泮宮)에서 인재를 교육함을 이른다.

○ 杏壇(행단) : 단(壇)의 이름. 산동성 곡부현(山東省 曲阜縣)의 공자(孔子)의 묘(墓) 앞에 있다. 학문을 가르치는 곳. 공자가 행단(杏壇) 위에 앉고 제자가 그 곁에서 강학(講學)한 고사(故事)에서 유래한다.

○ 杏壇春煖奏虞絃(행단춘난주우현) : 따뜻한 봄날에는 행단(杏壇)에서 제자들에게 악(樂)을 가르쳤다.

體 用체용

道有體用. 不可以一端論也. 要在扶之抑之得其宜.
도 유 체 용　불 가 이 일 단 론 야　요 재 부 지 억 지 득 기 의

　도(道)에는 체(體)와 용(用)이 있으니 한 가지만으로 논하는 것은 불가하다.
돕거나 억제하거나 반드시 마땅하여야 한다.

*道(도)－명리(命理).　　　　　　*要(요)－부사어로는 늘. 결국. 응당. 반드
*體(체)－근본바탕. 즉, 기상.　　　시.
*用(용)－쓰임. 즉, 용신.　　　　　*扶(부)－도울 부. 붙들 부.

原注원주

有以日主爲體. 提綱爲用. 日主旺. 則提綱之食神財官皆爲我用. 日主弱.
유 이 일 주 위 체　제 강 위 용　일 주 왕　즉 제 강 지 식 신 재 관 개 위 아 용　일 주 약

則提綱有物幫身以制其强神者亦皆爲我用. 提綱爲體. 喜神爲用者. 日
즉 제 강 유 물 방 신 이 제 기 강 신 자 역 개 위 아 용　제 강 위 체　희 신 위 용 자　일

主不能用乎提綱矣. 提綱食傷財官太旺. 則取年月時上印比爲喜神. 提
주 불 능 용 호 제 강 의　제 강 식 상 재 관 태 왕　즉 취 년 월 시 상 인 비 위 희 신　제

綱印比太旺. 則取年月時上食傷財官爲喜神而用之. 此二者. 乃體用之
강 인 비 태 왕　즉 취 년 월 시 상 식 상 재 관 위 희 신 이 용 지　차 이 자　내 체 용 지

正法也.
정 법 야

【원주】

　일주를 체(體)로 하고 제강(提綱)을 용(用)으로 하는 경우에 일주가 왕하면 제강의
식신이나 재관을 다 일주의 용으로 할 수 있으며 일주가 약하면 제강에서 나를 돕는
오행이나 또는 강왕(强旺)한 오행을 억제하는 오행이 다 나의 쓰임인 것이다. 제강을
체(體)로 하고 희신을 용(用)으로 하는 것은 일주가 제강을 쓸 수 없기 때문이다.

　　제강이 식상이나 재관인데 태왕하면 年 月 時上의 비겁이나 인수가 희신이 되고 제강이 비겁이나 인수로 태왕하면 年 月 時上의 식상이나 재관 등의 희신으로 용신을 삼는다. 이 두 가지가 체용(體用)의 정법(正法)이다.

　*提(제)－끌 제. 거느릴 제.　　　　　*傷(상)－다칠 상. 해칠 상. 근심할 상.
　*綱(강)－벼리 강. 대강 강.　　　　　*喜(희)－기쁠 희. 기쁘다. 즐겁다.
　*幫(방)－도울 방.　　　　　　　　　　*取(취)－취할 취. 취하다. 돕다. 의지하다.

有以四柱爲體. 暗神爲用者. 必四柱俱無可用. 方取暗沖暗合之神. 有
유 이 사 주 위 체　　암 신 위 용 자　　필 사 주 구 무 가 용　　방 취 암 충 암 합 지 신　　유

以四柱爲體. 化神爲用. 四柱有合神. 卽以四柱爲體. 而以化合之神可
이 사 주 위 체　　화 신 위 용　　사 주 유 합 신　　즉 이 사 주 위 체　　이 이 화 합 지 신 가

用者爲用. 有以化神爲體. 四柱爲用. 化之眞者. 卽以化神爲體. 以四
용 자 위 용　　유 이 화 신 위 체　　사 주 위 용　　화 지 진 자　　즉 이 화 신 위 체　　이 사

柱中與化神相生相剋者. 取以爲用.
주 중 여 화 신 상 생 상 극 자　　취 이 위 용

　　또 사주를 체로 하고 암신(暗神)을 용으로 하는 경우가 있으니 이는 사주에는 용신으로 할 것이 반드시 없을 때는 모름지기 암충(暗沖), 암합(暗合)하는 것을 취하는 것이다. 또 사주를 체로 하고 화신(化神)을 용으로 하는 경우도 있는데 사주에 합신(合神)이 있으면 사주를 체로 하고 합신(合神)이 쓸 만하면 용으로 한다.

　　또 화신(化神)을 체로 하고 사주를 용으로 하는 경우가 있으니 화신이 진격(眞格)이면 화신을 체로 하는 것이니 사주 중에서 화신과 상생이나 상극이 되는 오행으로 용신을 삼는 것이다.

有以四柱爲體. 歲運爲用. 有以喜神爲體. 輔喜神之神爲用. 所喜之神.
유 이 사 주 위 체　　세 운 위 용　　유 이 희 신 위 체　　보 희 신 지 신 위 용　　소 희 지 신

不能自用. 以爲體用輔喜之神. 有以格象爲體. 日主爲用者. 須八格氣象.
불 능 자 용　　이 위 체 용 보 희 지 신　　유 이 격 상 위 체　　일 주 위 용 자　　수 팔 격 기 상

及暗神化神忌神客神. 皆成一個體段. 若是一面格象. 與日主無干者.
급 암 신 화 신 기 신 객 신　　개 성 일 개 체 단　　약 시 일 면 격 상　　여 일 주 무 간 자

或傷剋日主太過. 或幫扶日主太過. 中間要尋體用分辨處. 又無形迹.
혹 상 극 일 주 태 과   혹 방 부 일 주 태 과   중 간 요 심 체 용 분 변 처   우 무 형 적

只得用日主自去引生喜神. 別求一箇活路爲用矣.
지 득 용 일 주 자 거 인 생 희 신   별 구 일 개 활 로 위 용 의

또 사주를 체(體)로 하고 세운을 용으로 하는 것도 있고 또 희신을 체로 하고 희신을 돕는 신(神)을 용으로 하는 경우도 있으니 희신이 스스로 용이 되지 못하는 것은 체용을 돕는 신(神)이기 때문이다. 또 격상(格象)을 체로 하고 일주를 용으로 하는 것도 있는데 모름지기 팔격(八格)의 기상(氣象) 및 암신(暗神), 화신(化神), 기신(忌神), 객신(客神)이 다 하나의 체단(體段)을 이룬 것이다.

만약 하나의 격상(格象)이 일주와 무관한 경우에 혹 일주를 상극(傷剋)함이 태과(太過)하거나 혹 일주를 방부(幫扶)함이 태과(太過)하면 그 중간에서 체용의 분별처를 찾아야 한다. 또 형적(形迹)이 없을 때 용신을 득(得)하려면 일주의 희신으로 하거나 달리 하나의 활로를 구하여 쓰임으로 한다.

*俱(구)-다 구. 함께 구. 갖출 구.
*暗(암)-어두울 암.
*冲(충)-화할 충. 빌 충. 찌를 충.
*柱(주)-기둥 주.
*與(여)-줄 여. 주다. 베풀다. 동아리가 되다. 따르다. 돕다. 허락하다. 좋아하다.
*歲(세)-해 세.

*輔(보)-도울 보. 도움 보. 재상 보.
*忌(기)-미워할 기. 시기할 기. 꺼릴 기.
*段(단)-구분 단. 갈림. 부분. 문장의 단위.
*尋(심)-찾을 심. 깊이 심.
*辨(변)-나눌 변. 분별할 변.
*去(거)-갈 거. 떠나다. 잃다. 배반하다.
*箇(개)-낱 개. 이 개. 어조사 개.

有以日主爲用. 有用過於體者. 如用食財. 而財官食神盡行隱伏. 及太
유 이 일 주 위 용   유 용 과 어 체 자   여 용 식 재   이 재 관 식 신 진 행 은 복   급 태

發露浮泛者. 雖美亦過度矣. 有用立而體行者. 有體立而用行者. 正體
발 로 부 범 자   수 미 역 과 도 의   유 용 립 이 체 행 자   유 체 립 이 용 행 자   정 체

用之理也. 如用神不行於流行之地. 且又行助體之運則不妙. 有體用各
용 지 리 야   여 용 신 불 행 어 류 행 지 지   차 우 행 조 체 지 운 즉 불 묘   유 체 용 각

立者. 體用皆旺. 不分勝負. 行運又無輕重上下. 則各立. 有體用俱滯者.
립 자   체 용 개 왕   불 분 승 부   행 운 우 무 경 중 상 하   즉 각 립   유 체 용 구 체 자

如木火俱旺. 不遇金土則俱滯. 不可一端定也.
여 목 화 구 왕   불 우 금 토 즉 구 체   불 가 일 단 정 야

또 일주를 용으로 하는 것도 있는데 용(用)이 체(體)보다 과한 것은 가령 식신이나 재(財)를 용(用)하는데 재관, 식신이 다 은복(隱伏)하여 행(行)하거나 또는 지나치게 발로되어 떠 있는 것은 비록 아름다우나 역시 과도한 것이다. 용을 세워놓고 체로 行하는 것이 있고 체를 세워놓고 용으로 行하는 것도 있는데 이것이 체용(體用)의 바른 이치이다.

가령 용신이 마땅한 곳으로 흘러가지 않거나 또는 체를 돕는 운으로 가면 아름답지 못하다. 체와 용이 각기 독립적인 것은 체와 용이 다 왕하여 승부를 가릴 수 없고 행운(行運) 또한 경중과 上下를 가릴 수 없으면 각립(各立)한 것이다.

체와 용이 다 막힌 것이 있으니 가령 木火가 모두 왕한데 金土를 만나지 못하면 다 같이 막히는 것이니 한 가지만을 가지고 논하는 것은 불가한 것이다.

*盡(진)-다할 진. 다 진. 가령 진.
*隱(은)-숨을 은. 숨길 은. 가엾어할 은.
*伏(복)-엎드릴 복. 숨을 복. 숨길 복.
*露(로)-이슬 로. 적실 로. 드러날 로. 나타날 로.
*浮(부)-뜰 부. 띄울 부.

*泛(범. 핍)-뜰 범. 넓을 범. 물소리 핍.
*負(부)-질 부. 입을 부. 얻을 부.
*輕(경)-가벼울 경. 가벼이 여길 경.
*滯(체)-막힐 체.
*俱(구)-다 구. 함께 구. 갖출 구.
*端(단)-바를 단. 실마리 단.

然體用之用. 與用神之用有分別. 若以體用之用爲用神固不可. 舍此以
연체용지용 여용신지용유분별 약이체용지용위용신고불가   사차이

別求用神又不可. 只要斟酌體用眞了. 於此取緊要爲用神. 而二三四五
별구용신우불가 지요짐작체용진료   어차취긴요위용신   이이삼사오

處用神者. 的非妙造. 須抑揚其重輕. 毋使有餘不足.
처용신자 적비묘조 수억양기중경   무사유여부족

그러나 체용(體用)의 용(用)과 용신(用神)의 용(用)은 분별이 있으니 만약 체용의 용을 용신으로 함은 실로 불가하나 그렇다고 체용의 용을 버리고 달리 용신을 구하는 것도 불가하다. 응당 체용의 진실함을 살펴 가장 필요한 것으로 용신을 삼으면 될 것이다.

용신이 二 三 四 五 처(處)에 있는 것은 아름다운 명조가 아니다. 모름지기 무겁고 가벼운 것에 따라 억제하거나 부조하여 남음이나 부족함이 없어야 하는 것이다.

*斟(짐)−술 따를 짐. 짐작할 짐.　　*揚(양)−오를 양. 날릴 양.

*酌(작)−따를 작. 참작할 작.　　*毋(무)−없을 무. 말 무(금지). 無와 소.

任氏曰임씨왈,

體者形象氣局之謂也, 如無形象氣局, 卽以日主爲體, 用者, 用神
체 자 형 상 기 국 지 위 야　여 무 형 상 기 국　즉 이 일 주 위 체　용 자 용 신

也, 非體用之外別有用神也, 原注體用與用神有分別, 又不詳細載
야 비 체 용 지 외 별 유 용 신 야　원 주 체 용 여 용 신 유 분 별　우 불 상 세 재

明, 仍屬糢糊了局, 可知除體用之外, 不能別求用神, 玩本文末句
명 잉 속 모 호 료 국　가 지 제 체 용 지 외　불 능 별 구 용 신　완 본 문 말 구

云, 要在扶之抑之得其宜, 顯見體用之用, 卽用神無疑矣,
운 요 재 부 지 억 지 득 기 의　현 견 체 용 지 용　즉 용 신 무 의 의

임 선생님이 말씀하였다.

체(體)란 형상과 기국(氣局)을 이르는 것이다. 가령 원국에 형상이나 기국이 없으면 곧 일주를 체(體)로 한다. 용(用)이라 함은 용신(用神)을 말하는 것이니 체용(體用) 외(外)에 별도의 용신이 있는 것은 아니다. 원주에서 체용과 용신은 분별이 있다고 하면서 상세한 설명 없이 모호(糢糊)하게 끝을 맺었는데 체용을 떠나 다른 것에서 용신을 구한다는 것은 있을 수 없음을 알 수 있다.

완본(玩本) 끝 구절에 이르길 반드시 도울 것은 돕고 억제할 것은 억제함에 있어 그 마땅함이 있어야 한다는 것을 보면 체용의 용이 곧 용신임을 명백하게 나타낸 것임은 의심의 여지가 없다.

*糢(모)−모호할 모. 흐릴 모. 어름어름할 모.　　*玩(완)−장난할 완. 장난감 완.

*糊(호)−풀 호. 흐릴 호.　　*玩本(완본)−한 질(帙)을 이루고 있는 책에 있어서 권(卷) 책(冊) 수가 완전하게 갖추어진 책.

*顯(현)−밝을 현. 나타날 현. 드러날 현.

旺則抑之, 弱則扶之, 雖不易之法, 然有不易中之變易者, 惟在審
왕 즉 억 지   약 즉 부 지   수 불 역 지 법   연 유 불 역 중 지 변 역 자   유 재 심

察得其宜三字而已矣, 旺則抑之, 如不可抑, 反宜扶之, 弱則扶之,
찰 득 기 의 삼 자 이 이 의   왕 즉 억 지   여 불 가 억   반 의 부 지   약 즉 부 지

如不可扶, 反宜抑之, 此命理之眞機, 五行顚倒之妙用也, 蓋旺極者
여 불 가 부   반 의 억 지   차 명 리 지 진 기   오 행 전 도 지 묘 용 야   개 왕 극 자

抑之, 抑之反激而有害, 則宜從其强而扶之, 弱極者扶之, 扶之徒勞
억 지   억 지 반 격 이 유 해   즉 의 종 기 강 이 부 지   약 극 자 부 지   부 지 도 로

而無功, 則宜從其弱而抑之, 是不可以一端論也,
이 무 공   즉 의 종 기 약 이 억 지   시 불 가 이 일 단 론 야

　　왕(旺)하면 억제하고 약(弱)하면 부조하는 것은 바꿀 수 없는 법칙이나 그러나 불역(不易) 중에 변역(變易)이 있는 것이니 오로지 그 마땅하다는 것을 깊이 살펴야 하는바, 득기의(得其宜) 세 자(三字)뿐인 것이다.

　　왕하면 억제하여야 하나 가령 억제가 불가할 때는 반대로 부조(扶助)하여야 하고, 약하면 부조하여야 하나 가령 부조가 불가할 때는 반대로 억제하는 것이 이것이 명리의 진기(眞機)로 오행이 전도(顚倒)되어 쓰이는 묘용(妙用)인 것이다.

　　대저 왕함이 극에 이른 것은 억제하여야 하나 억제하면 도리어 왕신이 격노하여 유해(有害)하니 그 강한 세력에 따라 부조(扶助)함이 마땅하고, 약함이 극에 이른 것은 부조하여야 하나 부조하는 것은 헛수고일 뿐 공(功)이 없으니 그 약한 세력에 따라 억제하는 것이 마땅한 것이다. 한 가지만을 가지고 논하는 것은 불가하다.

*惟(유)-오직 유. 생각건대 유.
*審(심)-살필 심. 자세히 심.
*察(찰)-살필 찰. 자세할 찰.
*激(격)-물결 부딪혀 흐를 격.
*從(종)-좇을 종. 종사할 종. 따를 종.
*顚(전)-넘어질 전. 뒤집을 전. 거꾸로 할 전. 머리 전. 이마 전.

*倒(도)-넘어질 도. 거꾸로 할 도.
*顚倒(전도)-거꾸로 됨. 거꾸로 함. 어지러움.
*徒(도)-걸어다닐 도. 무리 도. 다만 도.
*勞(로. 노)-수고할 로. 노곤할 로.
*徒勞(도로)-애만 씀. 헛수고.
*端(단)-바를 단. 실마리 단. 첫 단. 끝 단.

如日主旺, 提綱或官或財或食傷, 皆可爲用, 日主衰, 別尋四柱干
여일주왕 제강혹관혹재혹식상 개가위용 일주쇠 별심사주간

支有幫身者爲用, 提綱是祿刃, 卽以提綱爲體, 看其大勢, 以四柱
지유방신자위용 제강시록인 즉이제강위체 간기대세 이사주

干支食神財官, 尋其得所者而用之,
간지식신재관 심기득소자이용지

가령 일주가 왕하면 제강(提綱)의 관이나 재나 식상을 다 용신으로 쓸 수 있으며 일주가 쇠약하면 달리 사주의 간지에서 일주를 돕는 오행을 찾아서 용신으로 한다.

제강이 녹(祿)이나 양인(陽刃)이면 곧 제강을 체로 하고 대세를 보아 사주 간지에 있는 식신이나 재관으로 소용되는 바에 따라 용신으로 한다.

如四柱干支財殺過旺, 日主旺中變弱, 須尋其幫身制化財殺者而用
여사주간지재살과왕 일주왕중변약 수심기방신제화재살자이용

之, 日主爲體者, 日主旺, 印綬多, 必要財星爲用, 日主旺, 官殺輕,
지 일주위체자 일주왕 인수다 필요재성위용 일주왕 관살경

亦以財星爲用,
역이재성위용

가령 사주 간지에 재살(財殺)이 지나치게 왕하여 일주가 왕한 가운데 약하게 된 경우에는 모름지기 일주를 돕고 재살을 제화(制化)하는 오행을 찾아 용신으로 한다. 일주가 체(體)가 되는 경우 일주가 왕하고 인수가 많으면 반드시 재성이 용신이고 일주가 왕하고 관살이 경(輕)하면 역시 재성이 용신이다.

*尋(심)−찾을 심. 물을 심. 얼마 아니 있을
 심.

*幫(방)−도울 방.
*輕(경)−가벼울 경. 가벼이 여길 경.

日主旺, 比刼多, 而無財星, 以食傷爲用, 日主旺, 比刼多而財星輕,
일주왕 비겁다 이무재성 이식상위용 일주왕 비겁다이재성경

亦以食傷爲用, 日主旺, 官星輕, 印綬重, 以財星爲用, 日主弱, 官
역이식상위용 일주왕 관성경 인수중 이재성위용 일주약 관

殺旺, 則以印綬爲用, 日主弱, 食傷多, 亦以印綬爲用, 日主弱, 財
살왕 즉이인수위용 일주약 식상다 역이인수위용 일주약 재

星旺, 則以比刼爲用, 日主與官殺兩停者, 則以食傷爲用, 日主與
성왕 즉이비겁위용 일주여관살양정자 즉이식상위용 일주여

財星均敵者, 則以印比爲用, 此皆用神之的當者也,
재성균적자 즉이인비위용 차개용신지적당자야

　　일주가 왕하고 비겁이 많고 재성이 없으면 식상이 용신이고, 일주가 왕하고 비겁이 많고 재성이 가벼우면 역시 식상이 용신이다. 일주가 왕하고 관살이 가볍고 인수(印綬)가 무거우면 재성이 용신이다.

　　일주가 약하고 관살이 왕하면 인수가 용신이고 일주가 약하고 식상이 많으면 역시 인수가 용신이다. 일주가 약하고 재성이 많으면 비겁이 용신이고 일주와 관살이 균정(均停)하면 식상이 용신이다. 일주와 재성의 힘이 같으면 인수나 비견이 용신이다. 이는 다 용신이 합당한 것들이다.

如日主不能爲力, 合別干而化, 化之眞者, 卽以化神爲體, 化神有
여일주불능위력 합별간이화 화지진자 즉이화신위체 화신유

餘, 則以洩化神之神爲用, 化神不足, 則以生助化神之神爲用, 局
여 즉이설화신지신위용 화신부족 즉이생조화신지신위용 국

方曲直五格, 日主是元神, 卽以格象爲體, 以生助氣象者爲用, 或
방곡직오격 일주시원신 즉이격상위체 이생조기상자위용 혹

以食傷爲用, 或以財星爲用, 只不宜用官殺, 餘總視其格局之氣勢
이식상위용 혹이재성위용 지불의용관살 여총시기격국지기세

意向而用之, 毋執一也,
의향이용지 무집일야

　　가령 일주가 힘을 쓸 수 없이 무력한데 다른 천간과 합하여 化한 경우 化됨이 진격(眞格)이면 화신(化神)을 체(體)로 하고 화신이 유여(有餘)하면 화신을 설(洩)하

는 오행으로 용신을 삼고 화신이 부족하면 화신을 생조하는 오행으로 용신을 삼는다. 국(局)이나 방(方), 곡직(曲直) 등의 오격(五格)은 일주가 이것의 원신이면 곧 격상(格象)을 체(體)로 하고 기상을 생조하는 오행을 용신으로 하나 혹 식상을 용신으로 하는 경우도 있고 혹 재성을 용신으로 하는 경우도 있는데 단지 관살은 용신으로 쓸 수 없다.

나머지도 한마디로 말하여 격국의 기세와 의향을 보아 용신을 정하여야 한다. 하나만을 고집하여서는 안 된다.

*毋(무)－없을 무. 말 무(금지). 無와 소.　　*執(집)－잡을 집. 막을 집.

如無格無局, 四柱又無用神可取, 卽或取之, 或被閑神合住, 或被
여 무 격 무 국　사 주 우 무 용 신 가 취　즉 혹 취 지　혹 피 한 신 합 주　혹 피

沖神損傷, 或被忌神刦占, 或被客神阻隔, 不但用神不能顧日主,
충 신 손 상　혹 피 기 신 겁 점　혹 피 객 신 조 격　부 단 용 신 불 능 고 일 주

而日主亦不能顧用神,
이 일 주 역 불 능 고 용 신

가령 격(格)도 없고 국(局)도 없으며 사주에 용신으로 취할 만한 것이 없는 경우나 혹 취할 것이 있어도 혹 한신(閑神)과 합으로 머물러 있거나 혹 충을 받아 손상을 입었거나 혹 기신에게 겁점(刦占)당하거나 혹 객신에게 막힘을 당하거나 하면 비단 용신이 일주를 돌아볼 수 없을 뿐만 아니라 일주 역시 용신을 돌아볼 수 없게 된다.

*被(피)－이불 피. 덮을 피. 미칠 피.
*閑(한)－한가할 한. 틈 한. 등한히 할 한.
*阻(조)－험할 조. 떨어질 조. 저상할 조.
*隔(격)－막을 격. 막이 격. 이미 격.

*阻隔(조격)－거리가 서로 떨어져 있음. 또 격리함.
*顧(고)－돌아볼 고. 돌아갈 고. 생각건대 고.

若得歲運破其合神, 合其沖神, 制其刧占, 通其阻隔, 此謂歲運安頓,
약득세운파기합신　합기충신　제기겁점　통기조격　차위세운안돈

隨歲運取用, 亦不失爲吉也, 原注云, 二三四五用神者, 的非妙造,
수세운취용　역불실위길야　원주운　이삼사오용신자　적비묘조

此說大謬, 只有八字, 若去四五字爲用神, 則是除日干之外, 只有
차설대류　지유팔자　약거사오자위용신　즉시제일간지외　지유

兩字不用, 斷無此理, 總之有用無用, 定有一個着落, 碻乎不易也,
양자불용　단무차리　총지유용무용　정유일개착락　확호불역야

　만약 세운에서 합신(合神)을 파하거나, 충하는 신(神)을 합하거나, 겁점(刧占)한 신(神)을 제거하거나, 막힌 것을 통하게 하면 이른바 세운이 안돈된 것으로 세운을 따라 용신을 취한 것으로 역시 길함을 잃지 않는다.

　원주에서 용신이 둘, 셋, 넷, 다섯이 있는 것은 확실히 좋은 명조가 아니라고 한 이 말은 크게 잘못된 것이다. 사주는 단지 여덟 자(字)뿐인데 네 자나 다섯 자를 용신으로 빼고 일간을 빼고 나면 단지 두 자(字)밖에 쓸 수 없으니 단연 이러한 이치는 없는 것이다. 한마디로 말하여 용신이 있든 없든 용신은 반드시 하나에 낙착되는 것이 바꿀 수 없는 확고한 이치이다.

*頓(돈)-조아릴 돈.
*着(착)-붙을 착. 다다를 착.
*碻(확. 교)-확실할 확. 단단할 확. (돌이 많아)고르지 않은 모양 교.

*易(역. 이)-바꿀 역. 고칠 역. 바뀔 역. 바꿈 역. 쉬울 이. 간략할 이. 간략히 할 이. 여기서는 '바꿀 수 없는 이치'라 하였으니 '역'으로 읽음.

命中只有喜用兩字, 用神者, 日主所喜, 始終依賴之神也, 除用神
명중지유희용양자　용신자　일주소희　시종의뢰지신야　제용신

喜神忌神之外皆閑神客神也, 學者宜審察之, 大凡天干作用, 生則
희신기신지외개한신객신야　학자의심찰지　대범천간작용　생즉

生, 剋則剋, 合則合, 沖則沖, 易於取材, 而地支作用, 則有種種不
생　극즉극　합즉합　충즉충　이어취재　이지지작용　즉유종종부

同者, 故天干易看, 地支難推,
동자　고천간이간　지지난추

　명(命)에는 단지 희용(喜用) 두 자만 있을 뿐이다. 용신이란 것은 일주가 기뻐하는 것으로 처음부터 끝까지 일주가 의뢰하는 신(神)이다. 용신, 희신, 기신을 제외한 나머지는 다 한신(閑神)과 객신(客神)이다. 명을 배우는 자는 마땅히 자세히 살펴야 한다.

　대저 천간의 작용은 생이면 생〔生則生〕, 극이면 극〔剋則剋〕, 합이면 합〔合則合〕, 충이면 충〔沖則沖〕으로 취하기가 쉬우나 지지의 작용은 종류에 따라 같지 않으므로 천간은 보기가 쉬우나 지지는 보기가 어렵다.

*賴(뢰. 뇌) − 의뢰할 뢰. 힘입을 뢰. 의뢰 뢰.　　*易(역. 이) − 쉬울 이. 간략할 이. 바꿀 역. 바
*種(종) − 씨 종. 종류 종.　　　　　　　　　　　꿀 역. 여기서는 '천간은 보기가 쉽고 지지
*種種(종종) − 가지가지. 여러 가지.　　　　　　　는 어렵다' 하였으니 '이'로 읽음.

癸　丙　甲　丙
巳　午　午　寅

庚　己　戊　丁　丙　乙
子　亥　戌　酉　申　未

此火長夏令, 月支坐刃, 年支逢生, 時支得祿, 年月兩支又透甲丙,
차 화 장 하 령　월 지 좌 인　년 지 봉 생　시 지 득 록　년 월 양 지 우 투 갑 병

烈火焚木, 旺之極矣, 一點癸水熬乾, 只得從其强勢, 運逢木火土,
열 화 분 목　왕 지 극 의　일 점 계 수 오 건　지 득 종 기 강 세　운 봉 목 화 토

財喜頻增, 申酉運中, 刑耗多端, 至亥運, 激火之烈, 家業破盡而
재 희 빈 증　신 유 운 중　형 모 다 단　지 해 운　격 화 지 열　가 업 파 진 이

亡, 所謂旺極者, 抑之反激而有害也,
망　소 위 왕 극 자　억 지 반 격 이 유 해 야

　이 명조는 丙火 일주가 장하(長夏)에 태어나고 월지에 양인이 있고 年支에 장생을 만나고 시지가 녹(祿)이며 年과 月에 甲 丙이 투출하여 맹렬한 화세(火勢)가 木을 태우니 왕함이 극에 이르렀다. 일점 癸水는 말라버렸으니 오직 강한 세력을

따라야 한다.

木 火 土 운에는 재물이 늘어 기뻤으나 申酉 운에는 형모(刑耗)가 많았고 亥 운에 이르러 맹렬한 火를 충격하여 가업이 파진(破盡)되고 사망하였다. 소위 왕함 이 극에 이른 것은 억제한즉 왕신이 격노하여 도리어 해로운 것이다.

*焚(분)－탈 분. 태울 분. 불사를 분.   *頻(빈)－자주 빈. 급할 빈. 찡그릴 빈.
*熬(오)－볶을 오. 근심하는 소리 오.   *激(격)－부딪칠 격. 과격할 격.

역자주   밑줄 年月兩支又透甲丙(년월양지우투갑병)에서 年月兩支(년월양지)는 年月兩干(년월양간)
의 오자(誤字)이다. 年과 月 양간(兩干)에 甲과 丙이 투출하였다.

$$丙 \quad 丙 \quad 庚 \quad 戊$$
$$申 \quad 申 \quad 申 \quad 寅$$

$$丙 \quad 乙 \quad 甲 \quad 癸 \quad 壬 \quad 辛$$
$$寅 \quad 丑 \quad 子 \quad 亥 \quad 戌 \quad 酉$$

丙火生於初秋, 秋金乘令, 三申沖去一寅, 丙火之根已拔, 比肩亦
병화생어초추 추금승령 삼신충거일인 병화지근이발 비견역

不能爲力, 年月兩干, 又透土金, 只得從其弱勢, 順財之性, 以比
불능위력 년월양간 우투토금 지득종기약세 순재지성 이비

肩爲病,
견위병

丙火가 초추(初秋)에 태어났다. 추금(秋金)이 당령하였는데 지지의 申金 셋이 寅木 하나를 충하니 丙火의 뿌리가 이미 뽑혔으므로 비견 역시 힘을 쓸 수 없다. 年月에 土金이 투출하니 오직 약세(弱勢)에 따라 재성으로 종하는 사주이다. 이러하므로 비견이 병(病)이 되었다.

*初(초)－처음 초.   *從(종)－좇을 종. 종사할 종. 따를 종.
*拔(발)－뺄 발(뽑음). 가릴 발.   *勢(세)－세력 세. 기세 세.

故運至水旺之地, 制去比肩, 事業巍峨, 丙寅幫身, 刑喪破耗, 所
고 운 지 수 왕 지 지　제 거 비 견　사 업 외 아　병 인 방 신　형 상 파 모　소

謂弱極者扶之, 徒勞無功, 反有害也, 此等格局頗多, 以俗論之,
위 약 극 자 부 지　도 로 무 공　반 유 해 야　차 등 격 국 파 다　이 속 론 지

前造必以金水爲用, 此造必以木火爲用, 以致吉凶顚倒, 反歸咎于
전 조 필 이 금 수 위 용　차 조 필 이 목 화 위 용　이 치 길 흉 전 도　반 귀 구 우

命理之無憑, 故特書兩造爲後證云,
명 리 지 무 빙　고 특 서 양 조 위 후 증 운

　그러므로 운이 水가 왕한 곳에서는 병(病)인 비견을 제거하니 사업이 크게 번창
하였으나 丙寅 대운으로 바뀌어 일주를 도우므로 형상(刑喪)과 파모(破耗)를 겪었
다. 소위 약함이 극에 이른 것을 부조하는 것은 헛수고일 뿐 공(功)이 없으며 도리
어 유해한 것이다.

　이러한 격국들이 자못 많은데 속론하면 앞의 명조는 반드시 金水가 용신이고
이 명조는 반드시 木火가 용신이라고 할 것이다. 이렇게 논하면 길흉이 바뀌게
되니 명리(命理)는 믿을 것이 못되는 것으로 허물이 돌아온다. 그러므로 특히 두
명조를 기록으로 남겨 후일의 증거로 한다.

*巍(외)-높을 외.
*峨(아)-높을 아. 峩와 소.
*巍峨(외아)-산이 높이 솟은 모양.
*頗(파)-치우칠 파. 자못 파.

*歸(귀)-돌아갈 귀. 돌아올 귀.
*咎(구)-허물 구. 미워할 구.
*憑(빙)-기댈 빙. 의지할 빙. 증거 빙. 붙을
　빙.

精 神정신

人有精神. 不可以一偏求也. 要在損之益之得其中.
인 유 정 신　불 가 이 일 편 구 야　요 재 손 지 익 지 득 기 중

사주에는 정(精)과 신(神)이 있으니 한쪽으로 치우쳐 구하는 것은 불가하다. 덜 것은 덜고 보탤 것은 보태는데 그 중요한 것은 중화를 얻는 데 있다.

原注원주

精氣神氣皆元氣也. 五行大率以金水爲精氣. 木火爲神氣. 而土所以實
정 기 신 기 개 원 기 야　오 행 대 솔 이 금 수 위 정 기　목 화 위 신 기　이 토 소 이 실

之者也. 有神足不見其精而精自足者. 有精足不見其神而神自足者. 有
지 자 야　유 신 족 불 견 기 정 이 정 자 족 자　유 정 족 불 견 기 신 이 신 자 족 자　유

精缺神索. 而日主虛旺者. 有精缺神索. 而日主孤弱者.
정 결 신 색　이 일 주 허 왕 자　유 정 결 신 색　이 일 주 고 약 자

【원주】

정기(精氣)와 신기(神氣)는 다 원기(元氣)이다. 오행은 대체로 金水를 정기로 木火를 신기로 하며 土는 실체(實體)가 된다. 신(神)이 족하면 정(精)이 나타나지 않아도 정이 자족(自足)한 것도 있고 정이 족하면 신이 보이지 않아도 신이 자족(自足)한 것도 있다. 정이 결여되고 신이 막혀 일주가 허왕(虛旺)한 것도 있고 정이 결여되고 신이 막혀 일주가 고약(孤弱)한 것도 있다.

有神不足而精有餘者. 有精不足而神有餘者. 有精神俱缺而氣旺. 有精
유 신 부 족 이 정 유 여 자　유 정 부 족 이 신 유 여 자　유 정 신 구 결 이 기 왕　유 정

神俱旺而氣衰. 有精缺得神以助之者. 有神缺得精以生之者. 有精助精
신 구 왕 이 기 쇠　유 정 결 득 신 이 조 지 자　유 신 결 득 정 이 생 지 자　유 정 조 정

而精反洩無氣者. 有神助神而神反斃無氣者. 二者皆由氣以主之也. 凡
이 정 반 설 무 기 자   유 신 조 신 이 신 반 폐 무 기 자   이 자 개 유 기 이 주 지 야   범

此皆不可以一偏求也. 俱要損益其進退. 不可使有過不及也.
차 개 불 가 이 일 편 구 야   구 요 손 익 기 진 퇴   불 가 사 유 과 불 급 야

　신은 부족하나 정이 유여한 것도 있고 정은 부족하나 신이 유여한 것도 있으며
정과 신이 다 결핍되었으나 기(氣)가 왕한 것도 있으며 정과 신이 다 왕한데 기가
쇠약한 것도 있다.

　정(精)이 결핍되었는데 신의 도움을 얻는 것도 있고 신이 결핍되었는데 정의 생조
(生助)를 얻는 것도 있고 정이 정을 도우나 정이 도리어 설기를 당하여 무기(無氣)한
것도 있고 신이 신을 도우나 신이 도리어 죽게 되어 무기한 것도 있다.

　이 두 가지는 다 기(氣)가 주관하는 것이다. 대저 이 모든 것은 한쪽만으로 구하는
것은 불가하다. 중요한 것은 손익과 진퇴이니 지나치거나 모자라면 안 되는 것이다.

*精(정)－자세할 정. 찧을 정. 아름다울 정.　　*孤(고)－고아 고. 외로울 고.
　깨끗할 정.　　　　　　　　　　　　　　　　*餘(여)－나머지 여. 남을 여.
*率(솔. 률. 수)－거느릴 솔. 좇을 솔. 대강 솔.　*衰(쇠)－쇠할 쇠. 줄 쇠.
　율 률(數 등의 비례). 제한 률. 우두머리 수.　*斃(폐)－넘어뜨릴 폐(죽여 넘어지게 함).
*缺(결)－이지러질 결. 모자랄 결.　　　　　　*偏(편)－치우칠 편. 한쪽 편.
*索(색. 삭)－찾을 색. 노 삭. 꼴 삭.

역자주　원주의 설명이 난삽하고 이해가 어렵다. 임 선생의 증주(增註)가 간단하고 명료하다.

任氏曰임씨왈,

精者, 生我之神也, 神者, 剋我之物也, 氣者, 本氣貫足也, 二者以
정 자   생 아 지 신 야   신 자   극 아 지 물 야   기 자   본 기 관 족 야   이 자 이

精爲主, 精足則氣旺, 氣旺則神旺, 非專以金水爲精氣, 木火爲神
정 위 주   정 족 즉 기 왕   기 왕 즉 신 왕   비 전 이 금 수 위 정 기   목 화 위 신

氣也, 本文末句云, 要在損之益之得其中, 顯非金水爲精, 木火爲神,
기 야   본 문 말 구 운   요 재 손 지 익 지 득 기 중   현 비 금 수 위 정   목 화 위 신

必得流通生化損益適中, 則精氣神三者備矣, 細究之,
필 득 유 통 생 화 손 익 적 중   즉 정 기 신 삼 자 비 의   세 구 지

임 선생님이 말씀하였다.

정(精)이라 하는 것은 나를 생하는 오행을 일컫는 것이고, 신(神)이라 하는 것은 나를 극하는 오행이고, 기(氣)라고 하는 것은 일주의 본기(本氣)를 족히 관통하게 하는 것이다.

<u>이 두 가지는</u> 정(精)을 위주로 하니 정이 족한즉 기가 왕하게 되고 기가 왕한즉 신이 왕하게 된다. 오로지 金水를 정기로 木火를 신기로 하는 것은 아니다.

본문 끝〔末句〕에 이르기를 '요재손지익지득기중(要在損之益之得其中)'이라 한 것은 金水는 정이고 木火는 신이라고 밝힌 것이 아니다.

사주는 반드시 유통하고 생하고 화(化)함이 있어 손익이 적중하면 정(精), 기(氣), 신(神)이 완전하게 갖추어지는 것이다. 자세히 살펴야 한다.

*貫(관)－돈꿰미 관. 꿸 관.　　　　*適(적)－고를 적. 맞을 적. 마침 적.
*損(손)－덜 손. 잃을 손. 상할 손.　　*備(비)－갖출 비. 예방할 비. 비품 비.
*顯(현)－밝을 현. 나타날 현.　　　　*細(세)－가늘 세. 작을 세. 자세할 세.

역자주 밑줄 '二者以精爲主'는 『적천수징의』에는 '三者以精爲主'로 되어 있다. 精, 神, 氣를 논하는 장이니 三者가 맞다. 필사 과정에서 오류인 듯하다.

不特日主用神體象有精神, 卽五行皆有也, 有餘則損之, 不足則益
불특일주용신체상유정신　즉오행개유야　유여즉손지　부족즉익

之, 雖一定中之理, 然亦有一定中之不定也, 惟在審察得其中三字
지　수일정중지리　연역유일정중지부정야　유재심찰득기중삼자

而已, 損者, 剋制也, 益者, 生扶也, 有餘損之過, 有餘者宜洩之,
이이　손자　극제야　익자　생부야　유여손지과　유여자의설지

不足益之過, 不足者宜去之, 此損益之妙用也,
부족익지과　부족자의거지　차손익지묘용야

일주와 체상(體象)과 용신만 정신이 있는 것이 아니고 오행에도 다 있는 것이다. 유여한즉 덜어내고 부족한즉 더하는 것은 비록 확실한 이치이나 그러나 일정한 이치 가운데에도 그렇지 않은 이치가 있는 것이다. 오로지 자세하게 살필 것은 '득기중(得其中)'이라는 세 자(字)일 뿐이다.

손(損)이라고 하는 것은 극제(剋制)하는 것이고 익(益)이라고 하는 것은 생부(生扶)하는 것이다. 유여한 것을 손(損)함이 허물이 될 때는 그 유여한 것을 설하는 것이 마땅하고 부족한 것을 보태는 것이 허물이 될 때는 부족한 것을 제거하는 것이 마땅하다. 이것이 손익의 묘(妙)한 쓰임인 것이다.

*定(정)－정할 정. 머무를 정. 꼭 정. 부사어　　*審(심)－살필 심. 자세히 심.
　로는 확실히. 정말로.　　　　　　　　　　　*察(찰)－살필 찰. 자세할 찰.
*惟(유)－오직 유. 생각건대 유.

역자주 밑줄 '雖一定中之理(수일정중지리)'는 비록 일정한 가운데의 이치란 뜻인데, 여기에서 가운데라는 中 자(字)가 필사 과정에서 들어간 것 같다. '수일정지리(雖一定之理－비록 확실한 이치이나)'이어야 맞다. 연결된 "然亦有一定中之不定也(연역유일정중지부정야－그러나 일정한 이치 가운데에도 그렇지 않은 것도 있다)"한 것은 맞다. 『적천수징의』에는 '雖一定之理(수일정지리)'로 되어 있다.

蓋過于有餘, 損之反觸其怒, 則宜順其有餘而洩之, 過于不足, 益
개과우유여　손지반촉기노　즉의순기유여이설지　과우부족　익

不受補, 則宜從其不足而去之, 是不可以一偏求也, 總之精太足宜
불수보　즉의종기부족이거지　시불가이일편구야　총지정태족의

益其氣, 氣太旺宜助其神, 神太洩宜滋其精, 則生化流通, 神淸氣壯
익기기　기태왕의조기신　신태설의자기정　즉생화유통　신청기장

矣, 如精太足, 反損其氣, 氣太旺, 反傷其神, 神太洩, 反抑其精,
의　여정태족　반손기기　기태왕　반상기신　신태설　반억기정

則偏枯雜亂, 精索神枯矣,
즉편고잡란　정색신고의

대저 유여함이 지나친 것을 극제하면 왕신을 건드린 것이 되어 도리어 왕신이 격노하니 왕신의 뜻을 따라 마땅히 설하여야 하는 것이다. 지나치게 부족한 것은 생부(生扶)하여도 받아들이지 못하니 마땅히 약한 세에 따라 제거하여야 하는 것이다. 어느 한 쪽에 치우쳐 구하는 것은 불가하다.

한마디로 말하여 정이 태족(太足)하면 마땅히 그 기(氣)를 보태주어야 하고, 기가 태왕하면 마땅히 그 신(神)을 보태주어야 하며, 신이 설기가 심하면 마땅히 그 정을

보태주어야 한다. 그러한즉 生化와 유통이 되어 신(神)이 맑고 기(氣)가 건장하다.

가령 정(精)이 너무 많으면 도리어 기(氣)가 손상되고 기가 너무 많으면 도리어 정이 손상된다. 신(神)이 설기가 지나치면 도리어 그 정이 억눌리니 그러한즉 편고 잡란(偏枯雜亂)하게 되어 정과 신이 막히고 마르게 된다.

*觸(촉)−닿을 촉. 부딪칠 촉. 범할 촉.　　*抑(억)−누를 억. 문득 억. 또한 억.
*怒(노)−성낼 노. 곤두설 노.　　　　　*枯(고)−마를 고. 마른나무 고.
*補(보)−기울 보. 도울 보. 보탤 보.　　*亂(란. 난)−어지러울 란. 어지럼힐 란. 간음
*總(총)−거느릴 총. 모두 총. 대강 총.　　 할 란.
*滋(자)−불을 자. 우거질 자. 자랄 자.　　*索(색. 삭)−찾을 색. 노 삭. 꼴 삭.
*壯(장)−씩씩할 장. 장할 장. 왕성할 장.

> 역자주 위의 설명은 참으로 난해(難解)하다. 정(精)이란 인수이고 신(神)이란 관살이고 기(氣)란 본기(本氣)를 말하는 것 정도로 이해하기 바란다. 혹자는 신(神)을 식(食), 재(財), 관(官)을 일컫는다고도 한다.

所以水泛木浮, 木無精神, <u>木多火熾, 火無精神</u>, 火焰土焦, 土無
소 이 수 범 목 부　목 무 정 신　목 다 화 치　화 무 정 신　화 염 토 초　토 무

精神, 土重金埋, 金無精神, 金多水弱, 水無精神, 原注以金水爲
정 신　토 중 금 매　금 무 정 신　금 다 수 약　수 무 정 신　원 주 이 금 수 위

精氣, 木火爲神氣者, 此由臟而論也,
정 기　목 화 위 신 기 자　차 유 장 이 론 야

이런 까닭에 水가 범람하면 木이 뜨게 되니 木이 정신이 없고, 木이 많으면 불이 너무 강하니 火가 정신이 없고, 火가 염염하면 土가 터지게 되니 土가 정신이 없고, 土가 많으면 金이 묻히게 되니 金이 정신이 없고, 金이 많으면 水가 약해지니 水가 정신이 없는 것이다.

원주에서 金水를 정기로 하고 木火를 신기로 한 것은 이는 오장(五臟)에 비유하여 논한 것이다.

*泛(범. 핍)−뜰 범. 넓을 범. 물소리 핍.　　*埋(매)−묻을 매. 감출 매.
*浮(부)−뜰 부. 띄울 부.　　　　　　　　*注(주)−물 댈 주. 물 대다. 붓다. 따르다. 쏟
*熾(치)−성할 치. 사를 치.　　　　　　　 다. 물이 흐르다.

*焰(염)－불꽃 염. 　　　　　　　　*臟(장)－오장 장.
*焦(초)－그슬릴 초. 탈 초.

역자주 밑줄 '木多火熾, 火無精神'(목다화치, 화무정신)은 '木多火熄'(목다화식)이어야 맞다. 木이 많으면 火가 熄滅(식멸)된다는 뜻이다. 母多滅子(모다멸자)의 뜻이다.

以肺屬金, 以腎屬水, 金水相生, 藏于裏, 故爲精氣, 以肝屬木, 以
이 폐 속 금　　이 신 속 수　　금 수 상 생　　장 우 리　　고 위 정 기　　이 간 속 목　　이

心屬火, 木火相生, 發于表, 故爲神氣, 以脾屬土, 貫于周身, 土所
심 속 화　　목 화 상 생　　발 우 표　　고 위 신 기　　이 비 속 토　　관 우 주 신　　토 소

以實之也, 若論命中之表理精神, 則不以金水木火爲精神也, 譬如
이 실 지 야　　약 론 명 중 지 표 리 정 신　　즉 불 이 금 수 목 화 위 정 신 야　　비 여

旺者宜洩, 洩神得氣爲精足, 此從裏發于表, 而神自足矣, 旺者宜
왕 자 의 설　　설 신 득 기 위 정 족　　차 종 리 발 우 표　　이 신 자 족 의　　왕 자 의

剋, 剋神有力爲神足, 此由表達于裏, 而精自足矣,
극　　극 신 유 력 위 신 족　　차 유 표 달 우 리　　이 정 자 족 의

　　폐(肺)는 金에 속하고 신(腎)은 水에 속하는데 金水는 상생하며 안에 소장(所藏)
되어 있으므로 정기가 되고, 간(肝)은 木에 속하고 심장(心臟)은 火에 속하는데 木
火가 상생하며 겉으로 발산하므로 신기가 되고, 비장(脾臟)은 土에 속하는데 온몸
을 관통하니 土는 실(實)하다고 한 것이다. 만약 명(命)에서 표리(表裏)와 정신(精神)
을 논한다면 金水와 木火만 정기와 신기가 되는 것은 아니다.

　　비유하면 왕하여 설함이 마땅할 때 설하는 신(神)이 힘이 있으면 정(精)이 족하게
되는데 이는 안에서 밖으로 나타난 것이니 신(神) 또한 자연 족하게 된다. 또 왕하
여 극함이 마땅할 때 극하는 오행이 유력하면 신이 족하게 되는데 이는 겉에서
속에 이르는 것으로 정(精)은 자연 족하게 된다.

*肺(폐)－허파 폐. 마음 폐. 　　　　*裏(리)－안 리. 속 리.
*屬(속. 촉)－무리 속. 살붙이 속. 아래 벼슬 　*表(표)－겉 표. 웃옷 표. 나타낼 표. 모습 표.
　아치 속. 이을 촉. 붙을 촉. 　　　　*脾(비)－지라 비. 넓적다리 비.
*腎(신)－콩팥 신. 자지 신. 　　　　*貫(관)－돈꿰미 관. 꿸 관. 섬길 관.
*臟(장)－오장 장. 　　　　　　　　*周(주)－두루 주. 돌 주. 지극할 주.

역자주 若論命中之表理精神(약논명중지표리정신)에서 '理'는 裏의 오자(誤字)이다. 필사 과정에서 오류(誤謬)일 것이다.

如土生于四季月, 四柱土多無木, 或干透庚辛, 或支藏申酉, 此謂
여토생우사계월　사주토다무목　혹간투경신　혹지장신유　차위

裏發于表, 精足神定, 如土多無金, 或干透甲乙, 或支藏寅卯, 此
리발우표　정족신정　여토다무금　혹간투갑을　혹지장인묘　차

謂表達于裏, 神足精安, 土論如此, 五行皆同, 宜細究之,
위표달우리　신족정안　토론여차　오행개동　의세구지

　　가령 土가 사계월(四季月)에 태어나 사주에 土는 많고 木은 없는데 혹 천간에 庚辛이 투출하였거나 혹 지지에 申酉가 있으면 이는 이른바 속이 겉으로 나타난 것으로 정(精)이 족하고 신(神)이 안정된 것이다. 가령 土는 많고 金이 없을 때 혹 천간에 甲乙이 투출하였거나 혹 지지에 寅卯가 있으면 이는 이른바 겉이 속에 이른 것이니 신(神)이 족하고 정(精)이 안정된 것이다. 土를 논함이 이와 같으니 여타 오행도 다 이와 같다. 마땅히 자세히 살펴야 할 것이다.

*季(계)-어릴 계. 끝 계.　　　　　*達(달)-통할 달. 달할 달.
*透(투)-뛸 투. 던질 투. 환할 투.　*皆(개)-다 개.
*藏(장)-감출 장. 서장 장.　　　　*究(구)-궁구할 구. 다할 구.

戊　丙　甲　癸
戌　寅　子　酉

戊　己　庚　辛　壬　癸
午　未　申　酉　戌　亥

此造以甲木爲精, 衰木得水滋, 而逢寅祿爲精足, 以戊土爲神, 坐
차조이갑목위정　쇠목득수자　이봉인록위정족　이무토위신　좌

戌通根, 寅戌拱之爲神旺, 官生印, 印生身, 坐下長生爲氣貫流通,
술통근　인술공지위신왕　관생인　인생신　좌하장생위기관유통

生化五行俱足, 左右上下情協不悖, 官來能攩, 刦來有官, 食來有印,
생화오행구족　좌우상하정협불패　관래능당　겁래유관　식래유인

東西南北之運, 皆可行也, 所以一生富貴福壽可謂美矣,
동서남북지운　개가행야　소이일생부귀복수가위미의

　이 명조는 甲木이 정(精)인데 쇠약한 木이 水의 자양을 얻고 녹(祿)인 寅을 만나니 정이 족하다. 戊土를 신(神)으로 하는데 戊에 통근하고 앉았으며 寅戌 공화(拱火)하여 신이 왕하다. 관은 인수를 생하고 인수는 일주를 생하며 일주는 좌하에 장생을 두니 기(氣)가 관통되어 유통하고, 생하고 化하며 오행을 다 갖추고 있다.

　좌우와 상하가 정협(情協)하고 어그러지지 않으니 관(官)이 와도 능히 막을 수 있고 비겁이 와도 관(官)이 있으며 식상이 와도 인수가 있으니 동서남북의 운을 다 쓸 수 있다. 이러하므로 일생이 부귀와 복수(福壽)가 아름다웠다.

*衰(쇠)-쇠할 쇠. 줄 쇠.　　　　　*俱(구)-다 구. 함께 구. 갖출 구.
*逢(봉)-만날 봉. 맞을 봉.　　　　*悖(패. 발)-거스를 패. 우쩍 일어날 발.
*拱(공)-두 손 마주잡을 공. 껴안을 공.　*攩(당)-무리 당. 칠 당(뭉치로 침).
*貫(관)-돈꿰미 관. 꿸 관.　　　　*壽(수)-나이 수. 수할 수.

> **역자주** 『적천수천미』원문 127쪽에서 "任氏曰, 精者, 生我之神也, 神者, 剋我之物也(정자, 생아지신야, 신자, 극아지물야)"라고 하였다. 즉, 정(精)이란 것은 나를 생하는 오행이고 신(神)이란 나를 극하는 오행이라고 하였는데, 이 사주의 설명에서는 丙火 일주에 戊土를 신이라고 하였다. 첫머리의 설명대로라면 관성인 癸水가 신이어야 하는데 내가 생한 戊土를 신이라 하였다.
> 정설(定說)은 정(精)은 生我之神(생아지신)인 인수이고, 신(神)은 剋我之神(극아지신)인 관살이다. 이 사주의 설명에 식상을 신(神)이라 하였으니 역자(譯者) 역시 혼란스럽다. 정설은 정(精)은 인수이고 신(神)은 관이다.

庚　丙　乙　癸
寅　辰　卯　未

己　庚　辛　壬　癸　甲
酉　戌　亥　子　丑　寅

此造以大勢觀之, 官印相生, 偏財時遇, 五行不缺, 四柱純粹儼然
차조이대세관지　관인상생　편재시우　오행불결　사주순수엄연

貴格, 不知財官兩字休囚, 又遙隔不能相顧, 支全寅卯辰, 春土剋盡,
귀격　부지재관양자휴수　우요격불능상고　지전인묘진　춘토극진

不能生金, 金臨絶地, 不能生水, 水之氣盡洩于木, 木之勢愈旺而
불능생금　금임절지　불능생수　수지기진설우목　목지세유왕이

火熾, 火熾則氣斃, 氣斃則神枯,
화치　화치즉기폐　기폐즉신고

　이 명조의 대국적인 형세는 관인(官印)이 상생하고 시에 편재가 있으며 木 火 土 金 水가 다 있고 사주가 순수하니 엄연히 귀격(貴格)이라 할 것이다.

　그러나 이 명조는 재관이 휴수(休囚)되고 또한 멀리 떨어져 있어 서로 돌아볼 수 없는데 지지가 寅卯辰 동방을 이루니 춘토(春土)는 극진(剋盡)되어 金을 생할 능력이 없고 金 역시 절지에 앉아 水를 생하지 못한다.

　水는 木에게 설기되어 그 힘이 다하였고 木은 水의 생으로 더욱 왕해지니 火가 더욱 치열하다. 火가 치열한즉 기(氣)가 말라 죽게 되고 기가 죽으니 신(神)이 마르는 이치를 모르고 하는 말이다.

*缺(결)-이지러질 결. 모자랄 결. 나오지 않을 결.
*儼(엄)-공근할 엄. 근엄할 엄.

*儼然(엄연)-근엄한 모양.
*斃(폐)-넘어뜨릴 폐. 넘어질 폐(죽여 넘어지게 함).

行運北方, 又傷丙火之氣, 反助木之精, 卽逢金運, 所謂過于有餘,
행운북방　우상병화지기　반조목지정　즉봉금운　소위과우유여

損之反觸其怒, 以致終身碌碌, 名利無成也,
손지반촉기노　이치종신녹녹　명리무성야

운이 북방으로 행하여 또 丙火의 기를 손상하고 도리어 木의 정(精)을 돕는다. 곧 金 운을 만났으나 이른바 지나치게 유여한 왕신을 손상하려 하니 반대로 왕신이 격노하게 된다. 이런 까닭으로 종신토록 녹록(碌碌)한 삶을 살았고 명리(名利)를 이루지 못하였다.

> 역자주 | 밑줄 "行運北方, 又傷丙火之氣, 反助木之精(행운북방, 우상병화지기, 반조목지정)"은 이해가 잘 안 된다. 北方 水 운에 丙火의 기(氣)를 손상하고 도리어 水는 木의 인수로 木을 더욱 왕하게 하여 나쁘다는 말인데, 여기에서 丙火의 기(氣)는 손상치 못하고 도리어 木의 기운만 보태서 나쁜 것이다. 又傷丙火之氣(우상병화지기)는 不傷丙火之氣(불상병화지기)이어야 맞는 말이다.

己 丙 乙 戊
丑 辰 丑 戌

己 庚 辛 壬 癸 甲
未 申 酉 戌 亥 子

此四柱皆土, 命主元神洩盡, 月干乙木凋枯, 所謂精氣枯索, 運逢
차사주개토 명주원신설진 월간을목조고 소위정기고삭 운봉

壬戌, 本主受傷, 年逢辛未, 緊剋乙木, 卒於九月, 患弱症而亡, 此
임술 본주수상 년봉신미 긴극을목 졸어구월 환약증이망 차

造運用逆行, 大抵是右命,
조운용역행 대저시우명

이 사주는 다 土로 이루어져 있어 원신이 설진(洩盡)되었다. 월상의 乙木은 조고(凋枯)하니 丙火를 생할 힘이 없다. 이른바 정기가 고삭(枯索)되었다.

壬戌 운은 丙火 일주가 손상을 받는데 辛未 세운에 乙木을 극하니 그해 九月에 허약증으로 죽었다. 이 명조는 운이 역행하니 여명(女命)인 듯하다.

*凋(조)-시들 조.　　　　　　　*索(삭. 색)-노 삭. 꼴 삭. 다할 삭. 찾을 색.
*凋枯(조고)-시들어 마름.　　　*枯索(고삭)-말라서 없음. 말라서 다함.

月 令 월령

月令乃提綱之府. 譬之宅也. 人元爲用事之神. 宅之定向
월 령 내 제 강 지 부　비 지 택 야　인 원 위 용 사 지 신　택 지 정 향

也. 不可以不卜.
야　불 가 이 불 복

　　월령은 제강(提綱)이 거처하는 곳이니 비유하면 사람이 기거하는 집과 같다.
인원(人元)이 용사하는 것은 집의 향(向)을 정하는 것과 같으니 잘 살피지 않으
면 안 되는 것이다.

　　*府(부)－곳집 부. 마을 부. 도읍 부.　　*向(향)－향할 향. 북창 향. 향방 향.
　　*宅(택)－집 택. 묏자리 택. 자리 잡을 택.　*卜(복)－점 복. 점칠 복. 상고할 복(생각함).

原注 원주

令星乃三命之至要. 氣象得令者吉. 喜神得令者吉. 令其可忽乎. 月令
령 성 내 삼 명 지 지 요　기 상 득 령 자 길　희 신 득 령 자 길　령 기 가 홀 호　월 령

如人之家宅. 支中之三元. 定宅中之向道. 不可以不卜. 如寅月生人.
여 인 지 가 택　지 중 지 삼 원　정 택 중 지 향 도　불 가 이 불 복　여 인 월 생 인

立春後七日前. 皆値戊土用事. 八日後十四日前者. 丙火用事. 十五日
입 춘 후 칠 일 전　개 치 무 토 용 사　팔 일 후 십 사 일 전 자　병 화 용 사　십 오 일

後. 甲木用事. 知此則可以取格. 可以取用矣.
후　갑 목 용 사　지 차 즉 가 이 취 격　가 이 취 용 의

【원주】

　　월령은 사주에 있어서 가장 중요한 것으로 사주의 기상(氣象)이 월령을 득하면 길
하고 희신이 월령을 득하여도 길하니 월령을 어찌 소홀히 할 수 있겠는가. 월령은
사람이 거처하는 가택과 같고 지지에 소장된 삼원(三元)은 집의 향도(向道)와 같은
것이니 잘 살피지 않으면 안 되는 것이다.

　가령 寅월에 태어났다면 입춘 후부터 7일까지는 戊土가 용사하고 8일 후부터 14
일까지는 丙火가 용사하며 15일 후는 甲木이 용사하는 것이다. 이를 알면 가히 격을
취할 수 있고 용신을 취할 수 있다.

*忽(홀)－홀연히 홀. 소홀히 할 홀.　　　　　*値(치)－만날 치. 가질 치. 값 치.

任氏曰임씨왈,

月令者, 命中之至要也, 氣象格局用神, 皆屬提綱司令, 天干又有
월령자　명중지지요야　기상격국용신　개속제강사령　천간우유

引助之神, 譬如廣廈不移之象, 人元用事者, 卽此月此日之司令神
인조지신　비여광하불이지상　인원용사자　즉차월차일지사령신

也, 如宅中之向道, 不可不卜,
야　여택중지향도　불가불복

　임 선생님이 말씀하였다.

　월령(月令)이란 사주에서 가장 중요한 것으로 기상, 격국, 용신이 제강의 사령에
속하고 천간에서 또 돕는 신(神)이 있으면 비유하여 옮길 수 없는 큰집과 같은
것이다.

　인원(人元)이 용사한다는 것은 곧 이 달 이 날의 사령신(司令神)을 말하는 것이
다. 가택의 향도(向道)와 같은 것으로 잘 살피지 않으면 안 되는 것이다.

*屬(속. 촉)－좇을 속. 엮을 속. 이을 촉. 따를　*廣(광)－넓을 광. 넓다. 넓히다. 넓어지다.
　촉.　　　　　　　　　　　　　　　　　　*廈(하)－큰 집 하. 큰 집.
*提(제)－끌 제. 거느릴 제.　　　　　　　　*移(이)－옮길 이. 옮기다. 딴 데로 가다. 변
*譬(비)－비유할 비. 비유컨대 비.　　　　　　　하다. 나아가다. 미치다. 떠나다. 피하다.

地理元機云, 宇宙有大關會, 氣運爲主, 山川有眞性情, 氣勢爲先,
지리원기운 우주유대관회 기운위주 산천유진성정 기세위선

所以天氣動于上, 而人元應之, 地氣動于下, 而天氣從之, 由此論
소 이천기동우상 이인원응지 지기동우하 이천기종지 유차론

之, 人元司令, 雖助格輔用之首領, 然亦要天地相應爲妙, 故知地
지 인원사령 수조격보용지수령 연역요천지상응위묘 고지지

支人元, 必得天干引助, 天干爲用, 必要地支司令, 總云人元必須
지인원 필득천간인조 천간위용 필요지지사령 총운인원필수

司令, 則能引吉制凶, 司令必須出現, 方能助格輔用,
사령 즉능인길제흉 사령필수출현 방능조격보용

지리원기에 이르데, "우주의 대관회(大關會)는 기운을 위주로 하고 산천은 참된
성정이 있으니 기세를 우선으로 한다. 이런 까닭에 천기가 위에서 동하면 인원(人
元)이 이에 응하고 지기(地氣)가 아래에서 동하면 천기(天氣)가 이에 따른다"라고
하였다. 이에 연유하여 논하건대 인원의 사령이 비록 격국과 용신을 돕는 수령(首
領)이나 그러나 중요한 것은 천간과 지지가 서로 응해야 아름다운 것이다.

그러므로 지지의 인원은 반드시 천간의 인조(引助)를 얻어야 하고 천간을 용신
으로 할 때는 반드시 지지에 사령되어야 하는 것을 알아야 한다.

전체적으로 인원이 모름지기 사령되어야 길한 것을 이끌어 주고 흉한 것을 억제
할 수 있으며 사령한 신(神)이 모름지기 천간에 나타나야 비로소 격과 용신을 도울
수 있는 것이다.

*關(관)－문빗장 관. 잠글 관. 관문 관. 관계
할 관.
*應(응)－응달 응. 응할 응.
*輔(보)－광대뼈 보. 재상 보. 도울 보.

*領(령. 영)－목 령. 옷깃 령. 다스릴 령. 거느
릴 령.
*總(총)－거느릴 총. 모두 총. 부사어로는 모
두. 언제나. 늘. 줄곧 등으로 쓰임.

如寅月之戊土, 巳月之庚金, 司令出見, 可置弗論也, 譬如寅月生
여인월지무토 사월지경금 사령출현 가치불론야 비여인월생

人, 戊土司令, 甲木雖未及時, 戊土雖則司令, 天干不透火土而透
인 무토사령 갑목수미급시 무토수즉사령 천간불투화토이투

水木, 謂地衰門旺, 天干不透水木而透火土, 謂門旺地衰, 皆吉凶
수목 위지쇠문왕 천간불투수목이투화토 위문왕지쇠 개길흉

參半,
참반

　가령 寅월의 戊土와 巳월의 庚金이 사령신이 천간에 출현하였다면 버리고 논
하지 말라.

　또 寅월에 태어난 사람이 戊土가 사령할 때라면 甲木은 아직 때가 이르지
않았는데 戊土가 비록 사령한다고 하나 천간에 火土는 투출하지 않고 水木이
투출하였다면 이를 일러 지쇠문왕(地衰門旺)이라 하고, 천간에 水木은 투출하지
않고 火土가 투출하였으면 이를 일러 문왕지쇠(門旺地衰)라 한다. 길흉(吉凶)은
반반이다.

*置(치)-둘 치. 놓을 치. 버릴 치.　　　　　*譬(비)-비유할 비. 비유 비.

역자주　○ 밑줄 "如寅月之戊土, 巳月之庚金, 司令出見, 可置弗論(여인월지무토, 사월지경금, 사령
출현, 가치불론)"은 가령 寅월의 戊土와 巳월의 庚金이 사령(司令)한 오행이 천간에 출현
하였을 경우 이는 버리고 논하지 말라는 것인데 이는 이해가 안 된다.
사령한 것이 천간에 나타났으면 당연히 용신으로 쓸 수 있는데 어찌 버리라고 하는 것
일까. 이는 필사 과정에서 착오인 듯하다.
뜻을 맞게 하자면, 寅월의 戊土와 巳월의 庚金이 사령한 신(神)이 천간에 나타나지 않
았으면 버리고 논하지 말라고 하여야 맞는 것이다. 寅월은 木이 왕하니 土는 허한데 더
욱 戊土가 사령하지 못하고 천간으로도 출현함이 없다면 戊土를 용신으로 쓸 수 없다
는 뜻이고, 또 巳월은 火가 왕하니 金은 당연히 허약한데 庚金이 사령하지도 않고 천간
으로 투출한 것도 없으면 庚金으로 용신을 삼을 수가 없다는 것이다.
즉, 이 글에서는 사령출현(司令出見)은 무사령출현(無司令出見)인 것이다. 사령되지도
않았고 출현함도 없으면 쓰지 못한다는 뜻이다. 『적천수징의』에는 무사령출현(無司令出
現)이라고 되어 있다.

○ 寅월에 생한 사람이 戊土가 사령하여 甲木은 아직 때가 이르지 않았을 때,
　가. 천간으로 火土는 투출함이 없고 水木이 투출하였으면 이를 일러 문왕지쇠(門旺地

衰)라 하고,

나. 천간에 水木은 투출하지 않고 火土가 투출하였으면 이를 일러 지쇠문왕(地衰門旺)
이라 한다. 라고 원문에 기록하고 있는데 이 말이 애매하다. 문왕지쇠(門旺地衰)나
지쇠문왕(地衰門旺)이나 표현의 차이일 뿐 뜻이 같지 아니한가.

'가.'의 글에도 문(門)은 왕(旺)하고 지(地)는 쇠(衰)하고, '나.'의 글에도 문(門)은 왕
(旺)하고 지(地)는 쇠(衰)하다. 문(門)은 용사(用事)하는 신(神)을 뜻하고 지(地)는 월령
을 뜻한다면 가. 항은 문쇠지왕(門衰地旺)이어야 뜻이 확실할 것 같다.
이는 역자의 생각이니 잘못되었을 수도 있다.

如丙火司令, 四柱無水, 寒木得火而繁華, 相火得木而生助, 謂門
여 병 화 사 령　사 주 무 수　한 목 득 화 이 번 화　상 화 득 목 이 생 조　위 문

地兩旺, 福力非常也, 如戊土司令, 木透干支藏水, 謂門地同衰,
지 양 왕　복 력 비 상 야　여 무 토 사 령　목 투 간 지 장 수　위 문 지 동 쇠

禍生不測矣, 餘月依此而論,
화 생 불 측 의　여 월 의 차 이 론

가령 丙火가 사령하고 사주 원국에 水가 없으면 寅월은 아직 한기(寒氣)가 남아
있으니 한목(寒木)이 火를 얻어 무성하게 되고 火는 木의 생조를 받으니 이는 문지
양왕(門地兩旺)으로 복력(福力)이 비상하다.

가령 戊土가 사령할 때 木이 천간에 투출하고 지지에 水가 암장(暗藏)되어 있으
면 이는 문지동쇠(門地同衰)이니 재앙을 예측할 수 없다. 寅月이 이와 같으니 나머
지 달도 이와 같이 논한다.

*繁(번)-많을 번. 성할 번. 무성할 번.　　*非常(비상)-보통이 아님. 심상(尋常)하지
*華(화)-꽃 화. 꽃필 화. 빛 화.　　　　　아니함.
*繁華(번화)-초목이 무성하고 꽃이 화려하　*透(투)-뛸 투. 던질 투. 환할 투.
　게 핌. 화려함.　　　　　　　　　　　*測(측)-잴 측. 재어질 측.

```
丙 戊 丙 甲
辰 寅 寅 戌

壬 辛 庚 己 戊 丁
申 未 午 巳 辰 卯
```

戊寅日元, 生于立春十五日後, 正當甲木司令, 地支兩寅緊剋辰戌
무인일원 생우입춘십오일후 정당갑목사령 지지양인긴극진술

之土, 天干甲木, 又制日干之戊, 似乎煞旺身弱, 然喜無金, 則日
지토 천간갑목 우제일간지무 사호살왕신약 연희무금 즉일

元之氣不洩, 更妙無水, 則丙火之印不壞, 尤羨貼身透丙, 化殺生
원지기불설 갱묘무수 즉병화지인불괴 우선첩신투병 화살생

身, 由甲榜而懸青綬, 從副尹以躋黃堂, 名利雙收也,
신 유갑방이현청수 종부윤이제황당 명리쌍수야

戊寅 일원이 입춘 15일 후에 생하여 바로 甲木이 사령하는 때이다. 지지의 두
寅이 辰戌 土를 바로 옆에서 극하고 또 천간의 甲木이 戊土를 극하니 마치 살이
왕하여 신약한 사주로 보인다.

그러나 기쁜 것은 金이 없어 일주의 기가 설되지 않는데 더욱 묘(妙)한 것은
水가 없어 인수인 丙火가 손상되지 않는 것이다.

더욱 좋은 것은 丙火가 일주에 바짝 붙어 있으며 투출한 것이다. 이러므로 갑방
(甲榜)에 올라 청수(青綬)를 걸고 부윤(副尹)을 거처 황당(黃堂)에 올랐으며 명리가
양전하였다.

*尤(우)－더욱 우. 허물 우. 탓할 우.
*羨(선)－부러워할 선. 지날 선.
*貼(첩)－붙을 첩. 붙일 첩.
*懸(현)－달 현(매닮). 걸 현. 현격할 현.

*青綬(청수)－벼슬아치로 임명(任命)되어 임
  금으로부터 받는 표장(標章).
*躋(제)－오를 제(높은 곳에 올라감. 자꾸 진보
  함).

庚　戊　丙　甲
申　辰　寅　戌

壬　辛　庚　己　戊　丁
申　未　午　巳　辰　卯

戊辰日元, 生于立春後六日, 正戊土司令, 月透丙火, 生化有情,
무진일원　생우입춘후육일　정무토사령　월투병화　생화유정

日支坐辰, 通根身旺, 又得食神制殺, 俗論比之, 勝于前造, 不知
일지좌진　통근신왕　우득식신제살　속론비지　승우전조　부지

嫩木寒土皆喜火, 況殺旣化不宜再制, 所嫌者, 申時不但日主洩氣,
눈목한토개희화　황살기화불의재제　소혐자　신시부단일주설기

而且丙火臨絶, 以致書香難遂, 一生起倒不甯, 半世刑喪不免也,
이차병화임절　이치서향난수　일생기도불녕　반세형상불면야

　　戊辰 일원이 입춘 후 6일에 생하니 바로 戊土가 사령한다. 월에 丙火가 투출하여 살인상생으로 생화(生化)가 유정하다. 일주는 좌하의 辰에 통근하여 신왕하고 또 식신으로 제살하니 속론하면 전조에 비(比)하여 좋다고 할 것이다.

　　그러나 이는 눈목(嫩木)과 한토(寒土)는 다 火를 반기는 것을 모르는 소치이다. 하물며 이미 살(殺)은 인수를 생하여 化하였는데 다시 식상으로 제하는 것은 마땅치 않은 것이다.

　　꺼리는 바는 申時로 비단 일주의 원기를 설할 뿐만 아니라 丙火 또한 절지가 되어 이런 까닭에 학문을 다하기 어려웠고 일생에 기복이 많아 편안치 않았으며 반평생이 형상(刑喪)을 면하지 못하였다.

*嫩(눈)－어릴 눈.
*況(황)－더욱 황. 비유할 황. 견줄 황.
*嫌(혐)－싫어할 혐. 의심할 혐. 미움 혐.
*但(단)－단지. 다만. 공연히. 쓸데없이. 그러나 등으로 해석.

*臨(임. 림)－임할 임(림).
*遂(수)－이룰 수. 따를 수.
*倒(도)－넘어질 도. 거슬릴 도.
*甯(녕)－차라리 녕. 편안할 녕. 어찌 녕. 寧(녕)과 소.

生 時생시

生時乃歸宿之地. 譬之墓也. 人元爲用事之神. 墓之定
생시내귀숙지지　비지묘야　인원위용사지신　묘지정

方也. 不可以不辨.
방야　불가이불변

　생시는 귀숙지(歸宿地)이니 비유하자면 묘(墓)와 같은 것이다. 인원은 용사(用事)하는 신(神)이니 묘의 방향을 정하는 것과 같으므로 분별하지 않으면 안 되는 것이다.

*歸(귀)-돌아갈 귀. 돌아올 귀.　　　*歸宿地(귀숙지)-돌아가 자는 곳(쉬는 곳).
*譬(비)-비유할 비. 비유 비.　　　　　돌아와 자는 곳.

原注원주

子時生人. 前三刻. 三分壬水用事. 後四刻. 七分癸水用事. 評其與寅
자시생인　전삼각　삼분임수용사　후사각　칠분계수용사　평기여인

月生人. 戊土用事何如. 丙火用事何如. 甲木用事何如. 局中所用之神.
월생인　무토용사하여　병화용사하여　갑목용사하여　국중소용지신

與壬水用事者何如. 癸水用事者何如. 窮其淺深如墳墓之定方道. 斯可
여임수용사자하여　계수용사자하여　궁기천심여분묘지정방도　사가

以斷人之禍福.
이단인지화복

【원주】
　子시에 태어난 사람이 전 삼각(三刻) 삼분(三分)은 壬水가 용사하고 후 사각(四刻) 칠분(七分)은 癸水가 용사한다.
　寅월에 태어난 사람을 평(評)할 때 戊土가 용사하면 어떠하고 丙火가 용사하면

어떠하며 甲木이 용사하면 어떠한가를 살피고, 또 명국에 있는 용신이 壬水가 용사하면 어떠하고 癸水가 용사하면 어떠한지 그 심천(深淺)을 살피는 것은 분묘의 방도 (方道)를 정하는 것과 같으니 이것으로 가히 사람의 화복을 판단할 수 있는 것이다.

*評(평)-품평 평.

*淺(천)-얕을 천. 엷을 천.

*深(심)-깊을 심. 깊이 심.

*淺深(천심)-얕음과 깊음.

*墳(분)-무덤 분. 언덕 분.

*墳墓(분묘)-무덤. 구묘(丘墓).

*一刻(일각)-15분.

*方道(방도)-좌향(坐向).

至同年月日而百人各一應者. 當究其時之先後. 又論山川之異. 世德之
지동년월일이백인각일응자   당구기시지선후   우론산천지이   세덕지

殊. 十有九驗. 其有不驗者. 不過此則有官. 彼則子多. 此則多財. 彼則
수   십유구험   기유불험자   불과차즉유관   피즉자다   차즉다재   피즉

妻美. 爲小異耳.
처미   위소이이

같은 年 月 日에 태어나도 백 사람이 각기 자기의 명운을 타고나니 마땅히 그 時의 선후를 살피고 또 산천의 다름과 세덕(世德)의 차이 등을 살펴보면 열에 아홉은 맞는다. 맞지 않는 것은 이쪽은 벼슬이 있으면 저쪽은 자식이 많다든지 이쪽은 재물이 많은데 저쪽은 부인이 아름답다든지 하는 작은 차이에 불과한 것이다.

夫山川之異. 不惟東西南北. 逈乎不同者. 宜辨之. 卽一邑一家. 而風
부산천지이   불유동서남북   형호부동자   의변지   즉일읍일가   이풍

聲氣習. 不能一律也. 世德之殊. 不惟富貴貧賤. 絶乎不侔者宜辨之.
성기습   불능일률야   세덕지수   불유부귀빈천   절호불모자의변지

卽同門共戶. 而善惡邪正. 不能盡齊也. 學者察此. 可以知其興替矣.
즉동문공호   이선악사정   불능진제야   학자찰차   가이지기흥체의

대저 산천의 다름은 동서남북의 방향뿐만 아니라 출생지가 멀리 다르다면 마땅히 분별하여야 한다.

같은 마을의 집이라도 풍성기습(風聲氣習)이 같을 수 없는 것이며 세덕(世德)의 다름이란 부귀빈천뿐만 아니고 행실이 절대로 같지 않으니 마땅히 분별하여야 하며,

설령 같은 문중(門中)의 집이라도 선악사정(善惡邪正)이 같지 않으니 학자는 이러한 모든 것을 볼 줄 알아야 가히 흥체(興替)를 알 수 있다.

* *一應(일응)—모두. 일체(一切).
* *逈(형)—멀 형. 빛날 형.
* *風聲氣習(풍성기습)—가풍(家風)과 습속(習俗).
* *侔(모)—같을 모(균등함).
* *替(체)—폐할 체. 멸할 체. 쇠할 체.
* *興替(흥체)—일어남과 쇠락(衰落)함.

任氏曰임씨왈,

子時前三刻三分壬水用事者, 乃亥中餘氣, 卽所謂夜子時也, 如大
자시전삼각삼분임수용사자 내해중여기 즉소위야자시야 여대
雪十日前, 壬水用事之謂也, 餘時亦有前後用事, 須從司令一例而推,
설십일전 임수용사지위야 여시역유전후용사 수종사령일예이추

임 선생님이 말씀하였다.

子時에 있어 전(前) 삼각(三刻) 삼분(三分)은 壬水가 용사한다는 것은 亥中의 여기(餘氣)로 곧 야자시(夜子時)를 이르는 것이다. 대설 후 10일까지는 壬水가 용사하는 것과 같은 것이다. 나머지 時도 전후로 용사가 역시 있으니 모름지기 사령하는 것에 좇아서 같은 예로써 추리하여야 한다.

如生時用事, 與月令人元用事相附, 是日主之所喜者, 加倍興隆,
여생시용사 여월령인원용사상부 시일주지소희자 가배흥륭
是日主之所忌者, 必增凶禍, 生時之美惡, 譬墳墓之穴道, 人元之
시일주지소기자 필증흉화 생시지미악 비분묘지혈도 인원지
用事, 如墳墓之朝向, 不可以不辨, 故穴吉向凶, 必減其吉, 穴凶
용사 여분묘지조향 불가이불변 고혈길향흉 필감기길 혈흉
向吉, 必減其凶,
향길 필감기흉

생시의 용사(用事)도 월령에서 인원이 용사하는 것과 상부(相附)하니 이것이 일주의 희신이면 흥륭함이 배가(倍加)할 것이고 일주의 기신이면 흉화가 가중(加重)

할 것이다.

생시의 좋고 나쁨은 비유하면 분묘의 혈도(穴道)와 같고 인원의 용사는 분묘의
조향(朝向)과 같으니 분별하지 않으면 안 된다. 그러므로 혈(穴)은 길하나 향(向)이
나쁘면 반드시 그 길함이 감소되고, 혈은 흉하나 향이 좋으면 그 흉함이 감소할
것이다.

*附(부)-붙을 부. 붙일 부.　　　　　*增(증)-불을 증. 더할 증.
*相附(상부)-부합(附合)함.　　　　　*惡(악. 오)-모질 악. 나쁠 악. 미워할 오. 헐
*興(흥)-일 흥. 일으킬 흥. 기뻐할 흥.　　뜯을 오.
*隆(륭. 융)-높을 륭.　　　　　　　*穴(혈)-움 혈. 구덩이 혈. 굴 혈. 구멍 혈.
*興隆(흥륭)-흥하여 번성해짐.　　　　*減(감)-덜 감. 덜릴 감. 빼기 감.

如丙日亥時, 亥中壬水, 乃丙之煞, 得甲木用事, 謂穴凶向吉, 辛
여병일해시　해중임수　내병지살　득갑목용사　위혈흉향길　신

日未時, 未中己土, 乃辛金之印, 得丁火用事, 謂穴吉向凶, 理雖如
일미시　미중기토　내신금지인　득정화용사　위혈길향흉　이수여

此, 然時之不的當者, 十有四五, 夫時尚有不的, 又何能辨其生剋
차　연시지부적당자　십유사오　부시상유부적　우하능변기생극

乎, 如果時的, 縱不究其人元, 亦可斷其規模矣,
호　여과시적　종불구기인원　역가단기규모의

가령 丙火 일주가 亥시에 태어났다면 亥中 壬水는 丙火의 살인데 甲木이 용사
하면 혈은 흉하나 향은 길하다 하는 것이고, 또 辛金 일주가 未시에 태어났다면
未中 己土는 辛金의 인수인데 丁火가 용사하면 혈은 길하나 향이 흉하다 하는
것이다.

이치는 비록 이와 같으나 생시가 정확하지 않은 사람이 열에 네다섯이니 대저
생시가 확실치 않다면 어찌 생극을 분별하겠는가. 時가 확실하면 그 인원(人元)을
캐 들어가지 않아도 명국의 규모는 판단할 수 있다.

*煞(살)-죽일 살. 殺과 소.　　　　　*模(모)-법 모. 본 모. 본뜰 모.
*規(규)-법 규. 경계 규. 바로잡을 규.　*規模(규모)-법(法). 본보기. 물건의 구조.

실제로 마땅히 덜어내야 할 것을 덜어냈는데 도리어 흉하고 실제로 당연히 더하여야 할 것을 더하였는데 도리어 해가 되는 경우가 있으니, 이러한 진기(眞機)를 안다면 삼명(三命)의 오묘한 이치를 상찰(詳察)함에 무슨 어려움이 있겠는가.

*損(손)－설(洩)과 상(傷). 여기서는 주로 상　　*詳察(상찰)－자세히 살핌.
　(傷)을 의미하나 설(洩)도 포함됨.　　　　*微奧(미오)－정미(精微)하고 오묘함.
*益(익)－방(幫)과 조(助).

역자주　밑줄의 比(비)는 此(차)자의 오자(誤字)이다.

任氏曰임씨왈,
得時俱爲旺論, 失令便作衰看, 雖是至理, 亦死法也, 夫五行之氣,
득시구위왕론　실령편작쇠간　수시지리　역사법야　부오행지기
流行於四時, 雖曰干各有專令, 而其實專令之中, 亦有並存者在,
유행어사시　수일간각유전령　이기실전령지중　역유병존자재
如春木司令, 甲乙雖旺, 而此時休囚之戊己, 亦未嘗絶于天地也,
여춘목사령　갑을수왕　이차시휴수지무기　역미상절우천지야
冬水司令, 壬癸雖旺, 而此時休囚之丙丁, 亦未嘗絶于天地也, 特時
동수사령　임계수왕　이차시휴수지병정　역미상절우천지야　특시
當退避, 不敢爭先, 而其實春土何嘗不生萬物, 冬日何嘗不照萬國乎,
당퇴피　불감쟁선　이기실춘토하상불생만물　동일하상부조만국호

임 선생님이 말씀하였다.

득령하면 모두 왕한 것으로 논하고 실령하면 쇠한 것으로 보는 것은 비록 이치에 맞는 말이나 그러나 사법(死法)이다. 대저 오행의 기(氣)는 사시로 운행하는데 비록 日干에도 각기 사령하는 것이 있으니 사령하는 가운데에 다른 것도 함께 있는 것이다.

가령 봄에는 木이 사령하니 甲乙이 비록 왕하나 이때 휴수에 든 戊己 土라 하여 천지간(天地間)에 완전히 끊어져 없어진 것은 아니며 겨울은 水가 사령하니 壬癸 水가 비록 왕하나 이때 휴수에 든 丙丁 火라 하여 천지간에서 완전히 끊어져 없어진 것은 아니다.

마땅히 물러나 피하여야 할 시기이니 감히 앞서지는 않지만, 그러나 춘토(春土) 라 하여 어찌 만물을 생하지 아니하며 겨울이라 하여 태양이 어찌 만국을 비추지 않겠는가.

*嘗(상) - 맛볼 상. 시험할 상. 일찍 상.
*未嘗(미상) - ~을 한 적이 없다.
*絶(절) - 끊을 절. 뛰어날 절.
*特(특) - 특히 특. 다만 특.
*退(퇴) - 물러날 퇴. 물리칠 퇴.
*避(피) - 피할 피.

*敢(감) - 굳셀 감. 감히 감.
*不敢(불감) - 감히 하지 못함.
*未嘗不(미상불) - 일찍이 ~을 하지 않은 경우가 없다. 과연 아닌 게 아니라.
*照(조) - 비칠 조. 비출 조. 거울 조.

況八字雖以月令爲重, 而旺相休囚, 年日時中, 亦有損益之權, 故
황 팔자수이월령위중   이왕상휴수   년일시중   역유손익지권 고

生月卽不値令, 亦能値年値日値時, 豈可執一而論, 有如春木雖强,
생월즉불치령   역능치년치일치시   기가집일이론   유여춘목수강

金太重而木亦危, 干庚辛而支申酉, 無火制而不富, 逢土生而必夭,
금태중이목역위   간경신이지신유   무화제이불부   봉토생이필요

是得時不旺也, 秋木雖弱, 木根深而木亦强, 干甲乙而支寅卯, 遇
시득시불왕야   추목수약   목근심이목역강   간갑을이지인묘   우

官透而能受, 逢水生而太過, 是失時不弱也,
관투이능수   봉수생이태과   시실시불약야

항차 사주팔자는 월령의 비중이 비록 크지만 왕상휴수는 年 日 時에도 손익(損益)의 힘이 있는 것이다. 고로 생월이 시령을 얻지 못하였더라도 年 日 時에서 만날 수 있으니 어찌 한 가지만으로 논할 수 있겠는가.

또 가령 봄에는 木이 비록 강하나 金이 태중하면 木 역시 위태한데 천간으로 庚辛 金이 있고 지지에 申酉가 있는 경우는 火의 제(制)함이 없으면 부(富)할 수 없고 더욱 土의 생까지 있으면 반드시 요사(夭死)한다. 이것이 시령을 얻고서도 왕하지 못한 것이다.

가을은 木이 비록 약하나 木이 뿌리가 깊으면 木 역시 강해질 수 있는데 천간에

甲乙이 투출하고 지지로 寅卯가 있으면 관이 투출하여도 능히 받아들일 수 있으며, 水의 생이 있으면 태과하게 되니 이것이 실시(失時)하고도 약하지 않은 것이다.

*値(치)−만날 치. 당할 치. 가질 치. 값 치.　*逢(봉)−만날 봉. 맞을 봉.
*執(집)−잡을 집. 막을 집.　　　　　　　*深(심)−깊을 심. 깊게 할 심.

是故日干不論月令休囚,　只要四柱有根,　便能受財官食神而當傷
시고일간불론월령휴수　　지요사주유근　　편능수재관식신이당상

官七殺,　長生祿旺,　根之重者也,　墓庫餘氣,　根之輕者也,　天干得一
관칠살　장생록왕　근지중자야　　묘고여기　근지경자야　　천간득일

比肩,　不如地支得一餘氣墓庫,　墓者,　如甲乙逢未,　丙丁逢戌,　庚辛
비견　불여지지득일여기묘고　묘자　여갑을봉미　병정봉술　경신

逢丑,　壬癸逢辰之類是也,　餘氣者,　如丙丁逢未,　甲乙逢辰,　庚辛
봉축　임계봉진지류시야　여기자　여병정봉미　갑을봉진　경신

逢戌,　壬癸逢丑之類是也,
봉술　임계봉축지류시야

이런 까닭에 일간은 월령의 휴수를 논할 것이 아니라 오직 사주에 뿌리가 있음을 요하며 뿌리가 실하다면 능히 재, 관, 식신을 받아들일 수 있으며 상관과 칠살도 감당할 수 있는 것이다. 장생과 녹왕은 튼튼한 뿌리이고 묘고(墓庫)와 여기(餘氣)는 가벼운 뿌리이다.

천간의 비견 하나는 지지의 여기나 묘고 하나만 못하다. 묘고(墓庫)란 甲乙은 未이고 丙丁은 戌이고 庚辛은 丑이고 壬癸는 辰이다. 여기(餘氣)란 丙丁은 未이고 甲乙은 辰이고 庚辛은 戌이고 壬癸는 丑이다.

*休(휴)−쉴 휴. 편안할 휴. 놓을 휴.　　　*輕(경)−가벼울 경. 가벼이 여길 경.
*囚(수)−가둘 수. 포로 수.　　　　　　　*肩(견)−어깨 견. 견디다. 이겨내다.
*祿(녹. 록)−녹은 비견이니 형으로 봄.　　*類(류)−무리 류. 같을 류. 대개 류.

得二比肩, 不如支中得一長生祿旺, 如甲乙逢亥寅卯之類是也, 蓋
득 이 비 견　불 여 지 중 득 일 장 생 록 왕　여 갑 을 봉 해 인 묘 지 류 시 야　개

比肩如朋友之相扶, 通根如家室之可託, 干多不如根重, 理固然也,
비 견 여 붕 우 지 상 부　통 근 여 가 실 지 가 탁　간 다 불 여 근 중　이 고 연 야

今人不知此理, 見是春土夏水秋木冬火, 不問有根無根, 便謂之弱見,
금 인 부 지 차 리　견 시 춘 토 하 수 추 목 동 화　불 문 유 근 무 근　편 위 지 약 견

是春木夏火秋金冬水, 不究剋重剋輕, 便謂之旺,
시 춘 목 하 화 추 금 동 수　불 구 극 중 극 경　편 위 지 왕

　　천간의 비견 둘이 지지의 장생이나 녹왕 하나만 같지 못하니 예를 들면, 甲乙
木이 지지의 亥 寅 卯 등이 이것이다. 대체로 비견이란 붕우(朋友)의 도움과 같은
것이고 통근이란 가실(家室)에 의탁함과 같은 것이니 천간에 비견이 많은 것은
지지에 뿌리가 튼튼한 것만 못하다. 이 이치는 확실하다.

　　요즘 사람들은 이러한 이치를 모르니 춘토(春土), 하수(夏水), 추목(秋木), 동화(冬
火)를 보면 뿌리가 있는지 없는지 불문하고 약하다 하고 또 春木 夏火 秋金 冬水
는 극이 심한지 가벼운지는 살피지 아니하고 왕하다 한다.

*蓋(개)-부사어로 대체로. 대략. 모두. 대　　*室(실)-집 실. 집. 건물. 방. 거처.
　저. 무릇. 때로는 해석하지 않기도 함.　　*便(편. 변)-편할 편. 편의 편. 곧 변(문득).
*朋(붕)-벗 붕. 벗. 친구. 무리. 떼.　　　　　오줌 변.
*固(고)-굳을 고. 진실로 고. 항상 고. 부사　*究(구)-궁구할 구. 다할 구.
　어로는 단호히. 확실히. 진실로. 여전히 등　*謂(위)-이를 위. 이름 위. 까닭 위.
　으로 해석.

更有壬癸逢辰, 丙丁逢戌, 甲乙逢未, 庚辛逢丑之類, 不以爲通根
갱 유 임 계 봉 진　병 정 봉 술　갑 을 봉 미　경 신 봉 축 지 류　불 이 위 통 근

身庫, 甚至求刑沖以開之, 竟不思刑沖傷吾本根之氣, 此種謬論,
신 고　심 지 구 형 충 이 개 지　경 불 사 형 충 상 오 본 근 지 기　차 종 류 론

必宜一切掃除也, 然此皆論衰旺之正而易者也, 更有顚倒之理存焉,
필 의 일 체 소 제 야　연 차 개 론 쇠 왕 지 정 이 이 자 야　갱 유 전 도 지 리 존 언

其理有十,
기 리 유 십

더욱 壬癸가 辰을 만나거나 丙丁이 戌을 만나거나 甲乙이 未를 만나거나 庚辛이 丑을 만나면 일주가 고(庫)에 통근한 것인데 이것을 모르니 고(庫)는 형(刑)이나 충(沖)으로 열어야 한다고 한다.

형(刑)이나 충(沖)은 나의 근본 뿌리를 손상하는데 이것을 끝내 모르고들 있다. 이런 것은 잘못된 이론이니 반드시 일체를 쓸어 없애버려야 마땅하다.

그러나 이상의 것들은 다 쇠왕을 논함에 바른 이치로 쉬운 것들이다. 그밖에 전도(顚倒)의 이치가 있으니 그 이치는 열이나 있다.

*類(류) - 무리 류. 같을 류. 비슷할 류.
*不以(불이) - 부사어로 의문사인 乎(호)와 같으며, ~이 아니겠는가. 어찌 ~이 아니겠는가.
*甚(심) - 심할 심. 심히 심.
*顚(전) - 머리 전. 꼭대기 전. 넘어질 전. 뒤집을 전.

*倒(도) - 넘어질 도. 넘어뜨릴 도.
*顚倒(전도) - 거꾸로 됨. 또 거꾸로 함. 엎어져서 넘어짐.
*更(갱. 경) - 고칠 경. 바꿀 경. 지날 경. 시각 경. 다시 갱. 부사어로는 거듭. 다시. 또한. 그밖에. 더욱. 더욱 더 등으로 해석.

木太旺者而似金, 喜火之煉也, 木旺極者而似火, 喜水之剋也, 火
목태왕자이사금　희화지련야　목왕극자이사화　희수이극야　화

太旺者而似水, 喜土之止也, 火旺極者而似土, 喜木之剋也, 土太旺
태왕자이사수　희토지지야　화왕극자이사토　희목지극야　토태왕

者而似木, 喜金之剋也, 土旺極者而似金, 喜火之煉也, 金太旺者
자이사목　희금지극야　토왕극자이사금　희화지련야　금태왕자

而似火, 喜水之濟也, 金旺極者而似水, 喜土之止也, 水太旺者而似
이사화　희수지제야　금왕극자이사수　희토지지야　수태왕자이사

土, 喜木之制也, 水旺極者而似木, 喜金之剋也,
토　희목지제야　수왕극자이사목　희금지극야

木이 태왕하면 金 같아서 火의 단련을 기뻐하고, 木이 왕극하면 火 같아서 水의 극을 기뻐한다.

火가 태왕하면 水 같아서 土의 제지(制止)함을 기뻐하고, 火가 왕극하면 土 같아서 木의 극을 기뻐한다.

土가 태왕하면 木 같아서 金의 극을 기뻐하고, 土가 왕극하면 金 같아서 火의 단련을 기뻐한다.

金이 태왕하면 火 같아서 水의 극제(剋制)를 기뻐하고, 金이 왕극하면 水 같아서 土의 지수(止水)를 기뻐한다.

水가 태왕하면 土 같아서 木의 극을 기뻐하고, 水가 왕극하면 木 같아서 金의 극을 기뻐한다.

*似(사)-같을 사. 흉내 낼 사.　　*濟(제)-건널 제. 나루 제. 도울 제.
*煉(련. 연)-달굴 련. 이길 련.　　*制(제)-지을 제. 만들 제. 누를 제. 금할 제.

木太衰者而似水也, 宜金以生之, 木衰極者而似土也, 宜火以生之,
목 태 쇠 자 이 사 수 야　　의 금 이 생 지　　목 쇠 극 자 이 사 토 야　　의 화 이 생 지

火太衰者而似木也, 宜水以生之, 火衰極者而似金也, 宜土以生之,
화 태 쇠 자 이 사 목 야　　의 수 이 생 지　　화 쇠 극 자 이 사 금 야　　의 토 이 생 지

土太衰者而似火也, 宜木以生之, 土衰極者而似水也, 宜金以生之,
토 태 쇠 자 이 사 화 야　　의 목 이 생 지　　토 쇠 극 자 이 사 수 야　　의 금 이 생 지

金太衰者而似土也, 宜火以生之, 金衰極者而似木也, 宜水以生之,
금 태 쇠 자 이 사 토 야　　의 화 이 생 지　　금 쇠 극 자 이 사 목 야　　의 수 이 생 지

水太衰者而似金也, 宜土以生之, 水衰極者而似火也, 宜木以生之,
수 태 쇠 자 이 사 금 야　　의 토 이 생 지　　수 쇠 극 자 이 사 화 야　　의 목 이 생 지

此五行顚倒之眞機, 學者宜細詳元元之妙,
차 오 행 전 도 지 진 기　　학 자 의 세 상 원 원 지 묘

木이 태쇠하면 水 같아서 마땅히 金으로 생하여야 하고, 木이 쇠극하면 土 같아서 마땅히 火로 생하여야 한다.

火가 태쇠하면 木 같아서 마땅히 水로 생하여야 하고, 火가 쇠극하면 金 같아서 마땅히 土로 생하여야 한다.

土가 태쇠하면 火 같아서 마땅히 木으로 생하여야 하고, 土가 쇠극하면 水 같아서 마땅히 金으로 생하여야 한다.

金이 태쇠하면 土 같아서 마땅히 火로 생하여야 하고, 金이 쇠극하면 木 같아서

마땅히 水로 생하여야 한다.

水가 태쇠하면 金 같아서 마땅히 土로 생하여야 하고, 水가 쇠극하면 火 같아서 마땅히 木으로 생하여야 한다.

이것이 오행이 전도(顚倒)된 진기(眞機)이니 학자는 마땅히 근본의 오묘한 이치를 자세히 살펴야 한다.

*顚(전)−넘어질 전. 뒤집을 전. 거꾸로 할   *細(세)−가늘 세. 작을 세. 자세할 세.
전. 머리 전. 이마 전.   *詳(상)−자세할 상. 자세히 알 상.
*倒(도)−넘어질 도. 거슬릴 도.   *元(원)−으뜸 원. 근원 원. 하늘 원.
*眞(진)−참 진. 참으로 진.   *元元(원원)−근본(根本). 근원(根源).
*機(기)−틀 기. 실마리 기〔端緒(단서)〕.   *妙(묘)−묘할 묘. 예쁠 묘.

역자주 이 글에서 "태왕(太旺)하면 설(洩)하고 왕극(旺極)하면 生하여야 한다"고 한 이 말은 종강(從强)을 이르는 말로, 왕하면 설하거나 생하는 것이 원칙(原則)인데 이때 왕극하여 생하는 것이 좋은 경우는 원국에 식상(食傷)이 없을 때라야 하는 것이다.

왕신을 극하려 하면 왕신이 격노하여 화(禍)가 발생하는 것이니 마땅히 설하여야 하고 왕함이 극에 이르렀으면 더욱 왕하게 하는 것도 광형(光亨)이 있으나 이때는 설신(洩神)이 원국에 없어야 한다.

태쇠(太衰)하거나 쇠극(衰極)하면 극하거나 설하여 쇠(衰)한 것을 더욱 쇠(衰)하게 하여야 한다는 것은 종약(從弱)을 이르는 말로, 약(弱)함이 지나쳐 방부(幫扶)를 받아들이지 못하는 경우를 설명한 것이다.

이때는 설하거나 극하여야지 방(幫)하거나 조(助)하면 오히려 흉(凶)함이 발생하는 것이다. 그러나 태왕(太旺)과 왕극(旺極)을 구분하는 기준은 모호하다. 이 말은 종강(從强)이란 뜻으로 해석하면 무난하다. 또한 태쇠(太衰)와 쇠극(衰極)도 구분하기 모호하다. 하여간 종약(從弱)으로 해석하면 무난하다.

戊 甲 丁 甲
辰 子 卯 辰

癸 壬 辛 庚 己 戊
酉 申 未 午 巳 辰

甲子日生卯月, 地支兩辰, 是木之餘氣也, 又辰卯東方, 子辰拱水,
갑 자 일 생 묘 월　지 지 양 진　시 목 지 여 기 야　우 진 묘 동 방　자 진 공 수

木太旺者似金也, 以丁火爲用, 至巳運, 丁火臨旺, 名列宮牆, 庚
목 태 왕 자 사 금 야　이 정 화 위 용　지 사 운　정 화 임 왕　명 열 궁 장　경

辛兩運, 南方截脚之金, 雖有刑耗而無大患, 未運剋去子水, 食廩
신 양 운　남 방 절 각 지 금　수 유 형 모 이 무 대 환　미 운 극 거 자 수　식 름

天儲, 午運子水沖剋, 秋闈失意, 壬申運金水齊來, 刑妻剋子, 破耗
천 저　오 운 자 수 충 극　추 위 실 의　임 신 운 금 수 제 래　형 처 극 자　파 모

多端, 癸運不祿,
다 단　계 운 불 록

　　甲子 일주가 卯월에 생하였는데 지지의 두 辰土는 木의 여기이고 또 卯辰 동방
에 子辰이 공수(拱水)하여 木을 생하므로 木이 태왕하니 金과 같아서 丁火를 용
신으로 한다.

　　巳 운에 이르러 丁火가 왕지에 임하니 이름이 궁장(宮牆)에 올랐다. 庚辛 두
운은 남방의 절각(截脚)된 金으로 비록 형모(刑耗)는 있었으나 대환(大患)은 없었다.

　　未 운은 子水를 극거하니 반궁(泮宮)에 들어가 장학생이 되었고 午 운은 子水의
충극으로 추위(秋闈)의 뜻을 이루지 못하였다. 壬申 운은 金水가 일제히 들어와
형처극자(刑妻剋子)하고 癸 운에 사망하였다.

*宮(궁)－집 궁. 대궐 궁. 종묘 궁.
*牆(장)－담 장. 경계 장.
*宮牆(궁장)－대궐의 담장. 궁원(宮垣).
*名列宮牆(명렬궁장)－과거(科擧)에 급제한
　사람의 이름을 써 붙이는 것. 즉, 과거에 급
　제함.

*截(절)－끊을 절.
*脚(각)－다리 각. 밟을 각.
*廩(름)－곳집 름. 녹미 름. 구호 름.
*儲(저)－쌓을 저. 버금 저. 동궁 저.
*食廩天儲(식름천저)－반궁(泮宮)의 장학생.
*추위(秋闈)－향시(鄕試). 초시(初試).

乙 甲 乙 癸
亥 寅 卯 卯

己 庚 辛 壬 癸 甲
酉 戌 亥 子 丑 寅

此造四支皆木, 又逢水生, <u>七木兩水</u>, 別無他氣, 木旺極者, 似火也,
차 조 사 지 개 목　우 봉 수 생　칠 목 양 수　별 무 타 기　목 왕 극 자　사 화 야

出身祖業本豊, 惟丑運刑傷, 壬子水勢乘旺, 辛亥金不通根, 支逢
출 신 조 업 본 풍　유 축 운 형 상　임 자 수 세 승 왕　신 해 금 불 통 근　지 봉

水旺, 此二十年經營, 獲利數萬, 一交庚戌, 土金並旺, 破財而亡,
수 왕　차 이 십 년 경 영　획 리 수 만　일 교 경 술　토 금 병 왕　파 재 이 망

　이 명조는 지지가 다 木인데 또 水의 생까지 있다. <u>木이 일곱이고 水가 둘로</u>
타기(他氣)는 없다.

　木이 왕극하니 마치 火와 같다. 조상의 유업이 본래 풍부한 집안에 태어났다.
丑 운에는 형상(刑傷)을 겪었고 壬子 운은 수세(水勢)가 왕하고 辛亥 운은 金은
통근치 못하고 지지로 水가 왕하니 이 20년 간 경영에 수만의 재물을 모았다. 庚戌
로 바뀌어 土金이 다 왕하여 재물을 파하고 사망하였다.

*似(사) - 같을 사. 이을 사.	*勢(세) - 세력 세. 기세 세.
*祖(조) - 조상 조. 조상. 사당. 할아비.	*乘(승) - 탈 승. 오를 승.
*惟(유) - 오직 유. 생각할 유. 생각건대 유.	*逢(봉) - 만날 봉. 맞을 봉.
*刑(형) - 형벌 형. 법 형.	*營(영) - 경영할 영. 다스릴 영.
*傷(상) - 다칠 상. 해칠 상. 근심할 상.	*獲(획) - 얻을 획. 맞힐 획.

> **역자주** 밑줄의 七木兩水(칠목양수)는 필사 과정에서 오류인 듯하다. 사주는 여덟 자로 구성되는데
> 칠목(七木) 양수(兩水)이면 글자가 아홉 자가 된다. 七木은 六木이어야 맞다. 『적천수징
> 의』에는 六木으로 되어 있다.

辛　甲　甲　乙
未　申　申　丑

戊　己　庚　辛　壬　癸
寅　卯　辰　巳　午　未

此造地支土金,　木無盤根之處,　時干辛金,　元神發透,　木太衰者,
차 조 지 지 토 금　　목 무 반 근 지 처　　시 간 신 금　　원 신 발 투　　목 태 쇠 자

似水也,　初運癸未壬午,　生木制金,　刑喪早見,　蔭庇難豊,　辛巳庚
사 수 야　　초 운 계 미 임 오　　생 목 제 금　　형 상 조 견　　음 비 난 풍　　신 사 경

辰,　金逢生地,　白手發財數萬,　己卯運土無根,　木得地,　遭回祿,　破
진　　금 봉 생 지　　백 수 발 재 수 만　　기 묘 운 토 무 근　　목 득 지　　조 회 록　　파

財萬餘,　至寅而亡,
재 만 여　　지 인 이 망

　이 명조는 지지가 다 土金으로 되어 있어 木이 뿌리를 내릴 곳이 없다. 時上의 辛金은 金의 원신(元神)이 투출한 것으로 木이 태쇠(太衰)하니 마치 水와 같다.

　초년 운이 癸未 壬午로 흘러 木을 생하고 金을 극하니 일찍이 형상(刑喪)을 당하고 선대의 유산도 풍부하지 못하였다.

　辛巳 庚辰 운으로 바뀌어 金이 생지를 만나니 맨손으로 수만의 재물을 모았으나, 己卯 운에는 土는 무근이고 木이 득지하니 화재를 당하여 만여(萬餘)의 재물을 손해 봤고 寅 운에 사망하였다.

*盤(반)−소반 반. 쟁반 반. 서릴 반. 蟠(반)과 소.
*喪(상)−망할 상. 잃을 상. 복 입을 상.
*早(조)−이를 조. 이르다. 서두르다. 젊다. 일찍. 서둘러. 젊어서. 새벽.

*豊(풍)−풍성할 풍. 풍성하다. 굽이 높은 그릇. 예도. 禮의 古字. 풍년 豐의 俗字.
*數(수)−셈 수. 이치 수. 운수 수.
*遭(조)−만날 조.
*回祿(회록)−화재(火災). 축융(祝融)과 소.

```
丙 乙 己 己
戌 酉 巳 巳

癸 甲 乙 丙 丁 戊
亥 子 丑 寅 卯 辰
```

此造地支皆逢剋洩, 天干又透火土, 全無水氣, 木衰極者, 似土也,
차조지지개봉극설　천간우투화토　전무수기　목쇠극자　사토야

初交戊辰丁, 藉豐厚之蔭庇, 美景良多, 卯運椿萱並謝, 丙運大遂
초교무진정　자풍후지음비　미경양다　묘운춘훤병사　병운대수

經營之願, 獲利萬金, 寅運剋妻破財, 又遭回祿, 乙丑支全金局,
경영지원　획리만금　인운극처파재　우조회록　을축지전금국

火土兩洩, 家業耗散, 甲子北方水地, 不祿宜矣,
화토양설　가업모산　갑자북방수지　불록의의

　이 명조는 지지가 다 극설로 이루어졌는데 천간으로 또 火土가 투출하고 물기라고는 하나도 없어 木이 쇠극하다. 그러므로 마치 水와 같다.

　초년 戊辰 丁 운에는 선대의 유업이 풍부하였고 좋은 일이 많았으나 卯 운에 부모님이 다 돌아가시었다. 丙 운에는 사업으로 크게 성공하여 만금(萬金)의 이득을 얻었다. 寅 운에는 처를 잃고 재물의 손실도 많았으며 또 화재도 당하였다. 乙丑 운은 지지에 金局을 이루니 火土가 설기당하여 가업이 많이 줄었다. 甲子 운은 북방 수지(水地)로 사망하였다.

*藉(자) – 깔개 자. 자리 자. 가령 자. 부사어로는 ~에 근거하여 ~에 의지하여 등으로 해석.
*庇(비) – 덮을 비. 감쌀 비. 의지할 비.

*萱(훤) – 원추리 훤. 망우초(忘憂草).
*謝(사) – 끊을 사. 사양할 사. 물러날 사. 시들 사.
*宜(의) – 옳을 의. 마땅할 의.

역자주
○ 밑줄 不祿宜矣(불록의의)는 不祿已矣(불록이의)와 같다.
○ 종(從)한 사주는 비견겁(比肩刦)과 인수(印綬) 운을 꺼리는데 식상으로 종하였으면, 즉 종아(從兒)이면 비겁운이 좋다고는 할 수 없어도 크게 나쁘지는 않다. 이 명조는 종아우아(從兒又兒)로 종재격이니 비겁운이 나쁜 것이다. 卯 운과 寅 운은 비겁 운으로 卯 운에 부모님이 돌아가시고 寅 운에는 극처(剋妻), 파재(破財)하고 또 화재(火災)까지 있었으며 甲子 운에 들어 북방 水地이니 사망하였다.

甲　丙　壬　乙
午　戌　午　丑

丙　丁　戊　己　庚　辛
子　丑　寅　卯　辰　巳

此丙戌日元, 月時兩刃, 壬水無根, 又逢木洩, 火太旺者, 似水也,
차병술일원　월시양인　임수무근　우봉목설　화태왕자　사수야

初運庚辰辛巳, 金逢生地, 孔懷無輔助之人, 親黨少知心之輩, 己
초운경진신사　금봉생지　공회무보조지인　친당소지심지배　기

卯得際遇, 戊寅全會火局, 及丁丑二十年, 發財四五萬, 至子運而亡,
묘득제우　무인전회화국　급정축이십년　발재사오만　지자운이망

　　丙戌 일원이 월과 시에 양인이 있고 壬水는 무근인데 또 木이 설하고 있어 火
가 태왕하여 마치 水와 같다.

　　초운이 庚辰 辛巳로 金이 생지를 만나니 형제의 도움도 없고 친척들도 마음을
알아주는 이가 없었다.

　　己卯 운에 들어 기회를 얻어 戊寅 운에는 火局을 이루고 丁丑 운까지 이십
년간 사, 오만(四, 五萬)의 재물을 이루었다. 子 운에 이르러 사망하였다.

*逢(봉)－만날 봉. 맞을 봉.
*懷(회)－품을 회. 편안할 회.
*孔懷(공회)－형제. 형제간에 의가 좋음. 대
　단히 사모함.
*輔(보)－도울 보. 도움 보. 재상 보.
*助(조)－도울 조. 도움 조.

*親黨(친당)－친척(親戚). 친척들.
*輩(배)－무리 배. 짝 배.
*際(제)－사이 제. 사귈 제. 닿을 제. 만날 제.
*際遇(제우)－시기(時期). 기회. 좋은 때를
　만남. 어진 신하가 어진 임금을 만남. 제회
　(際會)와 仝.

```
甲 丙 丁 戊
午 寅 巳 寅

癸 壬 辛 庚 己 戊
亥 戌 酉 申 未 午
```

此造丙火生孟夏, 地支兩坐長生而逢祿旺, 火旺極者, 似土也, 初
차조병화생맹하 지지양좌장생이봉록왕 화왕극자 사토야 초

運雖不逢木, 喜其南方火地, 遺緒豐盈, 讀書過目成誦, 一交庚運,
운수불봉목 희기남방화지 유서풍영 독서과목성송 일교경운

卽棄詩書, 愛嬉好遊, 揮金如土, 申運家破身亡, 此造若逢木運,
즉기시서 애희호유 휘금여토 신운가파신망 차조약봉목운

名利兩全也,
명리양전야

丙火 일주가 맹하(孟夏)에 생하고 지지에 장생이 둘이나 있고 또 녹왕이 있으니
火가 왕극하여 마치 土와 같다.

초운이 비록 木은 만나지 못하였으나 기쁜 것은 운이 남방 화지로 흐르니 유산
이 많았다. 글은 한번 읽으면 다 외울 정도로 총명하였다.

庚 운으로 바뀌어 시서(詩書)를 버리고 놀기를 좋아하여 돈을 흙 뿌리듯 하다가
申 운에 가산을 파하고 사망하였다. 이 명조에서 만약 木 운을 만났으면 명리가
양전하였을 것이다.

*緒(서)－실마리 서. 줄 서(계통).
*盈(영)－찰 영. 남을 영.
*誦(송)－욀 송. 암송하다.
*棄(기)－버릴 기.
*嬉(희)－놀 희(즐거이 놀음).
*遊(유)－놀 유. 놀이 유. 유세(遊說)할 유.

*揮(휘)－휘두를 휘.
*破(파)－깨질 파. 깨뜨릴 파.
*若(약)－좇을 약. 너 약. 같을 약. 대명사. 부
   사. 접속사로 쓰이며, 마치 ~와 같다. 또는
   이. 이러한. 비록 ~이지만 등으로 쓰이나
   해석하지 않기도 함.

辛 丁 丁 辛
丑 酉 酉 巳

辛 壬 癸 甲 乙 丙
卯 辰 巳 午 未 申

丁火生于八月, 秋金秉令, 又全金局, 火太衰者似木也, 初運乙未
정화생우팔월　추금병령　우전금국　화태쇠자사목야　초운을미

甲午, 火木並旺, 骨肉如同畫餠, 六親亦是浮雲, 一交癸巳, 干透
갑오　화목병왕　골육여동화병　육친역시부운　일교계사　간투

水, 支拱金, 出外經營, 大得際遇, 壬辰運中, 發財十餘萬,
수　지공금　출외경영　대득제우　임진운중　발재십여만

　丁火가 八月에 생하니 가을의 金이 득령하였고 또 지지에 金局을 이루니 火가 태쇠하여 마치 木과 같다.

　초운이 乙未 甲午로 火와 木이 같이 왕하니 골육(骨肉)이라 하여도 그림의 떡과 같고 육친(六親)도 역시 뜬구름과 같았다.

　癸巳 운으로 바뀌어 천간으로 水가 투출하고 지지로 金局을 이루니 외지에서 사업을 하여 壬辰 운까지 십여만의 재물을 모았다.

---

*畫(화. 획)－그림 화. 그릴 화. 가를 획. 꾀할 획.

*餠(병)－떡 병.

*畫餠(화병)－그림의 떡.

*浮(부)－뜰 부. 가벼울 부.

*雲(운)－구름 운.

*浮雲(부운)－떠다니는 구름. 뜬구름. 전하여 덧없는 인생. 또는 세상일에 비유.

*六親(육친)－父, 母, 兄, 弟, 妻, 子.

己 丙 壬 辛
亥 申 辰 亥

丙 丁 戊 己 庚 辛
戌 亥 子 丑 寅 卯

此財生殺, 殺攻身, 丙臨申, 申辰拱水, 火衰極者, 似金也, 初運辛
차재생살 살공신 병림신 신진공수 화쇠극자 사금야 초운신

卯庚寅, 東方木地, 萱椿凋謝, 祖業無恒, 至己丑運, 出外經營, 靑
묘경인 동방목지 훤춘조사 조업무항 지기축운 출외경영 청

蚨襯輦, 白鏹隨輿, 及戊子二十年, 春風吹柳, 紅綾易公子之裳, 杏
부친연 백강수여 급무자이십년 춘풍취류 홍릉이공자지상 행

露沾衣, 膏雨沐王孫之袖, 所謂有其運, 必得其福也,
로점의 고우목왕손지수 소위유기운 필득기복야

이 명조는 재가 살을 생하고 살은 일주를 공격하는데 丙火는 절지에 임(臨)하고 申辰 공수(拱水)하니 火가 쇠극하여 마치 金과 같다. 초운이 辛卯 庚寅으로 동방 목지이니 부모님이 돌아가시고 조업(祖業)도 없었다. 己丑 운에 이르러 외지에 나가 경영을 하여 돈으로 수레를 바르다시피 하고 은전(銀錢)을 마차로 실어 날랐다.

戊子 대운까지 이십 년간은 버드나무에 봄바람 부는 듯 좋았고 홍릉이공자지상(紅綾易公子之裳), 행로점의(杏露沾衣), 고우목왕손지수(膏雨沐王孫之袖)하였으니 이른바 그러한 운이라야 그 복(福)이 있는 것이다.

*蚨(부)-청부(靑蚨) 부. 靑蚨는 매미 비슷한 벌레.
*靑蚨(청부)-부유(蜉蝣)의 일종. 돈의 별칭.
*襯(친)-속옷 친. 접근할 친.
*輦(연)-연 연.
*鏹(강)-돈꿰미 강.
*輿(여)-차상 여. 수레 여. 가마 여.
*吹(취)-불 취(바람이 붐).
*柳(류)-버드나무 류.
*紅(홍)-붉을 홍. 붉은빛 홍.

*綾(릉. 능)-비단 릉(무늬가 있는 비단).
*紅綾(홍릉)-붉은 비단.
*裳(상)-치마 상.
*杏(행)-살구나무 행. 살구 행.
*沾(점. 첨)-젖을 점. 더할 첨.
*膏(고)-기름 고. 연지 고.
*膏雨(고우)-농작물을 기름지게 하는 비. 감우(甘雨-단비).
*春風吹柳(춘풍취류)-봄바람에 버들가지가 하늘거리듯 아름다움.

역자주 ○ 紅綾易公子之裳(홍릉이공자지상) : 공자들이 입는 수를 놓은 비단으로 옷을 쉽게 해 입었다.
○ 杏露沾衣(행로점의) : "행로(杏露)로 옷을 적시다. 행로(杏露)를 옷에 뿌려 화려하게 하고 다녔다"란 뜻으로, 여기에서 杏露(행로)는 직역(直譯)하면 살구 이슬인데 역자(譯者)의 생각에는 향수(香水) 이름인 듯하다.
○ 膏雨沐王孫之袖(고우목왕손지수) : 왕손이나 하는 향료와 기름으로 목욕을 하였다.

위의 세 구절은 역자가 해석한 것인데 맞다고 확언(確言)하기 어렵다. 독자의 지도(指導)를 바란다.

```
己 戊 戊 戊
未 申 午 辰

甲 癸 壬 辛 庚 己
子 亥 戌 酉 申 未
```

此造重重厚土, 生于夏令, 土太旺者, 似木也, 其用在金, 庚申運,
차조중중후토 생우하령 토태왕자 사목야 기용재금 경신운
早采芹香, 辛酉運, 辛丑年, 飲鹿鳴, 宴瓊林, 雲程直上, 壬戌運,
조채근향 신유운 신축년 음록명 연경림 운정직상 임술운
刑喪挫折, 丙午年亡,
형상좌절 병오년망

이 명조는 후토(厚土)가 중중한데 여름에 태어나니 土가 태왕하여 마치 木과 같다. 용신은 金이다.

庚申 운에 일찍이 반궁(泮宮)에 들어갔고 辛酉 대운 辛丑년에 과거에 연달아 급제하여 벼슬이 바로 올랐다. 壬戌 운은 형상(刑喪)을 당하고 丙午년에 사망하였다.

*采(채) — 캘 채. 나물 채. 채색 채.
*芹(근) — 미나리 근.
*香(향) — 향기 향. 향기로울 향.
*早采芹香(조채근향) — 일찍 반궁(泮宮)에 입학함.
*飲(음) — 마실 음. 머금을 음.

*飲鹿鳴(음록명) — 과거의 합격자〔거인(擧人)〕를 위하여 주현(州縣)의 장(長)이 환대하여 베푸는 잔치. 녹명연(鹿鳴宴)을 일컬음.
*宴(연) — 잔치 연. 잔치할 연.
*瓊(경) — 옥 경.
*林(림. 임) — 수풀 림.

*鹿(록. 녹)－사슴 록.

*鳴(명)－울 명. 울릴 명.

*鹿鳴(녹명)－시경(詩經) 소아(小雅) 가운데
의 일편. 천자가 군신(群臣)을 거느릴 때의
시(詩). 당(唐)나라에서는 장리(長吏)가 그
군현(郡縣)의 시험에 급제한 거인(擧人)을
초치(招致)한 때 그 시를 읊어서 전도를 축
복하였음.

*宴瓊林(연경림)－송대(宋代) 진사에 급제한
사람에게 위에서 베푼 잔치. 경림연(瓊林
宴).

*雲程(운정)－양양한 전도. 여기서는 벼슬
길을 이름.

*挫(좌)－꺾을 좌.

*折(절)－꺾을 절.

*挫折(좌절)－계획이 실패로 돌아감. 꺾임.

역자주　이 명조에서 壬戌 대운에 형상을 당하고 丙午 유년(流年) 운에 사망하였는데 왜 그런가.
천간에는 金이 없어 水가 들어오면 군비쟁재가 되는 연고이다. 지지로 水가 오면 申金과
辰土가 있어 오히려 발복(發福)할 수 있다. 丙午년은 왕한 土를 더욱 왕하게 할 뿐 아니라
더욱이 용신인 申金을 극거하니 사망에 이른 것이다.

己　己　丙　戊
巳　巳　辰　戌

壬　辛　庚　己　戊　丁
戌　酉　申　未　午　巳

此造四柱火土全, 無剋洩, 土旺極者, 似金也, 初運南方, 遺業豐
차 조 사 주 화 토 전　무 극 설　토 왕 극 자　사 금 야　초 운 남 방　유 업 풍

盈, 午運入泮, 己未棘闈, 拔而不擧, 一交庚申, 靑蚨化蜨, 家業漸
영　오 운 입 반　기 미 극 위　발 이 불 거　일 교 경 신　청 부 화 접　가 업 점

消, 辛酉財若春後霜雪, 事業蕭條, 壬運剋丙不祿,
소　신 유 재 약 춘 후 상 설　사 업 소 조　임 운 극 병 불 록

　이 명조는 전부가 火土로 이루어졌는데 극설이 전무(全無)하여 土가 왕극하니
마치 金과 같다.

　초년 남방 운에는 유업이 풍부하였으며 午 운에 입반(入泮)하고 己未 운에는
극위(棘闈)에 나아갔으나 등과치 못하였다. 庚申 운으로 바뀌어 돈이 나비 되어
날아가듯 가업이 점점 줄어들었고 辛酉 운에는 재물이 봄눈 녹듯 사라져 사업이
쓸쓸하였다. 壬 운에 丙火를 극하니 사망하였다.

*棘(극)-가시나무 극. 멧대추나무 극. 창
극. 빠를 극.
*闈(위)-문 위. 대궐 위. 과장 위.
*棘闈(극위)-문과의 과거를 보는 장소. 과
장(科場) 사방에 가시나무를 둘렀으므로
이름.
*拔(발)-뺄 발(뽑음). 가릴 발.
*擧(거)-들 거. 일으킬 거.
*蜨(접)-나비 접. 蝶(접)과 仝.

*漸(점)-차차 점. 차례 점.
*霜(상)-서리 상. 흰 상. 백발 상.
*雪(설)-눈 설. 흰 설.
*霜雪(상설)-서리와 눈. 마음이 결백하고
엄함의 비유.
*蕭(소)-맑은 대쑥 소. 쓸쓸할 소. 불 소(바
람이 부는 소리).
*條(조)-가지 조. 조리 조. 법규 조.
*蕭條(소조)-쓸쓸한 모양.

> **역자주** 이 사주가 종강(從强)인 것은 확실하나 월령이 辰月이고 巳中에 庚金이 있고 戌中에 辛金
> 이 있는데 庚申 辛酉 운에 봄에 눈 녹듯이 재물이 줄었다는 설명은 그러려니 하면서도 의
> 문은 간다. 독자들의 판단에 맡긴다. 또한 壬 운에 병화를 극하여 사망하였다는 설명도 지
> 나치다. 壬 운에 丙火와 불화하여 나쁜 것은 맞는 말이나 군비쟁재가 더 나을 것 같다.

癸 戊 辛 壬
丑 子 亥 辰

丁 丙 乙 甲 癸 壬
巳 辰 卯 寅 丑 子

此造支類北方, 水勢汪洋, 天干又透金水, 土太衰者, 似火也, 運
차조지류북방 수세왕양 천간우투금수 토태쇠자 사화야 운

至甲寅乙卯, 干支皆木, 名成利遂, 一交丙運, 刑妻剋子, 破耗多
지갑인을묘 간지개목 명성이수 일교병운 형처극자 파모다

端, 至丁丑運, 歲運火土, 暗傷體用, 得風疾而亡,
단 지정축운 세운화토 암상체용 득풍질이망

이 명조는 亥子丑 북방을 이루고 있어 수세(水勢)가 왕양한데 천간에 또 金水가
투출하니 土가 태쇠하여 마치 火와 같다.

운이 甲寅 乙卯에 이르러 간지가 다 木으로 명리가 따랐으나 丙 운으로 바뀌자
처와 자식을 잃고 재산도 많이 줄었다. 丁丑 운에 이르러 세운에 火土를 만나
체용이 암상(暗傷)되어 풍질(風疾)을 얻어 사망하였다.

*汪(왕)-넓을 왕. 바다 왕.
*洋(양)-큰 바다 양. 큰 물결 양.
*衰(쇠)-쇠할 쇠. 줄 쇠.
*遂(수)-이룰 수. 따를 수.

*耗(모)-벼 모. 덜 모. 耗는 재물이 흩어짐을 이름.
*端(단)-바를 단. 실마리 단.
*疾(질)-병 질. 앓을 질.

> **역자주** 丁丑 운은 丁巳 운의 오기(誤記)이다.

$$
\begin{array}{cccc}
壬 & 戊 & 甲 & 癸 \\
子 & 子 & 子 & 酉
\end{array}
$$

$$
\begin{array}{cccccc}
戊 & 己 & 庚 & 辛 & 壬 & 癸 \\
午 & 未 & 申 & 酉 & 戌 & 亥
\end{array}
$$

此四柱皆水, 又得金生, 土衰極者, 似水也, 初逢癸亥, 平甯之境,
차 사 주 개 수　우 득 금 생　토 쇠 극 자　사 수 야　초 봉 계 해　평 녕 지 경

壬戌水無根, 土得地, 刑喪破耗, 家業消亡, 辛酉庚申二十年, 大
임 술 수 무 근　토 득 지　형 상 파 모　가 업 소 망　신 유 경 신 이 십 년　대

得際遇, 白手發財十餘萬, 己未運破去數萬, 壽亦在未而止,
득 제 우　백 수 발 재 십 여 만　기 미 운 파 거 수 만　수 역 재 미 이 지

　이 사주는 지지가 다 水인데 또 金의 生까지 있으니 土가 쇠극하여 마치 水와 같다.

　초운 癸亥에는 편안하게 지냈으나 壬戌 운으로 바뀌어 水는 뿌리가 없고 土가 득지하니 부인을 잃고 재물의 손실도 많아 가업이 망하였다. 辛酉 庚申 이십 년간 때를 만나 빈손으로 십여 만의 재물을 모았다. 己未 운에는 수만의 재물을 잃었고 수명도 역시 未 운에서 마쳤다.

*甯(녕)-차라리 녕. 편안할 녕. 어찌 녕. 寧 (녕)과 소
*際(제)-사이 제. 사귈 제. 닿을 제. 만날 제.

*際遇(제우)-시기(時期). 기회. 좋은 때를 만남. 어진 신하가 어진 임금을 만남. 제회 (際會)와 소.

庚 庚 己 壬
辰 子 酉 申

乙甲癸壬辛庚
卯寅丑子亥戌

此造秋金秉令, 木火全無, 金太旺者, 似火也, 亥運壬水坐祿, 早
차 조 추 금 병 령   목 화 전 무   금 태 왕 자   사 화 야   해 운 임 수 좌 록   조

遊泮水, 壬子運用神臨旺, 撞破煙樓, 高攀月桂, 癸丑合去壬水旺
유 반 수   임 자 운 용 신 임 왕   당 파 연 루   고 반 월 계   계 축 합 거 임 수 왕

地, 囊內靑蚨成蝶舞, 枝上子規月下啼,
지   낭 내 청 부 성 접 무   지 상 자 규 월 하 제

이 명조는 가을의 金이 월령을 얻고 木火는 전무하니 金이 태왕하여 마치 火와
같다.

亥 운은 壬水의 녹이니 일찍이 반수(泮水)에 들어갔고 壬子 운은 용신이 왕지에
임(臨)하니 구름을 뚫고 달의 계수나무에 올랐다.

癸丑 운은 壬水의 왕지인 子水를 합거(合去)하니 주머니 속의 돈이 나비 되어
춤추듯 날아가고 나뭇가지 위의 두견새 달빛 아래 슬피 우니 매사가 쓸쓸하다.

*撞(당)-칠 당. 무리 당.   *囊(낭)-주머니 낭. 주머니에 넣을 낭.
*煙(연)-연기 연. 담배 연.   *蝶(접)-나비 접. 蝶과 동.
*樓(루. 누)-다락 루. 망루 루.   *舞(무)- 춤 무. 춤출 무.
*攀(반)-오를 반. 당길 반.   *啼(제)-울 제.

역자주 ○ 泮水(반수): 반궁(泮宮)을 이름. 반궁(泮宮)은 원래 주대(周代) 제후(諸侯)의 국학(國
           學)이다. 동서문 이남(以南)에는 물을 돌리고 이북(以北)에는 담장을 둘렀으므로 '반쪽
           물을 돌린 집'이라는 뜻으로 반궁(泮宮)이라 했다. 우리나라의 성균관(成均館)이 이에 해
           당한다. 天子의 벽옹(辟雍)은 사면을 물로 둘렀다.
        ○ 高攀月桂(고반월계): 달의 계수나무에 높이 올랐다. 즉, 과거에 급제함을 이른다.
        ○ 囊內靑蚨成蝶舞(낭내청부성접무): 주머니 속의 청부(靑蚨=돈)가 나비 되어 춤춘다.
           즉, 주머니 속의 돈이 나비 되어 날아갔다.
        ○ 枝上子規月下啼(지상자규월하제): 나뭇가지 위의 두견새가 교교(皎皎)한 달빛 아래 피
           토하듯 슬피 운다. 즉, 회한(悔恨) 또는 처량(凄凉)함을 뜻한다. 壬水가 용신인데 丑土

가 壬水의 왕지(旺地)인 子水를 합거(合去)하니 丑 운에 재산이 줄고 하는 일이 잘 안되어 마음이 울적한 심사를 표현한 글이다.

甲寅乙卯, 尙有制土衛水之功, 仕路淸高, 楓葉未應毡共冷, 梅開
갑인을묘　상유제토위수지공　사로청고　풍엽미응전공냉　매개

早覺筆先香,
조교필선향

甲寅 乙卯 운은 土를 극하여 水를 보호하는 공이 있으니 사로(仕路)가 청고하였다.

단풍나무 잎은 아직 가을을 느끼지 못하는데 털방석이 차갑고 매화꽃이 피려하니 붓끝에서 먼저 향기(香氣)가 피어난다.

*衛(위)－막을 위. 방위 위.
*楓(풍)－단풍나무 풍.
*葉(엽)－잎 엽. 후손 엽.
*楓葉(풍엽)－단풍잎.
*應(응)－응당 응. 응할 응.
*毡(전)－모전 전(솜털로 만든 모직물. 또는 이
　천으로 만든 요). 담요. 융단. 양탄자

*梅(매)－매화나무 매.
*早(조)－이를 조. 이르다. 서두르다. 젊다.
　일찍. 서둘러. 젊어서. 새벽.
*覺(교. 각)－꿈 깰 교. 깨달을 각. 불교에서
　는 각으로 씀. 여타 문장에서는 교로 씀.
*筆(필)－붓 필. 쓸 필.

> 역자주　○ 楓葉未應毡共冷(풍엽미응전공냉):　단풍나무 잎은 아직 가을을 느끼지 못하는데 털방석이 먼저 차갑다.
>
> ○ 未覺池塘春草夢 階前梧葉已秋聲(미교지당춘초몽 계전오엽이추성):　연못가의 봄풀들 아직 봄꿈도 채 깨지 않았는데 뜰 앞의 오동나무 벌써 가을의 소리를 낸다.
>
> ○ 梅開早覺筆先香(매개조교필선향):　매화가 피려고 하면(매화는 아직 피지 않았는데) 문인(文人)의 붓이 먼저 매화를 그리니 붓끝에서 먼저 매화의 향(香)이 난다.

庚　庚　乙　庚
辰　戌　酉　申

辛　庚　己　戊　丁　丙
卯　寅　丑　子　亥　戌

此造支類西方, 又逢厚土, 金旺極者, 似水也, 初運火, 祖業無恒,
차조지류서방　우봉후토　금왕극자　사수야　초운화　조업무항

至戊子運獲厚利, 納粟出仕, 己丑庚運, 名利皆遂, 一交寅運, 犯
지무자운획후리　납속출사　기축경운　명리개수　일교인운　범

事落職, 大破財利, 至卯不祿,
사낙직　대파재리　지묘불록

　이 명조는 지지가 申酉戌 서방이고 또 후중한 土의 생이 있어 金이 왕극하니
마치 水와 같다.

　초년에는 火 운으로 조업이 없었으나 戊子 운에 이르러 재물이 크게 일어나
납속(納粟)으로 출사하였다.

　己丑 庚 운에는 명리를 다 이루었으나 寅 운으로 바뀌어 법을 어겨 파직당하고
재물 또한 크게 파되었다. 卯 운에 사망하였다.

*厚(후)－두터울 후. 두터이 할 후.
*恒(항)－항구(恒久) 항. 항상 항.
*納(납)－들일 납. 수장할 납.
*粟(속)－조 속(오곡의 하나).

*納粟(납속)－돈이나 곡물을 국가에 헌납하
　고 벼슬자리를 얻음. 연납(捐納)과 仝.
*仕(사)－벼슬할 사. 일로 삼다. 섬기다.
*職(직)－벼슬 직. 맡을 직. 구실 직.

```
甲 辛 庚 己
午 卯 午 卯
```

```
甲 乙 丙 丁 戊 己
子 丑 寅 卯 辰 巳
```

辛金生于仲夏, 地支皆逢財殺, 金太衰者, 似土也, 初運己巳戊辰,
신금생우중하　지지개봉재살　금태쇠자　사토야　초운기사무진

晦火生金, 求名多滯, 作事少成, 一交丁卯, 木火並旺, 如枯苗得雨,
회화생금　구명다체　작사소성　일교정묘　목화병왕　여고묘득우

浡然而興, 似鴻毛遇風, 飄然而起, 家業豐裕, 交丑生金洩火, 不祿,
발연이흥　사홍모우풍　표연이기　가업풍유　교축생금설화　불록

　　辛金 일주가 중하(仲夏)에 생하고 지지에 다 재살을 만나니 金이 태쇠하여 마치 土와 같다.

　　초운 己巳 戊辰 운은 火를 설하고 金을 생하니 명예를 구하여도 막힘이 많았고 하는 일에도 이룸이 적었다.

　　丁卯 운으로 바뀌어 木火가 다 왕하니 마른 싹이 단비를 만난 듯 발연(浡然)히 일어났고, 마치 기러기 털이 바람을 만난 듯 표연히 일어나 가업이 풍요로웠다. 丑 운으로 바뀌어 金을 생하고 火를 설하니 사망하였다.

*滯(체) — 막힐 체. 쌓일 체. 머무를 체.
*求名多滯(구명다체) — 구명(求名)은 과거(科擧)를 일컫는 것이고, 다체(多滯)는 과거에 낙방하였다는 뜻임.
*浡(발) — 일어날 발. 성하다. 용솟음하다.
*浡然(발연) — 성(盛)하게 일어나는 모양.

*鴻(홍) — 큰기러기 홍. 클 홍.
*鴻毛(홍모) — 기러기의 털. 전하여 아주 가벼운 것.
*飄(표) — 회오리바람 표. 질풍 표. 방랑할 표.
*飄然(표연) — 바람에 가볍게 날리는 모양.

丙　庚　丁　己
子　寅　卯　亥

辛　壬　癸　甲　乙　丙
酉　戌　亥　子　丑　寅

此造木旺乘權, 又得水生, 四面皆逢財殺, 金衰極者, 似木也, 所
차 조 목 왕 승 권　우 득 수 생　사 면 개 봉 재 살　금 쇠 극 자　사 목 야　소

以乙丑運中, 土金暗旺, 家業破盡, 至甲子運, 北方水旺, 財源通
이 을 축 운 중　토 금 암 왕　가 업 파 진　지 갑 자 운　북 방 수 왕　재 원 통

裕, 癸亥出仕, 名利兩全, 壬戌水臨絶地, 罷職而歸,
유　계 해 출 사　명 리 양 전　임 술 수 임 절 지　파 직 이 귀

　이 명조는 木이 왕한데 월령을 타고 있으며 또 水의 생이 있고 庚金은 사면(四
面)에 재와 살을 만나니 金이 쇠극하여 마치 木과 같다.

　乙丑 운은 土金이 암왕(暗旺)하여 가업이 파진되었다. 甲子 운에 이르러 북방의
水가 왕하니 재물이 넉넉하였고 癸亥 운에 출사하여 명리가 양전하였다.

　壬戌 운은 水가 절지에 임(臨)하여 파직을 당하여 고향으로 돌아갔다.

*乘(승)－탈 승. 오를 승.　　　　　*盡(진)－다할 진. 다 진. 가령 진.
*逢(봉)－만날 봉. 맞을 봉.　　　　*通(통)－통할 통. 온통 통.
*衰(쇠)－쇠할 쇠. 줄 쇠.　　　　　*裕(유)－넉넉할 유. 너그러울 유.
*暗(암)－어두울 암.　　　　　　　*罷(파)－파할 파. 놓을 파. 물러갈 파.

辛 壬 辛 壬
丑 子 亥 寅

丁 丙 乙 甲 癸 壬
巳 辰 卯 寅 丑 子

此造壬水生于孟冬, 支類北方, 干皆金水, 水太旺者, 似土也, 喜
차 조 임 수 생 우 맹 동   지 류 북 방   간 개 금 수   수 태 왕 자   사 토 야   희

其寅木吐秀, 至甲寅運, 早遂青雲之志, 可謂才藻翩翩, 輝映杏壇
기 인 목 토 수   지 갑 인 운   조 수 청 운 지 지   가 위 재 조 편 편   휘 영 행 단

桃李, 文思弈弈, 光騰藥籠參苓, 乙卯運官途順遂, 交丙而亡,
도 리   문 사 혁 혁   광 등 약 롱 삼 령   을 묘 운 관 도 순 수   교 병 이 망

이 명조는 壬水가 맹동(孟冬)에 생하고 지지가 亥子丑 북방이며 천간이 다 金水
로 水가 태왕하니 마치 土와 같다. 기쁜 것은 寅木이 수기(秀氣)를 유행시키는
것이다. 甲寅 운에 이르러 일찍이 청운의 뜻을 이루었다.

문재(文才)가 하늘을 나는 듯하고 행단(杏壇)의 도리(桃李)같이 빛났으며 시문(詩
文)이 뛰어나고 약방의 인삼이나 복령처럼 빛이 났다. 乙卯 운은 벼슬길이 순탄하
였으나 丙 운으로 바뀌어 사망하였다.

*藻(조)―마름 조〔水草(수초)〕.
*才藻(재조)―문장의 재주. 즉, 문재(文才).
*翩(편)―훌쩍 날 편. 나부낄 편. 오락가락할
  편.
*翩翩(편편)―빨리 날아가는 모양. 재치가
  있는 모양.
*杏壇桃李(행단도리)―행단(杏壇)의 인재. 행
  단은 반궁을 이름.

*文思(문사)―시문(詩文)을 짓는 구상.
*弈(혁)―바둑 혁.
*奕(혁)―클 혁. 아름다울 혁. 차례 혁. 바둑
  혁.
*騰(등)―오를 등. 날 등.
*籠(롱, 농)―대그릇 롱. 농 롱.
*參苓(삼령)―인삼과 복령(茯笭).

역자주 奕奕(혁혁): 큰 모양. 아름다운 모양. 빛나는 모양. 『적천수천미』원문에는 弈弈으로 되
어 있는데, 『적천수징의』에는 奕奕으로 되어 있다. 어느 것이나 뜻은 같다.

庚　壬　癸　癸
子　子　亥　亥

丁　戊　己　庚　辛　壬
巳　午　未　申　酉　戌

此造四柱皆水, 一無剋洩, 其勢冲奔, 不可遏也, 初運壬戌, 支逢
차 조 사 주 개 수　일 무 극 설　기 세 충 분　불 가 알 야　초 운 임 술　지 봉

土旺, 早見刑喪, 辛酉庚申, 干支皆金, 所謂月印千江銀作浪, 門
토 왕　조 견 형 상　신 유 경 신　간 지 개 금　소 위 월 인 천 강 은 작 랑　문

臨五福錦鋪花, 交己未, 妻子皆傷, 家業破盡, 戊午運, 貧乏不堪,
림 오 복 금 포 화　교 기 미　처 자 개 상　가 업 파 진　무 오 운　빈 핍 불 감

憂鬱而卒,
우 울 이 졸

이 명조는 천간과 지지가 다 水인데 극설이 하나도 없으니 그 세가 충분(冲奔)하
는 형상으로 막는 것은 불가하다.

초년 壬戌 운은 지지가 왕한 土로 일찍이 형상(刑喪)을 당하였다. 辛酉 庚申
대운은 간지가 다 金으로, 이른바 월인천강은작랑(月印千江銀作浪)이요 문림오복
금포화(門臨五福錦鋪花)이다.

己未 운으로 바뀌어 처자를 다 상(傷)하고 가업도 파진되었다. 戊午 운은 가난
이 심하여 우울증으로 사망하였다.

*奔(분) — 달릴 분. 패주할 분. 예를 갖추지 않고 혼인할 분.
*遏(알) — 막을 알. 머무를 알.
*錦(금) — 비단 금. 비단옷 금.
*鋪(포) — 문고리 포. 펼 포. 가게 포.
*貧(빈) — 가난할 빈. 가난 빈.

*乏(핍) — 떨어질 핍. 모자랄 핍.
*貧乏(빈핍) — 가난하여 아무것도 없음.
*憂(우) — 근심 우. 병 우.
*鬱(울) — 우거질 울. 막힐 울. 막을 울.
*憂鬱(우울) — 마음이 상쾌하지 않고 답답함.

역자주　○ 月印千江銀作浪(월인천강은작랑): 달이 천강(千江)을 비추니 은빛 물결이 아름답다.
산천경개가 아름다움을 일컫는데 그때의 형편이 좋았음을 뜻한다. 세종대왕이 수양대군
에게 명하여 지은 월인천강지곡(月印千江之曲)은 부처님의 공덕을 찬양한 노래이다.
○ 門臨五福錦鋪花(문림오복금포화): 문 앞에 오복(五福)이 임(臨)하여 비단꽃이 피었다.

癸 壬 乙 丙
卯 午 未 辰

辛 庚 己 戊 丁 丙
丑 子 亥 戌 酉 申

此火土當權, 又逢木助, 五行無金, 水太衰者, 似金也, 初交丙申
차화토당권 우봉목조 오행무금 수태쇠자 사금야 초교병신

丁酉, 蓋頭是火, 使申酉不能生水, 財喜並旺, 戊戌運中, 家業饒
정유 개두시화 사신유불능생수 재희병왕 무술운중 가업요

裕, 己亥土無根, 還喜支會木局, 雖有破耗而無大患, 一交庚子,
유 기해토무근 환희지회목국 수유파모이무대환 일교경자

家破人亡,
가 파 인 망

이 명조는 火土가 당권하고 또 木의 생조가 있으며 오행 중에 金이 없어 水가
태쇠하니 마치 金과 같다. 초년 丙申 丁酉는 火가 개두하여 申酉 金이 水를 생하
지 못하니 재물의 기쁨이 있었고 戊戌 운은 가업이 풍요하였다.

己亥 운은 土가 무근이나 그러나 기쁜 것은 지지에 木局을 이루는 것으로 비록
파모는 있었으나 대환(大患)은 없었다. 庚子 운으로 바뀌어 가산을 파하고 사망하
였다.

*蓋(개) – 덮을 개. 뚜껑 개. 일산 개. 대개 개.　　*裕(유) – 넉넉할 유.
　어찌 개.　　　　　　　　　　　　　　　　　　*還(환) – 돌아올 환. 돌아갈 환. 도리어 환.
*饒(요) – 넉넉할 요. 두터울 요.　　　　　　　*患(환) – 근심 환. 병 환. 근심할 환.

역자주 | 이 명조에서 丙申 丁酉 대운에 火가 개두하여 申酉 金이 水를 생하지 못하여 재희병왕(財
喜並旺 : 재물의 기쁨이 있었다)이라고 한 것은 이해가 어렵다.
申酉 金이 火가 개두하여 水를 생하기 어렵다 해도 재물이 기쁠 수는 없다. 파모(破耗)가
적었다면 이해가 간다.

$$丙 \quad 壬 \quad 戊 \quad 癸$$
$$午 \quad 寅 \quad 午 \quad 卯$$

$$壬 \quad 癸 \quad 甲 \quad 乙 \quad 丙 \quad 丁$$
$$子 \quad 丑 \quad 寅 \quad 卯 \quad 辰 \quad 巳$$

此造丙火當權, 戊癸從化, 暵乾壬水, 水衰極者, 似火也, 初運逢
차 조 병 화 당 권　무 계 종 화　한 건 임 수　수 쇠 극 자　사 화 야　초 운 봉

火, 從其火旺, 豐衣足食, 乙卯甲寅, 名利雙全, 癸丑爭官奪財, 破
화　종 기 화 왕　풍 의 족 식　을 묘 갑 인　명 리 쌍 전　계 축 쟁 관 탈 재　파

耗而亡,
모 이 망

이 명조는 丙火가 당권하고 戊癸 합은 火로 化하니 壬水는 말라버린 형국으로 水가 쇠극하여 마치 火와 같다.

초운이 火 운으로 의식이 풍족하였으며 乙卯 甲寅 운은 명리가 다 좋았다. 癸丑 운으로 바뀌어 관성과 쟁합(爭合)을 벌이고 탈재(奪財)하니 재산이 많이 줄고 사망하였다.

*暵(한)-마를 한. 말릴 한.　　　　*暵乾(한건)-햇볕에 쬐어 말림. 또는 마름.
*乾(건)-하늘 건. 말릴 건.　　　　*奪(탈)-빼앗을 탈. 빼앗길 탈.

역자주 │ 이 명조는 財로 종한 사주인데 癸丑 운은 壬水가 丑에 통근하고 癸水가 비견겁으로 丙火를 극하니 대흉이 발생한 것이다.
위의 설명에서 爭官奪財(쟁관탈재)하여 破耗而亡(파모이망)이라 한 구절 중 탈재(奪財)는 맞는 말이나 쟁관(爭官)은 의미가 없다.

以上二十造, 五行極旺極衰, 不得中和之氣, 原注云, 旺中有衰者
이상이십조　오행극왕극쇠　부득중화지기　원주운　왕중유쇠자

存, 衰中有旺者存, 此兩句, 卽余之太旺太衰也, 旺之極者不可損,
존　쇠중유왕자존·차양구　즉여지태왕태쇠야　왕지극자불가손

衰之極者不可益, 此兩句, 卽余之極旺極衰也, 特選此爲後證,
쇠지극자불가익　차양구　즉여지극왕극쇠야　특선차위후증

이상의 二十 명조는 오행이 극왕하거나 극쇠하여 중화(中和)가 이루어지지 않은 것들이다. 원주에 "왕한 가운데에도 쇠한 것이 있고, 쇠한 가운데에도 왕한 것이 있다"라는 이 두 구절은 곧 내가 말한 태왕(太旺)과 태쇠(太衰)이다.

"왕(旺)함이 극에 이른 것은 손상이 불가하고 쇠(衰)함이 극에 이른 것은 더함이 불가하다"는 이 두 구절은 내가 말한 극왕과 극쇠이다. 특별히 이것을 골라서 후(後)의 증거로 한다.

*旺(왕)－성할 왕.
*衰(쇠)－쇠할 쇠. 줄 쇠.
*損(손)－덜 손. 잃을 손. 상할 손.
*益(익)－더할 익. 이로울 익.
*選(선)－가릴 선. 선택 선.
*證(증)－증명할 증. 증거 증.

中 和 중화

> 既識中和之正理. 而于五行之妙. 有全能焉.
> 기 식 중 화 지 정 리   이 우 오 행 지 묘   유 전 능 언

　이미 중화의 바른 이치를 알면 오행(五行)의 오묘한 이치를 완전하게 알았다
할 수 있다.

原注원주

中而且和. 子平之要法也. 有病方爲貴. 無傷不是奇. 擧偏而言之也.
중 이 차 화   자 평 지 요 법 야   유 병 방 위 귀   무 상 불 시 기   거 편 이 언 지 야

至於格中如去病. 財祿兩相宜. 則又中和矣. 到底要中和. 乃爲至貴.
지 어 격 중 여 거 병   재 록 양 상 의   즉 우 중 화 의   도 저 요 중 화   내 위 지 귀

若當令之氣數. 或身弱而財官旺地. 取富貴不必於中也. 用神强. 取富
약 당 령 지 기 수   혹 신 약 이 재 관 왕 지   취 부 귀 불 필 어 중 야   용 신 강   취 부

貴不必於和也. 偏氣古怪. 取富貴而不必於中且和也. 何也. 以天下之
귀 불 필 어 화 야   편 기 고 괴   취 부 귀 이 불 필 어 중 차 화 야   하 야   이 천 하 지

財官. 止有此數. 而天下之人材惟此時爲最多. 皆尚於奇巧也.
재 관   지 유 차 수   이 천 하 지 인 재 유 차 시 위 최 다   개 상 어 기 교 야

【원주】

　중(中)과 화(和)는 子平의 요법(要法)이다. 사주에 병(病)이 있어야 귀히 되고 손상
된 것이 없으면 기이하지 못하다고 하는 말은 편향된 것을 들어 말한 것이다. 원국의
병(病)을 제거하면 재록(財祿)이 마땅하게 되니 이것 또한 중화를 이룬 것이다.

　결국 중화를 요하는 것은 귀(貴)를 이루기 위함인데, 만약 당령한 기수(氣數)가 혹
신약한데 재관이 왕한 곳에서 부귀를 취(取)함은 그것은 중(中)이 아니며, 용신이 강
한데 부귀를 취하는 것은 필시 화(和)가 아니다.

　편기하고 고괴(古怪)한 사주가 부귀를 취하는 것은 필시 중(中)과 화(和)를 이룬 것
이 아니다. 어찌 그러한가.

천하의 재관은 이 수(數)에 머물러 있으며, 천하의 인재는 오로지 이때에 가장 많으니 이것이 오히려 기교(奇巧)인 것이다.

*要法(요법) — 핵심(核心)이 되는 법(法).
*到底(도저) — 마침내. 필경. 결국. 아주. 철저.

*氣數(기수) — 운수(運數).
*古怪(고괴) — 예스럽고 괴상함.
*奇巧(기교) — 기이하고 교묘함.

任氏曰임씨왈,

中和者, 命中之正理也, 旣得中和之正氣, 又何患名利之不遂耶, 夫
중화자 명중지정리야 기득중화지정기 우하환명리지불수야 부

一世優游無抑鬱而暢遂者, 少險阻而迪吉者, 爲人孝友而無驕諂者,
일세우유무억울이창수자 소험조이적길자 위인효우이무교첨자

居心耿介而不苟且者, 皆得中和之正氣也,
거심경개이불구차자 개득중화지정기야

임 선생님이 말씀하였다.

중화(中和)란 명리의 바른 이치이다. 이미 중화의 정기(正氣)를 이루었다면 어찌 명리(名利)를 이루지 못할까 근심하겠는가.

대저 한 세상을 넉넉하고 편안하며 억눌림 없이 뜻을 펼치는 것이나, 나쁜 일은 적고 좋은 일이 많은 것이나, 사람됨이 효심과 우애가 있으며 교만하거나 아첨함이 없는 것이나, 덕이 높고 구차하지 아니한 것 등은 다 중화의 정기(正氣)를 득한 것이다.

*優(우) — 넉넉할 우. 뛰어날 우. 구차할 우.
*游(유) — 헤엄칠 유. 놀 유.
*優游(우유) — 한가로운 모양.
*抑(억) — 누를 억. 문득 억. 또한 억.
*鬱(울) — 산앵도나무 울. 우거질 울. 막을 울. 막힐 울.
*暢(창) — 통할 창. 화창할 창.
*遂(수) — 이룰 수. 따를 수.
*險(험) — 험할 험. 높을 험. 어려울 험.

*阻(조) — 험할 조. 떨어질 조. 저상할 조. 막을 조.
*迪(적) — 나아갈 적. 길 적. 도덕. 이끌다.
*驕(교) — 교만할 교. 뻣뻣할 교. 씩씩할 교.
*諂(첨) — 아첨할 첨.
*耿(경) — 빛 경. 밝을 경.
*介(개) — 낄 개. 클 개. 도울 개.
*耿介(경개) — 지조가 굳어 변하지 아니함. 덕이 빛나고 큰 모양.

至若身弱而旺地取富貴, 身旺而弱地取富貴者, 必四柱有所缺陷,
지약신약이왕지취부귀 신왕이약지취부귀자 필사주유소결함

或財輕刦重, 或官衰傷旺, 或殺强制弱, 或制强殺弱, 此等雖不得
혹재경겁중 혹관쇠상왕 혹살강제약 혹제강살약 차등수부득

中和之理, 其氣却亦純正, 爲人恩怨分明, 惟柱中所有缺陷, 或運
중화지리 기기각역순정 위인은원분명 유주중소유결함 혹운

又乖違, 因而妻子財祿, 各有不足,
우괴위 인이처자재록 각유부족

가령 신약한데 왕지(旺地)에서 부귀를 취(取)하거나 신왕한데 약지(弱地)에서 부
귀를 취하는 것은 반드시 사주에 결함이 있는 것이다.

혹 재(財)가 경한데 비겁이 중하거나, 혹 관(官)은 약한데 식상이 왕하거나, 혹
살(殺)은 강한데 제(制)함이 약하거나, 혹 제함은 강하고 살이 약한 것 등은 중화(中
和)의 정리를 얻지 못한 것들이다. 그러나 기(氣)는 도리어 순정(純正)하니 사람됨
이 은원(恩怨)은 분명하다.

사주에 결함이 있고 혹 또 운이 위배하면 처(妻), 자(子), 재(財), 녹(祿) 등에 각기
부족함이 있을 것이다.

*缺(결)-이지러질 결. 모자랄 결.　　　*乖(괴)-어그러질 괴. 거스를 괴.
*陷(함)-빠질 함. 함정 함.　　　　　　*違(위)-어길 위. 다를 위.
*缺陷(결함)-완전하지 못하고 흠이 됨. 부　*乖違(괴위)-어그러져 틀림. 틀림.
　족.

如財輕刦重妻不足, 制强殺弱子不足, 官衰傷旺名不足, 殺强制弱
여재경겁중처부족 제강살약자부족 관쇠상왕명부족 살강제약

財不足, 其人或志高傲物, 雖貧無諂, 後至歲運補其不足, 去其有
재부족 기인혹지고오물 수빈무첨 후지세운보기부족 거기유

餘, 仍得中和之理, 定然起發于後,
여 잉득중화지리 정연기발우후

가령 재(財)는 가볍고 비견겁이 중하면 처가 부족하고, 살(殺)이 약한데 제함이
지나치면 자식이 부족하고, 관이 약한데 식상이 왕하면 명예가 부족하고, 살이

강한데 제함이 약하면 재물이 부족하다.

이러한 명조는 뜻이 높고 재물을 가볍게 보며 비록 가난하여도 아첨하는 행위는 하지 않는다. 후에 세운(歲運)이 그 부족한 것을 더하고 그 남는 것을 덜면 중화의 정리를 이루는 것이니 확실히 뒤에 발복하는 것이다.

*傲(오)-거만할 오. 업신여길 오.　　*補(보)-기울 보. 도울 보. 보탤 보.
*諂(첨)-아첨할 첨. 아첨 첨.　　　　*仍(잉)-인할 잉.

有等見富貴而生諂容, 遇貧窮而作驕態者, 必四柱偏氣古怪, 五行
유 등 견 부 귀 이 생 첨 용　　우 빈 궁 이 작 교 태 자　　필 사 주 편 기 고 괴　오 행

不得其正, 故心事奸貪, 作事僥倖也, 若所謂有病有藥, 吉凶易驗,
부 득 기 정　고 심 사 간 탐　작 사 요 행 야　약 소 위 유 병 유 약　길 흉 이 험

無病無藥, 禍福難推, 此論仍失之偏, 大凡有病者顯而易取, 無病
무 병 무 약　화 복 난 추　차 론 잉 실 지 편　대 범 유 병 자 현 이 이 취　무 병

者隱而難推,
자 은 이 난 추

또 부귀를 보면 아첨하고 빈한에 처하여 교태(驕態)한 행위는 반드시 사주가 치우치고 고괴(古怪)하며 오행이 바르지 않기 때문이다. 그러한 고로 마음이 간사하고 탐욕스러우며 일을 함에는 요행을 바란다.

이른바 사주에서 병이 있고 약이 있으면 길흉을 쉽게 증험하나, 병도 없고 약도 없으면 화복을 헤아리기 어렵다고 한 이론은 오행의 정리를 잃은 편론이다.

대체로 병이 있는 것은 나타나 있는 것으로 쉽게 취할 수 있으나, 병이 없는 것은 숨겨져 있는 것으로 헤아리기가 어려운 것이다.

*窮(궁)-궁구할 궁. 궁할 궁.　　　　*倖(행)-다행 행. 요행 행.
*驕(교)-교만할 교. 교만하다. 오만하다.　*僥倖(요행)-늘 이익을 구하는 모양. 뜻밖
*態(태)-모양 태.　　　　　　　　　에 얻은 행복.
*驕態(교태)-교만한 태도.　　　　　*顯(현)-밝을 현. 나타날 현.
*怪(괴)-기이할 괴. 의심할 괴.　　　*隱(은)-숨은 은. 숨길 은.
*僥(요)-요행 요.　　　　　　　　　*推(추. 퇴)-옮을 추. 밀 추. 밀 퇴.

然總以中和爲主, 猶如人之無病, 則四肢健旺, 營衛調和, 行止自
연 총 이 중 화 위 주　유 여 인 지 무 병　즉 사 지 건 왕　영 위 조 화　행 지 자

如, 諸多安適, 設使有病, 則憂多樂少, 擧動艱難, 如遇良藥則可,
여　제 다 안 적　설 사 유 병　즉 우 다 락 소　거 동 간 난　여 우 양 약 즉 가

若無良藥醫之, 豈不爲終身之患乎,
약 무 양 약 의 지　기 불 위 종 신 지 환 호

　　그러나 모두 중화(中和)를 위주로 하는 것이다. 비유컨대 사람이 병이 없으면
사지가 건왕하고 영위(榮衛)가 조화로워 행지(行止)가 자여(自如)하여 모든 것이 편
안하다.

　　가령 몸에 병이 있으면 근심이 많고 즐거움은 적을 것이며 거동이 불편한데
만약 좋은 약이 있으면 나을 수 있지만, 만약 좋은 약이나 의원이 없으면 어찌
종신토록 근심이 아니겠는가.

　*猶(유)-같을 유. 오히려 유. 꾀 유. 원숭이
　　유. 부사어로는 ~과 같다. 만일 ~라면. 오
　　히려. 아직도 등으로 쓰임.
　*肢(지)-팔다리 지.
　*營衛(영위)-진영의 호위. 여기서는 몸을
　　보양(保養)하는 혈기(血氣). 영(營)은 동맥혈
　　(動脈血). 위(衛)는 정맥혈(靜脈血). 즉, 혈액
　　순환.

　*健(건)-굳셀 건. 튼튼할 건.
　*營(영)-경영할 영. 다스릴 영.
　*衛(위)-막을 위. 방비 위.
　*行止(행지)-기거(起居). 동작.
　*自如(자여)-자약(自若). 기색(氣色)이 태연
　　함.
　*適(적)-고를 적. 맞을 적. 마침 적.
　*醫(의)-의원 의. 고칠 의.

```
癸 癸 甲 辛
亥 卯 午 巳

戊 己 庚 辛 壬 癸
子 丑 寅 卯 辰 巳
```

癸卯日元, 生于亥時, 日主之氣已貫, 喜其無土, 財旺自能生官,
계묘일원 생우해시 일주지기이관 희기무토 재왕자능생관

更妙巳亥遙沖, 去火存金, 印星得用, 木火受制, 體用不傷, 中和
갱묘사해요충 거화존금 인성득용 목화수제 체용불상 중화

純粹,
순수

   癸卯 일원이 亥시에 생하여 일주의 기가 관통되었다. 기쁜 것은 土가 없는 것으로 재가 왕하여 재생관으로 관이 절로 따르게 된다.

   더욱 묘(妙)한 것은 巳亥가 충으로 멀기는 하나 火를 제거하여 金을 보호하니 인수로 용신을 삼는다. 木火가 제극을 받아 체용이 손상되지 않으니 사주가 중화를 이루고 순수하다.

*貫(관)-돈꿰미 관. 꿸 관.
*遙(요)-멀 요. 아득할 요.
*粹(수)-순수할 수. 정밀할 수.

*純粹(순수)-아주 정(精)하여 조금도 다른 것이 섞이지 아니함. 완전하여 조금도 흠이 없음.

爲人智識深沈, 器重荊山璞玉, 才華卓越, 光浮鑑水珠璣, 庚運助
위인지식심침 기중형산박옥 재화탁월 광부감수주기 경운조

辛制甲, 自應台曜高躔, 朗暎紫薇之彩, 鼎居左列, 輝騰廊廟之光,
신제갑 자응태요고전 낭영자미지채 정거좌열 휘등낭묘지광

微嫌亥卯拱木, 木旺金衰, 未免嗣息艱難也, 此莫寶齋先生造,
미혐해묘공목 목왕금쇠 미면사식간난야 차막보재선생조

   사람됨이 지식이 깊고 인품은 크기가 형산의 박옥(璞玉) 같았으며 재화(才華)의 탁월함이 맑은 물속의 구슬이 빛을 발하듯 영롱하였다.

庚 운에 辛金을 돕고 甲木을 제극하니 정승의 반열인 중서성의 시중이 되어 삼공의 좌열(左列)에 이르고 묘당의 큰 인물로 빛이 났다.

조금 혐오스런 것은 亥卯 공목(拱木)하여 木이 왕하므로 金이 쇠하여 후사를 둘 수 없었다. 이 명조는 막보재 선생의 명조이다.

*深沈(심침)－깊음. 침착하여 외물(外物)에 동하지 아니함.

*荊(형)－가시나무 형. 모형 형. 땅이름 형.

*璞(박)－옥 덩이 박.

*卓(탁)－높을 탁. 멀 탁. 탁자 탁.

*越(월)－넘을 월. 지날 월. 이에 월.

*卓越(탁월)－월등하게 뛰어남. 아주 걸출하여 이채로움.

*珠璣(주기)－구슬.

*鑑(감)－거울 감. 거울삼을 감.

*璣(기)－구슬 기. 별이름 기.

*應(응)－응당 응. 응할 응.

*曜(요)－빛 요[光輝(광휘)]. 빛날 요. 일월성신 요. 일월을 양요(兩曜)라 함.

*躔(전)－궤도 전. 밟을 전.

*紫(자)－자주빛 자. 자주옷 자.

*薇(미)－고비 미. 백일홍나무 미. 장미 미.

*彩(채)－무늬 채. 채색 채. 빛 채.

*鼎(정)－솥 정. 정괘 정.

*廊(랑. 낭)－곁채 랑. 행랑 랑.

*廟(묘)－사당 묘. 묘당 묘.

*騰(등)－오를 등. 오르다. 도약하다. 뛰다.

*廊廟(낭묘)－나라의 정치를 하는 궁전. 조당. 묘당.

*嗣(사)－이을 사(뒤를 이음). 후사 사. 즉, 자식.

*艱(간)－어려울 간. 괴로울 간.

*寶(보)－보배 보. 보배로 여길 보.

*齋(재)－재계 재. 집 재.

역자주

○ 紫薇(자미)는 백일홍의 이칭(異稱). 당대(唐代)에 이 나무를 중서성에 많이 심었으므로 현종(玄宗)이 중서성을 자미성(紫薇省)이라고 개칭하였다. 紫微(자미)는 북두성이고, 紫薇(자미)는 백일홍이다. 착오하기 쉽다. '微(미)'는 작을 미. 정묘할 미. 희미할 미 자(字)이고, '薇(미)'는 고비 미. 백일홍나무 미. 장미 미 자(字)이다.

○ 荊山(형산)：　호북성 남장현(湖北省 南漳縣)에 있는 산. 황제(黃帝)가 솥을 만든 곳.

○ 박옥(璞玉)：　아직 탁마(琢磨)하지 않은 옥. 전하여 바탕이 좋아 겉을 꾸미지 아니함의 비유.

○ 台(태)：　삼태성(三台星). 전하여 삼공(三公)이나 삼공의 지위. 즉, 재상.

○ 鼎居(정거)：　솥은 발이 셋이므로 삼공(三公)에 비유하여 대신의 뜻으로 쓴다. 즉, 대신의 자리.

```
戊 癸 丙 己
午 未 子 酉

庚 辛 壬 癸 甲 乙
午 未 申 酉 戌 亥
```

此王觀察造, 癸日子月, 似乎旺相, 不知財殺太重, 旺中變弱, 局
차왕관찰조 　계일자월 　사호왕상 　부지재살태중 　왕중변약 　국

中無木, 混濁不淸, 陰內陽外之象, 月透財星, 其心意必欲愛之,
중무목 　혼탁불청 　음내양외지상 　월투재성 　기심의필욕애지

時逢官殺, 其心志必欲合之, 所以權謀異衆, 才幹過人, 出身本微,
시봉관살 　기심지필욕합지 　소이권모이중 　재간과인 　출신본미

心術不端,
심술부단

이 명조는 왕 관찰사의 명조이다. 癸水가 子月에 생하여 마치 왕상한 것 같으나 재살이 태왕하여 약하게 된 것을 모르고 하는 말이다. 원국에 木이 없어 사주가 혼탁하고 맑지 못하다. 음은 안에 양은 밖에 있는 형상이다.

月上에 재성이 투출하니 재물의 욕심이 많고 時에 관성이 있으니 그의 마음은 관과 합하려 한다. 이런 까닭에 권모가 남다르고 재간이 뛰어났다. 본시 미천한 출신으로 심술이 많았다.

*幹(간)－몸 간. 근본 간. 재능 간. 등뼈 간. 　　*謀(모)－꾀할 모. 꾀 모.
*才幹(재간)－재능과 국량. 　　*微(미)－작을 미. 정묘할 미. 천할 미.

역자주 　陰內陽外之象(음내양외지상)： 　음(陰)은 안에 있고 양(陽)은 밖에 있는 것으로, 밖으로는 인의(仁義)로워 보이나 내심은 간사(奸詐)하다.

癸酉得逢際遇, 由佐貳至觀察, 奢華逢迎, 無出其右, 至未運不能
계유득봉제우　유좌이지관찰　사화봉영　무출기우　지미운불능
免禍, 所謂欲不除, 似蛾撲燈, 焚身乃止, 如猩嗜酒, 鞭血方休,
면화　소위욕부제　사아박등　분신내지　여성기주　편혈방휴

　　癸酉 대운에 때를 만나 좌이(佐貳)에서 관찰사가 되었다. 사치와 화려함이 심하고 행동은 남의 마음에 들도록 비굴하였으며 옳은 일이 없었다. 未 운에 이르러 화를 당하였다.

　　이른바 욕심을 버리지 못하면 부나비가 불에 날아들어 타죽는 것과 같고 성성이가 술을 좋아하여 술로 생을 마감하는 것과 같은 것이다.

*佐貳(좌이) – 보좌관. 조선조(朝鮮朝)에는 참판(參判), 참의(參議)의 총칭. 보이(輔貳).
*奢(사) – 사치할 사. 오만할 사. 과분할 사.
*奢華(사화) – 사치하여 화려함.
*逢迎(봉영) – 사람을 마중하여 접대함.
*奢華逢迎(사화봉영) – 남의 마음에 들도록 힘씀.
*右(우) – 오른쪽 우. 위 우[上也]. 높일 우[尊也].
*無出其右(무출기우) – 바른 말을 하지 않음. 옳은 행동이 없음.

*蛾(아) – 나방 아. 눈썹 아.
*撲(박) – 칠 박.
*燈(등) – 등 등. 등잔 등. 촛불 등.
*焚(분) – 탈 분. 불사를 분.
*猩(성) – 성성이 성. 유인원과(類人猿科) 짐승. 모양이 사람과 가장 닮았으며 힘이 세어 악어와 뱀을 잡아먹음. 상상상(想像上)의 동물로 머리털이 길고 술을 좋아하며 춤을 잘 춘다고 함.
*嗜(기) – 즐길 기.
*鞭(편) – 채찍 편. 채찍질할 편.

역자주 | 如猩嗜酒, 鞭血方休(여성기주, 편혈방휴): 성성이가 술을 좋아하여 실컷 먹고 자다가 두들겨 맞고 붙잡혀 생을 마감함을 이른다.

源 流원류

何處起根源. 流到何方住. 機括此中求. 知來亦知去.
하 처 기 근 원　류 도 하 방 주　기 괄 차 중 구　지 래 역 지 거

　어느 곳에서 근원이 시작되고 흘러가 머문 곳이 어디인지를 보아 그 실마리
를 그중에서 궁구하여 찾아보면 오는 것도 알 수 있고 가는 것도 알 수 있다.

*到(도)ー이를 도. 주밀할 도.　　　　　*括(괄)ー묶을 괄. 담을 괄. 궁구할 괄〔究明
*源(원)ー수원 원. 근원 원.　　　　　　　(구명)함〕.

原注원주

不必論當令不當令. 只論取最多最旺. 而可以爲滿局之祖宗者. 爲源頭
불 필 논 당 령 부 당 령　지 론 취 최 다 최 왕　이 가 이 위 만 국 지 조 종 자　위 원 두

也. 看此源頭. 流到何方. 流去之處. 是所喜之神. 卽在此住了. 乃爲好
야　간 차 원 두　류 도 하 방　류 거 지 처　시 소 희 지 신　즉 재 차 주 료　내 위 호

歸路. 如辛酉癸巳戊申丁巳. 以火爲源頭. 流至金水之方卽住了. 所以
귀 로　여 신 유 계 사 무 신 정 사　이 화 위 원 두　류 지 금 수 지 방 즉 주 료　소 이

富貴爲最.
부 귀 위 최

【원주】

　당령하고 아니하고 따질 것이 아니고 단지 가장 많고 가장 왕한 것으로 만국의
조종(祖宗)이 되는 것이 원두이다. 이 원두(源頭)가 흘러 이르는 방향을 보고 흘러가
도착한 곳이 희신이면 귀로가 좋은 것이다.
　가령 사주가 辛酉 癸巳 戊申 丁巳라면 火가 원두인데 흘러 金水의 곳에 머무니
이러므로 부귀가 좋았다.

若再流至木地. 則氣洩爲亂. 如未曾流到吉方. 中間卽遇阻節. 看其阻
약 재 류 지 목 지　즉 기 설 위 난　여 미 증 류 도 길 방　중 간 즉 우 조 절　간 기 조

住之神何神. 以斷其休咎. 流住之地何地. 以知其地位. 如癸丑壬戌癸
주 지 신 하 신　이 단 기 휴 구　류 주 지 지 하 지　이 지 기 지 위　여 계 축 임 술 계

丑壬子. 以土爲源頭. 止水方. 只生得一個身子. 而戌中火土之氣. 得從
축 임 자　이 토 위 원 두　지 수 방　지 생 득 일 개 신 자　이 술 중 화 토 지 기　득 종

引助. 所以爲僧也.
인 조　소 이 위 승 야

만약 다시 흐르다 목지(木地)에 이르면 金水의 기가 설기되니 사주가 혼란하다.
가령 원두에서 시작하여 흐르다가 길방(吉方)에 이르기 전 중간에 막힘을 만나면 그
막아서 머무르게 한 그 신(神)이 어떤 신인지 보아 그 길흉을 판단하며 흘러가다가
머문 곳이 어떤 곳인지를 보아 그 지위를 알 수 있다.

　가령 사주가 癸丑 壬戌 癸丑 壬子는 土가 원두인데 水에서 그치니 단지 생한
것이라고는 몸 한 개뿐으로 戌中 火土의 기를 이끌어내니 승려가 되었다.

*滿(만) - 찰 만. 채울 만.
*祖(조) - 조상 조. 조상. 사당. 할아비.
*源(원) - 수원 원. 근원 원.
*頭(두) - 머리 두. 우두머리 두. 첫머리 두.
　꼭대기 두.
*看(간) - 볼 간. 지킬 간.
*住(주) - 살 주. 살다. 거처. 살고 있는 사람.
*了(료. 요) - 마칠 료. 마치다. 깨닫다. 밝다.
*歸(귀) - 돌아갈 귀. 돌아올 귀.

*曾(증) - 일찍 증. 일찍. 일찍이. 곧. 이에. 거
　듭하다.
*阻(조) - 험할 조. 막히다.
*咎(구) - 허물 구. 재앙 구. 미워할 구.
*個(개) - 낱 개. 낱으로 된 물건의 수효를 세
　는 단위.
*從(종) - 좇을 종. 종사할 종. 따를 종.
*僧(승) - 중 승(승려).

> 역자주　밑줄 '癸丑 壬戌 癸丑 壬子' 사주의 설명은 좀 어수선하다. 土에서 원두가 일어나 水에서
> 그쳤다는 대목은 이해가 어렵고, 戌中 火土의 기를 이끌어내니 승려가 되었다는 대목도
> 이해하기 어렵다. 土에서 원두가 일어나 水에 이르려면 金이 있어야 하는데 金이 없어 水
> 에 이르지 못한다.

任氏曰 임씨왈,

源頭者, 卽四柱中之旺神也, 不論財官印綬食傷比刦之類, 皆可爲
원 두 자　즉 사 주 중 지 왕 신 야　불 론 재 관 인 수 식 상 비 겁 지 류　개 가 위

源頭也, 總要流通生化, 收局得美爲佳, 或起于比刦, 止于財官爲
원두야 총요유통생화 수국득미위가 혹기우비겁 지우재관위

喜, 或起于財官, 止于比刦爲忌,
희 혹기우재관 지우비겁위기

임 선생님이 말씀하였다.

원두(源頭)란 사주 가운데에서 가장 왕한 오행을 말하는 것이다. 재(財), 관(官),
인수(印綬), 식상(食傷), 비겁(比刦)을 막론하고 다 원두가 될 수 있는 것이다. 요는
사주가 상생으로 유통하여 아름답게 국을 이루는 것이 좋은 것이다.

혹 비겁에서 일어나 재관에 그치면 좋으나 혹 재관에서 일어나 비겁에서 그치면
꺼리는 것이다.

*印(인)−도장 인.
*綬(수)−끈 수. 인끈 수.
*刦(겁)−겁탈할 겁.
*總(총)−거느릴 총. 모두 총. 대강 총.
*要(요)−부사어로는 늘. 결국. 응당. 반드시.

*收(수)−거둘 수. 길을 수. 가질 수.
*佳(가)−아름다울 가. 좋을 가.
*于(우)−어조사 우.
*或(혹)−혹 혹. 혹. 혹은. 있다. 늘. 언제나.
*忌(기)−미워할 기. 시기할 기. 꺼릴 기.

如山川之發脈來龍, 認氣于大父母, 看尊星, 認氣于眞子息, 看主
여산천지발맥래룡 인기우대부모 간존성 인기우진자식 간주

星, 認氣于方交媾, 看胎伏星, 認氣于成胎育, 看胎息星, 認氣于
성 인기우방교구 간태복성 인기우성태육 간태식성 인기우

化煞爲權, 看解星, 認氣于絶處逢生, 看恩星, 認源之氣以勢, 認
화살위권 간해성 인기우절처봉생 간은성 인원지기이세 인

流之氣以情, 故源頭流住之地, 卽山川結穴之所也, 不可以不究,
류지기이정 고원두류주지지 즉산천결혈지소야 불가이불구

예를 들어, 산천의 맥(脈)이 발(發)하여 오는 용(龍)에서 존성(尊星)으로 선대를
알 수 있고, 주성(主星)으로 자식을 알 수 있고, 태복성(胎伏星)으로 교구(交媾)를
알 수 있고, 태식성(胎息星)으로 태육(胎育)을 알 수 있고, 해성(解星)으로 화살위권
(化煞爲權)을 알 수 있고, 은성(恩星)으로 절처봉생(絶處逢生)을 알 수 있다.

근원의 기(氣)로 그 세(勢)를 알며 흐르는 기로 그 정(情)을 안다. 그러므로 원두에서 흐르다가 머무는 곳이 곧 산천의 맥이 내려오다 결혈(結穴)하는 곳과 같으니 살피지 않을 수 없는 것이다.

*脈(맥) — 맥 맥. 연달을 맥.
*嫗(구) — 할미구. 계집 구. 따스할 구.
*交媾(교구) — 결혼. 중혼. 음양이 상교(相交)
함.

*胎育(태육) — 태중의 아기가 자람.
*結(결) — 맺을 결. 맺힐 결.
*穴(혈) — 구덩이 혈. 굴 혈. 구멍 혈.
*大父母(대부모) — 할아버지와 할머니[祖父母].

역자주 | 위의 설명은 풍수지리(風水地理)의 관점에서 설명한 것이다. 명리학을 공부하는 우리로서는 이해하기 어렵다. 원두를 설명하려니 산천의 발맥(發脈)으로부터 설명한 것인데 임철초 선생의 학문의 깊이가 진실로 심오(深奧)함을 느끼게 된다.

源頭阻節之處, 卽來龍破損隔絶之意也, 不可以不察, 看其源頭流
원두조절지처   즉래룡파손격절지의야   불가이불찰   간기원두류

止之地何地, 以知其誰興誰替, 看其阻節之神何神, 以論其何吉何
지지지하지   이지기수흥수체   간기조절지신하신   이론기하길하

凶, 如源頭起于年月是食印, 住于月時是財官, 則上叨祖父之蔭,
흉   여원두기우년월시식인   주우월시시재관   즉상도조부지음

下享兒孫之福,
하향아손지복

원두에서 흐르다 막힌 곳이 곧 내룡(來龍)이 파손되어 격절(隔節)된 뜻이니 살피지 않을 수 없는 것이다. 원두에서 흐르다 멈춘 곳이 어느 곳인지 보아 누가 흥(興)하고 누가 쇠(衰)한지 알 수 있고 흐름을 막은 신(神)이 어떤 신인지를 보아 어떻게 길한지 어떻게 흉한지 알 수 있다.

가령 원두가 年月의 식신이나 인수에서 일어나 머무른 곳이 일시의 재관이면 위로는 조부의 음덕이 있고 아래로는 자손이 복을 누린다.

*阻(조) — 험할 조. 떨어질 조. 막힐 조.
*隔(격) — 막을 격. 막이 격.
*誰(수) — 누구 수.

*興(흥) — 일 흥. 일으킬 흥. 기뻐할 흥. 흥 흥.
*替(체) — 폐할 체. 멸할 체. 바꿀 체.
*叨(도) — 탐할 도. 욕되게 할 도. 외람할 도.

역자주 | 밑줄의 月時는 日時의 착오이다.

或起于年月是財官, 住于日時是傷刦, 則破敗祖業, 刑妻剋子, 如
혹기우년월시재관　주우일시시상겁　즉파패조업　형처극자　여

起於日時是財官, 住於年月是食印, 則上與祖父爭光, 下與兒孫立
기어일시시재관　주어년월시식인　즉상여조부쟁광　하여아손입

業, 或起於日時是財官住於年月是傷刦, 則祖業難享, 自刱維新,
업　혹기어일시시재관주어년월시상겁　즉조업난향　자창유신

혹 年月의 재관에서 일어나 일시의 상관이나 겁재에 머물면 조업을 파하고 형처극자(刑妻剋子)한다. 가령 일시의 재관에서 일어나 年月의 식신이나 인수에 머물면, 위로는 조상이 영광스럽고 아래로는 자손이 가업을 일으킬 것이다.

혹 일시의 재관에서 일어나 年月의 상관이나 겁재에 머물면 조업을 누리기 어렵고, 스스로 창업하여 새롭게 가업을 일으킨다.

*享(향)-누릴 향. 드릴 향. 잔치할 향.
*刱(창)-비롯할 창(처음으로 시작함). 創과
　소.
*維(유)-맬 유. 바(굵은 줄) 유. 오직 유.

*新(신)-새 신. 새롭게 할 신.
*維新(유신)-오래된 낡은 나라가 제도를
　쇄신하여 새로운 나라가 됨. 사물의 면목
　을 일신(一新)함.

流住年是官印者, 知其祖上淸高, 是傷刦者, 知其祖上寒微, 流住
류주년시관인자　지기조상청고　시상겁자　지기조상한미　류주

月是財官者, 知其父母創業, 是傷刦者, 知其父母破敗, 流住日時是
월시재관자　지기부모창업　시상겁자　지기부모파패　류주일시시

財官食印者, 必白手成家, 或妻賢子貴, 流住日時是傷刦梟刃者, 必
재관식인자　필백수성가　혹처현자귀　류주일시시상겁효인자　필

妻陋子劣, 或因妻招禍, 破家受辱,
처루자열　혹인처초화　파가수욕

흘러 머문 곳이 年인데 이것이 관이나 인수이면 조상이 청고(淸高)하고 이것이 상관이거나 겁재면 조상이 한미(寒微)하다.

흘러 머문 곳이 月인데 이것이 재나 관이면 부모가 창업하였고 이것이 상관이거나 겁재면 부모가 파패(破敗)한다.

흘러 머문 곳이 日時인데 이것이 재, 관, 식신, 인수이면 반드시 맨손으로 집안을 일으키거나 혹은 처가 현명하고 자식이 귀히 된다.

흘러 머문 곳이 日時인데 이것이 상관, 겁재, 편인이면 반드시 처가 비루하고 자식이 용렬하거나 혹은 처로 인해 화가 있거나 가업을 파하고 치욕이 있다.

*梟(효)―올빼미 효. 목 베어 달 효. 영웅 효.　*招(초)―부를 초. 구할 초.
*陋(루)―좁을 루. 못생길 루. 거칠 루.　*禍(화)―재앙 화. 재화(災禍)내릴 화.
*劣(렬. 열)―못할 렬. 겨우 렬.　*辱(욕)―욕보일 욕. 욕볼 욕. 욕 욕(수치).

然又要看日主之喜忌斷之, 無不驗也, 如源頭流止未住之地, 有阻
연우요간일주지희기단지　무불험야　여원두류지미주지지　유조
節隔絶之神, 是偏正印綬, 必爲長輩之禍, 柱中有財星相制, 必得
절격절지신　시편정인수　필위장배지화　주중유재성상제　필득
妻賢之助, 如有比刧之化, 或得兄弟相扶,
처현지조　여유비겁지화　혹득형제상부

그러나 중요한 것은 일주의 희기(喜忌)를 보아 판단하면 맞지 않는 것이 없다. 가령 원두에서 흘러 머무를 곳에 이르기 전에 그치면 그 흐름을 막아 그치게 한 신(神)이 인수(印綬)이면 반드시 윗사람으로 인한 화가 있는데, 사주에 재성이 있어 이를 극하면 반드시 현처의 도움이 있고 비겁이 化하면 혹 형제의 도움이 있다.

*看(간)―볼 간. 지킬 간.　*偏(편)―치우칠 편. 한쪽 편.
*驗(험)―증좌 험(증거). 조짐 험. 증험할 험.　*綬(수)―끈 수. 인끈 수.
*頭(두)―머리 두. 우두머리 두. 첫머리 두.　*輩(배)―무리 배. 짝 배.
　꼭대기 두.　*賢(현)―어질 현. 어진이 현.
*阻(조)―험할 조. 막히다.　*扶(부)―도울 부. 붙들 부.
*隔(격)―막을 격. 막이 격.

如阻節是比刦, 必遭兄弟之累, 或不和, 柱中有官星相制, 必得賢
여조절시비겁 필조형제지루 혹불화 주중유관성상제 필득현

貴之解, 如有食傷之化, 或得子姪之助, 如阻節是財星, 必遭妻妾
귀지해 여유식상지화 혹득자질지조 여조절시재성 필조처첩

之禍, 柱中有比刦相制, 必得兄弟之助, 或兄弟愛敬, 如有官星之化,
지화 주중유비겁상제 필득형제지조 혹형제애경 여유관성지화

或得賢貴提攜,
혹득현귀제휴

가령 흐름을 막고 있는 신(神)이 비겁이면 반드시 형제로 인한 피해가 있거나
혹 형제간에 불화가 있다. 사주에서 관성이 있어 비겁을 극(剋)하면 반드시 귀인의
도움으로 풀어지게 된다. 가령 식상이 화(化)하면 자질(子姪)의 도움이 있다.

가령 흐름을 막고 있는 것이 재성이면 반드시 처첩으로 인하여 화를 당하게
되는데 사주에 비겁이 있어 재성을 극하면 반드시 형제의 도움이 있거나 혹은
형제간에 우애가 돈독하다. 혹 관성이 化하면 귀인의 도움이 있다.

*遭(조)-만날 조.
*賢(현)-어질 현. 어진이 현.
*姪(질)-조카 질. 조카딸.

*提(제)-끌 제. 거느릴 제.
*攜(휴)-끌 휴. 들 휴. 연할 휴. 떨어질 휴.
*提攜(제휴)-서로 도와줌. 서로 손을 끔.

如阻節是食傷, 必受子孫之累, 柱中有印綬相制, 必叨長輩之福,
여조절시식상 필수자손지루 주중유인수상제 필도장배지복

或親長提拔, 有財星之化, 必得美妻, 或中饋多能, 如阻節是官煞,
혹친장제발 유재성지화 필득미처 혹중궤다능 여조절시관살

必遭官刑之禍, 柱中有食傷相制, 必得子姪之力, 有印綬之化,
필조관형지화 주중유식상상제 필득자질지력 유인수지화

必仗長輩之助, 然又要看用神之宜忌論之, 無不應也,
필장장배지조 연우요간용신지의기론지 무불응야

가령 흐름을 막고 있는 것이 식상이면 반드시 자손으로 인한 걱정이 있게 되는
데 사주에 인수(印綬)가 있어 식상을 극하면 반드시 윗사람의 도움으로 복을 받기
도 하고 혹 윗사람의 덕이 있다. 재성이 化하면 반드시 처가 아름답고 재능이 많은

아내를 얻는다.

가령 흐름을 막고 있는 것이 관살이면 반드시 관형(官刑)의 화(禍)를 당하게 되는데 사주에 식상이 있어 관살을 극제하면 반드시 자질(子姪)의 도움이 있으며 인수가 化하면 윗사람의 도움이 있다. 그러나 더 중요한 것은 용신의 의기(宜忌)로 판단하면 맞지 않는 것이 없다.

*累(루. 누)-포갤 루. 층 루. 누끼칠 루.
*輩(배)-무리 배. 짝 배.
*饋(궤)-보낼 궤. 권할 궤. 선사 궤.
*長輩(장배)-윗사람. 선배.
*親長(친장)-손윗사람. 어른.

*中饋(중궤)-주부가 부엌에서 식사를 주관하는 일. 전하여 아내를 일컬음.
*中饋多能(중궤다능)-현처(賢妻)의 내조(內助)가 큼.
*拔(발)-뺄 발(뽑음). 가릴 발.

如源頭流住是官星，又是日主之用神，就名貴顯者，十居八九，如
여 원 두 류 주 시 관 성　우 시 일 주 지 용 신　취 명 귀 현 자　십 거 팔 구　여

是財星，又是日主之用神，就利發財者，十居八九，如是印星，又
시 재 성　우 시 일 주 지 용 신　취 리 발 재 자　십 거 팔 구　여 시 인 성　우

是日主之用神，有文望而淸高者，十居八九，如是食傷，又是日主
시 일 주 지 용 신　유 문 망 이 청 고 자　십 거 팔 구　여 시 식 상　우 시 일 주

之用神，財子兩美者，十居八九，
지 용 신　재 자 양 미 자　십 거 팔 구

가령 원두(源頭)에서 흘러 머무른 곳이 관성(官星)인데 관성이 일주의 용신이면 귀(貴)로써 이름을 얻는 자가 열에 여덟아홉이요, 머무른 곳이 재성(財星)이고 이것이 일주의 용신이면 사업으로 성공하는 자가 열에 여덟아홉이요, 머무른 곳이 인성(印星)이고 이것이 일주의 용신이면 학문의 명망이 있고 청고(淸高)한 자가 열에 여덟아홉이요, 머무른 곳이 식상(食傷)이고 이것이 일주의 용신이면 재물과 자식이 함께 아름다운 자가 열에 여덟아홉이다.

*就(취)-이룰 취. 좇을 취.
*顯(현)-밝을 현. 나타날 현.

*望(망)-바라볼 망. 바랄 망. 소망 망.
*淸(청)-맑을 청. 깨끗할 청.

如日主以官星爲忌神, 爲官遭禍傾家者有之, 如日主以財星爲忌神,
여 일 주 이 관 성 위 기 신 위 관 조 화 경 가 자 유 지 여 일 주 이 재 성 위 기 신

爲財喪身敗名節者有之, 如日主以印星爲忌神, 爲文書傷時犯上而
위 재 상 신 패 명 절 자 유 지 여 일 주 이 인 성 위 기 신 위 문 서 상 시 범 상 이

受殃者有之, 如日主以食傷爲忌神, 爲子孫受累而絶嗣者有之, 此
수 앙 자 유 지 여 일 주 이 식 상 위 기 신 위 자 손 수 루 이 절 사 자 유 지 차

窮極源流之正理, 不同俗書之謬論也,
궁 극 원 류 지 정 리 부 동 속 서 지 류 론 야

가령 관성이 일주의 기신(忌神)이면 관재(官災)로 집안이 기우는 자가 있고, 가령 재성(財星)이 일주의 기신이면 재물로 인하여 몸을 망치고 이름을 더럽히는 자가 있고, 가령 인성이 일주의 기신이면 문서로 위〔上〕를 범하여 재앙을 당하는 자가 있고, 가령 식상이 기신이면 자손으로 인한 걱정이 있거나 대(代)가 끊어지는 자가 있다. 이것이 원류의 바른 이치로 속서의 잘못된 이론과는 같지 않은 것이다.

*傾(경)-기울 경. 기울어질 경. *嗣(사)-이을 사. 후사 사.
*犯(범)-범할 범. 침범할 범. 범죄 범. *窮(궁)-궁구할 궁. 궁할 궁. 다할 궁.
*殃(앙)-재앙 앙. 해 끼칠 앙. *謬(류)-잘못 류. 그릇될 류.

<pre>
癸 丙 庚 辛
巳 寅 子 酉

甲 乙 丙 丁 戊 己
午 未 申 酉 戌 亥
</pre>

此以金爲源頭, 流至寅木, 印綬生身更妙, 巳時得祿, 財又逢生,
차 이 금 위 원 두 류 지 인 목 인 수 생 신 갱 묘 사 시 득 록 재 우 봉 생

官星透露, 淸有精神, 中和純粹, 起處亦佳, 歸局尤美, 詞林出身,
관 성 투 로 청 유 정 신 중 화 순 수 기 처 역 가 귀 국 우 미 사 림 출 신

仕至通政, 一生無險, 名利雙輝,
사 지 통 정 일 생 무 험 명 리 쌍 휘

이 명조는 金에서 시작하여 흘러 寅木에 이르렀다. 寅木 인수가 일주를 생하는데 더욱 묘(妙)한 것은 巳時로 일주의 녹(祿)이며 재성이 장생을 만남이다.

관성이 시에 투출하니 정기와 신기가 맑고 사주가 중화를 이루고 순수하다. 시작된 곳이 아름답고 끝난 곳도 아름답다. 사림 출신으로 벼슬이 통정(通政)에 이르고 일생동안 험난함이 없었으며 명리가 빛났다.

*頭(두)-머리 두. 우두머리 두. 첫머리 두.　　*尤(우)-더욱 우. 허물 우.
　꼭대기 두.　　　　　　　　　　　　　　*險(험)-험할 험. 음흉할 험. 높을 험.
*綬(수)-끈 수. 인끈 수.　　　　　　　　*雙(쌍)-쌍 쌍. 견줄 쌍.
*祿(록,녹)-녹 록. 복 록. 녹줄 녹.　　　　*輝(휘)-빛 휘. 빛날 휘.

역자주 巳時를 재성의 장생이라고 한 것은 조금 지나친 것 같다. 여기서 재성이라 하였으니 金의 장생이란 말인데 巳는 金의 장생이긴 하나 월령이 申酉 월이거나 丑 월이면 혹 모를까 子월이고 寅木과 丙火가 있는데 장생이라고 하기는 좀 무리가 아닌가 생각된다. 丙火의 녹(祿)이라 한 것은 맞다.

丙　戊　癸　辛
辰　申　巳　丑

丁　戊　己　庚　辛　壬
亥　子　丑　寅　卯　辰

此以火爲源頭, 流至水方, 更妙月時, 兩火之源, 皆得流通, 至金
차이화위원두　류지수방　갱묘월시　양화지원　개득유통　지금

水歸局, 所以富有百萬, 貴至二品, 一生履險如夷, 所謂景星慶雲,
수귀국　소이부유백만　귀지이품　일생이험여이　소위경성경운

仰衆吉之拱向, 花攢錦簇, 盼五福之駢瑧,
앙중길지공향　화찬금족　반오복지변진

이 명조는 火가 원두로 흘러 水方에 이르렀다. 더욱 묘(妙)한 것은 월과 시의 火가 다 유통하여 金水에 이르러 귀국(歸局)한 것이다. 이런 까닭에 부(富)가 백만에, 벼슬이 이품에 이르고 일생이 편안하였다.

이른바 상서로운 별과 상서로운 구름이 우러러 북두를 공향(拱向)하듯 사람들의 존경을 받았고 꽃과 비단이 쌓이고 오복을 다 누렸다.

*景星(경성)－상서로운 별.
*慶雲(경운)－상서로운 구름.
*攢(찬)－모일 찬〔聚也(취야)〕.
*簇(족)－가는 대나무 족. 모일 족.

*盻(반)－아름다운 눈 반.
*騈(변. 병)－나란히 할 변. 늘어설 변. 땅이름 병.
*瑧(진)－이를 진. 모을 진. 많을 진.

역자주 밑줄의 仰衆吉之拱向(앙중길지공향)은 仰衆星之拱向(앙중성지공향)이어야 한다. 『적천수징의』에는 仰衆星之拱向(앙중성지공향)으로 되어 있다. 仰衆吉之拱向(앙중길지공향)이 틀린 것은 아니나 仰衆星之拱向(앙중성지공향)이 뜻이 확실하다.

甲　丙　辛　辛
午　子　卯　卯

乙　丙　丁　戊　己　庚
酉　戌　亥　子　丑　寅

此以木爲源頭, 五行無土, 不能流至金, 財官又隔絶, 沖而逢洩,
차 이 목 위 원 두　오 행 무 토　불 능 류 지 금　재 관 우 격 절　충 이 봉 설

無生化之情, 初運庚寅, 叨上人之福, 己丑運合子, 洩火生金, 財
무 생 화 지 정　초 운 경 인　도 상 인 지 복　가 축 운 합 자　설 화 생 금　재

福騈瑧, 戊子土虛水旺, 暗助木神, 刑耗多端, 丁亥尅金會木, 家
복 변 진　무 자 토 허 수 왕　암 조 목 신　형 모 다 단　정 해 극 금 회 목　가

破人亡,
파 인 망

이 명조는 木이 원두인데 오행 중에 土가 없어 흘러 金에 이르지 못하고 재관은 격절(隔絶)되고 충과 설을 만나니 생화의 정이 없다. 초운 庚寅은 윗사람의 음덕이 있었고 己丑 운은 子水를 합하고 火를 설하여 金을 생하니 재복이 좋았다.

戊子 운은 土는 허하고 水는 왕한데 왕한 水가 木을 생하니 형모(刑耗)가 다단(多端)하였다. 丁亥 운으로 들어 金을 극하고 木이 국을 이루니 가업을 파하고 사망하였다.

*隔(격)－막을 격. 막이 격.
*洩(설. 예)－샐 설. 줄 설. 훨훨 날 예. 바람
　따를 예.
*璡(진)－이를 진. 모을 진. 많을 진.

*刑(형)－형벌 형. 법 형.
*耗(모)－벼 모. 덜 모. 耗는 재물이 흩어짐
　을 이름.
*端(단)－바를 단. 실마리 단.

丁　戊　壬　庚
巳　午　午　寅

戊丁丙乙甲癸
子亥戌酉申未

此以火爲源頭, 年支寅木阻節, 月干壬水隔之, 不能流至金, 初運
차 이화위원두　년지인목조절　월간임수격지　불능류지금　초운

土金之地, 沖化阻節之神, 業同秋水春花盛, 人被堯天舜日恩, 一交
토금지지　충화조절지신　업동추수춘화성　인피요천순일은　일교

丙戌, 支會火局, 梟神奪食, 破耗異常, 又剋一妻二妾四子, 至丁
병술　지회화국　효신탈식　파모이상　우극일처이첩사자　지정

亥運, 干支皆合化木, 煢煢隻影, 孤苦不堪, 削髮爲僧,
해운　간지개합화목　경경척영　고고불감　삭발위승

　이 명조는 火가 원두인데 年支의 寅木에서 막혀 金에 이르지 못하고 천간으로
는 壬水에 막혀 金에 이르지 못한다. 초운이 土金地로 막고 있는 신(神)을 충하고
化하여 가업이 아름답고 번창하였으며 태평성대를 누리었다.

　丙戌 운으로 바뀌어 지지에 火局을 이루니 효신탈식(梟神奪食)으로 파모가 심
했고 또 일처(一妻) 이첩(二妾)과 네 아들을 극하였다. 丁亥 운에 이르러 干支가
다 木으로 合化하니 가솔(家率)이 없어 외롭고 고생이 심하여 머리를 깎고 출가하
였다.

*阻(조)－험할 조. 막히다.
*秋水(추수)－가을 물. 가을은 물이 맑고 깨
　끗하여 潺湲(잔원)이라고 함.
*春花(춘화)－봄의 꽃.

*煢(경)－외로울 경(형제 또는 아내가 없음). 근
　심할 경.
*煢煢(경경)－외롭고 의지할 곳 없는 모양
　〔單也獨也(단야독야)〕.

*堯(요)-요임금 요. 요임금. 높다. 멀다.

*舜(순)-순임금 순. 순임금. 무궁화. 뛰어남.

*堯天舜日(요천순일)-요(堯) 임금과 순(舜)
 임금 시대. 즉, 태평성대.

*梟(효)-올빼미 효. 목 베어 달 효. 영웅 효.
 여기서는 효신을 말함이니, 즉 편인을 말함.

*奪(탈)-빼앗을 탈. 빼앗길 탈.

*隻(척)-외짝 척. 하나 척.

*隻影(척영)-외따로 떨어져 있는 물건의
 그림자. 그림자 하나.

*堪(감)-견딜 감. 맡을 감.

*髮(발)-머리 발. 초목 발.

凡富貴者, 未有不從源頭也, 分其貴賤, 全在收局一字定之, 去我
범부귀자 미유부종원두야 분기귀천 전재수국일자정지 거아

濁氣, 作我喜神, 不貴亦富, 去我清氣, 作我忌神, 不貧亦賤, 學者
탁기 작아희신 불귀역부 거아청기 작아기신 불빈역천 학자

當審察之,
당심찰지

　무릇 부귀한 사람의 명조는 원두(源頭)를 좇아 흐르지 않는 것이 없으니 귀천이
나누어지는 것은 오로지 (머무를 곳에 머무는) 수국(收局)이라는 한 자〔一字〕로 정하
여지는 것이다.

　일주의 탁기를 제거하여 일주의 희신을 지으면〔作〕 귀(貴)하지 않으면 역시 부
(富)하게 되며, 일주의 청기를 제거하여 일주의 기신이 되면 가난하지 않으면 역시
천하게 된다. 배우는 자는 마땅히 자세히 살펴야 한다.

*從(종)-좇을 종. 종사할 종. 따를 종.

*賤(천)-천할 천. 천히 여길 천.

*收(수)-거둘 수. 길을 수. 쇠할 수.

*濁(탁)-흐릴 탁. 흐림. 더러움.

*清(청)-맑을 청. 깨끗할 청.

*貧(빈)-가난할 빈. 가난 빈.

*審(심)-살필 심. 자세히 심.

*察(찰)-살필 찰. 자세할 찰.

通 關 통관

關内有織女. 關外有牛郎. 此關若通也. 相邀入洞房.
관내유직녀　관외유우랑　차관약통야　상요입동방

관내에는 직녀가 있고 관외에는 견우가 있는데 이 관문을 만약 통하게 하면서로 맞이하여 동방(洞房)에 든다.

*關(관)－문빗장 관. 잠글 관.
*織(직)－짤 직. 베틀 직. 직물 직. 표 치.
*織女(직녀)－베 짜는 처녀. 織女星(직녀성).
*牛郎(우랑)－牛童(우동). 牽牛星(견우성).

*邀(요)－맞이할 요. 구할 요.
*洞(동. 통)－골 동. 밝을 통. 마을. 꿰뚫다.
*洞房(동방)－깊숙한 데 있는 방. 전하여 부인의 방. 침방(寢房).

原注원주

天氣欲下降. 地氣欲上升. 欲相合相和相生也. 木土而要火. 火金而要
천 기 욕 하 강　지 기 욕 상 승　욕 상 합 상 화 상 생 야　목 토 이 요 화　화 금 이 요

土. 土水而要金. 金木而要水. 皆是牛郎織女之有情也. 中間上下遠隔.
토　토 수 이 요 금　금 목 이 요 수　개 시 우 랑 직 녀 지 유 정 야　중 간 상 하 원 격

爲物所間. 前後遠絶. 或被刑沖. 或被刦占. 或隔一物. 皆謂之關也.
위 물 소 간　전 후 원 절　혹 피 형 충　혹 피 겁 점　혹 격 일 물　개 위 지 관 야

【원주】

천기는 내려오려 하고 지기는 올라가려 하는 것은 相合 相和 相生 하고자 함이다. 木과 土는 火가 필요하고, 火와 金은 土가 필요하고, 土와 水는 金이 필요하고, 金과 木은 水가 필요하니 이는 다 견우와 직녀의 유정함이다.

上下로 멀리 격되어 있거나 중간에 어떤 것이 막고 있거나, 앞뒤로 멀리 단절되었거나, 혹 형충을 당하거나, 혹 겁점(刦占)되었거나, 혹 하나가 막고 있거나 하는 것을 일러 다 관(關)이라 하는 것이다.

必得引用無合之神. 及刑沖所間之物. 前後上下. 援引得來. 能勝劫占
필득인용무합지신 급형충소간지물 전후상하 원인득래 능승겁점

之神. 能補所缺之物. 明見暗會. 歲運相逢. 乃爲通關也. 關通而其願
지신 능보소결지물 명견암회 세운상봉 내위통관야 관통이기원

遂矣. 不猶牛郎織女之入洞房也哉.
수의 불유우랑직녀지입동방야재

　이 관문을 여는 것은 반드시 합이 없는 신(神)을 인용하거나 사이를 막고 있는 것을 형충하거나 전후, 상하 도움이 있어 겁점한 신(神)을 극하고 부족한 것을 암회(暗會)로 보충함이 있고 세운에서 상봉하면 이것이 통관이다.

　관문을 통하면 그 소원이 이루어지는 것이니 견우와 직녀가 동방(洞房)에 드는 것이 아니겠는가.

*降(강)-항복할 항. 항복 받을 항. 내릴 강.
*升(승)-되 승. 오를 승.
*遠(원)-멀 원. 멀리할 원.
*刦(겁)-겁탈할 겁.
*援(원)-구원할 원. 당길 원. 도움 원.

*劫(겁)-위협할 겁. 위협하다. 빼앗다. 부지런하다.
*遂(수)-이룰 수. 따를 수.
*猶(유)-오히려 유. 같을 유. 망설일 유. 원숭이 유.

任氏曰임씨왈,

通關者, 引通剋制之神也, 所謂陰陽二用, 妙在氣交, 天降而下,
통관자 인통극제지신야 소위음양이용 묘재기교 천강이하

地升而上, 天干之氣動而專, 地支之氣靜而雜, 是故地運有推移,
지승이상 천간지기동이전 지지지기정이잡 시고지운유추이

而天氣從之, 天氣無有轉徙, 而地運應之, 天氣動于上, 而人元應
이천기종지 천기무유전사 이지운응지 천기동우상 이인원응

之, 人元動于下, 而天氣從之,
지 인원동우하 이천기종지

　임 선생님이 말씀하였다.

　통관이란 극제하는 신(神)을 인통(引通)시키는 것이다. 이른바 음양의 두 쓰임은 기가 교류함에 묘(妙)함이 있는 것이다. 천기는 하강하고 지기는 상승하는데 천간의 기는 동하되 전일(專一)하고 지지의 기는 정(靜)하나 잡되었다.

이러한 고로 지운(地運)이 이동하면 천기(天氣)가 이에 따르고 천기가 움직이면 지운이 이에 응한다. 천기가 위에서 동하면 인원이 응하고 인원이 아래에서 동하면 천기가 이에 따른다.

*徙(사)－옮길 사. 넘길 사.
*轉徙(전사)－전이(轉移). 장소, 지위를 옮김. 장소, 지위가 옮겨짐.

*無有(무유)－부사어로 ～이 없다. ～을 해서는 안 된다 등으로 해석.

역자주 밑줄의 天氣無有轉徙, 而地運應之(천기무유전사, 이지운응지)는 잘못된 것이다. "천기의 움직임이 있고 없고 지운이 응하고. 또는 천기는 변하여 움직임이 없어도 지운이 이에 응한다"라고 해석하여야 하는데, 천기의 움직임이 없으면 지운도 응함이 없는데 어찌하여 천기가 변함이 없는데 지운이 응하는가.

여기에서 無(무)자가 오자(誤字)이다. 즉, 天氣有轉徙, 而地運應之(천기유전사, 이지운응지)인 것이다. 이래야 뜻이 맞다. 해석하면 "천기가 위에서 움직이면 지운이 아래에서 응한다"라는 뜻이다. 아마 필사 과정에서 잘못된 것으로 생각된다. 『적천수징의』에는 天氣有轉徙, 而地運應之(천기유전사, 이지운응지)로 되어 있다.

所以陰勝逢陽則止, 陽勝逢陰則住, 是謂, 天地交泰, 干支有情,
소 이 음 승 봉 양 즉 지 양 승 봉 음 즉 주 시 위 천 지 교 태 간 지 유 정

左右不背, 陰陽生育而相通也, 若殺重喜印, 殺露印亦露煞藏印亦
좌 우 불 배 음 양 생 육 이 상 통 야 약 살 중 희 인 살 로 인 역 로 살 장 인 역

藏, 此顯然通達不必節外生枝, 倘原局無印, 必須歲運逢印向而通
장 차 현 연 통 달 불 필 절 외 생 지 당 원 국 무 인 필 수 세 운 봉 인 향 이 통

之, 或暗會明合而通之,
지 혹 암 회 명 합 이 통 지

이러므로 음이 승(勝)할 때 양을 만나면 멈추고 양이 승할 때 음을 만나면 머물게 되니 이를 일러 천지교태(天地交泰)라 한다. 간지가 유정하고 좌우가 불배(不背)하면 음양이 만물을 낳고 길러 서로 통하게 되는 것이다.

만약 살(殺)이 중하여 인수(印綬)를 기뻐하는 경우 살이 천간에 있으면 인수도 천간에 있어야 하고 살이 지지에 있으면 인수도 지지에 있어야 한다. 이것이 확연하게 통달되는 것이니 절외생지(節外生枝)는 필요치 않은 것이다.

만약 원국에 인수(印綬)가 없으면 반드시 세운에서 인수를 만나면 통하게 되고

혹 암회나 명합으로 통하기도 한다.

*勝(승)-이길 승. 이김 승.
*交泰(교태)-음양이 조화(調和)하여 만물이 안태(安泰)함.

*節外生枝(절외생지)-마디 외의 가지. 불필 절외생지(不必節外生枝)이니, 즉 다른 이론 은 필요치 않다는 뜻임.

局内有印, 被財星損壞, 或官星化之, 或比刦解之, 或被合住, 則
국내유인 피재성손괴 혹관성화지 혹비겁해지 혹피합주 즉

沖開之, 或被沖壞, 則合化之, 或隔一物, 則剋去之, 前後上下, 不
충개지 혹피충괴 즉합화지 혹격일물 즉극거지 전후상하 불

能援引, 得歲運相逢尤佳, 如年印時殺, 干殺支印, 前後遠立, 上
능원인 득세운상봉우가 여년인시살 간살지인 전후원립 상

下懸隔, 或爲間神, 忌物所間, 此原局無可通之理, 必須歲運暗沖
하현격 혹위간신 기물소간 차원국무가통지리 필수세운암충

暗會, 剋制間神忌物,
암회 극제간신기물

혹 원국에 인수(印綬)가 있으나 재성으로부터 손괴를 당하면 혹 관성이 化하거 나 혹 비겁이 재성을 극하여 해구(解救)하여야 하고 혹 합으로 머물러 있다면 충으 로 열어야 하고 혹 충으로 손상되었으면 합으로 化하여야 한다. 혹 중간에 막는 것이 있으면 극거하여야 하고 전후, 좌우에서 돕는 것이 없으면 세운에서 돕게 되면 더욱 아름답다.

가령 年에 인수가 있고 時에 살이 있거나 천간에 살이 있고 지지로 인수가 있으 면 앞뒤로 멀고 상하(上下)로 거리가 현격하고 혹 한신이나 기신이 사이에 있으면 이는 원국에서는 통하는 이치가 없다. 이러한 때에는 반드시 세운에서 암충(暗沖) 하거나 암회하여 한신과 기신을 극제하여야 한다.

역자주 밑줄의 間神(간신)은 閑神(한신)의 오자(誤字)이다. 『적천수징의』에는 한신(閑神)으로 되 어 있다.

該沖則沖, 該合則合, 引通相剋之勢, 此關一通, 所謂琴遇子期,
해충즉충　해합즉합　인통상극지세　차관일통　소위금우자기

馬逢伯樂, 求名者靑錢萬選, 問利者億則屢中, 如牛郎織女之入洞
마봉백락　구명자청전만선　문리자억즉루중　여우랑직녀지입동

房, 無不遂其所願, 殺印之論如此, 食傷財官之論亦如此,
방　무불수기소원　살인지론여차　식상재관지론역여차

　충이 마땅하면 충을 하여야 하고 합이 마땅하면 합을 하여 상극하는 것을 인통 (引通)하면 이것이 관(關)을 통하는 것이다.

　이른바 금우자기(琴遇子期)요 마봉백락(馬逢伯樂)으로 벼슬을 하고자 하는 자 과 거에 급제할 것이요 사업을 하는 자 뜻한 대로 재물이 쌓일 것이다. 이는 마치 견우와 직녀가 동방(洞房)에 드는 것과 같아 그 원하는 바를 이루는 것이다. 살(殺) 과 인수(印綬)의 논함이 이와 같으니 식상과 재관을 논함도 역시 이와 같다.

역자주

○ 琴遇子期(금우자기) : 금(琴)이 자기(子期)를 만났다. 즉, 거문고가 종자기(種子期)를 만 났다는 말이다. 백아(伯牙)는 거문고를 잘 타는 명인(名人)이었다. 백아의 음(音)을 아는 자는 오로지 종자기(種子期)였는데 백아가 태산(泰山)을 노래하는 음(音)을 타면, 종자 기는 그 음(音)을 듣고는 '아! 태산의 장엄(莊嚴)함이여! 아름답도다'라고 하고 백아가 흐르는 물을 연주하면, 종자기는 '아! 장강의 유구함이여! 좋고도 좋도다' 하며 감탄하였 다. 후에 종자기가 병으로 죽자 백아는 그 후 거문고를 타지 않았다. 백아의 음을 아는 자가 없기 때문이었다. 그리고는 거문고 줄마저 끊어버렸다. 이후 '단현(斷絃)'이란 말은 지기(知己)의 죽음을 일컫는 말이 되었다. 또한 처의 죽음도 '단현'이라 한다. 『적천수천 미』 원문 85쪽 사주 설명에 明月淸風誰與共(명월청풍수여공), 高山流水少知音(고산유수 소지음)이라 한 流水曲(유수곡)도 백아와 종자기의 고사(古事)에서 유래한 것이다.

○ 馬逢伯樂(마봉백낙) :　말[馬]이 백낙(伯樂)을 만났다는 뜻인데 백낙은 말[馬] 감정(鑑 定)의 명인(名人)이다. 하루에 천 리를 달리는 천리마도 뭇 노마(駑馬)에 섞여 있으면 노 마로 취급되는데 백낙을 만나야 천리마로 인정받아 귀한 가치를 나타낼 수 있는 것이다. 즉, 명마(名馬)는 백낙을 만나야 제 가치를 인정받아 노마의 대우에서 벗어남을 일컫는 것이다. 또 伯樂一顧(백낙일고)란 말이 있는데, 이 말은 글자 그대로 백낙이 일고(一顧), 즉 한 번 쳐다보았다는 뜻이다. 백낙이 말[馬] 시장에 들려 궁중(宮中)에서 쓸 좋은 말이 있나 살핀 후 돌아가다가 어떤 말[馬]을 돌아보았다는 말인데, 그 말[馬]은 비싼 값에 팔렸다. 말[馬] 감정(鑑定)의 명인(名人)인 백낙(伯樂)의 시선을 끌 수 있는 말[馬]이니 말[馬] 상인은 그 말이 좋은 말로 생각하였던 것이다.

丙 丁 甲 癸
午 卯 子 酉

戊 己 庚 辛 壬 癸
午 未 申 酉 戌 亥

此造天干地支, 皆殺生印, 印生身, 時歸祿旺, 尤妙四沖, 反爲四助,
차조천간지지 개살생인 인생신 시귀록왕 우묘사충 반위사조

金見水不剋木而生水, 水見木不剋火而生木, 此自然不隔不占, 無
금견수불극목이생수 수견목불극화이생목 차자연불격부점 무

阻節之物, 日主弱中變旺, 運遇水, 仍能生木, 逢金仍能生水, 印
조절지물 일주약중변왕 운우수 잉능생목 봉금잉능생수 인

綬不傷, 所以秋闈早捷, 仕至觀察,
수불상 소이추위조첩 사지관찰

이 명조는 천간과 지지가 다 살인상생이고 時에 녹왕이 있는데, 더욱 묘(妙)한
것은 子午 卯酉의 충이 도리어 金生水, 水生木, 木生火 순서대로 생하여 돕고
있는 것이다.

金이 水를 보면 木을 극하지 않고 水를 생하며, 水가 木을 보면 火를 극하지
않고 木을 생하니 이는 자연 떨어져 있는 것도 겁점(刦占)된 것도 아니며 중간에
가로막고 있는 것이 없다.

일주는 약한 가운데 왕하게 되었다. 운에서 水를 만나면 水는 木을 생하고 金을
만나면 金은 水를 생하니 인수가 상해를 입지 않는다. 이러므로 과거에 일찍 급제
하고 벼슬이 관찰(觀察)에 이르렀다.

*尤(우)−더욱 우. 허물 우. 나무랄 우.
*妙(묘)−묘할 묘. 예쁠 묘.
*占(점)−차지할 점. 지키다. 점치다.
*阻(조)−험할 조. 떨어질 조. 저상할 조. 막을 조.
*秋闈(추위)−가을에 치르는 과거(小科).
*仍(잉)−인할 잉(그대로 따름). 오히려 잉. 이에 잉(乃). 부사어로는 곧. 누차. 여전히. 또한 등으로 쓰임.
*早(조)−이를 조. 이르다. 서두르다. 젊다. 일찍. 서둘러. 젊어서. 새벽.
*捷(첩)−이길 첩. 빠를 첩.

辛　丁　癸　戊
亥　未　亥　寅

己　戊　丁　丙　乙　甲
巳　辰　卯　寅　丑　子

此癸水臨旺, 貼身相剋, 被戊土合去, 反作幫身, 月支亥水本助殺,
차계수임왕　첩신상극　피무토합거　반작방신　월지해수본조살

得年支寅亥合來生身, 寅本遙隔, 反爲親近, 時支之亥, 又逢未會,
득년지인해합래생신　인본요격　반위친근　시지지해　우봉미회

以難爲恩, 一來一去, 何等情協, 一往一會, 通關無阻, 所以科甲
이난위은　일래일거　하등정협　일왕일회　통관무조　소이과갑

聯登, 仕至黃堂,
연등　사지황당

이 명조는 癸水가 왕지에 임하였는데 일주 바로 옆에서 극하고 있다. 年干의 戊土가 癸水를 합거하여 도리어 일주를 돕는다. 월지 亥水는 본시 癸水 살을 돕는데 寅木과 합으로 일주를 생하며 寅木이 일주와 멀리 떨어져 있는 것을 寅亥 합으로 도리어 가깝게 되었다.

時支의 亥水도 未와 합으로 공목(拱木)하니 어려운 상황이 은혜롭게 되었다. 하나는 합하여 오고 하나는 합하여 가니 어찌 정협(情協)치 않겠는가. 기신은 가고 희신으로 모이니 통관에 막힘이 없다. 이러므로 과갑(科甲)에 연달아 오르고 벼슬이 황당(黃堂)에 이르렀다.

| 역자주 | ○ 一來一去(일래일거): 하나는 오고 하나는 갔다. 寅亥 합으로 寅木은 오고 戊癸 합으로 癸水는 갔다.
○ 一往一會(일왕일회): 기신은 가고 희신으로 모였다는 뜻이다. 亥未 공목(拱木)을 가리킨다.

```
丁 辛 乙 戊
酉 丑 卯 辰

辛 庚 己 戊 丁 丙
酉 申 未 午 巳 辰
```

此春金氣弱, 時殺緊剋, 年逢印綬, 遠隔不通, 又被旺木剋土壞印,
차춘금기약 시살긴극 년봉인수 원격불통 우피왕목극토괴인

不但戊土不能生化, 卽日支之丑土, 亦被卯木所壞, 此局內無可
부단무토불능생화 즉일지지축토 역피묘목소괴 차국내무가

通之理, 中運南方殺地, 碌碌風霜, 奔馳未遇, 交庚申剋去木神, 得
통지리 중운남방살지 녹녹풍상 분치미우 교경신극거목신 득

奇遇, 分發陝西, 屢得軍功, 及辛酉二十年, 仕至副尹, 蓋金能剋木
기우 분발섬서 누득군공 급신유이십년 사지부윤 개금능극목

幫身, 印可化殺而通也,
방신 인가화살이통야

이 명조는 辛金이 봄에 태어나니 기가 약한데 시상(時上)의 살(殺)이 바로 옆에서 극하고 있다. 年의 인수는 멀리 떨어져 있어 통할 수 없는데 또한 왕한 목이 土를 극하니 인수는 파괴되었다.

비단 戊土 인수만 파괴되어 일주를 생하지 못할 뿐만 아니고 일지 丑土 역시 卯木의 극으로 파괴되니 원국 안에서는 통관할 도리가 없다. 중년의 운이 남방 살지(殺地)로 흐르니 온갖 풍상을 겪었으며 바쁘게 노력하여도 때를 만나지 못하였다.

庚申 운으로 바뀌어 木을 극하니 기이한 인연으로 섬서성에서 군공(軍功)을 수차 세웠고 辛酉 대운까지 이십 년간 벼슬이 부윤(副尹)에 이르렀다. 이는 金이 木을 극하여 일주를 돕고 인수가 살을 化하여 통관하였기 때문이다.

*奔(분)－달릴 분(빨리 감). 달아날 분. 예를 갖추지 않고 혼인할 분.
*馳(치)－달릴 치. 전할 치.

*陝西(섬서)－섬서성(陝西省)을 이름. 중국 서북부에 있는 성(省). 성도(省都)는 서안(西安). 황토지대이며 대체로 고원과 사막임.

*奔馳(분치)-빨리 달림.
*陝(섬)-땅이름 섬.
*屢(루. 누)-여러 루. 번거로울 루.

*蓋(개)-덮을 개. 뚜껑 개. 일산 개. 대개 개. 어찌 개.
*幫(방)-도울 방.

乙 辛 丁 己
未 卯 卯 巳

辛 壬 癸 甲 乙 丙
酉 戌 亥 子 丑 寅

此春金虛弱, 木火當權, 年印月殺, 未得相通, 時支未土, 又會卯
차 춘 금 허 약　목 화 당 권　년 인 월 살　미 득 상 통　시 지 미 토　우 회 묘

化木, 只有生殺之情, 而無輔主之意, 兼之一路運途無金, 一派水
화 목　지 유 생 살 지 정　이 무 보 주 지 의　겸 지 일 로 운 도 무 금　일 파 수

木, 仍滋殺之根源, 以致破敗祖業, 一事無成, 至亥運會木生殺,
목　잉 자 살 지 근 원　이 치 파 패 조 업　일 사 무 성　지 해 운 회 목 생 살

而亡,
이 망

　이 명조는 辛金이 봄에 태어나 허약하고 木火는 당권하여 왕하다. 年에 인수가 있고 月에 살이 있어 서로 통하지 못하고 있는데 時支의 未土 또한 卯未 공목(拱木)하니 단지 살을 생하는 정(情)만 있을 뿐 일주를 돕는 뜻이 없다.
　겸하여 운이 한길로 金이 없고 水木의 무리들이니 살을 돕는 근원이 되고 있다. 이러므로 조업을 파패(破敗)하고 하나도 이룬 것이 없었으며 亥 운에 이르러 木局을 이루어 살(殺)을 생하니 사망하였다.

*輔(보)-도울 보. 도움 보. 재상 보.
*途(도)-길 도.
*派(파)-물갈래 파. 물갈래. 강물이 갈려서 흘러내리는 가닥. 갈라져 나온 계통. 갈라져 흐르다.

*仍(잉)-인할 잉(그대로 따름). 오히려 잉. 이에 잉(乃). 부사어로는 곧. 누차. 여전히. 또한 등으로 쓰임.
*滋(자)-불을 자. 우거질 자. 자랄 자.
*敗(패)-패할 패. 썩을 패.

官 殺관살

官殺混雜來問我. 有可有不可.
관 살 혼 잡 래 문 아   유 가 유 불 가

관과 살이 혼잡되면 어떠하냐고 나에게 와서 묻는데 그것은 可한 것도 있고 불가한 것도 있다.

原注원주

殺卽官也. 同流共派者可混也. 官非殺也. 各立門牆者. 不可混也. 殺
살 즉 관 야   동 류 공 파 자 가 혼 야   관 비 살 야   각 입 문 장 자   불 가 혼 야   살

重矣. 官從之. 非混也. 官輕矣. 殺助之. 非混也. 敗財與比肩雙至者.
중 의   관 종 지   비 혼 야   관 경 의   살 조 지   비 혼 야   패 재 여 비 견 쌍 지 자

殺可使官混也. 比肩與刦財兩遇者. 官可使殺混也. 一官而不能生印
살 가 사 관 혼 야   비 견 여 겁 재 양 우 자   관 가 사 살 혼 야   일 관 이 불 능 생 인

者. 殺助之. 非混也. 一殺而遇食傷者. 官助之. 非混也.
자   살 조 지   비 혼 야   일 살 이 우 식 상 자   관 조 지   비 혼 야

【원주】

살(殺)이 곧 관이다. 흐름이 같고 같은 무리이면 혼잡 되어도 가하다. 관은 살과 같지 않으니 관살이 각기 문호(門戶)를 세워 있으면 혼잡이 불가하다.

살이 중(重)하여 관이 이에 따르면 혼잡이 아닌 것이고 관이 경하여 살이 관을 돕고 있으면 이 또한 혼잡이 아닌 것이다. 패재〔敗財(겁재)〕와 비견이 짝지어 있으면 살이 관과 섞여도 가하며 비견과 겁재가 다 있으면 관에 살이 섞여도 가하다.

관(官)이 한 개로 인수를 생할 수 없을 때는 살이 관을 돕는 것이니 혼잡이 아니고 살이 한 개인데 식상을 만났을 경우에 관이 돕는 것은 역시 혼잡이 아니다.

*牆(장)-담 장. 경계 장.　　　　　　*雙(쌍)-쌍 쌍. 견줄 쌍.
*混(혼)-섞일 혼. 흐릴 혼.　　　　　　*遇(우)-만날 우. 대접할 우. 뜻밖에 우.

勢在於官. 官有根. 殺之情依乎官. 依官之殺. 歲助之而混官. 不可也.
세재어관 관유근 살지정의호관 의관지살 세조지이혼관 불가야

勢在於殺. 殺有權. 官之勢依乎殺. 依殺之官. 歲扶之而混殺. 不可也.
세재어살 살유권 관지세의호살 의살지관 세부지이혼살 불가야

藏官露殺. 干神助殺. 合官留殺. 皆成殺氣. 勿使官混也. 藏殺露官. 干
장관노살 간신조살 합관유살 개성살기 물사관혼야 장살로관 간

神助官. 合殺留官. 皆從官象. 不可使殺混也.
신조관 합살유관 개종관상 불가사살혼야

세(勢)가 관에 있고 관성이 뿌리가 있으면 살(殺)의 정은 관에 의지하는데 관성에
의지한 살을 세운에서 도우면 관과 혼잡이 되니 불가한 것이다. 세가 살에 있고 살이
당권하였으면 관은 살에 의지하는데 살에 의지한 관을 세운에서 도우면 살과 혼잡이
되니 불가한 것이다.

관(官)은 암장되어 있고 살은 투출되었는데 천간의 신(神)이 살을 돕고 합관유살(合
官留殺)로 살만 있어 다 살의 기세이면 관이 섞이지 말아야 한다. 살이 암장되고 관이
투출하였는데 천간의 신(神)이 관을 돕고 합살유관(合殺留官)으로 다 관의 형상(形象)
이면 살이 혼잡되는 것은 불가하다.

任氏曰 임씨왈,

殺卽官也, 身旺者以殺爲官, 官卽殺也, 身弱者以官爲殺, 日主甚强,
살즉관야 신왕자이살위관 관즉살야 신약자이관위살 일주심강

雖無制不爲殺困, 正官相雜, 但無根亦隨殺行, 去官不過兩端, 用食
수무제불위살곤 정관상잡 단무근역수살행 거관불과양단 용식

用傷皆可, 合殺總爲美事, 合來合去宜淸, 獨殺乘權, 無制伏, 職居
용상개가 합살총위미사 합래합거의청 독살승권 무제복 직거

淸要, 衆殺有制, 主通根, 身掌權衡, 殺生印而印生身, 龍墀高步,
청요 중살유제 주통근 신장권형 살생인이인생신 용지고보

임 선생님이 말씀하였다.

살(殺)이 곧 관이다. 신왕하면 살도 관인 것이고 관이 곧 살이니 신약하면 관도
살인 것이다. 일주가 심히 강하면 비록 살을 제하지 않아도 살로 인하여 곤란함은

겪지 않는다. 정관이 섞여 있어도 뿌리가 없으면 살을 따르거나 관을 제거하거나 두 가지 길뿐이다. 정관을 제거하는 데는 식상을 쓰거나 상관을 쓰거나 다 쓸 수 있다.

합살(合殺)은 다 아름다운 것인데 합하여 오거나 합하여 가거나 마땅히 청하여야 한다. 살이 하나 있을 때 월령을 타 승권하고 제복이 없으면 청환(淸宦)으로 요직에 있게 된다. 살이 많아도 제함이 있고 일주가 통근하였으면 형권(刑權)을 쥐게 되며 살은 인수를 생하고 인수는 일주를 생하면 벼슬이 높다.

*淸要(청요)—청환(淸宦)과 요직(要職).
*掌(장)—손바닥 장. 맡을 장.
*衡(형)—저울대 형. 저울 형.
*墀(지)—지대뜰 지〔지대(址臺) 위의 땅〕.
*權衡(권형)—형권(刑權).
*龍墀(용지)—궁정(宮庭).
*龍墀高步(용지고보)—용지(龍墀)는 궁정의 뜰을 말함이니, 즉 궁정(宮庭)을 당당하게 활보함. 즉, 벼슬이 높다는 뜻임.

身任財而財滋殺，雁塔題名，若殺重而身輕，非貧卽夭，苟殺微而
신 임 재 이 재 자 살　안 탑 제 명　약 살 중 이 신 경　비 빈 즉 요　구 살 미 이

制過，雖學無成，在四柱總宜降伏，休云，年逢勿制，以一位取爲
제 과　수 학 무 성　재 사 주 총 의 항 복　휴 운　년 봉 물 제　이 일 위 취 위

權貴，何必時上尊稱，制殺爲吉，全憑調劑之功，借殺爲權，妙有中
권 귀　하 필 시 상 존 칭　제 살 위 길　전 빙 조 제 지 공　차 살 위 권　묘 유 중

和之理，但見殺凌衰主，究必傾家，弗謂局得殺神，遂許顯豁，書云，
화 지 리　단 견 살 능 쇠 주　구 필 경 가　불 위 국 득 살 신　수 허 현 활　서 운

格格推詳，以殺爲重，是以究之宜切，用之宜精，
격 격 추 상　이 살 위 중　시 이 구 지 의 절　용 지 의 정

일주가 재(財)를 감당할 만하고 재가 살을 생하면 안탑(雁塔)에 이름이 오르고, 만일 살은 중한데 일주가 약하면 가난하지 않은즉 요절(夭折)하고, 살이 약한데 제복이 지나치면 비록 학문을 하여도 이루지 못한다.

사주에서 살(殺)은 제복함이 마땅한 것이나, 휴(休)에서 이르길 年에서는 제하지 말아야 하고, 살은 하나를 취하는 것이 권귀(權貴)가 있다고 하였는데 어찌 시상(時

上)의 살만을 높이 칭(稱)하는가. 제살하여야 좋다는 것은 오로지 조제(調劑)의 공인 것이다. 가사 살(殺)로서 권귀가 있다 하나 묘(妙)함은 중화의 이치인 것이니 살이 약한 일주를 능멸한다면 끝내는 반드시 가세가 기울 것이다. 원국에 살이 있다고 하여 귀를 이룬다고 하여서는 아니 된다.

서(書)에 이르데, 격마다 추상함에 살이 중요하니 이러므로 살(殺)을 살피는 것은 자상하게 하여야 하고 쓰임 또한 마땅히 정밀하여야 한다.

*憑(빙)−기댈 빙. 의거할 빙. 증거 빙.
*劑(제)−약재 제. 한도 제.
*借(차)−빌 차. 빌릴 차. 가령 차. 부사어로는 빌어. 의지하여. 가령. 설령.
*凌(릉. 능)−업신여길 릉. 얼음 릉.
*弗(불)−아니 불. 떨 불. 不보다 뜻이 강함.
*豁(활)−골짜기 활. 넓을 활. 클 활.

역자주 雁塔題名(안탑제명) : 대과(大科) 급제(及第)자들은 그 방(榜)을 안탑(雁塔)에 걸었다.

殺有可混不可混之理, 如天干甲丙戊庚壬爲殺, 地支卯午丑未酉子,
살유가혼불가혼지리 여천간갑병무경임위살 지지묘오축미유자

乃殺之旺地, 非混也, 天干乙丁己辛癸爲官, 地支寅巳辰戌申亥,
내살지왕지 비혼야 천간을정기신계위관 지지인사진술신해

乃官之旺地, 非混也,
내관지왕지 비혼야

살(殺)에 있어 혼잡이 可하냐 불가하냐의 이치는 가령 천간의 甲 丙 戊 庚 壬이 살이면 지지의 卯 午 丑 未 酉 子는 살의 왕지이니 혼잡이 아니며 천간의 乙 丁 己 辛 癸가 관이면 지지의 寅 巳 辰 戌 申 亥는 관의 왕지이니 혼잡이 아니다.

如干甲乙支寅, 干丙丁支巳, 干戊己支辰戌, 干庚辛支申, 干壬癸
여간갑을지인 간병정지사 간무기지진술 간경신지신 간임계

支亥, 以官混殺, 宜乎去官, 如干甲乙支卯, 干丙丁支午, 干戊己
지해 이관혼살 의호거관 여간갑을지묘 간병정지오 간무기

支丑未, 干庚辛支酉, 干壬癸支子, 以殺混官, 宜乎去殺,
지축미 간경신지유 간임계지자 이살혼관 의호거살

가령 천간에 甲乙이 있고 지지에는 寅이 있거나 천간에 丙丁이 있고 지지에 巳가 있거나 천간에 戊己가 있고 지지에 辰戌이 있거나 천간에 庚辛이 있고 지지에 申이 있거나 천간에 壬癸가 있고 지지에 亥가 있으면 이것은 관이 살에 혼잡된 것이니 관을 제거하는 것이 마땅하다.

가령 천간에 甲乙이 있고 지지에는 卯가 있거나 천간에 丙丁이 있고 지지에 午가 있거나 천간에 戊己가 있고 지지에 丑未가 있거나 천간에 庚辛이 있고 지지에 酉가 있거나 천간에 壬癸가 있고 지지에 子가 있으면 살이 관에 혼잡된 것이니 마땅히 살을 제거하여야 한다.

年月兩干透一殺, 年月支中有財, 時遇官星無根, 此官從殺勢, 非
년월양간투일살 년월지중유재 시우관성무근 차관종살세 비

混也, 年月兩干透一官, 年月支中有財, 時遇殺星無根, 此殺從官
혼야 년월양간투일관 년월지중유재 시우살성무근 차살종관

勢, 非混也, 勢在于官, 官得祿, 依官之殺, 年干助于, 爲混也, 勢
세 비혼야 세재우관 관득록 의관지살 년간조우 위혼야 세

在于殺, 殺得祿, 依殺之官, 年干助官, 爲混也, 敗財合殺, 比肩敵
재우살 살득록 의살지관 년간조관 위혼야 패재합살 비견적

殺, 官可混也, 比肩合官, 刼財攩官, 殺可混也,
살 관가혼야 비견합관 겁재당관 살가혼야

年이나 月의 천간으로 살(殺)이 하나 투출하고 年이나 月의 지지에 재성이 있는데 이때 時에 무근인 관이 있으면 이 관은 살의 세를 따르니 혼잡이 아니다.

年이나 月의 천간으로 관(官)이 하나 투출하고 年이나 月의 지지에 재성이 있는데 이때 時에 무근인 살이 있으면 이 살은 관의 세를 따르니 혼잡이 아니다.

세(勢)가 관에 있고 관이 득록하였으면 살은 관에 의존하는데 年干에서 살을 생조하면 혼잡이 된다. 세가 살에 있고 살이 득록하였으면 관은 살에 의존하는데 年上에서 관을 생조하면 혼잡이 된다.

패재〔敗財(겁재)〕가 합살하거나 비견이 살을 대적하면 관의 혼잡이 가하고 비견이 관을 합하고 겁재가 관을 막으면 살이 혼잡되어도 可하다.

*遇(우)-만날 우. 대접할 우. 뜻밖에 우.
*從(종)-좇을 종. 종사할 종. 따를 종.
*勢(세)-세력 세. 기세 세.

*透(투)-뛸 투. 던질 투. 환할 투.
*祿(록. 녹)-녹 록. 복 록. 녹줄 녹.
*攩(당)-무리 당. 칠 당(뭉치로 침).

역자주 밑줄의 年干助于(년간조우)는 年干助殺(년간조살)의 오자(誤字)이다. 『적천수징의』에는 助殺(조살)로 되어 있다. 바로 밑에 줄에 年干助官(년간조관)이라 되어 있는 것만 봐도 쉽게 알 수 있다.

一官而印綬重逢, 官星洩氣, 殺助之, 非混也, 一殺而食傷並見,
일관이인수중봉 관성설기 살조지 비혼야 일살이식상병견

制殺太過, 官助之, 非混也, 若官殺並透無根, 四柱刧印重逢, 不
제살태과 관조지 비혼야 약관살병투무근 사주겁인중봉 부

但喜混, 尚宜財星助殺官也, 總之日主旺相可混也, 日主休囚不可
단희혼 상의재성조살관야 총지일주왕상가혼야 일주휴수불가

混也, 今將殺分六等, 此余所試驗者, 分列詳細于後, 以備參考,
혼야 금장살분육등 차여소시험자 분열상세우후 이비참고

관(官)이 한 개로 인수(印綬)를 거듭 보면 관성이 설기되어 약하게 되니 살이 관을 돕는 것은 혼잡이 아니다. 살(殺)이 한 개인데 식상이 함께 있으면 제살이 태과(太過)하게 되는데 이러한 경우 관이 돕는 것은 혼잡이 아니다.

만약 관과 살이 같이 투출하였으나 무근(無根)인데 사주에 겁재와 인수가 많으면 혼잡이 좋을 뿐 아니라 도리어 재성이 관살을 생조하는 것이 마땅한 것이다.

요컨대 일주가 왕상하면 혼잡이 可한 것이요 일주가 휴수(休囚)하면 혼잡이 불가한 것이다. 이제 살(殺)을 여섯 등분하여 내가 시험한 바를 자세하게 나누어 설명하니 후인은 참고하기 바란다.

*綬(수)-끈 수. 인끈 수.
*逢(봉)-만날 봉. 맞을 봉.
*洩(설. 예)-샐 설. 줄 설. 훨훨 날 예. 바람 따를 예.
*傷(상)-다칠 상. 해칠 상. 근심할 상.

*試(시)-시험할 시. 시험하다. 맛보다. 간을 보다. 시험 삼아 해보다. 조사하다. 점검하다. 찾다. 점검하다.
*囚(수)-가둘 수. 포로 수.
*將(장)-장수 장. 장차 장. 써[以] 장.

一曰 財滋弱殺格
일왈 재자약살격

```
庚 庚 丙 己
辰 申 寅 酉

庚辛壬癸甲乙
申酉戌亥子丑
```

此造以俗論之, 春金失令, 旺財生殺, 殺坐長生, 必要扶身抑殺,
차조이속론지 춘금실령 왕재생살 살좌장생 필요부신억살

不知春金雖不當令, 地支兩逢祿旺, 又得辰時, 印比幫身, 弱中變
부지춘금수부당령 지지양봉록왕 우득진시 인비방신 약중변

旺, 所謂木嫩金堅, 若無丙火, 則寅木難存, 若無寅木, 則丙火無
왕 소위목눈금견 약무병화 즉인목난존 약무인목 즉병화무

根, 必要用財滋殺, 木火兩字, 缺一不可也,
근 필요용재자살 목화양자 결일불가야

　이 명조를 속론하면 춘금(春金)이니 실령하고 왕한 재성이 살을 생하고 살은 장생에 앉아 있어 반드시 일주를 돕고 살을 억제하여야 한다고 할 것이다.

　그러나 이는 봄에 태어난 金으로 비록 당령하지는 못하였으나 지지에 녹왕이 있고 辰시로 인수와 비견이 방조하니 약한 가운데에 왕하게 변한 것을 모르고 하는 말이다.

　이른바 木은 어리고 金이 견고하니 만약 丙火가 없다면 寅木이 버티기 어렵고 寅木이 없으면 丙火는 무근이니 반드시 재성이 약한 살을 생하여야 한다. 木과 火는 어느 하나라도 없어서는 안 되는 것이다.

*嫩(눈)－어릴 눈.
*堅(견)－굳을 견. 굳어질 견.
*滋(자)－불을 자. 우거질 자. 자랄 자.
*缺(결)－이지러질 결. 모자랄 결.

甲運入泮，子運會水生木，補廩，癸運有己土當頭，无咎，亥運合
갑 운 입 반　자 운 회 수 생 목　보 름　계 운 유 기 토 당 두　무 구　해 운 합

寅，丙火絕處逢生，棘闈奏捷，壬戌支類西方，木火並傷，一阻雲
인　병 화 절 처 봉 생　극 위 주 첩　임 술 지 류 서 방　목 화 병 상　일 조 운

程，刑耗並見，辛酉刦刃肆逞，不祿，此造惜運走西北金水，若行
정　형 모 병 견　신 유 겁 인 사 령　불 록　차 조 석 운 주 서 북 금 수　약 행

東南木火，自然科甲聯登，仕路顯赫矣，
동 남 목 화　자 연 과 갑 연 등　사 로 현 혁 의

甲 운에 입반(入泮)하고 子 운에 수국을 이루어 木을 생하니 보름(補廩)에 들었
다. 癸 운은 천간에 己土가 있어 丙火를 보호하니 무구(无咎)하였고 亥 운은 寅木
과 合으로 丙火가 절처봉생(絕處逢生)으로 과거에 급제하였다.

壬戌 운은 申酉戌 서방을 이루니 木火가 다 상해를 입어 벼슬길이 막히고 형모
(刑耗)를 당하였다. 辛酉 운에 겁재와 양인이 사령하니 사망하였다.

이 명조는 애석하게도 운이 서북 金水 운으로 흐른 것이다. 만약 동남 木
火 운으로 흘렀다면 자연 과갑(科甲)에 연달아 오르고 사로(仕路)가 빛났을 것
이다.

*无(무)－없을 무. 無와 소.『역경(易經)』과
　『노자(老子)』에는 이 '无(무)' 字를 썼음.
*咎(구)－허물 구. 미워할 구. 나무랄 구.
*棘(극)－가시나무 극. 멧대추나무 극. 창
　(槍) 극.
*闈(위)－문 위. 대궐 위. 과장 위.

*奏(주)－아뢸 주. 상소 주.
*捷(첩)－이길 첩. 빨리 첩.
*奏捷(주첩)－여기서는 과거에 급제함을 이
　름.
*赫(혁)－붉을 혁. 성할 혁. 나타날 혁.
*顯赫(현혁)－환히 드러나 빛남.

역자주　棘闈(극위)：　문과의 과거시험을 보는 장소. 과장(科場) 사방에 가시나무를 둘렀으므로 이
　른다. 회시(會試)를 춘위(春闈), 향시(鄕試)를 추위(秋闈)라 한다. 과거(科擧)를 보는 것을
　입위(入闈)라 한다.

```
辛 庚 庚 丙
巳 申 寅 申

丙 乙 甲 癸 壬 辛
申 未 午 巳 辰 卯
```

此造天干三透庚辛，地支兩坐祿旺，丙火雖挂角得祿，無如庚辛元
차조천간삼투경신　지지양좌록왕　병화수괘각득록　무여경신원

神透露，非火之祿支，是金之長生，用財滋殺明矣，辰運木之餘氣，
신투로　비화지록지　시금지장생　용재자살명의　진운목지여기

采芹生色，巳運火之祿旺，科甲聯登，甲午乙未，木火並旺，仕至藩
채근생색　사운화지록왕　과갑연등　갑오을미　목화병왕　사지번

臬，若以八字觀之，此造不及前造，只因前造運行西北，此造運走
얼　약이팔자관지　차조불급전조　지인전조운행서북　차조운주

東南，富貴雖定于格局，窮通全在運限，所以命好不如運好，信然也，
동남　부귀수정우격국　궁통전재운한　소이명호불여운호　신연야

이 명조는 천간에 庚辛이 세 개나 투출하고 지지로도 녹(祿)이 두 개나 있으니
일주가 왕하다. 丙火가 비록 약한 녹이 있으나 유감스럽게도 巳 중의 원신인 庚辛
金이 투출하니 火의 녹지(祿支)로 볼 수 없고 金의 장생이 되니 재로서 살을 생조
하여야 하는 것이 확실하다.

辰 운은 木의 여기(餘氣)이니 반궁에서 수학하였고 巳 운은 火의 녹왕으로 과갑
에 연달아 올랐다. 甲午 乙未 운에 木火가 모두 왕하여 벼슬이 번얼(藩臬)에 이르
렀다.

팔자로 볼 것 같으면 이 명조는 앞의 명조만 못한데 앞의 사주는 운이 서북으로
흘렀고, 이 사주는 운이 동남으로 흐른 것뿐이다. 부귀는 비록 격에서 정하나 잘되
고 못되고는 운이 정하니 이른바 명(命) 좋은 것이 운(運) 좋은 것만 못하다는 말은
믿을 만하다.

*挂(괘)-걸 괘. 걸릴 괘.　　　　　*臬(얼)-말뚝 얼. 법 얼. 과녁 얼.
*角(각)-뿔 각. 모 각. 귀 각.　　　*藩臬(번얼)-안찰사(按察使).

*無如(무여)－부사어로 쓰이며 유감스럽게 도 ~에 비길 사람이 없다 등으로 해석.

*采芹(채근)－반궁(泮宮)에 들어감.

*藩(번)－울(울타리) 번. 지경 번.

*窮(궁)－궁구할 궁. 궁할 궁. 다할 궁.

*限(한)－한계 한. 한계. 지경. 경계. 구역. 규정. 제한. 끝. 기한. 문지방. 원수. 환난. 한정하다. 경계로 하다.

역자주 卦角(괘각) : 뿔에 걸려 있다. 즉, 적고 보잘것없다는 뜻이다. 『莊子(장자)』에 와각지쟁(蝸角之爭)이란 말이 있는데, 이 말은 달팽이 뿔 위에 있는 두 나라가 서로 영토를 더 차지하려고 싸운다는 우화(寓話)이다. 여기서 괘각(卦角)이란 미약하고 보잘것없다는 뜻이다.

二曰 殺重用印格
이왈 살중용인격

甲 戊 甲 戊
寅 午 寅 子

庚 己 戊 丁 丙 乙
申 未 午 巳 辰 卯

戊土生寅月寅時, 土衰木盛, 最喜坐下午火, 生拱有情, 正謂衆殺
무 토 생 인 월 인 시   토 쇠 목 성   최 희 좌 하 오 화   생 공 유 정   정 위 중 살

橫行, 一仁可化, 子水之財, 生寅木不沖午火, 其情協, 其關通, 尤
횡 행   일 인 가 화   자 수 지 재   생 인 목 불 충 오 화   기 정 협   기 관 통   우

羨運走南方火土, 所以早登黃甲出仕馳名,
선 운 주 남 방 화 토   소 이 조 등 황 갑 출 사 치 명

戊土가 寅월 寅시에 생하니 土가 쇠하고 木이 성하다. 제일로 기쁜 것은 좌하에 午火가 있어 일주를 생하고 공화(拱火)하니 유정하다. 이것이 바로 뭇 살이 횡행(橫行)해도 인수 하나가 가히 化한다는 것이다.

子水 재성은 寅木을 생하니 午火와 충이 안 되므로 정협(情協)하고 관(關)이 통한 것이다. 더욱 좋은 것은 운이 남방 火土로 흐르니 일찍이 황갑(黃甲)에 오르고 출사하여 이름을 떨쳤다.

*盛(성)-그릇 성. 성할 성.

*橫(횡)-가로 횡. 옆 횡.

*尤(우)-더욱 우. 허물 우. 탓할 우.

*羨(선)-부러워할 선.

*黃甲(황갑)-진사과에 급제함. 진사에 급
제한 사람의 이름을 황지(黃紙)에 써서 붙
였으므로 전하여진 말임.

*馳(치)-달릴 치. 전할 치.

甲　戊　丙　己
寅　子　寅　亥

庚辛壬癸甲乙
申酉戌亥子丑

此造觀格局似勝前造, 此則印坐長生, 前則印逢財沖, 不知前則坐
차 조 관 격 국 사 승 전 조　차 즉 인 좌 장 생　전 즉 인 봉 재 충　부 지 전 즉 좌

下印綬, 七殺皆來生拱, 而日主堅固, 此則財坐日下, 反去生殺,
하 인 수　칠 살 개 래 생 공　이 일 주 견 고　차 즉 재 좌 일 하　반 거 생 살

助紂爲虐, 兼之運走西北, 戊午年中鄕榜, 己丑中進士, 此兩年比
조 주 위 학　겸 지 운 주 서 북　무 오 년 중 향 방　기 축 중 진 사　차 양 년 비

刦幫身, 沖去財星之妙也,
겁 방 신　충 거 재 성 지 묘 야

이 명조는 격국은 마치 앞의 사주보다 좋아 보인다.

이 사주는 인수인 丙火가 寅木 장생 위에 앉아 있고 앞의 사주는 인수인 午火
가 재성인 子水의 충이 있어 나쁘다 하겠으나, 그것은 앞의 사주는 좌하가 인수로
칠살이 다 인수를 생하며 또한 寅午 공화(拱火) 하니 일주가 견고한데, 이 사주는
재성인 子水 위에 일주가 자리하여 도리어 子水는 칠살인 寅木을 생하니 조주위
학(助紂爲虐)이 되는 것을 몰라서 하는 말이다.

겸하여 운이 서북으로 흘러 (발복이 적다가) 戊午년에 향방에 들고 己丑년에 진
사에 들었다. 이 두 해는 비겁이 일주를 돕고 재성인 子水를 극거하여 아름다웠기
때문이다.

*紂(주)－껑거리끈 주. 주 임금 주. 주(紂) 임
금은 잔인포악하여 천하를 잃은 은(殷) 왕
조 최후의 천자.

*虐(학)－해롭게 할 학. 사나울 학. 혹독할
학. 학대할 학.
*幫(방)－도울 방.

> **역자주** 助紂爲虐(조주위학) :   주(紂)는 은(殷)나라 마지막 천자로 포학무도하여 주(周) 무왕 발
> (發)에게 망하였다. 조주위학(助紂爲虐)이란 포학무도한 군주를 도와서 백성을 괴롭힌다는
> 뜻이니 왕한 살을 재성이 더욱 왕하게 한다는 뜻이다.

壬運刲丙壞印, 丁外艱, 遭回祿, 戌運拱印雖稍有生色, 亦是春月
임운겹병괴인 정외간 조회록 술운공인수초유생색 역시춘월

秋花, 將來辛酉運中, 木多金缺, 洩土生水, 合去丙火, 災禍豈能
추화 장래신유운중 목다금결 설토생수 합거병화 재화기능

免耶,
면 야

壬 운은 丙壬 충으로 丙火를 극거하여 인수가 파괴되니 부친상을 당하고 화재
를 당하여 재물의 손실이 많았다. 戌 운은 寅戌로 공인(拱印)하니 조금의 발전이
있었으나 역시 춘월추화(春月秋花)에 불과하였다.

장래 辛酉 운은 목다금결(木多金缺)로 살은 억제하지 못하고 도리어 土를 설하
고 水를 생하며 丙火를 합거하니 재앙을 어찌 면하겠는가.

*艱(간)－어려울 간. 괴로울 간. 당고(當故)
간〔부모의 상(喪)〕.
*外艱(외간)－부친상(父親喪). 모친상은 내
간(內艱).

*稍(초)－점점 초. 작을 초. 벼 줄기 끝 초.
*回祿(회록)－화재 祝融(축융)과 仝.
*拱印(공인)－인수로 화(化)함. 戌이 寅木과
寅戌로 火局을 이루는 것을 뜻함.

> **역자주** 春月秋花(춘월추화) :   봄날의 달이요, 가을의 꽃이란 뜻. 봄에는 꽃이 좋고 가을에는 달이
> 밝은데 반대로 봄날의 달이니 달빛이 희미하고 가을의 꽃이니 곧 시들어 장구(長久)하지
> 못하니 생색(生色)이 있기는 하나 크지도 못하고 길지도 못하다는 뜻이다.

<pre>
甲 甲 庚 戊
子 子 申 辰

丙 乙 甲 癸 壬 辛
寅 丑 子 亥 戌 酉
</pre>

此造木凋金銳, 厚土生金, 原可畏也, 然喜支全水局, 化其肅殺之
차 조 목 조 금 예　후 토 생 금　원 가 외 야　연 희 지 전 수 국　화 기 숙 살 지

氣, 生化有情, 至癸亥運, 科甲連登, 早蒙仕路之光, 丙寅丁卯, 制
기　생 화 유 정　지 계 해 운　과 갑 연 등　조 몽 사 로 지 광　병 인 정 묘　제

化皆宜, 仕路封疆, 官途平坦, 生平履險如夷,
화 개 의　사 로 봉 강　관 도 평 탄　생 평 리 험 여 이

　이 명조는 木은 시들고 金은 예리한데 더욱 후토(厚土)가 金을 생하니 木이 위
태하다. 그러나 기쁜 것은 지지가 수국을 이루어 金의 예리한 숙살지기(肅殺之氣)
를 설하여 木을 생하니 가히 유정하게 되었다.

　癸亥 운에 과갑에 연달아 올라 일찍 벼슬길에 나아가는 영광이 있었다. 丙寅
丁卯 운은 제(制)하고 화(化)함이 마땅하니 벼슬이 봉강(封疆)에 이르고 관도가 평
탄하고 평생에 험한 일이 없이 평안하였다.

*凋(조)-시들 조. 느른할 조.
*銳(예)-날카로울 예. 날랠 예.
*肅(숙)-엄숙할 숙. 오그라들 숙.
*肅殺(숙살)-가을 기운이 초목을 말라죽게
함.
*蒙(몽)-소나무겨우살이 몽. 입을 몽. 덮을
몽.

*封(봉)-봉할 봉. 흙더미 봉.
*疆(강)-지경 강. 경계 삼을 강. 나라 강.
*封疆(봉강)-제후를 봉한 땅. 국경(國境).
*坦(탄)-평탄할 탄. 너그러울 탄.
*履(리. 이)-신 리. 밟을 리.
*夷(이)-평평할 이. 기뻐할 이. 오랑캐 이.

丙　庚　丙　戊
戌　寅　辰　午

壬　辛　庚　己　戊　丁
戌　酉　申　未　午　巳

此造干透兩殺, 支全殺局, 所喜戊土原神透出, 是以化殺, 寅木本
차 조 간 투 양 살　지 전 살 국　소 희 무 토 원 신 투 출　시 이 화 살　인 목 본
要破印, 尤喜會火, 反培土之根源, 巧借栽培, 至己未運中, 科甲
요 파 인　우 희 회 화　반 배 토 지 근 원　교 차 재 배　지 기 미 운 중　과 갑
連登, 庚申辛酉, 幇身有情, 馳名宦海, 裕後光前也,
연 등　경 신 신 유　방 신 유 정　치 명 환 해　유 후 광 전 야

이 명조는 천간으로 양살(兩殺)이 투출하고 지지에 寅午戌 살국을 이루어 金이
몹시 위태한데, 기쁜 것은 천간으로 戊土 원신이 투출하여 이로써 화살(化殺)하는
것이다. 寅木은 본시 인수인 土를 파하나, 기쁜 것은 寅午戌 화국을 이루어 도리
어 土의 근원이 되어 土를 배양하는 것이 교묘하다.

己未 운에 과갑에 연달아 오르고 庚申 辛酉 운은 일주를 도와 유정하니 벼슬길
에 이름을 떨쳤으며 후운(後運)이 좋으니 앞날이 밝다.

*透(투) – 뛸 투. 환할 투. 던질 투.
*破(파) – 깨질 파. 깨뜨릴 파.
*尤(우) – 더욱 우. 탓할 우. 허물 우.
*源(원) – 수원 원. 근원 원.
*栽(재) – 심을 재. 묘목 재.
*培(배. 부) – 북돋을 배. 언덕 부.

*栽培(재배) – 초목을 심어 가꿈. 초목을 북
돋아 기름.
*幇(방) – 도울 방.
*馳(치) – 달릴 치. 전할 치.
*宦(환) – 벼슬아치 환. 벼슬 환.
*裕(유) – 넉넉할 유. 너그러울 유.

癸　丁　癸　癸
卯　卯　亥　亥

丙　丁　戊　己　庚　辛　壬
辰　巳　午　未　申　酉　戌

此造干透三癸支逢兩亥，乘權秉令，喜其無金，兩印拱局，生化不
차 조 간 투 삼 계 지 봉 양 해　승 권 병 령　희 기 무 금　양 인 공 국　생 화 불

悖，淸而純粹，辛酉庚申運中，蹭蹬功名，刑耗並見，己未交來，干
패　청 이 순 수　신 유 경 신 운 중　층 등 공 명　형 모 병 견　기 미 교 래　간

制殺，支會印，功名層疊而上，接行戊午丁巳丙運，仕至觀察，名
제 살　지 회 인　공 명 층 첩 이 상　접 행 무 오 정 사 병 운　사 지 관 찰　명

利雙輝，
리 쌍 휘

　이 명조는 천간에 癸水가 셋이나 투출하고 지지로도 亥水가 둘이나 있으며 水
가 월령을 타고 당권하니 살세가 태왕하다. 기쁜 것은 金이 없고 卯木 인수가
亥卯로 공인(拱印)하여 水生木 木生火로 생화(生化)가 어그러지지 않아 청(淸)하
고 순수하다.

　辛酉 庚申 운에는 공명(功名)이 막힘이 많았으며 형모 또한 겪었으나 己未 운으
로 바뀌어 천간의 살을 제(制)하고 지지로는 亥卯未 印局을 이루니 공명이 중첩
(重疊)하여 올랐고 이어 戊午 丁巳 丙 운으로 흘러 벼슬이 관찰(觀察)에 이르고
명리가 모두 빛났다.

*乘(승)－탈 승. 오를 승.
*秉(병)－잡을 병. 자루 병.
*蹭(층)－헛디딜 층.
*蹬(등)－헛디딜 등.
*蹭蹬(층등)－헛디디는 모양. 전(轉)하여 세
　력을 잃는 모양.
*耗(모)－벼 모. 덜 모. 耗는 재물이 흩어짐
　을 이름.

*層(층)－층집 층. 층 층.
*疊(첩)－겹쳐질 첩. 포개질 첩.
*層疊(층첩)－여러 층(層)으로 겹침.
*接(접)－접할 접. 가까이할 접. 대접할 접.
*仕(사)－벼슬할 사. 일로 삼다. 섬기다.
*雙(쌍)－쌍 쌍. 견줄 쌍.
*輝(휘)－빛 휘. 빛날 휘.

三曰 食神制殺格
삼왈 식식제살격

甲 壬 戊 戊
辰 辰 午 辰

甲癸壬辛庚己
子亥戌酉申未

此造四柱皆殺, 喜支坐三辰, 通根身庫, 妙在無金, 時透食神制殺,
차조사주개살 희지좌삼진 통근신고 묘재무금 시투식신제살

辰乃木之餘氣, 正謂一將當關, 羣凶自伏, 至癸亥運, 食神逢生,
진내목지여기 정위일장당관 군흉자복 지계해운 식신봉생

日主得祿, 科甲連登, 甲運仕縣令, 子運衰神沖旺, 不祿,
일주득록 과갑연등 갑운사현령 자운쇠신충왕 불록

이 명조는 사주가 다 살로 이루어져 있는데 기쁜 것은 지지에 辰이 세 개로 壬水가 고장에 통근한 것이고 또 묘(妙)한 것은 金이 없어 時에 투출한 식신으로 제살하니 사주가 아름답게 되었다.

辰은 木의 여기(餘氣)이니 이것이 바로 일장당관(一將當關) 군흉자복(羣凶自伏) 이다. 癸亥 운에 식신이 생을 만나고 일주가 녹을 얻으니 과갑에 연달아 오르고 甲 운에 벼슬이 현령에 이르렀다. 子 운은 쇠신이 왕신을 충하니 사망하였다.

*庫(고)−곳집 고.   *科(과)−과정 과. 과정. 조목. 품등. 그루.
*關(관)−문빗장 관. 잠글 관.   *縣(현)−고을 현. 매달 현.
*羣(군)−무리 군. 군(群)과 仝.   *不祿(불록)−선비의 죽음.

역자주 一將當關 羣凶自伏(일장당관 군흉자복) : 한 장수가 관문을 지키니 흉한 무리들이 스스로 굴복한다. 『삼국지』에 장비가 장판교를 지키는 대목 같다. 살이 왕할 때 인수가 화살(化殺) 하는 것은 一仁可化(일인가화)라 하고, 살이 왕할 때 식상이 제살하는 것은 一將當關(일장 당관)이라 한다.

丙　甲　庚　庚
寅　戌　辰　申

丙　乙　甲　癸　壬　辛
戌　酉　申　未　午　巳

此造甲木生辰, 雖有餘氣, 但庚金並透, 通根斫伐, 最喜寅時祿旺,
차조갑목생진　수유여기　단경금병투　통근작벌　최희인시녹왕

更妙丙火獨透, 制殺扶身, 午運暗會火局, 中鄕榜, 甲申乙酉殺逢
갱묘병화독투　제살부신　오운암회화국　중향방　갑신을유살봉

祿旺, 刑耗多端, 直至丙戌運, 選知縣,
녹왕　형모다단　직지병술운　선지현

　이 명조는 甲木이 辰월에 생하였다. 辰월은 비록 木의 여기(餘氣)이나 천간에
庚金이 둘이나 투출하고 年支 申에 통근하여 일주를 작벌(斫伐)한다. 가장 기쁜
것은 寅시로 甲木이 녹을 얻은 것인데 더욱 묘(妙)한 것은 丙火가 투출하여 살을
제(制)하여 일주를 돕는 것이다.

　午 운에 寅午戌 화국을 이루니 향방에 들었으나 甲申 乙酉 운은 살이 녹왕
(祿旺)을 만나 더욱 왕해지니 형모가 다단하였다. 丙戌 운에 지현(知縣)에 발탁
되었다.

*斫(작)―찍을 작. 칠 작.　　　　　*端(단)―바를 단. 바로잡을 단. 실마리 단.
*伐(벌)―칠 벌. 벨 벌.　　　　　　*選(선)―가릴 선. 선택 선.

戊　丙　壬　壬
戌　戌　子　子

戊　丁　丙　乙　甲　癸
午　巳　辰　卯　寅　丑

此造年月兩逢壬子，殺勢猖狂，幸而日時坐戌，通根身庫，更妙戊
차 조 년 월 양 봉 임 자　살 세 창 광　행 이 일 시 좌 술　통 근 신 고　갱 묘 무

土透出，足以砥定汪洋，尤羨運走東南，扶身抑殺，至乙卯運中，
토 투 출　족 이 지 정 왕 양　우 선 운 주 동 남　부 신 억 살　지 을 묘 운 중

水臨絕，火逢生，鹿鳴宴罷瓊林宴，桂花香過杏花香，仕至郡守，
수 임 절　화 봉 생　녹 명 연 파 경 림 연　계 화 향 과 행 화 향　사 지 군 수

이 명조는 年月이 壬子로 살세(殺勢)가 창광(猖狂)하다. 다행한 것은 日과 時가
戌로 丙火가 고(庫)에 통근하는데 더욱 묘(妙)한 것은 戊土가 투출하여 족히 왕양
(汪洋)한 水를 저지하는 것이다. 더욱 아름다운 것은 운이 동남으로 흘러 살을 억
제하고 일주를 돕는 것이다.

乙卯 운에 이르러 水는 절지이고 火는 생을 만나 녹명연(鹿鳴宴) 후에 경림연(瓊
林宴)에 들었다. 계화(桂花) 향기 지나니 행화(杏花) 향기 이어지듯 벼슬이 군수(郡
守)에 이르렀다.

*猖狂(창광)－미칠 창. 미칠 광. 미쳐 날뜀.　　*汪洋(왕양)－넓고 큰 모양.
*砥(지)－숫돌 지. 평평할 지. 갈 지.　　　　　*羨(선)－부러워할 선.
*지정왕양(砥定汪洋)－왕양한 물을 저지함.

역자주　○ 鹿鳴宴(녹명연)：　군신(群臣) 가빈(嘉賓)을 위하여 여는 주연(酒宴)으로, 전하여 거인
(擧人)을 그 주현(州縣)의 장리(長吏)가 환대하는 주연. 거인(擧人)은 향시에 급제한 사
람을 일컫는다. 거인이 되어야 회시(會試：중앙정부의 관리 등용시험)를 볼 수 있다.
○ 瓊林宴(경림연)：　송대(宋代)에 진사(進士)에 급제한 사람에게 주연의 장이 축하하여
베푸는 잔치를 말한다.
○ 桂花香過杏花香(계화향과행화향)：　계화(桂花：계수나무꽃) 향기 지나니 행화(杏花：살
구꽃) 향기가 있다. 경사(慶事)가 연달아 있음을 이르는 말이다.

```
丙 庚 丙 壬
戌 午 午 申
```

```
壬 辛 庚 己 戊 丁
子 亥 戌 酉 申 未
```

此造兩殺當權臨旺, 原可畏也, 幸賴年干壬水臨申, 足以制殺, 更
차 조 양 살 당 권 임 왕　원 가 외 야　행 뢰 년 간 임 수 임 신　족 이 제 살　갱

妙無木, 則水不洩, 火無助, 申運金水得助, 發軔宮牆, 酉運支類
묘 무 목　즉 수 불 설　화 무 조　신 운 금 수 득 조　발 인 궁 장　유 운 지 류

西方, 早充觀國之光, 高豫南宮之選, 後運金水, 體用皆宜, 由署
서 방　조 충 관 국 지 광　고 예 남 궁 지 선　후 운 금 수　체 용 개 의　유 서

郞出爲郡守,
랑 출 위 군 수

　이 명조는 양살(兩殺)이 당권하고 왕지에 임하니 본시 두려우나 다행한 것은
年干에 壬水가 申에 좌하여 족히 제살하는 것이다. 더욱 묘(妙)한 것은 사주에
木이 없어 水는 설기되지 않고 火는 더함이 없는 것이다.

　申 운에는 金水가 득지하니 벼슬길에 나섰다. 酉 운은 지지가 申酉戌 서방이
되니 일찍 명예가 충만하고 예부(禮部)에 발탁되었다. 후(後) 운이 金水로 흘러 체
용이 마땅하여 서랑(署郞)에서 군수로 나갔다.

*軔(인)－바퀴굄목 인.
*發軔(발인)－처음으로 벼슬을 시작함. 발
　차(發車)함. 여행길을 떠남. 일을 시작함.
*牆(장)－담 장. 경계 장.
*宮牆(궁장)－궁원(宮垣).
*豫(예)－기뻐할 예. 즐길 예. 미리 할 예.

*南宮(남궁)－예부(禮部)의 별칭.
*署(서)－임명할 서. 맡을 서. 부서 서.
*郞(랑. 낭)－땅이름 랑. 벼슬이름 랑. 사내
　랑. 낭군 랑.
*서랑(署郞)－상서랑(尙書郞)이 있는 관서(官
　署). 郞署(낭서).

四日 合官留殺格
사 왈 합 관 유 살 격

壬　丙　戊　癸
辰　午　午　丑

壬　癸　甲　乙　丙　丁
子　丑　寅　卯　辰　巳

此造火長夏天, 旺之極矣, 戊癸合而化火爲忌, 還喜壬水通根身庫,
차조화장하천　왕지극의　무계합이화화위기　환희임수통근신고

更妙年支坐丑, 足以晦火養金而蓄水, 則癸水仍得通根, 雖合而不
갱묘년지좌축　족이회화양금이축수　즉계수잉득통근　수합이불

化也, 不化反喜其合, 則不抗乎壬水矣, 是以乙卯甲寅運, 尅土衛
화야　불화반희기합　즉불항호임수의　시이을묘갑인운　극토위

水, 雲程直上, 至癸丑運, 由琴堂而遷州牧, 及壬子運, 由治中而履
수　운정직상　지계축운　유금당이천주목　급임자운　유치중이리

黃堂, 名利裕如也,
황당　명리유여야

　　이 명조는 丙火가 장하(長夏)에 태어나 왕함이 극에 이르렀다. 戊癸가 합하여
火로 化하는 것을 꺼리는데 도리어 기쁜 것은 壬水가 고에 통근한 것이다. 더욱
아름다운 것은 年支가 丑으로 족히 염염한 화기를 설하고 金을 생하며 水를 축장
하니 癸水가 丑에 통근한 것이다. 비록 戊癸가 합이기는 하나 합하여 化하지 않으
니 합이 도리어 기쁘게 되어 戊土가 壬水를 극하지 않게 된 것이다.

　　이런 까닭에 乙卯 甲寅 운은 木이 土를 극하여 水를 보호하니 벼슬이 곧장
올랐고, 癸丑 운에 이르러 금당(琴堂)에서 주목(州牧)으로 올랐으며 이어 壬子 운
에는 치중(治中)에서 황당(黃堂)에 올랐고 명리가 유여하였다.

*琴堂(금당)－현(縣)의 장관(長官). 현재(賢　*治中(치중)－자사(刺史)의 부관(副官). 즉,
宰). 　　　　　　　　　　　　　　　　　　　　지방장관의 부관.

*遷(천)－옮길 천. 천도 천.　　　　　　*黃堂(황당)－태수(太守).
*州牧(주목)－주(州)의 장관(長官).　　　*履(리. 이)－밟을 리. 신다. 지위에 오르다.

乾隆三十八年四月十八日辰時.
건 륭 삼 십 팔 년 사 월 십 팔 일 진 시

　　　　壬　丙　戊　癸
　　　　辰　午　午　巳

　庚辛壬癸甲乙丙丁
　戌亥子丑寅卯辰巳

此鐵樵自造，亦長夏天，與前造只換一丑字，天淵之隔矣，夫丑乃
차 철 초 자 조　역 장 하 천　여 전 조 지 환 일 축 자　천 연 지 격 의　부 축 내

北方之溼土，能晦丙火之烈，能收午火之焰，又能蓄水藏金，巳乃
북 방 지 습 토　능 회 병 화 지 열　능 수 오 화 지 염　우 능 축 수 장 금　사 내

南方之旺火，癸臨絶地，杯水輿薪，喜其混也，不喜其清也，
남 방 지 왕 화　계 임 절 지　배 수 여 신　희 기 혼 야　불 희 기 청 야

이 명조는 임철초 선생의 명조이다.

　역시 丙火 일주가 여름에 태어나 앞의 사주와 단지 丑字 하나가 바뀌었는데
하늘과 땅 차이라 하겠다. 대저 丑은 북방의 습토로 능히 丙火의 열기를 식히고
午火의 염염함을 수렴하며 또 金水를 축장하고 있는데 巳는 남방의 왕(旺)한 火로
癸水의 절지이니 배수여신(杯水輿薪) 격이다. 그러므로 관살이 혼잡됨을 기뻐하고
합관유살로 청한 것을 기뻐하지 않는다.

*鐵(철)－쇠 철. 흑색 철.　　　　　　*隔(격)－막을 격. 막이 격.
*樵(초)－땔나무 초. 나무꾼 초.　　　　*杯(배)－잔 배. 대접 배.
*淵(연)－못 연. 웅덩이 연. 깊을 연. 조용할　*輿(여)－차상 여. 수레 여.
　연.　　　　　　　　　　　　　　　*薪(신)－땔나무 신. 나무할 신.

역자주 ○ 天淵之隔(천연지격): 하늘과 못과의 차이, 즉 대단한 차이를 이른다. 천양지차(天壤之差), 천연지차(天淵之差)와도 같은 뜻이다.
○ 杯水興薪(배수여신): "섶을 가득 실은 수레의 불을 잔의 물로 끈다" 또는 "불은 끄지 못하고 오히려 불의 성정만 거슬린다"는 뜻이다.

彼則戊癸合而不化, 此則戊癸合而必化, 不但不能助殺, 抑且化火
피즉무계합이불화   차즉무계합이필화   부단불능조살   억차화화

爲刦, 反助陽刃猖狂, 巳中庚金, 無從引助, 壬水雖通根身庫, 總
위겁   반조양인창광   사중경금   무종인조   임수수통근신고   총

之無金滋助, 清枯之象,
지무금자조   청고지상

　앞의 사주는 戊癸가 합하여도 火로 化하지 않으나 이 명조는 戊癸의 합이 火로 반드시 化하니 비단 살(殺)인 壬水를 도울 수 없을 뿐만 아니라 곧 火로 化하여 겁재가 되니 도리어 양인을 도와 양인으로 하여금 창광(猖狂)케 한다.

　巳 중에는 庚金이 있으나 인출함이 없어 壬水를 돕지 못하는데 壬水는 비록 고(庫)에 통근하였으나 한마디로 말하여 金이 없어 살(殺)을 돕지 못하니 청고지상 (清枯之象)이다.

*抑(억)－누를 억. 굽힐 억. 문득 억. 또한 억.　　*猖狂(창광)－미쳐 날뜀.
*抑且(억차)－또한. 동시에.　　　　　　　　　　*總之(총지)－한마디로. 한마디로 말하여.
*猖(창)－미칠 창.　　　　　　　　　　　　　　　*清枯之象(청고지상)－사주는 깨끗해도 고
*狂(광)－미칠 광.　　　　　　　　　　　　　　　　식(枯熄)되어 발전하기 어려운 형상.

兼之運走四十載木火, 生助刦刃之地, 所以上不能繼父志以成名,
겸지운주사십재목화   생조겁인지지   소이상불능계부지이성명

下不能守田園而刱業, 骨肉六親, 直同畫餠, 半生事業, 亦似浮雲,
하불능수전원이창업   골육육친   직동화병   반생사업   역사부운

至卯運, 壬水絶地, 陽刃逢生, 遭骨肉之變, 以致傾家蕩產,
지묘운   임수절지   양인봉생   조골육지변   이치경가탕산

　더구나 운이 사십 년을 겁인을 돕는 木火로 흐른 까닭에 위로는 아버지의 뜻을 받들어 공명을 이루지 못하였고 아래로는 전원(田園)을 지키지 못하고 창업도 할

수 없었다. 골육육친(骨肉六親)이라 하여도 그림의 떡과 같고 반생의 사업이 역시 뜬구름과 같았다. 卯 운에 이르러 壬水는 절지이고 양인이 생을 받으니 골육의 변이 있었고 이에 집안이 기울고 가산이 탕진되었다.

*繼(계)－이을 계. 맬 계.

*畵(화)－그림 화. 그릴 화. 가를 획. 꾀할 획.

*餠(병)－떡 병.

*蕩(탕)－쓸 탕(쓸어 없앰). 흐르게 할 탕. 방자할 탕.

*畵餠(화병)－그림의 떡. 그림에 그린 떡은 먹을 수 없으므로 아무 소용없는 것의 비유로 쓰임. 畵中之餠(화중지병).

*傾(경)－기울 경. 기울어질 경.

猶憶未學命時, 請人推算, 一味虛褒, 以爲名利自如, 後竟一毫不驗,
유억미학명시 청인추산 일미허포 이위명리자여 후경일호불험

豈不痛哉, 且予賦性偏拙, 喜誠實不喜虛浮, 無諂態, 多傲慢, 交遊
기불통재 차여부성편졸 희성실불희허부 무첨태 다오만 교유

往來, 每落落難合, 所凜凜者, 吾祖若父, 忠厚之訓, 不敢失墜耳,
왕래 매낙락난합 소늠늠자 오조약부 충후지훈 불감실추이

아직도 기억하기로 내가 명리학을 배우지 않았을 때 사람을 청하여 나의 명(命)을 본즉 하나같이 좋은 말로 칭찬하며 명리(名利)가 뜻과 같다고 하였으나 뒤에 보니 털끝만큼도 맞는 바가 없으니 어찌 통탄치 않으리오.

나는 천성은 비록 편졸(偏拙)하나 성실한 것을 좋아하고 허황한 것은 싫어하며 아첨하지 않는다. 오만함이 많아 사람과 사귐에는 매양 나의 뜻이 커서 세상 사람들과 맞지 않으니 어울리기가 어려웠다. 내가 늠름(凜凜)한 것은 할아버지와 아버지의 충후지훈(忠厚之訓)을 감히 실추시킬 수 없기 때문이었다.

*猶(유)－원숭이 유. 같을 유. 오히려 유. 부사어로는 ~와 같다. ~와 마찬가지다. 오히려. 아직도 등으로 쓰임.

*憶(억)－기억할 억. 생각할 억.

*褒(포, 부)－기릴 포(칭찬함). 자락 포. 모을 부.

*毫(호)－잔털 호. 조금 호. 붓 호.

*遊(유)－놀 유. 놀이 유. 유세(遊說)할 유.

*落(락, 낙)－떨어질 낙. 떨어뜨릴 락.

*낙락(落落)－서로 용납하지 아니하는 모양. 뜻이 큰 모양.

*難(난)－어려울 난. 어려워할 난.

*落落難合(낙락난합)－뜻이 커서 세상 사람들과 맞지 아니함.

*賦(부)-받을 부〔天稟(천품)〕. 읊을 부. 지을
부.
*諂(첨)-아첨할 첨. 아첨 첨.
*傲(오)-거만할 오. 업신여길 오.
*慢(만)-게으를 만. 거만할 만.
*傲慢(오만)-거드럭거림. 교만함.

*凜(름. 늠)-찰 름. 늠름할 름.
*凜凜(늠름)-추위가 살을 엘 듯한 모양. 위
풍이 있는 모양.
*忠厚之訓(충후지훈)-나라에 충성하고 사
람에게는 후덕(厚德)하라는 교훈.
*墜(추)-떨어질 추. 떨어뜨릴 추.

先嚴逝後, 家業凋零, 潛心學命, 爲餬口之計, 夫六尺之軀, 非無
선엄서후　가업조령　잠심학명　위호구지계　부육척지구　비무

遠圖之志, 徒以末技見哂, 自思命運不齊, 無益于事, 所以涸轍之
원도지지　도이말기견신　자사명운부제　무익우사　소이학철지

鮒, 僅邀升斗之水, 限于地, 困于時, 嗟乎, 莫非命也, 順受其正云爾,
부　근요승두지수　한우지　곤우시　차호　막비명야　순수기정운이

　　부친이 돌아가신 후 가업이 어려워져 잠심(潛心)으로 명(命)을 배워 호구지책을
삼으니 대저 육척(六尺)의 몸으로 원대한 뜻이 없는 것은 아니나 하찮은 기술로
웃음거리가 되었으니 스스로 생각건대 명운(命運)이 부제(不齊)한 탓이라 매사에
좋은 것이 없었다.

　　이른바 수레바퀴 자국의 괸 물에 사는 붕어가 겨우 몇 되〔升〕의 물을 얻으면
사는 것처럼 땅이 한정되어 있으므로 곤궁한 때를 어찌 벗어나랴. 아! 슬프다. 모
든 것이 나의 운명이니 순리로 그 바름을 받아들일 뿐이다.

*逝(서)-갈 서. 이에 서.
*凋(조)-시들 조. 느른할 조.
*零(령. 영)-비 올 령. 떨어질 령. 영 령.
*凋零(조령)-나뭇잎이 시들어 떨어짐.
*潛(잠)-무자맥질할 잠. 숨을 잠. 가라앉을 잠.
*潛心(잠심)-마음을 가라앉혀 깊이 생각함.
*餬(호)-죽 호. 풀칠할 호(입에 풀칠함 : 가난
한 삶을 비유함).
*軀(구)-몸 구.
*遠(원)-멀 원. 멀리할 원.

*涸(학. 후)-마를 학. 마를 후(물이 마름).
*轍(철)-바퀴자국 철(수레바퀴가 지나간 자
국).
*鮒(부)-붕어 부.
*涸轍之鮒(학철지부)-수레바퀴 자국의 괸
물에 있는 붕어란 뜻으로, 사람이 아주 곤
궁한 경우를 이름. 학철부어(涸轍鮒魚).
*僅(근)-겨우 근. 적을 근.
*邀(요)-맞이할 요. 구할 요.
*嗟(차)-탄식할 차. 탄식 차. 감탄할 차.

*圖(도)-그림 도. 그릴 도. 헤아릴 도.

*遠圖(원도)-원대한 꾀. 遠謀(원모).

*哂(신)-웃을 신(조소함).

*嗟乎(차호)-감탄하여 내는 소리.

*爾(이)-너 이. 같이 이. 뿐 이(단지 이에 그친 다는 뜻). 어조사 이.

역자주 乾隆(건륭)은 청(淸)나라 五代皇帝 고종(高宗)의 연호(年號). 건륭 38년은 서력(西曆) 1773 년이다. 임철초 선생은 사십 이후 운이 서북으로 흘러 체용(體用)이 합의(合宜)하니 벼슬은 못하였지만 명리학의 대가(大家)가 되었다. 적천수를 주석(註釋)하여 『적천수천미(滴天髓 闡微)』라는 불후(不朽)의 명저(名著)를 남겼다.

壬　丙　癸　戊
辰　午　亥　申

己　戊　丁　丙　乙　甲
巳　辰　卯　寅　丑　子

此造日主雖坐旺刃, 生于亥月, 究竟休囚, 五行無木, 壬癸並透,
차 조 일주 수 좌 왕인　생 우 해 월　구 경 휴 수　오 행 무 목　임 계 병 투

支逢生旺, 各立門戶, 喜其合去癸水, 不致混也, 更妙運走東南木
지 봉 생 왕　각 입 문 호　희 기 합 거 계 수　불 치 혼 야　갱 묘 운 주 동 남 목

火, 鄕榜出身, 寵錫傳來紫闥, 承宣協佐黃堂,
화　향 방 출 신　총 석 전 래 자 달　승 선 협 좌 황 당

　이 명조는 일주가 비록 왕한 양인에 앉아 있으나 亥월에 생하니 끝내는 휴수되 었다. 오행에서 木이 없고 壬癸가 나란히 투출하고 지지에 생왕을 만나 각기 문호 (門戶)를 세우고 있어 관살이 태왕하다.

　기쁜 것은 戊癸 합으로 癸水를 합거하니 관과 살이 혼잡하지 않은 것이다. 더욱 묘(妙)한 것은 운이 동남 木火로 흐르니 향방 출신으로 위〔임금〕의 총애가 깊어 전래로 내려오는 자달(紫闥)을 하사(下賜)받았고 선협(宣協)에 이어 황당(黃堂)의 보 좌관에 이르렀다.

*寵(총)-괼 총. 영화 총.

*錫(석)-주석 석. 석장 석.

*寵錫(총석)-총애하여 물건을 줌. 또 그 물건.

*傳來(전래)-전하여 내려옴.

*紫(자)-자주빛 자. 자주옷 자.

*闥(달)-뜰 달. 문 달.

| 역자주 | 紫闥(자달): 자주색의 문이란 뜻으로 임금이 거처하는 궁궐을 상징한다. '紫'는 하늘의 자미성(紫微星)을 상징하는 자주색으로 임금만이 사용할 수 있어 그 자체가 임금을 상징한다. 달(闥)은 궁중의 문을 말한다. 즉, 대궐 문으로 전(轉)하여 대궐을 뜻하니 자달은 대궐의 수문장(守門將)인 듯하다. |

```
        壬   丙   癸   戊
        辰   戌   亥   午

    己   戊   丁   丙   乙   甲
    巳   辰   卯   寅   丑   子
```

丙戌日元, 生于辰時, 沖去庫根, 壬癸並透, 喜其戊合, 去官留殺,
병술일원 생우진시 충거고근 임계병투 희기무합 거관유살

更喜年逢刃助, 火虛有焰, 更妙無金, 稍勝前造, 科甲出身, 宿映
갱희년봉인조 화허유염 갱묘무금 초승전조 과갑출신 숙영

台垣, 重藉旬宣之職, 猷分禹服, 特隆鎖鑰之權,
태원 중자순선지직 유분우복 특융쇄약지권

丙戌 일원이 辰時에 생하니 일주의 뿌리인 고(庫)를 충거하고 壬癸 水가 나란히 투출하여 일주가 위태한데 기쁜 것은 戊土가 癸水를 합하여 거관유살이 된 것이다. 더욱 기쁜 것은 年支의 양인이 일주를 도우니 亥월의 火가 허한데 불꽃을 지펴주는 것이다.

더욱 묘(妙)한 것은 金이 없어 앞의 사주보다 조금은 좋다 하겠다. 이러므로 과갑(科甲) 출신으로 지위는 삼공(三公)의 반열에 오르고 거듭 순선(旬宣)의 직에 발탁되었으며 왕성 주위의 땅[조선조(朝鮮朝)는 경기도에 해당]의 장관을 지냈으며 요직을 두루 맡았다.

*台(태)-별 태. 三台星(삼태성)은 삼공(三公)을 칭함. 또는 삼공의 지위.
*旬宣(순선)-널리 사방을 복종시켜 왕명을 두루 폄.

*服(복)-옷 복. 복[복제(服制)] 복. 등의 뜻으로 보통 쓰이나, 여기서는 구역 복 字로 썼음. 『적천수징의』의 전(甸) 자와 같은 뜻. 왕성(王城) 주위의 오 백리 이내의 지역.

*猷(유)-꾀 유〔謀計(모계)〕. 꾀할 유. 그릴 유. 길〔道〕유.

*禹(우)-하우씨 우. 우(禹)임금 우. 하(夏)나라를 세운 성왕(聖王). 임금 되기 전 요(堯), 순(舜) 두 임금을 섬겨 홍수를 다스리는 데 큰 공을 세웠음.

*鎖(쇄)-자물쇠 쇄. 쇠사슬 쇄. 수갑 쇄.

*鑰(약)-자물쇠 약. 닫을 약.

*鎖鑰(쇄약)-자물쇠와 열쇠. 전(轉)하여 요처(要處). 요해지. 목.

*鎖鑰之權(쇄약지권)-요직(要職).

역자주 ○ 猷分禹服(유분우복): 왕도(王都) 오백 리 이내의 땅을 맡아 잘 다스렸다는 뜻이다. 『적천수징의』에는 猷分禹甸(유분우전)으로 되어 있다.

'甸(전)'은 경기 전(상고 때 왕도 오백 리 이내의 지역 또는 천자가 직할하는 땅). 성(城) 밖 전. 경계 전. 벼슬이름 전(郊野를 맡은 벼슬) 字이다.

癸　丁　丁　壬
卯　未　未　申

癸　壬　辛　庚　己　戊
丑　子　亥　戌　酉　申

此造日月皆丁未，時殺無根，喜其壬水官星助殺，不宜合也，幸而
차조일월개정미　시살무근　희기임수관성조살　불의합야　행이

壬水坐申，合而不化，申金爲用，更妙運走西北金水，助起官殺，
임수좌신　합이불화　신금위용　갱묘운주서북금수　조기관살

鄕榜出身，仕版連登，由縣令而遷司馬，位儕黃堂，
향방출신　사판연등　유현령이천사마　위제황당

이 명조는 丁火가 구하(九夏)에 태어나고 일월이 다 丁未로 신왕하다. 時에 투출한 살(殺)이 무근(無根)으로 허약한데, 기쁜 것은 壬水 관성이 살을 돕는 것이니 丁壬 합은 마땅치 않다. 다행스런 것은 壬水가 申金에 좌하여 木으로 化하지 않는 것이다.

申金을 용신으로 하는데 더욱 묘(妙)한 것은 운이 서북 金水로 흘러 관살을 돕는 것이다. 향방 출신으로 벼슬이 계속 올라 현령을 거쳐 사마(司馬)에 올랐고 벼슬이 황당(黃堂)에 이르렀다.

*遷(천) – 옮길 천. 천도 천.
*位(위) – 자리 위(관직의 등급).
*儕(제) – 무리〔동배(同輩)〕제. 함께 제(같이).

*司馬(사마) – 주대(周代)에는 주로 군무(軍務)를 맡은 벼슬. 한대(漢代)에는 삼공(三公)의 하나.

乙　戊　己　甲
卯　辰　巳　辰

乙　甲　癸　壬　辛　庚
亥　戌　酉　申　未　午

戊土生于巳月，日主未嘗不旺，然地支兩辰，木之餘氣亦足，喜其
무토생우사월　일주미상불왕　연지지양진　목지여기역족　희기

合殺留官，官星坐祿，更妙運途生化不悖，所以早登雲路，掌典籍
합살유관　관성좌록　갱묘운도생화불패　소이조등운로　장전적

而知制誥，陪侍從而應傳宣也，
이지제고　배시종이응전선야

戊土가 巳월에 생하니 왕하다. 그러나 지지의 양(兩) 辰이 木의 여기로 관살의 역량 또한 충분하다. 기쁜 것은 합살유관이 되고 관성인 乙木이 녹(祿)인 卯木에 좌한 것이다.

더욱 묘(妙)한 것은 운의 흐름이 생화(生化)가 어그러지지 않아 일찍이 벼슬길에 올라 전적(典籍)과 지제고(知制誥), 시종(侍從), 전선(傳宣) 등 요직을 두루 하였다.

*未嘗不(미상불) – 과연 아닌 게 아니라.
*途(도) – 길 도.
*悖(패. 발) – 거스를 패. 우쩍 일어날 발.
*掌(장) – 손바닥 장. 맡을 장.
*典籍(전적) – 서고(書庫). 문서(文書)관리.

*知制誥(지제고) – 황제의 교서(敎書)를 작성하는 문관. 천자의 교칙을 관장함.
*侍從(시종) – 황제를 가까이서 모심. 시어사(侍御史).
*傳宣(전선) – 조칙(詔勅)을 전함.

丁　庚　辛　丙
丑　申　卯　辰

丁　丙　乙　甲　癸　壬
酉　申　未　午　巳　辰

此造春金雖不當令, 喜其坐祿逢印, 弱中變旺, 丙辛一合, 丁火獨
차조춘금수부당령　희기좌록봉인　약중변왕　병신일합　정화독

清, 不但去殺, 而且去刦, 財無刦奪, 官有生扶, 尤妙運走東南木
청　부단거살　이차거겁　재무겁탈　관유생부　우묘운주동남목

火, 所以早遂靑錢之選, 兆人鏡之芙蓉, 作春官之桃李也,
화　소이조수청전지선　조인경지부용　작춘관지도리야

이 명조는 金이 봄에 태어나니 비록 당령하지는 못하였으나 기쁜 것은 녹(祿)인 申金에 좌하고 인수가 있는 것이다. 그러므로 약한 가운데 왕하게 되었다. 丙辛이 합하여 합살유관이 되어 丁火가 홀로 청하게 되었다.

丙辛 합은 비단 살을 합거할 뿐만 아니라 겁재도 제거되니 재성인 卯木이 겁탈되지 않아 관성인 丁火를 생부한다. 더욱 묘(妙)한 것은 운이 동남 木火로 흘러 일찍 과거에 급제하고, 인품이 깨끗하여 만인의 귀감이 되었으며 춘관(春官)의 인재(人材)였다.

*靑錢之選(청전지선)－과거에 급제함.　　*蓉(용)－부용 용.
*兆(조)－조 조(數의 단위). 조짐 조. 형상 조.　*芙蓉(부용)－연(蓮)의 이칭(異稱).
*芙(부)－부용 부.

역자주　○ 桃李(도리)：　복숭아나무와 오얏나무. 복숭아와 오얏. 자기가 천거한 현사(賢士). 또 자기가 시험에서 채용한 문인(門人). 미인의 자색(姿色)의 비유.

　　　○ 春官(춘관)：　예조(禮曹)를 일컫는다. 이조(吏曹)는 천관(天官), 호조(戶曹)는 지관(地官), 예조(禮曹)는 춘관(春官), 병조(兵曹)는 하관(夏官), 형조(刑曹)는 추관(秋官), 공조(工曹)는 동관(冬官)이라 한다.

庚 乙 辛 丙
辰 亥 卯 辰

丁 丙 乙 甲 癸 壬
酉 申 未 午 巳 辰

乙亥日元, 坐下逢生, 又月令建祿歸垣, 足以用財, 喜丙辛金弱, 而去
을해일원 좌하봉생 우월령건록귀원 족이용재 희병신금약 이거

乙庚, 木旺不從, 鄕榜出身, 至丙申丁酉火蓋天干, 未能顯秩, 究竟
을경 목왕부종 향방출신 지병신정유화개천간 미능현질 구경

西方金地, 亦足以琴堂解慍, 花院徵歌也,
서방금지 역족이금당해온 화원징가야

　　乙亥 일원이 좌하에 장생을 두고 또 월령이 건록으로 당령하니 족히 재를 쓸
수 있다. 기쁜 것은 丙辛 합으로 약한 金을 제거하는 것이다. 乙庚 합은 木이
왕하여 金으로 종하지 않으니 재관을 용신으로 한다.

　　향방 출신으로 丙申 丁酉 운에 이르러 火가 천간에 개두하여 현관(顯官)에 등용
되기가 어려웠으나 그러나 끝내는 西方 金地로 금당(琴堂)에 올라 마음을 풀고
화원(花院)에서 노래를 부르곤 하였다.

*逢(봉)−만날 봉. 맞을 봉.
*垣(원)−담 원(낮은 담장).
*鄕(향)−마을 향. 대접할 향.
*榜(방)−방 붙일 방. 고시하다. 매질하다.
*蓋(개)−덮을 개. 뚜껑 개. 일산 개. 대개 개.
　어찌 개.
*顯(현)−밝을 현. 나타날 현. 드러날 현.
*究竟(구경)−극진함. 끝남. 끝. 궁극(窮極).
　마침내. 필경.

*秩(질)−차례 질. 녹(祿) 질. 벼슬 질.
*琴(금)−거문고 금.
*堂(당)−집 당.
*解(해)−풀 해. 가를 해.
*慍(온)−성낼 온. 화 온(분노).
*解慍(해온)−서운했던 감정을 풂.
*徵(징)−부를 징. 조짐 징. 효험 징.
*徵歌(징가)−명(命)하여 노래를 부르게 함.
*琴堂(금당)−현령(縣令). 현재(縣宰).

```
己 壬 戊 癸
酉 午 午 亥

壬 癸 甲 乙 丙 丁
子 丑 寅 卯 辰 巳
```

此造旺殺逢財, 喜其合也, 妙在癸水臨旺, 合而不化, 則有情戊土,
차조왕살봉재 희기합야 묘재계수임왕 합이불화 즉유정무토

不抗壬水也, 合而化, 則無情化火, 仍生土也, 由此以推, 運走東
불항임수야 합이화 즉무정화화 잉생토야 유차이추 운주동

方木地, 早遂青雲之志, 運走北方水地, 去財護印, 翔步天衢, 置
방목지 조수청운지지 운주북방수지 거재호인 상보천구 치

身日舍也,
신일사야

　이 명조는 壬水 일주가 왕한 살이 재를 만나 재살이 두려운데 기쁜 것은 癸水와
합이 되고 또 묘(妙)한 것은 癸水가 왕지에 임하니 합하여 火로 化하지 않는 것이
다. 그러한즉 戊土가 壬水를 극하지 않아 유정하다. 합하여 火로 化하면 무정하게
되는 것은 火는 土를 생하기 때문이다.

　이렇게 볼 때 운이 동방 木地일 때는 극토위수(剋土衛水)하여 일찍이 청운의
뜻을 이루었고 운이 북방 水地로 갈 때는 水가 火를 극하여 인수를 보호하니 체용
이 마땅하게 되어 도성의 거리를 활보하고 몸을 일사(日舍)에 두었다.

*翔(상)－날 상. 돌아볼 상. 삼갈 상.　　　*抗(항)－극(剋)과 같음.
*衢(구)－거리 구. 갈림길 구.　　　　　　*早(조)－이를 조. 이르다. 서두르다. 젊다.
*天衢(천구)－天上의 통로. 경사(京師). 궁궐　　일찍. 서둘러. 젊어서. 새벽.
　이 있는 곳.

역자주　○ 運走東方木地, 早遂青雲之志(운주동방목지, 조수청운지지) :　운이 동방 木地로 달리니
　　　　일찍이 청운의 뜻을 이루었다. 이 말은 이해하기가 어려운 대목이다. 월령이 午월로 火
　　　　가 당령하여 왕한데 木 운이 오면 火가 더욱 왕해져 水가 마르는 형국인데 어찌 일찍이
　　　　청운의 뜻을 이루었다 하는가 하는 의심이 날 듯도 하다. 그러나 이 명조에서 午월의
　　　　왕한 戊土와 己土가 일주를 극하는데 木 운에 극토위수(剋土衛水 : 土를 극하여 水를 보호
　　　　함)하여 청운의 뜻을 이루게 된 것이다. 식신제살이라 생각하면 된다.

○ 日舍(일사): 관청 이름. 주(周)나라 때는 천문과 지리 등을 연구 관찰하여 천자의 자문에 응하는 관청. 후대에는 천자가 순수(巡狩)나 수렵(狩獵) 등의 행차에 앞서 하늘에 제사를 지내는 등의 의식(儀式)을 거행하는데 이 행사를 주관하는 관청. 수장(首長)은 영윤(令尹)이다.

五日 官殺混雜格
오왈 관살혼잡격

癸　丙　壬　壬
巳　寅　子　辰

戊　丁　丙　乙　甲　癸
午　巳　辰　卯　寅　丑

此造壬癸當權, 殺官重疊, 最喜日坐長生, 寅能納水, 化殺生身,
차조임계당권　살관중첩　최희일좌장생　인능납수　화살생신

時歸祿旺, 足以敵官, 更妙無金, 印星得用, 煞勢雖强, 不足畏也,
시귀록왕　족이적관　갱묘무금　인성득용　살세수강　부족외야

至丙運幫身, 又逢己巳流年, 去官之混, 捷報南宮, 出宰名區,
지병운방신　우봉기사유년　거관지혼　첩보남궁　출재명구

이 명조는 壬癸 水가 당권하였는데 관과 살이 중첩되어 丙火가 심히 위태한데 제일 기쁜 것은 일주가 장생에 좌한 것이다.

寅은 능히 水를 받아들여 일주를 생하니 살을 化하여 일주를 생하고 時에 녹왕이 있으니 족히 관을 대적할 만하다. 더욱 묘(妙)한 것은 金이 없어 인수를 용신으로 할 수 있다. 살세가 비록 강하나 좌하에 인수를 두니 두렵지 않다.

丙 대운에는 丙火가 일주를 돕는데 己巳년을 만나 관의 혼잡을 제거하니 과거에 급제하고 남궁(南宮)에 발탁되었다가 뒤에 이름 있는 고을의 재상으로 나갔다.

*捷報南宮(첩보남궁)-예부(禮部)에 들어감.　*出宰名區(출재명구)-이름 있는 고을의 재
*捷報(첩보)-싸움에 이긴 보고(報告).　　　　상으로 나감.

丁 己 乙 甲
卯 巳 亥 子

辛 庚 己 戊 丁 丙
巳 辰 卯 寅 丑 子

此造官遇長生, 殺逢祿旺, 巳亥雖沖破印, 喜卯木仍能生火, 寅運
차 조 관 우 장 생 　 살 봉 록 왕 　 사 해 수 충 파 인 　 희 묘 목 잉 능 생 화 　 인 운
合亥, 化木生印, 連登甲榜, 庚辰辛巳制官服煞, 朱旛皂蓋, 出守
합 해 　 화 목 생 인 　 연 등 갑 방 　 경 진 신 사 제 관 복 살 　 주 번 조 개 　 출 수
大邦, 名利兩優,
대 방 　 명 리 양 우

이 명조는 관이 장생을 만났고 살이 녹왕을 두고 있으며 巳亥가 비록 충을 하고 있으나 기쁜 것은 卯木이 火를 생하는 것이다.

寅 운에 亥水를 합하여 木으로 化하여 인수를 생하니 갑방에 연달아 오르고 庚辰 辛巳 운에는 관살을 제복하니 붉은 깃발에 일산(日傘)을 받쳐 들고 큰 고을의 수령으로 나갔으며 명리가 양전하였다.

*旛(번)－기 펄펄 날 번. 깃대 기 번.
*朱旛(주번)－붉은 깃발.
*皀(흡. 조)－향내 날 흡. 검정 조. 皁와 仝.
*蓋(개)－일산 개. 덮을 개. 대개 개.
*皀蓋(조개)－일산(日傘).
*大邦(대방)－큰 나라. 대국(大國). 여기서는 큰 고을을 이름.
*優(우)－넉넉할 우. 뛰어날 우.

```
戊 庚 丁 丙
寅 午 酉 辰

癸 壬 辛 庚 己 戊
卯 寅 丑 子 亥 戌
```

此造殺逢生, 官得祿, 喜其秋金秉令, 更妙辰土洩火生金, 不失中
차조살봉생 관득록 희기추금병령 갱묘진토설화생금 부실중
和之象, 尤喜運走北方水地, 庚子運沖去官根, 鹿鳴方蓺飮, 鴈塔
화지상 우희운주북방수지 경자운충거관근 녹명방설음 안탑
又題名, 辛丑壬寅運, 橫琴而歌解慍, 游刃而賦烹鮮,
우제명 신축임인운 횡금이가해온 유인이부팽선

이 명조는 살이 장생을 만나고 관은 녹을 두니 관살이 왕하다. 기쁜 것은 가을에 생한 金이라 득령하였는데, 더욱 묘(妙)한 것은 辰土가 火를 설하여 金을 생하는 것이다. 그러므로 중화를 잃지 않은 형상이다. 더욱 기쁜 것은 운이 북방 水地로 가는 것이다.

庚子 운에 관의 뿌리인 午火를 충거하니 향시(鄕試)에 오르고 이어 안탑(雁塔)에 이름이 올랐다. 辛丑 壬寅 운에 금당(琴堂)에 올라 가락(歌樂)을 즐기고 이어서 유인(游刃)이 되어 백성을 편안하게 하였다.

*蓺(설. 열)−불 사를 설. 본음(本音)은 열.　*游刃(유인)−수군제독(水軍提督). 또는 수
*鴈(안)−기러기 안. 雁과 仝.　　　　　　　군(水軍) 지휘관(指揮官).

역자주 ○ 鹿鳴方蓺飮(녹명방설음): 녹명연에서 술과 음식을 먹었다는 말이니 초시(初試)에 급제한 것을 이른다.
○ 鴈塔又題名(안탑우제명): 안탑에 이름이 올랐다. 이 말은 진사과에 급제하면 낙양(洛陽)의 자은사(慈恩寺) 안탑(雁塔)에 급제자의 이름을 써 붙이는 관례가 있었다.
○ 橫琴(횡금): 직역하면 금(琴:거문고)을 옆에 낀다는 뜻인데 이 말은 현령(縣令)이 되었다는 뜻이다.
○ 烹鮮(팽선): 작은 생선을 부서지지 않게 조심하여 삶는다는 뜻으로, 백성을 다스리는 데도 너무 번거로운 법령을 쓰지 않고 될 수 있는 대로 자연에 맡긴다는 말이다.

辛 壬 己 戊
亥 申 未 午

乙 甲 癸 壬 辛 庚
丑 子 亥 戌 酉 申

此造官殺並旺當令, 辛日坐長生, 時逢祿旺, 足以敵官攩殺, 坐下
차 조 관 살 병 왕 당 령   행 일 좌 장 생   시 봉 녹 왕   족 이 적 관 당 살   좌 하

印綬, 引通財殺之氣, 運走西北金水之鄉, 所以少年科甲, 裕經綸
인 수   인 통 재 살 지 기   운 주 서 북 금 수 지 향   소 이 소 년 과 갑   유 경 륜

于筦庫, 人推黼黻之功, 秉撫宇于催科, 世讓文章之煥,
우 관 고   인 추 보 불 지 공   병 무 우 우 최 과   세 양 문 장 지 환

　이 명조는 관살이 다 당령하여 왕한데 다행한 것은 일지에 장생을 두고 시에
녹왕이 있어 족히 관살을 대적할 만하다. 좌하의 인수가 재(財)와 살(殺)의 기운을
인통하는데 운이 서북 金水로 흐르니 소년에 과거에 장원하였고 서고(書庫)의 홀
륭한 책처럼 탁월한 경륜이 있었으며 문장이 아름다워 사람들의 추앙을 받았다.
공정한 조세로 백성을 편안케 하였고 대대로 문장이 빛나는 가문이었다.

*筦(관) - 피리 관. 주관할 관. 대롱 관.
*黼(보) - 수(繡) 보.
*黻(불) - 수(繡) 불.
*黼黻(보불) - 보(黼)와 불(黻). 옷의 수(繡).
　전(轉)하여 문장(文章)의 비유.

*筦庫(관고) - 서고(書庫).
*撫(무) - 어루만질 무. 좇을 무.
*催科(최과) - 조세(租稅)의 상납(上納)을 재
　촉함. 조세(租稅).
*世讓(세양) - 대대로 내려옴.

任氏曰임씨왈,

官殺混雜者, 富貴甚多, 總之殺官當令者, 必要坐下印綬, 則其殺
관 살 혼 잡 자   부 귀 심 다   총 지 살 관 당 령 자   필 요 좌 하 인 수   즉 기 살

官之氣流通, 生化有情, 或氣貫生時, 亦足以扶身敵殺, 若不氣貫
관 지 기 유 통   생 화 유 정   혹 기 관 생 시   역 족 이 부 신 적 살   약 불 기 관

生時, 又不坐下印綬, 不貧亦賤, 如殺官不當令者, 不作此論也,
생 시   우 부 좌 하 인 수   불 빈 역 천   여 살 관 부 당 령 자   부 작 차 론 야

임 선생님이 말씀하였다.

관살(官殺)이 혼잡하여도 부귀를 이룸이 많은 것이다. 한마디로 말하여 관살이 당령하였으면 반드시 좌하에 인수(印綬)를 두어야 한다. 그러한즉 그 관살의 기가 유통되어 생화(生化)가 유정하게 되는 것이다.

혹 일주의 기(氣)를 時에서 관족(貫足)시켜 주면 시에서 일주를 돕는 것이니 족히 살을 대적할 수 있다. 만약 일주의 기를 시에서 관족시켜 주지 못하고 또 좌하에 인수(印綬)도 두지 못하면 가난하지 않으면 천하게 된다. 가령 관살이 당령하지 않은 것은 이와 같이 논하지 아니한다.

六日 制殺太過格
육왈 제살태과격

```
己 丙 戊 辛
亥 辰 戌 卯

壬 癸 甲 乙 丙 丁
辰 巳 午 未 申 酉
```

時逢獨殺, 四食相制, 年支卯木被辛金蓋頭, 況秋木本不足疏土,
시봉독살 사식상제 년지묘목피신금개두 황추목본부족소토

所賴亥中甲木衛殺, 至乙未運暗會木局, 捷報南宮, 名高翰苑, 甲
소뢰해중갑목위살 지을미운암회목국 첩보남궁 명고한원 갑

午運木死于午, 合己化土, 丁外艱, 己巳年又沖去亥水, 不祿,
오운목사우오 합기화토 정외간 기사년우충거해수 불록

時의 살(殺)은 네 개의 식상으로 제(制)함이 과하다. 年支의 卯木은 辛金이 개두하여 극을 받고 있는데 더욱 가을의 휴수한 木이니 소토(疏土)하기는 본시 부족하다. 의지하는 바는 亥中의 甲木으로 살을 보호한다.

乙未 운에 이르러 亥卯未 목국을 이루니 남궁(南宮)에 들었고 한원에 이름이 높았다. 甲午 운은 木이 午에서 사(死)하는데 더욱 甲己가 土로 化하여 부친상을 당하고 己巳 유년(流年) 운에 독살(獨殺)인 亥水를 충거하여 사망하였다.

*疏(소)-트일 소. 나누일 소. 멀리할 소. 채 소 소. 상소할 소.

*翰(한)-깃 한. 글 한.

*苑(원)-동산 원. 문채 날 원.

*翰苑(한원)-한림원(翰林院). 예문관(藝文館)을 달리 이르는 말.

*南宮(남궁)-예부(禮部).

*艱(간)-어려울 간. 괴로울 간. 고생 간. 당고(當故) 간(父母의 喪).

*外艱(외간)-아버지의 상사(喪事). 어머니의 상(喪)은 내간(內艱).

역자주 이 사주의 설명은 이해가 어렵다. 여기서 "亥水가 희신이 되느냐, 기신이 되느냐?" 하는 것이 어려운 대목인데 식상인 土가 많으니 인수인 木이 용신인데 살(殺)인 亥水는 木을 생하니 희신이라고 봐야 하겠다.

인수격이니 독살(獨殺) 인수격이라고 하여야겠다. 독살 인수격은 제일로 꺼리는 것이 제살(制殺)이니 약한 살을 巳亥 충으로 亥水가 멸절(滅絶)되어 사망하였다고 이해하면 되겠다.

$$壬\ 丙\ 戊\ 辛$$
$$辰\ 辰\ 戌\ 卯$$

$$壬\ 癸\ 甲\ 乙\ 丙\ 丁$$
$$辰\ 巳\ 午\ 未\ 申\ 酉$$

此亦一殺逢四制, 所不及前造者, 無亥卯之會也, 雖早采芹香, 以
차 역 일 살 봉 사 제   소 불 급 전 조 자   무 해 묘 지 회 야   수 조 채 근 향   이

致蹭蹬秋闈, 納捐部屬, 仕路亦不能通達, 喜時殺透露, 行甲午運,
치 층 등 추 위   납 연 부 속   사 로 역 불 능 통 달   희 시 살 투 로   행 갑 오 운

無化土之患, 然猶刑耗多端, 而己身无咎,
무 화 토 지 환   연 유 형 모 다 단   이 기 신 무 구

이 명조 역시 살(殺)이 하나인데 네 개의 식신이 극을 하고 있다. 앞의 사주에 미치지 못하는 것은 亥卯 회국이 없는 것이다. 비록 일찍이 반궁에 들어가 수학하였으나 과거(科擧)에 이르지 못하여 재물을 바치고 부속(部屬)으로 출사하였는데

벼슬길 역시 시원치 않았다.

기쁜 것은 時上에 살이 투출한 것이다. 甲午 운에 甲木이 土로 化하는 근심은 없으나 그러나 형모는 다단하였다. 그러나 일신에는 허물이 없었다.

*早采芹香(조채근향)－일찍 반궁(泮宮)에 들
  어감.
*闈(위)－문 위. 대궐 위. 과장 위.
*秋闈(추위)－향시(鄕試). 춘위(春闈)는 회시
  (會試).
*捐(연)－기부 연. 버릴 연. 덜 연.
*部屬(부속)－부(部)의 속관(屬官). 또는 부하
  (部下).

*納捐(납연)－기근이나 홍수 등 재난에 국
  가에 재물을 헌납하는 것. 국가는 그 공로
  로 훈작이나 벼슬 등을 줌. 捐納(연납)과
  소.
*无(무)－없을 무. 『역경(易經)』과 『노자(老
  子)』에는 이 字를 썼음. 無와 소.
*咎(구)－허물 구. 나무랄 구.
*无咎(무구)－허물이 없음.

역자주 앞의 사주와 이 사주는 살(殺)을 제(制)함이 지나친 사주들이다. 두 사주가 다 신약한 사주
이다. 신약이면 살을 꺼리게 되는데 살을 극함이 지나쳐 나쁘다는 것은 무슨 말인가? 의아
하게 생각이 들 것이다.

격을 논함에 있어 제살태과격(制殺太過格)이라고 하는 격은 없다. 여기에서 제살태과격이
란 살(殺)을 제함이 지나친 형국이라고 해석하면 무난하다. 격국의 명칭이 아니다.

앞의 사주와 이 사주는 격으로 말하면 인수격이다. 일주가 약하여 용신은 인수이다. 그러니
살은 희신이 된다. 두 명조는 다 독살인수격(獨殺印綬格)이다. 독살인수격은 제일로 꺼리는
것이 살을 제하는 것이다.

앞에서도 설명이 있었지만 독살(獨殺)에 용인격(用印格)은 제일로 꺼리는 것이 제살(制殺)
인 것이다. 그리하여 살을 제함이 지나쳐서 사주가 나쁘게 된 것이다. 우리가 흔히 말하는
순망치한(脣亡齒寒)과 같은 말이다. 입술이 없으면 이[齒牙]가 시린 이치이다.

壬 丙 丙 壬
辰 午 午 辰

壬 辛 庚 己 戊 丁
子 亥 戌 酉 申 未

此殺逢四制, 柱中印雖不見, 喜其殺透食藏, 通根身庫, 總之夏火
차살봉사제　주중인수불견　희기살투식장　통근신고　총지하화

當權, 水無金滋, 至酉運合去辰土, 財星滋殺, 發甲點中書, 庚運,
당권　수무금자　지유운합거진토　재성자살　발갑점중서　경운

仕版連登, 入參軍機, 戌運燥土沖動壬水之根, 又逢戊辰年, 戊土
사판연등　입참군기　술운조토충동임수지근　우봉무진년　무토

透出, 緊制壬水, 不祿,
투출　긴제임수　불록

　이 명조도 살(殺)이 네 개의 식상에 제(制)함을 만나고 원국에 비록 인수는 나타
나지 않았으나 기쁜 것은 살은 천간으로 투출하고 식신은 지지에 암장되니 살이
고에 뿌리를 내린 것이다. 한마디로 말하여 일주는 여름의 火로서 당권하여 왕한
데 水는 金의 생이 없으니 약하다.

　酉 운에 이르러 辰土를 합거하고 재성이 살을 생하니 과거에 급제하여 중서성
(中書省)에 들어갔다. 庚 운에는 벼슬이 연달아 올라 군대의 기강과 기밀을 감독하
는 직위에까지 이르렀다.

　戌 운에 조토가 壬水의 뿌리인 辰土를 충동하여 불미(不美)한데 戊辰년에 戊土
가 천간으로 투출하여 壬水를 가까이서 극하니 불록의 객이 되었다.

*中書(중서)-중서성(中書省). 기무(機務), 조　　*參軍(참군)-군(軍)의 기강을 담당하는 부
　명(詔命), 비기(秘記) 등을 관장하는 부서.　　서. 군(軍) 형무소(刑務所) 담당관.

역자주　밑줄 此殺逢四制(차살봉사제)란 말은 조금은 이해가 헷갈린다. 살이 네 개의 土에 의하여
　　　제함을 받는다는 것인데 午 중의 己土를 포함하여 말하는 것 같다.

壬　壬　戊　甲
寅　辰　辰　寅

甲　癸　壬　辛　庚　己
戌　酉　申　未　午　巳

此造五殺逢五制, 土雖當權, 木亦雄壯, 幸日主兩坐庫根, 又得比
차조오살봉오제　토수당권　목역웅장　행일주양좌고근　우득비

肩匡扶, 至壬申運, 日主逢生, 沖去寅木, 名登桂籍, 雁塔高標, 接
견광부　지임신운　일주봉생　충거인목　명등계적　안탑고표　접

連癸酉二十年, 由縣令履黃堂, 名利裕如,
연계유이십년　유현령리황당　명리유여

　이 명조는 다섯 개의 살(殺)이 다섯 개의 식상에 극을 받고 있다. 土가 비록 당권
하고 있으나 木 또한 웅장하다. 다행한 것은 일주가 고장(庫藏)인 辰에 앉아 통근
하고 비견의 도움이 있는 것이다.

　壬申 운에 이르러 일주가 장생을 만나고 寅木을 충거하니 과거에 급제하고 또
안탑(雁塔)에 이름을 높이 올렸다. 이어 癸酉 운까지 이십 년간 운이 합의(合宜)하
여 벼슬이 현령을 거쳐 황당(黃堂)에 이르렀다. 명리가 유여하였다.

*雄(웅)－수컷 웅. 웅장할 웅. 두목 웅.　　　*桂(계)－계수나무 계.
*壯(장)－씩씩할 장. 왕성할 장.　　　　　　*籍(적)－문서 적. 올릴 적.
*雄壯(웅장)－씩씩하고 기운참. 용감하고 굳　*桂籍(계적)－과거급제자의 명부.
　셈.　　　　　　　　　　　　　　　　　　*雁塔高標(안탑고표)－안탑에 표찰(標札：이
*匡(광)－바를 광. 바로잡을 광. 구원할 광.　　름)이 높이 걸렸다. 진사에 급제함을 이름.

역자주　밑줄 此造五殺逢五制(차조오살봉오제)란 말뜻이 조금 애매하다. 앞의 사주에서도 지장간을
　　　　　포함하여 말하였는데 여기서도 그런 것 같다. 이 명조에서 살이라고 하면 戊土와 辰土인데
　　　　　戊土 하나에 辰土가 둘이니 살이 셋이라고 하여야 맞는데 살이 다섯이라고 하였으니 아마
　　　　　寅 중의 戊土를 포함하여 하는 말인 것 같다.
　　　　　오제(五制)란 말도 甲木과 寅木이 극하는 것뿐만 아니고 辰 중의 乙木까지 포함하여 오제
　　　　　(五制)라고 말한 것 같다.

庚 戊 戊 庚
申 寅 寅 申

甲 癸 壬 辛 庚 己
申 未 午 巳 辰 卯

此兩殺逢四制, 幸春木得時秉令, 剋不盡絶, 至午運, 補土之不足,
차 양 살 봉 사 제　행 춘 목 득 시 병 령　극 부 진 절　지 오 운　보 토 지 부 족

去金之有餘, 登科擢縣令, 至甲申運, 又逢食制, 死于軍功,
거 금 지 유 여　등 과 탁 현 령　지 갑 신 운　우 봉 식 제　사 우 군 공

　이 명조는 두 살(殺)을 식신 넷이 극하고 있는데 다행한 것은 춘목(春木)으로
시령(時令)을 득하여 극을 받으나 진절(盡絶)되지는 않는 것이다.

　午 운에 이르러 土의 부족함을 돕고 유여한 金을 제거하니 등과하고 현령에
올랐다. 甲申 운에 이르러 또 식신이 제살하니 군막(軍幕) 안에서 사망하였다.

*盡絶(진절)－절멸(絶滅)되어 다 없어짐.　　*擢(탁)－뽑을 탁. 빼낼 탁.

역자주 | 맨 끝줄에 死于軍功(사우군공)이라 되어 있는데 『적천수징의』에는 死于軍中(사우군중)으
로 되어 있다. 징의(徵義)의 뜻이 어울린다.

任氏曰임씨왈,

與其制殺太過, 不若官殺混雜之美也, 何也, 蓋制殺太過, 殺旣傷殘,
여 기 제 살 태 과　불 약 관 살 혼 잡 지 미 야　하 야　개 제 살 태 과　살 기 상 잔

再行制煞之運, 九死一生, 官殺混雜, 只要日主坐旺, 印綬不傷,
재 행 제 살 지 운　구 사 일 생　관 살 혼 잡　지 요 일 주 좌 왕　인 수 불 상

運程安頓, 未有不富貴者也, 如日主休囚, 財星壞印, 卽使獨殺純
운 정 안 돈　미 유 불 부 귀 자 야　여 일 주 휴 수　재 성 괴 인　즉 사 독 살 순

淸, 一官不混, 往往憂多樂少, 屈志難伸, 學者宜審焉,
청　일 관 불 혼　왕 왕 우 다 락 소　굴 지 난 신　학 자 의 심 언

　임 선생님이 말씀하였다.

　살(殺)을 제함이 지나친 것은 관살이 혼잡한 사주의 아름다움만 같지 못한 것은

어찌된 까닭인가.

대개 살(殺)을 제함이 지나치면 살이 이미 상잔(傷殘)되었는데 다시 살을 극하는 운으로 행하면 구사일생이 되는 것이다. 관살혼잡(官殺混雜)은 일주가 왕함을 요하며 인수(印綬)가 손상되지 않고 운이 안돈하면 부귀하지 않은 자가 없다.

가령 일주가 약한데 재성이 인수를 극하고 있으면 설령 독살(獨殺)이 순청하고 한 개의 관(官)도 섞이지 않았다 하더라도 근심은 많고 즐거움이 적은 것이 대부분으로 뜻을 펴기가 어렵다. 배우는 자는 마땅히 살펴야 한다.

*混(혼)−섞일 혼. 섞을 혼.
*傷(상)−다칠 상. 해칠 상. 근심할 상.
*殘(잔)−해칠 잔. 죽일 잔. 사나울 잔.
*煞(살)−죽일 살. 殺과 소.
*綬(수)−끈 수. 인끈 수.
*安(안)−편안할 안. 즐기다. 좋아하다.
*頓(돈)−조아릴 돈.

*休(휴)−쉴 휴. 편안할 휴.
*囚(수)−가둘 수. 포로 수.
*壞(괴)−무너뜨릴 괴. 무너질 괴.
*屈(굴)−굽을 굴. 굽히다. 물러나다.
*伸(신)−펼 신.
*審(심)−살필 심. 자세히 심.
*焉(언)−어찌 언. 이에 언. 어조사 언.

傷 官 상관

傷官見官果難辨. 可見不可見.
상 관 견 관 과 난 변 　 가 견 불 가 견

상관이 관을 보면 분별하기가 어렵다. 관이 있어도 괜찮은 경우가 있고 좋지 않은 경우도 있다.

*果(과)－열매 과. 실과 과. 과연 과. 부사어로는 과연. 진실로. 확실히. 도대체 등으로 해석.

역자주 　『적천수징의』에는 '傷官見官最難辨, 官有可見不可見'으로 되어 있다. 뜻은 같다.

原注 원주

身弱而傷官旺者. 見印而可見官. 身旺而傷官旺者. 見財而可見官. 傷
신 약 이 상 관 왕 자 　 견 인 이 가 견 관 　 신 왕 이 상 관 왕 자 　 견 재 이 가 견 관 　 상

官旺. 財神輕. 有比刧而可見官. 日主旺. 傷官輕. 無印綬而可見官. 傷
관 왕 　 재 신 경 　 유 비 겁 이 가 견 관 　 일 주 왕 　 상 관 경 　 무 인 수 이 가 견 관 　 상

官旺而無財. 一遇官而有禍. 傷官旺而身弱. 一見官而有禍. 傷官弱而
관 왕 이 무 재 　 일 우 관 이 유 화 　 상 관 왕 이 신 약 　 일 견 관 이 유 화 　 상 관 약 이

財輕. 一見官而有禍. 傷官弱而見印. 一見官而有禍.
재 경 　 일 견 관 이 유 화 　 상 관 약 이 견 인 　 일 견 관 이 유 화

【원주】

일주는 약하고 상관이 왕한 경우에 인수(印綬)가 있으면 관이 있는 것이 좋고, 일주가 왕하고 상관도 왕한 경우에 재(財)가 있으면 관이 있어도 괜찮으며, 상관이 왕하고 재가 가벼울 때 비겁(比刧)이 있으면 관이 있어도 가하고, 일주가 왕하고 상관이 가벼울 때 인수가 없으면 관이 있어도 괜찮다.

상관이 왕한데 재가 없을 때 관을 만나면 화(禍)가 있고, 상관이 왕하고 일주가 약한데 관이 있으면 화(禍)가 있다. 상관이 약하고 재가 가벼울 때 관이 있으면 화(禍)

가 있으며, 상관이 약하고 인수(印綬)가 있는데 관이 있으면 화(禍)가 있다.

大率傷官有財. 皆可見官. 傷官無財. 皆不可見官. 又要看身强身弱.
대솔상관유재　개가견관　상관무재　개불가견관　우요간신강신약

合財官印綬比肩不同方可. 不必分金木水火土也. 又曰傷官用印. 無財
합재관인수비견부동방가　불필분금목수화토야　우왈상관용인　무재

不宜見財. 傷官用財. 無印不宜見印. 須詳辨之.
불의견재　상관용재　무인불의견인　수상변지

　대체로 상관이 있고 재성이 있으면 관이 있어도 다 괜찮고, 상관이 있는데 재(財)가 없으면 관이 나타나는 것은 불가하다.

　또 중요하게 볼 것은 일주가 강한지 약한지를 보고 재관, 인수, 비견이 합하여 같지 않아야 可하며 金 木 水 火 土로 나눌 필요는 없다.

　또 상관용인(傷官用印)이면 재가 없어야 하니 재가 나타나는 것은 마땅치 않다. 상관용재(傷官用財)면 인수가 없어야 하니 인수가 나타나는 것은 마땅치 않다. 모름지기 자세히 분별하여야 한다.

> **역자주** 밑줄의 뜻은 애매모호(曖昧模糊)하다. 합이고 충이고 원국의 상황에 따라 可한 것도 있고 불가한 것도 있는 것인데, 한 묶음으로 같지 않아야 可하다고 하는 것은 이해가 잘 안 되는 대목이다.

任氏曰 임씨왈,

傷官者, 竊命主之元神, 旣非善良, 傷日干之貴氣, 更肆縱橫, 然
상관자　절명주지원신　기비선량　상일간지귀기　갱사종횡　연

善惡無常, 但須駕馭, 而英華發外, 多主聰明, 若見官之可否, 須
선악무상　단수가어　이영화발외　다주총명　약견관지가부　수

就原局權衡, 其間作用, 種種不同, 不可執一而論也,
취원국권형　기간작용　종종부동　불가집일이론야

　임 선생님이 말씀하였다.

　상관이란 일주의 원신을 설기하여 뺏어 가는 것이니 본래 좋은 것이 아니다.

일간의 귀기(貴氣)를 손상하는 것으로 방자(放恣)함이 거침이 없다. 그러나 좋고 나쁜 것이 일정치 않은 것이니 모름지기 좋게 쓰이면 영화(英華)가 밖으로 나타나 총명함이 많다.

관성이 나타난 경우 좋으냐 나쁘냐는 원국의 균형에 따라서 그 작용은 종종 같지 않으니 한 가지로만 논하는 것은 불가하다.

*旣(기)－이미 기. 다할 기. 부사어로는 이미. 매우. 곧. 즉시. 여전히. 본래 등으로 해석.

*駕(가)－탈 것 가. 부릴 가.

*馭(어)－부릴 어(말을 어거함. 사람을 어거함).

*駕馭(가어)－말을 길들여 마음대로 부림. 전(轉)하여 사람을 마음대로 부림. 가어(駕御)와 仝.

*竊(절)－훔칠 절. 도둑질 절.

*肆(사)－방자할 사(멋대로 함). 펼 사.

*縱橫(종횡)－가로와 세로. 자유자재. 방종(放縱)함.

*權(권)－저울추 권. 저울 권. 권세 권.

*衡(형)－저울대 형. 저울 형.

*權衡(권형)－저울추와 저울대. 또 저울. 균형.

역자주 傷日干之貴氣(상일간지귀기)： 일간의 귀기(貴氣)는 관성을 일컫는 것이다. 즉, 상관은 일간의 관성을 손상한다. 그래서 상관이다.

有傷官用印，傷官用財，傷官用刧，傷官用傷，傷官用官，若傷官
유상관용인　상관용재　상관용겁　상관용상　상관용관　약상관

用財者，日主旺，傷官亦旺，宜用財，有比刧而可見官，無比刧有
용재자　일주왕　상관역왕　의용재　유비겁이가견관　무비겁유

印綬，不可見官，
인수　불가견관

상관이 있을 때 인수(印綬)가 용신인 경우가 있고, 상관에 재(財)가 용신인 경우가 있고, 상관에 비견겁(比肩刧)이 용신인 경우가 있고, 상관(傷官)에 상관이 용신인 경우가 있고, 상관에 관(官)이 용신인 경우가 있다.

상관이 있을 때 재성(財星)을 용신으로 하는 것은 일주가 왕하고 상관 역시 왕하면 재성이 용신이 되는데 이때 비겁이 있으면 관을 보는 것은 可하나 비겁이 없고 인수가 있는 경우는 관을 보는 것은 불가하다.

日主弱, 傷官旺, 宜用印, 可見官而不可見財, 日主弱, 傷官旺, 無
일주약 상관왕 의용인 가견관이불가견재 일주약 상관왕 무

印綬, 宜用比刦, 喜見刦印, 忌見財官, 日主旺, 無財官, 宜用傷官,
인수 의용비겁 희견겁인 기견재관 일주왕 무재관 의용상관

喜見財傷, 忌見官印, 日主旺, 比刦多, 財星衰, 傷官輕, 宜用官,
희견재상 기견관인 일주왕 비겁다 재성쇠 상관경 의용관

喜見財官, 忌見傷印,
희견재관 기견상인

일주가 약하고 상관이 왕한 경우는 마땅히 인수(印綬)가 용신이 되는데, 이때는
관이 나타나는 것은 좋으나 재성이 나타나는 것은 불가하다.

일주가 약하고 상관이 왕한 경우 인수가 없으면 비겁(比刦)이 용신이 되는데,
이때는 비겁이나 인수를 보는 것은 좋으나 재나 관을 보는 것은 나쁘다.

일주가 왕한데 재관이 없으면 마땅히 상관(傷官)이 용신이 되는데, 이때는 재나
상관을 보는 것은 좋으나 관이나 인수를 보는 것은 나쁘다.

일주가 왕하고 비겁이 많은데 재성이 쇠약하고 상관이 가벼우면 관성(官星)으로
용신을 함이 마땅하니, 이러한 경우는 재관을 보는 것은 좋으나 상관이나 인수를
보는 것은 나쁘다.

所謂傷官見官, 爲禍百端者, 皆日主衰弱, 用比刦幇身, 見官則比
소위상관견관 위화백단자 개일주쇠약 용비겁방신 견관즉비

刦受剋, 所以有禍, 若局中有印, 見官不但無禍而且有福也, 傷官
겁수극 소이유화 약국중유인 견관부단무화이차유복야 상관

用印, 局內無財, 運行印旺身旺之鄕, 未有不顯貴者也, 運行財旺
용인 국내무재 운행인왕신왕지향 미유불현귀자야 운행재왕

傷旺之鄕, 未有不貧賤者也,
상왕지향 미유불빈천자야

이른바 상관이 있는데 관이 나타나면 화(禍)가 많다고 하는 것은 다 일주가 쇠약
하여 비겁이 용신으로 일주가 비겁의 도움을 받게 되는데 관이 있으면 비겁이
극을 받으니 이에 화(禍)가 있는 것이다. 만약 원국에 인수가 있으면 관이 나타나도

비단 화(禍)가 없을 뿐만 아니라 도리어 복(福)이 된다.

상관이 있을 때 인수(印綬)를 용신으로 하는 경우는 원국에 재성이 없어야 하며 운이 인수가 왕한 곳으로 행하거나 일주를 왕하게 하는 운으로 흐르면 귀(貴)히 되지 않은 자가 없고, 운이 재를 왕하게 하는 운이나 상관을 왕하게 하는 운으로 행하면 빈천하지 않은 자가 없다.

傷官用財, 財星得氣, 運逢財旺傷旺之鄕, 未有不富厚者也, 運逢
상관용재　재성득기　운봉재왕상왕지향　미유불부후자야　운봉

印旺刦旺之地, 未有不貧乏者也, 傷官用刦, 運逢印旺必貴, 傷官
인왕겁왕지지　미유불빈핍자야　상관용겁　운봉인왕필귀　상관

用官, 運逢財旺必富, 傷官用傷, 運遇財鄕, 富而且貴, 與用印用
용관　운봉재왕필부　상관용상　운우재향　부이차귀　여용인용

財者, 不過官有高卑, 財分厚薄耳, 宜細推之,
재자　불과관유고비　재분후박이　의세추지

상관이 있을 때 재(財)가 용신인 경우는 재성이 득기(得氣)하였으면 운이 재가 왕한 곳이나 상관이 왕한 곳으로 행하면 부후(富厚)하지 않은 자가 없고 인수가 왕한 곳이나 비겁이 왕한 곳으로 행하면 가난하지 않은 자가 없다.

상관이 있을 때 비견겁(比肩刦)이 용신인 경우는 운에서 인수 운을 만나면 반드시 귀(貴)하게 되고, 상관이 있을 때 관(官)이 용신인 경우는 운에서 재운을 만나면 반드시 부(富)를 이룬다. 상관이 있을 때 상관(傷官)이 용신인 경우는 운이 재지(財地)로 행하면 부(富)하게 되고 또한 귀(貴)하게 된다.

인수(印綬)를 쓰느냐 재(財)를 쓰느냐 하는 것은 관작의 높고 낮음과 재물이 많고 적음에 불과한 것이니 자세히 살펴 추단하여야 한다.

*高卑(고비)－높음과 낮음. 높낮이. 귀함과　　*厚薄(후박)－후함과 박함. 두꺼움과 얇음.
　천함.　　　　　　　　　　　　　　　　　　*推(추. 퇴)－옮을 추. 밀 추. 밀 퇴.

一曰 傷官用印格
일왈 상관용인격

己 丙 辛 己
丑 寅 未 丑

乙 丙 丁 戊 己 庚
丑 寅 卯 辰 巳 午

火土傷官重疊, 辛在季夏, 火氣有餘, 又日坐長生, 寅中甲木爲用,
화토상관중첩 행재계하 화기유여 우일좌장생 인중갑목위용

至丁卯運, 剋去辛金, 破其丑土, 所謂有病得藥, 騰身而登月殿,
지정묘운 극거신금 파기축토 소위유병득약 등신이등월전

慶集璚林, 接連丙寅, 體用皆宜, 仕至黃堂, (璚同瓊)
경집경림 접연병인 체용개의 사지황당 경동경

火土 상관이 중첩되었는데 다행한 것은 계하(季夏)로 화기(火氣)가 아직은 넉넉한 것이다. 또 일주는 장생에 좌하니 寅中 甲木으로 용신을 삼는다.

丁卯 운에 이르러 辛金을 극거하고 丑土를 극파하니 이른바 유병득약(有病得藥)이라 과거에 급제하고 경림연에 참석하는 경사가 있었고 이어 丙寅 운은 체용이 마땅하여 벼슬이 황당(黃堂)에 이르렀다.

*騰(등)-오를 등. 날 등. 탈 등.   *璚(경)-옥 이름 경.
*殿(전)-큰집 전.   *瓊(경)-옥(玉) 경.
*慶(경)-경사 경. 선행 경. 복 경. 어조사 경.   *璚林(경림)은 瓊林(경림)과 같음.

역자주 登月殿(등월전): 달의 전각에 오르다. 달에 올라 계수나무를 꺾는 것이니 과거에 급제함을 이르는 말이다.

辛 戊 丁 辛
酉 午 酉 酉

辛 壬 癸 甲 乙 丙
卯 辰 巳 午 未 申

此土金傷官重疊, 喜其四柱無財, 純清氣象, 初運木火體用皆宜,
차 토 금 상 관 중 첩   희 기 사 주 무 재   순 청 기 상   초 운 목 화 체 용 개 의

所以壯歲首登龍虎榜, 少年身到鳳凰池, 惜中運癸巳壬辰, 金生火
소 이 장 세 수 등 용 호 방   소 년 신 도 봉 황 지   석 중 운 계 사 임 진   금 생 화

剋, 所以生平志節從何訴, 半世勤勞祇自憐,
극   소 이 생 평 지 절 종 하 소   반 세 근 로 지 자 련

이는 土金으로 상관이 중첩하다. 기쁜 것은 사주 중에 水가 없어 기상(氣象)이
순청하다.

초운이 木火로 흘러 체용이 마땅하니 젊은 나이로 세초(歲初)에 시행하는 과거
에 급제하여 중서성(中書省)에 들었으나 애석한 것은 중년 운이 癸巳 壬辰으로
행하여 金을 생하고 火를 극하는 고로 평생의 뜻을 어디에 하소할꼬! 반세(半世)의
노력이 다만 가련할 뿐이로다.

*歲首(세수)－세초(歲初).
*龍(용. 룡)－용 룡. 상상상(想像上)의 신령한
  동물. 구름을 일으켜 비를 내리게 한다 함.
*虎(호)－범 호.
*榜(방)－방 써 붙일 방.
*憐(련. 연. 린. 인)－어여삐 여길 련. 불쌍히
  여길 련. 이웃 린(인).

*鳳(봉)－봉새 봉. 봉황의 수컷. 봉황은 상상
  상(想像上)의 서조(瑞鳥). 성인이 세상에 나
  오면 이에 응하여 나타난다고 함. 수컷은
  봉(鳳). 암컷은 황(凰).
*凰(황)－봉새 황.
*池(지)－못 지.
*節(절)－마디 절. 절개 절. 부신 절. 병부 절.

역자주 ○ 龍虎榜(용호방): 문무과(文武科)의 급제자를 계시(啓示)하는 판자(板子). 후에는 종이
  에 썼다.
  ○ 鳳凰池(봉황지): 당나라 중서성에 있는 못[池]. 전하여 중서성(中書省).

己 庚 壬 壬
卯 辰 子 戌

戊 丁 丙 乙 甲 癸
午 巳 辰 卯 寅 丑

此金水傷官當令, 喜支藏煖土, 足以砥定中流, 因時財爲病, 兼之
차 금 수 상 관 당 령　　희 지 장 난 토　　족 이 지 정 중 류　　인 시 재 위 병　　겸 지

初運水木, 以致書香不繼, 至三旬外, 運逢火土, 異路出身, 仕至
초 운 수 목　　이 치 서 향 불 계　　지 삼 순 외　　운 봉 화 토　　이 로 출 신　　사 지

州牧, 午運衰神沖旺, 臺省幾時無謫宦, 郊亭今日倍離愁,
주 목　　오 운 쇠 신 충 왕　　대 성 기 시 무 적 환　　교 정 금 일 배 이 수

　이는 金水 상관이 당령하였으나 기쁜 것은 지지에 난토(煖土)가 있어 왕양한
水를 저지할 수 있는 것이다. 이런 점으로 볼 때 時支의 재성은 병(病)이 되는데
겸하여 초년 운이 水木으로 흘러 학문을 다하지 못하였다. 삼순(三旬)이 지나 火土
운으로 들어 이로(異路)로 출사하여 벼슬이 주목(州牧)에 이르렀다.

　午 운에 쇠신이 왕신을 충하니 왕신이 격노하여 대성(臺省)의 탄핵으로 귀양길
에 오르니 언젠들 귀양 가는 사람이 없겠느냐만 오늘따라 교외(郊外)의 정자에
슬픔이 더하는구나.

*煖土(난토)─따뜻한 土로 戌土를 이름.　　　*謫宦(적환)─벼슬아치가 귀양 감.
*臺(대)─대 대. 성문 대.　　　　　　　　　*離(리. 이)─떠날 리. 떨어질 리. 만날 리.
*省(성)─살필 성. 깨달을 성. 대궐 성.　　　*愁(수)─근심할 수.
*幾(기)─빌미 기. 기틀 기. 어찌 기. 거의 기.　*離愁(이수)─이별의 수심(愁心).
*謫(적)─꾸짖을 적. 귀양 갈 적.

역자주　○ 관리사회(官吏社會)에는 언제고 대성(臺省)의 탄핵으로 귀양 가는 사람이 있지만 남이
　　　귀양을 갈 때와 본인이 갈 때의 마음이 어찌 같을 수 있겠는가. 본인이 귀양을 가게 되어
　　　교외(郊外)의 정자에 앉아 있으니 그 슬픔이 어떻겠는가. 모든 것이 명(命) 아님이 없으
　　　니 명운(命運)을 받아들일 수밖에 어쩌겠는가. 석양에 슬픔만 더하다.
　　○ 砥定中流(지정중류):　중류지주(中流砥柱)와 같은 뜻으로 왕양한 물을 저지한다는 뜻이
　　　다.
　　○ 中流砥柱(중류지주):　황하(黃河)의 중류에 있는 주상(柱狀)의 돌로 숫돌같이 생겼다.

격류(激流) 속에 우뚝 솟아 꼼짝도 하지 않으므로 난세에 처하여도 의연히 절개를 지키는 선비에 비유하기도 한다.

○ 臺省(대성) :　관리(官吏)의 기강을 감찰하고 탄핵하는 기관. 조선시대에는 사헌부(司憲府)와 사간원(司諫院)이 있었다.

丙　乙　癸　丙
子　丑　巳　辰

戊　丁　丙　乙　甲
戌　酉　申　未　午

此木火傷官, 印綬通根祿支, 格局未嘗不美, 雖嫌財星壞印, 而丑
차목화상관　인수통근녹지　격국미상불미　수혐재성괴인　이축

辰皆溼土, 能蓄水晦火, 惜乎運途無水, 以致一介寒儒, 至申運火
진개습토　능축수회화　석호운도무수　이치일개한유　지신운화

絶水生, 名列泮宮, 後九赴秋闈, 不捷,
절수생　명열반궁　후구부추위　불첩

이는 木火 상관에 인수가 녹지(祿支)에 통근하니 격국은 아름답다. 비록 재성이 인수를 극하는 것이 나쁘기는 하지만 丑辰 土는 다 습토로 水를 축장하고 火를 설기하니 크게 꺼릴 것은 아니나 애석한 것은 운이 水地를 만나지 못하는 것이다. 이러므로 한낱 가난한 선비에 불과하였다.

申 운에 이르러 火는 절지가 되고 水는 생을 만나니 반궁(泮宮)에 이름이 올랐다. 그 후 아홉 번이나 향시(鄕試)에 응했으나 뜻을 이루지 못했다.

*嘗(상) - 맛볼 상. 시험할 상. 일찍 상.
*未嘗不(미상불) - (일찍이) ~을 하지 않은 경우가 없다.
*嫌(혐) - 싫어할 혐. 미움 혐. 의심할 혐.

*壞(괴) - 무너뜨릴 괴. 무너질 괴.
*晦(회) - 그믐 회. 밤 회. 어둠 회.
*赴(부) - 다다를 부. 알릴 부.
*捷(첩) - 이길 첩. 빨리 첩.

二曰 傷官用財格
이 왈　상 관 용 재 격

乙　丁　戊　丙
巳　卯　戌　申

甲　癸　壬　辛　庚　己
辰　卯　寅　丑　子　亥

此火土傷官，刦印重疊，旺可知矣，以申金財星爲用，遺業本豐，
차 화 토 상 관　겁 인 중 첩　왕 가 지 의　이 신 금 재 성 위 용　유 업 본 풍

辛丑壬運，經營獲利，發財十餘萬，至寅運，金臨絕地，刦遇長生，
신 축 임 운　경 영 획 리　발 재 십 여 만　지 인 운　금 임 절 지　겁 우 장 생

又寅申沖破，所謂旺者沖衰衰者拔，不祿宜矣，
우 인 신 충 파　소 위 왕 자 충 쇠 쇠 자 발　불 록 의 의

　이 명조는 火土 상관이나 비겁과 인수가 중첩하여 일주가 왕하다. 그러므로 申
金 재성을 용신으로 한다. 유업이 풍성하였으며 辛丑 壬 운에 사업으로 십여 만의
재물을 모았다.

　寅 운에 이르러 金이 절지(絶地)에 임하고 겁재는 장생을 만나 왕해지는데 또
寅申 충으로 申金을 충파하니 소위 왕자충쇠 쇠자발(旺者沖衰 衰者拔)이 되어 사
망하였다.

*疊(첩)-겹쳐질 첩. 포개질 첩.　　　　　*拔(발)-뺄 발(뽑음). 가릴 발.
*重疊(중첩)-거듭됨. 또는 거듭함.

역자주　旺者沖衰 衰者拔(왕자충쇠 쇠자발)：　왕한 것이 약한 것을 충하면 약한 것은 뿌리가 뽑힌
다.

```
乙  壬  乙  癸
巳  申  卯  亥

己 庚 辛 壬 癸 甲
酉 戌 亥 子 丑 寅
```

此水木傷官, 日坐長生, 年支祿旺, 日主不弱, 足以用巳火之財,
차 수 목 상 관   일 좌 장 생   년 지 녹 왕   일 주 불 약   족 이 용 사 화 지 재

嫌其中運金水, 半生碌碌風霜, 起倒萬狀, 至戌運, 緊制亥水之刦,
혐 기 중 운 금 수   반 생 녹 녹 풍 상   기 도 만 상   지 술 운   긴 제 해 수 지 겁

合起卯木化財, 驟然發財數萬, 至酉沖破傷官, 生助刦印, 不祿,
합 기 묘 목 화 재   취 연 발 재 수 만   지 유 충 파 상 관   생 조 겁 인   불 록

이는 水木 상관이 일주가 장생에 앉아 있고 年支가 녹왕으로 일주는 약하지 않다. 그러므로 족히 재성인 火를 용신으로 할 수 있다.

꺼리는 것은 중년 운이 金水로 달리니 반생 동안 모진 풍상을 다 겪었고 기도(起倒)가 심했다.

戌 운에 이르러 겁재인 亥水를 극하고 卯木과 합으로 재성으로 化하니 짧은 기간에 수만의 재물을 모았다. 酉 운에 이르러 상관인 卯木을 충파하고 비겁을 생하며 인수를 도우니 사망하였다.

*祿(록)-녹 록. 복 록. 녹줄 녹.
*嫌(혐)-싫어할 혐. 의심할 혐. 미움 혐.
*碌(록. 녹)-푸른빛 록. 어리석을 록.
*霜(상)-서리 상. 흴 상. 엄할 상.
*起倒(기도)-기복(起伏).

*狀(상)-형상 상. 모양. 형용하다. 문서.
*緊(긴)-굳을 긴. 급할 긴. 팽팽할 긴.
*驟(취)-말 달릴 취. 갑작스러울 취.
*沖(충)-빌 충. 비다. 공허하다. 가운데.
*不祿(불록)-선비의 죽음.

丁　戊　辛　戊
巳　午　酉　子

丁　丙　乙　甲　癸　壬
卯　寅　丑　子　亥　戌

此土金傷官, 日主祿旺, 刦印重逢, 一點財星, 秋水通源, 子賴酉
차토금상관　일주녹왕　겁인중봉　일점재성　추수통원　자뢰유

生, 酉伏子護, 遺業小康, 甲子乙丑二十年, 制化皆宜, 自刱數萬,
생　유복자호　유업소강　갑자을축이십년　제화개의　자창수만

至丙寅運, 生助火土, 剋洩金水, 不祿,
지병인운　생조화토　극설금수　불록

　이는 土金 상관인데 일주는 녹왕을 두고 비겁과 인수가 중첩하여 신왕하다. 일
점 재성은 가을의 물로 근원에 통하고 있으나 子水는 오로지 酉金의 생에 의지하
는데 酉金 또한 子水에 의해 보호받고 있다.

　유업은 넉넉하지 않으나 생활에 불편하지 않을 만큼이었는데 甲子 乙丑 이십
년은 제화(制化)가 마땅하여 창업하여 수만의 재물을 일으켰다. 丙寅 운에 이르러
火土를 생조하고 金水를 극설하니 사망하였다.

*小康(소강)－조금 자산이 있어 지내기 곤　　*刱(창)－비롯할 창. 創과 仝.
　란하지 않음. 조금 편안함.

역자주　子賴酉生, 酉伏子護(자뢰유생, 유복자호)：　子水는 酉金의 生에 의지하고 酉金은 子水의
　　　　보호를 받는다. 酉金이 巳午 火로부터 극을 받는데 子水가 火를 극하여 酉金을 보호하는
　　　　것을 일컫는 말이다.
　　　　번역본 중에는 酉金이 子水를 숨겨서 보호를 받는다거나 酉는 엎드려 子水를 호위한다거
　　　　나 하는 등의 번역들이 있으나 뜻이 명쾌하지 않다. 『적천수징의』에는 酉仗子護(유장자호)
　　　　라 되어 있다. 仗(장)은 병장기 장. 호위 장. 기댈 장. 지팡이 장 자(字)이니 유금이 자수의
　　　　호위(護衛)로 인하여 보호받는다는 뜻이다. 즉, 子水가 巳午 火를 제(制)하니 酉金이 보호
　　　　된다는 뜻이다. 아마 필사(筆寫)하는 과정에서 仗(장)이 伏(복)으로 잘못된 것이 아닌가 생
　　　　각된다.

庚 辛 辛 壬
寅 酉 亥 申

丁 丙 乙 甲 癸 壬
巳 辰 卯 寅 丑 子

此金水傷官, 四柱比刦, 雖用寅木之財, 却喜亥水, 洩金生木, 使
차 금 수 상 관　사 주 비 겁　수 용 인 목 지 재　각 희 해 수　설 금 생 목　사

比刦無爭奪之風, 又得亥解申沖, 若無亥水, 一生起倒無甯, 終成
비 겁 무 쟁 탈 지 풍　우 득 해 해 신 충　약 무 해 수　일 생 기 도 무 녕　종 성

畫餠, 亥水者, 生財之福神也, 交甲寅乙卯, 白手成家致富, 後行
화 병　해 수 자　생 재 지 복 신 야　교 갑 인 을 묘　백 수 성 가 치 부　후 행

火運, 戰剋不靜, 財星洩氣, 無甚生色, 至巳運, 四孟沖, 刦又逢
화 운　전 극 부 정　재 성 설 기　무 심 생 색　지 사 운　사 맹 충　겁 우 봉

生, 不祿,
생　불 록

이는 金水 상관으로 사주가 비겁으로 왕하다. 비록 寅木 재성을 용신으로 하나 도리어 기쁜 것은 亥水가 金을 설하여 木을 생하는 것이다. 그러므로 비겁이 재(財)를 쟁탈하지 않는다. 또 亥水가 있어 寅申 충을 해소한다.

만약 亥水가 없다면 일생이 기복이 많을 뿐만 아니라 그림 속의 떡과 같이 쓸모 없는 사람이 되었을 것이다. 亥水는 재를 생하는 복신(福神)이다.

甲寅 乙卯 운에 자수성가하여 부를 이루었다. 후(後) 운이 火 운으로 가니 전극(戰剋)으로 사주가 안정되지 못하고 재성이 설기되니 낮이 날 일이 없었다. 巳 운에 이르러 사 맹충(四 孟沖)이 일어나고 또 비겁이 생을 받으니 사망하였다.

*却(각)−부사어로 도리어. 오히려. 또.
*甯(녕. 영)−寧과 仝. 차라리 녕. 어찌 녕. 편안할 녕. 편안히 할 녕.
*畫(화)−그림 화. 그릴 화.
*餠(병)−떡 병. 餅과 仝.

*畫餠(화병)−그림의 떡. 아무 소용없는 것의 비유. 畫中之餠(화중지병).
*生色(생색)−활기가 있는 안색(顏色). 안색에 나타남. 낯이 남.

역자주 四 孟沖(사 맹충): 맹(孟)이란 '우두머리. 처음'이란 뜻. 正月은 봄의 시작이고, 四月은

여름의 시작이고, 七月은 가을의 시작이고, 十月은 겨울의 시작. 시작이란 처음이니 寅申
巳亥는 사계절의 시작. 寅申 巳亥가 다 충을 하는 것을 사 맹충(四 孟沖)이라 한다.

三曰 傷官用刦格
삼 왈 상관용겁격

己 戊 辛 癸
未 申 酉 亥

乙 丙 丁 戊 己 庚
卯 辰 巳 午 未 申

此土金傷官, 財星太重, 以致拂意芸窗, 幸喜未時, 刦財通根爲用,
차 토 금 상 관　재 성 태 중　이 치 불 의 운 창　행 희 미 시　겁 재 통 근 위 용

更妙運途却佳, 捐縣佐出仕, 至丁巳丙辰運, 旺印用事, 仕至州牧,
갱 묘 운 도 각 가　연 현 좌 출 사　지 정 사 병 진 운　왕 인 용 사　사 지 주 목

宦資豐厚, 乙卯沖剋不靜, 罷職歸田,
환 자 풍 후　을 묘 충 극 부 정　파 직 귀 전

이는 土金 상관으로 재성이 태중하다. 학문의 뜻을 다하지 못하였으나 다행한
것은 時가 未시로 겁재가 통근하니 용신으로 하는 것이다. 더욱 묘(妙)한 것은 운
도(運途)가 아름다워 연납으로 현좌(縣佐)로 출사하였다.

丁巳 丙辰 운에 이르러 왕한 인수가 용사하니 벼슬이 주목(州牧)에 이르고 재물
도 풍후하였다. 乙卯 운으로 바뀌어 충극으로 안정하지 못하니 파직당하여 낙향
하였다.

*拂(불)－털 불. 떨칠 불(힘 있게 흔듦). 거스를　　*窗(창)－창 창(窓門). 窓과 仝.
　불(어김).　　　　　　　　　　　　　　　　　*芸窗(운창)－서재(書齋).
*芸(운)－운향 운. 많을 운. 김맬 운.　　　　　　*罷(파)－파할 파. 놓을 파. 물러갈 파.

庚 戊 癸 己
申 戌 酉 未

丁 戊 己 庚 辛 壬
卯 辰 巳 午 未 申

此土金傷官, 支類西方, 金氣太重, 以刦爲用, 喜其當頭剋癸, 故
차토금상관 지류서방 금기태중 이겁위용 희기당두극계 고

書香繼志, 更妙運走南方火地, 拔貢出身由縣令而遷州牧, 洊涖黃
서향계지 갱묘운주남방화지 발공출신유현령이천주목 천리황

堂, 一生逢凶化吉, 宦海無波也.
당 일생봉흉화길 환해무파야

　이는 土金 상관인데 지지가 申酉戌 서방 金地를 이루어 金의 기세가 태중하다.
그러므로 비겁이 용신이다. 기쁜 것은 투출한 癸水를 己土가 극하니 고로 학문의
뜻을 잇게 되었다.

　더욱 묘(妙)한 것은 운이 동남 火地로 달리니 발공(拔貢) 출신으로 현령을 거쳐
주목(州牧)에 오르고 거듭하여 황당(黃堂)에 이르렀다. 일생 동안 흉함이 없었고
벼슬길에도 파란이 없었다.

*頭(두)－머리 두. 우두머리 두.
*繼(계)－이을 계. 맬 계.
*拔(발)－뺄 발(뽑음). 가릴 발.
*貢(공)－공물 공. 바칠 공. 천거할 공.
*縣(현)－고을 현. 매달 현.

*遷(천)－옮길 천. 천도 천.
*牧(목)－목장 목. 기를 목. 다스릴 목. 벼슬
　이름 목(지방의 장관).
*洊(천)－연거푸 천. 거듭 천. 이를 천.
*涖(리. 이)－임할 리〔臨也〕. 물소리 리.

역자주　○ 喜其當頭剋癸(희기당두극계):　기쁜 것은 천간에 투출한 癸水를 극하는 것이다. 천간의
　　　癸水를 극하는 것이 좋다고 하는 뜻은 두 가지이다. 하나는 己土가 癸水를 극하니 戊土
　　　가 癸水와 합의 뜻이 있으나 합이 안 되는 것이고, 또 하나는 인수인 火를 보호하는
　　　것이다. 첫 번째의 이유에서 戊癸가 합을 하면 위인(爲人)이 큰 뜻이 없고 재물을 탐하
　　　는 마음이 많게 된다. 이 사주에서 귀함은 겁재가 일주를 돕고 투출한 癸水를 극하는
　　　것이다.
　　○ 拔貢(발공):　淸代의 과거시험. 매 12년 마다 성(省)에서 선발하여 중앙에서 재시험하
　　　여 우수한 자를 뽑아 관리로 등용하는 제도이다.

甲 癸 甲 癸
寅 亥 寅 亥

戊 己 庚 辛 壬 癸
申 酉 戌 亥 子 丑

此水木傷官, 喜其無財, 故繼志書香, 嫌其地支寅亥化木, 傷官太
차 수 목 상관 희 기 무 재 고 계 지 서 향 혐 기 지 지 인 해 화 목 상 관 태

重, 難遂青雲, 辛運入泮, 亥運補廩, 庚戌加捐出仕, 己酉戊申二
중 난 수 청 운 신 운 입 반 해 운 보 름 경 술 가 연 출 사 기 유 무 신 이

十年土金, 生化不悖, 仕至別駕, 宦資豐厚,
십 년 토 금 생 화 불 패 사 지 별 가 환 자 풍 후

이는 水木 상관인데 기쁜 것은 사주에 재성이 없는 것이다. 고로 학문의 뜻을
이었으나 꺼리는 것은 지지에서 寅亥가 합하여 木으로 化하는 것이다.

상관이 태중하여 청운의 뜻을 이루기 어려웠다. 辛 운에 입반하고 亥 운에 보름
(補廩)에 들고 庚戌 운에 연납으로 출사하였다. 己酉 戊申 이십 년은 土金이 생화
(生化)가 유정하여 벼슬이 별가(別駕)에 이르고 환자(宦資)가 풍후하였다.

.*補(보)—기울 보. 도울 보. 보텔 보.
*廩(름. 늠)—곳집 름. 녹미 름. 구호 름.
*補廩(보름)—국가가 학비를 대주는 것. 장
학생(獎學生).

*泮(반)—물가 반. 녹을 반
*捐(연)—버릴 연. 덜 연. 기부 연.
*宦(환)—벼슬살이 환. 벼슬 환. 내시 환.
*厚(후)—두터울 후. 두터이 할 후.

역자주 ○ 이 사주는 양기성상격(兩氣成象格)이기도 하다. 양기성상격은 생을 하든 극을 하든 일주
가 하는 것이 좋다. 일주가 생하므로 사주가 청하고 순수하다.

○ 加捐(가연): 연납(捐納)과 같은 뜻으로 국가의 재정이 궁핍(窮乏)할 때 국가 재정 확충
에 도움을 주는 것으로 곡물이나 돈을 바치는 것. 국가는 그 보상으로 벼슬이나 명예로
운 훈작(勳爵)을 준다.

○ 別駕(별가): 지방장관인 자사(刺史)를 보좌하는 관직. 자사가 주(州)를 순행할 때 수행
하는데 딴 수레를 타고 가기 때문에 붙여진 이름.

```
己 丙 己 戊
丑 戌 未 申

乙 甲 癸 壬 辛 庚
丑 子 亥 戌 酉 申
```

此四柱傷官, 若生丑戌月, 爲從兒格, 名利皆遂, 生于未月, 火有
차사주상관 약생축술월 위종아격 명리개수 생우미월 화유

餘氣, 必以未中丁火爲用, 惜運走西北金水之地, 以致破敗祖業,
여기 필이미중정화위용 석운주서북금수지지 이치파패조업

至癸亥運, 貧乏無聊, 削髮爲僧,
지계해운 빈핍무료 삭발위승

이 사주는 온통 상관으로 이루어졌다. 만약 丑월이나 戌월에 태어났으면 종아 (從兒)로 명리가 양전한 명조인데 未월에 생하여 火의 여기(餘氣)로 종하지 못하니 반드시 未中 丁火를 용신으로 한다.

애석한 것은 운이 서북 金水로 가는 까닭에 조업(祖業)을 파(破)하고, 癸亥 운에 이르러 궁핍하고 적적하여 삭발하고 중이 되었다.

*聊(료)-편안할 료. 즐거울 료. 어조사 료.
*無聊(무료)-근심이 있어 아무 즐거움이
  없음. 심심함. 적적함.

*削(삭)-깎을 삭. 빼앗을 삭.
*髮(발)-머리 발. 초목 발.
*削髮(삭발)-머리를 깎음. 중(僧)이 됨.

```
癸 己 庚 戊
酉 酉 申 辰
```

```
丙 乙 甲 癸 壬 辛
寅 丑 子 亥 戌 酉
```

此亦傷官用刦, 嫌其辰爲溼土, 生金拱水, 未足幇身, 更嫌運走西
차 역 상 관 용 겁　혐 기 진 위 습 토　생 금 공 수　미 족 방 신　갱 혐 운 주 서

北金水之地, 以致一敗如灰, 不成家室,
북 금 수 지 지　이 치 일 패 여 회　불 성 가 실

　이 사주 역시 土金 상관에 겁재를 용신으로 하는데 꺼리는 것은 辰은 습토로
金을 생하고 申辰 합으로 일주를 돕는 것이 부족한데, 더욱 꺼리는 것은 운이
서북 金水地로 행하니 한 번의 실패로 모든 것이 잿더미가 되었다. 가실(家室)도
이루지 못하였다.

以上五造, 皆是用刦, 何前三造名利兩全, 此兩造一事無成, 因運
이 상 오 조　개 시 용 겁　하 전 삼 조 명 리 양 전　차 양 조 일 사 무 성　인 운

無幇助之故耳, 由此推之, 非人之無爲, 實運途困之耳,
무 방 조 지 고 이　유 차 추 지　비 인 지 무 위　실 운 도 곤 지 이

　위의 다섯 명조는 다 비겁이 용신인 사주들인데, 어찌하여 앞의 세 사주는 명리
가 양전하고 이 두 사주는 일사무성(一事無成)인가. 이는 운에서 방조함이 없기
때문이다.

　이런 연유로 보건대 사람이 하지 않는 것이 아니라 운도(運途)가 사람을 곤궁하
게 하는 것이다.

四日 傷官用傷官格
사 월   상 관 용 상 관 격

庚 壬 己 庚
子 辰 卯 辰

乙 甲 癸 壬 辛 庚
酉 申 未 午 巳 辰

壬水生于卯月, 正水木傷官格, 天干己土臨絶, 地支兩辰, 乃木之
임수생우묘월 정수목상관격 천간기토임절 지지양진 내목지

餘氣, 一生金, 一拱水, 又透兩庚, 不但辰土不能制水, 反生金助
여기 일생금 일공수 우투양경 부단진토불능제수 반생금조

水, 必以卯木爲用, 所謂一神得用, 此象匪輕, 初運庚辰辛巳, 金
수 필이묘목위용 소위일신득용 차상비경 초운경진신사 금

之旺地, 功名不遂,
지왕지 공명불수

　壬水가 卯월에 생하니 바로 水木 상관격이다. 천간의 己土는 절지에 임하고
지지의 두 辰土는 木의 여기(餘氣)로 한편으로는 金을 생하고 한편으로는 子辰
공수(拱水)하고 또 庚金이 두 개나 투출하니 辰土로는 제수치 못할 뿐만 아니라
도리어 金을 생하고 水를 도우니 반드시 卯木으로 용신을 삼는다.

　소위 일신(一神)을 득용하니 격은 가볍다 할 수 없다. 초운이 庚辰 辛巳로 金의
왕지로 흐르니 공명을 이루지 못하였다.

*臨(임. 림)-임할 임(림).　　　　　　*透(투)-뛸 투. 던질 투. 환할 투.

*餘(여)-나머지 여. 남을 여.　　　　*匪(비)-아닐 비. 비적 비. 담을 비.

*拱(공)-두 손 마주잡을 공. 껴안을 공.　*輕(경)-가벼울 경. 가벼이 여길 경.

至壬午運, 生財制金, 名題雁塔, 癸未生拱木神, 甲申支全北方水
지 임 오 운 생 재 제 금 명 제 안 탑 계 미 생 공 목 신 갑 신 지 전 북 방 수

局, 木逢生助, 仕版連登, 由令尹而升司馬, 洊至黃堂, 擢觀察而
국 목 봉 생 조 사 판 연 등 유 영 윤 이 승 사 마 천 지 황 당 탁 관 찰 이

履臬藩, 八座封疆, 一交酉, 沖破卯木, 詿誤落職, 所謂用神不可
리 얼 번 팔 좌 봉 강 일 교 유 충 파 묘 목 괘 오 낙 직 소 위 용 신 불 가

損傷, 信斯言也,
손 상 신 사 언 야

壬午 운에 이르러 재(財)를 생하고 金을 극하니 이름이 안탑(雁塔)에 올랐고 癸未 운에 卯未 공목(拱木)하며 木을 생하고, 이어 甲申 운은 지지로 申子辰 수국을 이루어 木을 생하니 벼슬이 연달아 올라 현령을 거쳐 사마(司馬)에 오르고 사마에서 황당(黃堂)에 이르렀으며 황당에서 관찰(觀察)에 오르고 관찰에서 얼번(臬藩)에 올랐으며 팔좌봉강(八座封疆)을 받았다.

酉 운으로 바뀌어 용신인 卯木을 충파하니 잘못을 저질러 벼슬에서 물러났다. 이른바 용신을 손상하는 것은 불가하다는 말은 믿을 만한 말이다.

*雁(안)-기러기 안. 기러기 거위. 가짜.

*塔(탑)-탑 탑. 절 탑. 층집 탑.

*版(판)-널 판. 담틀 판.

*洊(천)-이를 천. 연거푸 천.

*擢(탁)-뽑을 탁. 빼낼 탁. 뽑다. 뽑아내다. 버리다. 제거하다. 발탁하다.

*履(리. 이)-신 리. 밟을 리.

*臬(얼)-법(法) 얼. 말뚝 얼. 과녁 얼.

*藩(번)-울 번(울타리). 지경 번. 지킬 번.

*臬藩(얼번)-안찰사(按察使).

*封(봉)-봉할 봉. 흙더미 쌓을 봉.

*疆(강)-지경 강. 끝 강. 경계 삼을 강.

*詿(괘)-그르칠 괘. 속일 괘.

역자주 ○ 八座封疆(팔좌봉강) : 팔좌(八座)는 한대(漢代)에는 육조(六曹)의 상서(尙書)와 일령(一令) 일복(一僕)을, 위대(魏代)에는 오조(五曹) 일령(一令) 이복야(二僕射)를, 수당(隋唐) 이후에는 육상서(六尙書)와 좌우복야(左右僕射)를 이른다. 즉, 상서(尙書)의 지위에 봉강(封疆)을 받았음을 이른다.

○ 射(사. 야. 석. 역) : 쏠 사(활을 쏨). 벼슬이름 야. 맞힐 석(활을 쏘아 맞힘). 싫어할 역. 산 이름 야. 고야산(姑射山)은 신산(神山)의 이름. 복야(僕射)는 진(秦)나라 때 처음 둔 벼슬. 본시 활 쏘는 일을 맡았으나 당(唐)나라 이후에는 상서(尙書)의 다음 벼슬로 되어 실권(實權)을 장악하였으므로 사실상의 재상(宰相)이었다.

癸 癸 戊 乙
丑 酉 寅 酉

壬 癸 甲 乙 丙 丁
申 酉 戌 亥 子 丑

癸水生于寅月, 正水木傷官, 地支印星並旺, 酉丑拱金, 必以寅木
계수생우인월　정수목상관　지지인성병왕　유축공금　필이인목

爲用, 才能有餘, 乙亥運, 木逢生旺, 中鄕榜, 甲戌癸運, 出仕縣令,
위용　재능유여　을해운　목봉생왕　중향방　갑술계운　출사현령

酉運, 支逢三酉, 木嫩金多, 詿誤落職, 前造與此造, 皆因少火, 有
유운　지봉삼유　목눈금다　괘오낙직　전조여차조　개인소화　유

病無藥之故, 若有火雖行金地, 則無大患矣,
병무약지고　약유화수행금지　즉무대환의

癸水가 寅月에 생하니 바로 水木 상관이다. 지지에 인성이 왕하고 丑은 酉丑
공금(拱金)하고 戊土는 寅木 위에 앉아 있고 乙木의 극으로 관성은 쓰지 못한다.
반드시 寅木으로 용신을 삼는다. 그러므로 재능이 뛰어나다.

乙亥 운에 木이 생을 받아 왕해지니 향방에 들었고 甲戌 癸 운에 출사하여
현령에 이르렀다. 酉 운은 지지가 三酉가 되어 약한 木을 많은 金으로 극하니
잘못을 저질러 낙직하였다.

앞의 명조와 이 명조는 다 원국에 火가 적은 것이 병(病)인데 약(藥)이 없는 연고
이다. 만약 火가 있으면 비록 金 운이 와도 크게 걱정하지 않는다.

*榜(방)-방 붙일 방. 고시하다. 매질하다.　　*誤(오)-그릇할 오. 잘못할 오. 잘못 오.
*嫩(눈)-어릴 눈.　　　　　　　　　　　　*詿誤(괘오)-남을 속여 그릇된 방면으로
*詿(괘)-그르칠 괘. 속일 괘.　　　　　　　　　인도함. 관리가 견책(譴責)을 당함.

丁 甲 庚 己
卯 寅 午 卯

甲 乙 丙 丁 戊 己
子 丑 寅 卯 辰 巳

甲木生于午月, 木火傷官, 年月兩干, 土金無根, 置之不用, 地支兩
갑목생우오월 목화상관 년월양간 토금무근 치지불용 지지양

卯一寅, 日元强旺, 必以丁火爲用, 故人權謀異衆, 丁卯運, 入泮
묘일인 일원강왕 필이정화위용 고인권모이중 정묘운 입반

登科, 仕縣令, 丙寅運, 剋盡庚金, 宦資大豐, 乙丑合庚, 晦火生金,
등과 사현령 병인운 극진경금 환자대풍 을축합경 회화생금

落職,
낙직

甲木이 午月에 생하니 木火 상관이다. 년월의 土金은 무근으로 용신으로 할
수 없으니 버려야 한다.

지지에 一寅과 양묘(兩卯)로 신왕하니 반드시 丁火로 용신을 삼는다. 관성을
못 쓰고 상관이 용신이 되니 사람이 권모(權謀)가 뛰어나다.

丁卯 운에 입반하고 등과하였으며 벼슬이 현령에 이르렀다. 丙寅 운은 庚金을
극하니 벼슬과 재물이 풍요로웠으나 乙丑 운에 들어 火를 설하고 金을 생하니
낙직하였다.

*置(치)-둘 치. 놓을 치. 버릴 치.
*置之不用(치지불용)-쓰지 못하니 버려야
 한다. 버리고 쓰지 말라.
*權(권)-저울추 권. 저울 권. 권세 권.
*謀(모)-꾀할 모. 꾀 모.

*權謀(권모)-임기응변(臨機應變)의 꾀.
*晦(회)-그믐 회. 어두울 회. 시들 회.
*宦(환)-벼슬살이 환. 벼슬 환.
*宦資(환자)-벼슬과 재물.

乙 丙 乙 丙
未 辰 未 子

辛 庚 己 戊 丁 丙
丑 子 亥 戌 酉 申

丙日未月, 火土傷官, 四柱無金, 子水暵乾, 未土爲用, 第嫌乙木
병일미월　화토상관　사주무금　자수한건　미토위용　제혐을목

並透根深, 功名難遂, 初運丁酉丙申, 制化乙木, 財喜稱心, 戊戌
병투근심　공명난수　초운정유병신　제화을목　재희칭심　무술

十年, 熙熙穰穰, 日熾日昌, 己運, 土無根, 木回剋, 刑耗並見, 一
십년　희희양양　일치일창　기운　토무근　목회극　형모병견　일

交亥運, 木得生火, 逢剋, 得惡病而亡,
교해운　목득생화　봉겁　득악병이망

　丙火 일주가 未月에 생하니 火土 상관이다. 사주에 金이 없어 子水는 왕한 火
에 의하여 다 말라버린 형상이라 용신으로 부족하니 未土가 용신이다. 꺼리는 것
은 乙木이 나란히 투출하여 뿌리가 깊은 것으로 공명을 이루기 어렵다.

　초년의 丁酉 丙申 운은 乙木을 化하고 제하니 재물이 마음대로 되어 기쁨이
많았고 戊戌 운 十年간은 재물이 날로 더불어 창성하니 기뻤으나 己亥 운으로
바뀌어 土는 무근(無根)이고 木이 돌아가며 극하니 부인이 죽고 재물이 모산(耗散)
되었다. 亥 운으로 바뀌어 木이 생지를 만나 왕해지고 왕한 목이 火를 생하니
겁재가 더욱 왕해져 나쁜 병을 얻어 사망하였다.

*暵(한)－마를 한. 말릴 한. 더울 한.
*乾(건)－하늘 건. 건괘 건. 말릴 건.
*暵乾(한건)－햇빛에 쬐어 말림. 또는 마름.
*第(제)－집 제. 차례 제. 다만 제. 부사어로
　는 단지. 오로지. 오직. 다만. 단. 그러나 등
　으로 쓰임.
*深(심)－깊을 심. 깊이 심.
*稱(칭)－일컬을 칭. 이름 칭.

*熙(희)－빛날 희. 넓을 희.
*穰(양)－짚 양. 풍년 양. 넉넉할 양.
*熙熙(희희)－화락(和樂)한 모양. 넓은 모양.
*穰穰(양양)－수확이 많은 모양. 넉넉한 모
　양.
*熾(치)－성할 치. 사를 치.
*昌(창)－창성할 창. 아름다울 창.
*惡病(악병)－나쁜 병. 못된 병.

五曰 傷官用官格
오왈 상관용관격

乙 戊 己 壬
卯 戌 酉 戌

乙 甲 癸 壬 辛 庚
卯 寅 丑 子 亥 戌

戊日酉月, 土金傷官, 地支兩戌, 燥而且厚, 妙在年干壬水, 潤土
무일유월 토금상관 지지양술 조이차후 묘재년간임수 윤토

洩金而生木, 足以用官, 亥運, 財官皆得生扶, 功名順遂, 壬子早
설금이생목 족이용관 해운 재관개득생부 공명순수 임자조

遂仕路之志, 癸丑, 支拱金局, 服制重重, 甲寅乙卯二十年, 仕至
수사로지지 계축 지공금국 복제중중 갑인을묘이십년 사지

侍郎,
시 랑

　　戊土가 酉月에 생하니 土金 상관이다. 지지의 두 戌土는 건조하고 또한 후중한
土인데 묘(妙)한 것은 年干의 壬水가 土를 윤택하게 하고 金을 설하며 木을 생하
니 족히 관성을 용신으로 할 수 있다.

　　亥 운에 재관이 다 생부를 얻으니 공명이 순조롭게 이루어지고 壬子 운에 일찍
이 벼슬의 뜻을 이루었다. 癸丑 운은 酉丑 공금(拱金)하니 막힘이 많았으나 甲寅
乙卯 이십 년에 벼슬이 시랑(侍郎)에 이르렀다.

*燥(조)−마를 조. 말릴 조.　　　　　　*郎(랑)−땅이름 랑. 벼슬이름 랑. 사내 랑.
*厚(후)−두터울 후. 두터이 할 후.　　　　낭군 랑.
*潤(윤)−젖을 윤. 윤택할 윤.　　　　　*扶(부)−도울 부. 붙들 부.
*侍(시)−모실 시. 기를 시.

역자주　○ 服制重重(복제중중) :　복제(服制)는 상복의 제도나 신분상의 제도인데, 여기서는 벼슬
　　　　　길이 막힘이 중중(重重)하였다는 뜻이다.

○ 侍郞(시랑) :　진(秦), 한(漢) 때는 궁중의 수호를 맡은 벼슬. 당(唐)나라 때는 중서(中書) 문하(門下)의 장관(長官)을 일컫는다. 후대(後代)에는 육부(六部)의 차관을 일컫는다.

己　壬　己　庚
酉　申　卯　午

乙甲癸壬辛庚
酉申未午巳辰

壬水生于卯月, 水木傷官, 喜其官印通根, 年支逢財, 傷官有制有
임수생우묘월　수목상관　희기관인통근　년지봉재　상관유제유

化, 日元生旺, 足以用官, 巳運, 官星臨旺, 采泮水之芹, 折蟾宮之
화　일원생왕　족이용관　사운　관성임왕　채반수지근　절섬궁지

桂, 壬午癸未, 南方火地, 出宰名區, 鶯遷州牧, 甲申乙酉金得地,
계　임오계미　남방화지　출재명구　앵천주목　갑신을유금득지

木臨絶, 雖退歸, 而安享琴書, 其樂自如也,
목임절　수퇴귀　이안향금서　기락자여야

　壬水가 卯월에 생하여 水木 상관을 이루었다. 기쁜 것은 관과 인수가 통근하고 年支에 재가 있어 상관인 卯木을 인수인 金이 제하고 재성인 火가 化하는 것이다. 일주가 인수의 생으로 왕하니 족히 관성을 용신으로 쓸 수 있다.

　巳 운에 관성이 왕지에 임하여 반궁에 들어갔고 과거에 급제하였다. 壬午 癸未 운은 남방의 火地로 좋은 고을의 수령으로 나갔으며 이어 주목(州牧)으로 승진하였다. 甲申 乙酉 운은 金이 득지하고 木이 절지에 임하여 비록 관직에서 물러나 향리에 돌아갔으나 금서(琴書)를 즐기며 편안하였다.

*蟾(섬)－두꺼비 섬. 달 섬(달 속에 두꺼비가 있
　다는 전설에서 달의 별칭). 연적 섬.
*蟾宮(섬궁)－달의 이칭(異稱).
*鶯(앵)－꾀꼬리 앵〔황조(黃鳥)〕.
*遷(천)－옮길 천. 천도 천.
*退(퇴)－물러날 퇴. 물리칠 퇴.

*歸(귀)－돌아갈 귀. 돌아올 귀.
*安享(안향)－평안하게 누림. 하늘의 복록
　(福祿)을 안온(安穩)하게 받음.
*琴(금)－거문고 금.
*琴書(금서)－거문고와 책.

| 역자주 |

○ 采泮水之芹(채반수지근):　반수(泮水)의 미나리를 캔 것이니 반궁(泮宮)에 들어가다.
○ 折蟾宮之桂(절섬궁지계):　달에 있는 계수나무를 꺾었다는 뜻으로, 즉 과거(科擧)에 급
　　제하다.
○ 出宰名區(출재명구):　이름 있는 고을의 재상으로 나가다.
○ 鶯遷(앵천):　꾀꼬리가 골짜기에서 나와 교목에 있다는 뜻으로, 과거에 급제 또는 승진
　　함을 이른다.

己　壬　辛　辛
酉　辰　卯　未

乙　丙　丁　戊　己　庚
酉　戌　亥　子　丑　寅

壬水生于卯月, 水木傷官, 天干兩辛, 支逢辰酉, 益水之源, 官之
임 수 생 우 묘 월　수 목 상 관　천 간 양 신　지 봉 진 유　익 수 지 원　관 지

根固, 傷之蔭洩, 必以己土官星爲用, 己丑運, 采芹食廩, 戊子雖
근 고　상 지 음 설　필 이 기 토 관 성 위 용　기 축 운　채 근 식 름　무 자 수

然蹭蹬秋闈, 而家業日增, 丁運, 亦無大患, 至亥運全會木局, 傷
연 충 등 추 위　이 가 업 일 증　정 운　역 무 대 환　지 해 운 전 회 목 국　상

官肆逞, 刑耗並見, 而亡,
관 사 령　형 모 병 견　이 망

　壬水가 卯월에 생하여 水木 상관이다. 천간에 양(兩) 辛이 투출하고 지지에 辰
酉를 만나니 水의 근원을 더하고 있다. 관성은 뿌리가 견고하다. 상관은 관성의
힘을 설기하니 반드시 己土 관성으로 용신을 삼는다.

　己丑 운에 반수에 들었고 보름(補廩)에 올랐다. 戊子 운은 추위(秋闈)에는 들지
못하였으나 가업은 날로 늘었다. 丁 운은 역시 큰 걱정이 없었다.

　亥 운에 이르러 지지로 木局을 이루니 상관이 사령(肆逞)하여 형모(刑耗)를 당하
고 사망하였다.

*采芹(채근)－반궁(泮宮)에 입학함.　　　*蹭蹬(충등)－헛디디는 모양. 세력을 잃는
*食廩(식름)－장학생에 오름.　　　　　　모양.

*蹭(층)-헛디딜 층.
*蹬(등)-헛디딜 등.

*秋闈(추위)-가을에 치르는 과거〔鄕試(향시)〕.

癸　丙　己　癸
巳　午　未　酉

癸　甲　乙　丙　丁　戊
丑　寅　卯　辰　巳　午

丙午日元, 支類南方, 未土秉令, 己土透出, 火土傷官, 藏財受刦,
병오일원　지류남방　미토병령　기토투출　화토상관　장재수겁

無官則財无存, 無財則官亦無根, 況火焰土燥, 官星並透, 以官爲
무관즉재무존　무재즉관역무근　황화염토조　관성병투　이관위

用, 運至火土, 破耗刑喪, 乙卯甲寅運, 雖能生火, 究竟制傷衛官,
용　운지화토　파모형상　을묘갑인운　수능생화　구경제상위관

大獲財利, 納粟出仕, 癸丑壬子運, 由佐貳而升縣令, 名利兩全,
대획재리　납속출사　계축임자운　유좌이이승현령　명리양전

　丙午 일원이 지지에 巳午未 남방을 이루었는데 未土가 당령하고 己土가 투출하니 火土 상관이다. 火가 왕하여 암장된 재성이 극을 받고 있다. 관이 없으면 재가 존재할 수 없고 재가 없으면 관 역시 무근이 된다.

　화가 염염하고 土가 조열하여 천간의 양(兩) 癸水 관성으로 용신을 삼는다. 火土 운에는 파모와 형상을 겪었다.

　乙卯 甲寅 운은 비록 火를 생하나 그러나 끝내는 상관인 土를 극하여 관성인 癸水를 보호하니 크게 재리(財利)를 얻어 납속(納粟)으로 출사하였다. 癸丑 壬子 운에 좌이(佐貳)에서 현령에 올랐고 명리가 양전하였다.

*藏(장)-감출 장. 서장 장.
*焰(염)-불꽃 염.

*粟(속)-조 속. 녹미 속. 곡식 속.
*升(승)-되 승. 오를 승.

六日 假傷官格
육왈　가상관격

乙　丁　戊　戊
巳　巳　午　申

甲　癸　壬　辛　庚　己
子　亥　戌　酉　申　未

此火土傷官, 日主旺極, 喜其傷官發洩菁華, 更妙財星得用, 庚申
차 화 토 상 관　일 주 왕 극　희 기 상 관 발 설 청 화　갱 묘 재 성 득 용　경 신

辛酉運, 少年刱業, 發財十餘萬, 壬戌幸而水不通根, 雖有刑耗而
신 유 운　소 년 창 업　발 재 십 여 만　임 술 행 이 수 불 통 근　수 유 형 모 이

無大患, 至癸亥運, 激火之烈, 洩財之氣, 不祿,
무 대 환　지 계 해 운　격 화 지 열　설 재 지 기　볼 록

此造寧載在傷官用財格內.
차 조 녕 재 재 상 관 용 재 격 내

이 명조는 火土 상관인데 일주가 극왕하다. 기쁜 것은 상관이 발로(發露)하여 왕한 화기를 설하는 것이다. 더욱 묘(妙)한 것은 재성이 있어 용신으로 한다.

庚申 辛酉 운에 소년으로 창업하여 십여만의 재물을 모았다. 壬戌 운은 다행이 水가 통근(通根)치 않아 비록 형모는 있었으나 큰 근심은 없었다. 癸亥 운에 이르러 극왕한 火의 성정을 격분시키고 재성을 설기(洩氣)하여 사망하였다.

○ 이 사주는 차라리 상관용재격내(傷官用財格內)에 실어야 할 것이다.

*發(발)－쓸 발. 떠날 발. 일어날 발. 일으킬 발.

*菁(정. 청)－부추꽃 정. 순무 정. 속음(俗音) 청. 화려할 정. 우거질 청.

*發露(발로)－천간으로 투출함.

*菁華(정화)－정화(精華)와 소.

*精華(정화)－빛. 광채. 사물 중의 가장 뛰어나고 화미(華美)한 부분. 정화(菁華).

```
        癸 壬 辛 壬
        卯 子 亥 子

      丁 丙 乙 甲 癸 壬
      巳 辰 卯 寅 丑 子
```

六水乘權, 其勢泛溢, 全賴卯木洩其精英, 初交水運, 仍得生助木
육수승권 기세범일 전뢰묘목설기정영 초교수운 잉득생조목

神, 平寧无咎, 甲寅乙卯, 正得用神之宜, 采芹食廩, 丁財並益, 一
신 평녕무구 갑인을묘 정득용신지의 채근식름 정재병익 일

交丙辰, 羣比爭財, 三子剋二, 夫婦皆亡,
교병진 군비쟁재 삼자극이 부부개망

　사주 속에 水가 여섯 개나 있는데 亥月로 水가 당권하고 있어 수의 세력이 가히 범람하고 넘치는 형국이다. 오로지 卯木이 그 정영(精英)함을 설하는데 의지한다. 초년 水 운에는 木을 생조하니 평안하고 허물이 없었다.

　甲寅 乙卯 운은 바로 용신에 마땅하므로 반수에 들어가 보름(補廩)에 들었고 재물도 늘었다. 丙辰 운으로 바뀌어 군비쟁재가 되니 세 아들 중 둘을 잃었고 부부가 다 사망하였다.

*泛(범)－뜰 범. 넓을 범.
*溢(일)－찰 일(가득 참). 지나칠 일. 큰물 일.
*仍(잉)－인할 잉. 기댈 잉. 오히려 잉. 이에 잉.
*寗(녕. 영)－차라리 녕. 어찌 녕. 편안할 녕. 寧과 소.

*賴(뢰. 뇌)－의뢰할 뢰. 힘입을 뢰.
*无(무)－없을 무. 無와 소.
*咎(구)－허물 구.
*廩(름. 늠)－곳집 름. 녹미 름.
*羣(군)－무리 군. 많을 군. 群과 소.

> **역자주** 이 명조에서 卯木은 水泛木浮(수범목부)로 용신으로 하기는 부족하나 월령이 亥月로 亥中에 甲木이 있고 亥月은 소양춘(小陽春)이며 木의 장생이니 卯木으로 용신을 삼는다.
> 지지에는 卯木이 있어 지지로 오는 火는 化할 수 있어 괜찮으나 천간으로 오는 火는 군비쟁재(羣比爭財)가 일어나 대흉을 면할 수 없다.

癸 壬 壬 壬
卯 子 子 辰

戊 丁 丙 乙 甲 癸
午 巳 辰 卯 寅 丑

此天干皆水, 支逢旺刃, <u>喜其支全卯辰</u>, 精英吐秀, 所以書香早遂,
차 천 간 개 수　 지 봉 왕 인　 희 기 지 전 묘 진　 정 영 토 수　 소 이 서 향 조 수

但木之元神不透, 未免蹭蹬秋闈, 更嫌運逢火地, 猶恐壽元不永,
단 목 지 원 신 불 투　 미 면 충 등 추 위　 갱 혐 운 봉 화 지,　 유 공 수 원 불 영

交丙運, 庚午年, 水火交戰而亡,
교 병 운　 경 오 년　 수 화 교 전 이 망

　이 명조는 천간이 다 水이다. 지지에 왕한 양인이 당권하고 있다. 기쁜 것은 지지에 동방 卯辰이 있어 정영(精英)함을 설하여 수기(秀氣)가 유행한다. 이러므로 일찍이 학문을 마치었다.

　단 木의 원신이 천간에 투출하지 않아 추위(秋闈)가 어려웠다. 더욱 꺼리는 것은 중년 운이 火地라 수명이 길지 못할 것이 두렵다. 丙 대운 庚午 년에 水火가 교전하니 사망하였다.

*猶(유)－원숭이 유. 같을 유. 오히려 유. 꾀　　*淤(어)－진흙 어〔泥土(니토)〕.
　유. 말미암을 유.　　　　　　　　　　　　　*塞(새. 색)－변방 새. 요새 새. 막힐 색.
*恐(공)－두려워할 공.　　　　　　　　　　　*淤塞(어색)－흙탕물로 물이 잘 흐르지 못
*壽(수)－수 수(나이. 목숨). 헌수(獻壽)할 수.　함.
*戰(전)－싸움 전. 싸울 전.

| 역자주 | 여기에서의 수화교전(水火交戰)은 군비쟁재이다. 또한 이 명조 밑줄에서 지지가 卯辰이 있어 왕한 水를 설하여 수기(秀氣)가 유행하여 기쁘다고 하였는데, 이 명조에서 辰土는 어색(淤塞)이 되는데 卯木이 辰土를 극(剋)하는 것이 기쁜 것이다. 卯辰 동방 목국은 木이 왕한 寅卯 월이거나 木이 왕하여야 卯辰 동방이라 할 수 있다.

辛　戊　丙　戊
酉　辰　辰　午

癸　壬　辛　庚　己　戊　丁
亥　戌　酉　申　未　午　巳

此重重火土，最喜酉時，傷官透露，洩其菁華，三旬之前，運走火
차 중 중 화 토　최 희 유 시　상 관 투 로　설 기 청 화　삼 순 지 전　운 주 화

土，蹭蹬芸窗，一交庚申，雲程直上，及辛酉壬戌癸亥四十載，體
토　층 등 운 창　일 교 경 신　운 정 직 상　급 신 유 임 술 계 해 사 십 재　체

用合宜，由署郎出爲豸使，從藩臬而轉封疆，宦海無波，
용 합 의　유 서 랑 출 위 치 사　종 번 얼 이 전 봉 강　환 해 무 파

　이 명조는 火土가 중중한데 제일로 기쁜 것은 酉시로서 상관이 천간에 투출하여 土의 청화(菁華)함을 설하는 것이다. 삼순(三旬) 전에는 운이 火土로 달려 학문에 어려움이 많았다.

　庚申 운으로 바뀌자 벼슬길이 곧장 올라 辛酉 壬戌 癸亥 사십 년간 체용이 마땅하여 서랑(署郎)을 거쳐 치사(豸使)가 되었고 번얼(藩臬)을 거쳐 봉강(封疆)에 이르렀으며 벼슬길에 파란이 없었다.

*菁(청. 정)－우거질 청. 부추꽃 정. 순무 정. 화려할 정.
*華(화)－꽃 화. 꽃필 화. 빛 화.
*菁華(청화)－빛. 광채. 사물 중의 가장 뛰어나고 화미(華美)한 부분. 精華(정화)와 仝.
*芸(운)－운향 운. 김맬 운.
*窗(창)－창(窓) 창. 窓과 仝.
*芸窗(운창)－서재. 芸窓과 仝.
*署郎(서랑)－郎官(낭관). 상서(尙書)를 보좌하는 벼슬.

*豸(치)－해태 치. 부정(不正)한 사람을 보면 뿔로 받음.
*豸使(치사)－어사(御使).
*藩(번)－울 번(울타리). 지경 번.
*臬(얼)－말뚝 얼. 법(法) 얼.
*藩臬(번얼)－안찰사(按察使).
*封(봉)－봉할 봉. 흙더미 쌓을 봉. 무덤 봉.
*疆(강)－지경 강. 나라 강. 경계 삼을 강.
*封疆(봉강)－제후를 봉한 땅. 국경. 제후의 반열.

丙 戊 辛 乙
辰 午 巳 酉

乙 丙 丁 戊 己 庚
亥 子 丑 寅 卯 辰

此火土當權, 乙木無根, 以辛金爲用, 辛丑年入泮, 後因運程不合,
차 화 토 당 권　을 목 무 근　이 신 금 위 용　신 축 년 입 반　후 인 운 정 불 합

屢困秋闈, 至丑運暗拱金局, 科甲連登, 丙子乙亥地支之水, 本可
누 곤 추 위　지 축 운 암 공 금 국　과 갑 연 등　병 자 을 해 지 지 지 수　본 가

去火, 天干木火不合, 所以仕途蹭蹬, 未能顯秩耳,
거 화　천 간 목 화 불 합　소 이 사 도 층 등　미 능 현 질 이

　이 명조는 火土가 당권하여 戊土 일주가 왕한데 관성인 乙木은 무근으로 용신
으로 하기는 부족하니 상관인 辛金이 용신이 된다. 辛丑년에 입반하였는데 후
운이 합당치 않아 여러 번이나 추위(秋闈)에 나갔으나 등과치 못하였다.

　丑 운에 이르러 巳酉丑 금국을 이루니 과갑(科甲)에 연달아 올랐다. 丙子 乙亥
운은 본시 지지의 水가 火를 극거하는 것은 마땅하나 천간의 木火가 용신에 합의
(合宜)치 않으므로 벼슬길에 막힘이 많았다. 그러므로 지방관으로는 나가지 못하
였다.

*程(정) – 한도 정. 법 정. 길 정.　　　*秋闈(추위) – 가을에 치르는 과거(小科).
*屢(루. 누) – 여러 루. 번거로울 루.　　*蹭(층) – 헛디딜 층. 어정거릴 층.
*困(곤) – 곤할 곤. 괴로울 곤.　　　　*蹬(등) – 헛디딜 등. 어정거릴 등.

역자주 이 사주의 해석은 매끄럽지 못하다. 辛丑년에 반궁(泮宮)에 들어갔다고 하였는데 辛丑 대
운은 없다. 그렇다면 17세 유년(流年) 운인 모양인데 대운은 어딘지 모호하다. 또 丑 운에
암공금국(暗拱金局)하여 과갑연등(科甲連登)하였다고 하였는데 몇 살 때의 丑 운인지도 불
분명하다.

丙 戊 乙 丁
辰 午 巳 酉

己 庚 辛 壬 癸 甲
亥 子 丑 寅 卯 辰

此與前造只換一辛字, 據八字不及前造, 而運途却勝于前, 亦以辛
차 여 전 조 지 환 일 신 자 거 팔 자 불 급 전 조 이 운 도 각 승 우 전 역 이 신

金爲用, 非官印論也, 丁丑年溼土生金晦火, 又全會金局, 發甲入
금 위 용 비 관 인 론 야 정 축 년 습 토 생 금 회 화 우 전 회 금 국 발 갑 입

詞林, 蓋運在辛丑, 正歲運皆宜也,
사 림 개 운 재 신 축 정 세 운 개 의 야

　　이 사주와 앞의 사주는 단지 辛 자(字) 하나만 바뀌었는데, 팔자로 보면 앞의
사주에 미치지 못하나 운도(運途)가 앞 사주보다 좋다. 역시 辛金이 용신이다. 관
성이나 인수는 논하지 않는다.

　　丁丑 년에 습토가 金을 생하고 火氣를 설하는데 또 巳酉丑 금국을 이루니 과거
에 급제하고 사림(詞林)에 들었다. 이는 운이 辛丑에 있을 때로 세운과 마땅하였기
때문이다.

*換(환)－바꿀 환. 갈 환. 고칠 환.
*據(거)－의거할 거. 웅거할 거. 의거 거.
*造(조)－지을 조. 시작할 조. 처음 조.
*却(각)－물러날 각. 물리칠 각. 어조사 각.
*勝(승)－이길 승. 나을 승.

*晦(회)－그믐 회. 밤 회. 어두울 회.
*詞(사)－고할 사(알림). 말 사(언어 또는 문장).
　시문 사.
*詞林(사림)－시문(詩文) 또는 문필의 모임.
　한림(翰林)의 별칭.

역자주　밑줄 '非官印論也(비관인론야)'란 설명은 있으나 마나 한 설명이다. 직역하면 "관과 인수로
논하는 것이 아니다"라는 말인데, 이 말이 왜 여기에 있는지 모르겠다.
　　"乙木은 土多木切(토다목절)이고 木從火勢(목종화세)로 용신으로 할 수 없고 酉金이 용신
이다" 하면 그만인데 이 명조에서 초년 寅卯 운에도 학업을 계속 이어갔을지 의문이다.

```
辛  己  丙  丁
未  酉  午  丑
```

```
庚 辛 壬 癸 甲 乙
子 丑 寅 卯 辰 巳
```

此造土榮夏令, 金絶火生, 四柱水木全無, 最喜金透通根, 惜乎運
차 조 토 영 하 령 금 절 화 생 사 주 수 목 전 무 최 희 금 투 통 근 석 호 운

走東方, 生火剋金, 不但功名蹭蹬, 而且財源鮮聚, 交辛丑運, 年
주 동 방 생 화 극 금 부 단 공 명 층 등 이 차 재 원 선 취 교 신 축 운 년

逢戊辰, 晦火生金, 食神喜刦地, 秋闈得意, 名利裕如,
봉 무 진 회 화 생 금 식 신 희 겁 지 추 위 득 의 명 리 유 여

이 명조는 土가 여름에 생하였다. 金은 절(絶)되고 土는 생을 받고 있다. 사주에 水木이 전무하나 제일로 기쁜 것은 辛金이 추출하여 酉金에 통근한 것이다. 애석한 것은 운이 동방 木地로 달리어 火를 생하고 金을 극하는 것이다. 비단 공명이 어려웠을 뿐 아니라 재물도 적었다.

辛丑 대운으로 바뀌어 戊辰 유년(流年)에 火를 설하고 金을 생하여 식신이 비겁을 만나 기쁘니 추위(秋闈)의 뜻을 이루고 명리가 양전하였다.

*榮(영)-영화 영. 꽃 영. 빛 영.
*惜(석)-아낄 석. 아까워할 석. 애처롭게 여길 석.
*蹭(층)-헛디딜 층. 어정거릴 층.
*蹬(등)-헛디딜 등. 어정거릴 등.
*鮮(선)-고울 선. 날 선(익히지 아니함). 적을 선.

*聚(취)-모일 취. 무리 취.
*晦(회)-그믐 회. 어두울 회.
*秋(추)-가을 추.
*闈(위)-문 위. 대궐 위. 과장 위.
*秋闈(추위)-가을에 치르는 과거(小科).
*裕(유)-넉넉할 유. 너그러울 유.

清 氣청기

一淸到底有精神. 管取生平富貴眞. 澄濁求淸淸得去. 時
일 청 도 저 유 정 신   관 취 생 평 부 귀 진   징 탁 구 청 청 득 거   시

來寒谷也回春.
래 한 곡 야 회 춘

하나의 청기가 밑에 깔려 있으면 정(精)과 신(神)이 있는 것이니 평생에 부귀를
누리게 되고 탁한 것을 맑게 하여 청(淸)을 구함에 청(淸)을 얻으면 때가 이르러
추운 골짜기에 봄이 돌아오는 것과 같다.

*管(관)－관 관. 맡을 관. 열쇠 관. 붓대 관.   *澄(징)－맑을 징. 맑게 할 징.

原注원주

淸者不徒一氣成局之謂也. 如正官格. 身旺有財. 身弱有印. 並無傷官
청 자 부 도 일 기 성 국 지 위 야   여 정 관 격   신 왕 유 재   신 약 유 인   병 무 상 관

七殺雜之. 縱有比肩食神財煞印綬雜之. 皆循序得所. 有安頓. 或作閑
칠 살 잡 지   종 유 비 견 식 신 재 살 인 수 잡 지   개 순 서 득 소   유 안 돈   혹 작 한

神. 不來破局. 乃爲淸奇. 又要有精神. 不爲枯弱者佳.
신   불 래 파 국   내 위 청 기   우 요 유 정 신   불 위 고 약 자 가

【원주】

청(淸)이란 무리가 일기(一氣)로 국(局)을 이루는 것을 말하는 것이 아니다. 가령
정관격에 신왕하면 재가 있어야 하고 신약하면 인수가 있어야 하고 또한 상관과 칠
살이 혼잡되지 말아야 한다.

가령 비견, 식신, 재, 살, 인수가 혼잡되어 있어도 다 차례가 마땅하고 안돈되며
혹 한신이 파국하지 않으면 이것은 청기(淸奇)한 것인데 요하는 것은 정신이 있고
고약(枯弱)하지 않아야 아름다운 것이다.

濁非五行並出之謂. 如正官格. 身弱混之以煞. 混之以財. 以食神雜之.
탁비오행병출지위 여정관격 신약혼지이살 혼지이재 이식신잡지

不能傷我之官. 反與官星不和. 以印綬雜之. 不能扶我之身. 反與財星
불능상아지관 반여관성불화 이인수잡지 불능부아지신 반여재성

相戕. 俱爲濁. 或得一神有力. 或行運得所. 以掃其濁氣. 沖其滯氣. 皆
상장 구위탁 혹득일신유력 혹행운득소 이소기탁기 충기체기 개

爲澄濁以求淸. 皆富貴命矣.
위징탁이구청 개부귀명의

탁(濁)이란 오행이 같이 나타나는 것을 이르는 것이 아니다. 가령 정관격에 신약한
데 살이 있어 혼잡을 이루고 재(財)와 식상이 혼잡하고 관을 손상하지도 못하면서
관성과 불화하고 인수가 있으나 일주를 돕지 못하고 도리어 재성의 극을 받는 것
등이 다 탁(濁)인 것이다.

혹 어느 한 오행이라도 유력함이 있고 혹 행운이 마땅하여 탁기를 소제하고 막힌
것을 충거하면 이는 다 탁한 것을 맑게 하여 청함을 이룬 것으로 다 부귀의 명조라
할 수 있다.

*雜(잡)−섞일 잡. 어수선할 잡.   *掃(소)−쓸 소(소제함).
*戕(장)−죽일 장. 상할 장.   *滯(체)−막힐 체. 머무를 체. 쌓일 체.

任氏曰 임씨왈,

命之最難辨者, 淸濁兩字也, 此章所重者, 澄濁求淸四字也, 淸而
명지최난변자 청탁양자야 차장소중자 징탁구청사자야 청이

有氣, 則精神貫足, 淸而無氣, 則精神枯槁, 精神枯卽邪氣入, 邪
유기 즉정신관족 청이무기 즉정신고고 정신고즉사기입 사

氣入則淸氣散, 淸氣散則不貧卽賤矣, 夫淸濁者, 八字皆有也, 非
기입즉청기산 청기산즉불빈즉천의 부청탁자 팔자개유야 비

正官一端而論也, 如正官格, 身弱有印, 忌財, 財星不現, 淸可知
정관일단이론야 여정관격 신약유인 기재 재성불현 청가지

矣, 卽使有財, 不可便作濁論, 須要看其情勢,
의 즉사유재 불가편작탁론 수요간기정세

임 선생님이 말씀하였다.

명(命)에서 가장 분별하기 어려운 것이 청(淸), 탁(濁)이란 두 글자이다. 이 글에

서 중요한 것은 징탁구청(澄濁求淸) 네 자(字)이다.

청하고 유기(有氣)한즉 정신이 관족(貫足)하고 청하나 무기(無氣)하면 정신이 고고(枯槁)하다. 정신이 고(枯)한즉 사기(邪氣)가 들게 되고 사기가 들어온즉 청기가 흩어진다. 청기가 흩어진즉 가난하거나 천하다.

대저 청탁(淸濁)이라는 것은 八字에 다 있는 것으로 단지 정관격만을 논하는 것은 아니다. 가령 정관격에 신약할 때 인수가 있으면 재성은 꺼리는 것이니 재성이 나타나지 않아야 청하다. 설사 재성이 있다 하여 탁하다고 하여서는 안 된다. 모름지기 사주의 정세(情勢)를 보아야 한다.

*辨(변. 판. 편)─나눌 변(구별함). 분별할 변. 갖출 판. 두루 편.
*貫(관)─돈꿰미 관. 조리 관. 꿸 관.
*貫足(관족)─관통하고 흡족함.
*枯(고)─마를 고. 마른나무 고.
*槁(고)─마를 고. 말라 죽은 나무 고.

*枯槁(고고)─초목이 말라 죽음. 생기가 없음. 고목(枯木). 영락(零落)함.
*邪(사)─간사할 사. 사기(邪氣) 사.
*邪氣(사기)─부정한 기운. 나쁜 기운.
*散(산)─헤어질 산. 헤칠 산. 한산할 산.
*賤(천)─천할 천. 천히 여길 천. 미워할 천.

如財與官貼, 官與印貼, 印與日主貼, 則財生官, 官生印, 印生身,
여 재 여 관 첩 관 여 인 첩 인 여 일 주 첩 즉 재 생 관 관 생 인 인 생 신

印之源頭更長矣, 至行運再助其印綬, 自然富貴矣, 卽使無財, 不
인 지 원 두 갱 장 의 지 행 운 재 조 기 인 수 자 연 부 귀 의 즉 사 무 재 불

可便作淸論, 亦要看其情勢, 或印星無氣, 與官星不通, 或印星太
가 편 작 청 론 역 요 간 기 정 세 혹 인 성 무 기 여 관 성 불 통 혹 인 성 태

旺日主枯弱, 不受印星之生, 或官星貼日, 印星遠隔, 日主先受官剋,
왕 일 주 고 약 불 수 인 성 지 생 혹 관 성 첩 일 인 성 원 격 일 주 선 수 관 극

印星不能生化, 至行運再逢財官, 不貧亦夭矣,
인 성 불 능 생 화 지 행 운 재 봉 재 관 불 빈 역 요 의

가령 재성은 관성 옆에 있고 인수(印綬)는 일주 옆에 있으면 재성은 관을 생하고 관은 인수를 생하고 인수는 일주를 생하니 인수의 원두(源頭)가 더욱 길어 좋은 것이다. 행운에서 다시 인수로 도우면 자연 부귀하게 된다.

또 재성이 없다 하여 청(淸)하다고 논하는 것도 안 되는 것이니 역시 사주의

정세를 보고 판단하여야 한다.

혹 인수가 무기하여 관성을 인통치 못하거나 혹 인수가 태왕하여 일주를 고약(枯弱)케 하거나 혹 관성은 일주에 가깝고 인수는 원격(遠隔)되어 있으면 일주는 관성의 극을 먼저 당하니 인수가 관성을 인통하여 화살(化殺)치 못하는데 운이 재차 재관으로 달리면 가난하지 않은즉 요사(夭死)한다.

如正官格, 身旺喜財, 所忌者印綬, 傷官其次也, 亦看情勢, 如傷
여 정 관 격　　신 왕 희 재　　소 기 자 인 수　　상 관 기 차 야　　역 간 정 세　　여 상

官與財貼, 財與官貼, 官與比肩貼, 不特官星無礙, 抑且傷官化刦
관 여 재 첩　　재 여 관 첩　　관 여 비 견 첩　　불 특 관 성 무 애　　억 차 상 관 화 겁

生財, 財生官旺, 官之源頭更長, 至行運再遇財官之地, 名利兩全矣,
생 재　　재 생 관 왕　　관 지 원 두 갱 장　　지 행 운 재 우 재 관 지 지　　명 리 양 전 의

가령 정관격에 신왕하면 재(財)를 기뻐하고 꺼리는 것은 인수(印綬)이며 상관은 그 다음이나 역시 정세를 살펴야 한다.

상관과 재가 붙어 있고 재와 관이 붙어 있고 관과 비견이 붙어 있으면 관성에 장애가 없을 뿐만 아니라 또한 상관이 비겁을 설하여 재를 생하고 재는 관을 생하여 관을 왕하게 하니 관의 원두(源頭)가 더욱 길게 된다. 운이 다시 재관으로 흐르면 명리가 양전할 것이다.

如傷官與財星遠隔, 反與官星緊貼, 財不能爲力, 至行運再遇傷官
여 상 관 여 재 성 원 격　　반 여 관 성 긴 첩　　재 불 능 위 력　　지 행 운 재 우 상 관

之地, 不貧亦賤矣, 如傷官在天干, 財星在地支, 必須天干財運以
지 지　　불 빈 역 천 의　　여 상 관 재 천 간　　재 성 재 지 지　　필 수 천 간 재 운 이

解之, 傷官在地支, 財星在天干, 必須地支財運以通之,
해 지　　상 관 재 지 지　　재 성 재 천 간　　필 수 지 지 재 운 이 통 지

가령 상관은 재성에 멀리 떨어져 있고 반대로 관성에 가까이 붙어 있으면 재성은 힘이 없으니 운에서 다시 상관을 만나면 가난하거나 천하게 된다.

가령 상관은 천간에 있고 재성은 지지에 있는 경우는 반드시 천간의 재운에

풀리게 되고 상관은 지지에 있고 재성은 천간에 있는 경우는 반드시 지지의 재운에 통하게 된다.

*礙(애)-막을 애. 거리낄 애(방해함). *抑且(억차)-또한. 동시에.

*抑(억)-누를 억. 굽힐 억. 또한 억. *遇(우)-만날 우. 대접할 우. 뜻밖에 우.

역자주 여기에서 解(해)나 通(통)은 '풀리게 된다. 통하게 된다', 즉 발복한다는 뜻이다. 상관이 천간에 있으면 천간의 재운에 발복되고 상관이 지지에 있으면 지지의 재운에 발복한다.

或財官相貼, 而財神被合神絆住, 或被閑神刦占, 亦須歲運沖其合
혹 재 관 상 첩   이 재 신 피 합 신 반 주   혹 피 한 신 겁 점   역 수 세 운 충 기 합

神, 制其閑神, 皆爲澄濁求淸, 雖擧正官而論, 八格皆同此論,
신   제 기 한 신   개 위 징 탁 구 청   수 거 정 관 이 론   팔 격 개 동 차 론

혹 재관이 붙어 있을 때 재성이 합으로 묶여 있거나 혹 한신에게 겁탈되었으면 모름지기 세운에서 합신을 충거하고 한신을 극거하는 것이 다 탁(濁)한 것을 맑게 하여 청(淸)함을 얻은 것이다. 정관격을 들어 말한 것이나 팔격이 다 이와 같이 논하는 것이다.

總之喜神宜得地逢生, 與日主緊貼者佳, 忌神宜失勢臨絶, 與日主
총 지 희 신 의 득 지 봉 생   여 일 주 긴 첩 자 가   기 신 의 실 세 임 절   여 일 주

遠隔者美, 日主喜印, 印星貼身, 或坐下印綬, 此卽日主之精神也,
원 격 자 미   일 주 희 인   인 성 첩 신   혹 좌 하 인 수   차 즉 일 주 지 정 신 야

官星貼印, 或坐下官星, 此卽印綬之精神, 餘可例推,
관 성 첩 인   혹 좌 하 관 성   차 즉 인 수 지 정 신   여 가 예 추

한마디로 말하여 희신은 마땅히 지지에 통근하여 생을 만나고 일주와 가까이 있어야 좋고 기신은 마땅히 힘이 없고 절지에 임하여 일주와 멀어야 좋다.

일주가 인수를 기뻐하면 인수는 일주에 붙어 있거나 좌하가 인수이면 이는 곧 일주의 정신이 관족(貫足)한 것이다. 관성이 인수에 붙어 있거나 좌하가 관성이면 이는, 즉 인수의 정신이 관족한 것이다. 나머지도 이와 같이 추단하라.

*總之(총지)-한마디로 말하여. 요컨대. *精神(정신)-정기(精氣)와 신기(神氣).

<pre>
        乙　丙　甲　癸
        未　寅　子　酉

     戊　己　庚　辛　壬　癸
     午　未　申　酉　戌　亥
</pre>

丙生子月, 坐下長生, 印透根深, 弱中之旺, 喜其官星當令, <u>透而</u>
병생자월　좌하장생　인투근심　약중지왕　희기관성당령　투이

<u>生財</u>, 所謂一淸到底有精神也, 更妙源流不悖, 純粹可觀, 金水運
생재　소위일청도저유정신야　갱묘원류불패　순수가관　금수운

中登科發甲, 名高翰苑, 惜中運火土, 以致終老于詞林,
중등과발갑　명고한원　석중운화토　이치종노우사림

透而生財之財字疑印字之誤.
투이생재지재자의인자지오

　　丙火 일주가 子월에 생하였는데 좌하가 장생으로 인수의 뿌리가 깊게 되어 약
한 가운데 왕하게 되었다. 기쁜 것은 관성이 당령하였는데 천간에도 투출하여 인
수를 생하는 것이다. 소위 일청도저유정신(一淸到底有精神)의 명조이다. 더욱 묘
(妙)한 것은 원류가 불패하고 순수하여 가히 아름답다.

　　金水 운 중에 등과발갑(登科發甲)하여 한원에 이름이 높았다. 애석한 것은 중년
운이 火土로 흘러 결국 노년에 이르도록 사림에 머물렀다.

○ 天干으로 '재(財)가 투출하여'라고 한 재(財) 字는 인(印) 字의 오자(誤字)인 듯하다.

　*終(종)－끝 종. 끝낼 종. 마침내 종. 부사어로는 시종. 영원히. 마침내. 결국. 줄곧 등으로
　해석.

> 역자주　밑줄 喜其官星當令, 透而生財(희기관성당령, 투이생재)는 "기쁜 것은 관성이 당령하고 천간
> 으로 투출하여 재를 생하는 것이다"로 이 말은 "관성이 재를 생하는 것이 아니고 관이 인수
> 를 생하는 것이다"라고 한 것이 잘못된 것이다. 즉, 財자는 印자의 오자(誤字)이거나, 透而
> 坐財(투이좌재)일 것이다. 해석하면 "관성이 재성에 앉아 있다"라는 말인데 『적천수징의』에
> 는 透而坐財(투이좌재)로 되어 있다.
> 역자의 생각은 관성이 당령하고, 또한 천간으로 투출하여 인수인 甲木을 생하는 것이 좋다
> 는 뜻 같다.

辛 己 丙 甲
未 亥 寅 子

壬 辛 庚 己 戊 丁
申 未 午 巳 辰 卯

春土坐亥, 財官太旺, 最喜獨印逢生, 財藏生官, 則印綬之元神愈
춘 토 좌 해　재 관 태 왕　최 희 독 인 봉 생　재 장 생 관　즉 인 수 지 원 신 유

旺, 氣貫生時, 而日主之氣不薄, 更妙連珠生化, 尤羨運途不悖,
왕　기 관 생 시　이 일 주 지 기 불 박　갱 묘 연 주 생 화　우 선 운 도 불 패

所以恩分雕錦, 寵錫金蓮, 地近清禁, 職居津要,
소 이 은 분 조 금　총 석 금 연　지 근 청 금　직 거 진 요

　봄에 생한 土가 亥水 위에 앉아 있는데 재관이 태왕하여 위태하다. 가장 기쁜
것은 홀로 있는 인수가 장생 위에 있는 것이다. 지지의 재성이 관성을 생하니 인수
의 원신이 더욱 왕하다. 일주의 기(氣)는 時에 관통하여 일주의 기운이 박(薄)하지
않다.

　더욱 묘(妙)한 것은 구슬을 꿰듯 생화유정(生化有情)하고 또 운로(運路)가 어그러
지지 않음이 아름답다. 은총이 깊어 비단과 금련(金蓮)을 하사받고 대궐 가까이
살며 요직을 두루 거쳤다.

*愈(유)－나을 유(남보다 우수함). 더할 유. 즐　　*雕錦(조금)－수놓은 비단.
　길 유.　　　　　　　　　　　　　　　　　　*錫(석)－주석 석. 석장 석(도사나 중이 짚는 지
*薄(박)－엷을 박. 적을 박. 발 박.　　　　　　　팡이).
*不薄(불박)－엷지 않다. 즉 약하지 않다.　　　*寵(총)－괼 총(사랑함). 영화 총.
*尤(우)－더욱 우. 허물 우. 탓할 우.　　　　　*寵錫(총석)－총애하여 물건을 줌. 또는 그
*羨(선)－부러워할 선.　　　　　　　　　　　　물건.
*雕(조)－새길 조. 환할 조. 시들 조. 수리 조.　*清禁(청금)－대궐.
*錦(금)－비단 금. 비단옷 금.　　　　　　　　*津要(진요)－요해처(要害處). 목.

역자주　金蓮(금련); 황금으로 만든 연꽃. 제(齊)의 동혼후(東昏侯)가 총희(寵姬)인 반비(潘妃)가
　　　　걸어가는 길에 황금으로 만든 연꽃을 놓아 그 위를 걷게 하여 그녀가 걸어가는 걸음마다
　　　　연꽃이 피게 하였다 한다. 전하여 가장 사랑하는 사람에게 주는 선물이다.

丁　丙　甲　癸
酉　寅　子　未

戊　己　庚　辛　壬　癸
午　未　申　酉　戌　亥

此與前癸酉者，大同小異，前則官坐財地，此則官坐傷地，兼之子
차 여 전 계 유 자　대 동 소 이　전 즉 관 좌 재 지　차 즉 관 좌 상 지　겸 지 자

未相貼，不但天干之官受剋，卽地支之官亦傷，更嫌剋入財鄉，所
미 상 첩　부 단 천 간 지 관 수 극　즉 지 지 지 관 역 상　갱 혐 겁 입 재 향　소

謂財剋官傷，縱使芹香早采，仍蹭蹬秋闈，辛酉庚申運，干支皆財，
위 재 겁 관 상　종 사 근 향 조 채　잉 층 등 추 위　신 유 경 신 운　간 지 개 재

財如放梢春竹，利如蔓草生枝，家業豊裕，一交己未，傷妻剋子，遭
재 여 방 초 춘 죽　이 여 만 초 생 지　가 업 풍 유　일 교 기 미　상 처 극 자　조

回祿，家業大破，可知窮通在運也，
회 록　가 업 대 파　가 지 궁 통 재 운 야

이 명조와 앞의 癸酉生 명조는 대동소이하다. 앞의 사주는 관성이 재성에 앉았
으나 이 사주는 관성이 상관 위에 앉아 있다. 겸하여 관성인 子水와 상관인 未土
가 붙어 있어 비단 천간의 관이 극을 받을 뿐 아니라 지지의 관도 역시 손상되었다.

더욱 꺼리는 것은 겁재가 재성 위에 있어 이른바 재(財)는 겁탈당하고 관(官)은
손상되어 일찍 반궁에 들어가 수학하였으나 과거에는 들지 못하였다.

辛酉 庚申 운에 간지가 다 재성이 되어 재물이 봄의 죽순(竹筍)처럼 일어나고 이익
이 덩굴풀이 가지 치듯 불어나 가업이 풍요로웠다. 己未 운으로 바뀌어 처자를 다
잃고 화재까지 만나 가업이 대파되었다. 사람의 궁통(窮通)이 운에 있음을 알 수 있다.

*貼(첩)-붙을 첩. 붙일 첩.
*仍(잉)-인할 잉. 기댈 잉. 오히려 잉. 이에
　잉. 부사어로 쓰이며 연속적으로. 여러 차
　례. 누차. 곧 등으로 쓰임.
*縱(종)-늘어질 종. 놓아둘 종. 방종할 종.
　세로 종.
*縱使(종사)-가령. 설사. 설사 ~일지라도.

*芹香早采(근향조채)-일찍이 반궁(泮宮)에
　들어감.
*梢(초. 소)-나무 끝 초. 끝 초. 막대기 소.
*春竹(춘죽)-봄의 대나무. 즉, 죽순(竹筍).
*蔓(만)-덩굴 만. 덩굴풀 만.
*蔓草(만초)-덩굴풀.
*回祿(회록)-화재(火災).

濁 氣탁기

滿盤濁氣令人苦. 一局淸枯也苦人. 半濁半淸猶是可. 多
만반탁기영인고 일국청고야고인 반탁반청유시가 다

成多敗度晨昏.
성다패탁신혼

만반(滿盤)이 탁기이면 고생이 많고 사주가 청고(淸枯)하여도 고생스럽다. 반은 탁하고 반이 청한 것은 오히려 괜찮으나 성공과 실패가 많으니 아침과 저녁으로 살펴야 한다.

*盤(반) - 소반 반. 쟁반 반. 서릴 반. 蟠(반)과
 仝.
*枯(고) - 마를 고. 마른나무 고.
*晨(신) - 새벽 신. 별 이름 신.

*昏(혼) - 날 저물 혼. 어두울 혼.
*晨昏(신혼) - 아침과 저녁. 밤낮. 조석(朝夕).
*度(도, 탁) - 법도 도. 정도 도. 잴 탁. 헤아릴
 탁. 셀 탁.

原注원주

柱中要尋他淸氣不出. 行運又不能去其濁氣. 必是貧賤. 若淸又要有精
주중요심타청기불출 행운우불능거기탁기 필시빈천 약청우요유정

神爲妙. 如枯弱無氣. 行運又不遇發生之地. 亦淸苦之人. 濁氣又難去.
신위묘 여고약무기 행운우불우발생지지 역청고지인 탁기우난거

淸氣又不眞. 行運又不遇淸氣. 又不脫濁氣者. 雖然成敗不一. 亦了此
청기우부진 행운우불우청기 우불탈탁기자 수연성패불일 역료차

生平矣.
생평의

【원주】

사주 중에 청기(淸氣)를 찾아봐도 청기가 없는데 운에서 탁기를 제거하지 못하면 반드시 빈천하다. 만약 청하여도 정신이 있어야 묘(妙)한 것이다.

가령 사주가 고약(枯弱)하고 무기한데 행운에서도 생부를 만나지 못하면 역시 청고(淸苦)한 사람이다. 탁기를 제거하기 어렵고 청기 또한 부진(不眞)하고 행운마저 또 청기를 만나지 못하고 또 탁기를 벗지 못하면 비록 성패가 하나같지 않은데 역시 그 사람의 일생이 이와 같다.

任氏曰 임씨왈,

濁者四柱混雜之謂也, 或正神失勢, 邪氣乘權, 此氣之濁也, 或提
탁 자 사 주 혼 잡 지 위 야　혹 정 신 실 세　사 기 승 권　차 기 지 탁 야　혹 제

綱破損, 亦求別用, 此格之濁也, 或官旺喜印, 財星壞印, 此財之
강 파 손　역 구 별 용　차 격 지 탁 야　혹 관 왕 희 인　재 성 괴 인　차 재 지

濁也, 或官衰喜財, 比刼爭財, 此比刼之濁也, 或財旺喜刼, 官星
탁 야　혹 관 쇠 희 재　비 겁 쟁 재　차 비 겁 지 탁 야　혹 재 왕 희 겁　관 성

制刼, 此官之濁也, 或財輕喜食傷, 印綬當權, 此印之濁也, 或身强
제 겁　차 관 지 탁 야　혹 재 경 희 식 상　인 수 당 권　차 인 지 탁 야　혹 신 강

殺淺, 食傷得勢, 此食傷之濁也,
살 천　식 상 득 세　차 식 상 지 탁 야

임 선생님이 말씀하였다.

탁(濁)이란 사주가 혼잡한 것을 이르는 것이다. 혹 정신(正神)이 실세하고 사기(邪氣)가 승권하면 이는 기가 탁한 것이다. 혹 제강이 파손되어 달리 용신을 구한다면 이는 격이 탁한 것이다.

혹 관이 왕하여 인수를 기뻐할 때 재성이 인수(印綬)를 극하면 이는 재가 탁인 것이다. 혹 관이 약하여 재를 기뻐할 때 비겁이 쟁재(爭財)하면 이는 비겁이 탁인 것이다. 혹 재가 왕하여 비겁을 기뻐할 때 관이 비겁을 극하면 이는 관이 탁인 것이다. 혹 재가 가벼워 식상을 기뻐할 때 인수가 당권(當權)하였으면 이는 인수가 탁인 것이다. 혹 신강하고 살이 약한데 식상이 득세하였으면 이는 식상이 탁인 것이다.

*正神(정신)-길신.　　　　　　　*提綱(제강)-월령.
*邪氣(사기)-기신.　　　　　　　*濁(탁)-흐릴 탁. 흐림. 더러움.

分其所用, 斷其名利之得失, 六親之宜忌, 無不驗也, 然濁與淸枯
분기소용　단기명리지득실　육친지의기　무불험야　연탁여청고

二字酌之, 甯使淸中濁, 不可淸中枯, 夫濁者, 雖成敗不一, 多有
이자작지　녕사청중탁　불가청중고　부탁자　수성패불일　다유

險阻, 倘遇行運得所, 掃除濁氣, 亦有起發之機, 如行運又無安頓
험조　당우행운득소　소제탁기　역유기발지기　여행운우무안돈

之地, 乃困苦矣,
지지　내곤고의

그 쓰이는 바를 분별하여 명리의 득실과 육친의 의기를 판단하면 맞지 않음이 없다. 그러나 탁(濁)이라는 것과 청고(淸枯)라는 두 글자를 짐작해보면 차라리 청한 가운데 탁이 될지언정 청한 가운데 고(枯)가 되는 것은 불가하다.

대저 탁(濁)이란 비록 성패(成敗)가 하나같지 않고 어렵고 막히는 일이 많으나 행운에서 마땅한 바를 얻어 탁기를 소제하면 역시 흥발(興發)하게 되나 행운이 안돈한 곳으로 흐르지 않으면 곤고하다.

*甯(녕)－寧(녕)과 소. 차라리 녕. 어찌 녕.　　*倘(당)－혹시 당. 부사어로는 아마도. 만약.
　편안할 녕. 문안할 녕.　　　　　　　　　　　만일 등으로 해석.
*濁(탁)－흐릴 탁.　　　　　　　　　　　　　*頓(돈)－조아릴 돈.
*險(험)－험할 험. 높을 험. 어려울 험.　　　　*困(곤)－곤할 곤. 괴로울 곤.
*阻(조)－험할 조. 떨어질 조. 막을 조.

淸枯者, 不特日主無根之謂也, 卽日主有氣, 而用神無氣者, 亦是
청고자　불특일주무근지위야　즉일주유기　이용신무기자　역시

也, 枯又非弱比也, 枯者, 無根而朽也, 卽遇滋助之鄉, 亦不能發生
야　고우비약비야　고자　무근이후야　즉우자조지향　역불능발생

也, 弱者, 有根而嫩也, 所以扶之卽發, 助之卽旺, 根在苗先之意也,
야　약자　유근이눈야　소이부지즉발　조지즉왕　근재묘선지의야

청고(淸枯)라는 것은 일주가 무근(無根)인 것만 이르는 것이 아니라 곧 일주가 유기해도 용신이 무기한 것도 역시 청고(淸枯)한 것이다. 고(枯)는 또 약(弱)한 것에 비유한 것이 아니고 고(枯)라는 것은 무근으로 썩은 것을 이름이니 곧 부조(扶助)하

는 운을 만나도 일어나지 못하는 것을 이르는 것이다.

약하다 하는 것은 뿌리는 있으나 아직 어린 것을 말하는 것으로 부(扶)한즉 발(發)하고 조(助)한즉 왕(旺)하게 되는 것으로 뿌리가 싹보다 먼저의 뜻이다.

凡命之日主枯者，非貧卽天，用神枯者，非貧卽孤，所以淸有精神
범 명 지 일 주 고 자　비 빈 즉 요　용 신 고 자　비 빈 즉 고　소 이 청 유 정 신

終必發，偏枯無氣斷孤貧，滿盤濁氣須看運，抑濁扶淸也可亨，試
종 필 발　편 고 무 기 단 고 빈　만 반 탁 기 수 간 운　억 탁 부 청 야 가 형　시

之驗也，
지 험 야

무릇 사주에 있어 일주가 고(枯)하면 가난하지 않으면 요사(夭死)하게 되고 용신이 고(枯)하면 가난하지 않은즉 고독하다.

이러므로 사주가 청하며 정신이 있으면 끝내 반드시 발(發)하고 편고하고 무기하면 단연코 고독하고 가난하다.

만반(滿盤)이 탁기이면 모름지기 운을 보아 탁기를 억제하고 청기를 도우면 가히 형통하게 된다. 시험하여 본 바 틀림이 없었다.

*朽(후) - 썩을 후(腐敗함). 썩은 냄새 후.　　*滋助(자조) - 인수나 비견겁으로 생부(生扶)
*滋(자) - 불을 자(증가함). 우거질 자. 자랄　　함을 말함.
자.　　　　　　　　　　　　　　　　　*苗(묘) - 모 묘. 곡식. 싹.

역자주 │ 扶助(부조)：　부(扶)와 조(助)는 다 같이 일주를 돕는 것이나, 여기서 부(扶)는 비견겁을 뜻하고, 조(助)는 인수를 뜻하는 것으로 쓰였다.

```
丁 戊 庚 乙
巳 戌 辰 亥

甲 乙 丙 丁 戊 己
戌 亥 子 丑 寅 卯
```

戊戌日元生于辰月巳時, 木退氣, 土乘權, 印綬重逢, 用官則被庚
무 술 일 원 생 우 진 월 사 시 목 퇴 기 토 승 권 인 수 중 봉 용 관 즉 피 경

金合壞, 用食則官又不從化, 而火又剋金, 無奈何而用財, 又有巳
금 합 괴 용 식 즉 관 우 부 종 화 이 화 우 극 금 무 나 하 이 용 재 우 유 사

時遙沖, 又不當令, 若邀庚金生助, 貪合忘生, 且遙隔無情, 所以起
시 요 충 우 부 당 령 약 요 경 금 생 조 탐 합 망 생 차 요 격 무 정 소 이 기

倒不一, 幸而財官尙有餘氣, 至乙亥運, 補起財官, 遂成小康,
도 불 일 행 이 재 관 상 유 여 기 지 을 해 운 보 기 재 관 수 성 소 강

戊戌 일원이 辰月 巳時에 생하였다. 木은 퇴기이고 土가 당권하였는데 인수를 거듭 만나 일주가 태왕하다. 관성인 乙木을 용신으로 하자니 庚金의 합으로 파괴되었고, 식상인 庚金을 쓰자니 乙木과 합인데 乙木이 따르지 않고 火가 또 金을 극하니 어쩔 수 없이 재성인 亥水를 용신으로 하는데, 또 時支의 巳火와 충이 있는데다가 당령치 못하여 庚金의 생조를 받으려 해도 탐합망생(貪合忘生)인데다 또한 庚金과 떨어져 있어 무정하다.

이러므로 성공과 실패가 많았다. 다행한 것은 재관이 아직은 여기(餘氣)라 乙亥운에 재관을 도와 일으키니 조금은 편안함을 이루었다.

*奈(나. 내) – 어찌 나. 어찌 내. 여하(如何)와 같음.

*無奈(무나) – 어찌할 도리가 없음.

*奈何(나하) – 어떤가. 어찌하여.

*無奈何(무나하) – 어찌할 수 없음.

*邀(요) – 맞이할 요. 구할 요.

*遙(요) – 멀 요. 아득할 요.

*隔(격) – 막을 격. 막이 격.

己　丙　己　癸
丑　午　未　亥

癸　甲　乙　丙　丁　戊
丑　寅　卯　辰　巳　辰

火長夏令, 原屬旺論, 然時在季夏, 火氣稍退, 兼之重疊傷官洩氣,
화장하령　원속왕론　연시재계하　화기초퇴　겸지중첩상관설기

丑乃溼土, 能晦丙火之光, 以旺變弱, 濁氣當權, 淸氣失勢, 兼之,
축내습토　능회병화지광　이왕변약　탁기당권　청기실세　겸지

先行三十年火土運, 半生起倒多端, 至乙卯甲寅, 木疏厚土, 掃除
선행삼십년화토운　반생기도다단　지을묘갑인　목소후토　소제

濁氣, 生扶日元, 衛護官星, 左圖右史, 財茂業成,
탁기　생부일원　위호관성　좌도우사　재무업성

火가 여름에 생하니 원래는 왕하다고 논하여야 되나, 그러나 때가 계하(季夏)로 화기(火氣)는 점차 물러가고 겸하여 상관이 중첩하여 설기하는데 丑土는 습토로 곧 丙火의 빛을 어둡게 하니 왕함이 변하여 약하게 되었다.

탁기가 당권하고 청기는 실세하였는데 겸하여 초년 삼십 년이 火土 운으로 반생에 기복이 심했다.

乙卯 甲寅 운에 이르러 木이 후토(厚土)를 덜어내어 탁기를 소제하고 일주를 생부하며 관성을 보호하여 늦게 학문도 하고 재물도 많이 일어났다.

*長夏(장하) ─ 긴 여름. 또 未月을 칭함.
*稍(초) ─ 점점 초. 작을 초. 벼 줄기 끝 초.
*疊(첩) ─ 겹쳐질 첩. 포개질 첩.
*倒(도) ─ 넘어질 도. 넘어뜨릴 도.
*疎(소) ─ 트일 소. 틀 소. 드물 소.
*掃(소) ─ 쓸 소. 칠할 소.

*衛(위) ─ 막을 위. 방위 위.
*護(호) ─ 지킬 호. 통솔할 호.
*衛護(위호) ─ 따라다니며 지킴. 또는 그 사람. 護衛(호위)와 仝.
*茂(무) ─ 우거질 무. 성할 무.
*左圖右史(좌도우사) ─ 많은 장서(藏書).

역자주 첫 대운이 戊辰이라고 되어 있는 것은 戊午가 맞다. 아마 필사 과정에서 오류인 듯하다.

```
己 庚 丁 丁
卯 午 未 卯

辛 壬 癸 甲 乙 丙
丑 寅 卯 辰 巳 午
```

此造大略觀之, 財生官, 官生印, 印生身, 似乎清美, 無如午未南
차 조 대 략 관 지   재 생 관   관 생 인   인 생 신   사 호 청 미   무 여 오 미 남

方, 火烈土焦, 能脆金, 不能生金, 且木從火勢, 又壞印綬, 無生化
방   화 열 토 초   능 취 금   불 능 생 금   차 목 종 화 세   우 괴 인 수   무 생 화

之情, 非淸枯而何, 更嫌運走東南, 一生未遂, 所謂明月淸風誰與
지 정   비 청 고 이 하   갱 혐 운 주 동 남   일 생 미 수   소 위 명 월 청 풍 수 여

共, 高山流水少知音也,
공   고 산 유 수 소 지 음 야

이 명조를 대략 살펴보면 재(財)는 관을 생하고 관은 인수를 생하고 인수는 일주를 생하니 사주가 청하고 아름다운 것 같으나 유감스럽게도 午未가 남방 火를 이루고 火가 치열하니 土가 뜨거워 곧 金을 무르게 할 뿐 金을 생하지 못한다.

또 木은 火의 세(勢)에 종하며 인수를 극하니 생화(生化)의 정이 없다. 청고지상(淸枯之象)이 아니고 무엇이겠는가. 더욱 꺼리는 것은 운이 동남으로 가니 일생에 하나도 이룬 것이 없었다. 이른바 밝은 달 맑은 바람 뉘와 함께하며 높은 산 흐르는 물소리 아는 사람이 적네.

*壞(괴)-무너뜨릴 괴. 무너질 괴.　　　*脆(취)-무를 취. 연할 취.

역자주 明月淸風誰與共, 高山有水少知音(명월청풍수여공, 고산유수소지음) : '유수곡(流水曲)'이라고 하는데 백아(伯牙)와 종자기(種子期)의 고사(古事)에서 유래된 말이다. 백아(伯牙)는 거문고를 잘 타는 명인이었다. 백아의 음(音)을 아는 자는 오로지 종자기였는데 백아가 태산을 노래하는 음을 타면 종자기는 그 음을 듣고 '아! 태산의 장엄함이여! 아름답도다' 하고, 백아가 흐르는 물을 연주하면 종자기는 '아! 장강의 유구함이여! 좋고도 좋도다' 하며 감탄하였다. 후에 종자기가 병으로 죽자 백아는 거문고를 타지 않았다. 백아의 음(音)을 아는 이가 없기 때문이었다. 그리고는 거문고 줄마저 끊어버렸다. 이후 '단현(斷絃)'이란 말은 지기(知己)의 죽음을 일컫는 말이 되었다. 또 처의 죽음도 단현(斷絃)이라 한다.
'明月淸風誰與共, 高山流水少知音(명월청풍수여공, 고산유수소지음)'은 나를 알아주는 사람이 없으니 외롭고 쓸쓸하다는 뜻이다. 즉, 자기의 뜻을 펼 수 없음을 이르는 말이다.

眞 神 진신

令上尋眞聚得眞. 假神休要亂眞神. 眞神得用生平貴. 用
영 상 심 진 취 득 진　　가 신 휴 요 난 진 신　　진 신 득 용 생 평 귀　　용

假終爲碌碌人.
가 종 위 녹 녹 인

　　월령에서 진신(眞神)을 찾아 진신이 있으면 가신(假神)이 진신을 어지럽히지 않아야 하고 진신으로 용신을 하면 평생이 귀(貴)하나 용신이 가신이면 끝내 녹록(碌碌)한 사람이다.

*尋(심)－찾을 심. 물을 심.　　　　　　　*碌(록. 녹. 락. 나)－푸른빛 록(녹). 용렬할 록.
*聚(취)－모일 취. 무리 취.　　　　　　　　자갈땅 락(나).
*亂(란. 난)－어지러울 란. 간음할 란.　　*碌碌(녹록)－평범한 모양. 용렬한 모양.

原注원주

如木火透者. 生寅月. 聚得眞. 不要金水亂之. 眞神得用. 不爲忌神所害.
여 목 화 투 자　생 인 월　취 득 진　불 요 금 수 난 지　진 신 득 용　불 위 기 신 소 해

則貴. 如參以金水猖狂. 而用金水. 是金水又不得令. 徒與木火不和.
즉 귀　여 참 이 금 수 창 광　이 용 금 수　시 금 수 우 부 득 령　도 여 목 화 불 화

乃爲碌碌庸人矣.
내 위 녹 녹 용 인 의

【원주】

　　가령 木火가 투출하고 寅월에 생하면 진신을 득용한 것이니 金水가 어지럽히면 안 되는 것이고 진신으로 용신을 할 때 기신이 극해(剋害)하지 않으면 귀하게 된다. 金水가 섞여 창광(猖狂)하면 金水로 용신을 할 수 있으나 그러나 득령치 못한 金水는 결국 木火와 불화하게 되어 녹록(碌碌)하고 용렬한 사람이다.

*參(참. 삼)-섞일 참. 나란할 참. 참여할 참. 빽빽이 들어설 삼. 인삼 삼.
*猖(창)-미칠 창.
*狂(광)-미칠 광. 사나울 광.
*猖狂(창광)-미쳐 날뜀.

*徒(도)-걸어다닐 도. 일꾼 도. 다만 도. 부사어로는 단지. 근근히. 겨우 ~이다. 공연히. 부질없이. 오히려. 결국 등으로 쓰임.
*庸(용)-쓸 용. 어리석을 용. 고용할 용.

任氏曰임씨왈,

真者, 得時秉令之神也, 假者, 失時退氣之神也, 言日主所用之神,
진자 득시병령지신야 가자 실시퇴기지신야 언일주소용지신

在提綱司令, 又透出天干, 謂聚得真, 不爲假神破損, 生平富貴矣,
재제강사령 우투출천간 위취득진 불위가신파손 생평부귀의

縱有假神, 安頓得好, 不與真神緊貼, 或被閑神合住, 或遙隔無力,
종유가신 안돈득호 불여진신긴첩 혹피한신합주 혹요격무력

亦無害也, 倘與真神緊貼, 或相剋相沖, 或合真神, 暗化忌神, 終
역무해야 당여진신긴첩 혹상극상충 혹합진신 암화기신 종

爲碌碌庸人矣,
위녹녹용인의

임 선생님이 말씀하였다.

진(眞)이라는 것은 월령을 득한 것이고 가(假)라는 것은 때를 잃어 퇴기에 있는 신(神)을 이르는 것이다. 일주에게 소용되는 신(神)은 제강에서 사령하고 천간에 투출하면 이는 진신이 제강에 모인 것이다.

가신이 파손치 않으면 평생이 부귀하다. 설사 가신이 있어도 안돈되고 마땅하며 진신(眞神)에 가까이 붙어 있지 않고 혹 한신과 합하여 머물고 혹 멀리 떨어져 있고 무력하면 역시 무해하다. 만약 진신에 바짝 붙어 있고 혹 극하거나 충하고 혹 진신을 합하고 기신으로 암화(暗化)하면 끝내 녹록(碌碌)하고 용렬한 사람이다.

*秉(병)-잡을 병.
*言(언)-말씀 언. 부사어로는 곧(바로). 문장의 처음이나 중간에 쓰여 어기를 부드럽게 할 때는 해석하지 않음.

*緊(긴)-굳을 긴. 급할 긴.
*貼(첩)-붙을 첩. 붙일 첩.
*遙(요)-멀 요. 아득할 요. 멀리 요.
*提(제)-끌 제. 거느릴 제.

*綱(강)-벼리 강. 대강 강. 다스릴 강.

*提綱(제강)-월령(月令).

*聚(취)-모일 취. 무리 취.

*縱(종)-늘어질 종. 놓아둘 종. 가령 종. 부사어로는 설령. 비록.

*頓(돈)-조아릴 돈. 가지런히 할 돈. 넘어질 돈.

*隔(격)-막을 격. 막이 격. 뜰 격. 사이가 뜨다. 멀어지다. 나누다. 등한히 하다.

*倘(당)-갑자기 당. 혹시 당. 부사어로는 추측이나 예측 등을 나타내며 아마도. 우연히. 만약. 만일 등으로 해석.

*終(종)-끝 종. 끝날 종. 마침내 종. 부사어로는 결국. 끝내. 시종. 영원히 등으로 해석.

如行運得助，抑假扶眞，亦可功名小遂，而身獲康甯，故喜神宜四
여 행 운 득 조　억 가 부 진　역 가 공 명 소 수　이 신 획 강 녕　고 희 신 의 사

生，忌神宜四絶，局内看眞神，行運看解神，是先天而爲地紀，所
생　기 신 의 사 절　국 내 간 진 신　행 운 간 해 신　시 선 천 이 위 지 기　소

以測地，先看提綱以定格局，
이 측 지　선 간 제 강 이 정 격 국

가령 운의 흐름이 마땅하게 가신을 억제하고 진신을 도우면 역시 적으나 공명을 이루고 일신이 평안할 것이다.

그러므로 희신은 사생(四生)이 마땅하고 기신은 사절(四絶)이 마땅하다. 원국에서는 진신을 살피고 운에서는 해신(解神)을 살피니 이는 선천(先天)은 지지에 바탕을 두니 그러므로 지지를 헤아려 먼저 제강을 보고 격국을 정한다.

*抑(억)-누를 억. 굽힐 억. 문득 억. 또한 억.

*扶(부)-도울 부. 붙들 부.

*遂(수)-이룰 수. 따를 수. 이르다. 성취하다. 마치다. 끝내다. 미치다. 통달하다.

*獲(획)-얻을 획. 맞힐 획.

*紀(기)-실마리 기. 단서 기. 법 기. 여기서는 '밑바탕, 터'란 뜻임.

*測(측)-잴 측. 재어질 측. 맑을 측.

*甯(녕. 영)-차라리 녕. 편안할 녕. 어찌 녕. 寧(녕)과 소.

역자주 ○ 四生(사생): 寅申巳亥 장생지(長生地)를 일컫는다.

○ 四絶(사절): 사생(四生)에 대칭(對稱)한 것으로 子午卯酉 패지(敗地)를 말하기도 하고, 金이 목왕절(木旺節)에, 水가 화왕절(火旺節)에, 木이 금왕절(金旺節)에, 火가 수왕절(水旺節)에 생하는 것도 절지(絶地)이다.

中天而爲人紀, 所以範人, 次看人元司令而爲用神, 後天而爲天
중천이위인기　　소이범인　　차간인원사령이위용신　　후천이위천

紀, 所以觀天, 後看天元發露, 而輔格助用, 是天地人之三式, 合
기　　소이관천　　후간천원발로　　이보격조용　　시천지인지삼식　　합

而用之, 則造化之功成矣, 造化功成, 則富貴之機定矣,
이용지　　즉조화지공성의　　조화공성　　즉부귀지기정의

　중천(中天)은 인원에 바탕을 두니 그러므로 인원의 법도를 헤아리고 다음으로
인원이 사령하는 것을 보아 용신으로 한다.

　후천(後天)은 천간에 바탕을 두니 그러므로 천간을 보아 천간에 투출한 것이
격을 돕고 용신을 돕는지를 살피는 것이다. 이것이 천지인(天地人)의 쓰임의 법식
이다. 합당하게 쓰여지면 조화(造化)의 공(功)이 이루어지고 조화의 공이 이루어진
즉 부귀의 기틀이 확실한 것이다.

*範(범) - 법 범. 한계 범. 법.
*輔(보) - 도울 보. 도움 보. 재상 보.
*機(기) - 틀 기. 기틀 기. 실마리 기. 때 기.

*造化(조화) - 대자연이 만물을 생성하고 또
　멸망시키고 하는 이치. 사람의 힘으로 어
　찌할 수 없는 신통하게 된 사물을 이름.

然後再定運程之宜忌, 則窮通了然矣, 後學者須究三元之正理, 審
연후재정운정지의기　　즉궁통요연의　　후학자수구삼원지정리　　심

其眞假, 察其喜忌, 究沖合之愛憎, 論歲運之宜否, 斯爲的當, 故法
기진가　　찰기희기　　구충합지애증　　논세운지의부　　사위적당　　고법

度雖可言傳, 妙用由人心悟也,
도수가언전　　묘용유인심오야

　그러한 것을 본 후에 다시 행운이 마땅한지 마땅치 않은지를 보면 궁통(窮通)이
확실할 것이다.

　후학들은 모름지기 삼원의 올바른 이치를 살피고 그 진가(眞假)를 가려 희기를
분별하며 충과 합의 애증을 살핀 후 운의 좋고 나쁨을 논하는 것이 이것이 올바른
것이다. 이러므로 법도는 비록 말로 전할 수 있으나 오묘한 이치나 쓰임은 각자
마음으로 깨달아야 하는 것이다.

*察(찰)-살필 찰. 자세할 찰.
*究(구)-궁구할 구. 헤아릴 구.
*愛(애)-사랑할 애. 사랑 애.
*憎(증)-미워할 증. 미움 증.
*愛憎(애증)-사랑함과 미워함. 애정과 증오.

*歲(세)-해 세.
*斯(사)-찍을 사. 어조사 사, 주어. 목적어. 부사어 등으로 쓰이며, 이. 이러한. 이렇게. 여기 등으로 쓰임.
*傳(전)-전할 전. 전하여질 전.
*悟(오)-깨달을 오. 깨우칠 오.

> [역자주] 先天(선천)은 天元(천원)을 일컫는 것이고 中天(중천)은 中元(중원)이니, 즉 人元(인원)을 일컫는 것이고 後天(후천)은 地元(지원)을 일컫는 것이다.

甲　己　丙　甲
子　丑　寅　子

壬　辛　庚　己　戊　丁
申　未　午　巳　辰　卯

山東劉中堂造, 己土卑薄, 生於春初, 寒濕之體, 其氣虛弱, 得甲
산동유중당조　기토비박　생어춘초　한습지체　기기허약　득갑

丙並透, 印正官淸, 聚得眞也, 柱中金不現而水得化, 假神不亂,
병병투　인정관청　취득진야　주중금불현이수득화　가신불란

更喜運走東南印旺之地, 仕至尚書, 有尊君芘民之德, 負經邦論道
갱희운주동남인왕지지　사지상서　유존군비민지덕　부경방론도

之才也,
지재야

유중당(劉中堂)의 명조이다. 己土는 비박(卑薄)한 土인데 초봄에 생하니 한습한 체(體)로 기가 허약한데 甲木과 丙火가 나란히 투출하여 관이 청하고 인수가 바르니 진신이 제강에 모인 것이다.

사주에 金이 나타나지 않고 水는 관성이 인화(引化)하니 가신이 난(亂)하지 않다. 더욱 기쁜 것은 운이 동남 인수가 왕한 곳으로 가니 벼슬이 상서(尚書)에 이르고 임금을 받들어 백성에게 덕을 베풀고 백성을 덕으로 감싸며 덕치(德治)를 편 국가의 큰 재목이었다.

*中堂(중당)−재상이 정사를 보는 곳. 전(轉)하여 재상의 별칭.
*卑(비)−낮을 비. 낮출 비. 낮게 여길 비.
*薄(박)−숲 박. 엷을 박. 낮을 박.
*卑薄(비박)−비습(卑濕)하고 척박한 땅.
*體(체)−근본 바탕. 여기서는 '일주'를 일컬음.

*亂(란. 난)−어지러울 란. 어지럽힐 란.
*尙書(상서)−상서성(尙書省)의 장관. 당나라 때는 육부의 장관. 서경(書經)의 별칭.
*芘(비)−덮을 비. 가리울 비.
*負(부)−질 부. 입을 부. 얻을 부.
*邦(방)−나라 방. 봉할 방.
*經邦(경방)−나라를 다스림.

乙　丙　壬　壬
未　子　寅　申

戊　丁　丙　乙　甲　癸
申　未　午　巳　辰　卯

鐵制軍造, 殺逞財勢, 嫩木逢金, 最喜寅木, 眞神當令, 時干透出
철제군조　살령재세　눈목봉금　최희인목　진신당령　시간투출

乙木元神, 寅申之沖, 謂之有病, 運至南方火地, 去申金之病, 仕
을목원신　인신지충　위지유병　운지남방화지　거신금지병　사

至封疆, 聲名赫弈, 有潤澤生民之德, 懷任重致遠之才也,
지봉강　성명혁혁　유윤택생민지덕　회임중치원지재야

　철제군(鐵制軍)의 명조이다. 재(財)의 세력을 얻은 살(殺)이 날뛰는 형상인데 초봄에 생한 나무가 金을 만났으나 가장 기쁜 것은 寅木이 진신으로 당령하고 乙木 원신이 時干에 투출한 것이다.

　申金이 寅木을 충하는 것이 병(病)인데 운이 남방 火地에 이르러 병(病)인 申金을 제거하여 벼슬이 봉강(封疆)에 이르고 이름을 크게 떨쳤으며 백성을 덕으로 다스려 윤택하게 하고 중임(重任)을 맡아 국가의 장래를 멀리 내다보는 재목이었다.

*逞(령. 영)−왕성할 령. 다할 령.
*嫩(눈)−어릴 눈.
*封(봉)−봉할 봉. 흙더미 쌓을 봉. 지경 봉.
*疆(강)−지경 강. 경계 삼을 강. 나라 강.

*赫弈(혁혁)−대단히 아름다운 모양. 빛나는 모양. 『적천수징의』에 弈(혁)은 奕(혁)으로 되어 있음. 혁혁(赫弈)은 혁혁(赫奕)과 같은 말임.

*封疆(봉강)－제후(諸侯)를 봉(封)한 땅. 또는
  국경(國境).
*赫(혁)－붉을 혁. 성할 혁. 나타날 혁.
*弈(혁)－바둑 혁.
*奕(혁)－클 혁. 아름다울 혁. 바둑 혁[弈(혁)
  과 통용].

*潤(윤)－젖을 윤. 윤택할 윤.
*澤(택)－윤날 택. 못 택. 윤택하게 할 택.
*潤澤(윤택)－적심. 또는 젖음. 은혜를 베풂.
  또는 은혜. 윤이 남. 아름답고 빛이 남. 많
  음. 풍부함.
*懷(회)－품을 회. 편안할 회. 마음 회.

甲　壬　戊　庚
辰　子　寅　申

甲　癸　壬　辛　庚　己
申　未　午　巳　辰　卯

此造日臨旺地, 會局幫身, 不當弱論, 喜其時干甲木眞神發露, 所
차 조 일 임 왕 지　회 국 방 신　부 당 약 론　희 기 시 간 갑 목 진 신 발 로　소

嫌者, 年遇庚申, 沖剋甲寅, 又逢戊土之助, 謂假亂眞, 雖然早采
혐 자　년 우 경 신　충 극 갑 인　우 봉 무 토 지 조　위 가 난 진　수 연 조 채

芹香, 屢困秋闈, 至壬午運, 制化庚金, 秋桂高攀, 加捐縣令, 申運
근 향　누 곤 추 위　지 임 오 운　제 화 경 금　추 계 고 반　가 연 현 령　신 운

沖寅, 假神得助, 不祿,
충 인　가 신 득 조　불 록

이 명조는 일주가 왕지에 임하고 국(局)을 이루어 일주를 도우니 약하다고 논하
면 안 된다. 기쁜 것은 時干에 甲木 진신이 발로(發露)한 것이다. 꺼리는 것은 年에
庚申이 있어 甲木과 寅木을 충하는 것인데 또 戊土가 庚申 金을 도우니 이것이
가신이 진신을 어지럽히는 것이다.

비록 일찍 반궁에 들어가 수학하였으나 과거는 여러 번 실패하였다. 壬午 운에
이르러 庚金을 제화(制化)하여 과거에 급제하고 연납(捐納)으로 현령이 되었다. 申
운에 이르러 가신을 도우니 사망하였다.

*臨(임. 림)－임할 임(림).
*露(로. 노)－이슬 로. 적실 로. 드러날 로.

*早采芹香(조채근향)－반궁(泮宮)에 들어감.
*屢(루. 누)－여러 루. 번거로울 루.

*雖(수)−비록 수. 밀 수. 부사어로 쓰이며, 비록 ～일지라도. 설사 ～하더라도. 단지. 겨우 등으로 해석.

*采(채)−캘 채. 채색 채. 무늬 채.

*芹(근)−미나리 근.

*困(곤)−곤할 곤. 괴로울 곤.

*秋(추)−가을 추.

*闈(위)−문 위. 대궐 위. 과장 위.

*攀(반)−오를 반. 당길 반.

*捐(연)−버릴 연. 덜 연.

역자주 ○ 屢困秋闈(누곤추위): 추위(秋闈)에 여러 번 떨어짐. 추위(秋闈)는 가을에 보는 과거시험. 향시(鄕試).

○ 秋桂高攀(추계고반): 가을의 계수나무에 높이 오른 것이니 과거에 급제함을 이른다.

○ 加捐(가연): 국가의 재정에 도움을 주는 것으로 돈이나 곡물을 바치는 것. 捐納(연납)과 소.

假 神가신

真假參差難辨論. 不明不暗. 受迍邅. 提綱不與眞神照.
진가참치난변론 불명불암 수둔전 제강불여진신조

暗處尋眞也有眞.
암처심진야유진

진신과 가신이 올망졸망하면 분별하여 판단하기 어렵다. 밝지도 않고 어둡지도 않으면 머뭇거리게 된다. 月令이 진신을 비추지 않으면 암처(暗處)에서 진신을 찾으면 진신이 있다.

*參(참. 삼) - 섞일 참. 가지런하지 않을 참. 빽빽이 들어설 삼. 인삼 삼.

*差(차. 치) - 틀릴 차. 사신 갈 차. 나을 차. 들쭉날쭉할 치(가지런하지 아니함).

*參差(참치) - 가지런하지 않은 모양. 흩어진 모양. 올망졸망한 모양. 여기서는 '참치'라고 읽음.

*辨(변) - 나눌 변. 분별할 변.

*迍(둔) - 머뭇거릴 둔.

*邅(전) - 머뭇거릴 전. 떠돌아다닐 전.

*迍邅(둔전) - 길이 험하여 가기 힘든 모양. 屯邅(둔전)과 仝.

*照(조) - 비칠 조. 빛 조. 영상 조.

*尋(심) - 찾을 심. 깊이 심.

原注원주

眞神得令. 假神得局而黨多. 假神得令. 眞神得局而黨多. 不見眞假之
진신득령 가신득국이당다 가신득령 진신득국이당다 불견진가지

迹. 或眞假皆得令得助. 不能辨其勝負而參差者. 其人雖無大禍. 一生
적 혹진가개득령득조 불능변기승부이참치자 기인수무대화 일생

迍否而少安樂.
둔부이소안락

【원주】

진신이 득령하였는데 가신이 국을 이루어 무리가 많거나, 가신이 득령하였는데 진신이 국을 이루어 무리가 많아 진가(眞假)를 분별한 자취가 나타나지 않거나 혹

진신과 가신이 다 득령하고 방조(幇助)가 있어 그 승부를 분별하기 어려운 것이 참치 (參差)이다. 이러한 명조는 비록 큰 화는 없어도 일생이 막힘이 많고 안락함은 적다.

*黨(당)-마을 당. 무리 당.   *迹(적)-자취 적. 좇을 적. 상고할 적.

寅月生人. 不透木火. 而透金爲用神. 是爲提綱不照也. 得己土暗邀. 戊
인월생인 불투목화 이투금위용신 시위제강부조야 득기토암요 무

土轉生. 地支卯多酉沖. 乙庚暗化. 運轉西方. 亦爲有眞. 亦或發福. 以
토전생 지지묘다유충 을경암화 운전서방 역위유진 역혹발복 이

上特擧眞假一端言耳. 其會局合神從化用神. 衰旺情勢象格. 心迹才德
상특거진가일단언이 기회국합신종화용신 쇠왕정세상격 심적재덕

邪正緩急生死. 進退之例. 莫不有眞假. 最宜詳辨之.
사정완급생사 진퇴지례 막불유진가 최의상변지

寅월에 생한 사람이 木火는 나타나지 않고 金이 투출하여 용신으로 한다면, 이 는 제강이 받쳐주지 않은 것이니 己土를 맞아들이거나 戊土의 생이 있어야 하고, 지지에 卯가 많으면 酉가 충을 하고 乙木은 庚金이 합을 하며 운이 서방으로 가면 역시 진신이 되니 발복할 수 있다. 이상은 진가(眞假)의 일단(一端)을 특별히 말한 것이다.

회국, 합신, 종화(從化), 용신, 쇠왕, 정세, 상격(象格), 심적(心迹), 재덕, 사정(邪正), 완급, 생사, 진퇴 등의 예에도 진가가 있지 않음이 없으니 마땅히 자세히 살펴야 한다.

*暗(암)-어두울 암. 밤 암. 몰래 암.

*轉(전)-구를 전. 굴릴 전. 넘어질 전. 더욱 전.

*邀(요)-맞이할 요. 구할 요.

*端(단)-바를 단. 바로잡을 단. 실마리 단. 끝 단.

*迹(적)-자취 적. 좇을 적. 상고할 적.

*緩(완)-느릴 완. 느슨할 완.

*莫(막)-없을 막. 말 막. 아득할 막. 주어로 는 ~을 한 사람이 없다. ~한 것이 없다 등으로 해석. 부사어로는 ~이 아니다. 또 는 대개. 대략 등으로 해석.

*莫不(막불)-부사어로 ~을 하지 않는 사 람이 없다. ~하지 않는 경우가 없다 등으 로 해석.

*詳(상)-자세할 상. 자세히 알 상.

任氏曰임씨왈,

氣有眞假, 眞神失勢, 假神得局, 法當以眞爲假, 以假爲眞, 氣有
기유진가 진신실세 가신득국 법당이진위가 이가위진 기유

先後, 眞氣未到, 假氣先到, 法當以眞作假, 以假作眞,
선후 진기미도 가기선도 법당이진작가 이가작진

임 선생님이 말씀하였다.

기(氣)에는 진가(眞假)가 있다. 진신이 실세하고 가신이 국을 이루면 쓰는 법은
마땅히 진을 가(假)로 하니 가로써 진을 삼는다. 기에는 선후가 있으니 진기가 아직
이르지 않았는데 가기(假氣)가 먼저 이르렀으면 법은 응당 진으로써 가를 삼으니
가로써 진을 삼는다.

如寅月生人, 不透甲木而透戊土, 而年月日時支, 有辰戌, 丑未之
여인월생인 불투갑목이투무토 이년월일시지 유진술 축미지

類, 亦可作用, 如不透戊土, 透之以金, 卽使木火司令, 而年日時
류 역가작용 여불투무토 투지이금 즉사목화사령 이년일시

支, 或得申字沖寅, 或得酉丑拱金, 或天干又有戊己生金, 此謂眞
지 혹득신자충인 혹득유축공금 혹천간우유무기생금 차위진

神失勢, 假神得局, 亦可取用,
신실세 가신득국 역가취용

가령 寅월에 생한 사람이 甲木은 투출하지 않고 戊土가 투출하여 年 月 日
時에 辰戌이나 丑未가 있으면 역시 용신으로 할 수 있는데, 가령 戊土는 투출하
지 않고 金이 투출한 경우는 설령 木火가 사령하는 때이나 年 日 時에 혹 申金
이 있어 寅木을 충하고 혹 酉丑이 있어 공금(拱金)하고 혹 천간으로 戊己 土가
金을 생하면 이것은 진신이 실세하고 가신이 득국한 것이니 역시 용신으로 할
수 있다.

若四柱眞神不足, 假氣亦虛, 而日主愛假憎眞, 必須歲運扶眞抑假,
약사주진신부족　가기역허　이일주애가증진　필수세운부진억가

亦可發福, 若歲運助眞損假, 凶禍立至, 此謂以實投虛, 以虛乘實,
역가발복　약세운조진손가　흉화입지　차위이실투허　이허승실

　　만약 사주에 진신이 부족하고 가신의 기(氣) 역시 허(虛)하면 일주는 가신을 좋아
하고 진신을 미워하니 <u>반드시 세운이 부진(扶眞 : 진신을 돕고) 억가(抑假 : 가신을 억
제함)하여야 발복한다.</u>

　　<u>만약 세운이 진신을 돕고 가신을 손상하면 흉화가 곧 나타난다.</u> 이것이 이른바
이실투허(以實投虛)이고 이허승실(以虛乘實)인 것이다.

역자주　밑줄의 설명은 잘못되었다.

일주가 가(假)를 좋아하고 진(眞)을 미워하는 경우는 반드시 세운이 진신을 부조하고 가신
을 억제하여야 발복한다고 하고, 만약 세운이 진신을 부조하고 가신을 억제하면 흉화가 빨
리 닥친다고 하였으니 어느 문장이 맞는지 모호하다.

扶(부)나 助(조)는 약한 것을 돕는 것이니 같은 뜻이고, 抑(억)과 損(손)은 강한 것을 억제
하거나 덜어내는 것이니 같은 뜻이다.

위 문장을 살펴보자.

○ 扶眞抑假 亦可發福(부진억가 역가발복) :　진신을 돕고 가신을 억제하면 발복한다.

○ 助眞抑假 凶禍立至(조진억가 흉화입지) :　진신을 돕고 가신을 억제하면 흉화(凶禍)가
　 빨리 일어난다.

'扶眞(부진)'이나 '助眞(조진)'은 같은 말이니 문장이 모순됨을 알 수 있다.

일주가 가(假)를 좋아하면 가신을 부조(扶助)하고 진신을 억제하여야 한다. 만약 진신을 돕
고 가신을 억제하면 흉화가 있는 것이다. 밑줄의 '必須歲運扶眞抑假, 亦可發福(필수세운부
진억가, 역가발복)'에서 '扶眞抑假(부진억가)'가 아니고 '扶假抑眞(부가억진)'이어야 맞는 말
이다. 그리고 다음의 문장과도 뜻이 통한다.

『적천수징의』에는 扶假抑眞(부가억진)이라고 되어 있다. 아마 필사 과정에서 오기(誤記)인
듯하다.

是猶醫者知參芪之能生人，而不知參芪之能害人也，知砒虻之能
시 유 의 자 지 삼 기 지 능 생 인　 이 부 지 삼 기 지 능 해 인 야　 지 비 맹 지 능

殺人，而不知砒虻之能救人也，有是病而服是藥則生，無是病而服
살 인　 이 부 지 비 맹 지 능 구 인 야　 유 시 병 이 복 시 약 즉 생　 무 시 병 이 복

是藥則死，且命之貴賤不一，邪正無常，動靜之間，莫不有真假之
시 약 즉 사　 차 명 지 귀 천 불 일　 사 정 무 상　 동 정 지 간　 막 불 유 진 가 지

迹，格局尚有真假，用神豈無真假乎，
적　 격 국 상 유 진 가　 용 신 기 무 진 가 호

　비유하면 의자(醫者)가 삼(蔘)이나 황기가 약으로 능히 사람을 살릴 수 있다는
것만 알고 삼이나 황기가 사람을 해(害)할 수 있는 것은 알지 못하며, 비상과 등에
의 독이 능히 사람을 죽이는 것만 알고 비상과 등에의 독이 능히 사람을 구하는
것은 모르는 것과 같다. 이 병(病)에 이 약(藥)을 복용하면 사는 것이고 이 병(病)이
없는데 이 약(藥)을 먹으면 죽는 것이다.

　명(命)의 귀천이 하나같지 않으며 사정(邪正)도 무상한 것이다. 동정(動靜)의 사
이에도 진가(真假)의 자취가 있고 격국에도 진가가 있으니 어찌 용신에 진가가
없겠는가.

*猶(유)－원숭이 유. 같을 유. 오히려 유. 꾀
유. 부사어로는 ～와 같다. ～와 마찬가지
다. 오히려. 여전히. 가령. ～한다면 등으로
해석.
*醫(의)－의원 의. 고칠 의.
*藥(약)－약 약. 약초 약.
*參(참. 삼)－섞일 참. 나란히 할 참. 참여할
참. 가지런하지 않을 참 등 많으나, 여기서
는 '인삼 삼'으로 쓴 것임.
*芪(기)－황기 기. 너삼 기.
*砒(비)－비소 비. 비상.
*虻(맹)－등에 맹.
*邪(사)－간사할 사. 사기 사.

*常(상)－항상 상. 범상 상.
*無常(무상)－인생이 덧없음. 일정하지 아
니함.
*動(동)－움직일 동. 동물 동.
*靜(정)－조용할 정. 깨끗할 정.
*動靜(동정)－움직임과 정지(靜止)함. 기거
동작. 인심. 사람의 안부. 소식.
*尙(상)－오히려 상. 바랄 상. 숭상할 상. 높
일 상. 부사어로는 또한. 여전히. 아직도.
하물며. 아마도. 만약 등으로 해석.
*豈(기)－어찌 기. 부사어로는 어찌 ～하겠
는가. 어떻게. 혹시. 설마. ～란 말인가. 아
마. ～이겠지요 등으로 해석.

역자주 '砒虻(비맹)'은 『적천수징의』에는 '비짐(砒酖)'이라고 되어 있다. '酖(짐)'은 '鴆(짐)'과 같은
'짐새 짐' 자(字)인데 짐새는 깃에 독이 있어 그 깃으로 담근 술을 마시면 사람이 죽는다.

大凡安享蔭庇現成之福者, 真神得用居多, 刱業興家, 勞碌而少安
대범안향음비현성지복자   진신득용거다   창업흥가   노록이소안

逸者, 假神得局者居多, 或真神受傷者有之, 薄承厚刱, 多駁雜者,
일자   가신득국자거다   혹진신수상자유지   박승후창   다박잡자

真神不足居多, 一生起倒, 世事崎嶇者, 假神不足居多, 細究之,
진신부족거다   일생기도   세사기구자   가신부족거다   세구지

無不驗也,
무 불 험 야

　대체로 선대의 음덕으로 안향(安享)을 누리고 복을 얻는 것은 진신을 득용한 경우가 많고, 창업하여 집안을 일으키고 힘써 일하고 편안함이 적은 것은 가신이 국을 이룬 경우가 많다. 혹 진신이 손상을 입은 경우도 역시 그러하다.

　음덕은 엷으나 창업하여 가업을 일으키고 사주가 혼란되고 순수하지 않은 것은 진신이 부족한 경우가 많으며, 일생에 기복이 많고 기구한 것은 가신이 부족한 경우가 많으니 자세히 살펴보면 맞지 않은 것이 없다.

*享(향. 팽)-드릴 향. 제사지낼 향. 누릴 향. 삶을 팽.
*蔭(음)-그늘 음. 해 그림자 음.
*庇(비)-덮을 비. 감쌀 비. 의지할 비.
*居(거. 기)-살 거. 있을 거. 어조사 거. 어조사 기.
*刱(창)-創(창)과 소. 처음 창. 다칠 창. 상처 창.
*興(흥)-일 흥. 일으킬 흥. 일어날 흥. 기뻐할 흥.
*勞(로. 노)-수고할 로. 일할 로(힘써 일함).
*逸(일)-잃을 일. 달아날 일. 즐길 일. 편안할 일.
*薄(박)-숲 박. 대그릇 박. 엷을 박. 적을 박.
*駁(박)-얼룩얼룩할 박. 섞일 박.
*雜(잡)-섞일 잡. 섞을 잡. 번거로울 잡.
*駁雜(박잡)-뒤섞여 순수하지 아니함.
*崎(기)-험할 기.
*嶇(구)-언틀먼틀할 구. 가파를 구.
*崎嶇(기구)-길이 험함. 팔자가 사나움.
*驗(험)-증좌 험(증거). 조짐 험. 증험할 험.

역자주 │ 眞神(진신)이 부족하면 힘들어도 창업하여 집안을 일으키고 假神(가신)이 부족하면 일생에 기복이 많고 기구(崎嶇)하다. 여기서 '부족(不足)'이라고 하는 것은 안돈(安頓)되지 못하였다는 뜻이다.

庚 壬 戊 乙
戌 午 寅 酉

壬 癸 甲 乙 丙 丁
申 酉 戌 亥 子 丑

壬水生於立春二十二日, 正當甲木真神司令, 而天干土金並透, 地
임 수 생 어 입 춘 이 십 이 일   정 당 갑 목 진 신 사 령   이 천 간 토 금 병 투   지

支通根戌酉, 此謂真神失勢, 假神得局, 用以庚金化煞, 法當以假
지 통 근 유 술   차 위 진 신 실 세   가 신 득 국   용 이 경 금 화 살   법 당 이 가

作真, 純粹可觀, 雖嫌支全火局, 剋金灼水, 喜其火不透干, 又得
작 진   순 수 가 관   수 혐 지 전 화 국   극 금 작 수   희 기 화 불 투 간   우 득

戊土生化更妙, 運走西北, 所以早登雲路, 甲第蜚聲, 仕至封疆, 有
무 토 생 화 갱 묘   운 주 서 북   소 이 조 등 운 로   갑 제 비 성   사 지 봉 강   유

利民濟物之志, 稟秀德真儒之器, 總嫌火局爲病, 仕路未免起倒耳,
이 민 제 물 지 지   품 수 덕 진 유 지 기   총 혐 화 국 위 병   사 로 미 면 기 도 이

壬水가 입춘 후 二十二일에 나니 바로 甲木 진신이 사령한다. 천간에 土金이
투출하고 지지의 戌酉에 통근하니 이른바 진신이 실세하고 가신이 국을 이룬 것이
다. 庚金을 용신으로 하여 화살(化煞)하니 법은 마땅히 가(假)를 진으로 하는바
사주가 순수하고 가히 볼 만하다.

비록 지지가 화국을 이루어 金을 극하고 水를 말리나 기쁜 것은 火가 천간에
나타나지 않고 또한 戊土가 火를 化하여 金을 생하니 더욱 아름답다.

운이 서북으로 달려 일찍이 벼슬길에 올라 과거에 급제하여 명성을 날리고 벼슬
이 봉강(封疆)에 이르렀으며 백성의 이익과 경제의 진작(振作)에 힘썼으며 빼어난
덕을 갖춘 참다운 선비의 그릇이었다. 꺼리는 것은 火局을 이룬 것으로 이것이
병(病)이니 벼슬길에 기복을 면할 수 없었다.

*純(순)－실 순. 순수할 순. 좋을 순. 온화할
순.
*粹(수. 쇄)－순수할 수. 정밀할 수. 빻을 쇄.
부술 쇄.

*可觀(가관)－볼 만함. 경치가 可觀임. 언행
이 꼴답지 않아 비웃을 만함.
*灼(작)－사를 작. 밝을 작. 더울 작.
*蜚(비)－때까치 비. 날 비. 飛와 소.

*純粹(순수)―아주 정(精)하여 조금도 다른 것이 섞이지 아니함. 사념이나 사욕이 없음. 완전하여 조금도 흠이 없음.

*聲(성)―소리 성. 소리 낼 성.
*稟(름. 품)―녹미 름. 곳집 름. 받을 품. 바탕 품.

癸 癸 戊 庚
丑 未 寅 戌

乙 甲 癸 壬 辛 庚 己
酉 申 未 午 巳 辰 卯

癸水生於立春二十六日，正當甲木眞神司令，而天干土金並透，地
계 수 생 어 입 춘 이 십 육 일　정 당 갑 목 진 신 사 령　이 천 간 토 금 병 투　지

支丑戌通根，傷官雖當令，而官殺之勢縱橫，卽使傷敵殺，而日主
지 축 술 통 근　상 관 수 당 령　이 관 살 지 세 종 횡　즉 사 상 적 살　이 일 주

反洩，況未能敵乎，庚金雖是假神，無如日主愛假憎眞，用以庚金，
반 설　황 미 능 적 호　경 금 수 시 가 신　무 여 일 주 애 가 증 진　용 이 경 금

　癸水가 입춘 후 26일에 생하니 바로 甲木 진신이 사령한다. 천간에 土金이 나란히 투출하고 지지의 丑戌에 통근하니 상관이 비록 당령하였으나 관살의 세력이 종횡(縱橫)한다. 설사 상관으로 살을 대적하나 도리어 일주의 기가 설기되며 황차 대적할 수도 없다. 庚金이 비록 가신이나 안타깝게도 일주는 가를 사랑하고 진을 미워한다.

有兩歧之妙，一則化殺官之强暴，二則生我之日元，時干比肩幫身，
유 양 기 지 묘　일 즉 화 살 관 지 강 포　이 즉 생 아 지 일 원　시 간 비 견 방 신

又能潤土養金，第中運南方，生殺壞印，奔馳不遇，至甲申，運轉
우 능 윤 토 양 금　제 중 운 남 방　생 살 괴 인　분 치 불 우　지 갑 신　운 전

西方，用神得地，得軍功飛升知縣，乙酉更佳，仕至州牧，一交丙，
서 방　용 신 득 지　득 군 공 비 승 지 현　을 유 갱 가　사 지 주 목　일 교 병

壞庚，不祿，
괴 경　불 록

두 가지의 묘(妙)함이 있으니, 첫째는 관과 살의 강포함을 化하는 것이고 두 번째는 쇠약한 일주를 생하는 것이다. 時干의 癸水가 일주를 돕고 또 능히 土를 적셔 金을 생하게 한다.

중년 운이 남방으로 달려 살을 생하고 인수를 극하니 열심히 노력하여도 때를 얻지 못하다가 甲申 대운에 이르러 운이 서방으로 바뀌어 용신이 득지하니, 군공 (軍功)을 세워 지현에 올랐고 乙酉 운은 더욱 아름다워 주목(州牧)이 되었다. 丙 운으로 바뀌어 庚金을 극하니 사망하였다.

*歧(기) - 갈림길 기. 갈래 기.　　　　*馳(치) - 달릴 치. 거둥거릴 치.
*奔(분) - 달릴 분(빨리 감). 예를 올리지 않고　*奔馳(분치) - 빨리 달림. 바쁘게 움직임.
　혼인할 분.　　　　　　　　　　　*壞(괴) - 무너뜨릴 괴. 무너질 괴.

$$己\quad 辛\quad 己\quad 丙$$
$$亥\quad 酉\quad 亥\quad 子$$

$$乙\quad 甲\quad 癸\quad 壬\quad 辛\quad 庚$$
$$巳\quad 辰\quad 卯\quad 寅\quad 丑\quad 子$$

此造以俗論之, 寒金喜火, 金水傷官喜見官, 且日主專祿, 必用丙
차조이속론지 한금희화 금수상관희견관 차일주전록 필용병

火無疑, 不知水勢猖狂, 病竊去命主元神, 不但不能用官, 卽或用
화무의 부지수세창광 병절거명주원신 부단불능용관 즉혹용

官, 而丙火全無根氣, 必須用己土之印, 使其止水, 生金衛火, 丙
관 이병화전무근기 필수용기토지인 사기지수 생금위화 병

入亥宮臨絶, 欲使丙火生土, 而丙火先受水剋, 焉能生土,
입해궁임절 욕사병화생토 이병화선수수극 언능생토

이 명조를 속론하면 계절이 맹동(孟冬)이니 한금(寒金)이 火를 기뻐하는 이른바 금수상관희견관(金水傷官喜見官)이라 할 것이다. 또한 일주는 좌하에 전록(專祿)이 있으니 반드시 용신은 丙火로 의심의 여지가 없다 할 것이다.

그러나 그렇게 말하는 것은 수세가 창광한 것이 일주의 원기를 설기시키는 병(病)인 것을 모르고 하는 말이다.

비단 관성인 丙火를 용신으로 쓰지 못할 뿐 아니라 혹 丙火를 용신으로 한다 하여도 丙火가 지지에 뿌리가 없으므로 반드시 인수인 己土가 용신이다. 己土로서 창광한 수세를 저지하고 관성인 丙火를 보호하여야 한다. 丙火는 해궁(亥宮)은 절지이니 丙火가 己土를 생하고자 하나 丙火가 먼저 왕한 水에 극진되니 어찌 土를 생할 수 있겠는가.

*猖(창)-미칠 창(미쳐 날뜀).
*狂(광)-미칠 광.
*猖狂(창광)-미쳐 날뜀. 수세(水勢)가 미쳐 날뛰듯 심히 강하다는 뜻임.
*竊(절)-도둑질할 절.

*衛(위)-막을 위. 방비 위. 경영 위.
*欲(욕)-하고자 할 욕. 바랄 욕. 하려할 욕.
*焉(언)-어찌 언. 어조사 언. 형용사 언.
*能(능)-곧 능. 능할 능. 재능 능. 부사어로는 뿐만 아니라. 게다가.

所以己土反被水傷, 真神無情, 假神虛脫, 初運庚子辛丑, 比劫幫
소 이 기 토 반 피 수 상   진 신 무 정   가 신 허 탈   초 운 경 자 신 축   비 겁 방

身, 叨蔭之福, 衣食頗豐, 壬運丁艱, 一交寅運, 東方木地, 虛土受
신   도 음 지 복   의 식 파 풍   임 운 정 간   일 교 인 운   동 방 목 지   허 토 수

傷, 破蕩祖業, 刑妻剋子, 出外不知所終,
상   파 탕 조 업   형 처 극 자   출 외 부 지 소 종

이러하므로 己土도 도리어 水에 의하여 손상을 입으니 진신이 무정하고 가신도 허탈하다. 초운이 庚子 辛丑으로 비겁이 일주를 도우니 음덕으로 의식이 넉넉하였으나, 壬 운에 이르러 친상을 당하고 寅 운으로 바뀌어 동방 木이 득지하니 허한 土가 손상되어 조업을 파탕(破蕩)하고 부인과 자식이 죽어 의지할 곳이 없어 외지에 나간 후 마침은 모른다.

*叨(도)-탐할 도.
*蔭(음)-그늘 음. 해 그림자 음.
*頗(파)-치우칠 파. 자못 파.
*豐(풍)-풍년들 풍. 우거질 풍. 성할 풍.

*艱(간)-어려울 간. 괴로울 간. 당고(當故) 간[부모의 상(喪)].
*丁艱(정간)-친상(親喪)을 당함.
*破蕩(파탕)-파산(破産)하여 다 없어짐.

剛 柔강유

柔剛不一也. 不可制者. 引其性情而已矣.
유 강 불 일 야　불 가 제 자　인 기 성 정 이 이 의

유(柔)와 강(剛)은 하나같지 않으니 억제가 불가한 것은 그 성정에 따라 인통하여야 한다.

原注원주

剛柔相濟. 不必言也. 太剛者濟之以柔. 而不得其情. 而反助其剛矣.
강 유 상 제　불 필 언 야　태 강 자 제 지 이 유　이 부 득 기 정　이 반 조 기 강 의

譬之武士而得士卒. 則成殺伐. 如庚金生於七月. 遇丁火而激其威. 遇
비 지 무 사 이 득 사 졸　즉 성 살 벌　여 경 금 생 어 칠 월　우 정 화 이 격 기 위　우

乙木而助其暴. 遇己土而成其志. 遇癸水而益其銳. 不如柔之剛者. 濟
을 목 이 조 기 포　우 기 토 이 성 기 지　우 계 수 이 익 기 예　불 여 유 지 강 자　제

之可也. 壬水是也.
지 가 야　임 수 시 야

【원주】

강(剛)과 유(柔)는 서로 가지런하여야 하는 것은 말할 필요가 없다. 태강(太剛)한 것을 유(柔)한 것으로 제(制) 하려다 그 정을 얻지 못하면 도리어 그 강함을 돕게 되는 것이다. 비유하면 무사가 사졸을 얻어 거느리면 살벌하게 되는 것과 같다.

가령 庚金이 칠월에 생하였는데 丁火를 만나면 그 성정을 격노케 하여 위세를 이루게 되고 乙木을 만나면 그 강포(剛暴)함을 더하며, 己土를 만나면 그 뜻을 이루게 되고 癸水를 만나면 그 예리함을 더하게 되니 유(柔)하면서도 강(剛)한 것으로 돕는 것이 옳은 것이니 壬水가 이것이다.

*濟(제)―건널 제. 더할 제. 이룰 제. 그칠 제.　　*暴(포, 폭)―사나울 포. 모질게 굴 포. 쬘 폭.
　밀칠 제〔배제(排除)〕함.　　　　　　　　　　　나타날 폭.

*譬(비)-비유할 비. 비유 비. 비유컨대 비.
*激(격)-부딪칠 격. 과격할 격. 빠를 격.
*威(위)-위엄 위. 거동 위. 힘 위.

*遇(우)-만날 우. 대접할 우. 뜻밖에 우.
*銳(예)-날카로울 예. 날랠 예.
*柔(유)-부드러울 유. 편안히 할 유.

蓋壬水有正性. 而能引通庚之情故也. 若以剛之剛者激之. 其禍曷勝言
개 임수유정성　이능인통경지정고야　약이강지강자격지　기화갈승언

哉. 太柔者濟之以剛. 而不馭其情. 而反益其柔也. 譬之烈婦而遇恩威.
재　태유자제지이강　이불어기정　이반익기유야　비지열부이우은위

則成淫賤. 如乙木生於八月. 遇甲丙壬而喜. 則輸情. 遇戊庚盛而畏. 則
즉성음천　여을목생어팔월　우갑병임이희　즉수정　우무경성이외　즉

失身. 不如剛之柔者. 濟之可也. 丁火是也. 蓋丁火有正情. 則能引動
실신　불여강지유자　제지가야　정화시야　개정화유정정　즉능인동

乙木之情故也. 若以柔之柔者合之. 其弊將何如哉. 餘皆例推.
일목지정고야　약이유지유자합지　기폐장하여재　여개예추

壬水는 바른 성정이 있어 庚金의 정을 인통할 수 있는 까닭이다. 만약 강(剛)으로 강(剛)을 충격하면 그 화(禍)를 어찌 다 말할 수 있겠는가.

태유(太柔)한 것을 강(剛)으로 도우려면 그 정을 잘 다스리지 못하니 도리어 그 유(柔)함을 더하게 된다. 비유하면 열부(烈婦)가 은위(恩威)를 만나 음천해지는 것이니 가령 乙木이 팔월에 생하면 甲 丙 壬을 만나는 것을 기뻐하며 정을 주게 되는데 왕한 戊土나 庚金을 만나는 것은 두려워하니 곧 실신(失身)하게 되는 것이다.

강(剛)하면서 유(柔)한 것으로 돕는 것만 같지 못하니 丁火가 이것이다. 丁火는 다 바른 성정이 있으니 乙木의 정을 움직이게 할 수 있기 때문이다. 만약 유(柔)한 것이 유(柔)한 것을 합하게 되면 그 폐단이 장차 어떠하겠는가. 나머지도 이와 같이 추리하라.

*曷(갈)-어찌 갈. 어느 때 갈.
*禍(화)-재앙 화. 재화(災禍)내릴 화.
*勝(승)-이길 승. 나을 승(딴 것보다 나음). 견딜 승.
*馭(어)-부릴 어(말을 어거함).

*烈(렬. 열)-세찰 렬. 사나울 렬. 빛날 렬.
*烈婦(열부)-열녀(烈女).
*恩(은)-은혜 은. 정 은. 사랑할 은.
*恩威(은위)-은혜와 위력.
*弊(폐)-해질 폐. 곤할 폐.

任氏曰임씨왈,

剛柔之道, 陰陽健順而已矣, 然剛之中未嘗無柔, 所以陽喻乾, 乾
강유지도 음양건순이이의 연강지중미상무유 소이양유건 건

生三女, 是柔取乎剛, 柔之中未嘗無剛, 所以陰喻坤, 坤生三男,
생삼녀 시유취호강 유지중미상무강 소이음유곤 곤생삼남

是剛取乎柔,
시강취호유

임 선생님이 말씀하였다.

강유(剛柔)의 도는 음양건순(陰陽健順)인 것이다. 그러나 강한 중에도 유함이 없지 않으니 소이(所以) 양은 비유하면 건(乾)인 것으로 건(乾)은 삼녀(三女)를 생하니 이는 유가 강을 취한 것이다.

유(柔)한 가운데에도 강(剛)이 없지 않으니 소이(所以) 음(陰)은 비유하면 곤(坤)인 것으로 곤(坤)은 삼남(三男)을 생하니 이는 강(剛)이 유(柔)를 취한 것이다.

*陰陽健順(음양건순)－陽健(양건) 陰順(음순).
*喻(유)－깨우칠 유. 깨달을 유. 비유할 유.
*嘗(상)－맛볼 상.

*乾(건☰)－건(乾)은 삼련(三連)으로 하늘. 또는 아버지.
*坤(곤☷)－곤(坤)은 삼절(三絶)로 땅. 또는 어머니.

역자주 ○三女: 長女 巽(손) ☴. 中女 離(리) ☲. 少女 兌(태) ☱.
○三男: 長男 震(진) ☳. 中男 坎(감) ☵. 少男 艮(간) ☶.

夫春木夏火秋金冬水季土, 得時當令, 原局無剋制之神, 其勢雄壯,
부춘목하화추금동수계토 득시당령 원국무극제지신 기세웅장

其性剛健, 不洩則不淸, 不淸則不秀, 不秀則爲頑物矣, 若以剛斷
기성강건 불설즉불청 불청즉불수 불수즉위완물의 약이강착

其柔, 謂寡不敵衆, 反激其怒而更剛矣,
기유 위과불적중 반격기노이갱강의

대저 춘목(春木), 하화(夏火), 추금(秋金), 동수(冬水), 계토(季土)는 득시 당령한 것으로 원국에서 극제하는 신이 없으면 그 세력이 웅장하고 그 체성이 강건하니 설(洩)하지 않으면 맑지 못하고 맑지 못한즉 빼어나지 못하고 빼어나지 못한즉 완고하다.

　만약 강한 것을 그 유한 것으로 착삭(斲削)하려 하면 이른바 적은 것은 많은 것을 대적할 수 없는 것이니 도리어 격노하여 더욱 강하게 된다.

*頑(완)－완고(頑固)할 완. 탐할 완.
*斲(착)－깎을 착.
*寡(과)－적을 과. 홀어미 과.

*削(삭)－깎을 삭. 깎일 삭. 여기서 '착삭(斲削)'이라고 하는 것은 극제(剋制：官殺)를 일컫는 말임.

春金夏水秋木冬火仲土, 失時無炁, 原局無生助之神, 其勢柔軟,
춘 금 하 수 추 목 동 화 중 토　　실 시 무 기　　원 국 무 생 조 지 신　　기 세 유 연

其性至弱, 不刦則不闢, 不闢則不化, 不化則爲朽物矣, 略以柔引
기 성 지 약　　불 겁 즉 불 벽　　불 벽 즉 불 화　　불 화 즉 위 후 물 의　　약 이 유 인

其剛, 謂虛不受補, 反益其弱而更柔矣,
기 강　　위 허 불 수 보　　반 익 기 약 이 갱 유 의

　춘금(春金), 하수(夏水), 추목(秋木), 중토(仲土)는 실시(失時)하여 무기한 것이니 원국에 생조하는 신이 없으면 그 세력이 유연(柔軟)하고 그 체성이 지극히 약하니 극제하지 않으면 열리지 않고 열리지 않으면 化하지 않으며 化하지 않은즉 후물(朽物)이다.

　만약 유한 것이 그 강한 것을 끌어들여 받아들이려 해도 지극히 허한 것은 강함을 받아들이지 못하니 도리어 약한 것이 더욱 약하게 된다.

*炁(기)－기운 기. 氣와 仝.
*刦(겁)－겁탈할 겁. 으를 겁. 여기서는 '剋(극)'과 같은 뜻임.
*闢(벽)－열 벽. 열릴 벽. 피할 벽.

*朽(후)－썩을 후. 썩은 냄새 추.
*朽物(후물)－썩은 물건. 썩어서 못 쓰는 물건. 폐물.
*柔(유)－부드러울 유. 편안히 할 유.

역자주　밑줄의 略(약)은 若(약)과 같다.『적천수징의』에는 若(약)으로 되어 있다.

是以洩者, 有生生之妙, 尅者有成就之功, 引者有和悅之情, 從者
시 이 설 자   유 생 생 지 묘   극 자 유 성 취 지 공   인 자 유 화 열 지 정   종 자

有變化之妙, 尅洩引從四字, 宜詳審之不可槪定, 必須以無入有,
유 변 화 지 묘   극 설 인 종 사 자   의 상 심 지 불 가 개 정   필 수 이 무 입 유

向實尋虛, 斯爲元妙之旨,
향 실 심 허   사 위 원 묘 지 지

이러므로 설(洩)은 생하고 생하는 묘(妙)가 있고 극(尅)은 성취를 이루게 하는
공(功)이 있으며 인(引)은 화열(和悅)의 정이 있으며 종(從)은 변화의 묘(妙)가 있는
것이니 극(尅), 설(洩), 인(引), 종(從) 네 자(字)는 마땅히 자세히 살펴야 한다.

포괄적으로 정의(定意)함은 불가하다. 반드시 무(無)에서 유(有)로 들어가고 실
(實)을 지향하나 허(虛)를 찾는 것이 이것이 본래의 묘(妙)한 뜻인 것이다.

若庚金生於七月, 必要壬水, 乙木生於八月, 必要丁火, 雖得制化
약 경 금 생 어 칠 월   필 요 임 수   을 목 생 어 팔 월   필 요 정 화   수 득 제 화

之義, 亦死法也, 設使庚金生於七月, 原局先有木火, 而壬水不見,
지 의   역 사 법 야   설 사 경 금 생 어 칠 월   원 국 선 유 목 화   이 임 수 불 견

又當何如, 莫非棄明現之木火, 反用暗藏之壬水乎,
우 당 하 여   막 비 기 명 현 지 목 화   반 용 암 장 지 임 수 호

가령 庚金이 칠월에 생하면 반드시 壬水가 있어야 하고 乙木이 팔월에 생하면
반드시 丁火가 있어야 한다는 것은 비록 제화(制化)의 뜻이 있기는 하나 역시 사법
(死法)이다.

설령 庚金이 칠월에 생하였는데 원국이 木火는 있으나 壬水가 나타나지 않았
다면 어떻게 할 것인가. 확실하게 나타나 있는 木火를 버리고 도리어 암장되어
있는 壬水를 용신으로 하여야 하는가.

*槪(개)-대개 개.
*元(원)-으뜸 원. 근원 원. 하늘 원.
*元妙(원묘)-본래의 묘(妙)함.
*旨(지)-뜻 지. 맛 지. 아름다울 지.
*義(의)-의 의. 옳을 의. 뜻 의.

*莫(막)-없을 막. 말 막. 아득할 막.
*莫非(막비)-~ 아닌 경우가 없다. ~ 아닌
　사람이 없다.
*棄(기)-버릴 기.
*藏(장)-감출 장. 숨을 장. 오장 장.

乙木生於八月, 四柱先有刦印, 而丁火不現, 莫非棄現在之刦印,
을목생어팔월　사주선유겁인　이정화불현　막비기현재지겁인

反求無形之丁火乎, 大凡得時當令, 四柱無剋制之神, 用食神順其
반구무형지정화호　대범득시당령　사주무극제지신　용식신순기

氣勢, 洩其菁英, 暗處生財, 爲以無入有, 失時休囚, 原局無刦印
기세　설기청영　암처생재　위이무입유　실시휴수　원국무겁인

幫身, 用食神制殺, 殺得制則生印, 爲向實尋虛, 宜活用, 切勿執
방신　용식신제살　살득제즉생인　위향실심허　의활용　절물집

一而論也,
일 이 론 야

乙木이 팔월에 생한 경우 사주에 비겁과 인수는 있고 丁火가 나타나지 않았는데도 현재 있는 비겁과 인수는 버리고 도리어 형적(形迹)도 없는 丁火를 구하여야 하는가.

대저 득시 당령하였는데 사주에 극제하는 신(神)이 없으면 식신으로 그 기세에 순응하여 그 무성함을 설하면 암처에서 재(財)를 생하는 것이 되니 이것이 무에서 유에 들어가는 것이다.

시령을 잃어 휴수한 것이 원국에 비겁이나 인수의 도움이 없으면 식신으로 살(殺)을 제하여야 하는 것이니 살이 극제를 받으면 인수를 생하게 되니 이는 실(實)을 지향하여 허(虛)를 찾는 것이다. 마땅하게 활용하여야 하니 절대 한 가지만을 고집하여 논하여서는 안 된다.

*菁(청)-우거질 청. 화려할 정. 부추꽃 정.
*幫(방)-도울 방.
*尋(심)-찾을 심. 깊이 심.

*切(절. 체)-온통 체. 벨 절. 중요로 울 절. 부사어로는 매우. 몹시. 애절하게. 절대. 반드시. 꼭 등으로 사용함.

甲　庚　戊　壬
申　辰　申　申

甲　癸　壬　辛　庚　己
寅　丑　子　亥　戌　酉

庚金生於七月, 地支三申, 旺之極矣, 時干甲木無根, 用年干壬水,
경금생어칠월　지지삼신　왕지극의　시간갑목무근　용년간임수

洩其剛殺之氣, 所嫌者, 月干梟神奪食, 初年運走土金, 刑喪早見,
설기강살지기　소혐자　월간효신탈식　초년운주토금　형상조견

祖業無恒, 一交辛亥, 運轉北方, 經營得意, 及壬子癸丑三十年,
조업무항　일교신해　운전북방　경영득의　급임자계축삼십년

財發十餘萬, 其幼年未嘗讀書, 後竟知文墨, 此亦運行水地, 發洩
재발십여만　기유년미상독서　후경지문묵　차역운행수지　발설

菁華之意也,
청화지의야

　　庚金이 칠월에 생하고 지지에 申金이 세 개나 있어 왕함이 극에 이르렀다. 時干의 甲木은 무근으로 쓸 수 없으니 용신은 年干의 壬水로 강한 숙살지기를 설하여야 한다. 꺼리는 것은 월상(月上)의 효신이 탈식하는 것인데 초년의 운이 土金으로 달리니 형상을 일찍이 보았고 조업도 오래가지 못하였다.

　　辛亥 운으로 바뀌어 운이 북방으로 돌아가니 경영이 뜻대로 되어 壬子 癸丑까지 삼십 년간 십여 만의 재물을 모았다. 어려서는 글을 배우지 못하였으나 뒤에는 마침내 문묵(文墨)을 알게 되었으니 이는 운이 수지(水地)로 흘러 숙살지기(肅殺之氣)를 설(洩)하여 아름답게 되었기 때문이다.

*梟(효)－올빼미 효. 목 베어 달 효. 호용할 효.
*奪(탈)－빼앗을 탈. 빼앗길 탈.
*恒(항)－항구(恒久) 항. 항상 항.
*嘗(상)－맛볼 상. 일찍 상. 시험할 상.
*未嘗(미상)－～한 적이 없다.

*文墨(문묵)－시문(詩文)을 짓거나 서화(書畵)를 그림.
*菁(청. 정)－우거질 청. 부추꽃 정. 순무 정.
*菁華(청화)－精華(정화)와 仝. 빛. 광채. 사물 중에 가장 뛰어나고 화미(華美)한 부분.

丙　庚　戊　壬
戌　寅　申　戌

乙　甲　癸　壬　辛　庚　己
卯　寅　丑　子　亥　戌　酉

庚金生於七月，支類土金，旺之極矣，壬水坐戌逢戊，梟神奪盡，
경금생어칠월　지류토금　왕지극의　임수좌술봉무　효신탈진

時透丙火，支拱寅戌，必以丙火爲用，惜運走四十載土金水地，所
시투병화　지공인술　필이병화위용　석운주사십재토금수지　소

以五旬之前，一事無成，至甲寅運，剋制梟神，生起丙火，及乙卯
이오순지전　일사무성　지갑인운　극제효신　생기병화　급을묘

二十年，財發巨萬，所謂蒲柳望秋而凋，松柏經冬而茂也，
이십년　재발거만　소위포류망추이조　송백경동이무야

　庚金이 칠월에 생하고 지지가 土金으로 왕함이 극에 이르렀다. 壬水가 있으나
戌土에 좌하고 戊土를 만나니 효신탈식으로 극진되어 용신으로는 부족하다.

　시에 丙火가 투출하고 지지로 寅戌 공화(拱火)하니 반드시 丙火를 용신으로
한다. 애석한 것은 운이 사십 년을 土 金 水로 흘러 오십 전에는 무엇하나 이룬
것이 없었다.

　甲寅 운에 이르러 편인을 극거하고 丙火를 생조하니 乙卯 운까지 이십 년 동안
수만의 재물을 이루었다. 이른바 포류(蒲柳)는 가을만 바라봐도 시드나 송백(松柏)
은 겨울을 지낼수록 무성(茂盛)하게 된다.

*蒲(포)-부들 포. 부들자리 포.
*柳(류)-버드나무 류.
*蒲柳(포류)-냇버들. 냇버들의 잎이 가을
　에 제일 먼저 짐.
*茂(무)-우거질 무. 빼어날 무.

*惜(석)-아낄 석. 아까워할 석. 애처롭게 여
　길 석.
*望(망)-바라볼 망. 바랄 망. 소망 망.
*凋(조)-시들 조. 느른할 조.
*松柏(송백)-소나무와 잣나무.

丁 乙 丁 辛
丑 未 酉 酉

辛 壬 癸 甲 乙 丙
卯 辰 巳 午 未 申

乙木生於八月, 木凋金銳, 幸日主坐下庫根, 干透兩丁, 足以盤根
을목생어팔월   목조금예   행일주좌하고근   간투양정   족이반근

制殺, 祖業豊盈, 芹香早采, 但此造之病, 不在殺旺, 實在丑土, 丑
제살   조업풍영   근향조채   단차조지병   부재살왕   실재축토   축

土之害, 不特生金晦火, 其害在丑未之沖也, 天干木火, 全賴未中
토지해   불특생금회화   기해재축미지충야   천간목화   전뢰미중

一點微根, 沖則被丑中金水暗傷, 以致秋闈難捷, 至癸巳運, 全無
일점미근   충즉피축중금수암상   이치추위난첩   지계사운   전무

金局, 癸水剋丁, 遭水厄而亡,
금국   계수극정   조수액이망

　　乙木이 팔월에 생하니 木은 시들고 金은 예리하다. 다행한 것은 일주가 좌하에
고(庫)인 未를 두고 양정(兩丁)이 투출하니 족히 뿌리를 내리고 제살하는 것이다.
　　이러므로 조업이 많았으며 일찍이 반궁에 들어가 수학하였으나, 단 이 사주의
병(病)은 살이 왕한 것이 아니라 丑土가 있는 것이다. 丑土의 해(害)는 金을 생하고
火를 어둡게 하는 것뿐만 아니라 그 해(害)는 未와 충을 하는 것이다.
　　천간의 木火는 오로지 未中의 일점(一點) 미약한 뿌리에 의지하는데 충을 한즉
丑中의 金水에 의하여 未中의 木火가 손상을 입으니 이러므로 공명을 이루기
어려웠다. 癸巳 운에 이르러 지지가 완전히 金局을 이루고 癸水가 丁火를 충거하
니 수액(水厄)을 만나 사망하였다.

*盈(영)－찰 영. 넘을 영. 　　　　　*捷(첩)－이길 첩. 빠를 첩.
*不特(불특)－～뿐만 아니라. 　　　*遭(조)－만날 조.
*闈(위)－문 위. 대궐 위. 과장 위. 　*厄(액)－재앙 액.

역자주　밑줄의 全無金局(전무금국)은 全會金局(전회금국)의 오기(誤記)이다. 巳酉丑 금국(金局)을
　　　　이루었다는 뜻이다. 『적천수징의』에는 全會金局(전회금국)으로 되어 있다.

甲 乙 己 戊
申 亥 酉 辰

乙 甲 癸 壬 辛 庚
卯 寅 丑 子 亥 戌

乙木生於八月, 財生官殺, 弱之極矣, 所喜者坐下印綬, 引通官殺之
을목생어팔월　재생관살　약지극의　소희자좌하인수　인통관살지

氣, 更妙甲木透時, 謂藤蘿繫甲, 出身雖寒微, 至亥運入泮, 壬子聯
기　갱묘갑목투시　위등라계갑　출신수한미　지해운입반　임자연

登甲第, 及壬癸運, 早遂仕路之光, 丑運丁艱, 甲寅剋土扶身, 不次
등갑제　급임계운　조수사로지광　축운정간　갑인극토부신　불차

升遷, 乙卯仕至侍郎, 此造之所喜者, 亥水也, 若無亥水, 不過庸人
승천　을묘사지시랑　차조지소희자　해수야　약무해수　불과용인

耳, 然亥水必要坐下, 如在別支, 不得生化之情, 功名不過小就耳,
이　연해수필요좌하　여재별지　부득생화지정　공명불과소취이

乙木이 금왕절인 팔월에 생하였는데 재(財)가 관살을 생하니 약함이 극에 이르렀다. 기쁜 것은 좌하에 인수를 두니 관살의 기를 인통하는 것이다.

더욱 묘(妙)한 것은 시에 甲木이 투출하여 이른바 등라계갑(藤蘿繫甲)으로 출신은 비록 한미(寒微)하였으나 亥 운에 입반하고 壬子 운에 과갑에 연달아 오르고 壬癸 운에 일찍이 벼슬길에 오르는 영광이 있었다.

丑 운은 친상을 당하였고 甲寅 운에는 土를 극하고 일주를 도우니 차례가 아닌데도 승진하여 영전하였으며 乙卯 운에 시랑(侍郎)에 이르렀다.

이 명조에서 기쁜 것은 亥水로 만약 亥水가 없었다면 용인(庸人)에 불과하였을 것이다. 그러나 亥水는 좌하에 둬야 하니 가령 좌하가 아닌 다른 지지에 있으면 생화(生化)의 정을 얻지 못하여 공명은 조금밖에 이루지 못하였을 것이다.

*藤(등)－등나무 등.
*蘿(라. 나)－쑥 라. 여라 라. 풀가사리 라.
*藤蘿(등라)－등나무.
*繫(계)－맬 계. 달릴 계.

*庸(용)－쓸 용. 범상할 용(보통임). 어리석을 용.
*庸人(용인)－평범한 사람. 용렬(庸劣)한 사람.

*藤蘿繫甲(등라계갑)-등나무가 甲木을 감고 올라감.

*艱(간)-어려울 간. 괴로울 간. 당고 간.

*丁艱(정간)-부모의 상(喪)을 당함.

*升(승)-되 승. 오를 승.

*遷(천)-옮길 천. 천도 천.

*侍(시)-모실 시. 기를 시.

*郞(랑. 낭)-땅 이름 랑. 벼슬 이름 랑. 사내 랑. 낭군 랑.

*侍郞(시랑)-진(秦), 한(漢) 때 궁중의 수호를 맡은 벼슬. 당대(唐代)에는 중서(中書), 문하(門下)의 두 성(省)의 장관. 후대에는 육부(六部)의 차관.

*就(취)-이를 취. 좇을 취. 나갈 취.

順 逆순역

順逆不齊也. 不可逆者. 順其氣勢而已矣.
순 역 부 제 야　불 가 역 자　순 기 기 세 이 이 의

순역(順逆)은 같지 아니하니 역(逆)이 불가할 때는 그 기세에 순하여야 한다.

*齊(제)－가지런할 제. 같을 제.　　　　　*逆(역)－거스를 역.

原注원주

剛柔之道. 可順而不可逆. 崑崙之水. 可順而不可逆也. 其勢已成. 可順
강 유 지 도　가 순 이 불 가 역　곤 륜 지 수　가 순 이 불 가 역 야　기 세 이 성　가 순

而不可逆也. 權在一人. 可順而不可逆也. 二人同心. 可順而不可逆也.
이 불 가 역 야　권 재 일 인　가 순 이 불 가 역 야　이 인 동 심　가 순 이 불 가 역 야

【원주】

강유의 도는 순(順)이 가할 때 역(逆)하면 안 되는 것이다. 곤륜지수는 순은 可하나 역은 불가하며, 그 세력이 이미 강하게 이루어진 것은 순은 可하나 역은 불가하며, 권재일인(權在一人)은 순은 可하나 역은 불가하며, 이인동심(二人同心)은 순은 可하나 역은 불가하다.

*剛(강)－굳셀 강. 억셀 강.　　　　　*崑(곤)－산 이름 곤.
*柔(유)－부드러울 유. 편안히 할 유.　　*崙(륜)－산 이름 륜.
*勢(세)－세력 세. 기세 세.

역자주 ○ 崑崙之水(곤륜지수)： 곤륜산(崑崙山)에서 발원하여 흐르는 물. 즉, 발원(發源)이 길고
왕양(汪洋)한 물.
○ 權在一人(권재일인)： 모든 힘이 한 사람에게 있는 것으로 곡직(曲直), 염상(炎上), 가
색(稼穡), 종혁(從革), 윤하(潤下) 등을 이른다.
○ 二人同心(이인동심)： 사주가 양신(兩神)으로 이루어진 兩氣成象(양기성상)이나 양기성
상이 아니라도 金水同心(금수동심)이라든가 木火同心(목화동심)이라든가 하는 것들.

任氏曰 임씨왈,

順逆之機, 進退不悖而已矣, 不可逆者, 當令得勢之神, 宜從其意
순역지기 진퇴불패이이의 불가역자 당령득세지신 의종기의

向也, 故四柱有順逆, 其氣自當有辨, 五行有顛倒, 作用各自有法,
향야 고사주유순역 기기자당유변 오행유전도 작용각자유법

임 선생님이 말씀하였다.

순역의 기틀은 진퇴가 어그러지지 않음에 있는 것이다. 역(逆)이 불가하다는 것은 당령하여 득세한 신(神)의 의향을 마땅히 따라야 하는 것이다.

그러므로 사주에는 순역이 있으니 그 기세를 마땅히 분별하여야 한다. 오행은 전도의 이치가 있으니 그 작용은 각기 법이 있다.

*機(기)-틀 기. 기틀 기. 실마리 기. 때 기.
*悖(패. 발)-어그러질 패. 우쩍 일어날 발.
*辨(변)-나눌 변. 분별할 변. 구별 변.
*顛(전)-이마 전. 넘어질 전. 넘어뜨릴 전.

*倒(도)-넘어질 도. 넘어뜨릴 도. 거꾸로 될 도.
*顛倒(전도)-거꾸로 됨. 또 거꾸로 함. 엎어져서 넘어짐. 엎어 넘어뜨림.

是故氣有乘本勢而不顧他雜者, 氣有借他神而可以成局者, 無有從
시고기유승본세이불고타잡자 기유차타신이가이성국자 무유종

旺神而不可剋制者, 無有依弱資扶者, 所以制殺莫如乘旺, 化殺正
왕신이불가극제자 무유의약자부자 소이제살막여승왕 화살정

以扶身, 從殺乃依權勢, 留殺正爾迎官,
이부신 종살내의권세 유살정이영관

이러한 고로 기(氣)는 본세(本勢)를 타고 섞여 있는 다른 오행을 돌아보지 않는 것이 있고, 기는 또 다른 오행에 의지하여 국을 이루는 것이 있고, 왕신에 종하여 극제가 불가한 것이 있고, 약하여 자부(資扶)에 의지하는 것이 있다.

이런 까닭에 제살함에는 왕기(旺氣)를 탄 것만 한 것이 없고 화살(化殺)은 바로 일주를 돕는 것이며 종살(從殺)은 권세에 의지함이며 유살(留殺)은 바로 관을 맞이하는 것이다.

*本勢(본세)－월령(月令).

*顧(고)－돌아볼 고. 돌아갈 고. 도리어 고.

*借(차)－빌 차. 빌릴 차. 가령 차. 부사어로는 ～을 빌어. ～에 의지하여. 가령 ～이지만. 설령 ～라면 등으로 해석.

*雜(잡)－섞일 잡. 어수선할 잡.

*資(자)－재물 자. 비발 자. 밑천 자.

*留(류. 유)－머무를 류. 뒤질 류.

*爾(이)－너 이. 그러할 이. 그 이. 어조사 이.

*迎(영)－맞이할 영. 마중 영. 맞출 영.

역자주 ─ 밑줄 두 곳의 無有(무유)는 無(무)가 오자(誤字)이다. 『적천수징의』에는 有從旺神而不可剋制者(유종왕신이불가극제자)로 有依弱資扶者(유의약자부자)로만 되어 있다.

이 글에서 "기(氣)는 이러한 것들이 있다"라는 설명이니 無有(무유)는 氣有(기유)로 하여도 뜻이 맞는다. 혹은 無(무)를 버려도 뜻이 맞는다. 바로 앞에 '氣有(기유)……'란 설명이 있으니 이해가 쉬울 것이다.

其氣有陰有陽, 陽含陰生之兆, 陰含陽化之妙, 其勢有清有濁, 濁
기 기 유 음 유 양　양 함 음 생 지 조　음 함 양 화 지 묘　기 세 유 청 유 탁　탁

中清, 貴之機, 清中濁, 賤之根, 逆來順去富之基, 順來逆去貧之意,
중 청　귀 지 기　청 중 탁　천 지 근　역 래 순 거 부 지 기　순 래 역 거 빈 지 의

此卽順逆之微妙, 學者當深思之, 書云, 去其有餘, 補其不足, 雖
차 즉 순 역 지 미 묘　학 자 당 심 사 지　서 운　거 기 유 여　보 기 부 족　수

是正理, 然亦不究深淺之機, 只是泛論耳,
시 정 리　연 역 불 구 심 천 지 기　지 시 범 론 이

기(氣)에는 음양이 있으니 양은 음을 生할 조짐을 함축하고 음은 양을 化하는 묘(妙)함이 있다. 세(勢)에는 청탁이 있으니 탁한 가운데 청이 있으면 귀하게 될 조짐이고 청한 중에 탁이 있으면 천(賤)하게 될 뿌리이다.

역으로 와서 순으로 가면 부하게 될 기반이고 순으로 와서 역으로 가면 빈하게 될 뜻이니 이것이 곧 순역의 미묘함이니 배우는 자는 마땅히 깊이 생각하여야 할 것이다.

서(書)에 이르데, 남는 것은 덜어내고 부족한 것은 더하여야 한다고 하였는바, 이것은 비록 바른 이치이기는 하나 그러나 깊고 얕은 기미를 궁구하지 않으면 단지 사주 내의 모든 오행을 이해하지 못한 범론(泛論)일 뿐이다.

*含(함)－머금을 함. 넣을 함. 품을 함.

*泛(범)－뜰 범. 넓을 범.

*機(기) - 틀 기. 재치 기. 실마리 기.
*深(심) - 깊을 심. 깊게 할 심.

*泛論(범론) - 널리 논함. 평범한 이론. 포괄적인 이론.

不知四柱之神, 不拘財官殺印食傷之類, 乘權得勢, 局中之神, 又
부지사주지신 불구재관살인식상지류 승권득세 국중지신 우

去助其强暴, 謂二人同心, 或日主得時秉令, 四柱皆拱合之神, 謂
거조기강포 위이인동심 혹일주득시병령 사주개공합지신 위

權在一人, 只可順其氣勢以引通之, 則其流行而爲福矣, 若勉强得
권재일인 지가순기기세이인통지 즉기류행이위복의 약면강득

制, 激怒其性, 必罹凶咎, 須詳察之,
제 격노기성 필리흉구 수상찰지

사주에 있는 오행의 본성을 알지 못하고 재, 관, 살, 인, 식, 상 등을 불구하고 월령을 타서〔乘〕세력이 있고 국중(局中)의 신(神)이 또 그 강포함을 도우면 이른바 이인동심(二人同心)이라 한다. 혹 일주가 월령을 타고 사주의 신(神)이 다 일주의 기에 공합(拱合)하는 것을 일러 권재일인(權在一人)이라 한다. 이러한 것들은 오로지 그 기세에 순응하여 인통하여야 기가 유행하여 복이 되는 것이다.

만약 강제로 극제하려 하면 왕한 성정을 격노케 하여 반드시 재앙과 흉구가 있게 되니 모름지기 자세히 살펴야 한다.

*拘(구) - 잡을 구. 잡힐 구. 취할 구.
*暴(포, 폭) - 사나울 포. 급할 포. 쬘 폭. 나타날 폭.
*秉(병) - 잡을 병. 자루 병.
*拱(공) - 두 손 마주잡을 공. 팔짱낄 공. 껴안을 공.
*勉(면) - 힘쓸 면. 권면할 면.
*激(격) - 부딪칠 격. 빠를 격. 과격할 격.

*怒(노) - 성낼 노. 곤두설 노.
*罹(리, 이) - 근심할 리. 근심 리.
*咎(구) - 허물 구. 미워할 구.
*須(수) - 수염 수. 바랄 수. 잠깐 수. 모름지기 수. 부사어로는 마땅히 ~해야 한다. 반드시 ~하다 등으로 해석.
*詳(상) - 복(福) 상. 조짐 상. 자세할 상.
*察(찰) - 살필 찰. 자세할 찰.

```
庚  庚  庚  庚
辰  申  辰  辰

丙 乙 甲 癸 壬 辛
戌 酉 申 未 午 巳
```

天干皆庚, 又坐祿旺, 印星當令, 剛之極矣, 謂權在一人, 行伍出
천간개경 우좌녹왕 인성당령 강지극의 위권재일인 행오출

身, 壬午癸未運, 水蓋天干地支之火, 難以剋金, 故無害, 一交甲
신 임오계미운 수개천간지지지화 난이극금 고무해 일교갑

申, 西方金地, 及乙酉, 合化皆金, 仕至總兵, 丙運犯其旺神, 死於
신 서방금지 급을유 합화개금 사지총병 병운범기왕신 사어

軍中,
군중

　이 명조는 천간이 다 庚金인데 또 녹왕에 앉아 있으며 인성(印星)이 당령하여 강함이 극에 이르렀다. 이른바 권재일인(權在一人)이다. 행오(行伍) 출신으로 壬午癸未 운은 水가 천간에 개두하여 지지의 火는 金을 극하기 어려우므로 해(害)가 없었다.

　甲申 운으로 바뀌어 서방의 金地이고 乙酉 운은 합하여 다 金으로 化하니 벼슬이 총병(總兵)에 이르렀다. 丙 운에 왕신을 범(犯)하여 군중(軍中)에서 사망하였다.

*剛(강)-굳셀 강. 억셀 강.
*極(극)-용마루 극. 극처 극. 다할 극. 마칠 극.
*總(총)-거느릴 총. 합칠 총. 묶을 총. 모두 총.
*行伍(행오)-사병(士兵).
*蓋(개. 합)-덮을 개. 뚜껑 개. 어찌 개. 어찌 아니할 합. 부사어로는 대충. 대략. 대체로. 아마도 ~할 것이다. 모두. 대저. 무릇 등으로 해석.

역자주 이 명조에서 午未 운에 水가 천간으로 개두(蓋頭)하여 지지의 火가 金을 극하기 어려워 무해(無害)하였다는 설명은 이해하기 어렵다. 水가 개두하여 火의 힘이 약해지긴 하였어도 남방의 火인데 어찌 극금(剋金)치 않겠는가.
원국에 辰土가 득령하고 지지에 辰土가 셋이나 있어 지지로 오는 火 운은 화살(化殺)하여 무해한 것이다. 火는 土를 생하고 土는 金을 생하니 전극(戰剋)이 일어나지 않고 상생의 정의가 있기 때문이다.

그리고 丙 운은 천간에 土가 없으니 화살(化殺)함이 없다. 본시 丙火와 庚金은 세불양립 (勢不兩立)인데 丙戌 대운은 가을의 丙火로 약한 火가 金을 극하려 하니 왕신이 격노하여 대흉이 발생한 것이다.

甲　庚　甲　癸
申　辰　子　酉

戊　己　庚　辛　壬　癸
午　未　申　酉　戌　亥

庚辰日元, 支逢祿旺, 水本當權, 又會水局, 天干枯木無根, 置之不
경진일원　지봉녹왕　수본당권　우회수국　천간고목무근　치지불

論, 謂金水二人同心, 必須順其金水之性, 故癸亥壬運, 蔭庇有餘,
론　위금수이인동심　필수순기금수지성　고계해임운　음비유여

戊運制水, 還喜申酉戌全, 雖見刑喪而無大患, 辛運入泮, 酉運補
술운제수　환희신유술전　수견형상이무대환　신운입반　유운보

廩, 庚運登科, 申運大旺財源, 一交己未, 運轉南方, 刑妻剋子, 家
름　경운등과　신운대왕재원　일교기미　운전남방　형처극자　가

業漸消, 戊午觸水之性, 家業破盡而亡,
업점소　무오촉수지성　가업파진이망

　庚辰 일원이 지지에 녹왕이 있고 水가 당권하고 수국(水局)을 이루고 있다. 천간의 甲木은 고목(枯木)으로 용신으로 못하니 버리고 논할 것이 없다. 이른바 이인동심(二人同心)으로 반드시 金水의 성정에 순하여야 한다. 그러므로 癸亥 壬 운에 부모의 음덕이 넉넉하였다. 戌 운은 水를 극하나 그러나 기쁜 것은 申酉戌 서방 金地를 이루니 비록 형상(刑喪)은 있었으나 대환(大患)은 없었다. 辛 운에 입반하고 酉 운은 보름(補廩)이 되었으며 庚 운에 등과하였다.

　申 운은 재물이 크게 늘었으나 己未 운으로 바뀌어 운이 남방으로 흐르니 형처극자(刑妻剋子)하고 가업이 점차 줄었다. 戊午 운에 왕한 水를 격노시켜 가업이 파진되고 사망하였다.

*還(환)−돌아올 환. 돌아갈 환. 도리어 환.　　*漸(점)−차차 점. 차례 점. 물들 점. 자랄 점.
*補(보)−기울 보. 고칠 보. 도울 보.　　　　*消(소)−사라질 소. 사라지게 할 소. 쓸 소.
*廩(름. 늠)−곳집 름. 녹미 름.　　　　　　*觸(촉)−닿을 촉. 부딪칠 촉.

丙　乙　辛　壬
子　亥　亥　子

丁　丙　乙　甲　癸　壬
巳　辰　卯　寅　丑　子

壬水乘權坐亥子, 所謂崑崙之水, 沖奔無情, 丙火剋絶, 置之不論,
임수승권좌해자　소위곤륜지수　충분무정　병화극절　치지불론

遺業頗豐, 乙卯甲寅, 順其流, 納其氣, 入學補廩, 丁財並益, 家道
유업파풍　을묘갑인　순기류　납기기　입학보름　정재병익　가도

日隆, 一交丙運, 水火交戰, 刑妻剋子, 破耗異常, 辰運蓄水無咎,
일륭　일교병운　수화교전　형처극자　파모이상　진운축수무구

丁巳運, 連遭回祿兩次, 家破身亡,
정사운　연조회록양차　가파신망

　이 명조는 壬水가 승권하고 亥子에 앉아 이른바 곤륜지수로 충분(沖奔)함이 무
정하다. 丙火는 극절되어 쓸 수 없으니 버리고 논할 것이 없다. 유업이 자못 풍부
하였고 乙卯 甲寅 운은 水의 성정에 순응하니 水가 유통되고 그 흐름을 받아들여
입반하고 보름(補廩)에 올랐다. 재물도 늘고 가산(家産)이 날로 융성하였다.

　丙 운으로 바뀌어 水火가 교전하니 형처극자하고 재물의 손실이 많았다. 辰
운은 水를 축장한 土로 무구(無咎)하였다. 丁巳 운은 화재를 연달아 두 번이나
만나고 가산도 파진되고 사망하였다.

*崑(곤)−산 이름 곤. 崑과 소.　　　　　　*奔(분)−달릴 분. 달아날 분.
*頗(파)−치우칠 파. 자못 파. 부사어로는 대　*納(납)−들일 납. 수장할 납.
　략. 약간. 자못. 조금. 어느 정도. 매우 등으　*隆(륭. 융)−성할 륭. 높을 륭. 높일 륭.
　로 해석.　　　　　　　　　　　　　　　*回祿(회록)−화재(火災). 祝融(축융)과 소.

寒 暖 한난

天道有寒暖. 發育萬物. 人道得之不可過也.
천 도 유 한 난   발 육 만 물   인 도 득 지 불 가 과 야

천도(天道)는 한난(寒暖)이 있어 만물을 발육한다. 인도(人道)가 이를 얻음에 지나침은 불가하다.

原注 원주

陰支爲寒. 陽支爲暖. 西北爲寒. 東南爲暖. 金水爲寒. 木火爲暖. 得氣
음 지 위 한   양 지 위 난   서 북 위 한   동 남 위 난   금 수 위 한   목 화 위 난   득 기
之寒. 遇暖而發. 得氣之暖. 逢寒而成. 寒之甚. 暖之至. 內有一二成
지 한   우 난 이 발   득 기 지 난   봉 한 이 성   한 지 심   난 지 지   내 유 일 이 성
象. 必無好處. 若五陽逢子月. 則一陽之候. 萬物懷胎. 陽乘陽位. 可東
상   필 무 호 처   약 오 양 봉 자 월   즉 일 양 지 후   만 물 회 태   양 승 양 위   가 동
可西. 五陰逢午月. 則一陰之候. 萬物收藏. 陰乘陰位. 可南可北.
가 서   오 음 봉 오 월   즉 일 음 지 후   만 물 수 장   음 승 음 위   가 남 가 북

【원주】

음지(陰支)는 차갑고 양지(陽支)는 따뜻하다. 서북은 차갑고 동남은 따뜻하다. 金水는 차갑고 木火는 따뜻하다. 차가운 기는 따뜻한 기를 만나야 발(發)하고 따뜻한 기는 차가운 기를 만나야 이루어진다. 한기가 심하고 난기도 지극한데 안으로 한두 개의 상(象)을 이루면 반드시 좋은 자리가 없다.

만약 오양(五陽)이 子월을 만나면 子월은 일양(一陽)이 시생(始生)하는 절후로 만물이 회태(懷胎)하니 양이 양위(陽位)를 타면 東도 좋고 西도 좋다.

오음(五陰)이 午월을 만나면 午월은 일음(一陰)이 시생(始生)하는 절후니 만물을 수장(收藏)하므로 음이 음위(陰位)를 타면 南도 좋고 北도 좋다.

*寒(한)-찰 한(추움). 추위 한. 천할 한.
*暖(난)-따뜻할 난.
*懷(회)-품을 회. 편안할 회.

*胎(태)-아이 밸 태. 태아 태. 조짐 태.
*懷胎(회태)-아이를 밴.
*藏(장)-감출 장. 서장 장.

역자주
○ 五陽(오양) : 甲 丙 戊 庚 壬
○ 五陰(오음) : 乙 丁 己 辛 癸
○ 동지(冬至)에서 일양(一陽)이 시생(始生)하고 하지(夏至)에서 일음(一陰)이 시생(始生)
한다.

任氏曰임씨왈,

寒暖者, 生成萬物之理也, 不可專執西北金水爲寒, 東南木火爲暖,
한 난 자   생 성 만 물 지 리 야   불 가 전 집 서 북 금 수 위 한   동 남 목 화 위 난

考機之所由變, 上升必變下降, 收閤必變開闢, 然質之成, 由於形
고 기 지 소 유 변   상 승 필 변 하 강   수 합 필 변 개 벽   연 질 지 성   유 어 형

之機, 陽之生, 必有陰之位, 陽主生物, 非陰無以成, 形不成, 亦虛生,
지 기   양 지 생   필 유 음 지 위   양 주 생 물   비 음 무 이 성   형 불 성   역 허 생

임 선생님이 말씀하였다.

한난(寒暖)은 만물을 생성(生成)하는 이치이다. 오로지 서북 金水는 차갑고 동남 木火는 따뜻하다고 고집함은 불가하다. 변화하는 기미를 고찰하여 보면 올라간 것은 반드시 내려오고 거두어 닫은 것은 반드시 변하여 열리는 것이다.

그러나 본질이 이루어지는 것은 형상의 기틀에 연유(緣由)함이니 양이 생함은 반드시 음의 자리에서이다. 양은 만물의 생을 주관하나 음이 아니면 이루어짐이 없으니 형이 이루어지지 않으면 역시 허생(虛生)인 것이다.

*專(전)-오로지 전. 전일할 전. 제멋대로 할 전.
*執(집)-잡을 집. 막을 집.
*考(고)-상고할 고. 이룰 고. 마칠 고. 시험 고. 아버지 고.
*變(변)-변할 변. 고칠 변. 변고 변.
*升(승)-되 승. 오를 승. 올릴 승.

*升降(승강)-오르고 내림. 또 올리고 내림.
*閤(합)-협문 합. 대궐 합. 마을 합.〔閤(합)은 문짝 합. 닫을 합.〕
*開(개)-열 개. 열릴 개.
*闢(벽)-열 벽. 열릴 벽. 피할 벽.
*開闢(개벽)-천지가 생긴 맨 처음. 여기서 는 '열린다'는 뜻임.

*降(항. 강)－항복할 항. 항복받을 항. 내릴
강.

*質(질)－모양 질. 바탕 질.

*虛(허)－빌 허. 허공 허. 하늘 허.

陰主成物, 非陽無以生, 質不生, 何由成, 惟陰陽中和變化, 乃能
음주성물　비양무이생　질불생　하유성　유음양중화변화　내능

發育萬物, 若有一陽而無陰以成之, 有一陰而無陽以生之, 是謂鰥
발육만물　약유일양이무음이성지　유일음이무양이생지　시위환

寡, 無生成之意也, 如此推詳, 不但陰陽配合, 而寒暖亦不過矣, 況
과　무생성지의야　여차추상　부단음양배합　이한난역불과의　황

四時之序, 相生而成, 豈可執定子月陽生, 午月陰生而論哉, 本文
사시지서　상생이성　기가집정자월양생　오월음생이론재　본문

末句, 不可過也, 適中而已矣,
말구　불가과야　적중이이의

　　음은 만물을 완성시키나 양이 아니면 생함이 없으니 질(質)의 생이 없으면 어디
에 연유하여 이루는가. 오직 음양이 중화를 이루고 변화함으로 만물이 발육하는
것이다. 만약 하나의 양이 음이 없이 이루거나 하나의 음이 양이 없이 생하는 것은
이를 일러 환과(鰥寡)라 하는 것이니 생성(生成)의 뜻이 없는 것이다.

　　이와 같이 미루어 살펴보면 비단 음양의 배합은 한난(寒暖)에 불과한 것이다.
하물며 사시(四時)의 차서(次序)는 상생(相生)으로 이루어지니 어찌 子월에만 양이
생하고 午월에만 음이 생한다는 이론만 고집하는가. 본문 말구(末句)에 "지나침은
불가하다"라고 한 것이 적중(適中)한 말이다.

*鰥(환)－홀아비 환.

*寡(과)－적을 과. 홀어미 과.

*推(추. 퇴)－밀 추. 밀 퇴.

*配(배)－짝지을 배. 짝 배. 종사할 배. 귀양
보낼 배.

*況(황. 항)－비유할 황. 견줄 황. 더욱 항. 부
사어로는 한층 더. 더욱. 게다가 등으로 해
석.

*豈(기)－어찌 기. 그 기. 부사어로는 어찌
~하겠는가. 어떻게. 혹시. 설마 ~한 말인
가. 아마 ~이겠지요 등으로 해석.

*哉(재)－비롯할 재. 어조사 재. 부사어로는
~로구나. ~이여. ~입니까 등으로 해석.

*適(적)－갈 적. 시집갈 적. 맞을 적. 마침 적.
맞아들 적.

寒雖甚, 要暖有氣, 暖雖至, 要寒有根, 則能生成萬物, 若寒甚而
한 수 심　요 난 유 기　난 수 지　요 한 유 근　즉 능 생 성 만 물　약 한 심 이

暖無氣, 暖至而寒無根, 必無生成之妙也, 是以過於寒者, 反以無
난 무 기　난 지 이 한 무 근　필 무 생 성 지 묘 야　시 이 과 어 한 자　반 이 무

暖爲美, 過於暖者, 反以無寒爲宜也, 蓋寒極暖之機, 暖極寒之兆
난 위 미　과 어 난 자　반 이 무 한 위 의 야　개 한 극 난 지 기　난 극 한 지 조

也, 所謂陰極則陽生, 陽極則陰生, 此天地自然之理也,
야　소 위 음 극 즉 양 생　양 극 즉 음 생　차 천 지 자 연 지 리 야

　한(寒)이 심하면 난(暖)이 유기하여야 하고 난(暖)이 지극하면 한(寒)이 유근(有根)
하여야 한다. 그러한즉 만물을 생성하나 만약 한이 심(甚)한데 난이 무기하고 난이
지극한데 한이 무근이면 반드시 생성의 묘(妙)가 없다.

　이러므로 지나치게 차가운 것은 도리어 따뜻함이 없어야 아름답고 지나치게
난(暖)한 것은 도리어 한(寒)이 없어야 마땅하다. 대개 한(寒)이 극에 이르면 난(暖)
이 올 기미이고 난(暖)이 극에 이르면 한(寒)이 올 조짐이다.

　이른바 음이 극에 이르면 양이 생하고 양이 극에 이르면 음이 생하는 것이니
이것이 천지자연의 이치인 것이다.

*寒(한)-찰 한. 천할 한. 궁할 한.
*甚(심)-심할 심. 심히 심. 무엇 심.
*暖(난)-따뜻할 난.
*根(근)-뿌리 근. 근본 근.
*過(과)-지날 과. 지나칠 과. 예전 과. 잘못
　할 과.

*極(극)-극처 극. 극히 극.
*機(기)-틀 기. 재치 기. 실마리 기.
*兆(조)-조 조(수의 단위). 조짐 조. 조짐 보
　일 조.
*陰(음)-응달 음. 습기. 축축함.
*陽(양)-볕 양. 볕. 양지. 밝다.

戊　庚　丙　甲
寅　辰　子　申

壬　辛　庚　己　戊　丁
午　巳　辰　卯　寅　丑

此寒金冷水, 木凋土寒, 若非寅時, 則年月木火無根, 不能作用矣,
차 한 금 냉 수　목 조 토 한　약 비 인 시　즉 년 월 목 화 무 근　불 능 작 용 의

所謂寒雖甚, 要暖有氣也, 由此論之, 所重者寅也, 地氣上升, 木
소 위 한 수 심　요 난 유 기 야　유 차 론 지　소 중 자 인 야　지 기 상 승　목

火絶處逢生, 一陽解凍, 然不動丙火亦不發, 妙在寅申遙沖, 謂之
화 절 처 봉 생　일 양 해 동　연 부 동 병 화 역 불 발　묘 재 인 신 요 충　위 지

動, 動則生火矣, 凡四柱緊沖爲剋, 遙沖爲動, 更喜運走東南, 科
동　동 즉 생 화 의　범 사 주 긴 충 위 극　요 충 위 동　갱 희 운 주 동 남　과

甲出身, 仕至黃堂, 所謂得氣之寒, 遇暖而發, 此之謂也,
갑 출 신　사 지 황 당　소 위 득 기 지 한　우 난 이 발　차 지 위 야

이 명조는 金水가 한냉하고 木은 시들고 土 또한 차갑다. 만약 寅시가 아니면 年月의 木火가 무근으로 木火의 작용을 할 수 없을 것이다. 이른바 한(寒)이 심(甚) 하여 난(暖)이 유기함을 요하는 것이다.

이러한 연유로 볼 때 소중한 것은 寅으로 지기가 상승하여 木火가 절처(絶處)에 서 생을 만나고 일양이 해동한다. 그러나 동(動)하지 않으면 丙火 역시 발(發)하지 않는데 묘(妙)한 것은 寅申이 멀리서 충하므로 이른바 동(動)이 되었다. 동한즉 火를 생하는 것이다.

무릇 사주에 있어 가까이서 충하면 극인 것이고 멀리서 충하면 동인 것이다. 더욱 기쁜 것은 운이 동남으로 달리니 과갑(科甲) 출신으로 벼슬이 황당(黃堂)에 이르렀다. 소위 득기(得氣)한 한(寒)이 난(暖)을 만나면 발한다는 것은 이것을 이 르는 것이다.

*升(승)－되 승. 오를 승.
*遙(요)－멀 요. 아득할 요.

*謂(위)－이를 위. 이름 위. 까닭 위. 부사어 로는 왜냐하면. ～ 때문에 등으로 해석.

甲 庚 丙 己
申 辰 子 酉

庚 辛 壬 癸 甲 乙
午 未 申 酉 戌 亥

此亦寒金冷水, 土凍木凋, 與前大同小異, 前則有寅木, 火有根,
차 역 한 금 냉 수　토 동 목 조　여 전 대 동 소 이　전 즉 유 인 목　화 유 근

此則無寅木, 火臨絶, 所謂寒甚而暖無氣, 反以無暖爲美, 所以初
차 즉 무 인 목　화 임 절　소 위 한 심 이 난 무 기　반 이 무 난 위 미　소 이 초

運乙亥, 北方水地, 有喜無憂, 甲戌暗藏丁火, 爲丙火之根, 刑喪破
운 을 해　북 방 수 지　유 희 무 우　갑 술 암 장 정 화　위 병 화 지 근　형 상 파

耗, 壬運尅去丙火, 入申運食廩, 癸酉財業日增, 辛未運轉南方, 丙
모　임 운 극 거 병 화　입 신 운 식 름　계 유 재 업 일 증　신 미 운 전 남 방　병

火得地生根, 破耗多端, 庚午運逢寅年, 木火齊來, 不祿,
화 득 지 생 근　파 모 다 단　경 오 운 봉 인 년　목 화 제 래　불 록

이 명조 역시 金水가 한랭하고 木은 시들고 土 또한 차갑다. 앞의 사주와 대동 소이하다. 앞의 사주는 寅木이 있어 火가 뿌리가 있었으나, 이 사주는 寅木이 없어 火가 절지에 임하였다. 소위 한(寒)이 심(甚)한데 난(暖)이 무기하니 도리어 난(暖)이 없는 것이 아름답다.

이러므로 초년의 乙亥 운은 북방 水地이니 즐거움은 있었으나 근심은 없었다. 甲戌 운은 丁火가 암장되어 丙火의 뿌리가 되니 형상(刑喪)을 겪고 재물의 손실이 있었으며 壬 운은 丙火를 충거하고 申 운에 들어 재물이 늘었으며 癸酉 운은 재업(財業)이 날로 번창하였다.

辛未 대운은 남방의 운이니 丙火가 득지하고 뿌리가 되니 재물의 손실이 다단하였다. 庚午 운 寅년에 木火가 함께 들어와 사망하였다.

*凍(동)－얼 동. 얼음 동.
*凋(조)－시들 조. 느른할 조.
*廩(름. 늠)－곳집 름. 녹미 름.
*齊(제)－가지런할 제. 같을 제. 같이할 제.

*耗(모)－벼 모. 덜 모. 耗는 재물이 흩어짐을 이름.
*端(단)－바를 단. 바로잡을 단. 실마리 단. 첫 단. 끝 단.

```
壬  丙  丙  丁
辰  午  午  丑

庚 辛 壬 癸 甲 乙
子 丑 寅 卯 辰 巳
```

此火焰南離, 重逢刦刃, 暖之至矣, 一點壬水, 本不足以制猛烈之
차 화 염 남 리   중 봉 겁 인   난 지 지 의   일 점 임 수   본 부 족 이 제 맹 렬 지

火, 喜其坐辰, 通根身庫, 更可愛者, 年支丑土, 丑乃北方溼土, 能
화   희 기 좌 진   통 근 신 고   갱 가 애 자   년 지 축 토   축 내 북 방 습 토   능

生金晦火而蓄水, 所謂暖雖至而寒有根也, 科甲出身, 仕至封疆,
생 금 회 화 이 축 수   소 위 난 수 지 이 한 유 근 야   과 갑 출 신   사 지 봉 강

微嫌運途欠醇, 多於起伏也,
미 혐 운 도 흠 순   다 어 기 복 야

　이 명조는 남방의 火가 염염한데 거듭 겁인을 만나니 난(暖)이 지극하다. 일점 壬水로는 본시 맹렬한 火를 억제하기는 부족한데 기쁜 것은 辰 위에 앉아 고(庫)에 통근한 것이다.

　더욱 기쁜 것은 年支가 丑으로 丑은 북방의 습토로 능히 金을 생하고 火를 어둡게 하며 水를 축장하고 있어 이른바 난(暖)이 비록 지극하나 한(寒)이 유근하다. 과갑(科甲) 출신으로 벼슬이 봉강(封疆)에 이르렀다. 조금 혐의가 되는 것은 운의 흐름이 순탄치만은 않아 기복이 많았던 것이다.

*焰(염)-불꽃 염.
*離(리. 이)-떠날 리. 떨어질 리. 이괘 이.
*猛(맹)-날랠 맹. 엄할 맹. 사나울 맹.
*微(미)-작을 미. 정묘할 미. 천할 미.
*嫌(혐)-싫어할 혐. 의심할 혐. 미움 혐.
*途(도)-길 도.

*起(기)-일어설 기. 일어날 기. 일으킬 기.
*伏(복)-엎드릴 복. 숨을 복. 숨길 복.
*起伏(기복)-일어났다 누웠다 함. 나타났다 숨었다 함. 성(盛)했다 쇠(衰)했다 함.
*欠(흠)-하품 흠. 모자랄 흠.
*醇(순)-전국술 순.

```
癸 丙 丁 癸
巳 午 巳 未
```

```
辛 壬 癸 甲 乙 丙
亥 子 丑 寅 卯 辰
```

此支類南方, 又生巳時, 暖之至矣, 天干兩癸, 地支全無根氣, 所
차지류남방 우생사시 난지지의 천간양계 지지전무근기 소

謂暖之至, 寒無根, 反以無寒爲美, 所以初運丙辰, 叨蔭庇之福,
위난지지 한무근 반이무한위미 소이초운병진 도음비지복

乙卯甲寅, 洩水生火, 家業增新, 癸丑寒氣通根, 嘆椿萱之並逝, 嗟
을묘갑인 설수생화 가업증신 계축한기통근 탄춘훤지병서 차

蘭桂之摧殘, 壬子運, 祝融之變, 家破而亡,
난계지최잔 임자운 축융지변 가파이망

이 명조는 巳午未 남방에 巳시에 생하니 火가 극왕하다. 천간에 癸水가 둘이나
있으나 지지에 근기(根氣)가 전무하니 이른바 난(暖)이 지극한데 한(寒)이 무근으로
도리어 한(寒)이 없는 것이 아름답다. 이러므로 초년 丙辰 운에는 선대의 음덕으로
복을 누리었고 乙卯 甲寅 운은 水를 설하고 火를 생하니 가업이 날로 늘어났다.

癸丑 운은 한기(寒氣)가 통근하게 되어 부모님이 돌아가시고 자식도 잃는 슬픔
이 있었다. 壬子 운에 화재를 당하여 가업이 파산되고 사망하였다.

*叨(도)-탐할 도. 외람할 도.
*蔭(음)-그늘 음. 해 그림자 음. 가릴 음.
*庇(비)-덮을 비. 감쌀 비. 의지할 비.
*新(신)-새 신. 새롭게 할 신. 새로 신.
*椿(춘)-참죽나무 춘.
*萱(훤)-원추리 훤.
*椿萱(춘훤)-춘당(椿堂)과 훤당(萱堂). 부모님.
*蘭(란. 난)-난초 란. 목련 란.

*桂(계)-계수나무 계.
*蘭桂(난계)-출중한 자식.
*摧(최)-꺾을 최. 누를 최. 멸할 최.
*殘(잔)-해칠 잔. 죽일 잔. 멸할 잔.
*摧殘(최잔)-꺾여 손상을 당함. 또 꺾이어 손상을 입음.
*祝融(축융)-불을 맡은 신(神). 전하여 화재(火災). 여름을 맡은 신(神). 회록(回祿)과 仝.

燥 湜 조습

地道有燥湜. 生成品彙. 人道得之. 不可偏也.
지 도 유 조 습　생 성 품 휘　인 도 득 지　불 가 편 야

지도(地道)에는 조(燥)함과 습(湜)함이 있어 만물을 생성(生成)한다. 인도(人道)가 이를 얻되 한쪽으로 치우치면 안 된다.

*燥(조)-마를 조. 말릴 조.
*湜(습)-축축할 습. 습기 습.
*品(품)-가지 품. 물건 품. 품수 품. 벼슬 차례 품.

*彙(휘)-무리 휘. 모을 휘.
*品彙(품휘)-물건의 갖가지 종류. 品類(품류)와 소.
*偏(편)-치우칠 편. 한쪽 편. 곁 편.

原注 원주

過於湜者. 滯而無成. 過於燥者. 烈而有禍. 水有金生. 遇寒土而愈湜.
과 어 습 자　체 이 무 성　과 어 조 자　열 이 유 화　수 유 금 생　우 한 토 이 유 습

火有木生. 遇暖土而愈燥. 皆偏枯也. 如水火而成其燥者吉. 木火傷官
화 유 목 생　우 난 토 이 유 조　개 편 고 야　여 수 화 이 성 기 조 자 길　목 화 상 관

要湜也. 土水而成其湜者吉. 金水傷官要燥也. 間有土湜而宜燥者. 用
요 습 야　토 수 이 성 기 습 자 길　금 수 상 관 요 조 야　간 유 토 습 이 의 조 자　용

土而後用火. 金燥而宜湜者. 用金而後用水.
토 이 후 용 화　금 조 이 의 습 자　용 금 이 후 용 수

【원주】

지나치게 습(濕)하면 막혀 이룸이 없고 지나치게 조(燥)하면 치열하여 화(禍)가 있다. 水가 金의 생이 있고 또 한토(寒土)를 만나면 더욱 습하게 되고 火가 木의 생이 있고 또 난토(暖土)를 만나면 더욱 조(燥)하니 이는 다 편고한 것이다.

예컨대, 水火의 이루어짐은 조(燥)함을 이루어야 길하고 木火 상관은 습함을 요하며 土水는 습함을 이루어야 길하고 金水 상관은 조(燥)함을 요한다.

간혹 土가 습하여 조(燥)함이 마땅한 경우는 먼저 土를 용(用)하고 후에 火를 용(用)하며 金이 조(燥)하여 습이 마땅한 경우는 먼저 金을 용(用)하고 후에 水를 용(用)한다.

*滯(체) - 막힐 체. 쌓일 체. 머무를 체. *燥(조) - 마를 조. 말릴 조.

*烈(열. 렬) - 세찰 열. 사나울 열. 굳셀 열. 밝을 열. *間(간) - 사이 간. 틈 간. 엿볼 간. 부사어로는 간혹. 이따금. 번갈아. 조용히 ~ 등으로 해석.

*愈(유) - 나을 유. 고칠 유. 더할 유.

> **역자주** 여기서 생(生)이란 만물을 生함을 뜻하고 성(成)이란 만물을 이루는 것으로, 즉 만물이 화성(化成)됨을 뜻하는 것이다. 이후의 문장에 나오는 生이나 成도 이와 같은 뜻이다.

任氏曰임씨왈,

燥溼者, 水火相成之謂也, 故主有主氣, 内不祕乎五行, 局有局氣,
조습자 수화상성지위야 고주유주기 내불비호오행 국유국기

外必貫乎四柱, 溼爲陰氣, 當逢燥而成, 燥爲陽氣, 當遇溼而生,
외필관호사주 습위음기 당봉조이성 조위양기 당우습이생

是以木生夏令, 精華發洩, 外有餘而内實虛脫, 必藉壬癸以生之,
시이목생하령 정화발설 외유여이내실허탈 필자임계이생지

丑辰溼土以培之, 則火不烈, 木不枯, 土不燥, 水不涸, 而有生成
축진습토이배지 즉화불열 목불고 토부조 수불학 이유생성

之義矣, 若見未戌燥土, 反助火而不能晦火, 縱有水, 亦不能爲力也,
지의의 약견미술조토 반조화이불능회화 종유수 역불능위력야

임 선생님이 말씀하였다.

조습(燥溼)이라는 것은 水火가 상성(相成)함을 이르는 것이다. 고로 주(主)에는 주(主)의 기(氣)가 있어 안으로 오행이 다 있어야 되는 것은 아니며, 국(局)에는 국(局)의 기가 있으니 기는 반드시 밖으로 관통하여야 한다. 습(溼)은 음기로 마땅히 조(燥)한 기운을 만나야 성(成)이 있고, 조(燥)는 양기로 마땅히 습(溼)한 기운을 만나야 생(生)이 있다.

이러므로 木이 여름에 생하면 정화(精華)를 발설(發洩)하니 밖으로는 유여하나

안으로는 허탈하다. 반드시 壬癸 水의 생부(生扶)가 있어야 하고 丑辰 습토가 배양하여야 火가 맹렬하지 않고 木이 시들지 않으며 土가 건조하지 않고 水가 마르지 않아 생성(生成)의 뜻이 있는 것이다.

만약 未戌 조토(燥土)가 있으면 도리어 火를 도울 뿐 화기(火氣)를 설하여 어둡게 하지 못하니 설령 水가 있어도 역시 힘을 쓰지 못한다.

*祕(비) - 귀신 비. 비밀하다. 가만히 하다. 숨기다. 신비하다.

*貫(관) - 돈꿰미 관. 조리 관. 꿸 관.

*精華(정화) - 빛. 광채. 사물 중의 가장 뛰어나고 화미(華美)한 부분. 菁華와 소.

*藉(자) - 깔개 자. 자리 자. 도울 자.

*涸(학) - 물마를 학.

*縱(종) - 늘어질 종. 방종할 종. 세로 종. 여기서는 부사어로 '설령. 비록' 등으로 해석.

| 역자주 | 주(主)란 체(體)를 일컫는 것으로, 즉 근본바탕이니 주체(主體)가 되는 것이고 국(局)이란 형상(形象)과 기국(氣局)을 일컫는 것이다. |

惟金百煉, 不易其色, 故金生冬令, 雖然洩氣休囚, 竟可用丙丁火
유금백련　불역기색　고금생동령　수연설기휴수　경가용병정화

以敵寒, 未戌燥土以除溼, 則火不晦, 水不狂, 金不寒, 土不凍, 而
이적한　미술조토이제습　즉화불회　수불광　금불한　토부동　이

有生發之氣機矣, 若見丑辰溼土, 反助水而不能制水, 縱有火, 亦
유생발지기기의　약견축진습토　반조수이불능제수　종유화　역

不能爲力也, 此地道生成之妙理也,
불능위력야　차지도생성지묘리야

오직 金은 백 번을 달구어도 그 색이 변하지 않으니 그러므로 金이 겨울에 생하면 비록 설기로 휴수되었으나 마침내 丙丁 火를 써서 한기를 대적하고 未戌 조토로 습기를 제거하면 火가 어둡지 않고 水가 날뛰지 않으며 金이 차갑지 않고 土가 얼지 않아 생발(生發)의 기(氣)가 있는 것이다.

만약 丑辰 습토가 있으면 도리어 水를 돕기만 하고 제수(制水)는 못하니 설령 火가 있어도 역시 힘을 쓸 수 없다. 이것이 지도(地道)의 생성하는 묘리(妙理)인 것이다.

*囚(수) － 가둘 수. 갇힐 수. 죄수 수.
*竟(경) － 끝날 경. 끝 경. 다할 경. 부사어로
　는 뜻밖에. 의외로. 도리어. 마침내 ~ 등으
　로 해석.

*除(제. 여) － 섬돌 제. 층계 제. 덜 제. 다스릴
　제. 사월 여.
*凍(동) － 얼 동. 얼음 동.

역자주 밑줄의 '有生發之氣機矣(유생발지기기의)'는 有生發之氣矣(유생발지기의)라야 맞다. 機(기)
는 필사 과정에서 오류(誤謬)일 것이다. 『적천수징의』에는 有生發之氣矣(유생발지기의)로
되어 있다.

丙　庚　辛　丙
子　辰　丑　辰

丁　丙　乙　甲　癸　壬
未　午　巳　辰　卯　寅

此造以俗論之, 以爲寒金喜火, 干透兩丙, 獨殺留淸, 推其木火運
차조이속론지　이위한금희화　간투양병　독살유청　추기목화운

中名利雙全, 不知支中重重溼土, 年干丙火, 合辛化水, 時干丙火
중명리쌍전　부지지중중중습토　년간병화　합신화수　시간병화

無根, 只有寒溼之氣, 並無生發之意, 只得用水, 不能用火矣, 所
무근　지유한습지기　병무생발지의　지득용수　불능용화의소

以初運壬寅癸卯, 制土衛水, 衣食頗豐, 至丙午丁未二十年, 妻
이초운임인계묘　제토위수　의식파풍　지병오정미이십년　처

子皆傷, 家業破盡, 削髮爲僧,
자개상　가업파진　삭발위승

　이 명조를 속론하면 차가운 金이 火를 기뻐하니 천간에 丙火가 둘이나 투출하
였으나 年干의 병화는 신금과 합하여 時干의 병화가 독살(獨殺)로 청하니 추리하
건대 木火 운 중에 명리(名利)가 다 좋을 것이라 하겠다.

　그러나 그것은 지지 중에 습토가 중중하고 年干의 丙火는 辛金과 합으로 水로
化하였으며 時干의 丙火는 무근으로 단지 한습한 기운만 있을 뿐으로 생발(生發)
의 뜻이 없으니 단지 水를 쓸 뿐 火는 쓰지 못하는 것을 모르기 때문이다.

이러므로 초년 壬寅 癸卯 운에는 土를 극하여 水를 보호한 까닭에 의식이 자못 풍성하였으나 丙午 丁未 운에 이르러 처자를 다 극하고 가업도 파진되어 삭발하고 중이 되었다.

*衛(위)-막을 위. 방비 위. 경영 위.   *髮(발)-머리 발. 초목 발.
*削(삭)-깎을 삭. 빼앗을 삭.   *僧(승)-중 승(승려).

丙　庚　壬　丁
戌　戌　子　未

丙　丁　戊　己　庚　辛
午　未　申　酉　戌　亥

此造如以水勢論之, 此則仲冬水旺, 所喜者支中重重燥土, 足以去
차조여이수세론지　차즉중동수왕　소희자지중중중조토　족이거

其溼氣, 子未相剋, 使子不能助壬, 丁壬一合, 使壬不能剋丙,
기습기　자미상극　사자불능조임　정임일합　사임불능극병

中運土金, 入部辦事, 運籌挫折, 境遇違心, 丁未南方火旺, 議敍
중운토금　입부판사　운주좌절　경우위심　정미남방화왕　의서

出仕, 至丙午二十年, 得奇遇, 仕至州牧,
출사　지병오이십년　득기우　사지주목

이 명조는 수세(水勢)를 말할 것 같으면 때가 子월로 水가 왕하다. 기쁜 것은 지지에 조토가 중중하여 족히 습기를 제거하는 것이다. 子未가 상극하여 子水는 壬水를 도울 수 없고 丁壬이 합으로 壬水는 丙火를 극하지 않는다.

중년 운이 土金으로 부서의 판사(辦事)로 들어가려 하였으나 운이 좌절되어 마음먹은 바를 이루지 못하였다. 丁未 남방 운에 火가 왕해지니 뜻을 펴 출사하여 丙午 운까지 이십 년간 때를 만나 벼슬이 주목(州牧)에 이르렀다.

*辦(판. 변)-힘쓸 판. 갖출 판. 분별할 변.   *敍(서)-차례 서. 서문 서. 줄 서[관작(官爵)
*籌(주)-꾀할 주. 꾀 주.   을 줌].
*議(의)-의논할 의. 논할 의. 가릴 의.   *'敍. 敘. 叙'는 소字.

庚 甲 丁 癸
午 午 巳 未

辛 壬 癸 甲 乙 丙
亥 子 丑 寅 卯 辰

甲午日元, 支全巳午未, 燥烈極矣, 天干金水無根, 反激火之烈,
갑 오 일 원　지 전 사 오 미　조 열 극 의　천 간 금 수 무 근　반 격 화 지 열

只可順火之氣也, 初運木火, 順其氣勢, 財喜頻增, 至癸丑, 歎刑
지 가 순 화 지 기 야　초 운 목 화　순 기 기 세　재 희 빈 증　지 계 축　탄 형

喪, 遭挫折, 破耗多端, 壬子沖激更甚, 犯人命, 遭回祿, 破家而亡,
상　조 좌 절　파 모 다 단　임 자 충 격 갱 심　범 인 명　조 회 록　파 가 이 망

　　甲午 일원이 지지가 오로지 巳午未로 조열함이 극에 이르렀다. 천간의 金水는
무근으로 도리어 火의 맹렬함을 격분시킨다. 단지 火의 기세에 따라야 한다.

　　초운이 木火로 火의 기세에 순하므로 재물이 계속 늘었으나 癸丑 운에 이르러
형상을 당하고 하는 일이 좌절되고 파모가 다단(多端)하였다.

　　壬子 운에 火의 기세를 거스름이 더욱 심(甚)하여 인명(人命)을 범(犯)하고 화재
를 만나 가산을 다 잃고 사망하였다.

*燥(조)−마를 조. 말릴 조.
*激(격)−물결 부딪혀 흐를 격.
*頻(빈)−급할 빈. 자주 빈.
*歎(탄)−한숨 쉴 탄. 한숨 탄. 칭찬할 탄.
*挫(좌)−꺾을 좌. 꺾일 좌.

*折(절)−꺾을 절. 꺾일 절. 결단할 절.
*挫折(좌절)−꺾음. 꺾임. 어떤 계획이나 운
　동이 실패로 돌아감.
*回祿(회록)−화신(火神). 전(轉)하여 화재(火
　災).

역자주 만약 이 명조에서 운이 木火로 흘렀다면 명리(名利)가 양전(兩全)하였을 것이다.

庚　甲　丁　癸
午　辰　巳　丑

辛　壬　癸　甲　乙　丙
亥　子　丑　寅　卯　辰

此與前造只換辰丑二字, 丑乃北方溼土, 晦火蓄水, 癸水通根而載
차 여 전 조 지 환 진 축 이 자　축 내 북 방 습 토　회 화 축 수　계 수 통 근 이 재

丑, 辰亦溼土, 又是木之餘氣, 日元足以盤根, 庚金雖不能生水輔
축　진 역 습 토　우 시 목 지 여 기　일 원 족 이 반 근　경 금 수 불 능 생 수 보

用, 而癸水坐下餘氣, 竟可作用, 初運木旺, 幫身護用, 和平迪吉,
용　이 계 수 좌 하 여 기　경 가 작 용　초 운 목 왕　방 신 호 용　화 평 적 길

至癸丑, 北方水地, 及壬子辛亥三十年, 經營得意, 事業稱心,
지 계 축　북 방 수 지　급 임 자 신 해 삼 십 년　경 영 득 의　사 업 칭 심

이 명조와 앞의 명조는 단지 辰丑 두 자가 바뀌었다. 丑은 북방의 습토로 화기를 설하고 水를 축장하고 있으며 癸水가 丑에 통근하고 실려 있다. 辰 역시 습토로 木의 여기(餘氣)이고 일원이 뿌리를 내리고 있다. 庚金은 비록 水를 생하여 용신을 돕지는 못하나 癸水가 여기(餘氣)에 앉아 있어 용신으로 할 수 있다.

초운이 木의 왕지로 일주를 돕고 용신을 보호하니 화평하고 길하였으며 癸丑운에 이르러 북방의 水地이니 용신이 득지하고 이어 壬子 辛亥 삼십 년간 경영하는 일이 뜻대로 되고 사업이 마음먹은 대로 되었다.

*換(환)-바꿀 환. 갈 환. 고칠 환.

*晦(회)-그믐 회. 밤 회. 어두울 회.

*蓄(축)-쌓을 축. 모을 축. 저축 축.

*載(재)-실을 재. 탈 재.

*盤(반)-쟁반 반. 소반 반. 서릴 반. 蟠과 仝.

*盤根(반근)-서리서리 얽힌 뿌리.

*輔(보)-도울 보. 도움 보. 광대뼈 보. 경기 보.

*幫(방)-도울 방.

*護(호)-도울 호. 지킬 호.

*迪(적)-나아갈 적. 행할 적. 길 적(도덕).

*營(영)-경영할 영. 지을 영. 다스릴 영.

*稱(칭)-일컬을 칭. 칭찬할 칭. 일으킬 칭.

隱 顯 은현

吉神太露. 起爭奪之風. 凶物深藏. 成養虎之患.
길 신 태 로　　기 쟁 탈 지 풍　　흉 물 심 장　　성 양 호 지 환

길신이 태로(太露)하면 쟁탈의 기풍이 일어나고 흉물이 심장(深藏)되면 호랑
이를 기르는 근심이 있다.

*太(태)－클 태. 크다. 심히. 매우. 통하다.
*露(로. 노)－이슬 로. 적실 로. 드러날 로. 나
　타날 로.
*太露(태로)－크게 노출(露出)함.
*爭(쟁)－다툴 쟁. 다툼 쟁.
*奪(탈)－빼앗을 탈. 빼앗길 탈.

*深(심)－깊을 심. 깊게 할 심.
*藏(장)－감출 장. 서장 장.
*深藏(심장)－깊이 감추어짐.
*養(양)－기를 양. 다스릴 양. 봉양 양.
*虎(호)－범 호. 호랑이.

原注 원주

局中所喜之神. 透於天干. 歲運不能不遇忌神. 必至爭奪. 所以有暗用
국 중 소 희 지 신　 투 어 천 간　 세 운 불 능 불 우 기 신　 필 지 쟁 탈　 소 이 유 암 용

吉神爲妙. 局中所忌之神. 伏藏於地支者. 歲運扶之沖之. 則其爲患不
길 신 위 묘　 국 중 소 기 지 신　 복 장 어 지 지 자　 세 운 부 지 충 지　 즉 기 위 환 불

小. 所以忌神明透. 制化得宜者吉.
소　 소 이 기 신 명 투　 제 화 득 의 자 길

【원주】

　원국에 희신이 천간에 투출하여 있는데 세운(歲運)에서 기신(忌神)을 만나지 않
을 수 없으니 기신(忌神)을 만나면 반드시 쟁탈이 일어난다. 이러므로 용신은 암장
되어 있어야 아름답다.

　원국에 기신이 지지에 암장되어 있는 경우 세운에서 기신을 돕거나 충하여 동하게
하면 그 해가 적지 않다. 그러므로 기신은 노출되어 제화(制化)가 마땅하여야 길하다.

任氏曰 임씨왈,

吉神太露, 起爭奪之風者, 天干氣專, 易於刧奪故也, 如財物無關
길신태로   기쟁탈지풍자   천간기전   이어겁탈고야   여재물무관

鎖, 人人得而用, 假如天干以甲乙爲財, 歲運遇庚辛, 則起爭奪之風,
쇄   인인득이용   가여천간이갑을위재   세운우경신   즉기쟁탈지풍

必須天干先有丙丁官星回剋, 方無害, 如無丙丁之官, 或得壬癸之
필수천간선유병정관성회극   방무해   여무병정지관   혹득임계지

食傷合化亦可, 故吉神宜深藏地支者吉,
식상합화역가   고길신의심장지지자길

임 선생님이 말씀하였다.

길신이 크게 노출되면 쟁탈의 기풍이 일어난다는 것은 천간의 기(氣)는 오로지 하나이므로 겁탈이 쉽기 때문이다. 가령 재물이 있는데 문단속을 않은즉 사람마다 가져가 써버릴 것이다. 가령 천간의 甲乙 木이 재(財)일 경우 세운에서 庚辛 金을 만나면 쟁탈의 기풍이 일어나니 반드시 천간에 丙丁 火의 관성이 먼저 있어 세운에서 오는 庚辛 金을 극하여야 바야흐로 해롭지 않은 것이다.

만약 丙丁의 관성이 없다면 壬癸 식상이 있어 庚辛 金을 化하면 역시 가하다. 고로 길신은 마땅히 지지에 깊이 감추어져 있어야 길한 것이다.

  *關(관)－문빗장 관. 잠글 관.   *關鎖(관쇄)－문단속.
  *鎖(쇄)－자물쇠 쇄. 쇠사슬 쇄.   *深(심)－깊을 심. 깊게 할 심.

凶物深藏, 成養虎之患者, 地支氣雜, 難於制化故也, 如家賊之難防,
흉물심장   성양호지환자   지지기잡   난어제화고야   여가적지난방

養成禍患, 假如地支以寅中丙火爲刧財, 歲運逢申, 沖申中庚金,
양성화환   가여지지이인중병화위겁재   세운봉신   충신중경금

雖能剋木, 終不能去其丙火, 歲運遇亥子, 仍生合寅木, 反滋火之
수능극목   종불능거기병화   세운우해자   잉생합인목   반자화지

根苗,
근 묘

  흉물이 심장(深藏)되어 있으면 호랑이를 기르는 근심이 있는 것이니 지지는 기

가 섞여 있어 제화(制化)가 어렵기 때문이다. 집안의 도적은 막기가 어려우니 화근 덩어리를 기르는 것과 같은 것이다.

가령 지지의 寅에 소장(所藏)된 丙火가 겁재인 경우 세운에서 申을 만나 충을 하면 申中 庚金이 寅中 甲木을 극하나 寅中의 丙火는 끝내 제거치 못한다. 세운 에서 亥子를 만나면 寅木과 합을 하거나 寅木을 생하니 도리어 丙火의 뿌리가 되는 木을 돕게 된다.

*養(양)-기를 양. 다스릴 양. 봉양 양. 가려울 양.
*虎(호)-범 호.
*賊(적)-도둑 적. 도둑질할 적. 학대할 적.
*防(방)-둑 방. 막을 방.
*禍(화)-재앙 화. 재화(災禍) 내릴 화.
*患(환)-근심 환. 병 환. 근심할 환.

*禍患(화환)-화난(禍難).
*假(가)-빌 가. 빌릴 가. 거짓 가. 가령 가.
*假如(가여)-가령. 만약. 설령.
*逢(봉)-만날 봉. 맞을 봉.
*終(종)-끝 종. 끝날 종. 마칠 종. 마침내 종.
*滋(자)-불을 자. 우거질 자. 번식할 자.
*苗(묘)-모 묘. 곡식 묘.

故凶物明透天干, 易於制化, 所以吉神深藏, 終身之福, 凶物深藏,
고 흉 물 명 투 천 간　이 어 제 화　소 이 길 신 심 장　종 신 지 복　흉 물 심 장

始終爲禍, 總之吉神顯露, 通根當令者, 露亦無害, 凶物深藏, 失
시 종 위 화　총 지 길 신 현 로　통 근 당 령 자　로 역 무 해　흉 물 심 장　실

時休囚者, 藏亦無妨, 鬼谷子曰, 陰陽之道, 與日月合其明, 與天
시 휴 수 자　장 역 무 방　귀 곡 자 왈　음 양 지 도　여 일 월 합 기 명　여 천

地合其德, 與四時合其序, 三命之理, 誠本於此, 若不愼思明辨,
지 합 기 덕　여 사 시 합 기 서　삼 명 지 리　성 본 어 차　약 불 신 사 명 변

孰能得其要領乎,
숙 능 득 기 요 령 호

그러므로 흉물은 천간에 투출하여야 제화(制化)가 쉽다. 이런 까닭으로 길신이 심장(深藏)되면 종신토록 복인 것이고 흉물이 심장되면 끝내 화(禍)인 것이다.

한마디로 말하여 길신이 노출되어도 당령하고 통근되면 노출되었어도 해롭지 않고 흉물이 심장(深藏)되었어도 시령을 잃고 휴수(休囚)되었으면 감추어져 있어 도 역시 무방하다.

　　귀곡자(鬼谷子)가 이르데, 음양의 도(道)는 일월(日月)은 그 밝음이 합당하여야 하고 천지는 그 덕(德)이 합당하여야 하고 사시(四時)는 그 차례가 마땅하여야 하는 것이니 삼명(三命)의 이치는 진실로 이것이 근본인 것이다. 만약 삼가 생각하고 밝게 분별하지 않으면 어찌 그 요령을 터득하겠는가.

*序(서)-차례 서. 차례 매길 서. 실마리 서. 학교 서.

*孰(숙)-누구 숙. 어느 숙. 부사어로는 무엇. 누구. 어째서. 어찌 등으로 해석.

*愼(신)-삼갈 신. 삼가 신. 진실로 신.

*領(령. 영)-다스릴 령. 거느릴 령. 목 령.


```
辛　丙　辛　己
卯　子　未　卯

乙　丙　丁　戊　己　庚
丑　寅　卯　辰　巳　午
```

丙火生於未月, 火氣正盛, 坐下官星, 被未土傷盡, 只得用天干辛金,
병화생어미월　화기정성　좌하관성　피미토상진　지득용천간신금

所嫌者, 未爲燥土, 不能生金, 又暗藏刦刃, 年干己土本可生金,
소혐자　미위조토　불능생금　우암장겁인　년간기토본가생금

又坐下印地, 所謂吉神顯露, 凶物深藏者也, 初運己巳戊辰, 土旺
우좌하인지　소위길신현로　흉물심장자야　초운기사무진　토왕

之地, 財喜輻輳, 事事稱心, 交丁卯, 土金兩傷, 連遭回祿三次, 又
지지　재희폭주　사사칭심　교정묘　토금양상　연조회록삼차　우

傷丁七人, 丙寅妻子皆尅, 出外不知所終,
상정칠인　병인처자개극　출외부지소종

　　丙火가 未월에 생하니 화기가 바야흐로 왕성하다. 좌하의 관성은 未土로 상진(傷盡)되니 오로지 천간의 辛金으로 용신을 삼는다. 꺼리는 바는 未土로 未는 조토로 金을 생하지 못할 뿐만 아니라 겁인(刦刃)을 암장하고 있기 때문이다.

　　年干의 己土는 본시 金을 생하나 인수인 卯木 위에 앉아 있으니 이른바 길신은 현로(顯露)하고 흉물은 심장(深藏)되었다.

초년 戊辰 己巳 운은 土가 왕하니 재물이 늘어나고 모든 일이 뜻대로 되었으나
丁卯 운으로 바뀌어 土金이 다 상해를 받으니 연달아 화재를 세 번이나 당하고
또 장성한 남아(男兒)를 일곱이나 잃었다. 丙寅 운으로 들어 처자를 다 극하고 외
지로 나간 후 종적이 끊겼다.

*盛(성)－그릇 성. 성할 성. 장하게 여길 성.　*顯(현)－밝을 현. 나타날 현.
*被(피)－이불 피. 덮을 피. 입을 피. 당할 피.　*輳(주)－모일 주.
*盡(진)－다할 진. 다 진. 가령 진.　*輻輳(폭주)－바퀴살이 바퀴통에 모이는 것
*輻(복. 부. 폭)－바퀴살 복. 다투어 모일 복.　　처럼 사물이 한곳으로 모임.
　몰려들 부. 속음(俗音) 폭.　*遭(조)－만날 조. 두를 조.

　　丙　丁　乙　壬
　　午　丑　巳　午

辛　庚　己　戊　丁　丙
亥　戌　酉　申　未　午

丁火生於孟夏, 柱中刦旺逢梟, 天干壬水無根, 置之不用, 最喜丑
정화생어맹하　주중겁왕봉효　천간임수무근　치지불용　최희축

中一點財星, 深藏歸庫, 丑爲溼土, 能洩火氣, 不但無爭奪之風,
중일점재성　심장귀고　축위습토　능설화기　부단무쟁탈지풍

反有生生之誼, 因初交丙午丁未, 所以身出寒門, 書香不繼, 喜中
반유생생지의　인초교병오정미　소이신출한문　서향불계　희중

運三十載西方土金之地, 化刦生財, 財發十餘萬, 所謂吉神深藏, 終
운삼십재서방토금지지　화겁생재　재발십여만　소위길신심장　종

身之福也,
신지복야

　丁火가 맹하(孟夏)에 생하고 원국에 비겁이 왕하고 효신을 만나 왕한데 천간의
壬水는 무근으로 쓸 수 없으니 버려야 한다. 제일로 기쁜 것은 丑 중에 재성인
辛金이 깊이 암장(暗藏)되어 있는 것이다.

丑은 습토로 능히 화기를 설하니 비단 쟁탈의 기풍이 없을 뿐만 아니라 도리어 생생하는 정의가 있다.

초운이 丙午 丁未로 빈한한 가문에 태어나 학문을 계속하지 못하였으나 기쁜 것은 중년 운이 삼십 년을 서방 土金으로 흘러 비견겁을 化하여 재를 생하니 십여만의 재물을 일으켰다. 소위 길신이 깊이 감추어져 있으면 종신토록 복인 것이다.

*梟(효)-올빼미 효. 목 베어 달 효. 영웅 효.   *奪(탈)-빼앗을 탈. 빼앗길 탈.
*置(치)-둘 치. 놓을 치. 버릴 치.   *爭奪(쟁탈)-다투어 빼앗음. 서로 빼앗으
*歸(귀)-돌아갈 귀. 돌아올 귀.   려고 다툼.
*爭(쟁)-다툴 쟁. 다툼 쟁.   *誼(의)-옳을 의. 의논할 의. 의 의.

衆　寡중과

強衆而敵寡者. 勢在去其寡. 強寡而敵衆者. 勢在成乎衆.
강중이적과자　세재거기과　강과이적중자　세재성호중

강한 것이 무리를 이루고 있는데 대적하는 것이 적으면 세(勢)는 적은 것을 제거하는 데 있으며, 강한 것이 적고 대적하는 것이 무리를 이루고 있으면 세(勢)는 무리를 이루는 데 있다.

原注원주

強寡而敵衆者. 喜強而助強者吉. 強衆而敵寡者. 惡敵而敵衆者滯.
강과이적중자　희강이조강자길　강중이적과자　오적이적중자체

【원주】

강한 것이 적은데 많은 무리를 대적하는 것은 강하여야 기쁜 것이니 강한 것을 도와야 길하고, 강한 것이 무리 지어 있는데 대적하는 것이 적으면 대적하는 것을 미워하니 대적하는 것이 무리를 이루면 막히게 되는 것이다.

任氏曰임씨왈,

衆寡之說, 強弱之意也, 須分日主四柱兩端而論也, 如以日主分衆
중과지설　강약지의야　수분일주사주양단이론야　여이일주분중

寡, 如日主是火, 生於寅卯巳午月, 官星是水, 四柱無財, 反有土
과　여일주시화　생어인묘사오월　관성시수　사주무재　반유토

之食傷, 卽使有財, 財無根氣, 不能生官, 此日主之黨衆, 敵官星
지식상　즉사유재　재무근기　불능생관　차일주지당중　적관성

之寡, 勢在盡去其官, 歲運宜扶衆抑寡則吉,
지과　세재진거기관　세운의부중억과즉길

임 선생님이 말씀하였다.

중과(衆寡)의 이론은 강약의 의미이다. 모름지기 일주와 사주를 양단(兩端)으로 나누어 논하여야 한다.

가령 일주를 중과로 나눌 때 일주가 火이고 寅卯 월이나 巳午 월에 생하여 왕한 경우 관성은 水인데 사주에 재성이 없고 도리어 식상인 土가 있으면 설사 재성이 있어도 그 재성이 뿌리가 없으면 관을 생하지 못하니 이는 일주가 무리 지어 많고 대적하는 관성은 적은 것으로 형세(形勢)는 관성을 다 제거하는 데 있다. 세운에서 도 무리 지어 많은 것을 돕고 적을 것을 억제하여야 길하다.

如以四柱分衆寡，則分四柱之强弱，然又要與日主符合，弗反背爲
여 이 사 주 분 중 과　즉 분 사 주 지 강 약　연 우 요 여 일 주 부 합　불 반 배 위

妙，假如水是官星，休囚無氣，土是傷官，當令得時，其勢足以去
묘　가 여 수 시 관 성　휴 수 무 기　토 시 상 관　당 령 득 시　기 세 족 이 거

其官星，歲運亦宜制官爲美，日主是火，亦要通根得氣，則能生土，
기 관 성　세 운 역 의 제 관 위 미　일 주 시 화　역 요 통 근 득 기　즉 능 생 토

或有木而剋土，則日主自能化木，轉轉相生，所謂日主符合者也，
혹 유 목 이 극 토　즉 일 주 자 능 화 목　전 전 상 생　소 위 일 주 부 합 자 야

가령 또 사주를 중과(衆寡)로 나누는 것은 사주의 강약을 구분하는 것인데, 그러 나 긴요한 것은 일주와 부합하여 반배(反背)하지 말아야 묘(妙)한 것이다. 가령 水가 관성인데 휴수되어 무기하고 상관인 土는 때를 얻어 당령하다면 그 기세는 족히 관성인 水를 극거하니 세운에서 관성을 제거하는 것이 아름답다.

일주가 火인 경우 역시 통근하고 기운이 있으면 능히 土를 생하니 혹 木이 있어 土를 극하여도 일주가 木을 化하여 土를 생하므로 상생으로 돌아가는 것이다. 이른바 일주와 부합되는 것이다.

*寡(과)―적을 과. 홀어미 과.
*符(부)―부신 부. 도장 부. 맞을 부.
*背(배)―등 배. 배반할 배.

*囚(수)―가둘 수. 포로 수.
*要(요)―부사어로는 늘. 결국. 반드시.
*轉(전)―구를 전. 옮길 전. 넘어질 전.

强衆而敵寡者, 如日主是火, 雖不當令, 卻有根坐旺, 官星是水,
강중이적과자　여일주시화　수부당령　각유근좌왕　관성시수

雖不及時, 卻有財生助, 或財星當令, 或成財局, 此官星雖寡, 得財
수불급시　각유재생조　혹재성당령　혹성재국　차관성수과　득재

星扶則强, 歲運宜扶寡而抑衆者吉, 雖擧財官而論, 其餘皆同此論,
성부즉강　세운의부과이억중자길　수거재관이론　기여개동차론

　　강한 것이 무리 지어 많은데 대적하는 것이 적다는 것은, 가령 일주가 火인 경우
비록 당령하지 못하였으나, 그러나 뿌리가 있고 왕지(旺地)에 앉아 있을 때 관성은
水인데 水 또한 당령하지 못하였으나, 그러나 재성의 생조를 받고 있거나 혹 재성
이 당령하였거나 혹 재국을 이루고 있으면 이는 관성이 비록 적으나 재성의 생부
(生扶)로 인하여 강하게 된 것이니 세운에서는 마땅히 적은 것을 돕고 많은 것을
억제하여야 길하다. 비록 재관을 들어 논한 것이나 나머지도 다 이와 같이 논한다.

　　*卻(각)－물러날 각. 물리칠 각. 도리어 각. 틈 각. 어조사 각. 부사어로는 다시. 또. 오히려.
　　도리어 등으로 해석.

　　　　　辛　戊　乙　戊
　　　　　酉　戌　丑　辰

　　　　辛　庚　己　戊　丁　丙
　　　　未　午　巳　辰　卯　寅

此造重重厚土, 乙木無根, 傷官又旺, 其勢足以敵官星之寡, 故初
차조중중후토　을목무근　상관우왕　기세족이적관성지과　고초

交丙寅丁卯, 官星得地, 刑耗多端, 戊辰得際遇, 捐納出仕, 及己
교병인정묘　관성득지　형모다단　무진득제우　연납출사　급기

巳二十年, 土生金旺, 從佐貳而履琴堂, 至未運破金, 不祿,
사이십년　토생금왕　종좌이이리금당　지미운파금　불록

　　이 명조는 土가 중중하고 많다. 관성인 乙木은 무근인데 상관 또한 왕하여 대세
는 족히 적은 관성을 대적한다. 그러므로 초년 丙寅 丁卯 운은 관성이 득지하니

형모(刑耗)가 많았다.

　戊辰 운으로 들어 때를 만나 연납(捐納)으로 출사하여 己巳 대운까지 이십 년 동안은 金이 왕하게 되어 좌이(佐貳)에서 금당(琴堂)에 올랐다. 未 운으로 들어 金을 극하므로 사망하였다.

　*佐貳(좌이)－부 현령(副 縣令).　　　　　　　*琴堂(금당)－현령(縣令).

| 역자주 | 未 운에 파금(破金)하여 불록(不祿)이라 하였는데 未 운보다 火가 더 강한 午 운에 대한 설명이 없다. 『적천수징의』에는 午 운에 불록(不祿)이라 되어 있다. |

　　　　　　癸　丁　壬　戊
　　　　　　卯　卯　戌　午

　　　　己　戊　丁　丙　乙　甲　癸
　　　　巳　辰　卯　寅　丑　子　亥

此傷官當令, 印星並見, 官煞雖透無根, 勢在去官, 初年運走北方,
차상관당령　인성병견　관살수투무근　세재거관　초년운주북방

官星得勢, 一事無成, 丙寅丁卯, 生助火土, 經營發財巨萬, 戊辰
관성득세　일사무성　병인정묘　생조화토　경영발재거만　무진

己巳, 去盡官煞, 一子登科, 晚景崢嶸, 此造戌午拱火, 日時逢印,
기사　거진관살　일자등과　만경쟁영　차조술오공화　일시봉인

日主旺極, 莫作用印而推, 亦不可作去官留殺論也,
일주왕극　막작용인이추　역불가작거관유살논야

　이 명조는 상관이 당령하고 인수가 나란히 있어 관살이 비록 천간에 투출하였으나 뿌리가 없으니 대세는 관살을 제거하는 데 있다. 초년 운이 북방으로 달려 관살이 득세하는 까닭에 하나도 이루는 것이 없었으나 丙寅 丁卯 운에 이르러 火土를 생조하니 사업으로 거만(巨萬)의 재물을 이루었다. 戊辰 己巳 운은 관살을 극거하니 아들 중 하나가 과거에 급제하고 말년에 팔자가 빛났다.

　이 명조는 戌午가 화국을 이루고 日과 時에 인수가 있어 일주가 극왕하니 인수를 용신으로 한다고 추리하면 안 되며 또한 거관유살로 논하는 것도 불가하다.

*峥(쟁)－가파를 쟁(험준한 모양). *峥嵘(쟁영)－험준한 모양. 세월이 쌓이는
*嵘(영)－가파를 영.   모양.

庚　丙　壬　癸
寅　午　戌　丑

丙　丁　戊　己　庚　辛
辰　巳　午　未　申　酉

丙火生於九月, 日主本不及時, 第坐陽刃會火局, 謂之强寡, 年月
병화생어구월　일주본불급시　제좌양인회화국　위지강과　년월

壬癸進氣, 癸水通根, 餘氣丑土, 洩其火局, 庚金生助, 壬癸爲衆
임계진기　계수통근　여기축토　설기화국　경금생조　임계위중

也, 勢在成乎衆, 故交辛酉庚申, 金生水旺, 遺業豐盈, 其樂自如,
야　세재성호중　고교신유경신　금생수왕　유업풍영　기락자여

一交己未, 火土並旺, 父母雙亡, 及戊午二十年, 破敗家業, 妻子
일교기미　화토병왕　부모쌍망　급무오이십년　파패가업　처자

皆傷, 至丙辰流落外方而亡,
개상　지병진유락외방이망

　丙火가 九月에 생하니 일주가 본래는 때를 얻지 못하였으나 좌하가 양인이고
寅午戌 회국으로 이른바 강과(强寡)라 하겠다. 年月의 壬癸 水는 진기이고 癸水
는 여기에 통근하고 있으며 丑은 화국(火局)을 설한다. 壬癸 水는 庚金의 생조를
받으니 壬癸를 중(衆)으로 한다.

　고로 초년의 辛酉 庚申 운에는 金이 水를 생하니 유업이 넉넉하고 즐거움이
뜻과 같이 따랐으나 己未 운으로 바뀌어 火土가 같이 왕하게 되어 부모님이 다
돌아가시고 이어 戊午 운까지 二十年간에 가업을 파하고 처자도 다 죽었다. 丙辰
운에 이르러 외지를 유랑하다가 사망하였다.

震 兌 진태

震兌主仁義之真機. 勢不兩立. 而有相成者存.
진태주인의지진기　세불양립　이유상성자존

진태(震兌)는 인의(仁義)를 주재하는 참된 기틀로 그 세(勢)는 양립(兩立)할 수 없으나 그러나 서로 도와 이루는 것이 있다.

原注원주

震在内. 兌在外. 月卯日亥或未. 年丑或巳時酉是也. 主之所喜者在震.
진재내　태재외　월묘일해혹미　년축혹사시유시야　주지소희자재진

以兌爲敵國. 必用火攻. 主之所喜者在兌. 以震爲奸宄. 備禦之而已.
이태위적국　필용화공　주지소희자재태　이진위간귀　비어지이이

不必盡去. 不必興兵也.
불필진거　불필흥병야

【원주】

진(震)은 안에 있고 태(兌)는 밖에 있다는 것은 月이 卯이고 日이 亥나 혹 未이고 年이 丑이나 혹 巳이고 時가 酉인 것을 말한다. 일주의 기뻐하는 바가 진(震)이면 태(兌)는 적국이니 반드시 火로써 공격하여야 한다.

일주의 기뻐하는 바가 태(兌)이면 진(震)은 간사한 도둑이니 대비하여 방어하면 되는 것이니 다 제거할 필요는 없으며 군사를 일으킬 필요도 없다.

*震(진 ☳)－천둥소리 진. 진괘 진. 놀랄 진.
　여기서는 '木'을 일컬음.
*兌(태 ☱)－기뻐할 태. 태괘 태. 통할 태. 여
　기서는 '金'을 일컬음.

*奸(간)－범할 간. 간음할 간. 간악할 간.
*宄(귀)－도적 귀. 간사할 귀(간사하고 악독한
　도적).
*禦(어)－막을 어. 방비 어.

兌在內. 震在外. 月酉日丑或巳. 年未或亥時卯者是也. 主之所喜者在
태 재 내　진 재 외　월 유 일 축 혹 사　년 미 혹 해 시 묘 자 시 야　주 지 소 희 자 재

兌. 以震爲游兵. 易於滅而不可黨震也. 主之所喜者在震. 以兌爲內寇.
태　이 진 위 유 병　이 어 멸 이 불 가 당 진 야　주 지 소 희 자 재 진　이 태 위 내 구

難於滅而不可助兌也. 以水爲說客. 相間於上下. 或年酉月卯日丑時亥.
난 어 멸 이 불 가 조 태 야　이 수 위 세 객　상 간 어 상 하　혹 년 유 월 묘 일 축 시 해

年甲月庚日甲時辛之例. 亦論主之所喜所忌者何如. 而論攻備之法.
년 갑 월 경 일 갑 시 신 지 례　역 론 주 지 소 희 소 기 자 하 여　이 론 공 비 지 법

　　태(兌)는 안에 있고 진(震)이 밖에 있다는 것은 月이 酉이고 日이 丑이나 혹 巳이
고 年이 未나 혹 亥이고 時가 卯인 것을 이르는 것이다. 일주의 기뻐하는 바가 태
(兌)이면 진(震)은 유병(游兵)이니 쉽게 멸할 수 있으나 진(震)이 무리를 이루는 것은
불가하다.

　　일주의 기뻐하는 바가 진(震)이면 태(兌)는 집안의 도적이니 멸하기가 어려우니 태
(兌)를 돕는 것은 불가하다. 水로써 세객(說客)을 삼으니 위와 아래 사이를 화해시키
는 것이다. 혹 年이 酉이고 月이 卯이며 일이 丑이고 時가 亥이거나 年이 申이고
月이 庚이며 일이 甲이고 時가 辛인 경우라도 역시 일주의 기뻐하는 것과 꺼리는
것이 어떠한가를 살펴서 공격할 것인지 방비할 것인지를 논하여야 한다.

*游(유)−헤엄칠 유. 놀 유.

*游兵(유병)−유격(游擊)하는 군대. 여기서
　는 유랑(流浪)하는 군대를 뜻함.

*說(설. 세. 열)−말씀 설. 달랠 세. 기뻐할 열.

*寇(구)−도둑 구. 원수 구. 노략질할 구.

*說客(세객)−유세하러 다니는 사람. 여기
　서는 木과 金의 상극(相剋) 관계를 화해시
　키니 세객(說客)이라 일컬었는데, 즉 통관
　(通關)이란 뜻.

*備(비)−갖출 비. 예방 비.

然金忌木. 木不帶火. 木不傷土者. 不必去木也. 若木忌金. 而金強者
연 금 기 목　목 부 대 화　목 불 상 토 자　불 필 거 목 야　약 목 기 금　이 금 강 자

不可戰. 惟秋金而木茂. 木終不能爲金之害. 反以成金之仁. 春木而金
불 가 전　유 추 금 이 목 무　목 종 불 능 위 금 지 해　반 이 성 금 지 인　춘 목 이 금

盛. 金實足以制木之性. 反以全木之義. 其月是木. 年日時皆金者. 不
성　금 실 족 이 제 목 지 성　반 이 전 목 지 의　기 월 시 목　년 일 시 개 금 자　불

必問主之所喜所忌. 而亦宜順木之性. 凡月是金. 年日時皆是木者. 不
필 문 주 지 소 희 소 기　이 역 의 순 목 지 성　범 월 시 금　년 일 시 개 시 목 자　불

必問主之所喜所忌. 而亦宜成金之性.
필문주지소희소기　이역의성금지성

　　그러나 金이 木을 꺼리는 경우 木이 火를 끼고 있지 않고 또 土를 손상하지 않으면 반드시 木을 제거할 필요는 없다. 만약 木이 金을 꺼리는 경우에 金이 강하면 싸우는 것은 불가하다. 비록 가을의 金이라 하더라도 木이 무성하면 木은 金의 해를 입지 않으므로 도리어 金에 의하여 인(仁)을 이루게 한다.

　　춘절(春節)의 木이 金이 왕성하면 金은 왕성한 木을 제(制)할 수 있으니 도리어 木을 완전하게 하는 뜻이 있다. 月이 木이고 年 日 時가 다 金이면 일주의 희기(喜忌)를 물을 것 없이 마땅히 木의 성정에 따라야 하고 무릇 月이 金이고 年 日 時가 다 木이면 일주의 희기를 물을 것 없이 마땅히 金의 성정에 따라야 한다.

任氏曰 임씨왈,

震陽也, 先天之位在八白, 陰固陰而陽亦陰矣, 兌陰也, 先天之位
진양야　선천지위재팔백　음고음이양역음의　태음야　선천지위

在四綠, 陽固陽而陰亦陽矣, 震爲長男, 雷從地起, 一陽生於坤之
재사록　양고양이음역양의　진위장남　뢰종지기　일양생어곤지

初, 兌爲少女, 山澤通氣, 故三陰生於乾之終,
초　태위소녀　산택통기　고삼음생어건지종

　　임 선생님이 말씀하였다.

　　진(震)은 양이다. 선천(先天)의 자리는 팔백(八白)이다. 음이 음으로 견고하면 양역시 음으로 한다. 태(兌)는 음이다. 선천의 자리는 사록(四綠)이다. 양이 양으로 견고하면 음 역시 양이 된다.

　　진(震)은 장남이다. 뢰(雷)는 땅에서 일어나니 일양(一陽)은 곤(坤)의 초효(初爻)에서 생한다. 태(兌)는 소녀이다. 산택(山澤)이 통기(通氣)하므로 고로 삼음(三陰)은 건(乾)의 끝에서 생한다.

*綠(록)－초록빛 록. 조개 풀 록.　　　*澤(택)－윤날 택. 윤택하게 할 택. 못 택.
*雷(뢰. 뇌)－천둥 뢰. 칠 뢰.　　　　*乾(건)－하늘 건. 마를 건.

長男配少女, 天地生成之妙用, 若長女配少男, 陽雖生而陰不能成
장 남 배 소 녀   천 지 생 성 지 묘 용   약 장 녀 배 소 남   양 수 생 이 음 불 능 성

矣, 是故兌爲萬物之所悅, 至哉言乎, 是以震兌雖不兩立, 亦有相
의   시 고 태 위 만 물 지 소 열   지 재 언 호   시 이 진 태 수 불 양 립   역 유 상

成之義也, 余細究之, 震兌之理有五, 攻成潤從暖也,
성 지 의 야   여 세 구 지   진 태 지 리 유 오   공 성 윤 종 난 야

장남이 소녀와 짝지으면 천지를 생성하는 묘용(妙用)이나 만약 장녀와 소남(少男)이 짝지으면 양은 비록 생하나 음이 이루지 못한다. 이러한 고로 태(兌)는 만물의 기뻐하는 것이다. 지극한 말씀이시다. 이러므로 진태(震兌)는 비록 양립(兩立)하지 못하나, 또한 서로 이루는 뜻이 있다.

내가 자세하게 살펴본바, 진태(震兌)의 이치는 다섯이니 공(攻), 성(成), 윤(潤), 종(從), 난(暖)이다.

*配(배)－짝지을 배. 짝 배. 귀양 보낼 배.　*悅(열)－기뻐할 열. 기쁨 열.

春初之木, 木嫩金堅, 火以攻之, 仲春之木, 木旺金衰, 土以成之,
춘 초 지 목   목 눈 금 견   화 이 공 지   중 춘 지 목   목 왕 금 쇠   토 이 성 지

夏令之木, 木洩金燥, 水以潤之, 秋令之木, 木凋金銳, 土以從之, 冬
하 령 지 목   목 설 금 조   수 이 윤 지   추 령 지 목   목 조 금 예   토 이 종 지   동

令之木, 木衰金寒, 火以暖之, 則無兩立之勢, 而有相成仁義之勢矣,
령 지 목   목 쇠 금 한   화 이 난 지   즉 무 양 립 지 세   이 유 상 성 인 의 지 세 의

초춘(初春)의 木은, 木은 아직 어리고 金은 견고하니 火로써 金을 제(制)하여야 하고, 중춘(仲春)의 木은, 木은 왕하고 金은 쇠하므로 土로써 이루어야 하고, 여름의 木은, 木은 설기되고 金은 조(燥)하니 水로써 윤택하게 하여야 하고, 가을의 木은, 木은 시들고 金은 예리하니 土에 종하여야 하고, 겨울의 木은, 木은 쇠하고 金은 차가우니 火로써 따뜻하게 하여야 한다.

이러한즉 양립(兩立)할 수 없는 두 세력이 상성(相成)하여 인의(仁義)의 세를 이루는 것이다.

*嫩(눈)-어릴 눈.
*堅(견)-굳을 견. 굳어질 견.
*攻(공)-칠 공. 다스릴 공. 닦을 공.
*潤(윤)-젖을 윤. 윤택할 윤.

*凋(조)-시들 조. 느른할 조.
*銳(예)-날카로울 예. 날랠 예.
*相成(상성)-木과 金이 서로 인의(仁義)를
　이룸.

若內外之說, 不過衰旺相敵之意也, 當洩則洩, 當制則制, 須
약 내 외 지 설　불 과 쇠 왕 상 적 지 의 야　당 설 즉 설　당 제 즉 제　수

觀其金木之意向, 不必拘執而分內外也,
관 기 금 목 지 의 향　불 필 구 집 이 분 내 외 야

　내외지설(內外之說)은 쇠한 것과 왕한 것이 서로 대적하는 뜻에 불과한 것으로
마땅히 설할 것은 설하고 제할 것은 제하여야 하며, 모름지기 金과 木의 의향을
살펴야 한다. 내외(內外)로 나누어야 한다고 고집하여서는 안 된다.

　*若(약. 야)-좇을 약. 너 약. 같을 약. 반야 야. 대명사. 부사. 접속사로 쓰이며, 마치 ～와
　같다. 또는 이. 이러한. 비록 ～이지만 등으로 쓰이나 해석하지 않기도 함.

乙　甲　庚　丙
丑　申　寅　寅

丙　乙　甲　癸　壬　辛
申　未　午　巳　辰　卯

甲木生於立春後四日, 春初木嫩, 天氣寒凝, 日主坐申, 月透庚金,
갑 목 생 어 입 춘 후 사 일　춘 초 목 눈　천 기 한 응　일 주 좌 신　월 투 경 금

丑土貼生申金, 木嫩金堅, 用火以攻之, 喜得年干透丙, 三陽開泰,
축 토 첩 생 신 금　목 눈 금 견　용 화 이 공 지　희 득 년 간 투 병　삼 양 개 태

萬象回春, 何其妙也, 初運辛卯壬辰, 有傷丙火, 蹭蹬芸怱, 癸巳,
만 상 회 춘　하 기 묘 야　초 운 신 묘 임 진　유 상 병 화　층 등 운 창　계 사

運轉南方, 丙火祿旺, 納粟入監, 連捷南宮, 甲午乙未, 宦海無波,
운 전 남 방　병 화 록 왕　납 속 입 감　연 첩 남 궁　갑 오 을 미　환 해 무 파

申運不祿,
신 운 불 록

甲木이 입춘 후 4일에 태어났다. 초춘(初春)이니 아직 木은 어리고 천기는 한응(寒凝)하다. 일주가 申金 위에 앉아 있고 월에 庚金이 투출하였으며 丑土가 申金 옆에 바짝 붙어 생하니 木은 어리고 金은 견고하다.

火를 써서 金을 견제하여야 한다. 기쁜 것은 年干에 丙火가 투출하고 삼양(三陽)이 개태(開泰)하고 만상(萬象)이 회춘하니 참으로 묘(妙)하다 하겠다.

초운 辛卯 壬辰은 丙火가 손상되니 학문이 여의치 않았으나 癸巳 운으로 바뀌어 운이 남방에 들어 丙火가 왕하게 되어 납속(納粟)으로 감영(監營)에 들어갔고 연달아 남궁(南宮)에 올랐다. 甲午 乙未 운은 벼슬길에 파란이 없었다. 申 운에 사망하였다.

*凝(응) — 얼 응. 엉길 응. 굳힐 응.
*開(개) — 열 개. 열릴 개. 벌릴 개.
*泰(태) — 클 태. 통할 태. 너그러울 태.
*象(상) — 코끼리 상. 꼴 상. 모양 상.
*回(회) — 돌 회. 돌아올 회. 돌릴 회.
*回春(회춘) — 봄이 다시 돌아옴. 중병(重病)을 돌리어 건강을 회복함. 젊어짐.
*蹌(창) — 헛디딜 창.
*蹬(등) — 헛디딜 등.
*蹌蹬(창등) — 헛디디는 모양. 실축하는 모양. 전하여 세력을 잃는 모양.
*芸(운) — 운향 운. 많을 운. 김맬 운.

*牕(창) — 창 창. 窓(창)과 仝.
*芸牕(운창) — 서재(書齋). 芸窓(운창)과 仝.
*納(납) — 들일 납. 바칠 납.
*粟(속) — 조 속. 곡식 속. 녹미 속.
*納粟(납속) — 연납(捐納). 納捐(납연).
*監(감) — 볼 감. 살필 감. 여기서는 관청(官廳)을 뜻함.
*捷(첩) — 이길 첩. 빨리 첩.
*南宮(남궁) — 당나라 때의 관제로 예부(禮部)를 이름.
*宦(환) — 벼슬살이 환. 벼슬아치 환.
*海(해) — 바다 해. 바닷물 해.

丁　甲　己　庚
卯　寅　卯　戌

乙　甲　癸　壬　辛　庚
酉　申　未　午　巳　辰

甲木生於仲春, 坐祿逢刃, 木旺金衰, 用土以成之, 方能化土生金,
갑목생어중춘　좌록봉인　목왕금쇠　용토이성지　방능화토생금

斲削以成眞, 初遊幕, 獲利納捐, 至癸未運出仕, 甲申乙酉, 木無
착삭이성진　초유막　획리납연　지계미운출사　갑신을유　목무

根, 金得地, 從佐貳升知縣, 而遷州牧,
근. 금득지　종좌이승지현　이천주목

　　甲木이 중춘(仲春)에 생하고 좌하에 녹(祿)을 두고 또 양인을 만나고 木이 왕하
니 金은 자연 쇠약하다. 이에 土를 써서 金과 木이 상성(相成)을 이룬다. 土가 火를
化하여 金을 생하니 착삭(斲削)이 좋게 되었다.

　　초년은 막부(幕府)에서 종사하여 이익을 취하여 연납(捐納)으로 癸未 운에 출사
하였다. 甲申 乙酉 운은 木은 무근이고 金이 득지하여 좌이(佐貳)에서 현령에 오
르고 이어 주목(州牧)에 이르렀다.

---

*斲(착)－깎을 착.
*削(삭)－깎을 삭.
*斲削(착삭)－큰 나무를 찍어 쪼개고 작은
　나무를 깎음. 전(轉)하여 나무를 제재(制裁)
　함. 여기서는 '왕한 木을 金으로 극제(尅
　制)'함을 이름.
*納捐(납연)－연납(捐納).

*幕(막)－장막 막. 막부(幕府) 막(장군이 군무
　를 보는 장막). 고대(古代) 중국에서는 장군
　(將軍)을 상치(常置)하지 아니하고 유사시
　에 특히 임명하였다가 일이 끝나면 해직
　(解職)하였으므로 청사가 없이 장막을 쳐
　서 집무소로 삼았던 것에서 유래함.
*佐貳(좌이)－부령(副令). 부 현령(副 縣令).

```
丁 甲 壬 庚
卯 辰 午 辰

戊 丁 丙 乙 甲 癸
子 亥 戌 酉 申 未
```

甲木生於仲夏, 時干丁火透出, 用水以潤之, 然水亦賴金生, 金亦
갑목생어중하　시간정화투출　용수이윤지　연수역뢰금생　금역

賴水養, 更妙支逢兩辰, 洩火生金蓄水, 一氣相生, 五行俱足, 是
뢰수양　갱묘지봉양진　설화생금축수　일기상생　오행구족　시

以早遊泮水, 科甲聯登, 仕至觀察, 一生惟丙戌運, 金水兩傷不利,
이조유반수　과갑연등　사지관찰　일생유병술운　금수양상불리

其餘皆順境,
기여개순경

甲木이 중하(仲夏)에 생하고 時干에 丁火가 투출하니 水로써 윤택하게 하여야
한다. 그러나 水 역시 金의 생에 의지하는데 金 역시 水에 의하여 보호받는다.

더욱 묘(妙)한 것은 지지에 양진(兩辰)이 있어 火를 설하여 金을 생하며 水를
축장하고 있는 것으로 일기상생(一氣相生)으로 오행을 다 갖추고 있다.

이러므로 일찍 반궁에 들었고 과갑(科甲)에 연달아 올랐으며 벼슬이 관찰(觀察)
에 이르렀다. 일생에서 오직 丙戌 운만 金水가 다 상해를 입으니 불리하였으나
그 외에는 벼슬길이 순탄하였다.

*賴(뢰. 뇌)-의뢰할 뢰. 힘입을 뢰.
*養(양)-기를 양. 다스릴 양. 봉양 양.
*蓄(축)-쌓을 축. 감출 축. 저축 축.
*俱(구)-다 구. 함께 구. 갖출 구.
*遊(유)-놀 유. 놀게 할 유. 벗 유. 유세(遊說)할 유.

*泮(반)-물가 반. 녹을 반.
*聯(련. 연)-연할 련. 나란히 할 련.
*惟(유)-오직 유. 생각할 유. 생각건대 유.
*境(경)-지경 경.
*餘(여)-나머지 여. 남을 여.
*順(순)-순할 순. 좇을 순. 기뻐할 순.

```
乙  甲  甲  庚
丑  戌  申  戌

庚  己  戊  丁  丙  乙
寅  丑  子  亥  戌  酉
```

甲木生於孟秋, 財生殺旺, 雖天干三透甲乙, 而地支不載, 木凋金銳,
갑목생어맹추 재생살왕 수천간삼투갑을 이지지부재 목조금예

用土以從之也, 格成從殺, 戌運武甲出身, 丁亥運生木剋金, 刑耗
용토이종지야 격성종살 술운무갑출신 정해운생목극금 형모

多端, 戊子己丑, 財生殺旺, 仕至副將,
다단 무자기축 재생살왕 사지부장

甲木이 맹추(孟秋)에 생하였는데 재(財)가 살(殺)을 생하니 살이 왕하다. 비록 천
간에 甲乙이 셋이 있으나 지지에 뿌리를 내리지 못하니 木은 시들고 金이 예리하
다. 土에 종하니 종살격이다. 戌 운에 무과(武科)에 등과하였다.

丁亥 대운은 木을 생하고 金을 극하니 형모(刑耗)가 다단(多端)하였다. 戊子 己
丑 대운은 재가 살을 생하니 벼슬이 부장(副將)에 이르렀다.

*載(재) - 실을 재. 탈 재. 비로소 재.   *從(종) - 좇을 종. 종사할 종. 따를 종.
*凋(조) - 시들 조. 느른할 조.   *耗(모) - 벼 모. 덜 모. 耗는 재물이 흩어짐
*銳(예) - 날카로울 예. 날랠 예.   을 이름.

丙　甲　庚　辛
寅　子　子　酉

甲　乙　丙　丁　戊　己
午　未　申　酉　戌　亥

甲木生於仲冬, 木衰金寒, 用火以暖之, 金亦得其制矣, 況乎時逢祿
갑 목 생 어 중 동　목 쇠 금 한　용 화 이 난 지　금 역 득 기 제 의　황 호 시 봉 록

旺, 一陽解凍, 所謂得氣之寒, 遇暖而發, 故寒木必得火以生之也,
왕　일 양 해 동　소 위 득 기 지 한　우 난 이 발　고 한 목 필 득 화 이 생 지 야

所以科甲聯登, 仕至侍郎, 右五造擧甲木以爲例, 乙木亦同此論,
소 이 과 갑 연 등　사 지 시 랑　우 오 조 거 갑 목 이 위 예　을 목 역 동 차 론

　甲木이 중동(仲冬)에 생하여 木은 쇠하고 金은 차갑다. 火를 써서 따뜻하게
하여야 한다. 火를 쓰는 것은 金을 또한 제하는 뜻도 있다. 하물며 時에 녹왕이
있고 일양(一陽)이 해동하니 이른바 차가운 때 따뜻함을 만나 발영(發榮)하는 것
이다.

　이러한 고로 木이 반드시 火를 얻어야 생발(生發)한다. 이러므로 과갑(科甲)에
연달아 오르고 벼슬이 시랑(侍郎)에 이르렀다.

　이상 다섯 명조는 다 甲木을 예로 들은 것이나 乙木 또한 이와 같이 논한다.

*衰(쇠)－쇠할 쇠. 줄 쇠.　　　　　　*祿(록. 녹)－녹 록. 복 록. 녹줄 녹.
*暖(난)－따뜻할 난.　　　　　　　　*遇(우)－만날 우. 대접할 우. 뜻밖에 우.
*逢(봉)－만날 봉. 맞을 봉.　　　　　*擧(거)－들 거. 올릴 거. 일으킬 거.

坎 離 감리

坎離宰天地之中氣. 成不獨成. 而有相持者在.
감 리 재 천 지 지 중 기   성 부 독 성   이 유 상 지 자 재

감리(坎離)는 천지의 중기(中氣)를 주재하니 만상(萬象)을 이룸은 홀로는 이루지 못하니 서로 받쳐서(補持하여) 있게 되는 것이다.

*坎(감 ☵) – 구덩이 감. 험할 감. 감괘 감.　　　*獨(독) – 홀로 독.
*離(리 ☲) – 떠날 리. 떨어질 리. 이괘 리.　　*成(성) – 이룰 성. 이루어질 성.
*宰(재) – 재상 재. 우두머리 재. 주관할 재.　　*持(지) – 가질 지. 지닐 지. 도울 지. 버릴 지.

> **역자주**　감(坎)은 水이고 北方이고, 리(離)는 火이고 南方이다.

原注원주

天干透壬癸. 地支屬離者. 乃爲旣濟. 要天氣下降. 天干透丙丁. 地支
천 간 투 임 계   지 지 속 리 자   내 위 기 제   요 천 기 하 강   천 간 투 병 정   지 지

屬坎者. 乃爲未濟. 要地氣上升. 天干皆水. 地支皆火. 爲交媾. 交媾身
속 감 자   내 위 미 제   요 지 기 상 승   천 간 개 수   지 지 개 화   위 교 구   교 구 신

强則富貴. 天干皆火. 地支皆水. 爲交戰. 交戰身弱. 豈能富貴.
강 즉 부 귀   천 간 개 화   지 지 개 수   위 교 전   교 전 신 약   기 능 부 귀

【원주】

천간은 壬癸가 투출하고 지지는 리(離)에 속(屬)한 것은 기제(旣濟)를 이룬 것이니 천기가 하강함을 요하고 천간은 丙丁이 투출하고 지지는 감(坎)에 속(屬)한 것은 미제(未濟)이니 지기가 상승함을 요한다.

천간이 다 水이고 지지가 다 火이면 교구(交媾)가 이루어지는데 교구에 있어 신강한즉 부귀하다. 천간이 다 火이고 지지가 다 水이면 교전이 일어나는데 교전함에 있어 신약하면 어찌 부귀하겠는가.

*屬(속. 촉)－이을 속. 붙을 속. 벼슬아치　　*降(강. 항)－항복할 항. 항복 받을 항. 내릴 강.
　속. 맡길 촉. 모을 촉.　　　　　　　　　　*升(승)－되 승. 오를 승. 올릴 승.
*坎(감)－구덩이 감. 험할 감. 감괘 감.　　　*媾(구)－결혼할 구. 꾈 구. 교접 구.

坎外離内. 謂之未濟. 主之所喜在離. 要水竭. 主之所喜在坎. 則不祥.
감 외 리 내　위 지 미 제　주 지 소 희 재 리　요 수 갈　주 지 소 희 재 감　즉 불 상

離外坎内. 謂之旣濟. 主之所喜在坎. 要離降. 主之所喜在離. 要木和.
리 외 감 내　위 지 기 제　주 지 소 희 재 감　요 리 강　주 지 소 희 재 리　요 목 화

水火相間於天干. 以火爲主. 而水盛者存. 坎離相見於地支. 喜坎而坎
수 화 상 간 어 천 간　이 화 위 주　이 수 성 자 존　감 리 상 견 어 지 지　희 감 이 감

旺者昌. 夫子午卯酉專氣也. 其相制相持之勢. 宜悉辨之. 若四生四庫
왕 자 창　부 자 오 묘 유 전 기 야　기 상 제 상 지 지 세　의 실 변 지　약 사 생 사 고

之神. 皆所以黨助子午卯酉者. 其理亦可推詳.
지 신　개 소 이 당 조 자 오 묘 유 자　기 리 역 가 추 상

　감(坎)은 밖에 있고 리(離)는 안에 있으면 이를 미제(未濟)라 하는데 일주의 기뻐하
는 바가 리(離)에 있으면 水가 말라야 하고, 일주의 기뻐하는 바가 감(坎)이면 상서롭
지 못하다.

　리(離)가 밖에 있고 감(坎)이 안에 있으면 이를 기제(旣濟)라 하는데 일주의 기뻐하
는 바가 감(坎)에 있으면 리(離)가 하강하여야 하고 일주의 기뻐하는 바가 감(坎)에
있으면 木이 화해시켜야 한다. 水火가 천간에 섞여 있는데 火가 주(主)이면 水가 왕
성해야 존재할 수 있으며 감리(坎離)가 지지에 같이 있을 때 감(坎)을 기뻐하면 감(坎)
이 왕성해야 창성한다.

　대저 子午卯酉는 전기(專氣)이니 서로 극하거나 상생하는 것을 잘 살펴야 하는
것이다. 사생(四生：寅申巳亥)이나 사고(四庫：辰戌丑未)는 무리 지어 子午卯酉를
돕는 것이 있으니 그 이치를 자세히 살펴야 한다.

*濟(제)－건널 제. 이룰 제. 나루 제. 이루어　　*竭(갈)－다할 갈. 들 갈. 엉길 갈.
　질 제.　　　　　　　　　　　　　　　　　*旣(기)－이미 기. 다할 기.
*未濟(미제)－미료(未了). 육십사괘의 하나.　　*旣濟(기제)－육십사괘의 하나. 일이 이루
　일이 아직 이루어지지 아니한 상(象). 즉,　　　어진 상(象). 즉, 水火旣濟를 말함.
　火水未濟를 말함.

밑줄의 해설은 이해가 어렵다.

○ 坎外離內. 謂之未濟(감외리내. 위지미제) : 감(坎)이 밖에 있고 리(離)가 안에 있으면 미
제라 하고,

○ 離外坎內. 謂之旣濟(리외감내. 위지기제) : 리(離)가 밖에 있고 감(坎)이 안에 있으면 기
제라 한다.

이 말이 좀 이상하다. 감(坎)이 외괘(外卦)이고 리(離)가 내괘(內卦)면 수화기제(水火旣濟)
인데 미제(未濟)라 하고, 리(離)가 외괘이고 감(坎)이 내괘면 화수미제(火水未濟)인데 기제
(旣濟)라 하니 이해가 어렵다. 外와 內를 어떻게 해석하여야 할지 난감하다. 필사 과정에서
內外가 바뀐 듯하다.

任氏曰임씨왈,

坎陽也, 先天位右七之數, 故爲陽也, 離陰也, 先天位左三之數,
감양야 선천위우칠지수 고위양야 이음야 선천위좌삼지수

故爲陰也, 坎爲中男, 天道下濟, 故一陽生於北, 離爲中女, 地道
고위음야 감위중남 천도하제 고일양생어북 리위중녀 지도

上行, 故二陰生於南,
상행 고이음생어남

임 선생님이 말씀하였다.

감(坎)은 양이다. 선천의 자리는 우(右)이고 수(數)는 七이니 양이다. 리(離)는 음
이다. 선천의 자리는 좌(左)이고 수는 三이니 그러므로 음이다. 감(坎)은 중남(中男)
이다. 천도는 아래로 내려오는 것이므로 일양(一陽)은 북에서 생한다. 리(離)는 중
녀(中女)이다. 지도는 위로 올라가는 것이므로 이음(二陰)은 남에서 생한다.

離爲日體, 坎爲月體, 一潤一暄, 水火相濟, 男女媾精, 萬物化生
리위일체 감위월체 일윤일훤 수화상제 남녀구정 만물화생

矣, 夫坎離爲日月之正體, 無消無滅, 而宰天地之中氣, 是以不可
의 부감리위일월지정체 무소무멸 이재천지지중기 시이불가

獨成, 必要相持爲妙也, 相持之理有五, 升降和解制也,
독성 필요상지위묘야 상지지리유오 승강화해제야

리(離)는 일체(日體)이고 감(坎)은 월체(月體)이니 한편으론 윤택하고 한편으로는

따뜻하다. 水火가 상제(相濟)하고 남녀가 구정(媾精)하여 만물이 생하고 이루어지는 것이다.

대저 감리(坎離)는 일월의 정체이니 소멸이 없으며 천지의 중기(中氣)를 주재하는 것이다. 이러므로 홀로는 이루어지지 않는 것이니 반드시 서로 본성을 유지하므로 묘(妙)한 것이다. 감리(坎離)의 상지(相持)하는 이치는 다섯이니 승(升), 강(降), 화(和), 해(解), 제(制)이다.

*媾(구)―화친할 구. 교접 구.　　　　　*媾精(구정)―남녀의 짝지음.

升者, 天干離衰, 地支坎旺, 必得地支有木, 則地氣上升, 降者, 天
승자　천간리쇠　지지감왕　필득지지유목　즉지기상승　강자　천

干坎衰, 地支離旺, 必得天干有金, 則天氣下降, 和者, 天干皆火,
간감쇠　지지리왕　필득천간유금　즉천기하강　화자　천간개화

地支皆水, 必須有木運以和之, 解者, 天干皆水, 地支皆火, 必須
지지개수　필수유목운이화지　해자　천간개수　지지개화　필수

有金運以解之, 制者, 水火交戰於干支, 必須歲運視其强者而制之,
유금운이해지　제자　수화교전어간지　필수세운시기강자이제지

此五者, 坎離之作用如此, 則無獨成之勢, 而有相持禮智之性矣,
차오자　감리지작용여차　즉무독성지세　이유상지예지지성의

승(升)이란 천간의 리(離)가 쇠하고 지지의 감(坎)이 왕하면 반드시 지지에 木이 있어야 지기(地氣)가 상승하게 되고, 강(降)이란 천간에 감(坎)이 쇠하고 지지의 리(離)가 왕하면 반드시 천간에 金이 있어야 천기가 하강하게 되고, 화(和)란 천간은 다 火이고 지지는 다 水이면 반드시 木 운에 水火가 화합되고, 해(解)란 천간은 다 水이고 지지는 다 火이면 반드시 金 운에 水火 상전이 해소되는 것이고, 제(制)란 水火가 천간과 지지에서 교전이 되면 반드시 세운에서 강자를 억제하여야 하는 것이다.

이 다섯 가지가 감리(坎離)의 작용인 것이니 홀로는 세(勢)를 이룰 수 없는 것이다. 서로 받쳐서 예지(禮智)의 본성을 이루는 것이다.

戊　丙　己　丙
子　寅　亥　子

乙　甲　癸　壬　辛　庚
巳　辰　卯　寅　丑　子

丙火生於孟冬, 又逢兩子, 天干離衰, 地支坎旺, 用寅木以升之也,
병화생어맹동　우봉양자　천간리쇠　지지감왕　용인목이승지야

至壬寅, 東方木地, 采芹折桂, 卯運出仕, 一路運走東南, 仕至觀察,
지임인　동방목지　채근절계　묘운출사　일로운주동남　사지관찰

　丙火가 맹동(孟冬)에 생하였는데 지지에 子水가 두 개나 있다. 천간의 리
(離)는 쇠하고 지지의 감(坎)은 왕하다. 寅木을 써서 지기를 상승하게 하여야
한다.

　壬寅 운에 이르러 동방의 木地가 되니 반궁에 들고 과거에 급제하였다. 卯 운에
출사하여 운이 한길로 동남으로 가니 벼슬이 관찰(觀察)에 이르렀다.

　*采芹(채근)－반궁(泮宮)에 들어감. 우리나　　*折桂(절계)－계수나무를 꺾은 것이니 과거
　라는 성균관(成均館).　　　　　　　　　　에 급제함을 이름.

庚 壬 壬 壬
戌 戌 寅 午

戊 丁 丙 乙 甲 癸
申 未 午 巳 辰 卯

壬水生於孟春, 支全火局, 雖年月兩透比肩, 皆屬無根, 天干坎衰,
임수생어맹춘 지전화국 수년월양투비견 개속무근 천간감쇠

地支離旺, 用庚金以降之也, 惜乎運途東南, 在外奔馳四十年, 一
지지리왕 용경금이강지야 석호운도동남 재외분치사십년 일

無成就, 至五旬外, 交戊申, 庚逢生旺, 得際遇, 發財巨萬, 娶妻
무성취 지오순외 교무신 경봉생왕 득제우 발재거만 취처

三, 年已六旬矣, 連生三子, 至戌運而終,
삼 년이육순의 연생삼자 지술운이종

壬水가 맹춘(孟春)에 생하였는데 지지가 화국을 이루니 비록 年月에 비견이 투출하였으나 다 무근으로 천간의 감(坎)은 쇠하고 지지의 리(離)는 왕하다. 庚金을 용신으로 하여 항복하게 하여야 한다.

안타까운 것은 운이 동남으로 달리니 외지에서 사십여 년을 분주하게 노력하였으나 하나도 이룬 것이 없었다.

오십이 넘어 戊申 운으로 바뀌어 庚金이 생을 받고 녹왕을 만나니 기회를 얻어 거만(巨萬)의 재물을 일으켰다. 처를 셋이나 들였는데 이미 나이는 육순(六旬)이었다. 연달아 세 아들을 낳고 戌 운에 사망하였다.

*屬(속. 촉)－이을 속. 붙을 속. 벼슬아치 속. 맡길 촉. 모을 촉.
*坎(감)－구덩이 감. 험할 감. 감괘 감.
*衰(쇠)－쇠할 쇠. 줄 쇠.
*降(강. 항)－항복할 항. 항복 받을 항. 내릴 강.
*惜(석)－아낄 석. 아까워할 석. 애처롭게 여길 석.
*奔(분)－달릴 분(빨리 감). 예를 올리지 않고 혼인할 분.
*馳(치)－달릴 치. 거둥거릴 치.
*奔馳(분치)－빨리 달림. 바쁘게 움직임.

丙　丙　丙　丙
申　子　申　子

甲 癸 壬 辛 庚 己 戊 丁
<u>寅</u> 卯 寅 丑 子 亥 戌 酉

此造地支, 兩申兩子, 水逢生旺, 金作水論, 天干四丙, 地支無根,
차 조 지 지　양 신 양 자　수 봉 생 왕　금 작 수 론　천 간 사 병　지 지 무 근

離衰坎旺, 須以木運和之也, 惜乎五行不順, 五十年西北金水之地,
리 쇠 감 왕　수 이 목 운 화 지 야　석 호 오 행 불 순　오 십 년 서 북 금 수 지 지

故艱難險阻, 刑傷顚沛, 五旬外運走壬寅, 東方木地, 財進業興,
고 간 난 험 조　형 상 전 패　오 순 외 운 주 임 인　동 방 목 지　재 진 업 흥

及癸卯<u>甲寅</u>, 發財數萬,
급 계 묘 갑 인　발 재 수 만

　이 명조는 지지로 申金과 子水가 두 개씩 있는데 水가 장생을 만나 왕하다. 金은 수세(水勢)를 따른다. 金 또한 水로 논한다. 천간의 丙火는 비록 네 개이나 무근으로 리(離)는 쇠하고 감(坎)은 왕하다. 모름지기 木을 써서 화합하여야 한다.

　안타까운 것은 오행이 순조롭지 않아 오십 년을 서북 金水로 흐르니 고생이 많았고 형상과 좌절을 겪었다. 오십을 넘어 운이 壬寅 동방 木地로 가 재물이 늘고 사업이 번창하였다. 癸卯 甲辰 운까지 수만의 재물이 일어났다.

*艱(간)－어려울 간. 괴로울 간.
*艱難(간난)－고생. 간고(艱苦).
*險(험)－험할 험. 험준할 험.
*阻(조)－험할 조(險峻함). 고난(苦難) 조.
*險阻(험조)－험함. 인심이 험함.

*顚(전)－엎드러질 전. 넘어질 전.
*沛(패)－늪 패. 흐를 패. 배가는 모양 패.
*顚沛(전패)－엎어지고 자빠지고 함. 꺾임. 좌절.
*走(주)－달릴 주. 달아날 주.

> **역자주**　대운에서 밑줄의 甲寅 대운은 甲辰 대운의 오자(誤字)이고 사주 설명에서도 甲寅 대운은 甲辰 대운의 오자(誤字)이다.

```
壬  壬  壬  癸
寅  午  戌  巳

丙 丁 戊 己 庚 辛
辰 巳 午 未 申 酉
```

壬午日元, 生於戌月, 支會火局, 年支坐巳, 天干皆坎, 地支皆離,
임오일원 생어술월 지회화국 년지좌사 천간개감 지지개리

必須金運以解之也, 初交辛酉庚申, 正得成其旣濟, 解其財殺之勢,
필수금운이해지야 초교신유경신 정득성기기제 해기재살지세

叨化日之光, 豐衣足食, 一交己未, 刑耗異常, 戊午財殺並旺, 出
도화일지광 풍의족식 일교기미 형모이상 무오재살병왕 출

外遇盜喪身,
외우도상신

　壬午 일원이 戌월에 생하여 지지에 火局을 두고 年支가 巳火로 火가 왕하다.
천간은 다 감(坎)이고 지지는 다 리(離)다. 반드시 金 운에 풀리게 된다.

　초년 辛酉 庚申 운은 기제(旣濟)를 이루어 재살의 세를 누그러뜨리니 선대의
유업이 빛나 의식이 풍부하였다. 己未 운으로 바뀌어 형모가 대단하였고 戊午
운에 재살이 다 왕하니 밖에 나갔다가 도적을 만나 사망하였다.

*皆(개)－다 개.
*旣(기)－이미 기. 다할 기.
*濟(제)－건널 제. 이를 제. 더할 제.
*旣濟(기제)－육십사괘의 하나. 일이 이루
　어진 상(象). 즉, 水火旣濟를 말함.
*勢(세)－세력 세. 기세 세.

*叨(도)－탐할 도. 외람할 도.
*刑(형)－형벌 형. 법 형.
*耗(모)－벼 모. 덜 모. 耗는 재물이 흩어짐
　을 이름.
*遇(우)－만날 우. 대접할 우. 뜻밖에 우.
*喪(상)－망할 상. 잃을 상. 복 입을 상.

丙　壬　丙　壬
午　子　午　子

壬　辛　庚　己　戊　丁
子　亥　戌　酉　申　未

此造水火交戰於干支, 火當令, 水休囚, 喜其無土日主不剋, 初交
차 조 수 화 교 전 어 간 지　화 당 령　수 휴 수　희 기 무 토 일 주 불 극　초 교

丁未, 年逢戊午, 天剋地沖, 財殺兩旺, 父母雙亡, 流爲乞丐, 交申
정 미　년 봉 무 오　천 극 지 충　재 살 양 왕　부 모 쌍 망　류 위 걸 개　교 신

運, 逢際遇, 己酉運, 發財數萬, 娶妻生子成家,
운　봉 제 우　기 유 운　발 재 수 만　취 처 생 자 성 가

이 명조는 천간과 지지에서 水火가 교전(交戰)하고 있는데 火는 당령하고 水는
휴수(休囚)되었다. 기쁜 것은 土가 없는 것으로 일주가 극(剋)을 받지 않고 있는
것이다.

丁未 대운 戊午 년에 천간과 지지가 다 충극(沖剋)으로 재살이 왕하여 부모님이
다 돌아가시어 유리걸식(流離乞食)하였다.

申 운으로 바뀌어 기회를 만나 己酉 운까지 수만의 재물을 일으키었다. 부인을
얻어 아들을 낳고 가정을 이루었다.

*雙(쌍) - 쌍 쌍. 견줄 쌍.

*乞丐(걸개) - 거지. 걸인. 구걸함.

*乞(걸) - 빌 걸. 청할 걸. 거지 걸.

*娶(취) - 장가들 취. 장가 취.

*丐(개) - 빌 개. 빌릴 개. 거지 개.

*妾(첩) - 첩 첩. 시비(侍婢) 첩. 계집아이 첩.

袁 序

壬申孟冬, 句章蘅園主人, 偕其哲嗣簷齋, 及老友陳君莘莊, 林君茹香,
因事來鎮. 乃蒙謬採虛聲. 引爲知命. 召余讌飲於李氏挹江樓上. 一見
傾心. 知爲豪傑之士. 余贈詩有句云, 相逢邂逅渾如舊. 閑話陰陽共樂
天. 簷齋工詩能文. 其酬詩有云, 愧我十年初學易. 心欣康節樂追陪.
虛懷若谷. 令人心折. 翌日, 孫君偶以精鈔本, 任鐵樵先生增註之滴天
髓闡微見示. 余披閱至再. 知其以古本滴天髓正文爲綱. 古註爲目. 古
註外, 復增新註. 闡發要旨. 並於逐條, 排列命造. 以資佐證. 學宗陳
沈. 筆有鑪錘. 理必求精. 語無泛設. 誠命學中罕見之孤本也. 及觀觀
復居士原跋. 乃知此書爲海甯陳氏藏本. 並謂安得有心人, 壽諸梨棗.
以廣流傳. 余遂起謂主人曰. 嘗聞張文襄公云, 立名不朽. 莫如刊布古
書. 其書終古不廢. 則刻書之人, 終古不泯. 且刻書者, 傳先哲之精蘊.
啟後學之顓蒙. 亦利濟之先務. 積善之雅談. 君其留意及之. 語未竟.
主人躍然曰. 此書, 論命有道. 寫作俱佳. 余早有影印出版, 公諸同好
之心. 簷齋又曰. 家大人謀印此書, 籌之熟矣. 陳君林君復謂余曰. 吾
等力任校讎. 乞先生以言弁其首, 可乎. 余頷之. 今歲初夏, 簷齋果以
是書影印本四卷, 郵寄至鎮. 並函索序言. 以踐前約. 余迴環盥誦. 至
卷二第四十五葉, 載有鐵樵先生命造, 爲癸巳, 戊午, 丙午, 壬辰. 始知
先生乃乾隆二十八年四月十八日辰時生. 觀其敍述本命有曰. 上不能
繼父志, 以成名. 下不能守田園, 而務本. 始知先生之先德, 必爲名宦.
先生之家産, 必爲中人. 又曰, 至卯運, 壬水絶地. 陽刃逢生. 變生骨
肉. 家産蕩然. 又曰, 先嚴逝後. 潛心命學. 計爲餬口. 始知先生學命之

年, 已逾三旬矣. 又曰, 予賦性古拙. 無諂態. 多傲骨. 交游往來. 落落
寡合. 所凜凜者, 吾祖若父, 忠厚之訓. 不敢失墜. 吾於是知先生之人
格, 必爲亮節高風. 安貧樂道也. 再證以卷三第十二葉, 某君癸巳命,
有曰. 余造年月日皆同. 換一壬辰時. 弱殺不能相制. 亦有六弟. 得力
者, 早亡. 其餘, 皆不肖. 以致受累破家. 吾於是知先生之友于兄弟. 困
苦不辭也. 再證以卷二第七十四葉, 某饒生壬子命, 有云. 丁巳運, 連
遭回祿. 查該生之命. 五十六歲, 始行丁運. 適在道光二十七年, 歲次
丁未. 可以知先生壽已七十有五, 猶垂簾賣卜. 勤勤懇懇. 爲人推命也.
觀復居士原跋, 謂陳君言, 任先生, 何時人. 吾生也晚, 不及知. 此殆未
觀全書, 而不諳命學之故. 至任先生里居, 原書未載. 不敢臆斷. 然觀
其書中增註. 大都採自命理約言子平眞詮約言, 爲海甯陳相國素菴著.
眞詮, 爲山陰沈進士孝瞻著. 二公, 皆浙人也. 其書世無刊本間有私家
傳鈔. 亦必浙人爲多且陳相國, 謝世於康熙五年沈進士, 通籍於乾隆四
年. 以先生乾隆三十八年誕生計之. 其相距, 遠亦不過甫逾百年. 近僅
數十年耳由是觀之. 先生殆亦爲浙人乎. 約言, 眞詮學說. 余素所服膺.
曩著命理探原, 採錄不少. 然以鐵樵先生之闡微較之. 又有泰山培塿之
判矣. 蓋先生硏精覃思. 匪伊朝夕. 故能綜貫本末. 發爲文章. 其論五
行生尅衰旺顚倒之理. 固極玄妙. 而尤以旺者宜尅. 旺極宜洩. 弱者宜
生. 弱極宜尅二條. 最爲精湛. 至云, 人有厚薄. 山川不同. 命有貴賤.
世德懸殊. 此又以天命而合地利, 人事言也. 故其爲人論命. 嘗曰, 某
造純粹中和. 太平宰相. 某造仕路淸高. 才華卓越. 某造經營獲利. 勤

儉成功. 某造背井離鄉. 潤身富屋. 某造貪婪無厭. 性情乖張. 某造揮金如土. 破家亡身. 某造不事生産. 必有後災. 某造出身貧寒. 爲人賢淑. 某造靑年守節. 敎子成名. 某造愛富嫌貧. 背夫棄子. 某造若不急流勇退. 能無意外風波. 某造蒲柳望秋而彫. 松柏經霜彌茂. 袞褒斧貶. 莫不各具若心. 大義微言. 要皆有關世道. 古之君子, 所謂旣沒而言立者. 其在斯人乎. 讀者若徒以命學觀之. 擧一遺二. 見寸昧尺. 其亦有負蘅園喬梓影印流傳之盛意也已.

民國二十二年歲次癸酉夏五月庚寅朔越二十有一日庚戌鎭江袁樹珊撰

袁 序 원서

壬申年 十月 구장형원(句章蘅園)의 주인이 그 아들 보재(簠齋)와 오랜 친구인
진신장(陳莘莊), 임여향(林茹香)과 함께 일이 있어 진강(鎭江)에 왔다가 내가 명리에
밝다는 헛된 소문을 듣고 나를 초대하여 李氏의 읍강루(挹江樓)에서 잔치를 베풀
어 주었다.

한눈에 마음이 끌렸고 그들이 호걸지사(豪傑之士)임을 알고 기쁜 마음에 몇 구
절 시(詩)를 지어 읊었다.

　　우연히 만났는데도 오랜 친구를 만난 듯하고,
　　음양(陰陽)을 논하며 천도(天道)를 즐긴다.

보재(簠齋)도 시문(詩文)에 뛰어나 응답하기를

　　십년의 역학 공부 오히려 부끄럽고
　　강절(康節) 선생을 뵈온 듯 기쁩니다.

허심탄회한 그의 마음에 사람을 움직이는 정이 있다.

다음날 손군(孫君)이 임철초(任鐵樵) 선생이 증주한 『적천수천미』 정초본을 나
에게 보여주었다. 나는 거듭 읽어보니 이 책이 옛날의 적천수 정문(正文)을 벼리
[綱]로 삼고 고주(古註)를 목(目)으로 하고 고주 외에 다시 신주(新註)를 더하여 그
뜻을 명백히 밝혔다.

더불어 조목마다 명조(命造)를 배열하여 징험을 돕는 자료로 하였다. 학리(學理)
는 진소암(陳素菴) 선생과 심효첨(沈孝瞻) 선생의 이론을 따랐으며 글은 법도에 맞
도록 쓰여졌고 이론이 정미(精微)하고 말이 군소리가 없다. 명리서 중 흔히 볼 수
없는 희귀본이다.

관복거사(觀復居士)의 원발(原跋)을 보고 이 책이 해녕(海寧) 진씨(陳氏)의 소장본임을 알겠고 또 이르길 뜻있는 사람이 이 책을 인쇄하여 세상에 널리 전하고 싶다고 하였다.

나는 자리에서 일어나 주인에게 말하길, "일찍이 장문양(張文襄)공이 말하길 이름을 세워 영원히 남기려면 고서(古書)를 간행(刊行)하여 세상에 널리 배포하는 것보다 더한 것이 없다고 하였는바, 책이 오래도록 없어지지 않는 한 그 책을 펴낸 사람의 이름도 없어지지 않을 것이며 선철(先哲)의 정미하고 깊은 뜻을 전하여 후학자의 몽매함을 깨우쳐 주는 것으로 이세제민(利世濟民)을 위해 먼저 하여야 할 일이며 적선(積善)도 되는 길이니 그대의 뜻은 어떠합니까?" 하였더니, 내 말이 끝나기도 전에 주인이 뛸 듯이 기뻐하며 말하기를, "이 책은 명(命)을 논함에 체계적으로 조리가 있고 필사한 것과 내용이 다 아름다워 이것을 영인본(影印本)으로 출판하여 그 기쁨을 동호인들과 함께할 뜻을 가지고 있었습니다"라고 하고, 보재 역시 "부친께서도 이 책을 펴낼 생각을 일찍부터 하고 계셨습니다"라고 하였다.

임(林) 군과 신(莘) 군이 다시 나에게 말하길 우리 둘이 교정을 힘써 할 것이니 선생님께서는 서문(序文)을 써 주기를 청하기에 나는 그러마고 하였다.

금년 초여름 보재(簠齋)가 이 책의 영인본(影印本) 네 권을 나에게 보내면서 먼저 약속했던 서문을 써 주십사 하는 부탁의 글도 있었다. 나는 감사한 마음에 손을 씻고서 읽어보니 2권 45쪽에 철초(鐵樵) 선생의 사주가 癸巳 戊午 丙午 壬辰이라 기록되어 있어 선생이 건륭(乾隆) 28년* 4월 18일 辰時生이라는 것을 비로소 알

---

* 「적천수천미」 원문 170쪽의 사주에는 건륭 38년으로 되어 있다. 본인도 뒤에는 건륭 38년이라 했다.

게 되었다.

　선생은 자신의 명을 논하여 이르길, "위로는 아버지의 뜻을 받들어 공명(功名)을 이루지 못하고 아래로는 전원(田園)을 지키는 본분을 다하지 못하였다"고 한 것을 보고 비로소 선생의 선대는 반드시 이름이 높은 벼슬하는 집안이고 가산(家産)은 중류(中流)쯤 되는 것을 알 수 있었다.

　또 이르기를, "卯 운에 이르러 壬水가 절지가 되고 양인(陽刃)이 생을 만나 골육(骨肉)에 이변이 있었고 가산이 탕진(蕩盡)되었다"라고 하고, 또 말씀하시길 "엄친이 돌아가신 후 전심으로 명리(命理)를 배워 호구지책(糊口之策)으로 삼았다"라고 한 것을 보고 선생은 30이 넘어서 명리학을 공부한 것을 알 수 있다.

　또 말씀하시길, "나는 천성이 고졸(古拙)하여 아첨할 줄 모르고 뜻이 커서 벗을 사귀거나 왕래함이 별로 없었다. 내가 세파(世波)에 물들지 않고 꿋꿋한 것은 할아버지와 아버지의 충후(忠厚)의 가르침을 감히 실추(失墜)시킬 수 없기 때문이다"라고 한 것을 보고 나는 선생의 인격이 밝고 절개가 높으며 안빈낙도(安貧樂道)하신 것을 알았다.

　다시 3권 12쪽에 癸巳生의 어떤 사람의 명조(命造)에 대하여 말씀하시기를 "이 사람의 사주는 나의 사주와 年 月 日이 다 같으나 壬辰時 하나만 바뀌었다. 약한 살이 극제(剋制)하지 못하니 이 사주도 여섯 형제가 있는데 힘 있는 자는 일찍 죽고 여타는 불초하여 가산이 탕진되고 형제간에 폐가 되었다"라고 재차 밝힌 것을 보고 나는 선생이 형제간에 곤고(困苦)함이 있어도 마다하지 않은 것을 알 수 있었다.

　또 2권 74쪽에 壬子生인 어떤 사람의 명을 말씀하시길, "丁巳 운에 연달아 화재를 만났다"고 하였는데, 이 명조를 자세히 살펴보니 56세에 丁 운이 시작되는데 도광(道光) 27년으로 그해가 丁未 년이니 선생의 나이 75세 때로 오히려 발(簾)을 드리우고 지성으로 열심히 사람을 위해 추명(推命)하신 것을 알 수 있다.

관복거사의 서문을 일러 진(陳)군이 말하길 "임 선생이 어느 때 사람인지 내가 늦게 태어나 알지 못한다" 하였는데 이는 아마 이 글을 다 읽지 않고 명학(命學)을 알지 못한 (임 선생의 명조를 이해치 못하여) 까닭이다.

임 선생이 사신 곳에 대하여는 원서(原書)에 기재가 없어 감히 억측(臆測)할 수는 없으나, 그러나 증주(增註)를 보건대 『명리약언』 과 『자평진전』 에서 채택하였는데, 약언(約言)은 해녕(海甯) 진 상국(陳 相國) 소암(素菴)이 저술한 것이고, 진전은 산음(山陰) 심 진사(沈 進士) 효첨(孝瞻)이 저술한 것으로 두 분은 모두 절강성 사람들이다.

그 책은 세상에 출판되지 않고 사가(私家)에 초본으로만 전하여질 뿐인데 역시 절강성(浙江省) 사람들이 많이 가지고 있었을 것이다.

진(陳) 상국(相國)은 강희 5년에 세상을 뜨고 심(沈) 진사는 건륭(乾隆) 4년에 진사가 되었는데 선생은 건륭 38년에 태어났으니 계산하여 보면 차이가 멀다 해도 100년 정도에 불과하고 가까이는 몇십 년 차이밖에 안 되니 선생도 아마 절강 사람일 것이다.

『명리약언』과 『자평진전』은 학설은 나도 평소 마음에 두고 있었던 것으로 지난 날 지은 『명리탐원(命理探原)』을 쓸 때도 거기에서 채록(採錄)한 것이 적지 않았으나, 그러나 철초 선생의 천미(闡微)와 비교하면 태산(泰山)과 언덕만큼의 차이다.

선생은 밤낮으로 정밀히 연구하고 깊이 생각하여 그 본말(本末)을 꿰뚫고 글로 나타내면서 오행의 생극(生剋)과 쇠왕(衰旺)과 전도(顚倒)의 이치를 아주 현묘(玄妙)하게 논(論)하였을 뿐 아니라, "왕(旺)한 것은 극(剋)함이 마땅하고 왕(旺)함이 극(極)에 이른 것은 설(洩)함이 마땅하며, 약(弱)한 것은 마땅히 생하여 줘야 하고 약(弱)함이 극(極)에 이른 것은 마땅히 극(剋)하여야 한다"는 이 두 가지의 이론은 가장 정밀하고 깊은 뜻이 있는 학설이다.

또 이르길 사람에 따라 후박(厚薄)이 있고 명(命)에 따라 귀천(貴賤)이 다른 것은 산천(山川)이 다르고 세덕(世德)이 다름에 있는 것이니 이것은 천명(天命)을 지리(地利)에 부합시켜 사람의 일을 말한 것이다.

그러므로 사람의 명(命)을 논함에 항상 말씀하시기를, 어떤 명조는 순수하고 중화되어 태평성대에 재상이라 하고, 어떤 명조는 벼슬길이 청고(淸高)하고 재주가 뛰어난 명조라 하고, 어떤 명조는 경영(經營)함에 이익을 얻어 근검(勤儉)하여 성공한다 하고, 어떤 명조는 고향을 떠나 타향에서 성공한다 하고, 어떤 명조는 욕심이 끝이 없고 성격이 괴팍하다 하고, 어떤 명조는 돈을 흙 뿌리듯하여 패가망신한다 하고, 어떤 명조는 생산에 힘쓰지 않아 뒤에 반드시 재앙(災殃)이 있다 하고, 어떤 명조는 출신은 빈한하나 현숙하다 하고, 어떤 명조는 청춘에 수절(守節)하나 자식을 가르쳐 이름을 얻는다 하고, 어떤 명조는 부(富)를 사랑하고 가난을 혐오하여 남편과 자식을 버릴 것이라 하고, 어떤 명조는 벼슬길에 물러나야 할 때 물러나지 않아 뜻밖의 풍파(風波)를 만난다 하고, 어떤 명조는 냇버들은 가을만 바라봐도 시드나 소나무와 잣나무는 겨울을 지날수록 무성하다 하여 추켜올리기도 하고 깎아내림에 고심(苦心)을 하지 않은 바가 없으며 큰 뜻과 정미(精微)한 말씀은 모두 세상의 도리에 관한 것들이었다.

옛날의 군자(君子)는 이른바 죽더라도 후세에 전할 말은 한다고 하더니 이 사람을 두고 한 말이 아니겠는가.

독자들이 만약 이 책을 명학(命學)으로만 본다면 그것은 하나는 얻으나 둘을 잃는 것이며 한 치[寸]는 보고 한 자[尺]는 못 보는 것이며, 이 책을 출판(出版)하여 널리 세상에 전(傳)한 형원(蘅園)의 크고 위대한 뜻을 저버리는 일이 되기도 하는 것이다.

중화민국 二十二年 癸酉년 仲夏 五月 庚寅 삭 二十一日 庚戌日 진강(鎭江)의 원수산(袁樹珊)이 쓰다.

孫 序

命理之學. 由來久矣. 古之言命者, 簡而賅. 故庖犧曰正命. 仲尼曰天命. 老聃曰復命. 類皆以得之於天. 賦之於人者. 正其性. 循其理. 以安其命而已. 後世不安於天理之自然. 旁趨曲解. 以取悅當世, 蓋鶩於理之外, 而流於術. 牽引附會. 學者遂愈趨, 而愈岐. 雖然, 以理定命者. 所謂以簡御繁. 固爲順天之正. 而以術合理者. 果能以繁就簡. 亦足探命之原. 特精斯道者之不數覯耳. 滴天髓一書. 相傳爲京圖撰. 劉誠意註. 取通神, 六親, 爲兩大綱. 自天道, 至貞元. 凡分六十二章. 析理竟原. 悉臻微妙. 第其辭旨古奧. 學者病之. 余夙好星命之學. 暇輒披覽. 亦患少心得. 去歲, 有持示是編者. 讀任鐵樵先生增註. 喜其分篇詮釋. 援格舉證. 於天地陰陽之分化. 三元五行之推旋. 反覆引申. 辭明理達. 使曩所捍格者. 罔不觸類旁通. 翕歸於理. 其爲作者功臣. 而足以津梁後學, 信矣. 逮觀觀復居士書後. 始知書藏海甯陳氏. 爲觀復假於陳, 而手錄之者. 原刻, 已燬於火. 則斯篇, 已爲海內孤本. 彌可寶貴. 向使陳氏秘藏, 不以示人. 雖示人, 而無若觀復之樂爲手錄者. 是書, 安得復見於世耶. 今旣幸見之. 苟無以善其後. 終至若陳氏原本之歸於湮沒. 且繹觀復書後語意. 非廣爲流傳. 壽諸梨棗. 不大負增註者, 啟發古書之精蘊. 手錄者, 嘉惠後學之苦心乎. 爰付影印, 公諸同好. 署曰闡微, 異於衆也. 惜觀復居士, 不詳其時代姓氏. 僅於文字間. 譯其言, 而察其行. 殆亦古之安命達理. 好術數, 而邃於學. 所謂隱君子之流亞歟. 方斯人欲橫流之世, 使讀者鑒其盈虛消長之理. 示天心之黙運. 範世道於隱微. 俾頑者儆. 靡者奮. 豈不足爲覺世牖民之一助哉. 天下事. 莫

非緣法. 兹編, 秘藏於陳氏有年矣. 旣得鐵樵之增註. 觀復之手錄. 復
及余爲之刊行. 數子者. 生不並代. 而志同道合. 此中之展轉引致. 雖
曰人事. 夫豈偶然哉.

　　　　　　　　中華民國二十二年歲次癸酉五月蘅園主人識

孫 序 손서

　　명리학(命理學)의 유래(由來)는 오래되었다. 옛날의 명리학은 간단하면서도 할 말은 다 갖추고 있었다. 복희(伏犧)씨는 정명(正命)이라 하고 공자는 천명(天命)이라 하고 노자는 복명(復命)이라 하였다.

　　이러한 것들은 모두 하늘로부터 사람에게 부여된 것으로 성품을 바르게 하고 이치를 좇아 운명에 순응하는 것인데 후세의 사람들이 하늘의 이치와 자연의 섭리를 이해치 못하여 불안을 느껴 옆길로 빠지고 잘못된 해석으로 사람들의 비위만 맞추려고 하였다.

　　그것은 이치를 도외시하고 술수(術數)에 흘러 억지로 말을 만들어 끌어다 붙여 배우는 자들을 더욱 다른 길로 가게 하였다. 비록 그러나 명리의 이치는 간결하여 번잡하지 않으니 하늘의 뜻에 순응하여 더욱 바르게 하는 것이다.

　　술수(術數)라도 이치에 합당하고 번잡한 것을 간결하게 풀어낼 수 있다면 이것 또한 족히 명(命)의 근원을 탐구할 수 있겠으나 그러나 이 방법으로 정통함에 이른 사람은 몇 명도 보기 어렵다.

　　적천수는 경도(京圖)가 짓고 유성의(劉誠意)가 주(註)하였다고 전하여지고 있는데, 통신(通神)과 육친(六親)을 근간(根幹)으로 하고 천도(天道)에서 시작하여 정원(貞元)으로 끝나기까지 모두 62장으로 분류하였다.

　　이치를 근원까지 분석하고 미묘(微妙)한 것을 다 밝히었는데 그 말의 뜻이 예스럽고 오묘하여 학자들은 그것을 병(病)으로 여겼다.

　　나도 일찍부터 성명학(星命學)을 좋아하여 틈나는 대로 책을 보았으나 깨달음이 적은 것을 근심하던 차에 지난해에 어떤 사람이 이 책을 보여주어 읽어본바, 임철초 선생이 증주하신 것으로 편(篇)을 나누어 자세히 해석하고 격(格)을 들어 증명하시며 천지 음양의 분화(分化)와 삼원 오행의 추선(推旋)에 관하여 반복하여 펼친 것이 글이 명료하고 이치에 달통(達通)하여 지난날 막혔던 것들이 이리저리 맞춰 보면 모두 이치에 맞게 풀리었다. 그야말로 지은이는 공신(功臣)이라 하겠고 후학 자들에게는 하나의 교량(橋梁) 역할을 한 것이다.

관복거사의 글을 본 뒤 이 책이 해녕(海甯) 진(陳)씨의 소장품이었던 것을 관복거 사가 진씨로부터 빌려다가 손으로 쓴 것임을 비로소 알았다.

원본은 이미 불에 타 없어졌으니 이 책이 국내의 유일한 책으로 더욱 보배롭고 귀한 것이 아니겠는가. 만약 진씨가 이 책을 숨겨두고 남에게 보이지 않았거나 비록 사람들에게 보여줬더라도 관복거사와 같이 손으로 필사(筆寫)하지 않았다면 이 책이 어떻게 세상에 다시 나타날 수 있었겠는가.

지금은 다행히 나타났지만, 우리가 후일에 대한 좋은 대비책이 없이 원본을 없 애버린 진씨와 같다거나 아니면 관복거사의 발문(跋文)에 말한 것처럼 이를 출판 하여 널리 퍼뜨리고 오래가게 아니한다면 이것은 고서(古書)의 깊은 뜻을 계발(啓 發)하기 위해 증주(增註)한 분이라든가 또 후학들에게 도움을 주려고 수록(手錄)한 분의 고심에 찬 그 고마운 마음에 크게 부끄러운 것이 아니겠는가.

이에 영인(影印)하여 모든 동호인들과 함께 기뻐하고 책 이름을 천미(闡微)라 한 것은 보통의 여러 책들과 달리 하기 위함이다.

관복거사가 어느 때 사람인지 성씨는 어떻게 되는지 알 수 없는 것이 애석하나 그가 남긴 글과 말에서 그의 행적을 살펴 조금이나마 추측할 수 있는 것은 명(命) 의 이치에 통달하여 순리대로 살아가며 술수를 좋아하고 배움에 깊이 몰두하는 소위 숨은 군자(君子)이었을 것이다.

　이 사람은 혼탁한 세상에서 이 글을 읽는 자들로 하여금 영허소장(盈虛消長)의 이치와 하늘은 말이 없으나 사시(四時)를 운행하고 만물을 기르는 하늘의 뜻을 보고 깨달아 우매하고 어리석은 사람들이 각성하고 분발하여 깨우친다면 어찌 세상 사람들을 깨닫도록 인도하는 것이 아니겠는가.

　천하(天下)의 일은 인연이 아닌 것이 없는 것이니 이 책도 여러 해 동안 진씨가(家)에 비장(秘藏)되어 있었으나 임철초 선생에 의해 증주(增註)가 되고 관복거사가 손으로 베낀 것을 내가 얻어 간행하게 되었으니 이 몇 명은 서로 다른 시대에 태어났으나 뜻이 같고 가는 길이 같았던 것이다.

　이러한 일이 돌고 돌아 이렇게 이르게 된 것은 그것이 비록 사람이 한 일이라해도 그게 어찌 우연한 일이겠는가.

　　　　　　　　　　　중화민국 二十二年 癸酉 五月 형원 주인이 쓰다.

역자 홍보환 선생님은 현재 「동인철학관」을 운영하고 있습니다.

연락처 : (02)384-5590 (010-6318-5590)

滴天髓闡微 (上)
적천수 천미

通神論
통신론

2011년 3월 25일 초판발행

증   주 | 임철초
찬   집 | 원수산
역   주 | 홍보환

펴낸이 | 윤영만
펴낸곳 | 도서출판 西以苑

신   고 | 제300-2009-99호(2009.9.3)
주   소 | 서울특별시 종로구 자하문로38길 22, 1층 101호
전   화 | (02) 379-5134 (010-2887-6013)
팩   스 | (02) 379-5134
e-mail | samhorst@hanmail.net

ISBN 978-89-964592-2-4 04150
ISBN 978-89-964592-1-7 (전2권)

값 35,000원